MARC GOODMAN

マーク・グッドマン

松浦俊輔 訳

FUTURE CRIMES

フューチャー・クライム

サイバー犯罪からの
完全防衛マニュアル

青土社

フューチャー・クライム　目次

フューチャー・クライム　サイバー犯罪からの完全防衛マニュアル

こんなにもいろいろなことを教えてくれたすべての恩師に

プロローグ　不合理な楽天家――いかにして私はこの道に進んだか

私のハイテク犯罪の世界への参入は、一九九五年、何となく始まった。ロサンゼルス市警察の有名なパーカーセンター本部勤務の二八歳の捜査員で巡査部長だった。ある日、混雑してあわただしい刑事課の部屋の反対側から、上司の警部補が私の名を大声で呼んだ。「グ～ッドマ～ン。こっちへ来い」。私は自分が何かやらかしたのかと思ったが、警部補は私の人生を変える質問をした。「ワードパーフェクトでスペルチェックはどうすればいいかわかるか」。

「わかりますよ、Ctrl と F2 を同時に押せばいいんです」と私は答えた。

警部補はにんまりと笑って言った。「やっぱこういうことはおまえだよな」。

こうして私のハイテク警察活動が、初めて経験するコンピュータ犯罪を相手に始まった。ワープロソフトでスペルチェックのしかたを知っていたことで、私は警察のテクノエリートの仲間入りをした。一九九〇年代半ばのことだ。このときの事件以来、私はテクノロジーだけでなく、その非合法な使い方をぬかりなく観察し、調べてきた。私は技術の悪用によって行なわれる危害や破壊のことを認識してはいるが、犯罪者がその目的を達成するために用いる巧妙で斬新な方法にはずっと魅了され続けている。

犯罪者はいつも自分たちの技を更新して、いつも最新の技術を自分の手口に取り入れている。連中は早くから街中でポケベルを手にしたり、重さが二キロ半もある携帯電話を使って符丁で連絡を取りあったりしていた時期から大いに進化している。今日、犯罪者は、メキシコの麻薬カルテルが使っているような、独自の全国的な暗号化携帯電話無線通信網を構築している。(1) しばらくそのような完全に機能する全国的な暗号通信網を確立するのに必要な精密さを考えてみよう——驚くべき高度な技術である。とくに多くのアメリカ人は、まだ、普通の携帯電話の信号を受け取ることができないことが多いのだから。

組織犯罪集団は、テクノロジーをまっさきに取り入れる人々《アーリー・アダプター》〔新しもの好き〕という定評がある。犯罪者はオンラインの世界を、警察が注意して見るようになるよりずっと前から取り入れていて、それ以後、捜査当局の先を行っている。新聞やニュースの記事には、一億件の銀行口座がハッキングされたとか、オンライン取引で五〇〇〇万ドルが盗まれただとかの話が満ちあふれている。こうした犯罪の進みようには目をみはるものがあり、間違った方向に大きく加速しつつある。

この本の主題は、これまで起きていたこと、さらには今起きつつあることだけではない。パスワードの長さはどのくらいがいいかという話だけではない。明日はどうなるかという話だ。私自身の、最初はロサンゼルス市警察での、後に国や国際的捜査機関での調査や捜査では、今日のサイバー犯罪のはるか先へ行って、ロボット工学、仮想現実、人工知能、3Dプリンタ、合成生物学のような、新しい成長中の技術分野に進出している犯罪者を発見してきた。たいていの例では、世界中の司法機関や政府機関の同僚が、そうした生まれつつあるテクノロジーの発達についてよく知らず、ましてや、組織犯罪でもテロ組織でもそれがますます使われるようになっていることも知られていない。ずっと公共の安全と公務に身を捧げてきた者としては、自分の周囲で見られる傾向には心配している。

私のことを、不安を煽っているとか、がちがちの悲観論者とかで非難されるかもしれないが、私はどちらでもない。むしろ私は楽天家だ——たぶん「不合理な楽天家」だろう——私たちの未来について私が見たことを考えれば。明言しておくが、私は現代のラダイトではない。技術は世界のあらゆる害悪の元だなどと言うほど愚かでもない。まったく逆で、私は技術のとてつもない力が良い結果へ向かう原動力であることを信じている。いろいろな形で個人や社会を保護するのに使えるし、使われてきたことも言っておくべきだろう。しかし技術は必ず両刃の剣だった。私の六つの大陸にまたがる現実世界での犯罪やテロについての経験から、悪の勢力はそうした成長中のテクノロジーをためらいなく利用して、それを一般の人々に対して行使していることは、私の目には明らかだ。証拠や私の実感から、行く手には相当の障害――政府や産業界が対応や闘いに十分な資源を配分しないところ――があるらしいことがわかるが、私はシリコンバレーが私たちに約束したテクノユートピアを信じたいと思う。

この本は、私たちがテクノロジーの道具を用いて築いている社会の話であり、それとまったく同じ成果が私たちに害となるように使うこともできるという話だ。私たちの端末や生活が、世界規模の情報網に――携帯端末、SNS、たまたまエレベーターで出会った人、自動運転自動車いずれを介してであれ――接続されればされるほど、根底にある技術の動き方や、それを自分の有利に、普通の人の害になるように利用する方法を知っている人々に対して、私たちはますます弱くなる。単純に言えば、すべてがつながるとき、すべてが弱点だらけになる。私たちがあたりまえに生活の中に受け入れて、あまり、あるいは全然考えたり調べたりしないでいる技術は、私たちを襲ってくるかもしれない。

私は、ごく最近の犯罪者やテロリストの諜報活動に光を当てることによって、友人や、警察・国家安全保障の世界にいる同僚との間に、長く後回しになった議論が活発に始まることを望んでいる。同僚はたいてい、従来型の犯罪ですでに十分な負担がかかっているが、いずれ、というより早々に、指数関数的に進むテクノロジーに直面せざるをえず、それは私たちのあたりまえの世界的セキュリティを不安定にする津波のような脅威として押し寄せてくる。

もっと重要なのは、もう大昔に他人を「保護し、それに奉仕する」ことを誓った者として、私は世間一般の人々に、予想よりもずっと早くやってくるであろう台頭中の脅威の群れから、自分や家族や会社や地域社会を守るのに必要な事実で武装してもらいたい。この知識を政府、セキュリティ会社、シリコンバレーで働く「インサイダー」だけに限っていては、まったく間に合わない。

私がロサンゼルス市警察、FBI、シークレットサービス、ICPO（国際刑事警察機構）といった組織で働いた公僕としての在職中に、犯罪者やテロリストは世界中の警察の上を行く技術革新をしていて、「善玉」は遅れる一方だったことはますます明らかになった。最先端技術を悪用して成長する犯罪者軍団にもっと打撃を与える道を探して、私は政府を離れてシリコンバレーに移り、次がどうなるかをさらに勉強した。

カリフォルニアでは、技術革新《イノベーション》をする人々の社会に浸り、その最新の発見が普通の人々にどう作用するかを解読しようとした。シリコンバレーの名門を訪れたり、サンフランシスコのベイエリアにある才能ある新興企業社会の人々と仲良くなったりした。NASAのエームズ研究センターの敷地に構えられたシンギュラリティ大学という研究機関の教員になるよう誘われ、そこで宇宙飛行士、ロボット工学者、データ科学者、コンピュータ技術者、合成生物学者たちの錚々たる人々と仕事をした。こうした先駆的な人々は、今日の世界の先を見る力があって、人類が直面する大きな課題に立ち向かうための技術のとほうもない可能性を解放するかもしれない。

しかし、せっせと働いて私たちの技術の未来を生み出しているこうしたシリコンバレーの起業家の多くは、自分たちの創造物が社会の他の部分につきつける、公衆政策、法律、倫理、セキュリティのリスクについてはほとんど関心を払わない。一方、犯罪者に手錠をかけ、七〇か国以上の警察官と仕事をした私自身の経験からは、無邪気な人々があちこちで自分の日常生活に——一般に疑問も抱かず——迎え入れている新興技術というものは、悪用できることがよくわかっている。

それを何とかするために、私は未来犯罪研究所を設立した。目標は、警邏巡査、刑事、国際対テロアナリスト、新しいところではシリコンバレーのインサイダーとしての経験を使って、同じ志の専門家共同体を醸成し、急速に成長する技術のプラスの面とマイナスの面、両方に取り組むことだ。

未来の方を見るとき、私たちの生活の至るところにコンピュータがあり、私たちがそれに依存しきっているせいで、ほとんどの人はそれを理解しようとすることさえできないほどに弱体化している。私はますます心配するようになった。今のシステムの複雑さと相互依存は、大規模でずっと成長中である。他方、急速にそれを理解し、リアルタイムで革新している個人や集団がいる。ただし、私たちを害する方向で。

本書はそうした人々の話だ――組織犯罪者、犯罪的なハッカー、ならずもの政府、準国家活動家《サブステート・アクター》、テロリストの話――はすべてそれぞれの利益のために最新技術を支配しようと競争している。

シリコンバレーに約束されたテクノユートピアはありうるかもしれないが、ひとりでに魔法のように現れるわけではない。それには市民、政府、企業、NGOなどの、それが確実に実るようにするための厖大な意図、努力、苦労を必要とする。新たな戦いは、技術を増幅して人間の利益にする人々と、こうした道具を他人に向ければ引き起こされる害にかかわらず、悪用する方を選ぶ人々の間に始まっている。これは技術の魂とその未来を求めての戦いだ。その戦いは背景で激しくなるが、ほとんどは秘密裏で、これまでは、普通の市民からうまく隠れていた。

この本は、犯罪の技術革新と技術的脆弱性における最新事例を並べるだけではなく、私たちを待ち受ける無数の脅威を打ち破るための道を提供する。先見の明を用いれば、未来の犯罪を今日、引き返せないところに達する前に予見し、防ぐことは可能だ。未来の世代は振り返って、こうしたセキュリティ上の脅威を制御して人類の究極の利益に確実に資するようにするために、技術の魂を守ろうとする私たちの努力を審判することになるだろう。

味方として注意しておくと、以下を読み進めれば、自分の車、スマートフォン、掃除機も、今までとは同じには見えなくなるだろう。

これが最後のチャンスだ。以後は戻れない。

青の薬をのめば話は終わり、ベッドで目覚め、自分が信じたいものを何でも信じることになる。

赤の薬をのめば不思議の国に留まる。私が君に兎の孔がどこまで深く続くかを見せてやろう。

忘れるな、私が教えることは真実だ——それ以上のものではない。


——『マトリックス』のネオへのモーフィアスの警告

第1部　立ちこめる暗雲

第1章　接続し、依存し、無防備

テクノロジーはいかがわしいもので、一方の手でものすごい贈物をもたらしながら、背後からもう一方の手でぐさりと刺す。

――チャールズ・パーシー・スノウ

マット・ホーナンの人生は画面上では上々に見えた。ブラウザのタブの一つには、生まれたばかりの娘の写真があり、別のタブには何千というフォロワーからのツイートが流れていた。サンフランシスコの『ワイアード』誌の記者として、都会のネットにつながった生活を送り、誰にも劣らず最新のテクノロジーに通じていた。それでも自分のデジタル世界がほんの何回かキーを打つだけですべて消えてしまうとは思っていなかった。八月のある日、それが起きた。写真、メールなど、多くのものが、ハッカーの手に落ちた。地球の裏側にいたあるティーンエイジャーによって、ほんの数分で盗み取られた。ホーナンは楽勝の標的だったし、私たちはみなそうだ。(1)

ホーナンはすべてが崩壊したその午後のことを回想する。まだ歩くようになる前の娘と床で遊んでいると、突然、iPhone の電源が落ちた。たぶんバッテリー切れだろう。大事な電話があるはずだったので、電話を電源につないで再起動した。いつもの起動画面やアプリは現れず、大きな白いアップルのロゴと、新たに電話を設定するよう誘う、多言語の開始画面が現れた。おや、いつもと違う。

ホーナンはとくに心配はしなかった。iPhone は毎晩バックアップをとっている。次にすることはどこから見ても明らかだ――iCloud にログインして、設定とデータを復元することだ。アップルのアカウントに接続すると、正しいはずのパスワードがiCloudの神々から間違いと判定されていた。世界でも傑出した技術誌の明敏な記者であるホーナンは、他にも対応策を用意していった。iPhoneをノートパソコンにつないで、そこにつないだハードディスクからデータを復元すればよい。しかし次に起きたことで心臓が止まりそうになった。

ホーナンがマックのコンピュータを起動すると、アップルのカレンダーアプリが、Gメールのパスワードが違うと言ってくる。そしてその直後、パソコンの顔――美しい画面――が灰色になって、死んでしまったかのように終了した。画面上に見えるのは「四桁のパスワードを入力してください」というプロンプトだけだった。ホーナンはそこにパスワードをセットした覚えはなかった。

ホーナンは結局、自分のiCloudのアカウントにどこかのハッカーがアクセスして、アップルの便利な「iPhoneを探す」機能を使って、ホーナンが管理するすべてのデバイスを特定したのだということを知った。デバイスは一つずつ潰滅させられた。ハッカーは「リモート消去」のコマンドを出して、それによってホーナンがずっと築き上げていたすべてのデータを消去した。最初はiPhoneで、次はiPad。最後にはMacBook。一瞬にして、ホーナンのデータは、自分で撮った、娘が生まれてから一年分の写真も含め、破壊された。ずっと前に亡くなった親戚のよすがとなる貴重な写真による記憶も消え、どこの誰ともわからない輩によって雲散霧消した。

次に消去されたのがホーナンのグーグルのアカウントだった。瞬きする間に、八年間念入りに整理していたGメールのメールが失われた。仕事上の会話、メモ、備忘録、記録がマウスのクリック一つで消去された。最後に、ハッカーは究極の目標に向かった。ホーナンのツイッターのハンドル、@Matだ。アカウントが乗っ取られただけでなく、それを利用され、人種差別や同性愛差別の暴言が、ホーナンの名で何千ものフォロワーに送られた。

このネット攻撃の余波で、ホーナンは起きたことをまとめるべく、取材記者としての腕を使った。アップル社の技術サポートに電話して、iCloudのアカウントの回復を試みた。九〇分以上電話して、ホーナンは、「自分」がほんの三〇分前にパスワードをリセットする要求をしていたことを知った。結局わかったのは、ホーナンのパスワードを変えるために必要な情報は、請求書の送り先とクレジットカードの下四桁だけでよいということだった。ホーナンの住所は、自分のウェブサイトを構築するときに作っていたWhois《フーイズ》のインターネット・ドメイン記録から入手できた。それがなかったとしても、WhoisPages.com《フーイズペイジズ》やSpokeo《スポーキオ》などのネット上のサービスが無料でその情報を提供してくれるだろう。

侵入者は、ホーナンのクレジットカードの下四桁を確認するために、ホーナンが（たいていの人と同じく）アマゾンのアカウントを持っていると推定し、それは正しかった。ホーナンのフルネームとメールや郵便の宛先を手に、侵入者はアマゾンに連絡して、カスタマーサービスの担当者を操り、必要なクレジットカードの下四桁を知ることができた。こうした単純な手順だけで、ホーナンの生活はひっくり返された。今回はそうはならなかったものの、同じ情報を使って、ホーナンのオンライン銀行や証券会社の口座にアクセスして残高をくすねることもできた。

結局この攻撃を行なったとして名乗り出たティーンエイジャー――ハッキングの世界ではフォビアと呼ばれていた――は、自分は私たちが毎日頼るようになっているインターネットのサービスのセキュリティ上の弱点を明らかにするための活動をしていると主張した。そういうことか。ホーナンは攻撃者と連絡をとるための新しいツイッターのアカウントを作った。フォビアは@Matアカウントを使っていて、ホーナンの新しいアカウントをフォローすることに同意し、今や二人は直接にメッセージをやりとりできるようになった。ホーナンは自分の頭の中でくすぶっている一つの疑問をフォビアに向けて問うた。なぜそんなことをしたのか。なぜ自分に対してすることにしたのか。結局、約十年分のデータや外部記憶が失われたのは、単なる行きがかりのまきぞえだった。

フォビアはぞっとする答えを返した。「僕は正直、あなたに関心があったわけではない……ただ「ツイッターの」ユーザー名が気に入っただけだ」。そういうことだった。要するに、三文字のツイッターのハンドルを狙ったのだ。何千マイルも離れたハッカーがそれを気に入り、自分用に欲しがっただけだった。

誰かが、何の「関心」もないあなたのデジタル生活を、ほんの何回かのキー入力で消してしまえるというのは、不条理なことだ。ホーナンの話が二〇一二年一二月の『ワイアード』の表紙に登場したときには、相当の注目を浴びた――一分か二分の間。私たちの毎日のテクノロジーをもっと安全にする方法に関する論争が続いたが、多くのインターネットに関する議論と同じように、結局は冷めていった。ホーナンの艱難辛苦の後もほとんど何も変わっていない。私たちはまだ、あらゆる点でホーナンがそのとき弱点だらけだったのと同じ状態にある――ハッキングしやすい携帯やクラウドのアプリへの依存を深めているとなると、さらに弱くなったとも言える。

ホーナンのいろいろなアカウントは、私たちのほとんどと同様、いわゆるデジタルトラストという自己言及する網目で互いにつながっている。アップルとアマゾンに登録しているクレジットカード番号は同じだし、iCloud のメールアドレスはGメールのアドレスを指している。それぞれの情報は共通だった。認証情報、クレジットカード番号、パスワード、すべてが同じ人物に戻ってくるデータがそろっている。ホーナンのセキュリティ保護対策は、デジタルのマジノ線〔長大なだけで無力なもののたとえ〕以上の何ものでもない――ちょっと圧力をかけるだけで崩れてしまう、何層かのトランプの家だ。ホーナンの、あるいはあなたの、デジタル生活を破壊するために必要だった情報のすべて、あるいはほとんどは、ちょっと手間をかければ、あるいは創造性があれば、誰にでもオンラインで利用できる。

つながった世界の進歩と危険

私たちは、ただグーグルで検索するだけから、数年のうちに、自己反省もほとんどなく、道案内、予定、住所録、動画、ゲーム、ボイスメール、電話まで、グーグル依存にまっしぐらに突き進んできた。現代人のうち一〇億人が、フェイスブックに個人の詳細を投稿し、友人、家族、同僚からなる相関図を進んで提供している。アプリが何十億回もダウンロードされ、それに頼って銀行取引やら料理やら子どもの写真のアーカイブやら、すべてのことを行なう。インターネットには、ノートパソコン、携帯電話、ネットテレビ、ケーブルテレビ、ゲーム機、デジタルテレビ、アップルTVでつながる。

このテクノロジー環境にプラスの面がいくつもあることは明らかだ。この一〇〇年の間、医学の急速な進歩は人間の平均寿命を二倍以上にし、子どもの死亡率は一〇分の一にも下がった。[2] インフレ補正をした一人あたりの平均所得は世界中で三倍になった。高等教育はずっと高嶺の花だったが、今日ではカーン・アカデミーのようなウェブサイトを介すれば無料で受けられる。さらに携帯電話単独で、世界中の国々での直接の経済発展に何十億ドルも貢献している。[3]

インターネットがその基本構造を通じて提供する相互接続によって、世界中のまったく別々の国民が、かつてないほどまとまれる。シカゴの女性が、オランダのまったく知らない人と「友だちと言葉遊び《ワーズ・ウィズ・フレンズ》」というスクラブルゲームをすることができる。インドのバンガロールの医者が、フロリダ州ボカラトンにいる患者のX線写真を遠隔的に読みとって解釈できる。南米の農民が携帯電話を使って、MITの博士課程の学生と同じ穀物データを利用できる。この相互接続は、インターネットの最大の強みであり、それが大きくなるとともに、世界的なネットワークの性能も便利さも向上する。現代のテクノロジー世界には喜ぶべきことが多い。

オンライン世界の利点は明らかにされ、テクノロジー業界にいる人々がしょっちゅう力説しているが、こうした相互接続にはすべて裏面もある。

私たちの送電線網、航空管制ネットワーク、消防署の派遣体制、はてはエレベーターの運行まで、コンピュータがないと成り立たない。毎日、私たちは自分の日常生活を世界的な情報網に、それがどういうことかと疑問も抱かずにつながっている。マット・ホーナンは、他の何万人かの人々とともに、身をもって難点に遭遇した。しかし、私たちの現代社会にあるテクノロジーの飾り——私たちが全面的に依存している根本的な道具——がすべてなくなると、そのとき何が起きるだろう。人類のバックアップ体制はどうなっているだろう。実は何もない。

フラットな（かつ開けた）世界

何世紀もの間、世界で優勢だったのは、主権国民国家によるウェストファリア体制という、各国が領土内の最高権力であって、国内のことについては外から口出しすることはできないとするものだった。[4] ウェストファリア体制は国境、軍隊、防衛、通関、銃の体制を通じて維持された。国の領土から人々が出るのも、また入ってくるのも制限するための統制が実施できる。さらに、関税や検査のための施設を設けることによって、国境を越えての商品の流れが抑制される。一六四八年のウェストファリア条約に調印した人々にどれほど先見の明があったとしても、Snapchat《スナップチャット》まで予想した人はいなかった。

今でも物理的な国境は有効だが、そのような区画は、オンラインの世界ではさほど明瞭ではない。ビットとバイトは、移動を遅くする国境の検問も、入国管理も、関税の申告もなく、国から国へと自由に行き来する。従来の犯罪に対する旧世代の犯罪者が直面した国家間の壁は、オンラインの世界では崩され、好ましからざる人物が、どこでも好きなところに自由に出入りできるようになっている。

そのことや、それが意味することについて考えてみよう。私たちのセキュリティのためだ。かつては、犯罪者がニューヨーク市のタイムズスクェアにある銀行で強盗を試みるなら、いくつかのことは自明のことと考えられた。まず第一に、犯人はニューヨーク市警察のミッドタウンサウス管区内のある物理的位置に入ったものと想定された。銀行強盗の行為はニューヨーク州法と合衆国連邦法の両方に違反するとされ、ニューヨーク市警とＦＢＩが合同で管轄し、共同で事件を捜査することになる。被害者（この場合は銀行）も関連する捜査当局の物理的な管轄内にあり、捜査は大いに簡単になる。事件を解決する試みは、窓口係に渡されたメモについた指紋や犯人が飛び越えたカウンターに残ったDNA、場合によっては銀行の監視カメラに写った犯人の顔の画像など、犯行現場の遺留物と思われる物理的な証拠で補強される。さらに、犯罪そのものが一定の物理的な制約に縛られた。奪われるドル紙幣は相当の重みとかさがあり、それなりの量しか運べなかった。札束の山にも爆発する染料が仕込まれ、容疑者にかかってその存在を警察に知らせる標識となる。しかし今日の世界では、捜査に関する、共同管轄や物理的証拠などの、長く確立していて有効性が実証済みのあたりまえの前提――当局が事件を解決するための基本的なツール――が存在しないことが多い。

右のタイムズスクェアでの強盗という設定を、一九九四年にウラディーミル・レヴィンがロシアのサンクトペテルスブルグのアパートで実行した有名なインターネット銀行強盗と比べてみよう。コンピュータプログラマのレヴィンはシティバンクのいくつかの大口企業顧客の口座をハッキングして、一〇七〇万ドルを引き出した。(5) 世界中の共犯者と協力して、多額の現金をフィンランド、合衆国、オランダ、ドイツ、イスラエルにある口座に送金した。

このような事案について誰が管轄するのか。被害者（シティバンク）がいる合衆国の警察か。容疑者が犯罪行為を実行したと言われるサンクトペテルスブルグの警察か。不法に得た金が不正な口座に電子的に送金されたイスラエルやフィンランドに管轄権があるのか。レヴィンは物理的に合衆国に入国して犯罪行為をしたわけではない。指紋もDNAも残しておらず、仕込まれた染料爆弾が破裂して染料をかぶったわけでもない。重要なことに、レヴィンは物理的には何百キロにもなる現金を銀行から運び出す必要もなかった。すべてはマウスやキーボードで行なわれたのだ。目出し帽も銃身を切り詰めたショットガンも要らない。レヴィンはただコンピュータ画面の背後に隠れ、回路上の仮想のルートを使って自分のデジタルの痕跡を隠すだけでよい。

インターネットがあるということは、私たちはますます、境界のない世界で暮らすようになっているということだ。今日では誰でも、悪意であろうとなかろうと、ほとんど光の速さで地球の裏側にまで行ける。この技術は犯罪者にとって天の恵みとなっていて、仮想的に国から国へと渡り歩き、地球全体をハッキングして回り、警察を振り回している。犯罪者は自らをオンラインの追跡から守る方法も学んでいる。頭のいいサイバー犯罪者なら、ブラジルの銀行に対してフランスの自室から直接に攻撃を始めたりはしない。フランスからトルコ、サウジアラビアというように、乗っ取ったあるネットワークから別のネットワークへと攻撃を迂回させてブラジルにある最終目標に向かって行く。この国を飛び越す能力は、インターネットの大きな強みの一つだが、警察にとっては管轄や管理のとてつもない問題を生み出し、サイバー犯罪捜査が難しく効果がない結果になる主な理由の一つともなる。パリの警察官には、サンパウロで逮捕を行なう権限はない。

懐かしのサイバー犯罪

サイバー脅威の性質は、この二五年の間に劇的に変化している。パソコンの初期には、ハッカーの動機といえばたいてい「笑《ラルズ》」だった。単純に、自分にはできることを証明したり、自説を立証したりするだけのためにコンピュータをハッキングした。ごく初期にIBMのPCに感染したコンピュータウイルスの一つは、ブレインというウイルスで、一九八六年、アムジャド・ファローク・アルヴィとバシット・ファローク・アルヴィという、パキスタンのラホールにいた二四歳と一七歳の兄弟によって作られた。(6) そのウイルスはとくに害のない、自分たちが何年もかけて開発したソフトウェアを他の人がコピーするのをやめさせるためのものだった。ブレインはフロッピーディスクの起動プログラムが書かれた部分に感染することで、コピーを防ぐ手段として動作し、兄弟には、自分たちのソフトの不正コピーを特定できるようにした。二人は自分たちのソフトを他の人がただでコピーしていることがわかると、感染した利用者の画面に不吉な警告を表示させた。

Dungeon ⓒ 1986 Brain & Amjads（pvt）によろこそ。BRAIN COMPUTER SERVICES 730 NIZAM BLOCK ALLAMA IQBAL TOWN LAHORE-PAKISTAN PHONE: 430791,443248,280530. ウイルスにご用心……
ワクチンについてはご連絡を。

このメッセージはいくつかの理由で注目に値する。まず、兄弟は自分たちのウイルスに著作権表示をつけている。実に大胆な手だ。さらに奇妙なことに、二人が自分たちの住所と電話番号を入れて、「ワクチン」、つまりウイルスの除去のために、ウイルスの出どころに連絡をさせている。二人がウイルスを生み出す理由は、二人にとっては十分に論理的に見えているが、二人が気づいていなかったのは、自分たちが作ったものが複製を生んで広がる能力を持っていて、それは、人間が五インチのフロッピーディスクをコンピュータからコンピュータへと持ち運ぶという旧式のやり方で行なわれるということだった。いずれ、ブレインは地球を一周し、バシット／アムジャド兄弟を世界中に紹介することになる。(7)

時とともに、ハッカーはもっと野心的になり、悪意も増した。コンピュータの電子掲示板を介して互いにつながるということは、デジタルのウイルスがもはや、フロッピーをもった人間による「スニーカーネット」を介して運ばれる必要がないということだ。コンプサーブやプロディジー、アースリンク、AOLのような初期のネットワークサービスを通じて、モデムを介して電話回線の向こうへ広がることができるようになった。新しいウイルスやトロイの木馬、たとえばメリッサ（一九九九）、ILOVEYOU（二〇〇〇）、コードレッド（二〇〇一）、スラマー（二〇〇三）、サッサー（二〇〇四）などが、今やマイクロソフトウィンドウズで動く世界中のマシンに感染して、ハードディスクに保存した学期末のレポート、レシピ、ラブレター、会社の帳簿などを易々と破壊できるようになった。突如として誰もが無関係でいられなくなった。

コンピュータの「マルウェア」、つまり「悪意のある《マリシャス》」と「ソフトウェア」の合成語は、今やいろいろな形があるが、すべて、データシステムやネットワークに損害を与え、つながらなくし、何かを盗み、何らかの不法な、あるいは権限のない動作を行なおうとする。

- コンピュータウイルスは、現実世界のウイルスが生物学的な宿主に感染するのと同じように、それ自身のコピーを別のプログラムに挿入することによって広がる。
- コンピュータワームも損害をもたらすが、こちらは単体のソフトウェアで、複製するのに宿主のプログラムは必要としない。
- トロイの木馬は、神話に出てくる、ギリシア人がトロヤに侵入するために用いた木馬で、正当なソフトウェアの仮面をかぶり、利用者が騙されて標的となるシステム上でファイルをロードして実行することで起動する。トロイの木馬はしばしば、「裏口《バックドア》」を作る。これによってハッカーは感染したシステムへの恒常的な通路を確保する。トロイの木馬は他のファイルそのものに感染することで複製せず、利用者にファイル上でクリックさせたり、感染したメールの添付ファイルを開かせたりすることによって広がる。

今のウイルス作家は、今の人々が、知らない人から送られたファイルをクリックしないようにというメッセージを受け取り始めるのが遅い（非常に遅い）ことを認識している。その結果、犯罪者は自分たちの戦術を更新して、いわゆる「ドライブバイダウンロード」（ダウンロードによる駆動）を生み出している。これはマルウェアを使ってJavaやActiveXといった、ウェブブラウザが普通に使っているスクリプト言語にある弱点を利用する。世界はオンラインに移行し、インターネットエクスプローラ、ファイアフォックス、サファリといったハッキング用ツールは犯罪者にとって意味をなすが、新しい手口は、疑うことを知らない利用者にとっての高い代償とともに登場する。パロアルト・ネットワークスの研究者は、現代のマルウェアのうち九〇パーセントが、前もってハッキングされた人気のウェブサイトを通じて広がることを発見した。(8) 疑っていない訪問者が立ち寄った瞬間にコンピュータを感染させる。世界的な大手ポータルのヤフーなど、多くの大会社が、ウェブサイトを犯罪者に乗っ取られ、何も知らない顧客が立ち寄ってスポーツの試合結果を確かめたり最新の株価を調べたりすると、知らないうちに感染するようになったことがある。(9)

マルウェアの爆発

今やハッカーが自分の仕事に励むのは、「笑《ラルズ》」ばかりではなく、金儲け、情報獲得、権力を求めてのことになった。二一世紀初頭には、犯罪者が悪意あるソフトウェアを身元情報詐取などの手法を通じて換金する方法を考えているうちに、新しいウイルスの数は急上昇を始めた。二〇一五年には、その量は驚くべきものになっている。二〇一〇年、ドイツの研究所AVテストは、世界中にコンピュータ・マルウェアの株〔品種の系統〕が四九〇〇万種あると推定した。(10) 二〇一一年には、ウイルスソフト会社のマカフィーが、毎月新たなマルウェアが二〇〇万種特定されていると報告した。二〇一三年の夏には、サイバーセキュリティ会社のカスペルスキーラボが、毎日毎日、二〇万近くの新種のマルウェアのサンプルを特定し、分離していることを伝えた。(11)

こうした統計数字をシニカルに扱い、ウイルス対策会社は、自分がそれと闘うために創立された当の問題を過大に言うものだと想定して、数字を、たとえば五〇パーセントとか七五パーセント減というふうに大幅に削減したくなるかもしれない。そうだとしても、新しいウイルスは毎日毎日五万種が生み出されていることになる。それだけの量のマルウェアを、地球規模で一つ一つプログラムして生み出すのに必要となる研究開発の努力を考えてみよう。

会社の経営者は誰でも知っているように、研究開発は高価な事業だ。そのため、国際的な組織犯罪の進行中の非合法コンピュータプログラム努力を支えるために必要な投資利益率（ROI）は、膨大なものであるにちがいない。『コンピュータタリポート』誌の発行者で、信用される消費者連盟による別個の研究は、コンピュータ・マルウェアの影響がうなぎ上りであることを確認するようだ。その会員を調査したところ、合衆国の世帯のうち三分の一は前年に悪意あるソフトウェアの感染を体験したことがあり、消費者は毎年二三億ドルを失っている。[12] 自分が攻撃されたことに気づくのは、そういう人々だ。

安全性の幻想

年々、世界中の消費者も企業も、台頭するマルウェアの脅威から、コンピュータのセキュリティソフト産業が守ってくれると信用するようになっている。ガートナー社が行なった調査によれば、世界中でセキュリティソフトに支払われる費用は、二〇一二年の総計で二〇〇億ドル近く（二〇一五年の水準で二兆円以上）に及び、サイバーセキュリティに毎年支払われる額は、二〇一七年には九四〇億ドルにまで急増すると予想されている。[13]

コンピュータウィルス対策に何をするかと尋ねれば、たいていの人がまず、シマンテック、マカフィー、トレンドマイクロなどのアンチウイルス製品を使うと答えるだろう。よく訓練されてきた公衆から得られる答えとしてはわかりやすい。そうしたツールは過去においては有効だったかもしれないが、効果は急速に失われつつあり、統計数字はそのことを強く明らかにしている。二〇一二年一二月、カリフォルニア州レッドウッドショアにあるデータセキュリティ研究企業インパーバ社の研究者とイスラエル工科大学の学生は、標準的なアンチウイルスソフトをテストしてみることにした。このグループは八二種類の新しいコンピュータウイルスを収集して、マイクロソフト、シマンテック、マカフィー、カスペルスキーなど、世界中のアンチウイルスソフト大手四十社以上の脅威探知エンジンに対してマルウェアを実行した。その結果、最初の脅威探知率はわずか五パーセント、つまりマルウェアのうち九五パーセントはまったく探知されずに通ってしまった(14)。それはまた、利用者が自分のコンピュータで走らせているアンチウイルスソフトは、その装置をねらっている新興の脅威のうち五パーセントしか捕えられない可能性が高いということでもある。人の体の免疫系がその程度の打率だったら、数時間のうちに死んでしまうかもしれない。

数か月後、セキュリティソフト大手企業はソフトウェアをアップデートしたが、当然、その時点では手遅れになっている場合が多い。現実には、犯罪者やウイルスの作者は、私たちをそうした脅威から守るべく設立されたアンチウイルス企業より先を行き、上手を行っている。さらに悪いことに、「時間対探知比率」――つまり、あるマルウェアが「原野」に初登場してから発見されるまでにかかる時間の長さ――は増しつつある。たとえば二〇一二年には、モスクワのカスペルスキー社の研究者がフレームという名の複雑なマルウェアを発見した。これは探知された時点で五年以上前から世界中の情報システムからデータをくすねていた。コンピュータセキュリティ企業F-セキュア社の定評ある研究責任者、ミッコ・ヒュッポネンは、フレームをアンチウイルス企業の力不足と言い、自分や同業者は「当の自分たちが蚊帳の外」かもしれないと述べた。世界中の何億という人がこうしたツールに頼っているのに、アンチウイルス時代は終わりであることは明らかになっている(15)。

今日の生活の中での幅広い技術的脅威に対抗するのが難しくなっている理由の一つは、いわゆるゼロデイ攻撃の数が急激に増えていることだ。ゼロデイという新手は、コンピュータソフトにあって、ソフト開発者やセキュリティ要員の対応が間に合っていない未知の弱点を利用する。アンチウイルスソフト会社は一般に、こうした弱点を前もって探すのではなく、既知のデータ要素だけを考慮する。すでに見たことがある他の悪意あるコードと似ていればその悪意あるコードを阻止する。ボニーとクライド〔映画『俺たちに明日はない』の主人公の強盗カップル〕の手配ポスターを、すでに襲われた銀行に貼るのに似ている。銀行の窓口係はこのカップルに気をつけはするだろうが、手配書の記述にあてはまらなければ、警戒を緩める――別の銀行強盗に襲われるまで。こうしたゼロデイは、私たちの暮らしであたりまえに使われている広い範囲の技術製品についてますます生まれつつあり、マイクロソフト・ウィンドウズやら、人気のリンクシス製のルータやら、どこにでもあるアドビのPDFリーダーとフラッシュプレイヤーなど、あらゆるものに影響を及ぼしている。

その後、人のシステムに侵入するときに雑音をたてると、問題が早く修正されて排除されることをハッカーは理解した。そこでコンピュータにスリーパーセル〔一定期間潜伏してから活動する〕を仕込むような、ステルス性や隠密性が肝心になっている。インパーバ社の調査で明らかになったウイルス探知率五パーセントという低さは、家庭で個人用セキュリティソフトを使っている平均的な市民にのみあてはまるのだと考えるかもしれない。情報技術やセキュリティに予算をかけている企業はきっと、サイバー犯罪に対してもっとうまく対処しているのではないかと。それほどではない。世界中の大企業、NGO、政府機関に対して成功したハッキングは何万回とあって、企業はいくら費用をかけても、自らの情報を守る点でさほどうまくやっているわけではないことは明らかだ。

ベライゾン社による『二〇一三年データ侵害調査報告』によれば、ほとんどの企業は、サイバー犯罪者が自社の情報システムを侵害したとき、それを探知することもできないことがわかった。ベライゾン社が合衆国シークレットサービス、オランダ国家警察、イギリス警察中央E犯罪ユニットとの協同で行なったこの画期的な調査は、企業に対する侵入のうち平均して六二パーセントが、探知まで少なくとも二か月かかっていることを報告している。(16) トラストウェーブ・ホールディングスによる同様の調査は、会社のネットワークが最初に侵害されてから侵入が発見されるまでの平均時間は二一〇日という、心配になる数字を明らかにしている。(17) 攻撃側が――組織犯罪であれ、商売敵であれ、外国の政府であれ――企業ネットワークで邪魔されることなく探し回り、秘密を盗み、競争力にかかわる情報を得て、会計システムを侵害し、顧客のクレジットカード番号などの個人情報をくすねる時間が七か月近くもある。

企業がいずれ、自分たちの中にデジタルスパイがいて、自社の重要な情報システムが侵害されているのに気づいたときでも、なんと九二パーセントでは、その侵害を発見するのは会社の情報管理責任者でも、セキュリティチームでも、システム管理者でもなく、警察、怒った顧客、取引先が問題の被害を知らせるのだという[18]。サイバー防衛に合わせて何億ドルもかけ、ネットワークを守るために年中無休、二四時間態勢で仕事をする専門家の部局を有する、世界でも最大クラスの会社、企業がハッカーの侵入を易々と許すのであれば、家庭で自分の情報を守ろうとする利用者の見通しは実に暗いものに見えてくる。

平均的なコンピュータに侵入するのはどのくらい難しいかと言うと、ばかばかしいほど易しい。ベライゾン社の調査によれば、あるハッカーが誰かのネットワークに眼をつければ、七五パーセントの場合には、何分かのうちに防御を突破できるという。同じ調査では、システムに侵入するのに数時間ですまなかったのは一五パーセントだけだった。こうした発見の意味するところは大きい。攻撃側が誰かの世界を標的にすることにした場合のうち、七五パーセントでは、何分かでゲームは終わる。攻撃される側はパンチをくらい、ノックアウトで、何に殴られたのかもわからないうちにダウンしている[19]。今日の世界では、ハッカーは制約なく暮していて、標的のデータシステムの中で何か月も何か月もやりたい放題で、パスワードやら仕事の予定やら自撮り写真やらを覗き、待ち受け、潜伏し、略奪する。相手はカモだ。奇怪なことに、私たちは社会としてこれを許容している。家に泥棒がいて、こちらが眠っているときも覗いていたり、入浴中を撮影していたりすれば、すぐに一一〇番だろう(あるいは大声で叫ぶか、銃に手を伸ばすか)。サイバー空間では、日々そういうことが起きているが、たいていの人は騒ぎもせず、おめでたいことに脅威に気づいてもいない。自分が根本的に弱点だらけで、眠っている間に犯罪者が跳梁跋扈しているというのに。

世界的なサイバーセキュリティ不足の対価は増しつつある。世界中の企業が、様々なソフトウェアやハードウェアのセキュリティ対策について、二〇一七年には一〇〇〇億ドル近くを使おうとしている。この価格は、この世界の技術的脆弱さの経済的影響をすべて考えると、単なる出発点でしかない。たとえば、二〇〇七年のＴＪＸ社に対するサイバー攻撃を考えてみよう。この会社は、アメリカではＴＪマックスやマーシャルズ、ヨーロッパではＴＫマックスの親会社である。

このときは、サイバー犯罪者が四五〇〇万人以上の顧客のクレジットカード情報を盗み、当時最大の小売業者に対するハッキングとなった。[20] 後の訴訟で、実際の被害者数は九四〇〇万人近くだったことが明らかになった。[21] ＴＪＸがビザ、マスターカード、顧客との間で総額二億五六〇〇万ドルで和解に達したものの、多くのアナリストは、本当の代償は一〇億ドルに近かったのではないかと信じている。[22] データ流出の対価についての調査のための信頼できる典拠はポネモン研究所のもので、これはデータ保護や情報セキュリティ対策について独立した調査を行なっている。[23] サイバーセキュリティ突破を計算するときは、損害の分析を直接の顧客の被害総額を大きく超えて拡張することが重要だと述べている。

たとえば、攻撃の標的になったＴＪＸのような被害企業は、侵害を探知し、攻撃者を阻止し、犯罪者を特定し、コンピュータネットワークを修復することに相当の費用をかけなければならない。さらに、人々は用心深く、安全でないと認識された会社の業務を利用するのは控えるので、売り上げも大きく落ちる場合が多い。それに加えてクレジットカード再発行の手数料がかかり（一枚当たり五・一〇ドル）、クレジットカード不正使用の継続を防ぐために、被害企業が購入しなければならない消費者クレジット監視サービス、サイバー保険の保険料引き上げ、といったものもある。こうした損失の対価がどれだけ急速に上昇しうるかは簡単にわかる。[24] たいていの企業は自社がハッキングされたことを認めたがらず、侵害があったことはできるだけ否定しようと多くのことが試みられるのも当然だろう。

考えなければならないコストがもっと大きい場合もある。サイバー侵入の後、市場が株価の下落によって被害企業をどれだけ罰するかということだ。一例として、グローバルペイメンツは、市場価格が一日で九パーセント下がり、ニューヨーク株式取引所は同社の株の取引を停止した(25)。こうした場合、そのような金銭面での頭痛だけでなく、その後に企業の顧客、株主、規制当局から集団代表訴訟が起こされる。ポネモン研究所の推定では、企業は何やかやで、盗まれた記録一件について一八八ドル近くをつけられる(26)。その額に、TJXで盗まれた一億件近くをかけると、この侵害による対価がすぐに跳ね上がることは容易に見て取れる。

何やかやで、ほとんど効果のない防御策にかける合計と、サイバーの馬小屋の戸を馬が逃げ出した後に閉める（そしてハッカーを入れる）あべこべのこととの間に、私たちは技術的な不用心に対して、社会として高いつけを払う。さらに悪いことに、私たちとネットワーク化された世界との接続が高まり、全面的に侵入可能なテクノロジーにお互いが根本から依存していると、私たち全体としての財布よりはるかに痛い形ではね返ってくるかもしれない。

インターネットはその純粋さを失っている。私たちの相互につながった世界はますます危険な場所になりつつあり、襲いやすい技術を自分たちの生活に組み込むぶん、私たちの弱点も大きくなる。次の産業革命、つまり情報革命が進行中で、個人や世界の安全にとって大量の、まだ実現していない影響がある。今日、個人や団体、さらには重要インフラに対する脅威は途方もないように見えるが、テクノロジーという名だたる列車が駅を出発し、急速に、指数関数的に速度を増しつつある。その兆候は至るところにある。ただどこを見るべきか人は知らない。

地平線のすぐ上に、新しく成長する技術が顔を見せている。ロボット工学、人工知能、遺伝学、合成生物学、ナノテクノロジー、3Dプリンタ、脳科学、仮想現実など、私たちの世界に大きな影響を及ぼし、今日の普通のサイバー犯罪も子どもの遊びに見えるような、様々な安全への脅威一式がもたらされる。こうした技術革新は、ほんの数年後には日常の生活には必須の役割を演じるが、それによってもたらされる意図せずして伴うリスクを理解するための、広く深い研究はまだ行なわれていない。

この変容の深みと範囲、それに付随するリスクは、ほとんどの人には気づかれていないが、それでも私たちがそれを知る前から、グローバル社会は一兆もの装置——私たちの暮らしのあらゆる面に行き渡る装置——をインターネットにつなぐことになる。この常時接続は、良くも悪くも地球全体の人と機械の両方を見えなくするし、私たちの指数関数的に拡張する共通の直覚の領域全体に織り込まれる。その結果、テクノロジーはもう機械のものだけではなくなる。生活そのものになるのだ。こうした根底にあるテクノロジーの働き方を知っている人々は、ますますそれを自分の利益に合わせて、またすでに見たように、普通の人の損になるように使う態勢になる。私たちが自分の生活へ、ほとんど自己反省も思慮深い検証もなしに受け入れつつある技術の豊饒の海に、逆に痛い目に遭わされるかもしれない。そのリスクは新しい常態——私たちにはまったく備えのない未来——の予兆となっている。この本は人と機械の話であり、いかにして奴隷が主人になることがあるかという話である。

第2章　システムクラッシュ

こうして知恵も賢慮もなく技術を発達させ続ければ、自分に仕える従僕のほうが主人だったということになるかもしれない。

オマール・N・ブラッドレー

信号に何かの故障が起きたにちがいない。[1] 二〇〇八年一月の初めの火曜日、ポーランドのウッチで、ある列車が突然、左へ向きを変えた。そのこと自体はあまり変わったことではない――運転手は列車を右へ方向転換しようとしていたことを除けば。その直後、後部の車両が脱線し、別の列車に衝突して、鋭い音を立てて停止した。

驚くべきことに、衝突の規模のわりには死者はなかったが、一〇人以上の乗客が負傷し、他の多くの人々は途方にくれていた。何があったのだろう。鉄道の技術者はすぐに、回路の故障や運転手の人的ミスよりも、不正アクセスを疑った。それは正しかったが、実際の理由はおそらく思いもよらなかっただろう。

結局わかったのは、一四歳のコンピュータ名人少年が、路線上の転轍機をすべて制御できる赤外線によるリモコン発信器を作っていたということだった。[2] この少年は何か月かかけてこの町の鉄道網を調べ、最大の打撃を引き起こすためにはどこで列車の進路を変えるのが最善かを求め、自分の意のままに列車の方向転換を行なうために、町中の転轍機をハッキングしていた。[3]

言い換えると、この少年は町の鉄道網を、路線インフラをハッキングして電子的に指示を出すことによって、自分の「個人的鉄道模型セット」として使うことができた。少年は、この装置をいろいろな機械に使ったものと思われていて、犯人として逮捕されたときには、先のマット・ホーナンを襲ったサイバー犯罪者のように、自分のしたことをすべて「笑《ラルズ》のため」に行なったことを認めた。

しかしこのいたずらは四本の列車の脱線を招き、乗客に死者が出かねず、多くのセキュリティ分析家《アナリスト》が、町の重要インフラの安全を確保するために必要なことが欠けているという苛立ちをつのらせた点で目立っていた。アナリストは、一四歳の少年が単独で路線システムをハッキングできて、自分の楽しみのためにこれほどの事態を引き起こせるのなら、犯罪者、テロリスト、交戦国が同じことをしない保証があるだろうか。

脆弱なグローバル情報網

大多数のコンピュータは簡単に侵入できて、どれだけあっさりできるかというのはすでに見た。マット・ホーナンの体験は、私たちのデジタルライフを一瞬にして消してしまえることを示している。TJマックスとシティバンクはともに、何千キロも離れたところにいる犯罪者の視野に捕捉されるとどういうことになりうるかを、高い授業料を払って知った。明らかな危険を考えていたら、壁のコンセントにつなぐもの、あるいは世界的な情報網につなぐ手段を増やす前に、一定の配慮をしておくことを考えていただろう。

そうしていないから、私たちはますますコンピュータにつながるが、そのつながり方を理解しない。さらに、この接続は全面的に信頼できず、危うい――二一世紀の情報社会を築くにしては貧弱な土台だ。それでも私たちがしているのはまさしくそういうことなのだ。私たちのパソコンや仕事場のコンピュータは、インターネットに深くつながっているだけでなく、私たちの現代社会が依存している重要インフラのすべてでもある。電力網、ガスパイプライン、緊急通報システム、航空管制、株式市場、水道、交通信号、病院、衛生システム、すべてがテクノロジーとインターネットに依存して機能している。このすばらしき新世界では、人類は蚊帳の外に置かれ、文明の屋台骨を機械に頼るようになっている。

世界中の商取引と資本主義を動かしているクレジットカード取引、POSシステム端末での処理、ATMでの取引は、ネットワークを動かすコンピュータがなかったら機能しない。コンピュータは、電気をどこで、いつ、どう流せば電力網が安定を確保できるかを決める。コンピュータ支援配車システムは、パトカー、救急車、消防車を追跡して、指揮所は緊急時に誰が動かせて、誰が最寄りかを知ることができる。コンピュータと電気がないディストピア世界がどんなものかを垣間見るには、テレビをつけて、『ウォーキングデッド』のような番組や、『猿の惑星』や『ダイハード4・0』のような映画のゾンビつきテクノハルマゲドンの黙示録の類を探せばよい。ハリウッドの機械化は別としても、私たちのコンピュータに基づく枢要な情報インフラはますます攻撃にさらされ、システム故障《フェイリヤー》にとことん弱い——本当に破滅的になりかねない打撃となる。

世界の死命を制する重要インフラの大部分が、監視制御データ取得（SCADA）システムを利用して機能している。SCADAシステムは「センサーで集められたデジタル化されたフィードバックデータに基づいて、スイッチ切替、製造、その他の処理制御活動を自動的に監視・調整する」(4)。これは専用の、しばしば古いコンピュータシステムで、それが都市での列車の経路から送電まですべてを行なう物理的装置群を制御する。SCADAシステムはさらに広いインターネットに接続されることが増え、私たちと共通のセキュリティにも重大な影響がある。残念ながら、こうしたシステムはセキュリティを考えて設計されておらず、インターネットに接続された世界に対して耐性があるように工夫されていない。問題は思っている以上に悪い。二〇一四年七月には、各方面の重要インフラ企業を調査したところ、その七〇パーセント近くが少なくともセキュリティの欠陥に陥っていて、そのために、過去十二か月に、信用情報の喪失につながったり、実際に動作が中断したりしている(5)。

ハッカーはこうしたシステムにアクセスして何をするのだろう。たとえば、各地の浄水処理施設を制御する複雑な情報技術システムを考えてみよう。水を消毒して安全に飲めるようにするための化学物質を適切な比率に調整する。SCADAシステムは、水を消毒して安全に飲めるようにするための化学物質を適切な比率に調整する。しかしそのシステムがのっとられるとどうなるか。間違った量の化学物質を混ぜて、水を浄化するどころか有毒にすることがあるのではないか。とてつもない話に思われるかもしれないが、二〇一一年のBBCの報道によれば、すでにテキサス州サウスヒューストンの上下水道局への攻撃を行なったハッカーがいるという(6)。攻撃側のIPアドレスはロシアのものとされ、関係したハッカーはポンプのスイッチを繰り返して入れたり切ったりして、故障させたと言われている。この攻撃で病気になった人はいなかったが、構想は実行可能であることが証明された。

他のどんなインフラがハッキングできるだろう。わかっているのは、マサチューセッツ州ウスターの連邦航空局管制塔が一九九八年に思い知ったように、ハッキング対象に制限はない。このときは、地元のティーンエイジャーが、コンピュータの知識を使って着陸機と管制塔との通信を切断したり、進入する飛行機用の滑走路灯を消したりした(7)。この事件で死者は出なかったが、大事故になる可能性があることは明らかだ。もちろん、世界中の重大な情報インフラに対する攻撃は他にも多数あった。早い時期の例はオーストラリアのクイーンズランド州マルーチーで二〇〇一年に起きた。あるハッカーが下水処理施設を攻撃したというものだった。犯人は、この施設の処理制御システムを掌握して、「何万立方メートルもの処理前の下水を地元の公園、河川、ハイアットリージェンシー・ホテルの基礎にまであふれさせた」という。攻撃によって現地の海の生物が相当にダメージを受け、植物も同様で、もちろん、地元住民の環境が脅かされた(8)。

攻撃に弱い重要システムの一つは、たぶん送電線網だろう。電気がなければ、現代世界のすばらしいところはすべて機能を停止する——灯りも、エレベーターも、ATMも、交通信号も、地下鉄も、車庫の扉の開閉も、冷蔵庫も、ガスの送出も。そしてバックアップのバッテリや緊急の発電装置も止まれば、携帯電話もインターネットもない。現代生活の中心となるテクノロジーのインフラとしてこれほど電気に依存しているというのに、元国防長官のレオン・パネッタは、「また真珠湾攻撃のようなことがあるとすれば」、それはわれわれの発電所と送電線網の「機能を停止するサイバー攻撃である可能性が高い」と言っている。(9)

エネルギー省の報告によれば、パネッタの懸念はもっともで、さらに支持される。その報告は、アメリカの電力網――世界で最も複雑な機械とも言われる――は五八〇〇か所の発電所をつなぎ、長さが約七二万キロの高圧送電線があるとしている。その送電線網の重要な部品の七〇パーセントは二五年以上前のものだ。(10)こうした部品のSCADA技術は古く、簡単に攻撃できるし執拗に狙われている。

下院エネルギー商業委員会の調査が明らかにしたところでは、「アメリカの公共設備会社一二社が、「日々」、「恒常的に」、「頻繁に」、マルウェアに感染させるフィッシングから非友好的な探りまで、サイバー攻撃を試みられていることを伝えている。ある公共設備会社は、毎月一万回以上、サイバー攻撃の標的になったと報告した」。(11)この報告は、外国政府、犯罪者、気まぐれなハッカーなどが、いつでも電力網を解体しようと計画したり試みたりしているとまとめている。その見解は、情報当局の担当者の『ウォールストリート・ジャーナル』紙に対する以前の発言によっている。サイバースパイは「アメリカの電力網に浸透していて、このシステムを止めるのに使えるプログラムを残している」(12)という。同じ担当者は、さらに、ロシアや中国のスパイが、アメリカと紛争や戦争になったときは、電力網全体が「途絶させられる」ようにアメリカの電力網の地図を作ったと言われていることを述べた。

テロリストもアメリカのインフラをデジタル攻撃する構想を持っている。二〇一二年の夏、アルカイダのメディア部門アッサハブの動画がFBIによって発見された。その動画では、このテロリスト組織が「「隠れた戦士《ムジャヒディン》」にアメリカの政府や電力網などの重要インフラ両方のネットワークに対するサイバー波状攻撃を実行する(13)」よう求めている。それ以前に、FBIの捜査で、アルカイダのネットでの標的探しと、アメリカの緊急電話網、発電所、給水施設、原子力発電所、ガス貯蔵施設網の監視が行なわれた数々の例が明らかになっている。[14]

このテロ組織は、将来攻撃されるかもしれない重要インフラについて、狙う標的の写真、詳細なメモ、ネット上での調査など、詳細な標的情報を完成していた。

サイバー犯罪者も、SCADAや、その他重要な情報インフラの脆弱性を理解し、暴露し、利用するための作業をしている。カオス・コミュニケーション会議というドイツで開かれる年に一度のハッカー集会では、ポジティヴ・リサーチ社のアナリストが、ガス、化学物質、石油、エネルギー各業界で産業インフラの掌握のしかたを実演した。[15]同様に困惑することに、ハッカーはこの情報を互いに共有して、重要インフラを掌握するのに使える既知の利用法について検索可能な公共データベースまで作っている。よく知られたハッカー用データベースの一つ、Shodan《ショーダン》は、発電所から風力発電機まで何でもどう利用するかについてのヒントを、国別、企業別、装置別に検索可能にして、詳細なハウツーを提供し、どんならず者でも私たちの重要インフラをハッキングできる技術や知識のハードルを大きく下げている。[16]実際、この接続された世界を掌握しようとする攻撃者にとって、ショーダンはグーグルのようなものになっている――ショーダンは世界中の諸外国にある複数のサーバーにあって、そこでは脆弱性の公表は今のところ犯罪ではないので、それを止めることはまずできない。

組織犯罪集団も、公共設備企業や政府から金を搾り出す論理的な手段として、インフラの攻撃に関心を向けつつある。二〇〇五年から二〇〇七年にかけて、ブラジルではそのような事件が何件か起きたと伝えられる。リオデジャネイロの北、エスピリト・サント州でサイバー波状攻撃が実行された。[17]このときには、地元の電力会社が現地の犯罪組織の恐喝による要求に応じることができなかったため、三〇〇万人近くが、停電で闇に閉じ込められた。その結果、世界最大級の鉄鉱石産地のヴィトリア市は、いくつもの工場の操業を停止しなければならず、この会社は七〇〇万ドル近くの損害を受けた。この攻撃は合衆国の情報当局、セキュリティ研究家に確認され、さらにはオバマ大統領も、「サイバー侵入者がよその国々で都市全体を闇に陥れたことを知っている(18)」と述べて、間接的に確認した。

相手は誰？

有名な中国の武将で『孫子兵法』の著者、孫子は、インターネットができるより二五〇〇年前に、賢明にもこう述べている。「敵を知り、己を知れば、百戦あやうからず」。つまり、私たちの目の前にある広大なテクノロジーの脅威を理解するためには、敵を理解しなければならない。それぞれにそれぞれなりの手段や動機があるが、共通しているのは、それぞれが、私たちの根本から接続されている世界にリスクを負わせているところだ。

サイバー悪行に関与する役者は巨大で、国家、そのへんの悪党《ネイバフッド・サグ》、国際組織犯罪者集団、外国の諜報活動家、ハッキング活動家《ハクティヴィスト》、軍人、サイバー戦士、国が支援する代理戦争屋《プロキシファイター》、遊びで攻撃したがる輩《スクリプトキディ》、ありふれたハッカー、電話回線不正使用者《フリーカー》、カード犯罪者、クラッカー、不満を抱いたインサイダー、産業スパイなどがいる。それぞれが、米軍の言う「第五の戦場」（これまでの陸、海、空、宇宙に次ぐもの）に出番がある(19)。

各方面は、精巧さにばらつきはあっても、似たような戦術を用いることが多い。また、すべての攻撃者はテクノロジーの非対称性を利用している。防御側はすべての侵入者を入れないために完全な壁を作らなければならないが、攻撃側は突破する装甲の穴を一つ見つけて攻撃すればよい。サイバー地下世界で戦う各勢力どうしには、図らずも協同がある。参加者は互いから学習し、成功した作戦は模倣することが多いからだ。たとえば、国際組織犯罪者集団は、攻撃を計画するために精巧な偵察作戦を用いるが、ATMスキミング、資金洗浄《マネーロンダリング》、eBay《イーベイ》での盗品の言い抜けなどにありがちな仕事を実行するには、そのへんの悪党に頼ることが多い。テロリスト組織はサイバー犯罪者から学習して、現実世界の活動の資金にするために金銭的な利得を求めてハッキングする。中国、ロシア、イランなどでは、国が後ろ盾の支援者によって、市民の愛国団体がサイバー治安部隊に組織されることが多く、暗黙の承認、資金、訓練が与えられる。その際、政府の後援者と同じ技術とツールの一部を共有する。サイバー地下世界には共生関係があり、脅威を及ぼす役者全体にわたって共通の方法論がある。

　サイバー犯罪者のことを考えてたぶん最初に思い浮かぶのは、実家の地下室にいるティーンエイジャーの少年という固定観念のイメージだろう。まわりはフリトスの空袋や捨てられたコークの缶だらけ、キーボードを打ちまくり、高校のコンピュータにある自分の成績を変えようとしている（一九八三年の映画『ウォーゲーム』でマシュー・ブロデリックがしていたように）というふうに。ハッキングの草創期、ハッカーが注目する標的は電話網で、いわゆる電話フリーカーが天井知らずの市外電話料金を回避するためにネットワークを操作していた。一九七一年の当時は、電話網をハッキングして無料電話がかけられるようにする「ブルーボックス」を組み立てることに青春時代をつぎ込んだハッカーが二人いたことを忘れないようにしよう。スティーヴ・ウオズニアックとスティーヴ・ジョブズだ。[20] 二人はブルーボックスをカリフォルニア大学バークレー校の学生に売って稼ぎ、別の小さな新興企業《スタートアップ》、アップルコンピュータ社の資金の足しにすることになる。

　時が経ち、他にも、ケヴィン・ミトニックやケヴィン・プールセンといった有名なハッカーが現れた。ミトニックは一六歳のとき、デジタル・エクィプメント社（DEC）のコンピュータに侵入し、一連のサイバー侵入を続けて、FBIの怒りと「アメリカで最も追われているハッカー」という名声を得た。[21] 一九九〇年のプールセンによるハッキングは、地元のロサンゼルスのラジオ局の電話線すべてを掌握し、自分が確実に一〇二番めにかけられるようにして、一等の五万ドルのポルシェ944S2を確保した。[22]

　こうした一九七〇年代、八〇年代、九〇年代のハッキングは、今日の標準からすればたわいのないものに見えるだろう。この間にサイバー犯罪者は高度に組織化されるようになり、世界的なオンライン犯罪組織を作っていて、身元情報詐取、クレジットカード詐欺、医療詐欺、福祉詐欺、脱税を行なう。組織犯罪者集団は、もっと大きなもっと手の込んだ標的も追うようになりつつある。世界中の企業が生み出す、製品の設計図やコンピュータプログラムのソースコードなどの、厖大な量の知的財産も含まれる。たとえば、二〇一三年一〇月、犯罪的ハッカー集団が、シリコンバレーのアドビ・システムズ社をねらい、三八〇〇万件のログインIDとパスワード、ならびに数百万件のクレジットカード番号を盗み出した（とくに目新しいことではない）。[23] しかしその攻撃で違っていたのは、犯罪者が、フォトショップ、コールドフュージョン、アクロバットなど、アドビ社の基幹製品の四〇ギガバイト以上あるプログラムのソースコードも盗んだことだった。[24]

結果として、犯罪者は今や勝手にアドビ製品を売っているだけでなく、プログラムのコードを変えて、いくらあるかわからない隠れたバックドアやマルウェアや追加の仕掛けを製品に仕込み、アドビの正当な疑っていない利用者が、広い範囲のハッキング攻撃と身元情報詐取の被害を受けることになる――アドビが世界中のコンピュータ利用者に残している巨大な足跡を考えると実に困った展開だ。pcAnywhere《ピーシーエニウェア》やノートン・アンチウイルスを製造しているシマンテック社さえ、ソースコードを盗まれたことがある。ある犯罪的ハッカーが、ハッキングから守るためのウイルス対策ソフトを販売している会社から、一・二七ギガバイトあった同社のセキュリティソフトのソースコードを盗み、有名なハッカー御用達ウェブサイト、The Pirate Bay《ザ・パイレート・ベイ》にデータを出品しないのと引き換えに、比較的ささやかな五万ドルを要求した。[25]

イタリアのマフィア、日本の暴力団、中国の三合会、コロンビアの麻薬カルテルなど、従来からある組織犯罪者集団は、みな、資源と手間を日常の犯罪活動から振り分けて、サイバースペースで手に入る、手軽に儲かり、匿名性が高く、警察の捜査が限定的という便宜を利用している。[26] さらに、ドラッグの密売や人身売買のような以前の経済活動に対して宣告されることが多い、厳しい刑罰を心配する必要もなくなる。サイバースペースでの組織犯罪者集団は、ほんの少しだけ挙げても、スパム、フィッシング、偽の薬品広告、児童ポルノ画像配布、DoS攻撃、脅迫などに関与している。

仲間意識の強い古い組織犯罪勢力に加えて、これが本業のサイバー犯罪組織というもっと敏捷な集団も爆発的に登場しつつある。この、専門家が組織された新たに成長中の犯罪的ハッキング集団は、利益も大きく、実にグローバルで、中国、インドネシア、合衆国、台湾、ロシア、ルーマニア、ブルガリア、ブラジル、インド、ウクライナに本拠を置いている。[27] 新しい組織、たとえばサンクトペテルブルクにある、ロシア・ビジネス・ネットワーク（RBN）は、複数生産ライン、フルサービスのサイバー犯罪組織と名乗っている。[28]

RBNは、「防弾」ウェブサイトを提供することで知られている。[29] これはあらゆる種類の犯罪的企業にサーバを提供し、そこをホストとするコンテンツに対して完全に無干渉の姿勢を取り、そのサーバ上で児童ポルノからマルウェアまで何でもご自由にというところだ。他にもShadowCrew《シャドウクルー》のような職業的サイバー犯罪者集団が、「カード屋《カーダー》」という、偽造のパスポートや運転免許、盗まれたクレジットカードなど、個人を特定できる盗まれた情報――世界中で成長する身元確認情報詐取経済の鍵を握る品目――の薄暗い世界を専門とする人々にオンラインの隠れ処を提供する。シャドウクルーは今はないが、CarderPlanet.com《カーダープラネット》というサイトを運営していた。これは世界中の四〇〇〇人もの犯罪者が自由に集まって、盗まれたりハッキングされたりした個人情報、文書、口座番号などを売買していた。[30] シャドウクルーは有名な犯罪的ハッカー、アルバート・ゴンザレスが創立し、仲間の犯罪者に、暗号からカード複製技術まであらゆることについてチュートリアルを提供していて、ゴンザレスの組織は一億八〇〇〇万枚以上のクレジットカードやキャッシュカードの盗みと故買にかかわっていたと伝えられる。[31] こうした高い利益が上がる国際的組織サイバー犯罪の輪が育っていて、情報セキュリティ会社のCrowdStrike《クラウドストライク》は、世界中にあるこうした大組織を五〇以上、積極的に監視している。[32]

国際的組織犯罪団体の他に、ハクティヴィスト――政治的な意図によるサイバー攻撃者――が、サイバー空間でも力のある集団の一つとなっている。Anonymous《アノニマス》、LulzSec《ラルズセック》、AntiSec《アンチセック》、WikiLeaks《ウィキリークス》、シリア電子軍などがこのグループに入り、不正義と見たものに対する反撃を仕掛けている。ジュリアン・アサンジ、チェルシー（ブラッドリー）・マニング、エドワード・スノーデンといった人々の名は、世界の権力を握る組織のいくつかに異を唱え、相手がきっと隠しておきたいと思うようなデータを公表することで家庭にも知られるようになっている。アサンジ、マニング、スノーデンは世界中の新聞雑誌が取り上げるまでになったが、個々の構成員については、組織そのものや、その組織のもっと広い方向性に従属して隠されているハクティヴィスト集団もある。有名な例の一つがアノニマスという、自称、リーダーのない組織で、構成員はガイ・フォークスのマスクを着けていることで広く知られるようになった(33)。

このグループのモットーは「われわれは無名《アノニマス》である。われわれは軍団である。われわれは赦さない。われわれは忘れない。われわれに期待せよ(34)」で、その組織の気風をこう表す。「腐敗した者はわれわれを恐れる。正直者はわれわれを支援する。英雄的な者はわれわれに加わる」。マスターカード、ビザ、ペイパルがジュリアン・アサンジのウィキリークスへの寄付を仲介するのをやめることに同意したとき、アノニマスはこの金融企業に対する効果のあるサイバー攻撃をしかけることで応じた(35)。アノニマスは、それが厳格な海賊版取締法と見なすものには強く反対し、ソニーがアメリカの「オンライン海賊行為阻止法」と呼ばれた海賊版取締法を支持したことに応じて、かつてのソニー・プレイステーション・ネットワークに対する攻撃を行なった(36)。

アノニマスは自らを善のためにハッキングすると見ており、アラブの春のときの中東全体の活動家支援など、幅広い社会的大義を掲げてきた(37)。この集団を批判する先頭に立つ人々さえ、アノニマスのそれほど知られていない、犯罪組織や不正義と戦う活動のいくつかを支持している場合もある(38)。たとえば、オペレーション・ダークネットと呼ばれる攻撃の際には、アノニマスのメンバーが、性的虐待を受けている子どもの悪質な画像を掲載している児童ポルノのサイトを標的にした。ハッカー集団はそうしたサイトをオフラインに追い出し、そのサービスを利用していた一五〇〇人の幼児性愛者の名を公表した。アノニマスなどのハクティヴィスト組織がとる活動を支持するにせよ、嫌悪するにせよ、明らかなことが一つある。この集団が過剰に接続された世界で脅威となる活動家による広いタペストリーの中にあると認識される勢力であるということだ。

ハクティヴィストはどんな個人も企業も標的にできるし、アラブの春のときに見られたように、世界中に地政学的影響力を及ぼすことさえできる。その成長する力を認識した『タイム』誌は、アノニマスを二〇一二年の世界で最も影響力のある百人の一人に選んだ。[39] その成長中の影響力や能力は、政府の目も引かないわけにはいかず、最近、アメリカで言えば国家安全保障局（NSC）に相当する英国政府通信本部（GCHQ）が、アノニマスの活動を止めるための作業の中で、独自にアノニマスやその成員に対するDoS攻撃をかけたことが明らかになった。[40] 非政府活動やハクティヴィスト集団に対抗するこの政府の劇的な応戦は、アノニマスがこの世界で持ちつつある影響力を明らかにする。

他方、テロリスト組織もますますインターネットなどの技術を使って、殺人的な活動を計画し、支援し、実行する。[41] テクノロジーは、テロリストがアングラのチャットルームで新たなメンバーを引き込んだり、活動資金を得たり（サイバー犯罪やオンライン資金集めによって）、隠れて通信したり、ISIS（いわゆる「イスラム国」）が作ったおぞましい斬首の動画のようなプロパガンダを拡散したりするのを助ける。ISISはテクノロジーに長けていて、最新の参加募集動画は効果を上げるために「グランドセフトオートV」の場面を加えさえしている。ネット動画製作では、この評判の悪いテロ集団は新しい参加者に「軍の車列を攻撃したり、警官を殺したりなど、ゲームですることを実生活の戦場でする」機会を与えると言う。動画にはISISのロゴが埋め込まれている。[42]

テロリストによるインターネットの偵察や研究はあたりまえのことで、グーグルアースの画像が攻撃目標として意図されているのを担当者が発見したことも何度かある。二〇〇七年の、ニューヨークのJ

FK国際空港の燃料タンク爆破計画などがある。(43) テロリストはテクノロジーのアーリーアダプターで、とくに自分たちの通信を安全に行なうためのデータの暗号化の面ではそうだ。たとえば、「一九九三年の最初の世界貿易センター爆破の首謀者として有罪となったラムジ・ユセフは、一一機のアメリカの旅客機を破壊する計画の詳細を隠すために、暗号化されたファイルを使っていた」。ユセフの場合には、このテロリストが使う暗号化アルゴリズムを司法当局が破るのに一年以上かかったが、その作業の中で、警察官は思いがけず旅客機に対する計画を未然に防ぐことができた。(44)

テロ対策専門家には、インターネットを「テロリスト大学」と呼んだ人々もいる。テロリストが攻撃の方法についてもっと実行力を得るよう、新しい技術や技能を学ぶ場ということだ。オンラインで広く利用できるのは、自家製毒薬や毒ガスのためのいろいろな「レシピ」が収録された『戦士《ムジャヒディーン》毒薬便覧』のような文書だ。(45) 六〇〇頁にもおよぶ『聖戦《ジハード》百科事典』も広くネットで利用でき、「殺し方」、「爆破装置」、「起爆装置の製造」、「地雷による暗殺」といった章がある。そのようなオンライン教育がどれほど危険になりうるかを示す顕著な例として、ジョハル・ツァルナエフという、二〇一三年のボストンマラソン爆弾テロ事件に関与したとして逮捕されたテロリスト容疑者は、当局に対して、自分と兄は攻撃に用いた圧力鍋爆弾の作り方を、アルカイダのオンライン雑誌『インスパイア』に掲載された「家の台所で爆弾を作る」という記事の順を追った指示を読んで学習したことを認めた。(46)

テロリストは活動の支援や計画にインターネットを使うだけでなく、現実世界でのテロ活動の資金集めや実行の手段として、ハッキングとサイバー犯罪双方に目を向けている。二〇〇七年六月、イギリスのあるテロリストのサイバー活動拠点が警察に踏み込まれた。三人の住人、タリク・アルダオル、ワシーム・ムガル、ユネス・トゥーリがインターネットを使って殺人を唆したとして有罪になった。提出された証拠は、三人がハッキングしたクレジットカード口座を使って、テロ活動のための直接活動支援を提供する目的で商品――暗視ゴーグル、GPS装置、航空券、プリペイド携帯電話カードなど――を買い、仲間の戦士を支援していたことを明らかにした。「三人は、総額三五〇万米ドル以上の偽の支払いをし、盗んだクレジットカード口座四万件近くが収められたデータベースを所持していた」(47)と伝えられる。

二〇〇二年の有名なバリ島爆弾テロの主犯で、アルカイーダにつながるテロリスト集団、ジェマ・イスラミアのイマム・サムドラは、二〇〇人以上の死者が出た攻撃資金として、ウェスタン銀行の口座とクレジット限度額をハッキングすることによって一五万ドルの資金を用意した(48)。サムドラはテクノロジーに通じていて、獄中で自伝的な声明を書き、そこには「ハッキングすればよい」という題の章がある。この本では、サムドラが自身のハッキングと「カーディング」の技法を弟子に教え、活動資金にするために、「アメリカのコンピュータを、「カーディング」と呼ばれるクレジットカード詐欺という特定の目標をもって攻撃し、聖戦をサイバー空間に持ち込む」ことを奨励している(49)。テロリストはその教えを受けつつあるようで、二〇〇四年、一九〇人の死者と二〇〇〇人近くの負傷者を出したマドリッド、アトーチャ駅での爆弾テロでも、また五二人の市民が死亡し、七〇〇人が負傷した7・7ロンドン同時爆破テロでも、ハッキングとクレジットカード詐欺で全部または一部の資金が稼がれていた(50)。

テロリスト組織の専門的なハッキング技能が増すにつれて、ネットで生み出せる不法に入手した儲けの額も増える。たとえば、二〇一一年の末、FBIと共同作業していたフィリピンの警察が、AT&Tの会社と利用者から二〇〇万ドルを騙し取る電話ハッキング詐欺を摘発した。携帯電話をハッキングしたフィリピン人チームはジェマ・イスラミアと連携して、稼いだ金をサウジアラビアに本拠を置くテロ組織に流し、この組織は、二〇〇八年のインド、ムンバイの町を襲い、死傷者数百人を出した爆弾攻撃に関与した、パキスタンに本拠を置くラシュカレトイバに流した(51)。

犯罪者、ハクティヴィスト、テロリストが、目的は利益であれ、政治であれ、殺人であれ、私たちの接続を私たちに対抗して使っていることは明らかだ。こうしたグループは科学や技術を自力で学習し、二一世紀のテクノロジーの外被の弱点につけこむ点で恐るべき勢力であることを示している。それでも、デジタルな地下世界にいるのは犯罪者、ハッカー、活動家、テロリストだけではない。国民国家の組織集団、サイバー戦士、外国の諜報機関などもいて、それぞれがいわゆる第五の戦場に手軽に参戦し、それぞれの目的のために、根底にある、地球を一つにするデジタルインフラの弱点をついている。

今日の平均的なインターネット利用者は、せっせとフェイスブックの近況を更新し、ゲームの「アングリー・バーズ」をプレイするが、今日のインターネットが生まれたのは国防高等研究企画局（DARPA）という米国防総省の機関で、核攻撃に備えて軍事通信に余裕を確保するために考えられたという由来を思い出すことが大事だ。インターネットは軍事の産物で、それに伴って相当の地政学的影響がある。[52]

政府が関心（と予算）を攻撃的なサイバー活動に転じると、私たちが依存するハードとソフトの脆弱性の幅が見えるし、私たちの普通の技術的弱点があからさまになる。シマンテックに対する五万ドルもの脅迫、あるいはディスカウントショップチェーンのターゲットでの一〇億ドルに及ぶハッキングによる損害は今も特筆すべきもので、もちろん私たちが関心を向けるに値するが、ペンタゴンの三〇〇〇億ドルかけたF-35攻撃戦闘機計画のコンピュータによる機密漏洩と比べると端金かもしれない。[53]

二〇一三年五月、米政府は中国を、F-35などのアメリカの死活的な国防や政府のシステムに対する一連のハッキングに関与していると名指しした。[54] 長年の間には、他にもPAC-3と呼ばれる高度なパトリオットミサイルシステムや、海軍のイージス弾道ミサイル防衛システム、F／A18戦闘機、V-22オスプレイ、ブラックホーク・ヘリコプター、沿海域戦闘艦などの、多くの国防の設計図やテクノロジーが盗まれたことが伝えられている。[55] FBIの報告によれば、中国は一八万人のサイバースパイ／兵士軍団を育て、米国防総省ネットワークだけでも年に九万回というものすごい数のコンピュータ攻撃を仕掛けているという。[56] 盗まれた総数とアメリカの国家安全保障に対する影響は息を呑むほどだ。

中国の伝えられるサイバーハッキング活動は、アメリカとのどんな紛争でも、直接の戦術的・作戦的優位を含め、相当の戦略的有利を中国にもたらす。アメリカの国防システムに関する設計図をこれほど多く手に入れれば、その機能や、重要なことに危機の時の突破のしかたについて、要となる詳細をもたらす。さらに、この大きな「頭脳強奪」で、アメリカの納税者によって支払われる成果を盗用し、それによって、中国は自身の軍事開発から、何億ドルもの研究資金（と何十年もの作業）を節約できる。

もちろん、中国の標的になっているのはアメリカの軍事技術だけではなく、法律事務所、シンクタンク、人権グループ、政府出入り業者、議員会館、大使館、連邦機関何でもという、ワシントンに集まる機関もそうだ。[57] さらに、カナダの「インフォウォー・モニター」、「セクデヴ・グループ」、トロント大学シチズンラボの研究者からなるチームによる二〇〇九年の報告は、いわゆるゴーストネット、つまり一〇三か国にわたる「広大な世界的サイバースパイネットワーク」を明らかにした。このネットワークコンピュータは中国にあるサーバーで制御され、チベット亡命政府やダライラマを標的にしていた。[58]

中国は数々のメディアの系列もハッキングを行なったと非難されたこともある。[59] 有名なところでは二〇一三年初め、中国の温家宝首相の親戚が、温首相就任以来、事業で何億ドルも蓄財したと報じた後の『ニューヨーク・タイムズ』がある。犯人側は、侵入によって、『ニューヨーク・タイムズ』のネットワークのどのコンピュータにもアクセス可能になり、この中国人グループは中国指導者の評判を傷つけかねない情報源や連絡先を明らかにしようとしていたと信じられた。同紙は民間のサイバーセキュリティ企業マンディアントを雇い、事件を調査させ、マンディアントは人民解放軍61398部隊〔中国サイバー軍〕に対して負けずに反撃したという戦果の報告をした。[60] 部隊の司令部は上海市の浦東新区大同路にある、広さ一万二〇〇〇平方メートル、一二階建てのビルにあり、そこに何千という従業員が勤務し、毎日、世界中の各国政府、企業、個人を相手にハッキングを行なっている。

こうしたテクノロジーによる窃盗は、中国政府そのものが直接に行なっているわけではないが、国が後援し、任命された代理によって行なわれることが多く、世界中の事業にとって深い影響とコストを伴う。二〇一二年、『ブルームバーグ・ビジネスウィーク』誌は、世界の知的財産の中国による相次ぐ窃盗を特集記事で取り上げ、「おい中国、われわれの物を盗むのをやめろ」という見出しを全面に掲げた。[61]特集はマサチューセッツ州にある、大型風力発電機を動かす発電装置とソフトウェアの設計を専門にするグリーンエネルギーのテクノロジー会社、アメリカン・スーパーコンダクター社（AMSC）のCEO、ダン・マッガーンの話を目玉にした。二〇一一年三月、AMSCの最大の顧客――中国の元国有企業シノベル・ウィンド・グループ〔華鋭風電科技集団〕――が、突然、遼寧省にある組立工場で出荷の受取りを拒否するようになり、AMSCから入荷予定の七億ドル以上分の注文をキャンセルした。市場のAMSC注文解約への反応はすさまじく、一日で株価は四〇パーセントの下落、その年の九月までには八四パーセントの下落となった。

問題の調査から、シノベル社自身の発電タービンは「AMSCのソフトを盗んで動かしているらしい」こと、シノベル社はAMSC社所有のコンピュータ用ソースコードをすべてコピーして持ち去ったことが明らかになった。シノベルはAMSCの知的財産をすべて手にしたので、もはやAMSCもその製品も必要なく、自分でAMSCの製品を製造できた。その結果、シノベルはすでにAMSCと交わしていた七億ドル以上分の供給契約を破棄した。

企業の、政府の、軍事の知的財産の窃盗をすべて合わせると、中国のハッキングの試みは、この国に人類史でも最大の富の転移をもたらしている。[62]アカマイ社の「インターネットの状況」報告によれば、世界中のサイバー攻撃全体のうち、何と四一パーセントが中国発だという。[63]もちろん、中国は猛烈に、また恒常的に、世界的ハッキング活動にはいっさい関与していないと否定する。推測が出て来ると、たいていい、ハッキングされた国の首都、パリ、ベルリン、ニューデリーなどにある中国大使館の広報官が応答する。ワシントンDCの中国大使館のワン・パオトン報道官から発せられた声明は、中国の反応の典型だ。「中国は国際的なハッキング活動には断固反対であり、各国と協力してサイバースペースを守る用意がある」。[64]ワンの否定声明は、そのような反応が出た最初ではない。「China denies hacking」〔中国はハッキングを否定〕という検索語でグーグル検索をすれば、検索結果は無慮三五〇〇万件に及ぶ。

中国は世界で最も人口の多い国だが、サイバー作戦行動をとっているのは中国だけではない。元FBI長官ロバート・ミュラーによれば、やはりサイバー攻撃部隊を用意して企業秘密や重要インフラ情報を収集させている国は、イランなど、少なくとも一〇八か国あるという。[65] 二〇一二年末、「Cutting Sword《カッティング・ソード》 of Justice《オヴ・ジャスティス》」〔正義の鋭い刀〕というそれまで知られていなかったハッカー集団が、石油・天然ガスの巨大企業、サウジ・アラムコを標的にして、企業相手としては史上最も破壊的なコンピュータ妨害活動を実行したと宣言した。[66] 攻撃が行なわれたのはイスラム暦での重要な祝日、ムハンマドが信徒に『クルアーン』を示したと言われるライラト・アルカドルの前夜で、アラムコの五万五〇〇〇人の従業員は家族や友人と祝うために家にいた。脅かされたのは二六〇〇億ガロン、価格にして八兆ドル〔アップル社株の時価総額の一四倍〕だった。[67]

この事件のときには、施設に出入りできる未知の内部の人間が、感染したUSBメモリを、会社のネットワークにつながった一台のPCに差した。何分もしないうちに、USBメモリに置かれたシャムーンというウイルスが、アラムコの三万台もの社用コンピュータすべてに、野火のように広がった。[68] その目的はアラムコの各施設での石油とガスの生産を止めることだったが、優れたセキュリティ実践から、ウイルスにできたのは、会社のデータを破壊すること「だけ」だった。対価はと言うと、シャムーンは会社の三万台のハードドライブの七五パーセントを消去し、「文書、表計算、メール、ファイルを――燃えるアメリカの旗の画像に置き換えて――」一掃したという。[69]

カッティングソード・オヴ・ジャスティスは、その攻撃はサウジアラビアがシリアとバーレーンでシーア派の抗議に対してとった「犯罪行為と非道」に対するものだと主張した。[70] アメリカの情報当局は、このハッカー集団がイランの隠れ蓑にすぎないのではないかとにらんでいて、イランこそがこの攻撃の後ろ盾として指弾されるべきだと思っていた。[71] アラムコ攻撃で衝撃的な能力が見せつけられた後、二〇一三年初めにアメリカの金融サービス企業をねらった分散サービス停止（DDoS）による混乱など、イラン政府による他のいくつかの攻撃が成功した。JPモルガン・チェース、バンク・オヴ・アメリカ、ウェルズ・ファーゴ、BB&T、HSBC、シティグループなどの数々の大銀行がこの攻撃で影響を受け、こうした会社のネットワークや公式サイトを長時間にわたって接続不能にして、顧客の口座にアクセスできないようにした[72]。イザディン・アルカサム・サイバーファイターズと名乗るハッカー集団は、このサイバー電撃戦に関与したと犯行声明を出したが、米当局は、このグループはイランの代理にすぎないと言う[73]。

広くアメリカの金融機関に向けられたイランのDoS攻撃は、規模と範囲、仕掛けた側が送りつけたデータの厖大さの点で衝撃的だった。「一部の銀行は、ピーク時には〔毎秒〕七〇ギガビットの通信量という洪水を持続的に浴びせられた[74]」。それほどのDDoS通信量を置き換えてみると、一〇億人の人が同時に銀行に電話をかけ、切り、一秒後にまたリダイヤルするようなもので、その発信（あるいはウェブサイトへの訪問）がつながるには、処理しなければならないリストの一、〇〇〇、〇〇〇、〇〇一番めに置かれることになり、実質的に銀行につながることはない[75]。

ものすごいことに、イランが背後にいる金融機関攻撃は、悪名高い二〇〇七年の、ロシアに本拠を置くハッカーによるエストニアに対する攻撃――このバルト海の小国をほぼ全面的にオフラインに追い出した攻撃――の何倍もの規模だったと伝えられた。エストニア事件については、エストニアが、首都タリンにあったソ連時代の墓標を、長く置かれていた位置から郊外に移動させることにした後（モスクワを激怒させた）、ロシア政府が代理のナショナリストハッカーを介して支援したと広く信じられている。多くのセキュリティ専門家がエストニアに対する全面デジタル襲撃を、規模とレベルから、「世界初のサイバー戦争」と呼んだ。イランがその攻撃を上回ったことを受けて、あるセキュリティ研究者は、このイスラム共和国の技術的攻撃は、「何匹かのキャンキャン吠えるチワワ」は卒業し、「火を噴くゴジラの集

団」なみになったと述べた。(76)

もちろん、かつての国家安全保障局（NSA）に勤めていた職員エドワード・スノーデンが二〇一三年七月から盗み出し、一方的に公表された多数の機密文書に基づけば、アメリカがよそに対して行なうとされる広範囲のハッキングもあった。スノーデンはNSAが運用した全世界技術監視装置について詳細を述べ、ジャーナリストのグレン・グリーンウォルドとローラ・ポイトラスを相手に話した自説の根拠となる文書資料を提供した。その後、PRISMやXキースコアのような施策が明るみに出て、何十億ものメール、チャットのやりとり、メッセージサービスのテキストを毎日毎日追跡するという能力も明らかになった。(77)

スノーデンは一時避難ということでロシアのモスクワに住んでいるが、ドイツのメルケル首相やブラジルのジルマ・ルセフ大統領など、各国指導者の個人的な携帯電話を盗聴するなどの、アメリカが行なっているサイバー操作、技術操作のリストを作り続けている。(78) さらにスノーデンは、フランス、ドイツなど同盟国の何千万という市民の、世界中で月に一二〇〇億回もの通信が記録されていることも暴露した。(79) スノーデンの暴露は、とくにアメリカも、中国移動通信や、名門精華大学のような中国の標的に対するサイバー操作をしかけていたことを明らかにしたときなど、中華人民共和国による激しいサイバー操作を合衆国が非難することに示される国際的共感に冷水を浴びせる機能もしている。(80) 政治的信条や見る立場によって、スノーデンはアメリカの敵にも、ヒーローにも、警鐘を鳴らす人にも、反体制にも、反逆者にも、愛国者にもなる。ほとんどの人は、いずれかの思いを強く抱く。歴史がスノーデンをどう判断するにせよ、その暴露は、本当であれば、政府がサイバー戦争にどう関わっているかを詳細に描いている。

サイバー空間で脅威となる活動の分布を分析すると、ハクティヴィスト、犯罪者、代理戦士、テロリスト、ならず者国家、すべてが、この世界のテクノロジーのインフラにあるセキュリティの弱点につけ込むことが十分にできることを明らかにする。人の金銭的なデータ、身元、子どもの写真、送電線網など、すべて脆弱で危険にさらされており、簡単に狙われ、不正入手される。テクノロジーが今日の暮らしの至るところにあるように見える分、指数関数的な成長は、私たちがついて行けないほどのテクノロジーの進歩の潮流が生まれつつあることを意味する。世界的な情報網への接続の広さや深さが増すだけでなく、これまでSF小説《サイエンスフィクション》の世界にあったような新テクノロジーが、まもなくSF的《サイエンスファクト》な事実になる。要するに、私たちはまだ何も見ていない。

第3章　ムーアの無法者

未来はすでにここにある。
まだ均等に配分されていないだけだ。

――ウィリアム・ギブソン『ニューロマンサー』

指数関数と指数曲線の数学的な威力を学ぶために、フランスの小学生が、蓮の葉が広がる池を思い浮かべるよう求められた。葉は毎日大きさが倍になり、池の表面を埋め尽くすのに三〇日かかるとされる。池を覆いつくすと、他の生物を窒息させて殺してしまう。そこで問題です。蓮の葉が池の半分を覆うのは何日後でしょう。

最初のうちは大したことはない。蓮はほとんどわからないほどの速さで広がり、二〇日たっても水面の〇・一パーセントほどを覆う程度だ。わずか〇・一パーセント。その五日後には三パーセントになるが、まだ比較的目につかない。まだまだ蓮は成長を続ける。そして二九日めに蓮は池の半分を覆うことになる。そのときには、池を救うための時間はわずかしか残っておらず、翌日には蓮で池は窒息してしまう。二九日めは他のどの日とも同じに見えることが多いが、指数関数の性質によって、池はもう半分死にかけている。

この池の話の教訓は、指数関数的成長の魔法の性質は非常に早く忍び寄り、私たちの直線的な思考が自分自身の命取りになるかもしれないということだ。

指数関数の世界

未来学者のレイ・カーツワイルは著書の『ポストヒューマン誕生』で、私たちをとりまくテクノロジー世界の指数関数的性質を述べ、「指数曲線の膝」と呼ばれるものの概念を紹介する。曲線の膝は指数関数的な勢いが真に顕著になる変わり目である。しかしその直後、曲線の勢いは爆発的になり、ほとんど垂直になり、指数関数的成長曲線の数学的な衝撃が感じられる。マルコム・グラッドウェルなら、この現象を「ティッピングポイント」と言うだろう。数々の小さなものの総和が結果の顕著な違いをなす方向へと衝き動かす。テクノロジーの指数関数的な性質と、テクノロジーが私たちの生活の至るところにあることからすれば、私たちがそのような変わり目に急速に近づいていることを示す圧倒的な証拠がある。問題は、いい方に変わるのか、悪い方なのか。

国際電気通信連合によれば、二〇〇〇年にはネットにつながっている人の数はわずか三億六〇〇〇万人だった。そうなるまでに四〇年近くかかったのに、二〇〇五年には、インターネットの世界的コミュニティは初めて一〇億人に達した[1]。二〇億人に達するのには六年しかかからず、二〇一一年三月に達成された[2]。途上国での伸びが著しく、アジアとアフリカは二〇〇〇年以来、それぞれ八四一パーセントと三六〇六パーセントという急上昇をとげている[3]。残念ながら、世界の半分はまだインターネットにつながっていないものの、グーグルの会長エリック・シュミットは、大胆にも、二〇二〇年には世界中の誰もがネットにつながると予測している[4]。

こうした変化の容赦ないペースと、生活の中でのますます拡大するテクノロジーの存在感は、ムーアの法則《ロー》と呼ばれるテクノロジーの公理によって表されてきた。この名はインテル社の元会長、ゴードン・ムーアの名にちなむ[5]。ムーアは一九六五年、集積回路単位面積あたりのトランジスタの数は、将来、一年で二倍になるという予測で知られる。この原則は後に一年半で二倍、二年で二倍と修正されたが、ムーアの法則と呼ばれ、今や回路に基づくテクノロジーすべての性能や能力に広く適用されている。その結果、バイオテクノロジーからロボット工学に至るあらゆるところに広がりつつある、幅広く台頭する科学的発見は、ムーアの法則とそこから導かれる法則に従っている。ムーアの法則はまた、人間が存在するすべての領域がますますテクノロジーとつながるにつれて、地政学や経済学といった、科学以外にも意味を持つ。重要なことに、ムーアの法則の意味は、私たちの世界に対してプラスにもマイナスにも作用しうる。

ムーアの法則にこれほど深い意味を与えているのは、そこに明文化されているコンピュータの処理能力がずっと倍々になっていることだ。すべてのコンピュータに基づくテクノロジーは、成長直線が線形ではなく指数曲線になるということを意味している。言い換えると、この技術は単に足し算の力から利益を得ているのではなく、かけ算の恩恵を受ける。1、2、3、4、5、6、7の違いではなく、2、4、8、16、32、64、128の違いである。線形と指数関数的な流れが続くほど、結果はくっきりと違い、衝撃的になる。この概念を見やすくするには、線形に三〇歩進めば、家を横断できるかもしれない。しかし指数関数的に──次々と距離を倍にして──三〇回進めば、地球から月までの距離を移動するに等しくなる。今日のテクノロジーは成長曲線が指数関数的であって線形ではないという事実は、人間が進む道の次の局面を理解するための絶対の基礎である。私たちは指数関数的時間を生きている。

情報テクノロジーが価格あたりの性能、容量、回線速度で二倍になり続けると、驚異のことが可能になる。たとえば、今日、何百万という人がポケットに携行するiPhoneを考えてみよう。信じがたいことに、それは掛値なく、四〇年前に月に着陸したアポロ11号の時代のNASA全体で使えた計算機処理能力以上の性能がある。(6) 現代のスマートフォンは、一九七〇年代のスーパーコンピュータよりも一〇〇万倍安く、一〇〇〇倍速い。(7) 指数関数の数学的影響とムーアの法則から、「二一世紀に経験する進歩は、一〇〇年分ではない。二〇〇〇〇年分(今日のペースで)というべきものだろう」。(8)

コンピュータの処理能力と精巧さにおける指数関数的なペースを考えれば、ごく近い将来にはコンピュータがとてつもなく有能になることは明らかなはずだ。レイ・カーツワイルは、計算機の価格あたりの性能と処理能力が一定に二倍になることを、「収穫加速の法則」と表している。(9) その予測では、ある時点でテクノロジーの技術的特異点《シンギュラリティ》が生じる——つまり、計算機の進歩が急速で人類がそれを理解する能力を超えてしまい、機械の知能が人間の知能を超える時点だ。その日がいずれ来るか来ないかはともかく（カーツワイルは二〇四五年と予想している）、一つ確かなことがある。計算機の性能は指数関数的に増し、私たちが世界的な情報網を理解し、その広大な相互接続をマップする能力は追いつかなくなりつつある。

単純に人の想像力だけではない。テクノロジーは実際に、たいていの人がついて行ける以上に進歩していて、それは人のせいではない。人間は今まで進化論的に線形に考えるように発達している。それは人類の夜明け以来、その脳にプログラムされている。アフリカはセレンゲティの平原にいた当時から、私たちは頭で直観的に線形的な計算をして、迫ってくるライオンから逃れる最善の経路を決めていた。しかしそれは今の私たちが暮らしている世界ではない。カーツワイルは将来、「変化が急速で根底的で人類の歴史の生地に破れ目ができるほどのテクノロジー」がもたらされると信じている。過去四〇年の、このつねに加速する変化と、建物の大きさのコンピュータからiPhoneに至る道筋を考えると、今後四〇年はどういうことになるだろう。今のほとんどの人が想像できるよりずっといいところもあるだろうし、ずっと悪いところもあるだろう。

テクノロジーがいいか悪いかという単純な二者択一の話ではなく、収穫加速という話だ。それほど急速に進む世界で、どうやって安全を確保できるだろう。私たちは、深いところで相互に接続していて、しかもテクノロジーのセキュリティが確保されていない文明を築きつつある。言い換えれば、犯罪など、セキュリティに対するやたらとある脅威も配線された世界を構築しつつあるということだ。山のような証拠がこの危険を見せつけ、私たちに、高学歴犯罪者、テロリスト、外国政府という、新しく成長中の階層を引き合わせている。その結果はと言えば、私たちは今や、ますます接続していて、依存していて、脆弱になっている。

犯罪の特異点

昔の犯罪は単純な仕事だった。犯罪者になろうとすれば、ナイフや銃を買って、暗がりに身を潜め、被害者にいきなり近づいて「金を出せ」と要求するだけだった。強盗は、道徳的には不快なこととはいえ、何千年も前から続く、利益の上がるビジネスモデルだった。起業の費用は少なく、犯罪者は勤務時間も就業日も好きなように決められる。もちろん、すべての起業家と同様、犯罪者も当然の問題で苦労する。自分の商売をどう大きくし、成長させるかということだ。非常に上手な強盗でも、できるのは一日に盗む相手を増やすことだけで、たぶん、運が良くても一日に五人とか六人といったところだろう。

しかし幸運なことに、テクノロジーは、非合法なビジネスの規模拡大問題に直面したときの乗り越え方について、犯罪者志望者のための答えを提供し、答えは意外なところからもたらされる。機関車である。もちろん、列車が発明されたときには、誰もそれが列車強盗にさらされるなどとは想像しなかった。しかし犯罪者は可能性を見通し、時を置かずしてこの新しいテクノロジーを利用した。今や機関車のおかげで、一度に一人ずつではなく、何人かが銃で武装して襲えば、一度に二〇〇人、三〇〇人を相手にすることができ、ビジネスチャンスと利益は大きく拡大する。

ビル・マイナー、ジェシー・ジェームズ、ブッチ・キャシディなど、一九世紀半ばから末の往年の犯罪起業家は、列車から車両を奪い、乗客からその現金や宝飾品を奪って財産を築いていた[10]。列車に対する攻撃は、一〇〇年以上の間、犯罪者雇用の存続可能な形態であり、一九六三年、イギリスの強盗団が、グラスゴーからロンドンへ向かう英国郵便の列車を襲った大列車強盗で頂点に達した。周到に計画された強盗で、一党は二六〇万ポンド、今日に換算すると四六〇〇万ポンド（それぞれ七二八万ドルと七六〇〇万ドル〔二一六億二〇八〇万円と九一億二〇〇〇万円〕）に相当する額を奪った[11]。

今日まで早送りすると、犯罪はやはりテクノロジーの指数関数的なところを大いに利用できるようになっているのがわかる。インターネットを使うと、泥棒は一度に個人や数百人から奪うところから、何万人、さらには何百万人を相手にすることができるようになる。その結果、私たちは、犯罪の性質や実行のしかたについて、根本的なパラダイムシフトを目撃しつつある。テクノロジーがあれば、犯罪は規模を拡大する。それも指数関数的に。

先に述べたように、二〇〇七年のＴＪマックスのハッキングは、そのときこの種の最大の小売り業相手の犯罪で、四五〇〇万人の顧客とその金融データに影響した。しかしその後のニュースの見出しは、このＴＪＸが特異な事件ではなかったことを十分に明らかにしている。二〇一一年六月、ソニー・プレイステーションのゲームネットワークが襲われ、七七〇〇万人の、クレジットカード番号、氏名、住所、生年月日、ログインの認証情報を含む、アカウントへのアクセス権を握った。この事件のせいで、プレイステーション・ネットワークは数日間オフラインになり、世界中の利用者が影響を受けた。[12] 犯罪者は次々と、私たちの生活にあるゲーム機を含めたテクノロジーによる利器すべてを利用してきた。最終的に、金融アナリストは、ソニー・プレイステーションのハッキング事件による回復費用は、逸失利益、外部のコンサルタント、様々な訴訟で一〇億ドルを超えると推定した。[13]

二〇一三年には、アメリカ中にあるターゲット社の店舗が、ポイントカードとデビットカード端末がサイバー攻撃を受けて被害者となったことを認めた。この件は、小売業者にとっては最悪なことに、クリスマス商戦まっただなかのときに起きた。この事件で一億一〇〇〇万件以上の口座からデータが盗まれた。攻撃の首謀者は、どうやらロシアの一七歳のハッカーだったようだ。[14]

攻撃の規模と損失の大きさを考えてみよう。アメリカの人口の三分の一近くが同時に襲われた計算になる。人類史上、誰かが何かを一億一〇〇〇万件も盗むというのはありえなかった。もちろん同時に一億人以上を襲うことも。

規模や範囲の点でターゲット社に対するハッキングなみにものすごかったのは、その一年ちょっと後、ホールド・セキュリティ社によれば二〇一四年八月に、ロシアのハッキング集団が、四二万のウェブサイトから一二億人分のユーザー名、パスワードなどの認証データを集めたことで、数字ではターゲット社の事件を超えた(15)。犯罪もまたムーアの法則に乗る時代になり、誰にとっても指数関数的影響を及ぼす。

コードを支配すれば世界を支配する

テクノロジーの進歩は病的な犯罪者の手にある斧のようなものだ。
――アルバート・アインシュタイン

人類全体がいつでもどこでもインターネットに接続される方向に進むうちに、自身も世界も変えている。このグローバルな相互接続から、良いことも厖大にあふれて来る。記録されたすべての事実や思考がリアルタイムで出どころもありかも関係なく使えるようになり、人は何でも知るようになる。光合成を表す化学反応式やら、バクーの今の温度やら、一九〇一年のイングランドでのカウンティ・クリケット試合でどこが勝ったかやら、ジャスティン・ビーバーの最新の不品行やら、すべてがインターネットというグローバルな脳につながることで知れるようになる。

同時に、人は世界のものごとがオンラインになることで、全能にもなる。車に乗っていながら家の録画機器を起動することもできるし、リビングで車のエンジンをかけることもできる。3Dプリンタが車の部品、衣類、建設資材を作り出す。インスリンポンプ、ペースメーカー、埋め込み式の除細動器、いずれもインターネットに接続して救命デジタルデータを直ちに医者に転送する。医師は大西洋をはさんだ外科手術を遠隔接続されたロボットの代理を通じて、外科医が行ったこともない村にその外科医を投映して行なうことができる(16)。人間は今や、地球の反対側にあるものを、かつては想像もつかなかった、ありえないような形で操作する能力を得ている。

こうした変容には、わかりやすいコスト、効率、能力で有利になるところはあるが、世界はややこしくもなる。そうした複雑さを調べる非常に雑な近似は、特定のソフトウェア、あるいはシステムの機能を行なうのに必要なコンピュータプログラムの行数（LOC）を考えることだ。たとえば、一九六九年のアポロ11号を地球から三五万六〇〇〇キロの月へ送り、地球へ戻した誘導コンピュータには、わずか一四万五〇〇〇LOCしかなかった。今日の基準からすれば、ばかばかしいほど少なく、しかも見事な成果だ[17]。一九八〇年代初めの、スペースシャトルが運用されるようになったときには、第一回の飛行用のソフトウェアは、わりあいスリムな四〇万LOCに増えていた[18]。

これと比べると、マイクロソフト・オフィス2013は、四五〇〇万LOCで、CERNのLHC（大型ハドロン衝突型加速器）を動かすのに必要なプログラムの五〇〇〇万行よりわずかに少ない。今日、現代の自動車をきちんと動かすために必要なソフトは一億LOCも必要とするが、評判の悪いアメリカのHealthCare.gov《ヘルスケア》のウェブサイトを動かすと伝えられる五億LOCよりははるかに少ない[19]。直接の比較は難しいが、HealthCare.govは、アポロ11号を月まで往復させた誘導システムよりも、およそ三五〇〇倍も複雑だった。ウェブサイトがクラッシュしたり焼かれてしまったりするのに不思議があろうか。

コンピュータのソフトウェアの複雑さが増すと、とくに、私たちが依存する物理的な対象――車、飛行機、橋、トンネル、体内埋め込み可能な医療機器――がコンピュータプログラムに変容するにつれて、私たちのグローバルな安全やセキュリティが直接の影響を受ける。物理的な物はますます情報テクノロジー製品になる。車は「乗るコンピュータ」で、飛行機も「バケツ何杯かの産業制御システムに付着した空飛ぶコントローラー」にすぎない[20]。このプログラムの大きさや複雑さが増すと、エラーやバグの数も増える。カーネギーメロン大学による調査では、売られているソフトウェアはたいてい、一〇〇〇行あたりで二〇から三〇のバグがある――五〇〇〇万行となると、一〇〇万から一五〇万のつけ込まれそうなエラーがある。[21] これがマルウェアによる攻撃の土台で、そうしたコンピュータのバグを利用してプログラムに本来はする意図のなかった何かをさせるようなのだ。コンピュータプログラムが精巧になればなるほど、ソフトウェアのバグは増殖し、セキュリティの負担が増え、社会全体にとっての影響も増す。

システムの複雑さが増すと、悪人が意図して悪用しないときでも、重大な安全上のリスクを負うことがある。たとえば、二〇〇三年の、カナダと合衆国で五五〇〇万の人々が数日闇で暮らすことになった北東部の大停電を考えよう。迷路のような送電線網、オペレータのミス、ソフトウェアのバグが、北米の歴史上最大の停電をもたらした。[22] 二〇一〇年のメキシコ湾原油流出事故にもコンピュータの故障がからんでいた。このときは一一人の労働者が死亡し、四九〇万バレルの原油がメキシコ湾に流出して、アメリカ史上最大の環境汚染ももたらした。[23] 事故調査のための政府公聴会では、事故のあったディープウォーター・ホライゾンに駐在していた電子機器技術者主任のマイケル・ウィリアムズが、枢要な掘削監視・制御システムが、頻発するソフトウェアのクラッシュで機能せず、油井のコンピュータでは、油井を沈めた爆発に先立って、いわゆる「ブルースクリーン」があったことを証言した。[24]

二〇〇三年の北東部の大停電と、メキシコ湾石油流出事故は、どこから見ても事故だが、コンピュータシステムの機能不全からとてつもない害が派生することについて有益な見通しが得られる。しかし、コンピュータシステムの故障が事故によるか、犯罪行為によるかは、意図の問題にすぎない。現代のコンピュータプログラムに多数のバグがあるとすれば、悪意が向けられた場合、何が起きるだろう。世界を救い、グローバリゼーションを可能にするのとまったく同じテクノロジーが、過激派、犯罪者、テロリスト、政府によって、テクノロジーを破壊するために使うことができる。

残念ながら、サイバー兵器が野に放たれれば、それが滅びることはない。それは転用できる。標的に向けて投下されると爆発してばらばらになる従来型の爆弾とは違い、兵器化したマルウェアは何度も使える。軍や情報部門の当局は密かに何百万ドルもかけて個々の武器を開発しているかもしれないが、コンピュータのプログラムは簡単にコピーできる。ひとたび放出されれば、ハクティヴィスト、犯罪者集団、テロリストがそれぞれの目的で利用できるし、新しい形のサイバー兵器が増殖できるようになる。

それを仮想の火炎瓶と考えてみよう。一度投げられても、フェンス越しに投げ返されることもありうる。そうなることは、犯罪組織とならず者国家が、最初は自分たちに対して使われるプログラムの設計をコピーして、それを自分たちの攻撃用に転用するところですでに見ている。(25) コンピュータのプログラムは武器化され続けると、このような攻撃はもっと普通に、もっと精巧になるだろう。

今のところ、いかなるコンピュータシステムも、ハッキングできないように作られてはいない——うかうかできない事実だ。私たちはどうしてもそうした機械に、通信、輸送、健康管理など、すべてのことについて無条件で依存せざるをえないのだ。マット・ホーナンをかくも脆弱にしていたパスワードとシステムチェックだけが茶番なのではない。世界を運営するために使うソフトウェアもそうだ。はっきり言えば、すべてがつながっているときには、すべてが脆弱だ。

ムーアの法則の威力はテクノロジーのプラスの面だけでなく、マイナス面にもあてはまる。ムーアの法則《ロー》とともにムーアの無法者《アウトロー》——テクノロジーに意のままにつけこむ犯罪者、テロリスト、ハクティヴィスト、国家といった活動家——がやって来る。システムの複雑さや書き方がまずかったソフトウェアを利用して、私たちの急速に発達するテクノロジーに基づいた文明から望むものを搾り出す方法をよく知っている。すべての対象がコンピュータに変身し、すべてのコンピュータがプログラムで動かされるとして、その強力な新しい非合法の活動家は明らかに、コンピュータのコードを支配すれば世界を支配できることを理解している。

しかし私たちが心配すべきは犯罪者とならず者国家だけではない。保護、助言、娯楽のために頼りにしている当の会社や組織が、私たちを信じがたいほど弱点だらけにしている。そういう団体・組織は私たちの生活を運営するプログラムも支配しているからだ。

第4章　お客様ではなく、製品

真実は人を解放するけど、最初はむかつくのよ。

——グロリア・スタイネム

パーキンソン病、再発寛解型多発性硬化症、壊死性筋膜炎、急性リンパ性白血病、小児発症糖尿病、HIV、筋萎縮性側索硬化症〔ルー・ゲーリック病とも〕——こうした病気のいずれかの診断が下れば、おそらく、そのような人生を変えるような知らせを受け取った患者はたいてい、心の底からの恐怖に襲われるだろう。かつては、そのような病気にかかると、人は落ち込み、孤独になって、自分の身にふりかかっていることを正確に知っている他の人と自身の苦境について話すことができなかっただろう。さらに、実際の人間のために書かれた包括的な医学的情報が乏しいとなれば、患者は友人や家族からさらに孤立することになっただろう。それが、ジェイミー・ヘイウッドとベン・ヘイウッド（この二人のもう一人の兄弟がルー・ゲーリック病と診断された）が、PatientsLikeMe.com《ペイシャンツ・ライク・ミー》〔私と同じような患者ドットコム〕というウェブサイトを立てた理由だった——来訪者に患者の話を知ってもらい、まったく同じ健康上の苦難を切り抜けようとする他の患者とつながってもらうためだ。二〇〇四年にサイトを開いて以来、一五〇〇の特異な病気と診断された二〇万以上の患者からなる世界的なコミュニティにまで成長している。(1) 何万という人々にとって、「ペイシャンツライクミー」は、利用者が様々なネット上での議論で自分の病気について知り、生き延びる手立てや治療法について情報交換するにつれて、象徴的な存在になり、また文字どおりの救命士にもなった。

オーストラリアはシドニー出身の三三歳のビジネスマン、ビラル・アーメドを初めてこのサイトに引き寄せたのは、この、他者とつながる機会だった。アーメドは母が亡くなって以来、不安と抑鬱に陥り、友人や家族ともその状況について話し合いにくくなっていた[2]。アーメドはペイシャンツライクミーに偽名でアカウントを作り、その「気分《ムード》フォーラム」に参加した。そこでは双極性障害、PTSD、過食症、依存症、強迫性障害、自殺思考などの情緒障害についての個人的な詳細を教え合っている。このフォーラムでは、自分の症状、検査結果、自分の抑鬱状態を治療するために処方されたことのある薬を従順にすべて挙げた。そこで世界中の他の患者とつながり、友情を築き、パスワードで保護されたサイトで自分の病気についての個人的な詳細を伝えた――そうして自分が求めていたような支援を得た。

そのため、ムードフォーラム掲示板での「許されていない活動」についてペイシャンツライクミーから知らされたとき、アーメドは侵害されたと感じた。二〇一〇年五月七日午前一時、システム管理者はいくつかの新しいアカウントで疑わしい活動が行なわれていることに気づいた。それはプライベートのオンラインフォーラムからメッセージをいちいちすべてコピーし、情報を第三者のサイトへダウンロードする「スクレイピング」をしていた。ペイシャンツライクミーはその後、この侵入に関与した侵入者を特定した。テレビのニールセン視聴率で知られる広告王手、ニールセン社だった。ニールセンのBuzzMetrics《バズメトリクス》という子会社がデータの持ち出しを認め、他にも同社が追跡していた一億三〇〇〇万のブログ、八〇〇〇の電子掲示板、ツイッター、フェイスブックなどのソーシャルメディアサイトから、情報を盗み出して収集していたとも言った。ニールセンはこのデータを広告業者、販売業者、ペイシャンツライクミーの場合には大手製薬会社に、何億ドルにもなる世界的データマイニング産業でのなまデータとして売っている。

ニールセンの言語道断な行為は、倫理的には不快でも、現在の連邦法の下では合法であり、二〇一〇年五月一八日、ペイシャンツライクミーはその事件について、利用者コミュニティに対して開示した。同社は、これを機会に、利用者に対して同社のプライバシーポリシー規約について念を押した。

当社はお客様のような患者がご自分の病気の経験について提供する情報を得て、提携企業（すなわち患者用の製品を開発販売する会社）に販売いたします。その製品には、薬品、機器、設備、保険、医療サービスなどが含まれます……お客様は自分が投稿する情報すべてが（今は開示されていなくても）共有されることがあるものと予想していただきます。(3)

ちょっと待て、何だって？ニールセンの侵入を開示する通知だけでもひどいのに、このウェブサイトのプライバシーポリシーの詳細を述べる念押しのメールはとてつもない注意喚起だった。ペイシャンツライクミーのほとんどの利用者にとって、かつては担当医の診察室のファイルキャビネットに鍵をかけて保存されていたであろう医療情報――体調、診断が出た日、家庭の履歴、症状、CD4細胞数、ウイルス負荷、検査結果、生活情報、性別、年齢、写真、遺伝子配列まで――のすべてが、今やペイシャンツライクミーという、こうした必死の患者が自分を助けてくれて、情報を守ってくれると信用したまさにその場によって売られていることを初めて知った。(4)

ペイシャンツライクミーは、販売したのは個人が特定されない／匿名の患者データだけだと主張したが、ニューヨークのPeekYou《ピークユー》有限会社のような新興データ会社は、ずっと前から、人々の本名と、ブログやチャットやツイッターで用いているハンドルネームとを照合するための何種類かの特許技術を開発していた。言い換えれば、ペイシャンツライクミーの情報を欲しいどんな製薬会社でも保険会社でも、PeekYouに頼めば、大量のユーザー名やハンドルネームから人を特定できるということだ。ビラル・アーメドにとっては、これは自分が信頼してペイシャンツライクミーに預けた個人情報はすべて、今やニールセン／バズメトリクスに所有されているということだった。アーメドは、自分の身分を明かした公開のインタビューで、この事件で全面的に権利を侵されたと思い、直ちにサイトから自分のすべての投稿も、自分が処方された薬の一覧も消去したが、もちろん手遅れだったと述べた。(5) アーメドなどの患者が自分の病気や症状について詳細な話をペイシャンツライクミーに投稿するたびに、背後に潜むニールセンなどの会社が、投稿データをすべてスクレイピングしていた。第三者によって吸い取られなかったものは、ペイシャンツライクミー自体によって勝手に売られ、アーメドなど多くの人々がアカウントを作る際に読み切れなかった細かい字のプライバシーポリシーに沿って開示された。

アーメドが発見したように、ソーシャルネットワークは新しい公的記録だ。そこで話したことは自分の意図とは無関係に、新興の世界的巨人によってスクレイピングされ、整理され、保存されて、広告業者、政府、第三者のデータ仲介業者に売られる。それぞれが人の生活の個人的詳細を隅々まで知ろうと貪欲に狙っている。こうしたデータを使えば、何らかの既往症があるかどうか、保険料を高くしなければならないか、仕事や昇進を認められなくなるかが決められる。話すことでケアも受けられるかもしれないが、保険料が高くなるかもしれない。その結果、ペイシャンツライクミーを利用する何十万という人々が、辛くとも貴重なことを学んだ。自分たちはウェブサイトのお客様ではなく、製品であり、会社が自社の決算を良くしようと努力する中で、高い値をつけるところに売られるのだ。

成長するデジタル世界——誰も語らなかったこと

二〇一三年の時点で、アメリカ人は自分のデジタル装置で一日五時間以上ネットにつながって過ごしていた。(6) 私たちはCNN、『ニューヨーク・タイムズ』、ESPNが運営するウェブサイトでニュースを読む。シティバンクやウェルズファーゴのネットバンキングで預金残高を確かめる。アマゾンやメイシーで買い物をする。電気料金や電話料金を支払い、医者の予約をし、医療保険の確認をする。ネットフリックスで『ハウス・オブ・カード』、フールーで『ダウントン・アビー』を見る。そうしたこともほんの序の口にすぎない。自分が今日、どういうふうにスマホを使ったか、ちょっと考えてみるとよい。八〇パーセントの人々が、目を覚ましてから一五分以内に携帯でメッセージをチェックする。(7) フェイスブックで友達に対して近況をアップデートしたなら、友達から一つか二つの「いいね」か、笑えるコメントがもらえるだろう。自撮り写真をカレシに送ったりとか。インターネットは巨大で自由な情報や娯楽の宝箱となり、私たちは当然、その谷間に呑み込まれる。そしてその途中の一歩一歩で、私たちは集合的に、米議会図書館を何回も埋めてしまえるだけのデジタルの足跡を毎日残している。そうしたデータすべてがどう作られ、蓄えられ、分析され、売られるかは、私たちの大半がすぐにごまかす細部だが、そこに危険がある。

ソーシャルメディアの威力を否定することはできない。フェイスブックは二〇〇四年に創立されてからわずか一〇年で、世界中に一三億人の会員を有するまでに飛躍した。(8) 毎日、三億五〇〇〇万枚の写真がアップロードされ、どこにも出て来る「いいね」ボタンは約六〇億回押される。(9) ソーシャルメディアは私たちの生年月日、卒業、自宅の購入、子どもの誕生、ペット、結婚、離婚を記録する。地政学的変化のための道具にもなりえた。二〇一〇年のアラブの春のときに見られたことで、グーグルの重役、ワエル・ゴニムは、抗議活動をしていた若いエジプト人がホスニ・ムバラク大統領の国内治安部隊の手で殺されたことを取り上げるフェイスブックのページを作った。(10) 「二分後、フェイスブックのページには三〇〇人が集まった。三か月後にはその数は二五万を超えた」。同様に、ツイッター、グーグルなどのサービスが、チュニジア、イラン、リビアでの変化の原動力になったとされる。アラブの春でソーシャルメディアが演じた役割を判断するのは歴史だが、こうしたサービスが世の中を良くするための力になりうることに疑いはない。

引き寄せられる罠も明らかだ。何と言っても、私たちはたいてい、ウェブで音楽やら料理のレシピやら投資の助言やらニュースやら道案内やら商売のチャンスやら有名人のゴシップやら試合の結果やらをあさって過ごしている。メールをチェックしていないときには「Temple Run《テンプル・ラン》」や「Fruit Ninja《フルーツ・ニンジャ》」のゲームをしている。そうしたことがすべて無料でできる。かつてなら旅行会社や新聞や音楽会社に支払っていた料金さえ、ほとんどなくなっている――私たちにワールドワイドウェブをもたらしてくれた篤志の人々のおかげで消えたのだ。しかしちょっと立ち止まって、グーグルが請求書を送ってこないのはなぜかと考えたことはあるだろうか。

グーグル、フェイスブック、ツイッター、ユーチューブ、リンクトインといったものがなぜ無料なのかを普通の人に尋ねれば、相手は細かいところで少々曖昧になるかもしれない。多くの人は広告と関係していると思っている――つまり、あの迷惑なバナー広告や、絶えず攻め立ててくるポップアップ画面だ。たぶんそれもあるが、それは話のほんのわずかな部分にすぎない。見返りはごく単純なことだと信じている人々もいるかもしれない。そうした会社は、メールやニュースや動画や写真の投稿場所のような価値のあるサービスを無料で提供し、その代わりに私たちは、利用する自分について、少しばかりの情報を与えているというのだ。ときどき、自分のニーズに合うよう特別に考えられた広告を見るはめになるが、プライバシー条件は私たちに選択権を与えているのだから、誰も損はしないのではないか。話がそう簡単ならいいのだが。私たちが実際に行なっている取引は、はるかに気がかりなものである。

たとえばグーグルを取り上げよう。一九九八年、ラリー・ペイジとサージェイ・ブリンというスタンフォード大学で博士号を取った二人が、カリフォルニア州メンローパークにある友人の家のガレージで始めた会社だ。二人は画期的なアルゴリズムを考案した。生まれつつあるワールドワイドウェブでの検索結果をとてつもなく改善し、単純なインターフェースと高品質の検索結果によって呼び込まれる常連客を引き寄せた。二〇〇〇年には、特定の製品のための、どんな検索語についても、それに沿う広告キーワードを売り始めた。たとえば、誰かが「Paris, France」という検索をすれば、横手の広告に、エールフランス、旅行保険会社、ヒルトンホテルといった広告が提供される。新規の顧客を探している会社は、グーグルのこれまでなかったような精度のキーワード広告を介して得意先を開発できて、広告費に対する売上げが大きく向上する。一九九八年にスタンフォードの二人の学生によるささやかなアイデアとして始まったものが、二〇一五年には世界的な大企業に成長している。

その間の年月で、グーグルは私たちの生活を簡素で生産的にする何十もの製品を売り出した。二〇〇四年にGメールを始めたときは、一ギガバイトのデータという、当時のマイクロソフト・ホットメールという主役が提供したささやかな二メガバイトを圧倒するような容量を提供した。この若い企業が成長をとげる間、他にもすごい製品が登場して、結局、一部を挙げるだけでも、グーグルカレンダー、グーグルコンタクト、グーグルマップ、グーグルアース、グーグルボイス、グーグルドキュメント、グーグルストリートビュー、グーグル翻訳、グーグルドライブ、グーグルフォト（ピカサ）、グーグルビデオ（ユーチューブ）、グーグルクローム、グーグルプラス、グーグルアンドロイドといったものが使えるようになっている。電話、翻訳、地図、ワープロなどのサービス――かつては何万円も出して買うことになるサービス（マイクロソフト・オフィスを考えればよい）――が一つずつ無料になった。

これほどの大盤ぶるまいを最も好意的に解釈すれば、グーグルは世間が求める製品を提供して、私たちの次々と高まるテクノロジーの必要（と広告業者の必要）を満たしているにすぎないと考えることになるだろう。もう少し利他的ではない説明を考えれば、ここで挙げたような製品は、すべて、利用者をひっかけ、丸め込み、説き伏せて、利用者自身とその生活についてのデータを少しずつ、どこまでも大量に明らかにさせるという特定の意図をもって作られているということだ。この取引の本当の性質を理解したら、さすがにためらうのではないか。たとえば、オットー・フォン・ビスマルクの言葉を敷衍すれば、グーグルの利用者はソーセージが作られるところを見たり知ったりしないのがいちばんいいのだ。しかし私たちの世界が今日直面しているデータの安全についてのリスクが増していることを理解するには、カーテンをちょっと開けてソーセージ工場を調べることが根本となる。

徐々にあなたのデータを吸い出すのは、ウェブ検索にグーグルを使い始めたときから知らない間に始まる。検索すれば、グーグルは検索語を追跡し記録する。もちろん、クリックしたリンクもすべて。その最初の検索結果から、念入りに調整されたその人の個人情報の獲得が、職人的な正確さで行なわれる。結局、検索エンジンが十分ではなく、グーグルはその人について、その人の希望や夢や欲求についてさらに見通しを得るために追加の方法を求めた。その結果がGメールだった。グーグルは、広大なストレージと驚異的にシームレスな経験を提供することによって、利用者の個人的、仕事上、双方のメールにアクセスできるようになった。今やグーグルは人の検索だけでなく、書いたことや書いた相手まで知ることができる。グーグルはメール本文をスキャンし、電子的に読み、広告業者に提供できる新たな見どころを見いだし、その人のプロフィールを仕上げることで広告料金を増やす。あなたがお母さんに、最近失恋して落ち込んでいると言えば、グーグルは抗うつ剤、お笑いの劇場、カリブ海のリゾートを薦めてくるかもしれない。あなたがGメールにログインしているかぎり、それはその人の検索をすべて、同社のあなたと会社の固有の識別子にまとめることができて、グーグルにあるあなたのプロフィールが豊かになる分、同社も儲かる。

グーグルがあなたの連絡先をオンラインに残せるようにするときには、代わりにあなたのソーシャルネットワークの大きさ、強さ、購買力を評価できる。グーグルマップを発表して、無料のGPSと道案内を提供するときには、その人が行く場所を追跡する。グーグルは、あなたが誰に電話するかと思い、それを知るためにグーグルボイスを生み出した。あなたが電話をかける相手をすべて追跡できるだけでなく、ボイスメールの内容を、音声認識ソフトと声の文字起こしソフトウェアを使って文字データにする。当時は非常に先進的な技術のなせるわざだったが、それによってグーグルは、あなたと話し相手が何の話をしていたかを知ることができた。誰かがあなたに夕食にイタリア料理はどうかというボイスメールのメッセージを残したら、グーグルはその情報を広告業者に売り、突然あなたのグーグルの世界全体にピッツァの広告が姿を見せることになる。さらなる精度を求めて、グーグルはアンドロイドOSを作り、それを無料で提供した。その代わりに、グーグルは今やあなたがどこにいても、あなたがスマホを手に取ったところをどこでも追跡できる。

もちろんグーグルがすべてを打ち明けるとあなたが恐れて逃げるかもしれないので、見事な計略が生み出された。イチジクの葉のようなものだ。グーグルが設立されたとき、それは自らを弱者、悪のマイクロソフトと戦う小さい存在のように演出した。実際、グーグルは利用者に、「悪になるな」を自社の社是にすることにするほど善意の存在であることを言っていたものだ。しつこい疑念を和らげるために、グーグルのアイコンやグラフィックスは、子どもっぽい多色のロゴや、かわいらしい小さな緑のアンドロイドのキャラクターのように、かわいくて無害なように見えて確実に信用されるように作られた。ホームページに登場して、マーティン・ルーサー・キングからガンジーに至る誰でも記念するグーグル・ドードゥルという絵は、ここにいるのは善人だと言って人々をさらに安心させる。おまけに、グーグルにはプライバシーポリシーもあって、それが守ってくれるのではないか。そうすんなりはいかない。

懐疑的な目で見ると、グーグルが製品を生み出すのは人に無料のメールを使わせるためではなく、利用者からデータを得るためだ。麻薬の売人が最初、一〇ドル分のヘロインが入った袋をすぐに中毒になりそうな人に渡すように、グーグルは何かを「ただで」与え、もらった人は後になって自分がした取引の意味に気づくようになるのだ。その時にはもう遅すぎる。これが明らかになったのは、二〇一二年の初め、グーグルが、七〇の製品とサービスのすべてにわたってデータをマージしていることを発表したときだった。その結果、利用者とその世界について、統一された奥深い未曾有の眺めが得られる。それまではグーグルでの検索、アンドロイドの携帯でしたこと、YouTubeで見た動画といったデータは、理論的にはグーグルが個々別々に持っていた。もはやそうではない。今やグーグルは、利用者がグーグル世界で行なったすべてによる、一個の統一された、高度に詳細な構図を得ている。[11] グーグルは利用者を本人よりもよく知っていると論じる人も多い。それはまさしく、グーグルが、利用者について、広告業者から収入を得られるようなデータをすべて持っているからだ。

これまではそのことが明らかではなかっただけで、あなたはグーグルのお客様ではなく、グーグルの製品なのだ。あなたのところに請求書は来ないのは、そういうことだからだ。だからテクニカルサポートのフリーダイヤルもない。そうしたものは、本当のお客様のために用意されている。利用者がグーグルの情報スーパーハイウェイに撒き散らしているデータすべてを買う広告業者だ。あなたはグーグルが他の人に売る売り物である。それはグーグルが決して本当には開示しなかった取引であり、あなたが気づいていようといまいと、あなたは完全にその過程に荷担している。

グーグルは自らの功績として、利用者の必要に答える、たいていは驚くほどの製品を提供し、同社はきわめて有能で熱意のある従業員であふれている。しかし間違ってはいけない。その忠誠心はまず料金を払う広告業者、次に、利用者（同社の生産と供給の鉱脈）から最大限の価値を引き出す仕事を同社に託している株主に向かっている。だからグーグルはあなたがサイトで行なった曖昧な検索をすべて、一〇年ほど前に行なった「オハイオ州立大学 共和党」、一夜限りの関係の後での「淋病の症候」、出張中のホテルでの「イケイケの女の子動画」、拒絶されているようで寂しいときの「夫はゲイ?」などの検索をすべて残している。[12]

グーグルは忘れないし、グーグルは削除しない。そうした検索のそれぞれが、あなたをプロファイリングし、カテゴリーに入れ、広告業者やデータマイニング業者に売るために使われる。買った方は、グーグルが目録化した検索、メール、ボイスメール、写真、動画、位置情報に基づいて、あなたについてさらに想定を行なう。グーグルが毎日処理しているデータはどれだけあるかと思われるかもしれない。約二四ペタバイト分ある（ペタバイトはデータ量を表す尺度で、一〇〇〇万ギガバイト、あるいは一〇〇〇テラバイトのこと）。比較して言うと、「棚にある本一〇メートル分を蓄えるのに一ギガバイト」ほどが必要になる。[13] グーグルが毎日処理しているデータすべてを印刷して、その本を重ねると、積み重なった本は地球から月までの半分くらいの高さになるだろう。それほどの情報をグーグルは利用者について蓄積している――毎日。

こうしたデータとともに、厖大なことがわかり、とてつもない力《パワー》がもたらされるが、昔から言うように、権力《パワー》は腐敗する。世界中で、グーグルは繰り返しプライバシーの侵犯、セキュリティの侵害、利用者のデータの濫用、知的財産の窃盗、脱税、独占禁止法違反などで訴えられている。[14] 二〇一三年、アメリカの三八州の検事局に訴追されて、グーグルは、おかしな外見の、ハイテク三六〇度ルーフカメラ搭載のストリートビュー車両が、あちこちの街路を走り回りながら、地図のストリートビュー用の写真だけでなく、家庭や事業所の中にあるコンピュータから、パスワード、メール、写真、チャットのメッセージなど、疑いを知らない利用者の個人情報のデータをくすねてもいたことを認めた。[15]

二〇一三年一〇月には、連邦裁判所の判事が、グーグルが利用者のGメールアカウントを読み取ってスキャンするのは、不法な傍受や盗聴を禁じる合衆国法に違反すると言って、同社に対する集団訴訟の棄却を拒否した。[16] それ以前の二〇一二年には、グーグルは連邦取引委員会によって、二二五〇万ドルという記録的な制裁金を課せられた。同社が恒常的にアップルコンピュータと、アップルのウェブブラウザ、サファリを使っている人々のプライバシー設定を回避して、その明示的に述べられた希望に反してウェブで利用者を追跡できるようにしたことが明らかになったからだ。

もちろん、グーグルは高度に革新的な企業で、本当の顧客（広告業者）のために、人からさらに多くのデータを取り出そうと、過去のプライバシーへの懸念も未来のものと比較すると青ざめそうな新製品群を計画してきた。そのような製品の一つがグーグルグラスだ――インターネットにつながり、眼鏡に埋め込まれた表示装置に視覚情報を投映することができる「ゴーグル型光学ディスプレイ」を標榜する、眼鏡の形をしたウェアラブルコンピュータだ。この装置はアンドロイドOSで動き、組み込みのカメラやマイクで写真や動画を撮り、それをリアルタイムで流せる。

二〇一四年の初め、グーグルグラスはアニメ『シンプソンズ』の「スペックス・アンド・ザ・シティ」の回の主題になって、ミスター・バーンズの従業員全員が「ウーグル・ゴーグル」を与えられた。この回では、ホーマー・シンプソンと同僚がこの眼鏡を使って、自分の周囲の物や人について新情報を見る。不吉にも、たぶん予見されるように、ミスター・バーンズは会社の司令室から従業員全員の眼鏡にアクセスでき、それぞれが見ているもの、していることをリアルタイムに見ることができる（事務用品の私物化を減らそうとして）[17]。

国土安全保障省（DHS）元長官、マイケル・チャートフまでもが、グーグルグラスに関するプライバシーとパブリックポリシーの懸念を指摘している。チャートフは、正当にも、利用者の動画データを所有するのは誰か、動画データベース全体は商業目的でマイニングされ分析されるのかと問うた[18]。また、政府がこのデータに、犯罪捜査から「国家安全保障」までいろいろな理由で、遡及的にでもリアルタイムでもアクセスできるか、と問うのも正当だろう。しばらくその意味を考えてみよう。グーグルグラスを使うことによって、あなたの日常生活のライブで流している瞬間をすべて、あなたが見ていること耳にしていることすべてを同社が捕捉して、そのデータを広告業者に売る権利を認めたことになるのか。たとえば、バスローブのままで朝のコーヒーを作っているときにこの眼鏡をかけていれば、グーグルグラスの視覚アルゴリズムはあなたの視野にある、コーヒーポット（大いにありうる）などのものを認識するとしたら、眼鏡の画面でスターバックスのクーポンが映し出されるのはありだろうか。先に述べた、この検索超大手企業に見たプライバシー侵害を考えたとき、ウェアラブル監視装置の時代に入ると他に何ができるだろう。

ソーシャルネットワークとその在庫——あなた

もちろん、人を広告業者に売るというこのビジネスモデルはグーグルだけのものではなく、世界中には同じことをしている会社が何千とある。いちばん有名なのはフェイスブックだろう。マーク・ザッカーバーグが二〇〇四年、ハーバードの寮の自室で設立したフェイスブックは、シリコンバレーの象徴的なサクセスストーリーだ。毎月一二億人以上が活発に利用していて、世界で群を抜いて大きいソーシャルネットワークである(19)。ここが成功したのは、それまで想像もできなかったほど人に自身について語らせることによる。性的指向、関係の状況、学歴、家系、友人のリスト、年齢、性別、メールアドレス、出生地、関心のあるニュース、経歴、好きなことの一覧、宗教、支持政党、購買履歴、写真、動画——フェイスブックは広告業者の夢だ。広告業者はフェイスブック利用者の生活について、隅々まで詳細を知り、フェイスブックが極端な精度で生成した人間関係相関図つきで人を売り出せる。

さらにフェイスブックは、どこにでもある「いいね」ボタンなど、ウェブ中の利用者を自社が追跡できるようにする様々なイノベーションを生み出した。人はかわいらしい小さな親指を上げたボタンをクリックして、特定のアイデア、近況、写真などに対する支持の気持ちを表現するよう訓練される。結局、そうするのが礼儀にかなうのだ。友人は自分のメッセージをあなたが支持してくれたことを知るが、どちらにも見えないのは、「いいね」をクリックするたびに生じるデータで何が起きるかということだ——捕獲され、解剖され、世界中の販売業者やデータブローカー〔いわゆる名簿業者の発展形〕に売られるデータだ。人がフェイスブックのログイン認証を使って、Spotify《スポティファイ》やPandora《パンドラ》など、ウェブ上の他のサイトを訪れるとき、フェイスブックのデータマイニングエンジンは、その人がフェイスブックのアイコンを使って訪れるすべてのウェブサイトを(その人がログインしなくても)追跡しながら、その人がブレイク・シェルトンよりもレディ・ガガの方が好きであることをつきとめる。

あなたがあまりシェアしていないときには、フェイスブックは喜んで新しい規定を作って、もっとシェアせざるをえないようにする。二〇一二年に、強制的なタイムラインという「機能《フィーチャー》」を制度化したときがそうだった。この変更により、広告業者には、その人の関心にいつでも入り込む動的な、常に更新される窓が提供され、フェイスブックには広告業者に売ることができる素材が増える。フェイスブックはグーグル同様、プライバシー、子どもの安全、ヘイトスピーチなどの問題について、あちこちから批判されてきた。世界中で繰り返し訴えられ、最近ではアメリカのカリフォルニア州サンノゼ連邦裁判所で、恒常的かつ「組織的に利用者の私的メッセージを傍受して、そのデータを広告業者や販売業者に売っていた」という訴訟があった[20]。

もちろん、人にその人の個人的データを明かさせてそれを売っているのはグーグルとフェイスブックだけではない。ツイッターも、インスタグラムも、ピンタレストも、他の何百という企業もそうだ。たとえば、アップルの人工知能シリに何かの問合せをするたびに、その声の記録が少なくとも二年間、同社によって分析され、蓄積されること[21]を認識していただろうか。しかし問題は、誰があなたのデータを蓄積しているかではなく——今や誰もがそうしているらしい——その情報で向こうが何をしているかだ。ファウストのような取引が、わずかなデータと引き替えに「無料」で素敵なサービスを提供するといった単純なことだったら、この世界もすばらしいことだろう。しかし事態はそう単純ではなく、これから見るとおり、世の中にある、接続され、依存し、弱点だらけの大量のデータを取って蓄積することは、自分では想像もしたことがないような形で人を危険にさらす。

あなたが洩らしている——それはどのように行なわれるか

現代のウェブサイトを訪れるたびに、そのサイトはデジタルのマーキング用に不可視ファイル、つまりクッキーというものを、こちらのコンピュータやスマホの記憶装置に置く。この小さなファイルによって、あなたであることや、あなたのウェブ上での活動を特定できるようになる。さらに、あなたのデジタル装置すべてに、独自の指紋のようなものがあって、それによって人は特定され、追跡され、記録される。あなたが使っているコンピュータネットワークがインターネットにつながるためのインターネットプロトコル（IP）アドレス、ワイファイネットワークカードについているメディア・アクセス・コントロール（MAC）アドレス、携帯電話についているIMEIあるいはIMSI番号のような一義的に決まる識別子によって、ネットワーク会社はどの装置（あるいは利用者）がそのサービスを利用しているかを正確に知ることができる。

こうしたデータのすべてが特定され、まとめられ、利用されて、インターネット会社やその広告業者には、あなたやあなたのネットでの活動を明瞭に、またいつでも覗き込めるようになる。二〇一二年の『ウォールストリート・ジャーナル』紙の調査によれば、今、急速に成長している企業の一つが、インターネット利用者をスパイしている。この記事では、人気上位の五〇のウェブサイトを取り上げ、平均してそれぞれが六四個以上のクッキー追跡ファイルを、広告業者用に来訪者のオンラインでの活動を追跡し監視するために残していることを発見した。追跡用ソフトウェアがいちばん多かったウェブサイトはDictionary.comで、コンピュータがサイトを訪れるごとに、そのコンピュータに合計二三四個の追跡ファイルを埋め込んでいた[22]。こうした追跡用の見張り台とクッキーはあなたがつける「いいね」や足跡やツイートと組み合わせて、あなたのデジタル面について、不気味なほど詳細な像を描く。それによって、あなたのコンピュータのクッキーは、それこそクッキーモンスターに変身して、人に知られるとは思っていないようなデータを明らかにする。

あなた自身、自分のソーシャル・ネットワーキングの結果として、自分のデータを洩らしているが、あなたの友達や家族もあなたについてのデータを漏洩している。同僚があなたの名やアドレスをグーグルの連絡先やiPhoneに書き込むたびに、グーグルやアップルに、あなたの個人的な詳細を提供している。マイクロソフト・アウトルックのカレンダーに甥っ子や彼女や仕事仲間の誕生日を記録すれば、マイクロソフトはそうした人々の誕生日を知る。友人がフェイスブックでパーティに出たあなたにタグづけすると（仕事場には病欠と言った後で）、あなたの居場所は販売業者にも、またたぶん上司も含めて他のみんなにも知らされることになる。ソーシャルメディアやインターネットの会社は、利用者が会社の代わりにこの作業をしてくれると喜ぶ。調査を次々と完了して、ビッグデータ装置に送り込んでくれる無料のデータ入力係ができたようなものだからだ。

このことは、あなたが使っていない特定のインターネットのサイトやサービスを友達が使っているときにさえ起きる。たとえば、自分ではGメールのアカウントを持っていなくても、友人が持っているという人が、Gメールの四億二五〇〇万の利用者の誰かにメールを送ると、グーグルはあなたが交わす会話に加わることになる。大学や仕事場のメールアドレスを使って、妹のGメールアカウントにメールを送ると、自分ではグーグルのアカウントを開いていなくても、グーグルはそのメッセージを読み、スキャンし、検索して、広告業者に売れるような言葉を探す――今や連邦裁判所で争われている業務だ[23]。ルーシー・コー判事が扱う事件についての被告側弁論で、グーグルは衝撃的な主張をした。「人は自分が自発的に第三者に委ねた情報について正当なプライバシーの期待はできない[24]」。つまり、グーグルの論拠は、Gメールの利用者にメールをすることによって、自動的にどんなプライバシーの権利も放棄したことになり、自分ではGメールのアカウントを持っていなくてそのメールをプライベートなものとするつもりでも、そのメールの内容をグーグルが押さえて売ることに同意したことになるというのだ。

あなたについてのデータをグーグルのような第三者に洩らしているのは、あなたの友達だけでなく、あなたの子どももそうかもしれない[25]。実際、子どもを相手にするサイトは、成人用のサイトよりもコンピュータ上に追跡ソフトをたくさん仕掛ける。「児童のオンラインプライバシー保護法」という連邦法では、オンラインの販売業者が一三歳未満の子どもについて集められる情報に制限がかけられているが、この規則はあたりまえのようにあっさり破られている。子どもはコンテストに参加を申し込み、ゲームをし、オンラインのアンケートに回答するよう求められる。連邦法に反してその子についてのデータをどんどん引き出そうとしてのことだ。マクドナルドやゼネラル・ミルズ〔食品〕、バイアコム〔マスコミ〕、ターナー・ブロードキャスティング・システム、サブウェイのような有名企業は、どこも、HappyMeal.com、ReesesPuffs.com、Nick.com、SubwayKids.comのような、漫画のキャラクターだらけのウェブサイトで子どもからデータを巻き上げたことで制裁金を課せられたことがある。[26] ソニーBMGミュージックが、ファンになっているバンドのページで、連邦法が求める事前の親の同意なしに、住所と電話番号を入力させ、それをソニーが少なくとも三万三〇〇〇件について、データブローカーに売ったという事例もある。[27] しかしなぜ、マクドナルド、グーグル、フェイスブック、ゼネラル・ミルズ、ソニーのような立派な会社がそのような違反を犯すのだろう。簡単に言えば、巨額の金がかかっているからで、途方もない報酬からすれば、あなたやあなたのデータはリスクを冒すに値するからだ。

何より高価なものは無料

ほとんどのインターネット利用者が理解していない商法では、利用者がオンラインで受け取るいわゆる無料のサービスは、すべて利用者が対価を払っていることになる――それも結構な額を。聞こえてくる甘い汁をすする音は、自分のプライバシー、データ、あなたの独自のアイデンティティを構成する詳細のすべてを、巨大なインターネット掃除機で吸い込まれる音だ。あなたの検索の詳細――親友や家族にさえ伝えているとは夢にも思わない内容――は、どこかのコンピュータアルゴリズムに漉しとられ、ペタバイト単位で集められ、何十億ドルで売られる。だからあなたは無料で検索できて、しかもグーグルは四〇〇〇億ドルの価値になる。[28] あなたというグーグルの製品のおかげだ。自分で認識しているかどうかに関係なく、あなたはそういう取引をしている。

グーグルの二〇一三年の連結決算では収入は五九〇億ドル以上。その額は、あなたのプライバシーがグーグルと契約している広告業者にとって持つ価値と、あなたがもらっていない額との差だ。グーグルは五九〇億ドルを得て、あなたは検索とメールができる。『ウォールストリート・ジャーナル』が、フェイスブックの最初の株式公募に先立って発表した調査では、長期的なフェイスブック利用者の同社にとっての価値は八〇ドル九五セントだった[29]。あなたの友達は一人あたり六二セントで、あなたのプロフィールのページは一八〇〇ドルだった。一企業のウェブページとそれに関連する広告収入は、このソーシャルネットワークにとっては約三一〇万ドルの価値があった。

見方を変えると、フェイスブックの一〇億以上の利用者、それぞれが従順に入力した近況アップデート、経歴の詳細、次々と更新される写真は、史上最大の無給の労働力になった。そのただ働きの結果、フェイスブックは時価総額一八二〇億ドルとなり、創始者のマーク・ザッカーバーグは、個人として三三〇億ドルの資産を得た。その取引からあなたは何を得たか。計算機科学者のジャロン・ラニアーが人々に注意喚起することには、インスタグラム——二〇一二年にフェイスブックが買収した——が一〇億ドルもしたのは、そこの一三人の従業員がそれほど「抜群[30]」だったからではないという。「その価値はネットワークに無給で貢献する何百万という利用者による」。その在庫目録にあるのは個人データ——あなたや私のデータ——で、それを会社は世界中のどことも知られないところへ何度も何度も売る[31]。要するに、あなたは安上がりなのだ。インターネット会社に自分が知っていることをすべて、自分がしていることをすべて、行くところすべてを、わずかな便利と楽しみと引き替えに喜んで提供してくれるのだから。

データ代分の取引ではものたりないかのように、グーグルはその四〇〇〇億ドルの価値を、あなたとあなたの写真を広告に使うことによって高めることにした。二〇一三年一〇月、会社は新しい目玉を発表した。「共有おすすめ《シェアド・エンドースメント》」と呼ばれ、検索、地図、グーグルプレイの結果に現れ始めた。つまり、たとえば、グーグルプレイの音楽ストアで何かの曲に五つ星の評価をつけたり、地元のバーやパン屋に＋1の支持を与えたりすると、グーグルはその写真、名前、おすすめを広告業者やデータブローカーに売る権利を得る。こうしてあなたの友達のチャーリーとファニータがバーや曲をグーグルで検索すると、あなたの笑顔がその製品を検索結果の隣で薦めているのを見ることになる。[32] ジョージ・クルーニーやアンジェリーナ・ジョリーなら有名人のおすすめということで支払いを受けるが、あなたはどうか。

グーグルが「共有おすすめ」を始めたのは、大いに異論を呼んだ「スポンサー記事」と呼ばれる同類の策がフェイスブックによって始められた後だった。これは会社があなたの「いいね」を本当の顧客——広告業者とそれが代理する製品——を〔友達にあなたの「いいね」が表示されるときに広告を添えて〕薦めるために利用するというものだ。フェイスブックに対して集団代表訴訟が起こされた後、同社はこの異論の多い機能を終了したが、それまでの一年半の運用期間に二億三〇〇〇万ドルを稼いでいた。[33] 結局、フェイスブックは訴訟を二〇〇〇万ドル、つまり利用者一人あたり二セントで片づけた。「それにしてもどうしてそんなことができたのだろう」と思われるかもしれないが、答えは単純で、あなたがそうしてもいいと言ったからだ。

利用規約が適用される（あなたに不利なように）

「私は利用規約を読んで同意しました」はウェブで最大の嘘である。

利用規約——には書いてなかった、https://tosdr.org

私たちはみな、それを見たことがある。あのありえないほど長い、四ポイントのフォントで書かれた、行間なしの、印刷可能領域いっぱいに詰め込まれた五〇頁の「お断り」。あれは読めないようにできている——だから私たちは読まない。読まないし、理解していないし、そのために高い対価を払うことになる。今日の世界では、利用規約《タームズ・オヴ・サーヴィス》（ToS）は、すべてのインターネットサイト、携帯電話契約、ケーブルテレビ契約、クレジットカードにつけられている。それはあなたのすべての個人的データがどのように吸い上げられて想像できないようなやり方で利用されるかを定めている――自分がしようとしている実際の同意について理解できさえすれば、誰もが反対しそうなものが多い。

カーネギーメロン大学の調査によれば、平均的なアメリカ人は一年に一四六二回、プライバシーポリシーにお目にかかり、それぞれが平均して二五一八語で構成されている。このポリシーをすべていちいち読むとすれば、一日八時間労働として、七六日分の労働時間が生活から奪われる。合計すれば、アメリカ人全員について五三八億時間となり、ＴｏＳという悪夢と不人気のために、国全体で年に七八一〇億ドルの生産性の喪失という機会費用がかかる。[34]

もちろん、失われた生産力の話にすぎないのなら、さほどひどいことではないかもしれないが、このポリシーは直接にあなたの財布にも影響する。『ウォールストリート・ジャーナル』紙で行なわれた調査は、ＴｏＳポリシーの完全に一方的な言語は、私たちに不利な条件の結果として、アメリカの一世帯あたり年に二〇〇〇ドル――総額では年に二五〇〇億ドル――を払わされていることに相当すると試算した。[35] 企業はこうしたポリシーを利用規約と呼ぶが、利用者からすれば、それは「搾取規約」と言った方がはるかにふさわしいだろう。

ソーシャルメディアのサイトを利用することがどれだけにつくかについて、ほんの一例を取り上げてみよう。ここで取り上げるのはLinkedIn《リンクトイン》で、そのプライバシーポリシーはこう言っている。

> 利用者はLinkedInに、利用者がLinkedInに直接または間接に提供する情報を、今知られているあるいは将来発見されるいかなる方法でも、複写し、派生する作業を準備し、改善し、配布し、出版し、消去し、保持し、付加し、加工し、分析し、利用し、商品化する権利を、非排他的な、不可逆的な、世界的な、恒久的な、無制限の、譲渡可能な、負債も権利料もない権利として、追加の合意、

通知、かつ／あるいはあなたあるいは第三者に対する補償なしに、当社に認める。この情報には、利用者が生成した内容、アイデア、概念、技法、かつ／あるいは利用者がリンクトインに送信するサービスに対するデータが含まれるが、それに限定はされない。利用者がLinkedInに送信する情報はいずれも利用者自身の損失リスクによる。〔その後、利用規約は変更されている〕

つまり、リンクトインを利用することによって、同社に対して、あなたがこのサイトに並べたいっさいの情報に対する不可逆的で恒久的なアクセスを認めることになる。送信した情報を引き上げることはできない。リンクトインがあなたのデータ、交友関係、職歴、技能資格、学歴を手に入れたら、それを今でも将来でも、リンクトインが望むどんな形でも、今は見つかっていない方法ででも（たとえば広告にあなたの画像を使う恒久的ホログラフィ権利を得るとか？）売ることができる。最近のプライバシーポリシーがどれほど馬鹿げたことになっているかを明らかにするために、イギリスの小売業者ゲームステーションが、ＴｏＳを人が読んでいるかどうかを確かめる実験を行なった。同社はプライバシーポリシーを次のように改訂した。

西暦二〇一〇年第四月第一日にこのゲームステーション・ウェブサイトで発注することによって、今及び永遠に、あなたの魂をもらい受ける非転移的なオプションを当社に認めることに合意する。当社がこのオプションを実行したくなったら、gamestation.co.uk あるいはその正当な権限のある従業員の一人から書面による通知を受け取ってから五営業日以内にあなたの魂を引き渡すことに同意するものとし、それについてあなたはいっさいの抗弁ができない。

その通り。ゲームステーションのサイトで実験が行なわれた一日に何かを買った七五〇〇人の顧客は、自分の魂をこのイギリスのオンライン小売業者に譲ってそれを取り消すことはできなくなったのだ。罰当たりなやり方とはいえ、ＴｏＳは笑いごとではすまないし、世界中の法廷が、あなたがクリックすれば、自分にとって相当の金銭的、プライバシー的、セキュリティ的な意味を伴って、法的に拘束されると見ている。(36)

ほとんどすべてのインターネット企業はあなたに不利に作用する、同様に過酷なポリシーを採っている。たいていはあなたの魂を要求するまでは行かないが、それに近いところは多いし、言葉を費やせば費やすほど、あなたにとっては悪くなる。フェイスブックのプライバシーポリシーは二〇〇五年の一〇〇四語から、二〇一四年には九三〇〇語に増えている（下位区分のポリシー、規約、条件へのリンクは数えていない）。(37) 他と比較して言えば、フェイスブックのプライバシーポリシーは、合衆国憲法の二倍の長さということになる。他方、ペイパルのプライバシーポリシーと修正は、業界最長の三万六二七五語である。比較すると、シェイクスピアの、「有名な「生きるか死ぬか」(38)の独白や、結末の感動的な「おやすみなさいませ、殿下」の呼びかけがある『ハムレット』は三万六六六語」である。さらに事態をややこしくすることに、フェイスブックなどは、プライバシーポリシーを好きなように変更する権利を自らに認めており、頻繁にそれを行なう。

さらに悪いことに、多くの企業はプライバシーの設定を、ほとんど読めず、理解できないようにしている――フェイスブックだけでも、一七〇のオプションがある五〇通りのプライバシー設定があり、平均的な人間の理解力を軽く超えている――それこそが狙いだ。(39) さらに、何時間かけて自分の好みに合わせてプライバシーのオプションをカスタマイズしようと、フェイスブックがＴｏＳを更新すれば、自動的にすべての利用者の設定がデフォルト、つまり最大限の開放に（したがって、製品――あなたのこと――をもっと実際の顧客、つまり広告業者に売れるように）戻される。(40) 頻繁に設定を調べていなければ――調べたりしないはずだ――フェイスブックがひとくくりにあなたの明示的に以前に定めたプライバシーの希望を無視する。その結果、フェイスブックは自らに、うるさい人間の製品組み立てラインからの干渉や不協和音なしに、あなたを売る権限を留保する。

インスタグラムはフェイスブックに買収されて三か月後に、利用者の氏名、画像、写真を広告業者に売ると発表して利用者を怒らせた。(41) その更新されたＴｏＳによれば、インスタグラムは未成年の子どもの写真をアップロードした親は、暗黙のうちにその画像を広告で使うことに合意していると論じた。あなたが自分の両親に見せるためにアップロードした子どもの写真が、今や、ベビーフードを売るために使える。インスタグラムがその権利を自らに認めたからだ。あなたが撮ったマンハッタンの日没の見事な写真はどうなるか。それは新聞や雑誌の資料画像として売ることができる。ＴｏＳの変更の結果として、利用者による一六〇億枚の写真が今やインスタグラムの知的財産となり、フェイスブックが従業員数一三人の会社に一〇億ドルを払った理由もわかる。

グーグルも馬鹿げたＴｏＳに傾いていることを明らかにしている。たとえば、グーグルドキュメントを利用したり、たまたま表計算、ＰＤＦ、ワード文書をグーグルドライブにアップロードする人は、自動的に文書の所有権をグーグルに認めることになる。グーグルのＴｏＳによれば、

> 本サービスにユーザーがコンテンツをアップロード、提供、保存、送信、または受信すると、ユーザーは Google（および Google と協働する第三者）に対して、そのコンテンツについて、使用、ホスト、保存、複製、変更、派生物の作成（たとえば、Google が行う翻訳、変換、または、ユーザーのコンテンツが本サービスにおいてよりよく機能するような変更により生じる派生物などの作成）、（公衆）送信、出版、公演、上映、（公開）表示、および配布を行うための全世界的なライセンスを付与することになります。(42)
>
> 〔日本語版の利用規約による〕

そのことについて考えてみよう。J・K・ローリングがハリー・ポッターを、マイクロソフトワードではなくグーグルドキュメントで書いたとしたら、その作品に対する、ホグワース魔法学校は言うに及ばず、グーグルがふさわしいと見たすべてのマグルを脚色し、ドラマ化する世界的な権利をグーグルに与えていたことになる。グーグルはその小説をハリウッドの映画会社に売り、世界中の舞台で上演する権利、翻訳する権利のすべてを保持していたことになる。ローリングがあの長編小説をグーグルドキュメントで書いていたら、グーグルに一五〇億ドルのハリーポッター帝国に対する権利を認めていたことになる――すべてToSにそう書いているからだ。

フェイスブック、グーグル、ツイッターなどはみな、あなたのオンラインデータを貯蔵し、それを可能な限りすべて換金するというのは、もう驚くことではないだろう。しかし、広告業者がこの情報を集め、処理するプラットフォームの数が、かつてはささやかだった電話を含め、増えていることには驚くかもしれない。アレクサンダー・グラハム・ベルは、自分の発明が今日のスマートフォンとアプリに変身し、それぞれが私たちの生活の奥へ奥へと達し、私たちのプライバシーと自由の両方に顕著なリスクを伴っていることを見たら、ショックを受けるだろう。

私をモバイルして

そのとおりだ、電話器。こういうものが最初に登場したときは、とても素敵だった。人がその素敵さは四人につける電子タグのようなものということに気づく頃はもう遅い。

――デイヴィッド・ミッチェル『ゴーストリトゥン』

現在、地球上には人の数より多くの携帯電話があり、その結果としてどこにでもあるデジタルの皮膚が地球を覆いつつあり、すべてにとっての影響を伴う。(43) 今日のスマートフォンは、常時携帯できる超小型コンピュータで、私たちの生活に欠かせないものとなっている。アメリカ人の六三パーセントは一時間ごとに携帯をチェックし、一〇パーセント近くは五分ごとにチェックすると言っている。[44] こうした装置は、トイレにも、ジムにも、ベッドにも持ち込まれる。携帯電話やタブレットはカメラ、コンピュータ、電卓、カレンダー、住所録、ラジオ、テレビ、ゲーム機の代わりもするようになった。実際、スマートフォンを利用する人の用途で、電話をかけるのは、ウェブの閲覧、ソーシャルネットワーク、ゲーム、音楽に次いで五位にすぎない。[45] こうしたガジェットが私たちの生活の必須の一部になり、私たちのうち八四パーセントは、携帯なしには一日も暮らせないと告白する。[46] スマートフォンは自分の頼りになる伴侶で、したがって私たちの日々の暮らしに無制限にアクセスできる。しかしこのアクセスの権限は、四六時中携帯するコンピュータとほとんど一体でいることの意味を十分に検討しないままに認められてはいないだろうか。

携帯電話がいつでもどこでも《ユビキタス》あって便利である分、それは、ポケットの中の密告者、一挙手一投足を追跡するデジタルスパイになっているのだ。財布やジーパンのポケットにある、自分では携帯電話だと思っているその装置は、実際には標識であり、いつも世界に対して信号を送り、あなたについてのデータ、あなたの居場所、生活上の活動を絶えず流している。[47] 合衆国だけでも、携帯電話は、あなたの居場所、メッセージの送り先、アップロードした写真など、毎日六〇〇〇億回のデータ事象を生み出している。[48] 私たちが家庭や仕事場のコンピュータを介して洩らすデータ量は、ポケットのデジタル伴侶を通じて洩らしているものと比べれば顔色ない。[49] 携帯電話は人の習慣や好み、さらにはその人の生活を覗き込む最も明瞭な絵を提供している。そうしたデータを利用できるのは誰か。あなたに思い当たるよりもはるかに多くの人だ。あなたがいる物理的な位置、時間やお金を使う場所、一緒に過ごす人を知れば、お金になる情報を求めてあなたを今まで以上に深く採掘するチャンスが増える。データブローカー、スパイ、犯罪者も、携帯電話を自分たちが狙う目標についての豊かな情報源だと見るようになっている。その結果、他の人々と同様、スマートフォンを猛烈に追いかけている。

あなたの携帯にあるデータすべてを所有する機会こそ、グーグルが携帯電話用のアンドロイドOSを開発し、それをソフト開発者や利用者に無料で放出した理由だ。しかし先に見たように、無料は非常に高くつく取引になりうる。アンドロイド携帯用ソフトは、グーグルにあなたの電話番号、ネットワーク情報、デバイスに置かれているデータ、通信履歴、連絡先リスト、さらにはあなたの動き、位置、その場の気温、湿度、音量までも検出する新型のセンサー群へのアクセスを提供する。(50)

こうした新しいテクノロジーであなたの暮らしに手を突っ込むや、グーグルは間髪を入れず、それが「環境状況に基づく広告」と呼んだものについての特許申請を出した。(51) チャリ〜ン。今やグーグルはあなたが暑いところにいるかどうかを検出し、それによってエアコンやアイスクリームの広告を提供できる。周囲の音を検出するテクノロジーを使えば、あなたの携帯での通話に耳を澄まして背景の音を拾い、その好みに基づいた広告を提供できる。(52) あなたがアンドロイド携帯でマーガレットおばさんと話している間に、背景でアッシャーの曲を聞いていれば、グーグルはそれを探知して、今度あなたがGメールをチェックするかウェブを検索するかしたとき、アッシャーのコンサート予定の広告を表示する能力を有している。

フェイスブックも今やあなたの電話のマイクを使ってあなたと周囲の音に耳をすます能力を得ている——すべて更新されたTｏSで合意されていて、携帯での利用者を求める大きな圧力を生んでいる。(53) フェイスブックが二〇一三年の第四四半期に、月間のモバイルでの利用者が月に九億四五〇〇万に達し、その収入の五三パーセントがモバイルの広告から得られて、市場はそれを好感し、発表の後の数日で同社の価値に数十億ドルが加わった。(54) フェイスブックは独自にモバイル用のアプリを作り、利用者の経験を向上させるだけでなく、大量のデータをモバイル端末から掴み取るための新しいツールも工夫した。

誰かのデータを盗みたい? そのためのアプリがあります

二〇〇九年のアップル iPhone の広告は、人間に考えられる必要すべてについて iPhone アプリがあることを示す手段として、「そのためのアプリがあります」というフレーズを使ったことで有名だ。当時としては大胆な宣言だが、たぶんスティーヴ・ジョブズは正しかったのだろう。二〇〇八年の発売以来、アップルのアップストアからのダウンロードは六五〇億回を超えていて、二〇一三年だけでも一〇〇億ドル以上の収入となっている。(55) アップルと競い合うように、グーグルはグーグルプレイという自社のアップストアを開設し、どちらの会社もダウンロード可能なアプリを一〇〇万種以上掲載している。アプリと呼ばれるこうした小さなソフトウェアの成長率はものすごいが、世界中の何万という開発会社にアプリを作る気にさせているのはいったい何だろう。もちろんお金だが、多数の無料アプリはどうやって稼ぐのか。すでに見たように、人の個人データをまとめて支配することによって、人を換金すれば、無料は立派なビジネスモデルになる。結局、アプリはまさにそれを行なうための優れた生態系だった。それはまた、ロヴィオ(大人気のゲーム、「アングリー・バード」のメーカー)がほとんど無名の会社から、ほんの数年で九〇億ドルの価値がある会社に成長した理由も説明できる。(56)

タバコが効率的なニコチン配布システムに他ならないのと同じように、アプリはあなたの個人データを広告業者に転送するための、高度に効率的で流線形のツールに他ならない(タバコの方は少なくとも規制はあるが)。あなたの携帯電話からアプリによって吸い出される情報量はとてつもない。たとえば、フェイスブックのアプリをアンドロイド携帯にダウンロードするだけで、自動的に電話番号はフェイスブックに伝えられる――利用者が初めてフェイスブックのサービスに加入したり、ToSに合意したりする前から。(57) フェイスブックがダウンロードされてしまえば、利用者はTｏSで「カメラで写真や動画を撮る」許可を同社に与えることに同意している。あなたの携帯電話のカメラをいつでもあなたの確認なしに起動することを認める設定である。フェイスブックのTｏSはあなたのショートメッセージも読めるようにする。[58] もっと最近には、フェイスブックは何億というモバイルアプリ利用者に新しいフォトシンクのオプションで、あなたの携帯で撮影したすべての画像をフェイスブックの巨大なデータサーバにアップロードすることを認めるよう求め始めた。[59]

フェイスブックは実際にはカメラをオンにしたりメッセージを読んだりしない立場を維持しているが、そうする権利は確保している。しかし率直に言って、利用者は、どのデータが携帯電話から持ち去られているかを実際にどう知るのだろう。すべて背景で行なわれ、アプリの裏に隠れていて、フェイスブックの製品たる当の人々には見えないようになっている。

あなたの個人特定可能情報（PII）を拝借するのは、アプリをダウンロードすることに合意した瞬間に生じている。たとえば、グーグルプレイのストアで何かのアンドロイドアプリを買うとき、グーグルはアプリ会社にあなたのフルネーム、メールアドレス、住所を提供する。これはあなたがアプリをダウンロードするたびに明瞭な警告をすることなく行なわれる。[60] しかしこうしたアプリ会社――何千という会社が世界中にある――とはいったい誰で、誰が今あなたの名前、住所、電話番号を得ているのか。その会社のプライバシーポリシーはどうなっていて、その情報で何をしようというのか。その情報をどう安全に保存していて、誰にそれを売ろうとしているのか。実際には、開拓時代の西部みたいなもので、あなたやあなたのデータを第三者の情報商人から実効的に保護する規制はほとんど、あるいはまったくない。何億という氏名や連絡先の詳細をアプリの販売元に伝えることによって、グーグルはあなたのデータが洩れ、盗まれ、濫用される可能性を大きくしている。

おそらくもうお察しのことだろうが、ジンガ提供のものすごく人気のフェイスブック・ゲーム、『ファームヴィル』、『テキサス・ホールデム・ポーカー』、『マフィアウォーズ』が無料なのは、こうしたゲームもまたあなたのフェイスブックでの友達すべての氏名を含めたあなたのPIIを覗いているからだ。この情報は、あなたのプライバシー設定が最大限の保護になっていても、何十という広告業者やインターネット追跡業者に売られる。[61] 鳥を発射台に置いて、卵を盗む豚めがけて発射するのは確かに楽しく、『アングリーバーズ』のアプリをダウンロードした一〇億の人々がそのことを証言するが、このゲームは、携帯電話を持って移動するすべての場所など、利用者の個人情報を収集する貪欲な能力を備えている。それでも、カーネギーメロン大学の人間＝コンピュータ相互作用研究所の調査からは、『アングリーバーズ』の利用者のうち、同社が利用者の位置情報を蓄積して、標的型広告の目的のために実世界での利用者の位置を追跡しているのを知っていたのはわずか五パーセントだった。[62] しかし『アングリーバーズ』だけが侵害しているわけではないのだ。マカフィー社は、アンドロイドアプリのうち八二パーセントがあなたのオンラインでの活動を追跡していて、なんと八〇パーセントは位置情報を収集していると報じている。[63]

位置、位置、位置

広告業者にとっては、重要な問いが三つある。その製品を買うのは誰か、客は何を求めているか、客はどこにいるか。オンライン世界では、グーグルは「何」の問いを、強力な検索アルゴリズムでずっと前に勝ち取った。グーグルは人が何を求めているかを知っていて、画面上部の検索ボックスに検索語をすべて入れる前から、文字を埋めてくれさえする。フェイスブックは「誰」を所有している――人とその人のソーシャルネットワークを他のどの企業よりも深く知っている。しかし「どこ」となると――これを所有しているところはなく、現在の巨大企業とスタートアップとが、「どこ」を明確に所有しようとして争っている最中だ。あなたがピンクベリーに近づいているまさにそのときに、あなたにフローズンヨーグルトの広告やクーポンを提供することこそが、広告業の理想に近い。今までこれをする技術はなかったが、モバイル革命のおかげで状況が変わっていて、利用者の位置データを求めるゴールドラッシュが始まっている。マッキンゼーは、利用者の所在データの市場価値は小売業、メディア、通信業界では、今後の一〇年で合わせて一〇〇〇億ドル以上になると試算する。[64]

「どこ」はいくつかの手法で求められる――利用者の携帯のGPSアンテナによって、利用者の携帯の場所と中継アンテナとの距離による三角測量によって、さらには利用者がつながっているワイファイネットワークによって。こうした位置データは、利用者の増大するオンラインのやりとりにメタデータ――つまり他の情報に関するデータを提供するデータ――という形で、ますます付加されつつあり、たとえば、ほとんどの人々は携帯で写真を撮るが、そのとき、撮影の位置データ（GPS座標、緯度と経度など）が画像ファイルに埋め込まれる。その写真や動画をCraigslist《クレイグリスト》、Flickr《フリッカー》、ユーチューブ、フェイスブックなど何百とあるサービスにアップロードすると、その位置に関する暴露的なメタデータも元のファイルとともに送られる。グーグルマップやGPSによる道案内ツールのような一部のアプリにとっては、利用者の位置を求めることは文句なく論理的なことだ。しかしそういうアプリでなければ、利用者の位置データを捉えるのは、これまたアプリメーカーがそのデータを高く売るための方法にすぎない。

利用者のフェイスブックへの投稿、ツイート、Yelp《イエルプ》での検索は、すべて位置データを利用する。さらに、数が増えつつある、位置に基づくサービス《ロケーションベースト・サービス》（LBS）スタートアップは、あなたの「どこ」を買い物から不動産に至るあらゆるものに組み込みつつある。たぶんLBSアプリの中でも急速に成長中のニッチの一つは、恋愛、とくに限られた期間での「恋愛」に関係するものだろう。Tinder《ティンダー》やGrindr《グラインダー》のようなアプリは何億回とダウンロードされていて、ティンダーのCEOによれば、五〇〇〇万回以上の「出会い」に関与しているかもしれない。[65] 恋愛アプリとは……多彩なものだ。

しかしこうした位置データの新たな流れにどんな恩恵の可能性があろうと、新たなリスクも伴う。二〇一二年、ロシアの会社がGirls Around Me《ガールズ・アラウンド・ミー》というアプリを送り出し、アップルのアップストアにも、グーグルプレイにも承認された。[66] ガールズ・アラウンド・ミーは、女性がフェイスブックやFoursquare《フォースクエア》のようなサービスに投稿した際の、公開の投稿、近況の更新、写真、チェックインに伴う位置に関するメタデータを利用する。利用者が自分のスマホでこのアプリを起動すると、ボタンを一つ押すだけで、近くにいる若い女性の顔と正確な位置を示す双方向のマップが表示される。このアプリの「レーダーモード」を使えば、誰でもそうした女性の位置を特定して、フェイスブックのプロフィールを読むことができる。

たとえば、このアプリを使って、ある魅力的な女性が今地元のスタバにチェックインしたと見れば、その女性を追いかけ、フェイスブックのプロフィールにアクセスし、卒業した高校や大学を見たり、最近休暇でラスベガスへ行ったことを知ったり、両親の名前、好きな飲み物、その日ネットフリックスでドラマの『オレンジ・イズ・ニュー・ブラック』を見たことなどをつきとめたりできる。こうした情報を手に、この男はまったくの初対面なのに、その女性が列に並んで毎日頼むグランドエクストラホットのソイラテを頼もうとしているところへ何気なく近づいて行って、自分がラスベガスや『オレンジ・イズ・ニュー・ブラック』がどれだけ好きかの話をぶつけることができる。出会いには非常に役に立つ道具だし、ストーカーや狙う女性を探す暴行魔にも役に立つ。

広告業者にとっては、「どこ」は単にあなたの今の位置だけのことではない。あなたが昨日いたところ、先月いたところ、明日行きそうなところでもある。位置の記録はあなたがデパートで過ごした回数と電器店で過ごした回数との比較といった詳細を語り、そうした動きの並びがさらに多くのことを語る。今日の位置情報に基づく広告世界では、ある女性がスマホとアプリを携帯して産婦人科医のところへ行けば、興味深いデータポイントがモバイル広告生態系全体に登録される。しかし同じ女性が三週間後に「ベイビーザラス」に行くと、さらに深い真実が明らかになるかもしれない。あなたの時間ごとの位置データを集積することによって、広告業者はあなたが教会やシナゴーグへ行くかどうか、ジムでトレーニングするか、地元のバーでよく飲むか、カウンセリングを受けているか、浮気をしているかを導き出すことができる。(67) しかしこうした情報すべてを収集しているのはいったいどういう人で、どれだけのデータを手にしていて、それで何をしようとしているのだろう。これからわかるように、私たちやデータ利用者がまだ特定するようにもなっていない用途がいくらでもあり、指数関数的に成長している。(68)

第5章 監視経済

デジタル時代には、プライバシーは財産にならざるをえない。〔盗聴されるのは〕私だけなのだろうか。それとも秘密に行なわれる包括的監視がひどいことになっているのだろうか。

――アル・ゴア

リー・ヴァン・ブライアンは最初のアメリカの休日を楽しみにしていた。数日前にロサンゼルスへ旅行で来た二六歳のイギリス人で、ツイッターで友人に元気？と挨拶して、アメリカでめちゃくちゃ《デストロイ》をする前にてっとりばやく予習させてくれる暇ある？と尋ねた。ヴァン・ブライアンの「デストロイ」という単語の用法は、イギリスの二〇代の仲間には、「酔っ払ってパーティする」という意味のスラングであることはすぐにわかるだろう。残念ながら、アメリカに着いたとたん、パーティどころではなくなった。

国土安全保障省は、アメリカに対する脅威がないかソーシャルメディアを広く監視していて、そこでヴァン・ブライアンがウェブで目に留まった。ロサンゼルスに着いたとたん、ヴァン・ブライアンと同行の二四歳のエミリー・バンティングは、武装した税関と入管の係官に迎えられ、手錠をかけられ、麻薬取引をしたと言われるメキシコ人と二四時間、房に入れられた。二人は「デストロイ」のスラングとしての使い方を説明しようとしたが、アメリカの役人はまったく理解しなかった。連邦捜査官は、二人とスーツケースを、どういうわけかシャベルを求めて何度も探した。「マリリン・モンローを掘り返す《ディグアップ》」というツイート――アニメの『ファミリー・ガイ』にある話を思わせる――もあったからだった。この発言も国土安全保障省には重大なフラグを立てた。亡くなったスターのなきがらが危ない。別々の房で不快な一晩を過ごした後、ヴァン・ブライアンとバンティングは、イギリスへ帰る飛行機に放り込まれるときに合流した。二人は合衆国への入国を拒否され、イギリスへ送還されたのだ。結局、破壊《デストロイ》されたのは二人のビザと休暇だけだった。[1]

ハッカーが悪いと思ってた? データブローカーはどうだ

Acxiom《アクシオム》、Epsilon《イプシロン》、Datalogix《データロジックス》、RapLeaf《ラップリーフ》、Reed Elsevier《リード・エルゼヴィア》、BlueKai《ブルーカイ》、Spokeo《スポーキオ》、Flurry《フラリー》――ほとんどの人はこうした会社のことを聞いたこともないが、ここに挙げたもの以外も含め、一年に一五六〇億ドルになる、急速に成長中のデータ監視業に関与している。世界中の市民が、エドワード・スノーデンが暴露したNSAの監視活動の規模と範囲にショックを受けたが、データブローカー産業が稼ぐ年間一五六〇億ドルの収入は、米政府の情報予算の二倍の規模であることに目を留めることが重要だ。[2] こうした企業が利用するインフラ、ツール、技法は、ほとんどすべてが民間のもので、それが市民生活を覗き込める深さは、どんな情報機関もうらやましくなるだろう。

　データブローカーは扱う情報を、インターネットサービスプロバイダ、クレジットカード発行会社、携帯電話会社、銀行、信用調査所、薬局、自動車登録事務所、食料品店、そしてますます増える私たちのオンライン活動から得る。毎日無料でソーシャルネットワークに提供しているデータ――「いいね」、ポーク、ツイートなど何でも――すべてが、広告業者や販売業者に売るために、タグをつけられ、地理座標を付与され、整理される。旧世代の小売業者さえ、これ――自分が持っている顧客データ――が、自分が売っている実際の製品やサービスを上回るほどの価値があるかもしれない、巨大な副収入源となることに気づきつつある。そういうものなので、各社は大急ぎでこの新たな収入源から利益を上げて、自分のデータインフラを、コストの元から利益の元に変えようとしている。Experian《エクスペリアン》、TransUnion《トランスユニオン》、Equifax《エクィファクス》のような信用調査会社〔データブローカーでもある〕は四〇年前からあるが、私たちのますますデジタルで接続されたオンラインでの生活様式によって、新しく参入した企業も、私たちの生活についてのデータの一滴まで捕捉できるようになっている。これまでは考えられもせず不可能だったことだ。

アーカンソー州リトルロックにあるアクシオム社一社だけで、計算機サーバを二万三〇〇〇台以上走らせて、毎年五〇兆件のやりとりを「収集、照合、分析」している。[3] アメリカの世帯のうち九六パーセントはそのデータバンクの標本になっていて、アクシオムは世界中で七億人以上の消費者についてプロフィールを集積している。それぞれのプロフィールには、人種、性別、電話番号、運転する車のタイプ、教育水準、子どもの数、自宅の面積、資産額、最近の購買歴、年齢、身長、体重、結婚歴、政治、健康問題、職業、利き手、さらにはペットを飼ってるか、どんな種類かなど、一人あたり一五〇〇件の具体的項目が入っている。[4]

アクシオムなどのデータブローカーの目標は、人とその人の生活に関する「行動標的」とか、「予測標的」とか、「プレミアム財産行動見通し」とか呼ばれるものを提供することだ。平たく言えば、これはあなたのことをきわめて精密に理解して、データブローカーが自分で蓄積した情報をできるだけ高値で広告業者、販売業者などの企業に判断材料として売るということである。たとえば、一九歳の男子学生にパンパースの広告を見せても販促予算の無駄になるかもしれないが、同じ情報が三二歳の妊娠中の主婦に提示されれば、何百ドルもの売上げになるかもしれない。データブローカーは、自分が収集するデジタル情報の価値を最大限にするために、いつも私たちをますます具体的になるグループ、あるいはプロフィールに切り分けている。これがデータ監視の世界だ。

アクシオムはこうした消費者プロフィールを、クレジットカード発行会社上位一五社のうち一二社、個人対象銀行上位一〇行のうち七行、通信会社上位一〇社のうち八社、保険上位一〇社のうち九社に売っている。[5] アクシオムは、顧客の広告業者に毎年請求する何十億ドルを押さえるために、「人に一三桁のコードを割り振り、その人の行動と人口動態学的データに基づいて七〇の集団《クラスター》の一つに入れる。たとえば、クラスター38にある人々は、たいていアフリカ系アメリカ人あるいはヒスパニックであり、十代の子どもがいる共働きの親で、中の下の階層で、ディスカウント店で買い物をする。クラスター48にいる人々は「白人、高卒、地方在住、家族指向、狩猟、釣り、カーレース観戦に関心がある」可能性が高い。(6) こうしたデータは他の第三者ブローカーにも売られ、こちらは自身のアルゴリズムを適用し、「キリスト教徒家庭」、「強迫的オンラインギャンブル好き」、「移動性ゼロ」、「ヒスパニック系消費者金融借入れ者」といった独自のカテゴリーリストを作るためにデータ集合をさらに磨き上げる。

「キリスト教徒家庭」カテゴリーにいる人々は聖書やChristianMingle《クリスチャンミングル》.comの広告を受け取るかもしれないが、ギャンブル好きや、アルゴリズムによって「移動性ゼロ」と見なされた人々は、サブプライムローン提供会社や借金一本化業者の広告の標的になる。(7) キリスト教徒家庭あるいは都市在住ヒスパニック大卒女性に分類された人々なら、表面的にはあまり困っていないように見えるが、データブローカーの中にはもっと多くの不穏なリストを、広告業者や、どこともわからない会社に売ってきた。たとえば、認知症の老人リスト、エイズにかかった人のリストを提供するブローカーもあれば、MEDbase200という別の企業は、DV被害者とレイプ被害者のリストをオークションにかけたことがある。(8)

商業的データ収集・監視経済の深さと範囲は、二〇一四年始めに浮かび上がった。イリノイ州リンデンハーストの悲しみにくれる父親が、小売業のオフィスマックスからの郵便に入っていた宣伝ビラを受け取ったときのことだ。宛先ラベルには、「マイク・シー、娘が車の衝突で死亡」という言葉が印刷されていて、その後にこの人物の自宅住所が続いていた。(9) オフィスマックスは確かに、適切な人物に手を伸ばしていた。シーの一七歳の娘は、前年、ボーイフレンドとともに車の衝突事故で死亡していたのだ。シーがオフィスマックスに電話して、この件について苦情を言うと、責任者はシーの言うことを信じず、言われていることは「ありえない」と否定した。NBCのシカゴ担当記者がこの話を記事にしてやっと、オフィスマックスは、「第三者提供の住所録を使ったことによる」と認めた。(10) 結局、シーはオフィスマックスの下級の取締役から電話をもらい、この件について謝罪されたが、この件に関与したデータブローカーの名を教えるという、シーが繰り返し求めていたことは断られた。またこの取締役は、同社が他の見込み客について同様のデータを保持しているかどうかも明かそうとしなかった。シーの体験は明らかに迷惑な話だ。シーはオフィスマックスで頻繁に買い物をしていたわけではなく、たまたま同店でプリンタ用紙を買っただけだったからだ。

事件はデータブローカー業をめぐるいくつかの重大な問題を浮かび上がらせる。たとえば、オフィスマックスは顧客について、他にどんな深い個人情報を持っているのか。そもそも情報を売ったデータブローカーにとって、巨大なデータバンクは人やその家族について他に何を明らかにするのか。兄弟がアルコール依存症だということか？ 母が統合失調症と診断されたことか？ 摂食障害の一三歳の娘がいることか？ データブローカーがこの情報でできることを制限するどんな規制があり、人についての情報が不正確だったとき、本人に何ができるだろう。結局のところ、ほとんど規制はない。フランツ・カフカの有名な小説『審判』の筋を思わせる。ある男が理由も知らされずに逮捕され、後になってやっと、謎の法廷がこの男についての秘密の資料を持っていることがわかるが、本人もその資料は見られない。今日のデータブローカーは、信用調査業者とは違い、政府からはほとんどまったく規制を受けていない。業者に消費者のプライバシーを保護し、事実に関する間違いを正し、そのシステムに人とその家族についてどんな情報が入っているかを明らかにすることを求める公正信用調査法のような法律はない。

シーや他の何万という同様の人々の経験の結果として、ウェストバージニア州選出上院議員、ジェイ・ロックフェラーが率いる議会、連邦取引委員会、消費者金融保護局は、一〇〇〇億ドルを超える規模のデータブローカー業の正体と範囲を調査し始めた。[11] 実効性のある規制の変化はいずれもデータブローカーの激しい反対を受けるだろう。かかっている金が多すぎるのだ。さらに、データが出てしまえば、ことわざで言うと、覆水を盆に返すことはまず無理だ。その間にも、アクシオムなどは個人情報の集積を続けている。二〇一三年末には、アクシオムのCEO、スコット・ハウが、同社が一一億件近くの第三者クッキーを収集し、二億人分以上のモバイルデバイスを特定し、プロフィールを得たと、得意そうに発表した。「デジタル世界で私たちの手が届く範囲はすぐにアメリカの全インターネット利用者に近づくでしょう」とハウは断言した[12]。

アクシオムのような会社は、公開のデータベースを採掘し、その知識を人々が意図してでも意図せずにでも、ソーシャルメディアで公表する自身や友人家族についての個人情報すべてと合体させることによって、今生きているアメリカ人ほとんど全員の生活を覗き込む、史上最大の包括的な情報監視システムを保有して展開できるようになっている。このテクノロジーの技は、今日のデータ監視社会の「新常態」となり、元副大統領のアル・ゴアが、テキサス州オースティンでの「サウス・バイ・サウスウェスト」インタラクティブ・フェスティバル二〇一三年大会で演説したときに、「ストーカー経済」と呼んだものを構成する。

ゴアは正しい。今なら明らかに見えるはずだが、監視はインターネットのビジネスモデルである。あなたがSnapchat《スナップチャット》、フェイスブック、グーグル、リンクトイン、フォースクエア、ペイシャンツライクミーのようなウェブサイト上に「無料」のアカウントを作り、アングリーバーズ、キャンディ・クラッシュ・サガ、ワーズウィズフレンズ、フルーツニンジャのような無料アプリをダウンロードすると、意図してであれ意図せずにであれ、そうした会社が、法規制や作法や倫理的制約にわずらわされないで、あなたの動きをすべて追跡し、集積し、相関させ、多くの人々にできるだけ高い値段で売ることに同意している。それでも、他に誰がこうしたデータの蓄積を利用できて、それが自分に対してどう不利に用いられるかを考える人はほとんどいない。データ監視は「決まり文句」で、それを使用すること、その能力、威力は、顧客、政府、技術者工学者が想像もしなかった形でわき上がろうしている。

あなたを分析する

私たちはそれぞれが、一日中、デジタルの足跡を残している――無数の電話の記録、メッセージ、ブラウザの履歴、GPSのデータ、メールはずっと残る。この情報を分析すれば、会社は見込みの高い顧客について、かつてないほど正確に、高い価値がつくものを見つけることができる。たとえば、あなたがマイアミビーチへの家族旅行を考えているとしよう。あなたは予約サイトのKayak《カヤック》で航空便を探す。後で店へ行き、クレジットカードを使って水着を買う。水着の購買で得られたデータはあなたのブラウザのデータと組み合わされて、あなたがマイアミのホテルの部屋を予約しようとする可能性を高める。この行動分析の結果として、あなたはマイアミの各ホテルにとっては定量化可能なデータとしての価値を持っていて、ホテルどうしは、今のあなたにとってぴったりのメッセージと、あなたの意図した行動に基づいた提案を添えた、あなたに届く広告を提示することによって、リアルタイムに、あなたの都合に合わせる競争ができる。

グーグルナウは、「しかるべきときにしかるべき情報を」約束して、これまた膨大なデータ集合に提供される深い分析の例となる。グーグルナウ・アプリは素晴らしく便利な情報を提供して、消費者が周囲で渦巻く目に見えないデータまですべて捉え、利用するのを助ける。利用者がグーグルのTｏSに同意すると、グーグルナウは利用者の友人が近くにいるときにそれを教え、交通情報を提供し、自宅や職場にいちばん早く着くルートを決め、自動的に朝の天気予報を提示し、好きなチームの試合を追いかけて、逐次スコアを更新する。グーグルナウは、あなたの航空便が遅れていたり、ゲートが変更になったときはそれを教え、利用可能な別の便を知らせる。グーグルナウはあなたが待ち合わせをしたところがどこかを知っていて、行こうとしているルート全ての交通渋滞をリアルタイムで監視し、アプリは今の位置を知らせ、次の約束に間に合いたければそろそろ出発をと助言する。グーグルナウはジオフェンシングと呼ばれる手法を使って、分析してある利用者の予定や心づもりと常に追跡されているその人の位置とを照合して、食料品店の傍を通るときには、ミルクを買って帰らなければならないと教えてくれる。この情報の豊穣の海、便利の大盤振る舞いを享受するには、グーグルナウにあなたのネットでのデジタル足跡をすべて利用できるようにするだけでよい。Gメールの受信箱、ウェブ検索、ホテルの予約、飛行機の予定、連絡帳のすべて、友人の誕生日、レストランの予約、カレンダーに記録した約束、携帯電話に搭載されたGPSを介した刻々のあなたの物理的位置などだ。この大量のデータセットから、グーグルは（他の会社も）情報アナリストたちがあなたの生活パターンと呼ぶものを再構成することができ、あなたの時々刻々の物理的位置と何をしていて、誰といるかを知り、地図上に描く。なんと恐ろしいほど便利なことか。

しかし人の生活パターンにアクセスできるグーグルなどの会社は他に何を明らかにできるだろう。たとえば、誰かの携帯電話がその人の妻の携帯電話と週に六夜は同じ家の充電器にあるとしよう。このデータからすると、二台の携帯電話の持ち主は一緒に暮らしていて、一緒に寝ていると考えるのが論理的だろう。しかしその人の携帯電話が週に一度、別の女性の携帯電話の隣の充電器にあるとしたらどうなるだろう。そのことはグーグルなどに人の不倫について何かを教えることになるだろうか。本人の位置データやその人の周囲の電話（アプリ）の位置データは、その人の個人的・職業的ネットワークの強さや絆の見事な近似となる。人のデータが残す足跡のパターンは、時間経過とともに調べられ、その人の生活についてさらに多くのことを明らかにできるようになる。たとえば、イギリスの研究者グループが、携帯電話利用者の過去の行き先を調べ、基礎的なデータ解析手法を用いて、二四時間後の同じ時刻にその利用者がどこにいるかを二〇メートル以内の精度で求めることができた。[13] 広告業者にもストーカーにも有用なツールだ。あなたの携帯電話は今や、あなたがどこにいたかだけでなく、あなたがどこへ行くかも知っている。

ある人の社会的ネットワークとその成員を分析すれば、その人の生活、政治的立場、性的指向まで高度に明らかにすることもできる。これはMITで行なわれた研究で明らかにされた。同大学の学生一五〇〇人のプロフィールが、Gaydar《ゲイダー》という分析法で調べられた。そこには性的指向が空欄か異性愛となっている人々が含まれていた。ゲイの男性はやはりゲイの友人が多いという（意外ではない）以前の調査結果に基づいて、MITの調査は一五〇〇人の学生の友人関係を調べるための貴重なデータポイントを得た。その結果、七八パーセントの正確さで学生がゲイかそうでないかを予測することができた。[14] それまではゲイとは特定されていなかった中で少なくとも一五人が研究者のアルゴリズムで特定され、個人面接で確認された。[15] こうした発見はリベラルなマサチューセッツ州ケンブリッジあたりではどうということはないかもしれないが、同性愛が違法とされ、「違反」が死刑で処罰される、スーダン、イラン、イエメン、ナイジェリア、サウジアラビアなど七六か国では問題が生じる。[16] 米科学アカデミーが発表した五万八〇〇〇人のフェイスブック利用者についての調査は、「いいね」を分析するだけで、驚くほどの正確さで人の内面の詳細や性格が明らかにできた。[17] ケンブリッジ大学と協同して行なわれた厳密な調査は、利用者のIQが高いか低いか、情緒的に安定しているか、離婚家庭出身かを予測できた。私たちが洩らしているデータでめぐる難関は、何度も明らかにしてきたように、他人が私たちのデジタルのパンくずを拾い上げて、それを私たちが知らないところで、私たちに害になるような形で解釈できるというところにある。

でも隠すことなんかないけど

二〇〇九年一二月、CNBCのマリア・バルティロモが、他ならぬグーグルのCEO、エリック・シュミットに、グーグルがますます顧客を追跡することから結果するプライバシーの懸念について尋ねたとき、シュミットはこう答えたことが知られている。「誰にも知られたくないことがあるなら、そもそもそんなことはすべきではない」。[18] シュミットらは、プライバシーの懸念を、何も悪いことをしていなければ、自分がしていることを知られても（企業でも政府でも近所の人々でも）恐れることはないはずだと言う。

この感覚はフェイスブックのCEO、マーク・ザッカーバーグも繰り返していて、「プライバシーはもはや社会的な規範ではない」と論じている。[19] プライバシーが――少なくとも一般大衆については――もはや規範ではないという一方で、ザッカーバーグ自身の生活では、本人はプライバシーをかなり大事にしているらしい。二〇一三年の末、このフェイスブックのCEOは三〇〇〇万ドルを出して、自分の地所を囲む四軒の家を買い取った。自分のプライバシーが侵害されない、あるいは乱されないようにするためである。

フェイスブックの最高執行責任者シェリル・サンドバーグも、人がプライバシーの権利を説くのは「本当の自分」に反するのではないかと言っている。サンドバーグは、「本当の自分のアイデンティティを明らかにすることは、近い将来もっと普及するようになる……この本当の自分への移行には慣れが必要で、プライバシーが失われたという声を引き出す」と述べている。[20] シュミット、ザッカーバーグ、サンドバーグにとって都合のいいことに、こうした社会的規範の「自然に起きる移行は」、三人の側の個人的・職業的な結果と直結している。人を換金して、とことん一方的なToSの結果として、可能な限りに洩らしている山のような情報から直接に利益を得たうえでのことだ。

しかし「隠すものは何もない」は、新しいデータ監視社会について考える方法としては絶対に間違っている。全面的な監視を受け入れるか、疑われてしかるべき犯罪者かというのは間違った二者択一だ。「隠すことは何もない」論法の支持者がその通りのことを言っていたら、論理的にはその人たちが配偶者とセックスしているところを撮影し、税金の還付金をネットで公表し、トイレに入っているところを満員のスタジアムのジャンボトロンで放映することに反対はしないだろう。何も隠すことはないのだから。実際には、誰にも生活の中にプライベートで特殊な局面があり、それは例外とされ、内密のことを共有する相手を限定する。

隠すことはない論法が誤っていると信じる人々にとっては、むしろ恐れるべきことを知る方が、たぶん適切なのだろう。私たちはみな、自分はどうしても共有しない生活の細部を持っているからだ。たとえば、グーグルボイス、スカイプ、携帯電話のキャリア会社、政府機関は、中絶を行なう医者、自殺ホットライン、地元のアルコホーリックアノニマスの支部に電話した記録を持っている。データ集積業者は誰が電子デバイスで「ふしだらなチアリーダー」、「バイアグラ」、「プロザック」を検索したかを知っている。そうした検索はいずれも文句なく合法かもしれないが、私たちの社会では、そんな情報が明るみに出れば、相当の反響を招く。

グーグルとフェイスブックだけで、利用者についてのデータが何百ペタバイトと恒常的に蓄積されているとなれば、たぶん、もっと考えるべき問題は、私たちの誰かが今、隠すべき何があるかではなく、将来プライベートのままにしておきたいのは何かということだろう——そしてフェイスブックが一九五〇年に存在していたら、今の下品な冗談を歴史はどう判断するだろう。将来どんな犯罪で、自分では実際に法を犯していることを知らないまま、有罪とされることになるだろう。州境を超えてニュージャージー州あるいはデラウェア州へ車で行き、子どもに新学期用の服を買うときの税金を節約するとしよう。携帯電話やクレジットカードの領収書は脱税の証拠となる。家族で食事をしたときの一二歳の息子がワインを飲んでいるところが写ったTwitpic上の写真は、未成年にアルコールを提供した証拠だ。コンピュータセキュリティ研究者のモクシー・マーリンスパイクが指摘するところでは、合衆国には「二万七〇〇〇ページの連邦法規」と、「一万項目の行政規則」があり、「あなたはおそらく隠したいことがある。ただ自分でもそうと知らないだけだ」。[21]

プライバシーリスクなど不快な驚き

『ワイアード』誌のマット・ホーナンと悲嘆にくれるマイク・シーが発見したように、私たちの個人的なデータは、きっとそんな情報にアクセスできてほしくない人の手に渡りうる。私たちの社会的なデータと公開のデータベース、クッキー、無線標識、位置情報とを組み合わせると、一連の有害でさえある結果が生じうる。言い方を変えると、あなたのデータはだんだん相手を選ばなくなる。あるシステムから別のシステムへの流れ、データベースからデータベースへの流れは、世界中のクラウドによるネットワークに隠され、配布され、共有され、処理され、売られる。しかし実際の世界からわかるように、相手を選ばないと、性病など、意図せざる帰結を生むことも多い。

オフィスマックスの失態と似たような事件で、ミネアポリスのある男は、自分の娘が妊娠していることを知った。本人からではなく、地元のスーパー、ターゲットの店によって。それがわかったのは、ターゲットが一五歳の娘用のクーポンを、父親が絶対に認めないような製品に対してつけて送るようになったときだった。そのクーポンと、娘宛ての文書を手に、父親は怒り狂ってターゲットへ行き、店長を非難し始めた。「娘がこんなものをダイレクトメールで受け取ったんだ。……娘はまだ高校生だぞ。おたくはそんな娘にベビー服やベビーベッドのクーポンを送るのか。娘に妊娠しろと勧めようとしているのか」。数日後、父親は店に電話して謝った。「家の中で私が全く知らないことが起きていて、娘は八月が予定日だそうだ。あなたにはお詫びしないといけない」(22)。それにしてもターゲットはこの娘が妊娠したことを一体どうやって知ったのだろう。もちろん妊娠予測アルゴリズムによる。これは顧客の購買履歴を集め、データブローカーから買った人口動態統計とまとめている。ターゲットは、妊娠の第二期になる前に本人を見つけて顧客として取り込めば、除菌ウェットティッシュ、ベビーベッド、おむつだけでなく、子どもが大きくなって大人になるまでのおもちゃや衣類まで買ってもらえる。ターゲットの統計学担当者による突っ込んだ研究の後、同社は出産予定の女性が「妊娠第二期に無香料のローションを買う量が増え、さらにカルシウム、マグネシウム、亜鉛などのサプリが増えることに気づいた。全部合わせてまとめて分析すると、ターゲットはそれぞれの買い物客に「妊娠予測スコア」を付与できるようにする二五品目を特定できた。このモデルをターゲットの顧客データベースにある何百万という女性に適用すると、何万という妊娠した女性を、他の会社がダイレクトメールを送る前に特定できる。ターゲットや同社の販売担当者はこの発見に大喜びした。かのミネアポリスの高校生の父親の方は、企業のクーポン入りダイレクトメールで孫が生まれることを知ってもさほどうれしくはなかったが。顧客の一億一〇〇〇万ドルという財務データが奪われたターゲットの二〇一三年のハッキングを考えれば、顧客はターゲットのデータベースにある高度に個人的なデータの膨大な蓄積が盗まれないというどんな保証を得られるだろう。(23) 顧客はターゲットや、他の大量に収集し、蓄積し、分析するデータを持つ大手小売り業者を信頼できるだろうか。おそらくそれはないだろうし、そこに問題がある。

だんだんわかってきているのように、私たちの個人データに対するリスクはハッカーだけによるのではなく、ビッグデータ分析にもよる。これまでは、データをどれだけ集めても、私たちの収集能力が解釈能力をはるかに上回っていたため、集めたデータが未処理で残っていた。それが変化しつつあり、私たちがフェイスブックのようなソーシャルメディアサイトに洩らすデータは予想外の形で姿を見せつつある。そんな影響を受けた人物の一人が、テキサス大学オースティン校に在学する二二歳のレズビアンの学生、ボビー・ダンカンだった。ダンカンは厳格なキリスト教徒の家庭出身で、必死になって自分の性的指向を両親から隠してきた。自分のことをよく知るようになるにつれて、大学のクィアコーラスなどの幾つかの学生サークルに入り、他のゲイやレズビアンの学生と会う手段とした。クィアコーラスに入った時、会長はグループがフェイスブックに設けた会議室に入れて歓迎した。これは本人の許可がなくてもできる(フェイスブックには、第三者が人を自分のグループに入れるのを防ぐ設定はない)。会長がそれを行なうと、フェイスブックは自動的にボビーの友達リスト全体——父親も入っていた——にそのことを通知して、ボビーがクィアコーラスに入ったことを知らせる。ボビーの父親は、通知を受け取って二日後、フェイスブックのページに返信を書いた。「すべてのクィア諸君へ。巣穴に帰って神の裁きを待て。

お前ら変態には地獄が待っている。そこで歌っていろ」。フェイスブックは隠れたレズビアンを表に出し、親から勘当される目に合わせた。取り返しのつかない被害を受けて、ボビーは自分の立場を明言した。「私はフェイスブックが悪いと思う。人が私をどう見るかを、他人の選択に任せるべきではない」[24]。

人がインターネットとソーシャルメディア会社の製品になっている場合、その人が直面する障害は、自分がしかじかの脈絡で提供するデータが、別の、顕著な結果を伴う予想外の形で用いられるということだ。これは人気の高い「無料」出会い系サイト、OkCupid《オーケーキューピッド》に言える。相手を探す利用者は、サイトで質問に答えるよう求められ、たいていの人は間違って、自分が提供するデータはOkCupidのシステム内部だけにとどまり、ぴったりの相手を見つける目的のためだけに使われると思い込んでいる。ああいいよ！最適の相手を得るためと称して、OkCupidは利用者に大量の立ち入った個人的質問をする。過去の性的につきあった相手の数、中絶法を支持するか、銃は所有しているか、誰かと初回のデートで寝てもいいか、タバコは吸うか、アルコールは頻繁に飲むか、違法薬物はどうか（どんな薬物でどのくらいの頻度か）。少なくとも、利用者は画面で自分のプロフィールを完成するときにそういう質問を見る……。

見えないのは、OkCupidがこの情報を伝える、五〇社ばかりの広告業者、データブローカー、販売会社だ。デジタルプライバシー専門家で連邦取引委員会に勤めた経験もあるアシュカン・ソルタニは、データが洩れる範囲を理解するために、OkCupidにダミーのアカウントを作った。ソルタニは、Collusion《コリュージョン》やmitmプロキシなど、いくつかのブラウザのプラグインとして使う無料のプライバシーツールを使って、OkCupidの利用者が提供した回答が解析されて何十というデータブローカーに送られるのをリアルタイムで観察できた。ソルタニが自分の試験用プロフィールを埋めて、しばしばドラッグを使うにクリックすると、ドラッグ使用をLotame《ローテーム》という名のデータブローカーに伝えるクッキーファイルを観察できた。「無料」のオンライン出会い系サービス用に、秘密のプロフィールを埋めただけだと自分では思っていても、実際には、あなたは捕まって、他でなら絶対に販売業者やデータブローカーには教えないような情報を詳細に述べているのだ。これはとてつもない計略で、出会いは大量のデータ抽出のための「看板」にすぎない。NPR〔公共ラジオネットワーク〕によるその後のソルタニの調査では、OkCupidもLotameもこの件についてコメントするのを断った。[25] これが世界の規制のないデータブローカー業界の実情である。あなたの薬物使用や性的履歴を集めたOkCupidの資料庫に金を出すところは他にあるだろうか。保険会社、将来の雇い主、この間の飲酒運転の後なら政府機関かも。

あなたには「隠すことはない」としても、常に追跡されるソーシャルネットワークの相関図や位置情報がはね返って襲ってきて、金融上の信用に影響することさえある。一握りの技術系スタートアップは、あなたのソーシャルネットワークでの友達の質を利用して、あなたの信用リスクが良好かどうかを判断するようになっている。そのような会社の一つ、Lenddo《レンドゥー》は、あなたが返済が遅れている誰かと友人かどうか、その人物とどのくらいの頻度で交流があるかを判定している。[26] その結果、あなたの信用上の価値が、フェイスブックで友達になった人物のせいで下がることがある。グーグルプラスやピンタレストでの友達がろくでもない奴だったら、あなたもろくでなしということになるかもしれない（ビッグデータの神々によれば）。フェイスブックは金融データ集積業者があなたのソーシャルのデータをフルに利用してあなたの金融的安定性を評価するにつれて、信用評価業者FICOの後を継ぐかもしれない。[27] つまりあなたがお母さんに言われていたように、友達は賢明に選ばなければならないということだ。

実際に、私たちはみな、自分自身のデジタル汚染に貢献している。二〇世紀の人々が、産業廃棄物を川に流しても、街路にポイ捨てしても何も考えなかったように、私たちは今日、自分のデジタル行動の長期的な影響を理解できていない。現状は、私たちがいわゆる無料のオンラインサービスのために行なう取引についての根本的な無理解から派生する。

バーチャルなパンドラの箱を開く

人々は自身のいちばん内密の思考や秘密を、信用している友人との内輪の会話でもあるかのように、ネットに伝える。法体系がそれを認めてくれればいいのだが。合衆国では、ソーシャルネットワークは公共の空間と考えられていて、私的な空間ではないので、そこで明かされた情報は、いわゆる第三者法理の下にある。要するに、サービスプロバイダ（携帯電話会社、インターネットサービスプロバイダ、ケーブル会社、ウェブサイト）が利用者について集めるデータに合理的なプライバシーの期待はできないのだ。(28)

これは理由のない捜索や押収を禁止した修正第四条への顕著な例外で、あなたがネットに投稿したどんな形式のデータでも（あなたのプライバシー設定がどうであっても）、あるいはあなたが合意したことになっている第三者によって収集されるどんなデータも、プライベートとは考えられないということだ。それは憲法の「私文書」の基準も満たさず、むしろデータを所有する機関の事業記録の一部をなす。衝撃的かもしれないが、合衆国の法制の現状はこうであり、オンラインでもオフラインでも全市民に対して顕著で深甚な影響がある。その結果、あなたのデータは自分では決して望まなかったところに洩れているし、それを取り戻すことはどう頑張ってもできない。

それによって、「フェイスブック」という単語が二〇一一年の離婚訴訟のゆうに三分の一に登場した。(29)こうしたことすべてが、離婚弁護士のうち、依頼人の配偶者に不利な証拠を探してソーシャルメディアのサイトを検索すると認める八一パーセントにとっては、優れた飯の種を提供する。たとえば、フェイスブックやツイッターでシェアされるデータ、誰の携帯がいつ誰の携帯の隣にあったかがきちんと記録された携帯電話通話記録やGPS位置データすべては、離婚手続もそうなりうるバトルロイヤルでのかっこうの目標になる。年中行なわれているパーティで何気なく撮られた、飲み物を手に、眼をとろんさせたあなたの写真は、今や子の養育にふさわしくない証拠となり、反対尋問の際の相手側弁護団にとっては金塊だ。OkCupid に作ったあなたが独身であることを言うプロフィール（あなたのブラウザのクッキーを介して販売業者五〇社に教えられる）——は、離婚調停の際にあなたの妻が持ち出せば完全に証拠として認められる。夫は妻が無関心で母親失格であると不満を述べるとき、その主張を支持する強力な証拠を、妻が行かなかった子どものサッカーや野球の試合の時刻に合致する時刻に、ゲームのFarmVille《ファームヴィル》やWorld of Warcraft《ワールド・オヴ・ウォークラフト》に何百時間もログオンしたことを示す、令状に基づいて提出された記録の形で持っている。しかし私たちが洩らしているデータが影響するのは離婚のときだけでなく、仕事でもそうだ。

マイクロソフトがオンラインでの評判について行なった調査では、人事担当職員の七〇パーセントは、ネット検索で見つけた情報に基づいて求職者を不合格にしたことがあることがわかった。[30] さらに悪いことに、雇用者側には求職者のソーシャルメディアのパスワードを要求するところがあるし、さらには現従業員にも求めるところもある。オクラホマ州のノーマン警察署、メリーランド州公衆安全矯正局、モンタナ州ボーズマン市、バージニア州警察のどれかに就職したければ、応募者は、フェイスブックなどのソーシャルメディアのパスワードを、いわゆる定型の素行調査の一環として提出するよう求められる。[31] 将来の雇用主は、あなたがフェイスブック、グーグル、ヤフー、ユーチューブ、インスタグラムに載せた、公開非公開双方のメッセージ、写真、タイムラインすべてにアクセスできるようになる。カリフォルニア州のように、こうした被雇用者に不利な慣行を禁止する州もいくつかあるが、そうした行為を禁止する連邦法はなく、アメリカの八〇パーセントの州では合法なので、データは洩れている。[32]

だんだん、この情報を教師と学校が生徒からも、もちろん根拠なく求めつつある。それによって、ミネソタ州の一二歳の女子中学生が、「不適切なコメント」をフェイスブックのアカウントで投稿したことを咎められた。[33] ミネワスカ地区中学生は、この生徒が特定の学校の幹部を「いつも脅す」といって「嫌い」だと投稿していた。中学生は校長室に呼び出され、そこには事務職員、スクールカウンセラー、保安官代理が待ち受けていて、書き込みがすべて調べられるように、フェイスブックのパスワードを教えるよう求めた。もちろん訴訟が係争中だが、ひどい事例は増えつつあり、あなたの子どもが本人にはね返ってくるようなデータを洩らしつつあることを示している。

ノースカロライナ大学やオクラホマ大学のような学校の運動部の選手でさえ、学校でプレーする条件として、ソーシャルメディアサイトのパスワードをコーチに教えるよう求められている。パソコンやスマホに、UDiligence《ユーディリジェンス》のような評判調査会社の監視ソフトをインストールするよう強制される大学の運動部員もいる。これは学生の活動をリアルタイムで追跡し、「大学競技部門が学生選手による害のある投稿を防げる」ようにするためだ。[34]

政府も同じ行動に出つつある。五〇〇以上の法執行組織による国際警察長官連盟による調査は、警察部門の八六・一パーセントが今や恒常的にソーシャルメディアの検索を犯罪捜査の一部に含めていることを明らかにした。[35] 歳入庁も、ソーシャルネットワークを使って二〇〇九年までさかのぼって納税者を調査する方法を捜査官に訓練するようになった。国土安全保障省の市民権移民局は、二〇一〇年、ソーシャルメディアサイトを使って「偽造が疑われる申請者と受益者の日常生活を観察」することを担当官に教えている。[36]

連邦捜査官はあなたのソーシャルのデータに、いろいろな手段でいつでもアクセスできる。令状、国家安全保障書簡をはじめ、サービスプロバイダーに対する行政命令による。プロバイダは、修正第四条に対する第三者の法理による例外の下で要求があったことをあなたに通知する必要もない。たとえば、AT&Tは二〇一三年、民事・刑事いずれの事件でもデータを知らせる要請を三〇万件以上受けたことを明らかにした。情報を求める要請は、州、連邦、地方自治体各当局から来て、約「二四万八〇〇〇件の令状、三万七〇〇〇件近くの法廷命令、一万六〇〇〇件以上の捜索令状」があったという。[37] 二〇〇九年、携帯電話事業者のスプリントは、司法当局のみの入り口を設け、自社の携帯電話利用者の位置をリアルタイムで把握するために、誰にでも「ピン」する権限を与えた——警察はこの機能を一年で八〇〇万回以上利用した。[38]

政府があなたのデータについて令状を求めない場合は、単に買い取るだけだ。NSAなどの政府機関は、世界的盗聴やデータ吸い出しネットワークをゼロから構築したのではない。企業世界がすでに収集していたものの完全なコピーを買うか何かで手に入れた。これは文句なく筋が通る。ただ買えばいいものを構築することはない。今はリード・エルゼヴィア社が所有するChoicePoint《チョイスポイント》は一七〇億件の企業や個人の記録を維持していて、それを一〇万の顧客に売るが、その顧客の中には、連邦、州、自治体の司法当局七〇〇〇部局が含まれている。(39) エドワード・スノーデンの暴露では、中央情報局(CIA)がAT&Tに年に一〇〇〇万ドル払って通話データを買ったと言われ、やはり携帯電話事業者のベライゾンも合衆国政府にデータを提供したと主張されている。(40) 商業的なデータブローカーは直ちに有料登録サービスを政府機関に売り込んだ。人がソーシャルネットワークを通して無料で提供した情報の流れを提供するという。

お笑い専門のオニオン・ニューズ・ネットワークで放送された秀逸なパロディは、今の状況を、偽の夜のニュースにして風刺した。

議会は今日、フェイスブックへの出資を再認可しました。CIAが運営する巨大オンライン監視事業です。報告によれば、フェイスブックは二〇〇四年に設立されてから、CIAの他のほとんどすべての情報収集プログラムに置き換わっています。〔CIA幹部のふりで〕「私たちは何年か公衆を秘密に監視して、多くの人々が住所や信仰や政治的見解や、アルファベット順に並んだ住所録や、個人のメールアドレスや電話番号、自身の何百枚もの写真、さらには自分がしていることについて近況を刻々、進んで公表することに驚きました。CIAにとってはまさしく夢がかなうということです。功績は大部分がCIAのマーク・ザッカーバーグのもので、当局のためにフェイスブックの運営を日々行なってくれています」。(41)

この偽の報道はおかしくも的を射ているとはいえ、私たちの個人情報をあやしげなデータブローカーにも政府機関にも洩らすのは、冗談ごとではない。監視経済のコストは、テクノロジーの大進歩のおかげで指数関数的に下がっている。あなたをつけ回すのに捜査員を何チームも組んで、あなたが町をあちこちするのを徒歩や車で尾行したりすることはない。それどころか、ある調査が推定したところでは、携帯電話、ネットでの活動、ソーシャルのデータ、GPS情報、金融取引のような代理監視テクノロジーを利用することによって、政府は今や、「納税者一人あたり五七四ドル、一時間六・五セントぽっちで」アメリカ人を一人一人、すべて追跡できる。[42]

NSAの国内、国際スパイ活動の本当の範囲がわかると、旧東独のシュタージ〔国家保安省〕長官だったヴォルフガング・シュミットは、そのようなシステムがあったら「夢がかなっていたのに」と公然と認めた。シュミットは、その大いに恐れられた旧ドイツ民主共和国の秘密警察の長として君臨していたとき、シュタージが一度に盗聴できる電話は全国で四〇回線だけだったと言っているが、今や明らかに、テクノロジーは、いつでもすべての通話とインターネットのデータを監視できるようになっている。シュミットは警告する「これほどの情報を集めておいて使われないと思うのは人が好いにもほどがある……それは秘密政府組織の習性である。国民のプライバシーを保護する唯一の方法は、政府にそもそも情報を収集させないことだ」。[43]

知は力、王が法、オーウェルは正しかった

ジョージ・オーウェルは、自身のディストピア小説『一九八四年』で、独立した思考を「思想犯罪」として迫害する、全能の政府監視国家を描いた。オーウェルならNSAの大失敗を予見していただろうが、アクシオム、フェイスブック、グーグルを予見していたかどうかはわからない。そこが肝心なのだが、こちらの事例では、「私たちに対して何かをする」のはビッグブラザーの政府ではなかった。自分に

対して何かするのは自分自身なのだ。私たちは、何十億ドルもする個人データを、機を見るに敏な新しいエリート階級に渡して、自分が安く換金され製品化されるのを許した。みんな、あの一方的なＴｏＳを読みもしないで受け入れ、向こうの利益を、規制や監督で邪魔されることもなく、最大にした。もちろん、その取引からちょっとクールな製品を手に入れた。アングリーバードは実に楽しい。しかし今や私たちはそうしたデータをすべて引き渡してしまったので、こちらの情報と生活を使って好きなように動く、ほとんど政府なみの権力をもった強力なデータ巨獣の意のままになっている。

ハーバード大学ロースクールのローレンス・レッシグ教授は、一九九九年の著書『Code《コード》』〔山形浩生ほか訳、翔泳社（二〇〇一）〕で、どんなソフトウェア、アプリ、プラットフォームにでも符号化された命令は、法律や規制と同様に、インターネットを形成し制約することを鋭く明らかにした。つまり、フェイスブックあるいはグーグルは一方的に利用規約を変更して、あなたのニュースフィードが公になるのを認めるようにして、あなたの写真をあなたの意思に反して広告で使えるようにするとき、新しい「法律」が通過したかのようになる。規約《コード》は実質的に法律だ。

するとひょっとして、そのようなシステムから出る唯一の方法は、自分のアカウントを閉じる、あるいはそもそも作らないことなのだろうか。残念ながら、どちらの方式も問題があり、ますます不可能になっている。以前、『ニューヨーク・タイムズ』紙のある記事が、フェイスブックはあなたのデータをすべて、アカウントを閉鎖した後でも保存していることを書いた(44)。オンラインのソーシャルネットワークに参加しないことにしたとしても、あなたの友達は写真のあなたにタグをつけ、あなたの車のＧＰＳはあなたの位置を記録し、ターゲットの店舗はあなたが買った物をすべて記録するだろう。

私企業に委ねた自分に関する未曾有の量のデータは誰にでも入手できて、瓶から魔物が出てしまうと、もう元には戻せない。現代データブローカーは、私たちのオンラインのデータの足跡、ばかげた利用規約、規制がほとんどない、あるいはまったくないことによって生み出される機会の三頭立てで、政府なみの監視能力より上の力で、あらゆる思考、写真、位置を捕捉し、ビッグデータ分析に委ねて、私たちを監視できる。マット・ホーナン、ビラル・アーメド、マイク・シー、ボビー・ダンカン、リー・ヴァン・ブライアン、エミリー・バンティングはみな、私たちが継続的にデータを漏洩していることに伴う社会的コストやリスクがあるのを、身をもって学んだ。しかしプライバシーへの影響は、指数関数的なデータ増殖から結果する大きな脅威の一つにすぎない。

ハッカーは、あなたが従順に自分について報告する社会的データすべてを盗もうと、せっせと仕事をしていて、そのすべての保管に関与するデータブローカーやインターネット巨大企業のコンピュータに侵入している。ソニー、ターゲット、さらには国防省までもが、セキュリティが不十分な情報システムに保存されたデータは持ち去られるのを待っているようなものであることを知った。そういうものなので、集められたデータはいずれ洩れ、そこには私たちの個人的職業的生活にとって、さらには安全にとっての大きな意味が伴う。

私たちが巨大データブローカーの顧客ではなく製品であることとの問題点は、私たちが自分のデータを掌握しておらず、自分の運命を掌握していないということだ。この情報に対する継続的な攻撃、規制のない、安全でない攻撃が、時限爆弾のように置かれていて、私たちのすべての思考や行ないは、新しく成長中の悪役によって摘出できるし、その意図は、安売りのおむつを売りつけたり、保険の料率を調節したりすることよりもずっと悪い。国際的に組織化された犯罪者集団、ならず者国家、さらにはテロリストは、急速に独自のデータブローカー業を確立しつつあり、その手に落ちた最大の恵みをフルに利用するために、解析能力を補強しつつある。そのことは私たち全員にとって、恐ろしい意味を持つ。

第6章　ビッグデータ、ビッグリスク

私たちのテクノロジーの力は増すが、副作用や潜在的な危険も大きくなる。
——アルヴィン・トフラー

二〇〇八年一一月二六日の夜、六九歳の男が、インドのムンバイにあるタジマハル・パレスという贅沢なホテルの六三二号室にチェックインした。この宿泊客、K・R・ラーマムールティは、いつもの出張でバンガロールからやって来ていた。自分の生活がこれから変わってしまおうとしていることは、ほとんど知らなかった。

午後一一時頃、ドアの外で一瞬ざわつく音がしたと思ったら、突然ノックの音がした。「ルームサービスです」と声は言った。ラーマムールティは何も頼んだ覚えがないので、何か怪しいと感じた。バスルームに隠れようとして、誤ってドアにぶつかった。その音で部屋に人がいることが知れた。反応は迅速だった。ドア越しに銃弾が雨霰と飛んで来て、ラーマムールティと外の世界とを隔てるロックを吹き飛ばした。

二人の重装備の男がラーマムールティの部屋に押し入って来て、瞬きする間に殴り倒され、裸にされ、人生で最も恐ろしい夜に陥った。二人はラシュカレトイバ（LeT）という、パキスタンに本拠を置くアルカイダ関連のテロリスト組織の男で、ラーマムールティがいたのは不運にも、二〇〇八年のムンバイ市であったテロリストによる人質事件のまっただ中だった。

「おまえは誰だ、ここで何をしている」とLeTの侵入者はラーマムールティに答えを求めた。「私はただの教師です」とラーマムールティは答えた。もちろん、テロリストはインド人の教師がこの町でいちばん贅沢なホテルのスイートに宿泊できるわけがないことを知っていた。テロリストはベッド脇で人質の身分証を見つけ、本名を知り、それを携行していた衛星電話でテロリストの上層部に伝えた。

電話を受けたLeTの作戦本部は、現代の軍隊にある指揮統制施設に似ていた。テロリスト組織のリーダーはパキスタン国境の向こうにいて、ムンバイの人々への攻撃の進行状況を追跡した。組織は、贅沢なホテル二軒、混雑する鉄道の駅、ユダヤ人の集会所、人気の観光客向けカフェ、さらには婦人科・小児科の医院など、標的を注意深く選択していた。ムンバイの地上では、テロリストの実行部隊がカフェで食事をしている無辜の人々のところへ容赦なく手榴弾を投げ、帰宅するための列車を待つ、非武装の市民を銃撃したりした。

攻撃が繰り広げられている間、パキスタンにいるLeTの幹部は作戦室にいて、BBC、アルジャジーラ、CNN、地元のインドのテレビ局を注意深く視聴し、自分たちの作戦行動の進行とインド政府の反応をできるだけ多く知ろうとしていた。ひどいことに、テロリストは情報収集活動を放送メディアだけに限っておらずインターネットやソーシャルメディアもリアルタイムで見て回り、恐ろしい結果をもたらした。

ラーマムールティを手中にしたテロリストがその名をパキスタンの基地へ電話で知らせると、作戦本部では手早くその人質についてインターネット検索を行なった。まもなく本人の写真が手に入った。それから勤務先。ラーマムールティは本人が命を助けてくれと頼んだときに言っていたようなただの教師ではなく、インドの大手銀行の一つ、INGヴィスヤ銀行の会長だった。テロリストの指揮者は、タジマハル・パレスホテルの実行部隊に、そちらにいる人物と、ネットで見つかった銀行会長の写真との照合を求めた。

「人質はがっしりしているか」

「はい」

「額がはげているか」

「はい」

「眼鏡をかけているか」

「はい」

「こいつをどうしましょう」とラームムールティを捕えた実行犯は訪ねた。少し後で、テロリストの作戦本部は回答をよこした。殺せ。

テロリストがこの年配の男の運命を決めるために必要なことは、ほんの一瞬の、簡単なインターネット検索だけだった。私たちは広告業者やデータブローカーが、フェイスブックでの私たちのプライバシー設定を悪用することを心配するかもしれないが、実際には、私たちがオープンにしていることは自分で想像していた以上に私たちに対してひどい使い方ができる。データを洩らすと、それを捉えるのは企業や政府だけではない。犯罪者やテロリストも私たちのソーシャルのデータに手出しができて、驚異の精密さでそれを利用している。現代世界では、検索エンジンは文字どおり人の生死を決めることができる。

ムンバイ襲撃を実行した部隊はAK-47銃とRDX爆薬で武装していた。銃と爆弾はテロリストの行動として珍しくないが、このLeTの実行部隊は、心底心配になる新手のテロリストの代表だった。この集団は未来を見ていて、さらに犠牲者を見つけて殺すために、襲撃全体のすべての段階で現代情報テクノロジーを利用していた。

襲撃部隊が闇に紛れてパキスタンを出港したときには、暗視ゴーグルを着け、ムンバイまではGPS

端末を使って航行した。ブラックベリーの携帯電話にはホテル各階平面図のPDFが入っていて、最適の出入り口を決めるために、グーグルアースを使い、標的となる現場の3Dモデルを調べた。LeTの暗殺部隊は、戦闘の際、衛星電話、GSM端末、スカイプを使って、パキスタンにある司令部と調整を図り、司令部の方は、放送、インターネット、ソーシャルメディアを使って、現地襲撃部隊にリアルタイムに戦術の指示を出す。

ある目撃者が、占拠されたユダヤ教集会所の屋根に警察の突入部隊がヘリコプターから懸垂降下するのを写真に撮ってツイートしたとき、テロリストの指揮所はその写真を傍受し、攻撃部隊に知らせ、屋上に通じる階段へ導いた。警察はテロリストに奇襲をかけようとしていたが、階段へのドアを開けたとたん、内側で待ち伏せされていたことを知った。BBCが放送で、テロリストは三六〇号室と三六一号室に潜んでいるという目撃情報に触れたとき、作戦室は直ちに電話で知らせ、捕捉されないよう場所を変えるよう命じた。

人質事件の間のあらゆる時点で、LeTの攻撃部隊はすぐに利用できるテクノロジーを使って、状況を把握し、警察や政府に対する戦術的優位を保った。インターネットとソーシャルメディアを監視し、入手可能なオープンソースのデータを収集し、さらには精巧なオンラインの対諜報戦を始めて自分たちの行動を保護する。テロリストは、ムンバイ襲撃の際ずっとテクノロジーに依存していて、数々の目撃者が、LeTの実行部隊は人質を右手の銃で撃ちながら、同時に左手ではブラックベリーの画面でメッセージを見ていたと伝えるほどだった。

テクノロジーが人質作戦の成功にとって決め手だっただけでなく、第2章で見たように、テクノロジーの犯罪的悪用が襲撃の資金源になっていた。広い範囲でサイバー犯罪を行ない、オンライン詐欺をしてLeTのインドでの作戦の費用をまかなったのは、アルカイダと連携するジェマ・イスラミアに所属するフィリピンのハッキング部隊だった。配下のハッカーは不法に手に入れた何百万ドルというサイバー利得をサウジアラビアの上部機関に流し、そちらでは資金洗浄を行なって、ムンバイの人々への残虐な襲撃を実行するラシュカレトイバの部隊に送る。(1)

結局、警察がムンバイでの人質事件を終わらせるのに六八時間を要した。反撃部隊は最終的にテロリスト九人を殺害し、残った一人を逮捕した。驚くことに、襲撃で生き残った人質の一人がK・R・ラーマムールティだった。LeTの指揮所から殺せという命令が出たまさにそのとき、タジマハル・パレスで爆発があり、襲撃側はそれを警察が迫っていると考えた。テロリストが調べに殺到する間に、ラーマムールティは、脱出するのに必要なつかのまの時間ができた。その日、殺戮の結果、それほど運が良くなかった一六六人の男女、子どもは命を落とし、さらに数百人が重傷を負った。

ちょっと立ち止まってこのテロリストの襲撃が意味することを考えてみよう。武器だけではなくテクノロジーでも武装した一〇人が、人口一二〇〇万、世界第四位の都市の動きを完全に止め、世界中に生放送されるような事件を起こした。実行部隊は攻撃中にオープンソースの情報(従来型のメディア、インターネット、携帯、ソーシャルメディア)を収集できて、それを使って時間を合わせた作戦上の意思決定を行なえる。LeTは単純に公衆が洩らしていたデータを処理して、それをリアルタイムに利用して殺す人数を増やし、当局の上手を行った。それが二〇〇八年頃のデジタル時代におけるテロだった。今日のテクノロジーが使えるテロリストはどうするだろう。未来のテクノロジーを備えたときどうするだろう。ムンバイの教訓は、指数関数的変化は良いことだけではなく、悪いことにも当てはまるということだ。

データは新しい石油

データは身のまわりのすべてのものによって絶えず生まれている。デジタル処理、センサー、携帯電話、GPS装置、車のエンジン、医療検査、クレジットカード取引、ホテルのオートロック、通知表、ソーシャルメディアでのやりとり、すべてがデータを生産する。スマートフォンは人を人間センサーにして、当人についての厖大な量の情報を生み出す。その結果、今日生まれた子どもは一生を大量のデジタルの足跡に包まれて生きることになる。すでに九二パーセントの新生児がオンラインデビューしている。[2]親が超音波画像を投稿してから、一〇〇年以上後にインターネットで動くペースメーカーを切るまで、生まれてから死ぬまで、一刻一刻がデジタルで記録され、クラウドに永久保存される。私たちのデータ創造活動は決して眠らない。二〇一四年の私たちは、毎日、一分ごとに、こんなことをしていた。

- 二億四一六万六六六七通のメールを送信
- グーグルの検索エンジンで二〇〇万回検索
- フェイスブックで六八万四〇〇〇件をシェア
- ツイッターで一〇万回ツイート
- アップルのアップストアから四万七〇〇〇件のアプリをダウンロード
- ユーチューブに四八時間分の新しい動画をアップロード
- インスタグラムに三万六〇〇〇枚の新たな写真を投稿
- WhatsApp《ワッツアップ》〔日本での Line のようなもの〕で三四〇〇万件のメッセージを送信[3]

言い方を換えると、一〇分ごとに、人類が誕生して最初の一万世代分なみの量の情報を生み出している。[4]こうしたデータを保存する費用も指数関数的に下がっている。たとえば、二〇一四年末には、六テラバイトのハードディスクがアマゾンでわずか三〇〇ドルで買えて、その容量があれば、史上、全世界の至るところで録音された音楽をすべて保存できる。[5]

この世界情報インフラの巨大な成長は、「ビッグデータ革命」と呼ばれる。ビッグデータの約束は、長年の複雑な問題が定量化され、経験的に解けるようになるということだ。医療を考えてみよう。すべての患者データが電子医療記録にまとめられると、医者がそのデータ集合を採掘して、最も効果的な治療法をつきとめたり、危険な薬の組合せを把握したりすることが容易になり、さらには、身体的症状が出る前に発病を予測することもできるようになる。数えきれない命が救えるだろう。

小売、運輸、製薬、何だろうと、あらゆる業種にわたって、ビッグデータの結果としてとてつもない経済価値が実現した。世界経済フォーラムが最近、データのことを「新しい石油」(6)と呼んだほどだ。新時代のゴールドラッシュが進行中で、IBM、オラクル、SAS、マイクロソフト、SAP、EMC、HP、デルなど、何百という会社が積極的にビッグデータ現象から最大限の利益を得ようと組織を編成している。そしてデータが新しい石油、つまり現代のデジタル世界の通貨なら、所有している量が多いところほど巨大な権力と影響力を得ることになる。ジョン・D・ロックフェラーやJ・ポール・ゲッティのような最初の石油成金が時代を支配したのと同じで、マーク・ザッカーバーグやエリック・シュミットが明らかにしたように、今日の世界では最大量のデータを手にした者が時代を支配する。フェイスブック、グーグル、アクシオムのような会社は、人間の行動について史上最大の蓄積されたデータ集合を築きつつあり、この情報は、各社が利益、監視、医学研究、政治的抑圧、脅迫などいずれの目的であれ、それに沿って利用することができる。

しかしデータが新たな石油なら、他の前々からある天然資源と同じく、保護されなければならない。一億バレルの原油を保護せずに放置することはないが、生み出されるデータのほとんどについては、私たちはたいてい、まさしく放置している。デジタル情報の保護がしかるべき水準に達しているところはどこにもない。一億バレルの原油が保護されるときは、フェンス、銃、監視カメラ、地中やパイプライン沿いのセンサー網による。しかしターゲット社のような小売業者に保存されている、クレジットカード情報や顧客データ一億件ならどうだろう。そうしたものは、すでに見たように、セキュリティ不足を抱えた、防御に乏しいデータベースに保存されている。価値あるデータをそのように膨大に収集して蓄積し、保護を怠ると、どういうことになるだろう。情報を捕捉し、保存する能力は、その情報やその影響を理解する能力のずっと先を行っている。世界中の情報を保存する事業コストはゼロに向かいつつあるらしいが、社会的なコストはもっと高くなって、社会や世界にとって、将来、巨大な負担となるかもしれない。

ここでは歴史が参考になる。有名なアメリカの銀行強盗、ウィリー・サットンは、一九二〇年代に始まる長い犯罪歴で二〇〇万ドル近くを盗んだ。FBIに捕まったとき、ある記者が「ウィリー、どうして銀行を襲ったんだ?」と聞くと、有名な台詞で答えた。「そこに金があるからだよ」。サットンは二〇〇万人からそれぞれ一ドルずつ盗んでもよかったが、もっと論理的で時間が節約できる手法をとって、金が集まっているところ(銀行)を襲うことにした。となれば、犯罪者がターゲット、ソニーなど、データが蓄積されていて、得られるものは大きくリスクは低いところへ行っても意外なことがあろうか。今日の世界では、データがあるところに金がある。

ゴードン・ムーアとその名がついた法則をヒントに、私も、生産されるデータの山が大きくなるのに伴うリスクを描くために、格言を一つ定めた。グッドマンの法則だ。

生産し保存されるデータが多いほど、喜んでそれを使う組織犯罪が増える。

いずれ、あなたの個人的詳細は犯罪組織、競争相手、さらには外国政府の手に落ちるだろう。ビッグデータが新しい石油である一方で、私たちの個人データは兵器に使えるプルトニウム級だ——危険で、長く残り、ひとたび洩れると、取り返す術はない。(7)

連邦政府さえ、自らがこの問題の被害者になりうることを認識しつつある。二〇一〇年のウィキリークス事件と、チェルシー・（ブラドリー・）マニング二等兵がイラクで陸軍情報分析官として働く際に盗むことができた何十万という機密外交文書のことを見るだけでよい。もちろんほんの数年後、エドワード・スノーデンがNSAのシステム管理者としての技能とアクセス権を利用して、何百万という高度な機密ファイルをアメリカや同盟国から盗み出し、それをオンラインで公表するためにジャーナリストに教えた。この種の大量情報窃盗と暴露を「情報時代の市民の不服従」と呼ぶ人もいた。しかしマニングやスノーデンが（言われるような徹底した身辺調査を受けたうえで）そのような厖大な量の微妙なデータを連邦政府から集めて盗むことができたのなら、そういう人々がターゲットやシティバンクやアップルに勤めていたらどんなことをするだろう。企業データの指数関数的増加は、取引の秘密、技術的デザイン、専門的ノウハウ、顧客リスト、従業員の給与表、価格決定戦略、納入業者など、デジタル装置に保存されたどんな情報でも漏洩しうるということを意味する。今日では、大小を問わずどんな会社も、自社の中に、データセキュリティ、プライバシー、長期的な経済的持続性に著しい影響を持つスノーデンのような人がいる可能性がある。

フェイスブック、グーグル、アップルのメールアカウントが一つ攻略されても、ハッカーに何年分ものメール、予定表、テキストメッセージ、写真、通話、アマゾンでの購買履歴、銀行や証券会社の口座、ドロップボックスやグーグルドライブの文書へのアクセス権を与えることができる。しかし、私たちが今日思い及ぶデータ喪失は、明日可能になることと比べると大したことではなくなる点に気づかなければならない。この世界では、私たちの人と機械によって作られる情報集積能力、それを永遠に保存する能力は、それに伴うリスクの理解をはるかに超えている。

悪い管理者、善良な被害者、それとも両方？

私が若いころにしたことは、今や何百倍も易しい。テクノロジーが犯罪を育てる。
——フランク・W・アバグネイル

ソニー、ターゲット、TJマックスがハッキングされたときに不備があったのは誰だろう。そうした企業で、手の込んだ国際的組織犯罪集団が犯す、巧妙な創意工夫によるサイバー攻撃を受けた何も知らない被害者だろうか。それとも企業は、セキュリティの注意が根本から甘く、預けられた何十万ものアカウントについてごく基本的な保護を実行することもできなかったのだろうか。答えはこの二つの極の中間にある。小売業者だけが顧客データの保護については効果的でない仕事をしているのでなく、多くのインターネット・スタートアップやソーシャルメディア大手も同じことだ。自分のデータをフェイスブック、グーグル、リンクトインなどに自発的に提供するときには、プライバシーにかかわる数々の影響だけでなく、犯罪的な影響についても気にする必要がある。こうした企業は恒常的にハッキングを受けていて、持ち去られるデータはあなたのものだ。そうしたことはどれほどの頻度で起きているのかというと、おそらく想像をはるかに超えているだろう。

フェイスブック自身のセキュリティ部門は、衝撃的なことに、毎日六〇万件以上のアカウントが危険にさらされていることを認めている。想像がついただろうか。年に六〇万件でも月に六〇万件でもなく、一日に六〇万件だ。つまり一件あたり〇・一四秒ということになる（瞬きでも〇・三秒かかる）[8]。こうしたデータは、身元情報詐取、なりすまし、脱税、健康保険詐欺などいろいろな犯罪行為に使える。フェイスブックでシェアする個人データの厖大な量を考え、今度は組織犯罪者がそれで何をできるかを考えよう。母親の旧姓ゲット。出生地ゲット。生年月日ゲット。子どもの写真、いただきました。

フェイスブックのアカウントを乗っ取ることが最終目標ではない。それは始まりにすぎない。七五パーセントの人々がいろいろなインターネットのサイトで同じパスワードを使っていて、三〇パーセントはオンライン活動すべてで同じログイン情報を使っているので、フェイスブックのパスワードが洩れるということは、銀行、クレジットカード、メールアカウントにアクセスするのに使える可能性がある。(9) 加えて、フェイスブックの認証を使ってパスポートにすることを認める第三者企業が増えている。フェイスブックのアカウントを買い物、音楽聴取、ゲームに使うのは便利である一方で、一つが洩れれば他のすべてのサービスについても洩れることになる。

リンクトイン（六五〇万アカウント）、スナップチャット（四六〇万のユーザ名と電話番号）、グーグル、ツイッター、ヤフーなど、(10) 多くのソーシャルメディア企業で防壁が突破されたことがある。こうしたデータ流出のうち八五パーセントは国際的組織犯罪集団が実行に関与していて、その目標は、サイバー地下世界で最も高く値がつくデータをできるかぎり大量に盗み出すことだ。(11) 組織犯罪集団がコンピュータシステムに侵入する必要もないことさえある。もともと無防備なのだ。セレンゲティ平原の捕食者は、死んだ動物をただで手に入る食事として見逃さない。それと同じで、ハッカーもただで手に入るデータのごちそうが目に入れば喜んで利用する。たとえば、クラウドストレージ巨大企業のドロップボックスが、二〇一一年、自社のネットワーク全体でパスワードによる認証を誤って解除してしまった。その結果、ドロップボックスのネットワークに置いたどんなファイルでも、誰でも読めるようになった。(12)

自分のソーシャルメディアあるいはインターネットのアカウントが、誰かの不注意でそのような形で危うくなったら、そして身元情報の流出や銀行口座からの何万ドルもの盗難の被害を受けたら、その情報を危険にさらした人々を訴えればいいではないかと思われるかもしれない。もちろん、それはできない。「利用規約を読んで同意する」をクリックしたとき、その権利は放棄されている。こうした企業はそのような侵害についてはまったく責任を負わなくてよいとする条項があるのだ。

フェイスブックはその点を明確にしている。

弊社は、Facebookが常に正常に機能し、障害がなく、安全な状態を維持できるよう努めますが、利用者は自らの責任においてFacebookを利用するものとします。弊社は、Facebookを現状のまま提供し、明示的、暗示的にかかわらず、いかなる保証（商品性、特定の目的への適性、非侵害に関する暗示的保証を含む）もしません。弊社は、Facebookの安全の確保に全力を尽くしますが、それを保証することはできません。Facebookの安全を保つには、皆様のご協力が不可欠です。利用者は、第三者に対するあらゆる申し立てに起因または関連する、既知または未知のあらゆる申し立ておよび被害から、弊社、その取締役、役員、従業員、および代理人を免責します。〔Facebook日本語版「サービス規約」の該当箇所による〕

ところで、あなたがグーグル、ヤフー、フェイスブックで作った大量のデータ貯蔵庫を狙っているのは、組織犯罪集団だけではない。内外の政府もそうだ。たとえば、二〇一〇年一月、グーグルはそのネットワークに大規模な攻撃があったことを発表し、中国政府の攻撃だと非難した。グーグルは中国当局がアメリカ、アジア、ヨーロッパで中国の人権活動について懸念を抱く活動家のGメールのアカウントを探していると報じた。この事件では、取引上の秘密やグーグルのソースコード——グーグルとその製品を動かしているソフトウェアそのもの——も狙われた。

グーグルは攻撃を受けたことは認めたが、流出したものの正確な範囲と正体は、企業秘密として厳密に秘匿された。しかし後に、中国の人民解放軍（PLA）につながるハッカーがグーグルの総合パスワード管理システムのソースコードを持ち去ったことが明らかになった。[13] グーグルのソースコード窃盗は、ただちに中国に、世界中の何億というグーグル登録者のパスワードを覗けるようにして、PLAはグーグルのシステムから長期にわたって隠れていられるようにした。あなたは二〇一〇年以後、グーグルのパスワードを変更しただろうか。していなければ、PLAはそのコピーを持っている。インターネットとSNSのデータ会社が私たちのデータをきちんと管理しているかどうか、念を入れて狙われる被害者かどうか、両方ともあるのかどうかとはかかわりなく、実際問題として、サイトや会社に委ねられるデータは、犯罪者、テロリストなどに洩れる可能性がある。

データブローカーもあなたのデータをきちんと管理できない

得体の知れない、規制が貧弱なデータブローカー業者に私たちについての厖大な量のデータを蓄積させることの問題点として、こうした企業が容易にハッキングされることが挙げられる。アクシオムのような企業が私たちについて何兆件もの記録を保存するとき、そうした記録が組織犯罪者に狙われるのは、列車強盗のウィリー・サットンが喚起したように、そこに金があるからだ。そんなデータブローカーからの大規模なデータ集合窃盗は、何年も前から進行していて、二〇〇二年から三年の段階でも、アクシオムと依頼者から、一六億件の顧客記録が盗まれた。法廷に提出された資料によれば、窃盗に関与したハッカー、スコット・リヴァインは、アクシオムのファイルを八ギガバイト以上ダウンロードでき、個人データ窃盗が含まれる侵入事件の中でも最大級のものとなっている。[14]

もっと新しい二〇一三年には、データブローカーのエクスペリアン社が、全アメリカ人の三分の二近くの個人データを、誤ってベトナムの組織犯罪者集団に売った。[15] つまり、この大がかりな詐欺によって、二億人のアメリカ人の社会保障番号〔日本で言う「マイナンバー」〕が世界中の犯罪者に利用できるようになっている。得られたデータ集合は、犯罪者の地下世界では「フルズ」と呼ばれる。そこには犯罪者が被害者の名でクレジットカードを申し込んだり借金をしたりするのに必要な情報がフルセットで含まれているからだ。大規模なセキュリティ突破が起きたのは、エクスペリアンがベトナム人ハッキング組織について当然の注意を払わなかったためで、ベトナム人側は、犯罪行為に使うデータを購入するためのフロント企業として、アメリカに探偵会社を作っていた。おわかりだろうか。エクスペリアンは二億人分のデータファイルを個人情報窃盗業界に売ったのだ。そのデータはいずれ、SuperSet.info《スーパーセット・インフォ》や FindGet.me《ファインドゲット・ドット・ミー》など、何十ものハッカーによるウェブサイトで、一件あたり一六セントから二五セントで売られる。支払いは「リバティ・リザーブ」や「ウェブマネー」のような追跡しにくいオンライン通貨のみが認められる。エクスペリアンが漏洩と自らがそれに関与したことを知ったのは、ハッカーのウェブサイトでの販売情報を見つけたシークレットサービスから連絡を受けてからのことだった[16]。

立派な企業と言われるところが、いったいなぜ、当然の注意を払わずにデータを売ったりするのかと言えば、答えはやはり金にある。データブローカーはデータを売って稼ぐのであって、守って稼ぐのではないのだ。捜査するうちに、犯罪者がベトナムのデータセットに、それが消されるまでに少なくとも三一〇万回アクセスしていたことが明らかになった——もちろん消されても損害はすでに生じている[17]。

データが誰にでもすぐに手に入るとなれば、組織犯罪集団は、今や自らデータブローカー業を始め、関心のある特定の標的について不法に入手した情報を提供するフロント企業を開設しさえしている。この例は、ロシアのハッカーが、自分たちのハッキング力を仲間の犯罪傾向のある購買層——言うなれば善意の——に見せつけるために、Exposed.su《エクスポーズド》というウェブサイトを作ったところに見られる。ハッカーは誰についてのデータでも得られると豪語して、政界、司法界、芸能界の公的人物について、信用情報ファイルを幅広く勝手に掲載している。

犯罪者集団は、その商品を不正に入手するために、信用情報会社のエクィファックスが運営するAnnualCreditReport.com《アニュアルクレジットリポート》というウェブサイト〔社会保障番号によって、自分の信用状況を確認することができる〕のセキュリティシステムを突破し、狙った人々すべての信用状況報告をすべて手に入れる。この攻撃の手に落ちた人々には、各界の有名人、アシュトン・クッチャー〔カッチャー〕、キム・カーダシアン、ジェイ-Z、ビル・ゲイツ、ビヨンセ、ロバート・デニーロ、レディ・ガガ、ショーン・コムズなどがいる。また、きわめて高い地位にある政府関係者、たとえばオバマ大統領夫人、ジョー・バイデン副大統領、ジョージ・ブッシュ前大統領、ロバート・ミュラーFBI長官、ジョン・ブレナンCIA長官、エリック・ホルダー検事総長、チャーリ・ベックロサンゼルス警察本部長などの信用状況報告もあった(18)。Exposed.suのハッカーがここに挙げたような人々の信用状況報告を一式手に入れると、それはすべてPDFファイルでネットに掲示される。そのようにして世界中の目に触れるのは、社会保障番号、生年月日、これまで使ったことのある住所、個人の電話番号、裁判所で支払い命令を受けた債務、さらに、アメリカン・エクスプレスのブラックカードで毎月何十万ドル払っているか、ローンが何百万ドル残っているかなどだ。影響を受けた人々の信用状況報告は、その後サイトが閉鎖されるまでに一〇〇万回近く閲覧された(19)。

前章で述べたように、大手のデータブローカーは「白人、高卒、地方、家族指向、狩猟、釣り、カーレース観戦に関心がある」といった、個人を細かく区分けしたリストを生み出す。今や、いくつかのデータブローカーが、犯罪の手がかりになるものについてはいくらでも支払う組織犯罪集団の直接の利益になるリストも作っているらしい。詐欺師はデータブローカーにとっては魅力的な収入源で、そのためデータ業界は犯罪者顧客に提供するリストも喜んで作る。データブローカーはリストの結果起きたことについて責任を認めようとしないが、「「自分に運が向いてくると信じたがる」、「騙されやすい」年金生活者」といった個人の区分は、年配者からその蓄えを奪おうという誘い以外の何ものでもない(20)。

チョイスポイント、エクスペリアン、エクィファックスのようなデータブローカーにとって、経済的な誘因は公的リスクやセキュリティの観点からすると、容易ならぬほど突出している。これはとくに、ビッグデータの時代にはあてはまる。今や、組織犯罪者が知識共有管理《ナレッジマネジメント》業者になっている。ビッグデータの世界では、有能で、結果を出し、勤勉な勢力で、私たちがデータを作れば作るほど、それをありがたく使わせてもらう人々だ。

ソーシャルネットワークでの災難

ソーシャルメディアは身元情報詐取にとっては手軽な素材で、フェイスブックのアカウントにある生年月日であれ、母親の旧姓であれ、情報犯罪者があなたを追跡するのに必要なものすべてがネットからフリーで手に入る。「そういうことはプライバシー設定でブロックしているから、犯罪者はその情報を見ることはできない」と思われるかもしれない。それはシステムが謳われているとおりに動いていればの話だ。あなたがフェイスブックに送信した情報が洩れる理由はいくつもある。まず、先に記したように、フェイスブックがＴｏＳを変更するとき、利用者が望んだプライバシー設定をデフォルトに戻して、プライベートのオプションが最小になるようにすることが多く、それによって誰にでも、とくに広告業者に情報が入手できるようになる。次に、フェイスブックのアカウントは毎日六〇万件が攻略されていて、犯罪者があなたに手を伸ばすのは時間の問題にすぎない。さらに、ソーシャルのデータは今や「金のなる木」なので、犯罪者は、フェイスブックなどソーシャルメディアのアカウント情報をあなたの許可なしに引き出すために、標的型ウイルスやトロイの木馬などの形の専用ツールを生み出している。

ソーシャルメディア利用者の少なくとも四〇パーセントは、何らかのマルウェアに触れたことがあり、(21)私たちのうち二〇パーセント以上はメールやソーシャルネットワークのアカウントが第三者によって攻略されたり、自分の許可なしに引き出されたりしたことがある。悪漢たちはソーシャルエンジニアリングと呼ばれる手法を用いて、利用者を騙して、友達や同僚のものと思わせる投稿やメッセージにあるリンクをクリックさせる。犯罪者は、人が自分のソーシャルネットワークで広げる信頼を利用する。自分はそうした信頼できる側にある人物と装い、最終的には相手がコンピュータにウイルスやトロイの木馬やワームを感染させるリンクをクリックするよう仕組む。さらに、組織犯罪集団は、突発的なニュースにすばやく反応し、それを利用して、騙されやすい利用者に感染させる手段としてクリックさせる。ハイチの地震であれ、ジャスティン・ビーバーの逮捕であれ、マイリー・サイラスのヌードであれ、無視しにくい見出しがあれば、人はクリックしてしまう。マレーシア航空ＭＨ３７０便がインド洋で行方不明になったときには、詐欺師はすぐに飛行機の偽の写真と「ＭＨ３７０海で発見、ＣＮＮ放映最新衝撃動画」という触れ込みの動画を使った。[22] このメッセージは、答えを求める好奇心の強いソーシャルメディアの人々のところへ野火のように広がった。自分のマシンがウイルスに感染したことには気づかない。藪をつつくと本当に蛇が出ることがあるのだ。

ソーシャルメディア型マルウェアの中でもよく知られている一つは、Koobface《クッブフェイス》と呼ばれ（Facebookの並びを変えたもの）、世界中のフェイスブック利用者を狙った。悪意あるソーシャルメディアのワームは、利用者を騙して、「オーマイガー――おまえの裸のビデオを見たぞ」のような、ありえないほど有無を言わせない見出しを使ってフェイスブックのリンクをクリックさせることで広がる。残念ながら、好奇心による一回のクリックがふっとマルウェアの風を吹きかける。一度感染すると、クッブフェイスワームは、フェイスブックでも、スカイプでも、ヤフーメッセンジャーでもＧメールでも、感染したコンピュータで見つかる認証情報を何でも盗む。クッブフェイスはあなたのコンピュータに第三者に対するＤｏＳ攻撃に参加させたり、人のウェブ検索結果を乗っ取って、信頼できないウェブサイトへのリンクをクリックさせたりすることもできる。[23] マルウェアはロシアのサンクトペテルブルクにいるハッカー集団によって作られ、撒き散らされて、関与した犯罪者は一人一人特定され、指名手配されているが、ロシア当局は、その犯罪に対する裁判を受けさせるための容疑者の引渡しを拒否している。[24]

もちろん最近では、ソーシャルメディア攻撃ツールはますます仕上げられ、ハッカーの名人にならなくても情報を盗むことができる。たとえば、ファイアシープという、ファイアフォックスの簡単なプラグインは、同じネットワークにいる他人のフェイスブックでの投稿をすべてダウンロードして乗っ取り、そのフェイスブックのアカウントを奪う。これがあれば、たとえばフェイスブックのアカウントを地元のスタバでチェックするときに、その店のネットワークを居合わせた他の二五人の客と共有すれば、ハッカーはこのプラグインを使って、あなたのフェイスブックのアカウントにあなたになりすましてログインできる。[25]お茶の子さいさいだ。ログインしてしまえば、犯罪者はあなたの個人情報をすべて見たり、アカウント情報を変更したり、自分で好きなようにウォールに書き込んだり他の人へのメッセージを書き込んだりできる。この手法は「通信《セッション》ハイジャック」とか「サイドジャック」と呼ばれ、ばかばかしいほど簡単に実行できる。

犯罪者はソーシャルメディア・サイトの利用者を、第三者によるアプリやオンラインゲームを通じても狙う。銀行口座にアクセスできるようになり、持ち主の信用を破壊できる攻撃だ。これはメリーランド州ボルチモア市にいるライザ・ロックウッドが、一七歳の息子によってフェイスブックのゲームアプリに提供された情報が、この母子にはね返ってきたときに学んだ教訓だった。このゲームは息子に、アカウント申請に記入するのと引き替えにゲームでのポイントを差し上げますと言っていたが、その申請には社会保障番号の記入が求められた。頭の中で踊る「レベルアップ」のためのポイントばかり見て、何も考えずに息子は申請に記入したが、自分の社会保障番号が犯罪者に使われて、数日のうちに自分で七件の自動車ローン申請をしたことになっていることに気づかなかった。母親がこの件を知ったのは、地元のスバル＝フォルクスワーゲンの代理店から、息子さんから新車のための分割支払い申し込みがありますが、と問合せが来てからのことだった。[26]

不正データ――身元情報詐取の活力のもと

データの爆発は、国際的組織犯罪集団のための新しい業界を生むことになり、大量の身元情報詐取が生じる。米国議会調査局によれば、身分詐取のせいで、アメリカ人には二〇一二年で二一〇億ドル近くの損害になり、毎年一三一〇万人以上のアメリカ人が、身分詐称の被害にあっていると伝えられる。[27]これはだいたい、二秒に一人ということになる。[28]さらに、この個人特定可能情報の詐取は、犯罪としては入り口で、そこから金融詐欺、保険詐欺、脱税、生活保護や年金詐欺、不法入国、さらにはテロリストの資金源といった他の数々の犯罪行為につながる。データの指数関数的増大は、オンライン犯罪の指数関数的成長を招きつつある。

子どもは身元情報詐取の被害者の中で最も急速に広がっている集団だ。子どもは、大人なら身についている早期警戒システムがまだできていないため、とくに被害を受けやすい。誰かがあなたのクレジットカードで不正に五〇〇ドルとか一〇〇〇ドルの支払いをすれば、次の請求書で気づくものだろうが、子どもにはクレジットカードの請求書は来ない。子どもの身元情報をくすねる犯人は、それを一八年間使い、その子が自分で学生ローンなどのローンを申し込める年齢になって初めて、自分の信用履歴が情報詐取犯によって台なしになっていることを知るのだ。

合衆国だけでも、年間で五〇万人の子どもが身元情報詐取の被害に遭っている[29]。カーネギーメロン大学の研究機関サイラブが行なった四万人の子どもを対象にした調査[30]によれば、子どもは成人に比べて五一倍も身元情報詐取の被害者になりやすい。よちよち歩きの子からティーンエイジャーまで、若年層は信用履歴がなく、そのため組織犯罪グループにとっては白紙なので狙いやすい。親は何年も後になって、突然、子どもの未払いの借金を回収しようとする債権買取業者の悪質な請求に直面して、初めて犯罪に気づくことになる。子どもや青少年がオンラインで暮らす範囲が広がり、データブローカーや大手企業が未成年を求めるやり方が積極的になったことを考えると、子どもたちが身元情報を詐取される重大な脅威に直面すると予想されるだろう。そうした金銭的な被害がすべてというのならまだしも、これから見るように、洩れるデータから身体に危険が及ぶこともありうる。

ストーカー、いじめ、元カレ／元カノ——まさか！

オンラインで洩れているあなたについてのデータの量は、身元情報を狙う犯罪者だけでなく、他の犯罪者集団にとっても使える。旧世界の犯罪は新しいテクノロジーに補助されるようになり、ビッグデータは従来型の犯罪でも、さらに精巧にあなたを狙えるようにしている。私たちの常時接続のオンライン生活を通じて、私たちはいつでも、手が届いてほしくない人によっても手の届く存在になっている。この現象で困るのは、私たちが自発的に情報を提供したりデータを漏洩したりすることで、ストーカー、いじめ、犯罪者に見つかりやすくなる場合が多いというところだ。

たとえばサイバーいじめの場合を考えてみよう。いじめは学校ではずっと問題だったが、インターネットは、学校だけでなく、どこにいようと、いつでも、被害者に瞬間的にアクセスすることによるサイバーいじめをもたらす。脅威はオンラインで、メール、ソーシャルメディア、携帯、さらにはメッセージアプリやゲームを通じてやってくる。国家犯罪防止委員会によれば、ティーンのうち半分近くがサイバーいじめに襲われている(31)。しつこいいやがらせを受けている若年層にとっては、逃げ場がないように見えてしまう。その結果、中学校の生徒のうち、ネットいじめのせいで「自殺を真剣に考える」のは二〇パーセントにも及ぶ。

サイバーいじめの被害者になるのは子どもだけではない。ネットでのつきまといはだんだん成人の集団にも影響を及ぼしつつある。実際、人についてのデータがどんどん拡散し、人がいつもネットにつながっていることで、インターネットは、サイバーストーカーという新手の犯罪にとって肥沃な土地になるよう助長されている。こうした犯罪者はインターネットを「獲物にいやがらせをし、脅しをかけ、おびえさせるための武器」として使う。サイバーストーカーはこれを、望まれないメール、テキストメッセージ、投稿、ツイートを送り、被害者についての噂をオンラインに拡散することによって行なう。サイバーストーカーは、私たちがそれぞれに毎日洩らしているデータ、あるいはデータブローカーを通じてあたりまえに利用できるデータを使って、被害者について、自宅や勤め先や電話番号などの詳細な情報を簡単に得ることができる。こうした詳細が、サイバーストーカーが被害者と直接対面するために用いられることも多い。

フェイスブックはとくにストーカーに利用されてきた。私たちはそれぞれに何百人もの「友達」がいるが、その多くは会ったこともないので、友達申請を送って来たのが実際に誰かは慎重に考えた方が賢明だろう。クリストファー・ダネヴィグはフェイスブックを使って、ノナ・ベロメソフという、オーストラリアのシドニーにいる一八歳の女性の被害者を見つけ、そのプロフィールを念入りに調べた上で本人に連絡をとった。ベロメソフは頻繁にフェイスブックのページに自分が動物好きであることに関する投稿をしていて、それがストーカーに、自分と会う気にさせる方法のヒントを与えた。ダネヴィグは、ベロメソフが何も知らずに洩らしているソーシャルメディアのデータを使って、「ジェームズ・グリーン」という名義で偽のプロフィールを作成し、自分は地元の有名な動物愛護団体で人事採用担当者として働いていると言っていた。このストーカーは、相手を騙すために、本人が投稿していた詳細そのものを使った。偽のプロフィールを作った後で、ダネヴィグはベロメソフに連絡をとり、何通かメッセージをやりとりした後、最終的に友達になって信用を得た。その直後、動物愛護団体に、ベロメソフにぴったりの職に空席ができたことを知らせた。ベロメソフは面接のためにダネヴィグに会うことを承知すると、このストーカーは、シドニー郊外の秘密の場所にある動物保護施設に車で連れて行くと約束した。大好きな動物と働いて給料がもらえる仕事が見つかったと思って興奮したベロメソフは、この男と出かけることを承知した。そうしてそのひとけのないシドニー郊外で、ダネヴィグは少女を絞殺した(32)。

私たちのデータを使って相手を見つけ、つけ狙う見知らぬ人による脅威は現実のものだが、DVによる被害や、かつて親密な関係にあった人々による害と比べればそれも顔色がない。フェイスブックを使えば、元カレ、元カノ、あるいは元夫や元妻を、通常の、とはいえ不健全なレベルの下心をもって追跡するのは簡単だ。新しい友達、近況のアップデート、交際状況の変化、行き先、休暇の予定は、かつてのパートナーにとっては大いに関心の的になる。この現象はあたりまえにあるので、「フェイスブック・ストーカー」は日常の用語となっている。

しかし一部の人々にとっては、私たちが洩らすデータが、元パートナーに対する好奇心以上のものに火をつける。実世界では、DVがあった関係のうち、被害者の四五パーセントは加害者がオンラインでも追ってきて危害を加え、多くはPTSDにかかったと言う。ソーシャルのデータはその人の居場所についての詳細も提供でき、加害者は遠方でも被害者のところへ行くことが多いので、何気ないツイート、チェックイン、近況アップデートが結果的に銃弾なみに危険になることがある。たとえば、ポール・ブリストルは、元の交際相手がフェイスブックに新しい交際相手と写った写真を投稿したのを見て、西インド諸島のトリニダードからイギリスへ飛んで、元交際相手を刺し殺した。[33]

ビッグデータの世界には、自分では個人的な情報のつもりで教えることが他人に洩れるという課題もある。私たちは、自分の生活のごく内密な細部を信頼して教えた相手によって、とくにシェアした写真などを明かされることが多い。携帯電話による性的なメッセージ、あるいはメッセージに性的にあからさまな写真を添付することはますますさかんになっていて、大学生の六七パーセントはそういうことをしたことがあると認めている。[34]残念ながら、そのようにしてシェアされた写真は消えず、そうしたデータの残滓は、他の形式のものと同様、元の送り手が予想しなかった形ではね返ってくることが多い。MyEx.com《マイエクス》〔元カレ／元カノドットコム〕のようなウェブサイトは、振られた側が、元の交際相手の写真をひとまとめにシェアできるようにしている。七〇〇ページを超える裸の男女の写真があり、写真の人物に対する不平の言葉が添えられる——ひどい奴、妹と浮気した、ちっちゃいペニスとか何とか。これまた広く人気があるサイト、IsAnyoneUp.com《イズエニワンアップ》〔誰かいる?ドットコム〕は、二四歳のハンター・ムーアによって、誰でも元交際相手や恋敵の裸の写真を投稿できるデータ集積所として作られ、毎日二五万人が来訪する。[35]この現象は流布するようになって、独自の名がついた。リベンジポルノという。ムーアのサイトは、それぞれの写真の隣に、その人物のフェイスブックやツイッターのアカウントへのリンク、フルネーム、出身地がついていて、この情報にはインデックスがついていてグーグルで検索すると拾えるので、その人物を探している第三者が何気なく探しても出てくる。それぞれの裸の写真には、一般メンバーやムーア自身がコメントをつけて写真をからかえるコメント欄がついている。(36)

未成年への脅威

ピュー研究所によれば、今日ではアメリカの青年のうち九五パーセントがネットにつながっていて、一二歳から一七歳のうち七四パーセントはモバイルでのインターネット利用者で、携帯電話やタブレット端末でネットにアクセスすることが多い。(37) さらに、一〇歳から二三歳のうち九五パーセントが少なくとも一つのソーシャルメディアのアカウントを持っている。このインターネット利用の大部分は親の目の届かないところで行なわれていて、親の七四パーセントは、現代テクノロジーに圧倒されてしまい、子どもがネットでしていることを監視するエネルギーも、時間も、能力もないという。(38) これは不幸なことだ。仲間からのサイバーいじめは若者の主要なストレス源だが、ますます接続された世界では、さらに大きな危険に直面しているからだ。

子どもを狙う捕食者《プレデター》は、性的虐待を目的に子どもに照準を合わせる技術を使って大いに効果を上げている。この行動は広まっていて、NBCにはこの現象を取り上げる「プレデターを捕まえろ」という専用のテレビ番組まである。子どもにとって難しいのは、五人のうち四人が自分がオンラインで子どものふりをした大人と話していても、それがわからないということだ。(39) 子どもの新しいオンラインの友達——一つ向こうの街にいる同じ八歳の女の子——は、実は二つの州を隔てた五〇歳の男で、子どもをさらう目的で州をまたいで旅行することをいとわないかもしれない。

幼児性愛者は自分がねらう相手に対する好み（年齢、性別、髪の色、身長など）がはっきりしているので、ソーシャルメディアなどネットに投稿された写真は、幼児性的虐待者にとっては、被害者を探すためのカタログあるいは仮想市場のように使える。幼児性愛者は最新のゲーム、メッセージサービス、子どもに人気の仮想世界のことをせっせと調べ、ありとあらゆるオンラインのフォーラムで、Xboxやら iPadやらのいろいろな道具を使って、被害者を捜し出そうとする。[40] そうして集められる迷惑な写真に対する需要は限定的だろうと思われないように言うと、司法当局の資料では、そのような画像と動画は合衆国だけでも少なくとも二二〇〇万件が確認されていてパスワードがかかった児童ポルノサイトには、三万人もの有料会員がいるという。[41]

今日、幼児性愛画像の量は増えつつある。必ずしも成人が子どもを誘拐して虐待したからではなく、児童が嘘やソーシャルエンジニアリングによって狙いやすいからだ。

カナダのブリティッシュコロンビア州で、一二歳のとき、ブログTVというティーン[42]には人気のライブビデオチャットで、胸をさらすよう追い込まれたアマンダ・トッドの例もそれに当たる。それを要求した匿名の人物は、礼儀正しく、幼いアマンダをきれいだきれいだとおだて上げたらしい。十代らしい無邪気さで、アマンダは胸を見せた。相手は同じ十代だと思っていた。ところがその後、出会った相手はもっと邪悪な世界の人間であることに気づいた。服を脱いで一年後、アマンダはフェイスブックで偽名の男から、また裸を見せて、カメラの前でいやらしいことをしてくれよというメッセージを受け取った。断れば、元の胸を出したビデオを公表すると脅していた。本気であることを示すために、アマンダの友人や家族の名、アマンダの住所、通っている学校名を挙げ、みんなにそのビデオを見せると言った。[43]アマンダは断り、いやがらせが始まった。

相手はフェイスブックにアマンダの名で偽のプロフィールを作成し、プロフィール写真に裸の胸の写真を使った。それからアマンダの本当のアカウントで見つけた友達や家族や先生全員に友達申請を送った。本人は、ことの重大さを心配した警察が、クリスマスイブの午前四時に自宅を訪れるまでその件を知らなかった。アマンダは恐怖した。クリスマス休みが終わって学校へ行くと、容赦ないいじめが待っていた。幼い十代の子どもにとって、その圧力は耐えがたかった。うつ状態、不安、パニック障害が始まった。毎晩眠ってしまうまで泣き、友達からはあんなビデオに出るなんてと責められて絶交された。毎日一人で昼食を食べ、自傷行為も始まった。

苦痛と嘲笑を避けるために、転校して別の町へ移った。悲しいことに、いじめは続いた。元凶の男はオンラインでアマンダの行動を追跡し、新しいフェイスブックのページを作って、転校先の教師やクラスメートに胸を出したビデオのことを教えた。新しい学校では、クラスでのいじめはひどくなり、女生徒の集団が校庭でアマンダを襲い、殴ったり、どぶに押し込んだりした。侮辱し、怪我をさせるだけでなく、襲っている動画をユーチューブに投稿しさえした。その午後自宅に帰ると、大量の漂白剤を飲んで苦しみをすべて終わらせようとした。救急車で病院に運ばれ、胃洗浄が行なわれた。アマンダは一命をとりとめたが、いじめは続いた。フェイスブックのページには他の生徒が漂白剤の写真を載せ、「今度はもっときついのをやれ」とけしかけた。それに応じて二〇一二年九月七日、アマンダは、いじめと自傷の苦悩を語った長さ九分のユーチューブの動画を投稿した(44)。アマンダは奥底の感情を出した動画で、背景に強く心を動かすような音楽を流しながら、自分がいじめられた経験を伝えた。それからまもなくして、苦痛に耐えきれなくなり、一五歳で自殺した。

アマンダが死んだ後、そのビデオは急速に拡散し、何百万回も閲覧された。警察では、アマンダが「キャッパー」と呼ばれる、子どもにカメラの前で服を脱がせそれを録画することに喜びをおぼえるオンラインの幼児性愛者集団の犠牲になったのかもという見方があった。さらに悪いことに、幼児性愛者はその後、動画で子どもを脅迫し、さらにあからさまな性的行為をネットや対面でさせた(45)。アマンダ・トッド事件の悲劇は何重にもなっていた。無邪気に自分についてのデータをオンラインに洩らし、ソーシャルメディアやリアルな世界でつきまとわれた少女が死に至る。しかし悲劇的なことではあっても、これは突出した出来事ではなく、この傾向が増す速さは不穏だ。ビッグデータはそれとともにビッグリスクをもたらし、大人が無邪気にシェアした情報でさえ、幼児性愛者に利用される。

二〇一一年、オーストラリアのメルボルンの警察が、小さい娘のいるシングルマザーを狙ってオンラインのプロフィールをあさり、子どもについて何か言っていないか探す幼児性愛者を何人か摘発した(46)。幼児性愛者の目標は、偽名と身分詐称でその家をつきとめ、子どもの母親とつきあおうとすることだ。自宅に招かれて歓迎されれば、一人のときを使って最終的にシングルマザーの幼い娘をねらう。犯罪者、プレデターは、別世界のルールで動き、私たちのデータを様々な望まない結果のための餌として使う。

憎悪が増悪する

ソーシャルメディアのプロフィールによって、憎悪犯罪《ヘイトクライム》という攻撃も受けやすくなるかもしれない。これは、偏狭な人、人種差別主義者、同性愛嫌いなどが、人種、宗教、信条、意見、性別、性的指向に基づいて、ネット上の個人を標的にすることだ。そのような事件は、フェイスブック、インスタグラム、ＩＣＱ〔インスタントメッセンジャーの一つ〕、ツイッターなど、数々のソーシャルメディアサービスで起きたことがある。フェイスブックは激しいヘイトスピーチを載せるとして非難され、ＣＮＮは「フェイスブックはヘイトブック？」という記事を出して、この現象を詳細に報道した。

オンラインデータは犯罪者に、その個人的な偏りに基づいて被害者を特定できるようにする。ある事例では、テキサス州の襲撃者が、MeetMe.com〔会ってくださいドットコム〕というソーシャルメディアで遭遇したゲイの男性を標的にした。被害者と会う約束をして、襲撃者は相手を連れ去り、気を失うまで殴り、手首を縛って車のトランクに閉じ込め、道路に投棄した(47)。フォートワースのブライス・ジョンソンが襲撃にかかわったとされ、逮捕されたとき、当人は、このゲイの男に教えといてやりたかっただけだと言ったが、「冗談が過ぎたかもしれない」と認めた。

このテキサス州の件は恐ろしいが、アメリカでソーシャルメディアがらみのヘイトクライムの量は、ロシアの場合と比べると顔色がない。こちらでは、台頭するネオナチ青年の運動のせいとされる攻撃が何万件も起きている。イギリスの放送局チャンネル4用に製作された一時間のドキュメンタリー番組では、自警組織が集団で、路上やネット上の若いゲイを追いたてて一五〇〇人以上が連れ去られたことが報じられた(48)。被害者はほとんどが十代で、連れ去られ、襲われ、誘拐されている間、脅され、多くの場合、撮影される。ロシアの警察もぐるになっていて、襲撃側は警察から返報が来ることは心配してない。そのため、フェイスブックやインスタグラムに、被害者をさらに侮辱するために乱暴な襲撃の動画を投稿する(49)。被害者が殺されたり、一生残る後遺症を負わされているが、何百という事例でネットに投稿される大量のドキュメンタリーによる証拠にもかかわらず、逮捕も訴追も行なわれていない――ロシア警察が有する、国内のソーシャルメディアの回路すべてでインターネット活動を組織的に監視できる能力には不似合いなことだ。

空き巣2・0

フェイスブックに何気なく休みでどこかへ行くと投稿したことはあるだろうか。目を引くほど大きな割合の人々が、ネットで将来の旅行について話し、ディズニーワールドへ行くとか、週末は海辺に行くとかのことを楽しみにしていると言っている。しかしそのとき気づいていないのは、犯罪者には、そうした情報をネットからこそげ取って、それを自分の目的に使うことが完璧にできる(先のグッドマンの法則を思い出そう。生産し保存されるデータが多いほど、喜んでそれを使う組織犯罪が増える)。

かつては、空き巣が特定の家を狙おうと思うと、そこの住人が旅行にでも出て留守をしていることがわかる印を探すのが慣例だった――玄関に新聞がたまっているとか、夜でも灯りが消えたままとか。しかし空き巣も現代化して、ますますテクノロジーを利用して、標的と盗むべき財産を見つける。これが空き巣2・0の世界だ。こうした犯罪者は、フェイスブック、グーグルプラス、ツイッターなどの投稿を探し、そこで洩らされるデータを、優秀なセールスマンや詐欺師がするのと同じように、見込み客探しの目的に使う。この脅威を強調するために、私たちの過度にシェアする社会を心配したオランダのコンピュータ開発業者のグループが、PleaseRobMe.com《プリーズロブミー》〔うちから盗んでドットコム〕というウェブサイトを作った。そこで人々のツイートやフォースクウェアのチェックインから位置情報を集め、集めた情報の検索可能なデータベースを作った。結果はと言うと、空き巣志願者なら、郵便番号で検索して、誰がどのくらい留守かを確かめることができる、空き巣にはぴったりのものができた[50]。マウスのクリックで犯罪の標的が選べるのだ。

　脅威はただの仮説ではない。現実世界の空き巣は実際にソーシャルデータを監視している。二〇一〇年、そのような例の一つが明らかになった。ニューハンプシャー州ナシュアの犯罪者集団が、フェイスブックに目を向け、被害者が自宅にいない時期を判断したのだ。ナシュア警察はこの犯罪集団が被害者によるフェイスブックの更新を調べた上での空き巣を五〇件以上働き、それによって二〇万ドル近くの財物を盗んだことを明らかにした[51]。こうなると、もうおじいさんの時代の空き巣ではなく、犯罪者は急速に実行する犯罪を増やすためのテクノロジーに適応しつつある。イギリスで有罪になった空き巣を二〇一一年に調査した結果によれば、七八パーセントはフェイスブック、ツイッター、フォースクェアをチェックして狙う家を特定していた。犯人は、グーグルのストリートビューのようなツールを使って、住居の下見をし、現場から離れるときの逃走経路を計画したことも認めた[52]。調査から得られた結果は、犯罪者が私たちの洩らすデータを私たちの不利益に使える様子を浮かび上がらせる。

　空き巣が人を狙う方法には、ネットに送信したファイルに埋め込まれていた位置データを介するという手もある。先にも記したように、このいわゆるメタデータは、携帯デバイスを通じて他人にシェアする写真、動画、近況の更新に知らないうちに埋め込まれ、写真が撮影された日時や電話やカメラのシリアルナンバーや、最も重要なことに、その写真が撮影された緯度と経度（GPS座標）を明らかにする。

この情報を含むメタデータは、動画や写真を見ても直ちに明らかになるわけではないが、それを取得するための簡単なブラウザ用プラグインをダウンロードする方法を知っている人によって簡単に利用できる。何百という無料のツールのいずれかを使えば、あなたの写真ははっと目覚め、魔法のようにグーグルマップ上に現れ、誰でもその写真が撮られた正確な場所にズームインできるようになる。それがサイバー下見だ。隠れた地理的位置データを使って自分の犯罪を計画する。

それとまったく同じメタデータがクレイグリストやイーベイのような販売／オークションサイトに投稿される何億枚もの写真に含まれている。たとえば、クレイグリストに掲載されたダイヤの指輪あるいはiPadの写真には、その写真が撮影されたあなたの自宅の正確な位置が埋め込まれている。この情報によって、テクノロジーに通じた泥棒にとっては、クレイグリストはこれから盗む品物のためのショッピングカタログに他ならなくなる。(53)

インディアナ州オルバニーのケアリー・マクマレンとカート・ペンドルトンは、プラズマテレビとステレオセットを売ることにして、商品の写真をネットに掲示した。数日後、二人はフェイスブックでその週末の土曜日、ルイヴィル近くであるコンサートに行くことに触れた。(54)泥棒が求める電子機器がある家に空き巣に入るのに必要な情報はそれだけだった。空き巣は二人が何時間かコンサートに出かけるので時間をかけられることを知ったのだ。結局、二人は薄型テレビ、二台のノートパソコン、ステレオラックとその中身、高級三五ミリデジタルカメラを盗まれた。これは犯罪者もイーコマースに乗じて、人が洩らすデータで内側からその人の家をサイバー下見する何通りかの方法の一つにすぎない。

狙いすました詐欺、狙いすました殺人

投稿された休暇旅行や旅行の様子を犯罪者が利用するには、祖父母を騙すという手もある。犯罪者は人々のソーシャルメディアを監視して、その人が旅先の写真を投稿するのをリアルタイムで見ている。

誰かが投稿すると、詐欺師グループはその人のソーシャルネットワークを調べて年配の親戚、たいていは祖父母を探し当て、そこに「不幸な事故」を知らせる。詐欺師はこんな感じで電話する。「もしもし、おばあちゃん？ ちょっと困ったことになったんだ。うちのピーターが、バルバドスでひどい事故に遭っちゃって。病院がアメリカの保険を受け付けてくれなくて、手術のために一万ドルを保証金に入れないと手当てしないって言うんだよ。おばあちゃんが助けてくれないと、ピーターだめかもしれない」。犯罪者はこんなことをやってのけるのだろう。私たちが助けているからだ。私たちがビッグデータの新世界で教えている情報によって。フェイスブックは世界中に――組織犯罪も入っている――誰それの祖父母が誰で、圧力をかけるマーガレットおばさんをどう探せばいいかを教えている。「容態がひどくなったみたいだ……ピーターは昏睡状態なんだ……すぐにお金を送って」。何百という被害者が詐欺師に騙され、その結果、何百万ドルが銀行や送金サービスを通して送られている。(55)

あなたのソーシャルメディアのアカウントを監視しているインターネットの詐欺師が何千ドルかの損害を及ぼすことがあるとすれば、ツイッターであなたをフォローする麻薬組織は命を奪うかもしれない。麻薬組織は、諜報活動に対抗する手の込んだ方式をいろいろ実行して、潜在的な脅威をあぶり出す手段として、ソーシャルメディア、ブログ、政府の通報窓口などからデータを収集する。

麻薬組織に不都合と認識されるネット上のコメントはすばやく処理される。二〇一一年九月には、テキサス州からメキシコへ入ってすぐのヌエボラレドで、仕事へ向かう途中の住民が歩道橋から二つの死体が腕と足でぶらさげられているのに気づいた。被害者は二十代の男女で、ひどい拷問を受けており、女の方は腹を裂かれていた。ぶら下がった死体の上には、大きな看板に不吉な警告があった。「インターネットで密告する奴は全員これだ……気をつけろ。われわれはおまえに目をつけている。署名Z」。メキシコでも最大クラスで暴力的な麻薬組織の一つゼタスのことだ。(56) こうした組織はやはりソーシャルメディアによるキャンペーンに通じていて、自分たちが被害者の首をチェーンソーやマチェーテで切断している写真や動画をフェイスブックやツイッターに投稿している。[57]

他方、ムンバイの事件で見たように、テロリストはソーシャルメディアを作戦の目的で利用するだけでなく、リアルタイムにツイートして、世論を動かし、標的にさらに恐怖を引き起こす。二〇一三年に起きたナイロビにあるショッピングモール、ウェストゲートの襲撃の際には、襲撃を実行したアル＝シャバブのメンバーが自分たちの殺戮をショッピングセンターの中からライブでツイートした。ソマリに本拠を置くテロリストグループは、六三人の無関係の市民を殺害し、さらに二〇〇人近くに怪我を負わせた。グループはウェストゲート内の大虐殺の写真をTwitpicに投稿さえして、ハッシュタグ#Westgateを使って、ショッピングセンターが破壊されたのはケニア政府のせいだと非難した。

洩れた政府データの対諜報活動への意味

組織犯罪や麻薬組織はソーシャルメディアを使って政府や司法当局についての情報を収集する。たとえば、二〇一〇年、アリゾナ州マリコパ郡の二人の保安官代理がある車を酒酔い運転と見て停車させ、車内を探すと何枚かのデータCDが出て来て、そこには三〇人近くのパトロール警官や覆面捜査官の氏名、写真、フェイスブックのプロフィールが入っていた。[58] アノニマスやラルズセックのような非国家行為体《アクター》やハクティヴィストも、政府当局者によって洩らされるソーシャルなデータを追跡している。

二〇一二年にあった事件では、ハクティヴィスト集団ラルズセックが、FBIまで追跡する能力があることを見せつけた。このハクティヴィスト集団は個々の警察官、とくにサイバー犯罪の仕事をしている警官の個人的なメールを傍聴し始めていて、FBI、スコットランドヤードなど世界中のいくつかの警察機関の間で行なわれる電話会議のメールによる通知を傍受できた。電話会議で何を話すかというと、「アノニマス、ラルズセック、アンチセック、分離した関連グループに関する進行中の捜査」についてだった。[59] メールを押さえてしまえば、ハクティヴィストはただダイヤルイン情報とアクセスコードを使って、その電話会議に密かに参加した。世界でも一流の司法組織がアノニマスやラルズセックに対抗する話をしている中、回線には当のハッカーが加わっていて、警察がそうとは知らずに捜査の状況を教えてくれるのに耳を傾ける。電話はラルズセックによって録音され、それがユーチューブに投稿され、関係する警察当局の面目を丸つぶれにして捜査を成り立たなくした。[60]

するとネットのプロフィールはやめたほうがいいですね？

必ずしもそうは言えない。ソーシャルのデータをネットに投稿することによるリスクを考えれば、フェイスブックやリンクトインに参加しないことが当然の解決策に見えるかもしれない。しかしソーシャルメディアを回避することにもそれなりの障害がある。ネット上の人格を所有・掌握していない人の場合、犯罪者はその人について既知の公開情報を集め、その人になり代わってソーシャルメディアのプロフィールを作り、それを用いてなりすましからスパイ活動まで、様々な犯罪行為を行なう。実際、そうしたことが、とくに目立つ立場にある個人について起きている実例がいくつもある。たとえば、二〇一〇年末、組織犯罪集団がＩＣＰＯ事務局長のロン・ノーブルの身分を勝手に使って、フェイスブックにウェブページを作った。[61] 犯罪者はＩＣＰＯのウェブサイトから公式の写真を持って来て、公式の経歴からデータを抽出して偽のフェイスブックのプロフィールを作成した。この組織犯罪グループは、世界中の他の司法当局者幹部と友達になり始め、ソーシャルメディアサービスを通じて仕事上の質問をした。とくに、ノーブルのふりをした犯罪者は、ＩＣＰＯが世界中で行なっていた、主要な国際手配犯の居場所を突き止めて逮捕しようとするおとり捜査、「赤外線作戦《オペレーション・インフラレッド》」についての情報を集めようとした。何人が計略にかかり、どれだけのデータが伝わったかは明らかではないが、世界中のほとんどの警察当局幹部の何十人かが、友達申請を受け付けていた。

私を好んだスパイ

産業スパイもソーシャルネットワークと強力に連帯している。(62) 本書の第2章で、マサチューセッツ州の風力発電会社、AMSCが、中国のスパイ活動を介してコンピュータのソースコードを盗まれて一〇億ドル近くの価値を失ったことを見た。(63) しかしその攻撃がどのように実行されたかについては説明しなかった。

中国当局がAMSC社のソースコードを、同社から風力発電タービンの供給を受けていた国有企業シノヴェル社のために盗み取ることにしたとき、リンクトインを調べるだけで、自分のところの活動員が、AMSCに勤める従業員の勤務表にアクセスできるようになった。中国側がすべての従業員とその職の閲覧をしてしまうと、AMSCの最も価値あるソースコードにいちばんアクセスしやすそうな標的を浮かび上がらせるリストが作られた。そのような人物として、AMSCのオーストリア事務所に勤務する、デヤン・カラバセヴィチというセルビア人技術者が特定された。

中国側はカラバセヴィチを、リンクトイン、フェイスブック、ツイッターのような様々なソーシャルメディアサイトにわたって監視し始めた。そしてこの人物が厄介な離婚問題を抱えていて、最近、職場で降格されたことを知った。現代的な諜報機関なら、見込みのある標的を得るときにまさに探し求めるタイプの弱点だ。カラバセヴィチのいろいろな投稿を通じて、中国側は相手の「生活パターン」を再構成できた。好きなコーヒーショップ、通うジム、レストラン、自宅と勤務先、移動時間、日課になっていることを地図に記していく。またアジア系の女性が好みであることも知った。こうした情報を備えて、中国側は取り込みの作業にかかった。(64)

中国側の担当者は、カラバセヴィチに近づくと、自分たちのところに移る「面接」をしないかと申し出た。結局、すぐにカラバセヴィチを説得して、シノヴェル社がAMSCなしでも独自に風力発電タービンが建設できるようになるソースコード（秘伝のソース）を提供させることができた。カラバセヴィチにとって重要なことに、中国側の工作員は、自分用に北京に事務所を構えてくれて、「望むような人的接触……とくに女性の従業員」を約束した。窃盗が行なわれた後、カラバセヴィチと中国側工作員との間でメールやスカイプのチャットが無数に明らかになった。あるメッセージには、「女はみな金がかかる。俺には女が必要、シノヴェルは俺が必要」(65)とある。金銭的な心配を鎮め、交際の必要を満たし、シノヴェルの決算を良くするために、中国側はカラバセヴィチにソースコードの対価として一七〇万ドルを提示した。この取引の経済効果はすさまじく、情報も有益だった。カラバセヴィチは一七〇万ドルを受け取り、AMSCは一〇億ドルの価値と知的財産を失い、その分をシノヴェルはAMSC製品の海賊版を世界中に売って横取りしたと言われる。シノヴェルにとって、またそのような取引の道義的影響を気にしない人々にとっては、投資には大きな見返りがあった。

すでに明らかになっているはずだが、私たちがいる指数関数的に成長するデータの海には数々のリスクがある。インターネット企業、販売業者、第三者のデータブローカーによるデータマイニングの猛攻に直面しているだけでなく、犯罪者、テロリスト、ならず者国家も私たちをつねに襲撃し監視し、永遠に群がってくる。しかしこうしたデータ漏洩によって残る足跡も、私たちがいつも持ち歩くコンピュータ、つまり携帯電話のおかげで指数関数的に長く延びるようになっている。

第7章　家のＩＴ電話

モバイル電話は史上でも有数の不用心な装置なので、簡単に追跡できるし簡単に盗聴できる。
——エフゲニー・モロゾフ

二〇〇二年三月二一日、イギリスのサリーに暮らす一三歳の少女、アマンダ（ミリー）・ダウラーが父親にもうすぐ家に帰ると電話した。何時間経っても戻らず、携帯に電話しても応答がなかった。(1) 翌晩、大がかりな捜索が行なわれ、ミリーの行方不明は全国ニュースになった。(2)

サリー警察は行方不明の少女捜索の手がかりとして、携帯電話のボイスメールにアクセスした。ミリーの携帯電話会社と確認を進めると、失踪から五日後にボイスメールにアクセスがあり、その日届いた新しいメッセージが正体不明の誰かに再生されていたことが明らかになった。この発見はダウラー家に娘がまだ生きているという希望を与えた。(3) 何週間かするうちに、さらにミリーのボイスメールに残されたメッセージが再生され消去されつづけ、捜査員たちは行方不明の少女は実は家出ではないのかと疑問視するようになった。

ダウラー家にとって残念なことに、ミリーは家出をしたのではなく、誘拐されていて、六か月前に最後に生きているところが目撃されたところから四〇キロ離れたところで遺体が発見された。一瞬にして、ミリーの件はもはや行方不明の捜査ではなく、本格的な殺人事件と宣言された。しかし一つの事実が相変わらず警察を困惑させていた。ミリーの携帯に、行方不明になった後、さらには今となっては死亡後と思われる時期にも、何度もアクセスしたのだろう。殺人犯だろうか。嫉妬したボーイフレンドか。親か。一〇年近くの間、つきまとう疑問に答えは出なかったが、二〇一一年六月、とうとう謎が解けた。仕掛けは誰にも思いもよらないことだった。(4)

『ガーディアン』紙が掲載した長い記事で、ミリーの電話は、ルパート・マードックのタブロイド紙『ニューズ・オヴ・ザ・ワールド』が、イギリスの報道機関に「ハックゲート」と名づけられたスキャンダルで狙った中の一つだったことを明らかにした。ミリーの電話をハッキングしたのは、殺人犯、両親、ボーイフレンドではなく、タブロイドの紙面用のスクープを探す連中だった。かわいそうなミリーとダウラー家だけがハックゲートの被害者だったのではない。数々のセレブ、政治家、イギリス王室の人々もいて、世間に名が知られていることを考えると当然かもしれない。しかし結局、『ニューズ・オヴ・ザ・ワールド』に雇われた記者や私立探偵は、モバイルデータ窃盗活動を世間に名の知れた人々よりもはるかに広い範囲に拡張して行なっていたことが明らかになった。あきれたことに、イラクやアフガニスタンで死亡した英兵の親族の携帯や、七月七日のロンドン同時爆破テロ事件の被害者の携帯にもハッキングの手を伸ばしていた。(5) 事件の驚きの詳細は、世界中の世論の非難を呼び、一六八年間続いたマードックの『ニューズ・オヴ・ザ・ワールド』の廃刊を招いた。何十人もの従業員や契約社員が逮捕され、その中にはミリーの失踪の詳細を得るために雇われた私立探偵もいた。(6)

もちろん、悲しむ両親にとっては、関係者の摘発・逮捕は慰めにはならなかった。ダウラー家にとっては、ミリーの電話のセキュリティを破ったのが新聞だったという知らせが納得のいかないことだった。この行方不明の一三歳の少女の携帯電話に対する不法なハッキングは、行方不明の娘の行方の捜査にとって何らかの妨害になったのではないか。ミリー殺害の容疑者が残した有力な手がかりになりそうなものを片っぱしから手に入れようとするときにどれほどの警察の資源が――ミリーの非業の死を防いだかもしれない貴重な時間が――無駄になっただろう。私たちにはわからない。この悲劇と疑問に毎日、一生耐えなければならないダウラー家の人々にもわからないだろう(7)。

行ないは実に嘆かわしいが、残念ながら、それは簡単に実行できる。私たちの携帯電話のセキュリティは馬鹿馬鹿しいほどで、組織犯罪者、ストーカー、テロリスト、さらにはモラルや一片の品位もないジャーナリストでも、簡単につけ込める。行ないは実に嘆かわしいが、残念ながら、それは簡単に実行できる。

携帯電話OSの不用心

携帯電話は私たちのお気に入りのコンピュータになりつつある。この「ポケットの中の泥棒」は、私たちの活動や位置を絶えず知らせる標識として機能する。携帯電話が広告業者にデータの宝庫となるように、犯罪者にもそうなる。さらに悪いことに、携帯電話はあらゆる装置の中でもいちばん不用心かもしれない。ソフトウェアが突破しやすいのは有名で、リスクの理解も貧弱なら、デバイスを保護する方式は未熟で未開発だ。その結果、スマートフォンは実にハッキングしやすい。司法当局やセキュリティサービスが携帯電話を狙って盗聴できるようになっているが、今やまったく同じ技術が犯罪企業や日常的なハッカーにも簡単に使える。

今日では、携帯電話のマイクにアクセスして、通話していないときでも近くの音を録音するよう設計されているウイルスやトロイの木馬がある。自分の携帯電話で何をしても、またどんなデータ――メッセージの履歴全体、電話帳、写真、通話記録、ソーシャルネットワークのパスワード、アカウント情報――を保存しても、それを傍受し、ハッキングし、将来の利用のために犯罪組織に送ることができる。

携帯電話のマルウェアを使って、あなたの居場所を常に記録でき、犯罪者はあなたの位置をリアルタイムで見て、グーグルマップで便利に図解できる。あなたのスマホのカメラのスイッチを入れて(警告灯はつけず)、あなたの動画を撮れる。ユーチューブの動画、指南するウェブサイト、販売される出来合いの犯罪用ソフトがいくつもあって、初心者でも携帯電話をハッキングできる。実は、狙った相手に感染したショートメールを送るだけですむことも多い。

当然こんなことが問われるかもしれない。どうして携帯電話はそれほどあっさり攻略されるのか。答えは基本動作ソフト《オペレーティングシステム》（ＯＳ）にある。携帯電話のＯＳは長年のコンピュータのＯＳより新しく、さらに不用心だ。犯罪者はビッグデータの世界もモバイルへ進むことを重々認識しているので、マルウェアに対する投資から最大の利益を確保すべく、そこに精力を集中している。モバイルはお薦めの足場《プラットフォーム》だ。いつも持ち主と一緒で秘密を知っているし、犯罪者は機敏に適応し、改革する。

二〇一四年には、マカフィー社はすでに四〇〇万個の携帯電話マルウェアを特定していて、前年一年で六一四パーセント増だった。[8] さらに、シスコ社による（アップルの世界販売担当上級副社長のフィル・シラーが広く宣伝した）調査によれば、携帯電話用マルウェアのうち九九パーセントは、グーグルのアンドロイドＯＳを狙っている。[9] とくに、二〇一四年半ばの時点で世界中で出荷されたスマートフォンの端末のうち八五パーセントはアンドロイドで、二〇一七年までにはさらに一〇億台のアンドロイド携帯デバイスが出荷されるという予想を考えると、厄介な話だ。[10] もちろん、アンドロイドＯＳがオープンソースであることが、このプラットフォーム最大のセールスポイントだが、開放性やフリーのソフトウェアを仕立てられるという利点もあれば、巨大な弱点も生じる——セキュリティだ。デバイス製造業者や携帯電話会社の大多数は、ソフトウェアの実装が単純にうまくない。

では、アンドロイド端末からデータをそれほど盗みやすくしているのは何か。簡単に言うと、携帯電話のＯＳにはアップデートやバグフィックスがないことだ。新しいアンドロイドは携帯電話会社から利用者に、買い換えさせる手段として届く。加えて、電話会社と端末製造会社はインストールしたそれぞれのアンドロイドに手を加え、それを個々のモデルの携帯電話で動作するようカスタマイズしなければならず、費用も時間もかかる作業のせいで、アンドロイドの世界では端末あたりのアップデートがはるかに少ない結果になる。いくつかの研究によれば、さらに悪いことに、このカスタマイズの過程と、携帯電話会社や端末製造会社によって加えられるセキュリティ不足のソフトウェアが、アンドロイド生態系でのセキュリティの脅威のうち六〇パーセントに達している[11]。携帯についてくる邪魔なアプリやスキンは水増し《ブロート》ウェアと呼ばれる。デバイス上でスペースを占拠し、値打ちもよくわからないし、端末製造業者やワイヤレスのキャリアのための販売用の小道具の役にしか立たないからだ。邪魔くさいだけでなく、あまりよく考えずに作られているため、アンドロイドデバイス上の主要なセキュリティの脅威になっている。

比較的に言うと、アップルはハードとソフトの体系をすべて掌握している。そのため、同社の携帯端末であるiPhone用のOS（iOS）のソフトウェアはもっと切れ目なく動作し、携帯電話会社は基礎となるOSをブロートウェアによって変えてしまうことを禁じられている。アンドロイドとiOSとの比較が明らかに物語るのは、二〇一三年には、同社のモバイル用最新OSであるiOS7は、公開から五か月で、アップルの八億台のモバイル端末のうち八二パーセントが使っていた。同じ年に公開されたグーグルのアンドロイド最新版を使っていたのは、アンドロイド利用者の四パーセントにすぎない[12]。こうした数字で根本的にいらだたしいのは、アンドロイド利用者がすべて、単純に最新版の携帯電話OSに更新するとしたら、セキュリティの脅威のうち七七パーセントもがほぼ消えるというところだ[13]。犯罪者がアンドロイドOSにある穴を次々と見つけ、それを狙ってつけ込めるだけの時間を得ているのは、グーグルと提携企業が、セキュリティ用アップデートを利用者レベルで広く入手できるようにしていないからだ。

アプリに気をつける

ロヴィオ〔ゲーム〕、ジンガ〔同〕、スナップチャット〔写真共有〕のようなアプリメーカーだけがあなたのデータを手に入れて売る手段としてアプリを作っているのではない。組織犯罪グループもそのような営業方針をとっている。グーグルのアンドロイドやアップルのアップストアに開発者が委託するアプリなら、プログラムや開発者について厳格なセキュリティ審査を経ているのではないかと考えるのが論理的かもしれないが、そういうことはまったくないらしい。アンドロイドでもiOSでも、一〇〇万を超えるアプリについて、人間による検証は行なわれているとしても著しく少ない――このことは、モバイルアプリのストアを何度か荒らした犯罪者はよく知っている。実際には、コンピュータによる自動アルゴリズムが審査過程の重労働をすべてこなしている。アプリを販売する側は、それがすべてちゃんと動作するのを期待するだけだ。[14]

その結果、間違いが出回り、マルウェアを含むアプリが、立派なアプリサイトと考えられるところにもますます増えている。二〇一三年段階では、グーグルのストアに四万二〇〇〇以上のアプリがスパイウェアや情報を盗み出すトロイの木馬型プログラムを含んでいるのが見つかっている。[15] こうしたアプリに入っているマルウェアは、もっぱら端末にあるデータ、とくに言えば金融情報を狙っている。アンドロイドマーケットという独自のアプリストアが開店してからほんの数日後、犯罪者が世界中の大手金融機関用の偽の銀行取引アプリをアップロードしていた。このアプリは実に本物らしく、銀行のロゴ、フォント、配色もそのままで、信用を増していた。何万人もの人が騙されてダウンロードし、使えなくて怒った利用者が銀行に電話して、「当行はまだアンドロイドアプリを出しておりません」と言われた。

サイバー犯罪者はその活動を再編しては他の多くの偽銀行アプリをたくさん作る。カスペルスキーラボ社によれば、二〇一二年には銀行アプリに仕掛けられたトロイの木馬は六七件だけだったが、二〇一三年に末段階では一三〇〇件以上に増えていた。[16] これまで、シティバンク、ＩＮＧ、ドイツ銀行、ＨＳＢＣ、バークレー、他に各国の六六金融機関を含む、世界中の大手銀行の顧客を狙っているモバイルのマルウェアソフトが明らかになっている。[17]

そしてマルウェアはサードパーティのアプリ販売サイトではさらに猖獗をきわめている。公式のアンドロイドマーケットプレイスでは、限定的でもアルゴリズムによるセキュリティ検査があるが、サードパーティではまったくないことも多い。その結果、そのようなサードパーティのアプリ販売業者の五〇〇以上が、マルウェアを含んだアンドロイドアプリを提供していたことがわかっている。[18] そうしたアプリストアではセキュリティ審査はないので、ウイルスやトロイの木馬を含んだアプリはいつまでも棚にあって、それを作ってアップロードする犯罪者に終身年金のようなものになる。

それと比べればずっと珍しいが、悪意のあるアプリはアップルのアップストアでも見つかっている。[19] アップルの iOS の世界は厳しく規制され、制御されているが、多くの利用者がこの世界も息苦しいと思っている。iPhone の利用者は、製品を最初に買ったときにはキーボードをカスタマイズしたり、デフォルトのブラウザを変えたり、ファイルを手許で操作したり、起動画面にウィジェットを加えたりすることはできない――アンドロイドではあたりまえにできる。こうした制約を回避するために、多くの人々が、端末のルート管理者権限を得て、アップルがロックしている部分を掌握するために、自分の携帯をハッキングするための専用ソフトを使って、iOS 端末を「牢破り」する。iOS 端末を牢破りすると、アップルが公式には承認していない無数のソフトウェアにアクセスできるようになる。一〇〇〇万台近くの iOS 端末が破られ、その利用者がサイディアのようなサードパーティのアプリストアに向かい、そこでアプリをダウンロードする。[20] こうした端末を牢破りすることによって、利用者に制御できることは増えるが、iOS のモバイル端末を、金融機関を騙るなどの、アンドロイドの世界ではあたりまえの同じセキュリティ上の脅威に解放してもいる。

私の懐中電灯アプリが私の連絡帳にアクセスする必要がある理由

世界中の何億人ものスマホ利用者が、人気があって便利な懐中電灯《フラッシュライト》アプリをダウンロードしている。夜に財布の中の鍵を探したり、家のドアを開けようとするときには便利で、私たちはそれを手に入れるためにたいてい何も払っていない。それにしても、そのフラッシュライト・アプリがどうしてあなたの連絡帳にアクセスしなければならないのか。なぜ私の位置情報を求めるのか。私のいるところは明瞭なはずだ。私は暗いところにいて、だからこそフラッシュライト・アプリが必要なのだ。結局のところ、こうしたアプリの大多数は、とくにアンドロイドの場合、あなたのデータを盗んで、あなたの連絡先をすべてダウンロードし、あなたの居場所を確かめ、キース入力記録ソフト《キーストロークロガー》をインストールし、金融情報を捕捉するための便利な仕掛けにすぎない。[21] 結果として私たちは、犯罪の「アプリ化」、つまり単純な携帯用アプリケーションに行き着く犯罪行為を目撃している。

　こうしたアプリに許諾が与えられると、とくにアンドロイドの世界では、特定のアプリにインストールの前に明瞭な許可を否定する手段がないので、あなたやあなたのデータがリスクにさらされることになる。携帯端末でのアプリの許諾は利用規約によく似ていて、私たちはみなイエスをクリックするが、その判断の意味について考えるべく実際に立ち止まることはない。実際のところ許諾は、ごろつきあるいは犯罪的アプリ開発者が、携帯端末を使って偽造や窃盗をはたらくのに必要な権限をあなたの銀行口座から手にしていることを意味する。

　犯罪者も通信詐欺を行なうために偽のアプリを作っている。携帯電話マルウェアの四分の三は、携帯電話決済システムにある穴につけ込む。利用者を騙して特別料金ショートメールメッセージを送らせると、一件あたり一〇ドル支払わせることになる。これを一〇万台でやれば、莫大な金になる。[22] ある事件では、詐欺師はアングリーバードやアサシンクリードのような人気のゲームの偽物をアプリ販売サイトに載せることに成功した。このアプリがダウンロードされると、利用者がそれを開くたびに、知らない間に、三通の特別料金ショートメールメッセージを一通あたり七・五ドルを支払わされる。ほんの数時間で、犯人は偽の課金で何万ドルも生み出した。[23]

　乗っ取られた携帯電話は、いわゆるボットネットというネットワークに入れられて、スパムメールを送信するために使われることも多くなった。[24] ボットネットは奴隷化された、マルウェアに感染したコンピュータで、それがハッカーや犯罪者の支配下で、端末の正当な所有者に知らないうちに、他と連動して大量のスパムを送ったり、DDoS攻撃に参加したりする。ボットネットはかつてはデスクトップパソコンやノートパソコンに限られていたが、今では何百万台という携帯電話も徴用され、この操り人形となった端末が犯罪者やハッカーの支配下に置かれ、指数関数的に成長する「ゾンビネットワーク」に加えられる。[25] こうしたハッキングされた端末による巨大なネットワークは、指令を受けた瞬間どんな標的に対しても放たれるよう待ち受けている。携帯端末の出荷はパソコンを一〇倍上回っていることを考えると、コンピュータの未来がモバイルになるのは明らかだ。したがって、犯罪者は将来のデータ窃盗、DDoS、マルウェアの未来もモバイルにあると見きわめをつけている。[26]

正当なアプリでも、そのソフトの書き方が下手で、検出されないセキュリティの弱点を含んでいれば、あなたやデータを危険にさらすことがありうる。スナップチャットと呼ばれる人気の「ソーシャルフォトブース」アプリに関してそのような事例があった。スナップチャットは利用者が「自撮り」写真（多くはヌードを含む）を送れるようにするサービスだ。受け取り人の携帯に届いたらほんの何秒かで消去されると言われる。このサービスを通じて一〇億枚以上の写真が送られ、二〇一三年末にはフェイスブックがこの会社を三〇億ドルで買収しようとして失敗した。二〇一四年の初めには、スナップチャットのアプリには、何百万人もの iPhone 利用者がDoS攻撃にさらされるセキュリティ上の欠陥があることが明らかになった。

この脆弱性は、ハッカーがわずか五秒でスナップチャットのメッセージを一〇〇〇通送り、受け手の端末を再起動するまで使えなくすることができるというものだった。[27] さらに、ハッカーは五〇〇万人近くのスナップチャット利用者アカウントを盗み取ることができて、ユーザー名と電話番号のデータベースをハッカーのウェブサイトで公表した。[28] さらに悪いことに、スナップチャットのいちばん売り物の特色——裸の写真を送っても一〇秒かそこらで消滅する——も嘘だったことが明らかになった。画像は約束されたように自己消滅するのではなく、受信者側の端末でも、スナップチャット自身のサーバでも、まだ取得ができたのだ(29)。その結果、スナップチャットの削除されたと考えられていた何万枚もの写真がインターネット中に姿を現し、インスタグラムや数々のリベンジポルノサイトに再掲された。写真はその後、恐喝などの犯罪行為目的で使われた(30)。

モバイル端末とネットワークの脅威

私たちがモバイル端末で持ち運ぶデータに対して勃興する脅威は、消費者だけでなく、企業にも大きな影響を及ぼしつつある。今日の現代企業では、BYOD、つまり自分のデバイスを持ち込む《ブリング・ユア・オウン・デヴァイス》があたりまえになって、従業員に自分のモバイル端末から、微妙な企業データやアプリケーションに特権的なアクセスをすることを認めている。今日では、従業員の八九パーセントが仕事関係の情報を携帯電話で利用し、四一パーセントが会社の許諾なしにそれを行なっている(31)。

この現象は、今や職場ではあたりまえの慣習だが、モバイル端末用のカーソルを合わせてクリック《ポイント・アンド・クリック》だけのスパイウェアのおかげで、企業情報がますます危険にさらされるということだ。企業ネットワークが閉鎖されていて保護されているときも、個人の携帯電話はデータを盗み出すための手軽な場所となる。犯罪組織はさっさと人がその情報を保存した最も安全なところへ行き、自分が欲しいものを得るために、鎖の中の最も弱い環を狙う。

犯罪者はますます創造性を発揮して、携帯端末、携帯電話ネットワークにある情報を狙う方法に磨きをかける。ほんの数百ドルで、犯罪者はフェムトセル、つまり、携帯電話サービスを信号が弱い地域で改善できるようにするワイヤレスネットワーク増幅装置を買って、設置できる(32)。この装置は実質的に超小型携帯電話用中継基地で、犯罪者はそれをハッキングして、携帯はそれが正当なものと信じ込むが、実際には、犯罪者が運営・操作する携帯式携帯電話中継アンテナにつなげることができる。何の目的でそんなことをするかと言えば、あなたの携帯から送られるすべてのデータ、たとえば銀行口座のために打ち込むパスワードや、場合によっては送ることのある秘密のメールを捕捉することだ。ならずものフェムトセルは、産業スパイにはとくに役立ち、ハッカーは企業の塀のすぐ外にこの装置を設置するだけで、何百人という従業員の携帯端末から出るデータを利用できる。多勢の企業人が集まる空港や大規模な商談会も主要な標的となる。結局、スマホにあるデータにつながっているのは持ち主だけではない。

携帯での支払いをハッキングする

もちろん、今日の携帯電話は発達しはじめたばかりで、RFID〔ICタグ〕、近距離無線通信（NFC）のような新しいセンサーが、携帯電話に新しい能力も新しい弱点ももたらす。このことがいちばんはっきり見える領域は、物理的な通貨の消滅である。金銭の未来はモバイルでバーチャルになり、新しいセンサーやアプリの群れがポケットの財布や現金に置き換わりつつある。実際、アフリカではサファリコムのような携帯電話提供会社が、決済の世界全体を支配している。たとえばケニアでは、現実に国のGNPの二五パーセントがサファリコムによるMペサ決済システムで取引されている。[33] 携帯電話決済システムは、二〇世紀の終わりにはまだ存在もしていなかったのに、今は七〇か国以上で利用され、毎月何十億ドルを動かすのに使われている。[34] とりわけ、途上国のそれまで「銀行がなかった」集団を、世界的な商取引の世界につなげる点でものすごく役に立っていて、地元の経済に相当の影響を及ぼした。

途上国世界では、携帯電話決済システムの採用・展開が急速に進んでいる。マスターカードとビザは、数々のNFC決済方式を実施して、利用者が携帯電話でアプリを起動して、端末を非接触型センサーの上にかざしたり近くでタップすると、すばやく商品やサービスに課金される。スターバックス、ベスト・バイ、サンフランシスコのパーキングメーター、ニューヨークのタクシーで、迅速に精算や支払いをすませるために、「かざして支払う」を選ぶ利用者が増えている。グーグルは早くからNFC決済システムをアンドロイド携帯に採用しており、二〇一四年九月には、アップルも参入して、最新版のiPhoneに「スワイプして支払う」テクノロジーを加えた。アンドロイドの世界では、グーグルのウォレット決済システムによって、利用者はデビットカードやクレジットカードの情報をグーグルに集め、グーグルウォレットのアプリを起動して、支払いができる。ペイパスが使える店のチェックアウト端末を通じてそれが可能な店舗も増えている。グーグルウォレットは、HTC、LG、モトローラ、サムスンなど、様々な携帯電話のNFCチップで動作する。

こうした携帯端末で表される金銭はデータにすぎない――脆弱なアプリケーションに保存され、根本的に脆弱な携帯電話OSで制御され、不用心なセンサー技術とセンサーデータ転送プロトコルを使っているデータだ。当然の結果として、携帯マネーの未来は携帯スリの未来でもあるかもしれない。グーグルウォレットのシステムは、すでに犯罪者に突破された事例がいくつかあり、ウォレットクラッカーのようなアプリがあって、誰でも使用中のシステムに対する四桁の利用者の個人識別コード番号（PIN）を覗くことができる。(35) さらに、利用者が自分のアンドロイド携帯をなくせば、グーグルウォレットに入れてあるお金（端末上のデータ）は、その端末を盗んだか拾ったかの人物でも店ですぐに使える。(36) NFC利用が増え、アップルの携帯での支払いに参入したことで、こうしたGPSも含めたモバイル端末に組み込まれたセンサーを狙うハッカーの注目は、これから疑いもなく大きくなるだろう。

そこが犯罪現場になる

いつもあなたの位置を追跡しようとしているのは広告業者とデータブローカーだけではない。詐欺師、ストーカーなどの犯罪者も、あなたのスマホにあるGPSチップの使い道を見いだしている。人が洩らしているデータをデータブローカーが転用する手段としてすでに使っている手に、ハッカーはただ便乗だけのことも多い。たとえば、第4章でも取り上げた、位置情報に基づいた出会い系アプリ、Tinderを考えて見よう。大量のデータ、わいせつ写真、セックスの脈がある相手となれば、ハッカーが誰でも他の利用者の、本来なら秘密にしておくような情報であるリアルタイムの位置を五フィート以内の誤差で見つけられるアプリに、セキュリティの脆弱性を発見しようと努めるのは意外なことではない[37]。この位置データによる最善のシナリオは、それで好結果の出会いにつながることだ。最悪のシナリオは、Girls Around Meのようないかがわしいアプリで生成される位置データが、ストーカー、暴行魔、幼児虐待などのための願ってもないツールになるかもしれないということ。実際、二〇一二年、オーストラリアの南オーストラリア州の警察は、幼児性愛者が、オンラインに投稿された子どもの写真に埋め込まれた位置データを用いて見込みのある標的を追跡しており、写真に撮られた対象を危険にさらすことになると世間に警告した[38]。

モバイルデータは、別れ話のもつれやDVの場合に使われることが多くなっている。二〇一二年、米司法省は、ストーカー被害に遭っている人々は年間三四〇万人で、その中にはスパイウェアやGPSのハッキングによって追跡されている人が何十万もいることを明らかにした[39]。ポイント・アンド・クリック監視の世界だ。明らかにしておくと、そのようなスパイウェアを使うことは、連邦法の下では不法な傍受と考えられ、したがって非合法だが、こうしたツールは新米ハッカーにも——あるいは元交際相手にも——とくに経験なしに広く使える。製品の一つ、モバイルスパイは、どんな電話でも盗聴装置に変え、通話していなくても周囲の音を録音できるようする[40]。この会社は「iPadモニター」なる製品も作った。そのソフトウェアのすべてに「ステルスカメラ」モードがついていて、それによって第三者が遠隔操作でカメラを起動してリアルタイムで監視したり、その端末から取っておきたい写真や動画を中央のサーバに保存して後でダウンロードできるようにしたりする。モビステルスという製品は、二〇一一年、サイモン・ジタニーという嫉妬深く虐待する殺人犯によって、オーストラリア、シドニー在住のフィアンセ、ライザ・ハーナムの携帯電話での行動を監視するために用いられた。たとえば、ハーナムが女友達にショートメールで虐待から逃れる計画を打ち明けると、ジタニーはすぐにモビステルスによって自分の携帯にハーナムの意図を通知される。ジタニーは自分と別れようとする計画に怒り狂って車でハーナムの家へ駆けつけ、その後の口論の中で、相手をアパートの一五階のバルコニーから放り出した(41)。

場合によっては、DVをするには第三者のスパイウェアを携帯に加える必要さえない。ただワイヤレス業者が提供しているAT&Tのファミリーマップというプログラムを起動するだけでよい(42)。これは携帯電話のアカウントを持っている人に、その人の支払いで使われているすべての端末を追跡できるようにする。アリゾナ州スコッツデールのアンドレイ・レティーヴは、ワイヤレス通信事業者のファミリーマッピングサービスを使って、よそよそしくなった妻子の居場所をつきとめて殺した(43)。今日ではもはや、AT&Tのような通信事業者からそのようなサービスを有料でもらう必要もない。iOSやアンドロイドの端末にはすでに、「友達を探す」とか「自分の電話を探す」のような、他人を遠隔的に追跡するためにスイッチを入れることができるサービスが入っている(44)。こうした脅威との戦いを助けるために、DVシェルターでは、新しい依頼者が施設にやって来ると、その携帯を預かり、バッテリーを抜き、分解して、ストーカーや暴力を振るう相手に位置を知らせる機能を止める(45)。意図しないで自分の位置を教えていることを心配する必要があるのは、DV被害者だけではない。戦場の兵士も、テロリストによってオンラインの活動を監視され、攻撃できそうな場所探しに使われているかもしれない。

「フォースクウェアのバッジやチェックインは自分の命に値するか」(46)とは、今や米陸軍が兵士に普通に問いかけることで、テロリストが位置データを利用している中では、言葉の上のことだけではない。たとえば、米軍部隊が新たなAH64アパッチヘリコプターの編隊をイラクの基地で受け取ると、現地の兵士の何人かが新たな装備の前で自撮りした写真をフェイスブックにアップロードする。本人は知らないが、その端末は写真にGPS座標を埋め込んでいる。反乱軍はその兵士のフェイスブックの投稿を確認するだけでなく、有益な情報を求めて写真をダウンロードして分析する。写真に埋め込まれた経度と緯度の情報によって、テロリストは直接照準で精密に迫撃砲を何発か撃ち込むことができ、新たに配備されたアパッチを四機、基地内で破壊した。(47)

私たちは、携帯電話や、写真や動画の埋め込みファイルから自分で洩らしているデータを通じて追跡されるだけでなく、物理的な世界でも自分の位置データをますます洩らしている。GPSを盗み読む装置はネットで安価に入手でき、私たちが飛行機に乗るたびに置いてある、どこにでもある『スカイモール』誌でも購入できる。このカタログでは、トラッキングキー社が、マグネットや両面テープで車にくっつけて、装置の持ち主が、標的の車がどこへ行こうと、オンラインマップで速度も一秒間隔で求めて再生できるようにする装置を売っている。(48)「子どもがどこへ向かっているか、配偶者がどこへ行っているか、従業員が車でどこへ行っているかを便利に見ることができる」。以前はこのようなハイテク器具はスパイ機関やFBIにあるだけだったが、今や、こうしたテクノロジーの価格は指数関数的に下がっていて、近所のお母さんも子どもや浮気する配偶者を監視できる。

ビッグデータの世界では、自分の物理的位置は、盗聴された携帯電話や車に隠されたGPS追跡装置がなくても洩れる。新しいテクノロジーは、自動ナンバープレート読取り装置（ALPR）といい、政府でも個人でも、ビデオカメラとOCR装置を使って、車がカメラを通過した地点の位置を記録して、どんな車でもリアルタイムの動きを町中、あるいは国中に詳細に明らかにすることができる。ミネソタ州からニュージャージー州、アンカラからシドニーまで、何億というナンバープレートの記録が保存されている。(49)その結果、この巨大なデータベースに問合せをすると、どんな車でも位置の時間経過が求められる。興味深いことに、写真に撮られた車は、圧倒的多数の場合には、犯罪で訴追されたり、容疑を掛けられたりするわけではないが、それでもそうしたデータは保存される。将来いつか捜査に役立つかもしれないからだ。

ＡＬＰＲ装置は警察車両やレッカー車にまで搭載され、このデータベースを大きく拡張している。テキサス州のデジタル認識ネットワークや、イリノイ州のＭＶＴＲＡＣのような私企業も、ＡＬＰＲデータの厖大なデータベースを構築し、それを車両差押え業者に売る。(50)こうして、誰かの支払いが遅れると、こうした会社は車があったところをすべて把握して、レッカー車を派遣してそれを差し押さえる。グーグルストリートビューの車があちこちの街路を走り回って見たものすべてを動画に記録するのと同じで、ＡＬＰＲ企業もそうしている。誰かの車を追跡して、その人の自宅の前、職場、買い物をする場所すべての位置を記録する。こうしたデータももちろん売り物になり、二〇一四年にはこの仕事は完全に合法になった。しかしこうした巨大なＡＬＰＲの巨大なデータベースが成長する間に、犯罪やプライバシーのリスクも成長する。

エクスペリアンとアクシオムがデータを流出させられたり、データ集合を犯罪組織に売ったりするのなら、ＡＬＰＲ販売業者に何かの違いがあるだろうか。結果として、ネットに姿を見せず携帯電話を持たなかったＤＶの被害者さえ、車で行った場所で追跡できてしまう。過去にはＡＬＰＲデータ濫用があった。一九九八年、ワシントンＤＣの警部補がコンピュータシステムを使って、人気のゲイバーの駐車場に止めてある車の所有者を特定した。データを用いてその男たちをゆすり、賄賂を払わないと暴露すると脅迫した。(51)ＡＬＰＲデータに対する脅威の性質は今は違うかもしれないが、存在することに疑いはない。この情報を離婚裁判でも（夫の車が他の女の家に停めてあったとか）、健康保険によっても使える（契約者の車は週に五日バーに停まっているとか）。他のリスクもある。ＡＬＰＲシステムはナンバープレートデータの読取りに間違いがないわけではなく、エラーが重大な結果を生むことがある。二〇〇九年、四七歳の女性がサンフランシスコで複数の警察車両に停止させられた。六人の警察官が銃を向けていた——すべてＡＬＰＲが車の番号を一桁読み違えたためで、そのためこの女性はちょっと買い物に出ただけなのに、その車が盗難車だという合図が出たのだ。(52)

小売業者は新しい意外な形で私たちの位置情報の詳細を利用し始めている。たとえばデパートのノードストロムは、最近、ワイファイの信号とスマホのMACアドレスを使って買い物客の追跡を始めた。あなたが店舗を回っているとき、ノードストロムはデジタルで客を追跡し、その客が婦人下着売り場と紳士靴売り場のどちらで多くの時間を過ごすかを見たりできる。この高級小売店は、ワイファイ接続を介して客の動きを追跡するのが専門のユークリッド社と契約した。これまでのところ、ユークリッドは、ホームデポのような全国的な小売業五〇〇社を含む、自社のサービスを利用している四〇〇〇か所で、五六〇〇〇〇万台以上の携帯端末を特定し、追跡している。二〇一四年九月にデータ流出のせいで、五六〇〇万枚分のクレジットカードを漏洩したのと同じホームデポが、さらにあなたやあなたの店内での位置についてのデータを収集しているのだ。[53] この現象には規制がないので、監視下で買い物をするのはきっとあたりまえになり、テクノロジーはますます現実の空間でオフラインの人に目を向けて追跡する。

ノードストロムでは、顧客が同社で新しい追跡テクノロジーを使うことについて受けた通知は、小さな、うまく隠された、入り口でかろうじて見える程度の標識だけだった。標識に書かれた饒舌な言葉は、これがオプトアウトしかできないことを明言していた。つまり参加したくないのであれば、選択肢は二つだけ。店に入らないか、携帯電話を切るかということだ。このようなサービスから得られたデータは、恒久的に保存できるし、そうされる。その結果、あなたの配偶者の離婚弁護士は、ノードストロムやユークリッドを召喚して、あなたとあなたの愛人が同じ店に一緒にいて下着を買っていたかどうか確かめることができる。あなたの上司はデータブローカーと連絡をとって、あなたが病気だと言って休んだ日にいた場所を確かめられる。「病気だったのならどうして君は（君の携帯電話は）その日の午後に映画館とガールズバーにいたのか」と。さらに悪いことに、犯罪者がこうした情報すべてに、デジタル地下世界を通じてアクセスできるようになり、それを使って選んだ目標に対して脅迫状を送り、賄賂を要求し、ストーカー行為をすることにもなる。

ディズニーランドという、「地球上で最も幸せなところ」さえ、位置情報に基づくテクノロジーに目を向けて、マジックバンドと呼ばれる、RFIDチップ端末でディズニーに園内でゲストを追跡できるようにする認証用のブレスレットを使っている。その目標はビッグデータを使ってあなたが魔法の王国に留まる時間（使う金額）を最大にすることだ。ディズニーがそうなら、他のところも追随しそうで、そのような人間追跡テクノロジーが、将来はカジノ、リゾート、空港にも配置されると予想できる。

怪しい雲行き

大量のデータが私たちの携帯端末から洩れているが、ビッグデータのリスクを増やしているのは、「クラウドコンピューティング」の世界だ。雲《クラウド》とは、オンラインで利用できるネットワークでつながれた巨大な計算資源と、そうした離れたところにあるサーバを使って世界中の情報を保存、管理、処理しようという営みを指している。計算機の世界で変化するパラダイムは、手許のマシンに保存される情報が少なくなり、地球の他のどこかに集められることを意味する。私たちはたいてい、もうソフトウェアを購入しない。使用料を払うか無料で受け取って、「サービスとしてのソフトウェア」（SaaS）と呼ばれる新しいビジネスモデルを利用する。

個人の方面でのクラウドコンピューティングとは、グーグルが各人のメールを、インスタグラムが写真を、ドロップボックスが書類を保存するということだ――もちろん、携帯電話が私たちの代わりに、自動的にクラウドにアップロードしているものもある。企業の世界では、ドロップボックスを使うだけでなく、以前は社内で扱っていたような主要企業業務を、Salesforce.com《セールスフォース》、Zoho.com《ゾーホー》、Box.com《ボックス》のようなSaaS提供企業に外注している。犯罪やセキュリティの視点からは、何京《けい》バイトものこうしたデータが集積されるということは、私たちの最も個人的な情報がもはや自分の手許のハードディスクだけに保存されるものではなく、世界中のサーバに集積されるようになるということだ。金銭でも他のものでも、人々の重要なデータをクラウドのサーバに集積することによって、自分のハードディスクを個々に狙う犯罪者を回避して、貴重品をすべて一か所に集めて犯罪者が狙えるようにした――銀行強盗ウィリー・サットンが銀行好きだったわけを思い出そう。

クラウドは定着し、今のところ消えそうにない。二〇一四年の初め、グーグルはクラウド記憶容量の価格を七〇パーセント近く下げ、一ギガバイトあたり月〇・〇二六ドルとした（三セントもしない。一九八〇年には四三万七〇〇〇ドルだった）(54)。この動きは業界に衝撃波を送り、クラウド保存の巨人、アマゾンとマイクロソフトも参戦して価格戦争が始まった。そのような安価な計算機資源が使えて、SaaSの範囲が広がると、個人の生産性、企業精神、技術革新には言い尽くせないほどのプラスの影響があるだろうし、翻って、避けられないクラウドコンピューティングへの移行を早めるだけだろう。しかし、使えるすべてのデータをクラウドに保存するというこの動きで増すリスクもある。これまでで最大規模のハッキングを考えてみよう――ターゲット、ハートランド・ペイメント・システムズ、TJX、ソニー・プレイステーション・ネットワークだ。データが仮想の同じ場所に保存されていればこそ、こうした何億ものアカウントの盗難が可能になる。クラウドは、個人、企業、犯罪者にとって等しく便利なのだ。こうしたリスクを処理するために、非営利のクラウドセキュリティ連合のような団体が形成されて、クラウドコンピューティング時代の最善の営業形態を進め、セキュリティを改善しようとしている。

すべてのデータの保存場所を仮想化することは、非常に複雑で、広い範囲のセキュリティ、公共政策、法律の問題を引き起こす。まず、この魔法のようなクラウドは、どこに私のデータを保存しているのだろう。ほとんどの利用者は、フェイスブックで近況を更新したり、ピンタレストに写真をアップロードしたりするとき、現実の世界でこの情報が実際にどこに保存されるか考えたりしない。立ち止まってそのことを問うたりしないということが、このシステムが便利で、不透明であることも物語っている。それでも企業統治や個人的リスクの観点からは、データがアメリカ、ロシア、中国、アイスランドのどのサーバに保存されているかで違いが生じる。

自分の情報を内部で守るために用いられる企業や個人の外壁は消えつつあり、私たちのコンピュータネットワークの始まりと終わりはますます不明瞭になりつつある。そのため、ある会社でどのデータが出入りしているかが見えにくくなっていて、個人の方面では、そんなことはほとんど不可能になっている。クラウドへ移行すると、セキュリティにとっては土台が変わってしまう。データがどこに保存され、移動し、利用されるかをまったく定義しなおしてしまい、犯罪的ハッカーにとっては何から何まで新しい機会を生み出すからだ。さらに、私たちのデータを手許に保存しないことで、クラウドに依拠する情報システムに全面依存することをめぐる重要な問題が生じる。こうしたサービスがＤＤｏＳ攻撃を介して遅くなったり利用できなくなったり、あるいはインターネット接続が切れたりしたときには、自分のデータが使えず、仕事にならなくなる。

マット・ホーナンが発見したように、自分の子どもの写真や何年分ものメールなど、きわめて価値の高い個人情報をクラウドのサービス提供者に託すのには、それなりのリスクが伴う。ドロップボックス、グーグル、マイクロソフトなど、大手のクラウドサービス提供企業は、すでにわずかながらでも犯罪者の攻撃目標になっていて、将来はもっと増えると予想されている。(55) 確かに、ホーナンが攻撃されて、近い将来の不都合のために「パスワード取消」要請を出されてから何年か経っても、無数の個人や企業がクラウドにあるアカウントが攻略され、データが盗まれ続けている。中にはハリウッドの有名女優も何人か含まれている。二〇一四年の末、何百枚もの写真――多くはごく個人的なものでヌードもある――が、ジェニファー・ローレンスやケイト・アプトンなどの有名人から盗まれた。(56) ハッカーが、アップルのiCloudのアカウントを保護するユーザー名、パスワード、秘密の質問を突破したのだ。攻撃で狙われるのはクラウドサービスの提供者かもしれないが、被害者はあなたであり、持ち去られるデータはあなたのデータだ。もちろん、利用規約で留保されている権利は、企業がデータ流出があったときにもほとんど、あるいはまったく責任がないとする。こうした攻撃は知的財産、顧客データ、さらには政府の機密情報までも脅かす。

二〇〇八年には、マリーン・ワンと呼ばれる大統領専用ヘリの設計仕様という機密が、イランのピアツーピア（P2P）ネットワークに載せられてオンラインで自由に閲覧できていることがわかった。P2Pネットワークは簡単に分散ファイル共有を可能にし、デジタル地下世界での映画や音楽の海賊版の配布と結びつくことが多い。どうして世界最先端のテクノロジーによるヘリコプターの秘密の設計図や性能がイラン人の手に行き着いたのだろう。話は単純で、メリーランド州ベセズダの軍需産業業者がマリーン・ワン製造の仕事に参加していて、仕事用のノートパソコンで無料の音楽を聴こうとしたのだ。人気のP2Pファイル共有ソフトをダウンロードしたとき、たまたまそのソフトを、そうとは知らず、間違ったディレクトリにインストールしていた。その結果、このホワイトハウスと大統領専用機エアフォース・ワンとの間で大統領の送り迎えをする軍用ヘリの設計図や国防上のセキュリティが、イランを含む世界中のP2Pの音楽共有ネットワークに洩れたということだ(57)。無料の曲をほしがったために、一〇億ドルの軍の計画がだめになり、大統領のシコルスキーVH‐3Dヘリコプター用の設計図は、イランのP2Pネットワークにたどり着き、マイケル・ジャクソンと、イランのポップ界では紛れもなくキングのシャドメル・アギリ、二人の曲の海賊版の隣に収まっていた。この軍需企業はFBIと国防省の捜査を受け、ミスを認めたが、そのときには損害は相当なものになっていた。私たちが世界的に接続され、またきりなくデータを保存することで、漏洩は避けられなくなる。どんなデータをあなたや会社はクラウドに洩らしているのだろう。

ビッグデータ、ビッグブラザー

興味深いことに、各国政府はデータ漏洩の被害者であるだけではなく、原因になっている場合も多い。

情報はすべての諜報活動の原動力であり、大小問わず、政府は虎視眈々とビッグデータを狙っている。世界をハッキングしているのは中国だけではない。アメリカも、イギリスも、ロシアも、オーストラリアも、カナダも、シリアも、イスラエルも、エジプトも、イランも、エチオピアもそうだ。実際、活動中の国は一〇〇以上あり、侵害的なコンピュータハッキングプログラムを使っているが、合衆国政府とその国家安全保障局（NSA）ほど徹底しているところはない[58]。毎日毎日、NSAは一七億件以上のメール、電話、ショートメールを傍受し、蓄積していて、9・11直後から二〇兆件近くのデータのやりとりについてデータベースを編纂していると伝えられる[59]。同局は、誰が誰に電話し、誰が誰にメールやテキストメッセージを送り、誰が誰に送金したかを目録にしている。

しかし、ビッグデータ保有量が指数関数的に増えるのだから、電子スパイ機関は保存スペースが不足しつつある[60]。それに応じて、米政府は新しい大規模な活動用施設をユタ州の砂漠の奥に建設しているところで、これによってNSAは今、議会図書館で保有している量の一〇万倍のデータを貯蔵、処理できるようになる[61]。しかしそれはほんの始まりにすぎない……

エドワード・スノーデンの暴露はNSAが追いかけていた幅広いデータの流れを詳述している。私たちの誰もが生み出しているソーシャルや位置の詳細もますます大量になっている。スノーデンが公表したこととの完全なリストは長すぎてここでは概略も記しきれないが、これまでに公開されているハイライトを見るだけでも、民間企業だけがビッグデータを積極的に追い求めているのではないことは明らかになるはずだ。NSAのプリズム計画は、政府に、マイクロソフト、グーグル、フェイスブック、スカイプ、AOL、アップルのような企業から、利用者のメール、動画、写真、近況の更新など、厖大な量のデータを収集できるようにした[62]。

スノーデンは、NSAがソーシャルメディア利用者の人とのつながり（誰と、何度話したか、どこにいたかなど）を、合衆国市民のソーシャルデータ相関図を含め、覗いてダウンロードしたことも明らかにした。[63] こうしたネットワーク図は、すでに同局が収集していた無数のネット利用者の接続リストとアドレスブックで増補された。[64] おわかりだろう。あなたがグーグルコンタクトやiCloudを使って友人や家族や仕事上の関係者の個人的な詳細を保存することにしたら、データはいつでも、政府を含む他人に標的にされ、持ち去られる。

NSAはアメリカの企業と協力的関係を作っているだけでなく、都合によってはその企業を標的にもする。[65] グーグルやヤフーがそうで、そのデータ中枢に、このスパイ機関が許諾なしに侵入している。ハッカーや組織犯罪集団が使うのと基本的には同じ手法を用い、世界中の五万以上のコンピュータネットワークに悪意のあるソフトを使ってとりついた。[66] 同局は、数々の「中間者」攻撃ではフェイスブックのふりをしてそのソーシャルネットワーク全体の個人を追跡しさえした。[67] この手法は、関心を向けた標的に政府が管理するフェイスブックの偽サイトに接続させて、同局がマークするマシンにマルウェアをインストールできるようにする。

NSAはこれを単独で行なったわけではなく、イギリス版NSAの政府通信本部のような姉妹機関と協力している。両機関は一緒になって、光神経《オプティックナーヴ》という施策に参加して、ノートパソコンの動画カメラを乗っ取って五分ごとに写真を撮影することによって、ヤフーのビデオチャットを何百万件と傍受する。[68] ヌードなど、性的にあからさまな写真も含め、何百万枚もの画像が保存される。衝撃的なことに、傍受された動画チャットの多くが、特定の諜報活動でとくに狙われているわけではない個人のものだったが、誰を押さえるかを個人のバイアスに基づいて決めるよりも、すべてのチャットを押さえる方が易しかったからだ。

NSAは、すでに証明ずみの広告業者や販売業者の技法や、商業的なデータ収集活動のまねもする。たとえば、スパイ機関は監視下にある対象のハードドライブや携帯電話に追跡用クッキーを仕込んで位置やネット上の習性を記録する。[69] スノーデンによれば、NSAはロヴィオ社のアングリーバーズのようなスマホアプリの盗聴までする[70]。このスパイ機関はアングリーバーズがすでにデータを持ち出す立派な仕事をしているので、NSAが二度手間をかけるまでもないことを認識している。NSAはただ、このアプリの本当の目的が楽しみのために鳥をぱちんこで打ち出して緑の豚に当てることだと無邪気に思っている人々によってロヴィオ社にすでに提出された厖大な量のデータを横取りするだけだった。

一七億人いるアングリーバーズの利用者のうち、その「無料」アプリがその人のふだんの居場所、性的指向など幅広いデータをロヴィオ社に伝えていることを知っている人はほんの一部にすぎない。そのデータが（もちろん意図されずに）NSAに提供されていることを知っている人は――当のアプリ会社も含め――誰もいなかった[71]。NSAの個々の分析官は、この機関の広大なスパイツールを使って、交際相手、配偶者、元の交際相手を標的にしていた。NSA担当官が、メールアドレス、電話番号を入力して相手のメールを読み、位置を追跡し、通話を聞くという違反の数々が明らかにされた[72]。こうした個別の従業員の行為が、監視者を誰が監視するかという、古典的だが重要な問いをもたらす。

NSAの標的の圧倒的多数が海外にいるらしいが、世界中の何十という治安当局が国内の人々を監視・抑圧するために電子的スパイ活動を行なっている。中国、イラン、エジプト、シリア、バーレーンなどでは、ネットに保存されたデータが、政治的な諜報活動や現体制維持のために、恒常的に監視され、傍受されている。大半の国ではそうした監視システムは構築していないが、電子的監視統合ソフト、フィンフィッシャーを製造するドイツのガンマインターナショナルといった、他の国に本拠を置く会社からデータを買うところもある。フィンフィッシャーは国内情報機関に、何千人もの標的について、携帯電話、ソーシャルメディア、ネット上の活動全体を同時に監視できるようにする[73]。

こうした大量データ監視システムが確立すると、差し迫ったテロリストの攻撃を防ぐといった公共の善のために使えるし、人権活動家を抑圧迫害し、民主的手続を覆すなどの公共の悪のためにも使える。アラブの春のときには、ソーシャルメディアがエジプトやチュニジアの反体制活動に力を与え、そのことが世界中の数々の記事になって報道されたが、ソーシャルデータという硬貨には裏面がある。何百万というツイートやフェイスブックでの投稿は、政府が批判派を追跡する場合にも便利な道具となった。フェイスブックで抗議行動を組織すると、政府が反対派の活動家の計画を明瞭に知る手段となるし、ほとんどすべての政府がそのような漏れ出るデータを利用するために用意された技能を得ている。

二〇一一年に始まったシリアのアサド大統領に対する反乱の際、シリア政府はイランの技術支援と補助を受けて、フェイスブックやツイッターなどのソーシャルメディアサイトを監視して、反対派の人物どうしのやりとりを追跡するプログラムを幅広く開発した。[74] ネット上で特定されたアサド運動の指導者は、攻撃の標的とされ、その家族も同様だった。ウクライナ前大統領、ヴィクトル・ヤヌコヴィッチの衰退期には、政府勢力が反対勢力を抑圧し恐れさせるための技術力を見せつけていた。デモ隊がキエフの街路に集まる間、ウクライナ政府は、警察官と反対勢力とが街路で衝突する近くにあるすべての携帯電話の位置を探知していた。携帯電話（とその所有者）はリアルタイムで特定され、「一国の政府が送った中では最もオーウェル的なテキストメッセージ」かもしれないものを受け取った。「契約者様、あなたは大衆暴動の参加者として記録されています」。[75] 言葉は注意深く選ばれているが、ヤヌコヴィチはそのような参加を数日前に非合法にしていたので、暴動にいた誰でも直ちに逮捕の対象だった。

ビッグデータの闇の部分

ビッグデータの正当性が高まることは、これまで思いもよらなかった恒常的な監視、プライバシーの廃棄、犯罪的脅威の高まりの一つであってもおかしくない。ソーシャルメディア、スマートフォン、モバイルアプリ、クラウドなど、大量のテクノロジー群は、ノードストロム、アクシオム、フェイスブック、グーグルが好きなようにあなたを見つけることができるだけでなく、ゼタス、ラシュカレトイバ、DV加害者、ストーカーにも同じことができる。しかし、ほとんどの人が理解していないのは、収集されたどのデータも決まって洩れるということだ。私たちの今の計算機システムはあまりに不用心で、私たちが集めている大量の情報を安全に保存できない。

これまでのところ、ビッグデータの主要な脅威と言えば、その盗難と漏洩だった。しかしそれは始まりにすぎなかった。私たちは前に進むにつれて、もっと破滅的ということになるかもしれない危険に遭遇するだろう――世界が日々の活動を行なうために依存している情報を、正当性なしに変造されてしまうかもしれない。私たちは自分が熱心にため込んだデータに大いに信頼を置いてきたが、これから発見するように、その情報を支える正確さはすぐに覆され、誰にとっても重大な影響を及ぼしうる。情報を盗めるくらいなら、それを変えることもできるのだ。垂れ込める暗雲は、私たちを脆弱にして、私たちのデータ依存世界に対する信頼の基礎を、まだ完全にはわかっていない形で揺るがすことになるだろう。

第8章　画面を信用する

世界はもはや武器では動いていない。エネルギーでも金でもない。1と0――データの小さなかけら――で動いている。すべて電子だ。戦争が起きている。世界戦争が。誰が弾丸をたくさん持っているかではない。誰が情報を――人が見聞きするもの、人の動き、人の考え――を握っているかの話だ。すべて情報なんだ。

――『スニーカーズ』の悪役、コズモ（ベン・キングズレー）の台詞。

全システムをチェック。イラン・イスラム共和国のナタンズ核燃料濃縮施設で運転中の五〇〇〇台の遠心分離器がうなっていた。イランは「平和利用」原子エネルギー計画を大きく進めていた。順調に作業が進めば、まもなくイランは、誰に頼むかにもよるが、原子力発電所、あるいは最初の原子爆弾を作れるだけの高濃度のウラン（U）235を手にすることになるだろう。イランはずっとその核に関する活動は純粋に民間のエネルギー利用のためだと主張していたが、合衆国、ヨーロッパ、イスラエル、国連など、世界の大部分は納得はしていなかった。

二〇〇五年、国連の国際原子力機関（IAEA）はイランが調印した核拡散防止条約を遵守していないと見て、査察機関はその懸念を国連安全保障理事会に報告した。[1] これに応じて国連はイランにナタンズでの核燃料濃縮作業を中止するよう求め、当時のマフムード・アフマディーネジャード大統領はこれを断固拒否した。国連の制裁が課せられた。[2] IAEAの幹部はイランが原子爆弾を設計・製造するだけの情報を得ていると見ていて、国連の制裁でイランの核爆弾製造を止められるだろうか。イランがアメリカの「悪の枢軸」の筆頭に挙げられていることからすれば、もっとしなければならないことがあった。政治的理由で、あからさまな軍事攻撃は除外されたが、翌年、ジョージ・W・ブッシュ大統領は、ナタンズの核施設に対する隠密攻撃を認可し、『ニューヨーク・タイムズ』紙によれば、極秘の「オリンピック大会《ゲームズ》作戦」と名づけられた。(3) 結果は「ナチスの暗号解読を可能にしたエニグマ暗号を暗号解読部隊が解読した第二次大戦以来、最も意義のある電磁スペクトルの隠密操作」だった。(4)

イランは決して楽な標的ではなく、国内で最も貴重な情報ネットワークをインターネットには接続しないだけの分別があった。その結果、オリンピックゲームズ作戦に関係した工作員は、情報スーパーハイウェイ上のプロテクトが貧弱な道からは進路をこじ開けることができなかった。成功するとしたら、人間の工作員、技術者、保守要員——スパイも意図せずに荷担した人も同じように——による人的ネットワークを集め、とてつもない精密さで振り付けをしておかなければならないだろう。この隠密作戦用のお薦めの武器があるとすれば、ＵＳＢドライブだ。

ナタンズの遠心分離器に対する破壊活動には、新種のサイバー兵器が作られた。これはコンピュータの仮想世界から飛び出して、産業制御システムの物理的世界へ入れるものだった。そこに登場するのがスタックスネットという精巧なコンピュータ用のワームで、合衆国とイスラエルが目立つ敵を抑えておくために作ったものと広く信じられている。スタックスネットの作者はワームをただのＵＳＢフラッシュドライブにコピーすると、これがロックされ、ロードされて、自らの作業場を見つける態勢になる。そのＵＳＢドライブがナタンズにどうやって侵入できたか、誰がそれを施設のネットワークにあるコンピュータに差し込んだかは、今日になってもまだわかっていない。

しかし、このマルウェアがどれほどすばやく施設のＩＴインフラ全体に広がったかはわかっている。フラッシュドライブを一台のコンピュータのＵＳＢポートに差すだけで、それまで知られていなかったゼロデイの穴を利用して、そのマシンのマイクロソフトウィンドウズに感染した。このワームは、それが信頼できるものであることを示すデジタルセキュリティ証明も偽造して使っていて、ナタンズのＩＴインフラ全体で咎められることなく複製を作れるようにした。ワームがデスクトップ、ネットワークを次々に広がって行くにつれて、感染したマシンに簡単な質問をする。このコンピュータはドイツの多国籍企業シーメンス社が製造した産業制御システムに接続されているか？

アメリカとイスラエルは課題をこなしていて、ナタンズの遠心分離器はシーメンスＳ７‐４１７産業用プログラム可能論理制御装置《プログラマブル・ロジック・コントローラ》（ＰＬＣ）によって動かされていることを知った。この装置は工場にある遠心分離器の弁や圧力センサーを監視する。コンピュータがシーメンスＰＬＣに接続していなかったら、ワームは複製を作れずただ死ぬだけだった。ところがスタックスネットが、あるデスクトップあるいはネットワークコンピュータシステムがシーメンスＰＬＣに接続していることを探知したら、サイバー兵器が根気強く仕事を進め、ウィンドウズコンピュータから、イランの遠心分離器を管理する産業制御システムに手を伸ばす。

攻撃側はＵ２３５の精製は非常に難しいことを知っていた。ナタンズで用いられたＩＲ‐１遠心分離器は、毎分一〇万回の回転をするように設計されていた。速さもテクノロジーものすごい。遠心分離器の回転が遅すぎると、核エネルギー（したがって爆弾）に必要なＵ２３５が効率的に分離しない。回転が速すぎると、遠心分離器が振動して制御できなくなり、圧力がかかりすぎてモーターが焼き切れ、遠心分離器を交換しなければならなくなる。スタックスネットの作者は遠心分離ができなくなれば濃縮もないので、爆弾も脅威もなくなることを理解していた。

シーメンスＰＬＣは攻撃の要だったが、スタックスネットの作者は掠奪・放火主義の衝動的なサイバー戦士ではなかった。ナタンズへの攻撃では、忍耐強く、戦略的で、狡猾だった。ナタンズ襲撃の第一段階では、観察するだけで、黙って潜み、濃縮用遠心分離器の動き方について、察知されないように情報を集めた。あらかじめ計画した熟練の手で、見つけたことをすべて記録した。結局それが作戦成功にとって重要になる。

しかし第二段階では、スタックスネットはナタンズの産業制御システムの支配を確立し、それとともに真の力を発揮し始めた。人形遣いが、施設でU235を濃縮する遠心分離器の弁やモーターを、そっと操作し始めた。何か月、さらには何年か、遠心分離器は設定の毎分一〇万回転から上下に振動して加速したり減速したりした。圧力がかかり、回転装置が故障し、濃縮ウランの産出量は激減した。

その間、ナタンズの高度に保護された運転指令室の中では、すべての装置が順調に動作していた――少なくとも施設の技術者が監視するコンピュータ画面によれば。何千台もある遠心分離器の一つ一つがコンピュータ画面の一個のランプで表され、各分離器がシステムに異常がないかと注意深く監視されていた。ランプが緑なら遠心分離器は設定通り動作しているということだが、グレーや赤だと問題がある。毎日、技術者は故障を示すものがないかと忠実に画面を見詰めていたが、眼前のデータ安全システムでは、ランプは明るい緑で輝き続けていた。カスケード遮断装置は？　チェック。遠心圧力は？　チェック。ローター速度は？　チェック。壁の画面、卓上の画面、コントロールパネル上の画面、運転指令室内のすべての情報システムが、核への野心が順調に進んでいることを語っていた。ところが実際はまったく逆だった。

スタックスネットワームが引き起こすような損傷は、当初は押さえ込めるように設計されていた。一部の遠心分離器の回転が徐々に制御できなくなり始めたが、イラン側はそれを部品の不具合、あるいは技術者の能力不足のせいだと見ていた。故障した遠心分離器につく説明は、てんでばらばらに見えた。こちらは遅すぎるしあちらは速すぎる、はたまたこちらは圧力が高すぎる。処理されるウランはますます品質が下がり、使えなくなった。施設の検査は何度も行なわれ、研究者は制御室内のコンピュータから動作全体の状況を細かく観察していた。時間が経つにつれて、故障する遠心分離器は何十、何百になってきた。イランの核への野心が危うくなっていた。いったい何が起きているのか。結局のところイラン側は、大事な秘密の核燃料濃縮施設を制御するコンピュータの画面を信用しすぎていたのだった。

スタックスネットワームの第一次攻撃で産業制御システムのデータを引き出してコンピュータに記

録することには、すぐにわかるとは言わなくても明瞭な目的が一つあった。設備がきちんと適切に動いていたとしたら、シーメンスPLCはどういうふうに見えるかを詳細に記録することだった。計画通りに回転するローターや、期待通りの水準の圧力が、全システム異常なし、管理用ランプはすべて緑という状態を生む。スタックスネットはこのデータをすべて捕捉して、それをPLCに見立てた録画機に記録し、後々のために注意深く保存される。その次に起きたのは、『オーシャンズ11』や『ナショナル・トレジャー』など、ハリウッドのヒット映画で何度も描かれたことだった。攻撃側は、狙うカジノの地下室や銀行の金庫室の様子をあらかじめ録画しておいて、その動画を監視員や警備員が見詰める画面で再生するだけだ。

ナタンズでウラン濃縮用遠心分離器の回転が制御できなくなっても、スタックスネットは圧力、回転、振動などのセンサーから来る実際の数値を横取りして、施設の技術者が見守る運転指令室に届かないようにする。スタックスネットは、シーメンスPLCによる実際の正しいデータを提示するのではなく、単純に、第一段階であらかじめ録画してあった情報を再生して、全システムが順調に動いているところを見せるだけだ。見事な手が意味するのは、実際には産業制御システムが崩壊してデジタルで助けを求めていても、システムが表示する危険信号の赤ランプは、ナタンズを支配するイラン人のモニター上では一面の緑に置き換えられた。遠心分離器の回転が制御不能になって、それが壊れる間、デジタルの制御室にいる人間の運転士は、自分たちの現実がハッキングされ、探して破壊するという指令で派遣されたおかしな名前のコンピュータワームに乗っ取られているとは思いもよらない。

媒介された世界での暮らし

あいにく、誰しも自分で気づいている以上にこのイラン人と同じことになっている。あなたはU235を製造しているわけではないかもしれないが、毎日身のまわりの世界を移し替える目の前の画面に頼っている。携帯電話は電話をかけてきたのが誰かを教えてくれるし、パソコンはOSを更新する必要があることを教えてくれるし、車のカーナビは午前中の待ち合わせ場所への道を教えてくれる。そういうことも、またもっと多くのことも、朝起きてコーヒーをおかわりするまでの間にもあらわになる。その結果がどうなったかと言うと、私たちはもう自分が生まれ持った感覚能力を通じて暮らしてはいない。むしろ画面という、内在する感覚から自分を切り離し、自分の代わりに世界を定義してくれる仮想の壁で媒介されたものを経験している。画面は私たちと現実世界の間にはさまり、現実に等しいとされるが、せいぜいのところ粗い近似にすぎず、投映される情報は簡単に操作できる。

　空港で、病院で、銀行で、ATMで、画面は私たちの生活のどこにでもある備品になっている。しかし今日の画面は自力では動かない。データシステムにある情報を提示する以上のことはほとんどしない。システムのほうはハッキング可能だ。コンピュータのプログラムを掌握している人々は、画面も支配して、それによって私たちの経験や知覚も支配する。ビデオゲームも投票装置も手を加えることができ、このすばらしい新世界では、自分の両目で見て、自分の耳で聞くことは、正当で、正しく、安全であることのしるしにはならない。その結果、私たちが見つめる画面は、ほとんどの人が理解できていない形で私たちを騙すことができる。

　気づいていようといまいと、あなたのオンライン世界でのデジタル画面に表示される経験全体は、あなたに代わって整理されている。もちろんそういうフィルターには良いものもある。ツイート、スナップチャット、近況アップデート、ブログの投稿が何十億とある中では、毎日毎日降りかかる大量のデータを吸収する術はない。そのことを承知で、インターネット関連企業は、苦労してあなたが好きなことを知り、コンピュータのアルゴリズムをいくつか使ってあなたのネット体験をあつらえる。フェイスブックはあなたのウェブでのリンク、画像、挨拶《ポーク》、メッセージ、イベント、いいねを調べ、毎日画面で見るものをあなた用にしている。その結果、友達の投稿のほとんど、フォローしているページにあるものほとんどを見ていないし、あなたの友達も、自分のタイムラインでは、あなたの更新のうち一〇パーセントくらいしか見ていないだろう。(5) フェイスブックが広告業者のためにあなたを調べ、断片にすることにかける手間は増えるが、それは少なくとも、あなたが友達のサイトを訪れたり友達アプリを起動したりするときに、その友達の投稿のどれをあなたが見たがりそうかを決める程度には機能する。(6) しかしなぜそんなことをするのだろう。単純に言えば、フェイスブック、グーグルなどのインターネット関連企業は、あなたに「適切な」内容を提供すれば、あなたがそのサイトで過ごす時間が増え、リンクをクリックする回数が増え、表示する広告が増えることを知っているからだ。

　そういうことをするのはフェイスブックだけではないし、グーグルもあなたの以前の検索をすべて、さらに重要なことに、クリックしたものをすべて数量化して、あなたのネット経験を特別仕様にしている。テクノロジー研究家のイーライ・パリザーは著書の『閉じこもるインターネット』〔井口耕二訳、早川書房（二〇一二）、原題は「フィルターバブル」〕で、この現象を丁寧に詳述している。あなたに「適切な」結果を得させるのは大きな商売で、何百万というコンピュータアルゴリズムがその仕事に充てられている。グーグルは少なくとも五七種のパーソナライズのための手がかりを使ってそれに関連することを追跡し、あなたの問合せに答える前に考えると言われる。あなたが接続に使っているコンピュータの種類、使っているブラウザ、時刻、モニタの解像度、Gメールで受け取るメッセージ、ユーチューブで見る動画、物理的な位置などが含まれている可能性がある。(7) グーグルは、あなたについて知っていることに基づいて、あなたに提供する検索結果を刻々と変えている。「中絶」という言葉を検索すれば、ある人には「家族計画《プランド・ペアレントフッド》」へのリンクを返し、ある人にはCathoric《カトリック》.comにつなぐ。検索語が「エジプト」なら、アラブの春に関する結果を得る人もいれば、ピラミッドやナイル川クルーズについての項目が並ぶ人もいる。パリザーと同じく、あなたも自分でこのことを体験できる。結果はグーグルがあなたをどう見ているかについて、なるほどの見通しを与えてくれるだろう。

実際のところ、「標準グーグル」のようなものはない。エリック・シュミットは公に「何らかの意味で自分用に仕立てられていないものをかっ［オンラインで］見たり利用したりするのは非常に難しくなるでしょう」[8]と認めている。これは必ずしも悪いことではないが、この情報があなたになり代わってと称する他人によって、どのように集められ、整理され、取捨選択されるのかという重要な問題はある。しかし、グーグル、フェイスブック、ネットフリックス、アマゾンは自社のアルゴリズムを公表していないところが壁となる。実際、こうした企業が各人の見る情報を漉し取るために使う方法は根本的に私有財産、「秘伝のレシピ」で、それこそが各社の利益を産む。こうした見えない「ブラックボックス」のようなアルゴリズムで情報を取り扱うことの問題点は、何が私たちのために選び出され、何が見えないかについて、自分ではわからないところだ。その結果、私たちのデジタル生活は画面の海を通されて、日々、活発に操作され、フィルタをかけられていて、その様子は不透明で解読もできない。ネットでの情報の流れ方がこのように根本的に変動していれば、私たちの知り方だけでなく、世界の見え方も変わってしまう。私たちはたいていフィルターバブルの中で暮らしていて、そのことに気づきもしない。

世界中で各国がますます市民にアクセスできるデータや禁止されるべき情報を決めるようになっている。「国の安全を守る」、「知的財産権を確保する」、「宗教的価値を守る」、さらに永遠に好まれる「子どもを保護する」といった有無を言わせない論拠を用いて、政府はインターネットを検閲するために国家的なファイアウォールを広げつつある。[9]こうしたフィルタリングの手法の中には、一般公衆に開示されているものもある。たとえば、フランスとドイツでは、ナチズムを宣伝したり、ホロコーストを否定したりするサイトは公然と検閲で削除される。シリアでは、ユーチューブ、フェイスブック、アマゾン、ホットメール、クルド人支持のサイトが遮断されている。サウジアラビアでは、四〇万のサイトが制限されている。イスラム教や君主の個人崇拝と相容れない政治、宗教、社会問題を論じるサイトが含まれる。しかし多くの例で、誰かのネット上での情報が検閲されている徴候はない。むしろ単純に、その人のコンテンツは出て来ない。アラブ首長国連邦では、政府はイスラエルを表す.ilのドメイン全体へのアクセスをすべて遮断さえしていて、ユダヤ国家の存在を仮想世界からデジタルに消去している。(10)

技術系企業は国家的検閲プログラムで協力していて、侵害的なコンテンツをリアルタイムでふるい分けるという国家の要請に応じている。グーグルは二〇〇五年に中国市場に進出したときそれを行なった。しかし、中国ほどインターネットのフィルタリングについて熟練し厳格な政府は他にないだろう。中国の「万里の長城《グレートウォール》」ならぬ「グレートファイアウォール」は、一〇億余の国民が政治的に微妙な問題を見ることができないようにしている。天安門事件や、中国指導部に関する困った細部や、チベット人の権利、ダライ・ラマ、法輪功、台湾独立、政治改革、人権の議論などだ。インターネットの検閲は、独裁体制や独裁者に限られるものではない。二〇一四年には、インターネットで何らかのフィルタリングを行なっている国に住んでいる人は四〇億人以上いた。

画面はあなたに現にあるものを伝えているのではなく、政府やフェイスブックが見るべきだと思うものを伝えている。何かを検索してそれがなかったとしても、それが本当にないかどうか、どうやってわかるのだろう。古い哲学の問いを敷衍すれば、インターネットで木が倒れても、検索エンジンがそれに索引をつけなければ、それは音を立てるだろうか。私たちがますます画面を通して生活するようになると、ネットに存在していなければ、それは存在しない。何かの出来事がグーグルに拾われなければ、それは起きなかったのだ。逆に、グーグルに登場しても、まだ起きていないかもしれない。これがデジタルの仕掛けによる世界だ。あらゆることが魔法のように可能な画面として表される仮想の鏡の間だ。

テクノロジーで媒介された世界での根本的なリスクは、それが探知されずに情報を操作できて、ほとんどの人は予想も理解もしないでいる巨大な機会を生み出すことだ。画面はどこにでもあって、音を立てたり瞬いて私たちの注目を求める。しかしこの画面が嘘をついているとしたらどうなるだろう。私たちに誤った情報を与え、その人の道を誤らせるとしたらどうか。今日の世界では、私たちが画面上で見るものはすべて偽造できるし、簡単に騙せる。ネットの出会い系サイトへ行ってみたことがある誰にでも尋ねるとよい。その人はこう言うだろう。「見たものが必ず手に入るわけではない」と。

計算しない

そうそう、私は朝ご飯の前にありえないことを六つも信じたことがありますよ。
——ルイス・キャロル『鏡の国のアリス』

ハッカー、詐欺師、組織犯罪者とフェイスブック、グーグル、NSAに共通するのは何か。それぞれ、あなたがコンピュータ画面で見る情報を完璧に媒介し制御できる。情報が力である世界では、あなたの画面に流れるデータを制御する門番は他の人のデータも制御できる。私たちはネットにつながるたびに、毎日のようにこの行動と遭遇している。私たちはたいてい、大きな買い物、新しいレストランの予約など、まずインターネットを調べてからでないと考えられない。同じ買い物客、同じ食事客以上に優れた情報源があるだろうか。消費者の九〇パーセント近くはオンラインのレビューが購買の決定に影響すると言い、ニールセンの調査では、驚きの七〇パーセントが、オンラインで読んだレビューを友人の薦めと同じくらい信用するという。[11] あいにく、ニューヨーク州検事の調べによれば、この種のレビューサイトとしては人気のイェルプのレビューのうち、二五パーセントはまったくの捏造だ。[12] さらにひどいことに、二〇一四年九月、連邦控訴裁判所は、イェルプが自社サイトで広告する判断の元になるレイティングを操作するのは合法という決定を出した。[13] 大口の顧客は、利用者がみな星一つと言っていても、合法的に星五つを得ることができるのだ。イーベイ、アマゾン、TripAdvisor《トリップアドヴァイザー》のレビューも簡単に偽造できて、五つ星の投稿は当の業者や料金を取る代理によって書かれていた。オンラインのレビューシステムを商売の種にするビジネスモデルの専門企業もある。この業態はアストロターフィングと呼ばれ(「星で芝生をきれいにする」といった意味で、「やらせ」や「ステマ」に近い〕、普及している。ニューヨーク州の調査が入ったザムデル・インクという会社は、イェルプとグーグルプレイシスに一五〇〇件以上の偽のレビューを書いたことで告発された(14)。

友達だと思ってたのに

当のフェイスブックの二〇一四年度「アニュアルレポート」によれば、フェイスブックの偽アカウントは一一・二パーセントに及ぶ。この世界最大のソーシャルメディア企業には一三億人の利用者がいるので、何と一億四〇〇〇万人分のフェイスブックのアカウントは偽物で、この利用者はまったく存在しない(15)。一億四〇〇〇万の住人がいる偽フェイスブック国があれば、世界で人口第一〇位の国になる。ニールセンのテレビの視聴率が『スーパー・ボウル』とドラマの『ウォーキング・デッド』に異なる広告価格をつけるように、オンライン広告の額も、ウェブサイトやソーシャルメディアのサービスがいくつの眼を支配できるかによって決まる――データが信じられるものならば。

ツイッターで四〇〇〇人のフォロワーが欲しければ、五ドルでできる(16)。フェイスブックで一〇万人のファンが欲しければ、問題ない。SocialMediaCorp.org《ソーシャルメディアコープ》でわずか一五〇〇ドルで買える(17)。じゃんじゃん使える資金がもっとあるなら、インスタグラムで一〇〇万人の友達はいかが?「あなたのために特別価格で」わずか三七〇〇ドルだ。お気に入り登録、いいね、リツイート、親指アップ、ページ閲覧数、どれもSwenzy《スウェンジー》、Fiverr《ファイヴァー》、クレイグリストのようなウェブサイトで売っている。この捏造ソーシャルメディアの計数報告は、製品、サービス、会社を、わずかな金額で偽の支持をするために使われる。仕事の大半は途上国で、インドやバングラデシュといったところで行なわれ、生身の人間が計数結果を操作しているかもしれない。他の、ロシアやウクライナ、ルーマニアといったところでは、過程全体がコンピュータのボットという、あらかじめプログラムされた「いいねボタンをクリックする」などの自動化された命令を偽の人格を使って繰り返し実行する小さなプログラムによって演じられる。

変身譚の登場人物が物理的に姿を変えるように、この現代の画面を切り替える存在も魔法の力があって、犯罪者はその行動のうま味を求め、技術を勉強し、巨大な利益を狙って易しい目標にそれを行使する。実際、こうしたクリックの多くは「クリック詐欺」の目的で行なわれる。企業はフェイスブックやグーグルに、見込み客がネットで見る広告バナーやリンクをクリックするたびに料金を支払うが、組織犯罪集団は、いわゆる広告ネットワークを介して自分たちの利益を得るためにそのシステムの裏をかく方法を考えてきた。要はクリック数を余計に稼ぐということだ。批判を受けてソーシャルメディア企業は偽のプロフィールの数を減らそうとしてきた。フェイスブックがとった行動の結果は内情を明らかにする。リアーナとシャキーラのフェイスブックでのファンは二万二〇〇〇人減り、レディ・ガガは三万二〇〇〇人が消えた。ジンガのポーカーゲーム「テキサス・ホールデム」は、支持者と称する一〇万が雲散霧消した。(18)

フェイスブックの偽プロフィールが一億四〇〇〇万あるとしても、それは一つ一つ手作業で作るわけにはいかなかった。もっと不気味なものがなければならないし、実際にそれはある。この作業は「靴下人形芝居《ソックパペットリ》」と呼ばれ、靴下に手をつっこんで動かす子どもの遊びのことを言う。ネットの世界では、組織犯罪集団がコンピュータのスクリプト、ウェブ自動化、ソーシャルネットワークを組み合わせて、ネット上の人格による軍団を生み出す。これは簡単に、また安価にできて、騙そうという意図がある人には、何十万もの偽のネット住民が作れる。

一つだけ必要なのは、すぐに利用できる、特定の国あるいは地域で最もよくある名前のオンライン名簿だ。スクリプトを組んだボットに姓名を選ばせ、生年月日を選ばせ、フリーメールのアカウントを申し込ませる。それからピカサ、インスタグラム、フェイスブック、グーグル、フリッカーといったネットの写真サイトを掘り出して、靴下人形の年齢にふさわしい画像を選ぶ。メールアドレス、氏名、生年月日、写真があれば、フェイスブック、ツイッター、インスタグラムにアカウントを申し込むだけだ。最終段階では、友達申請を出したり、他の人のツイートをリツイートしたり、オンラインで見たものにランダムに「いいね」をつけたりするようスクリプトを作ることによって、人形に話し方を教える。これでボットは他の人とやりとりをし、多重投稿することもできる。あなたがそれを知る前に、あなたが適切と思う通りに自由に使える靴下人形が何千と得られる。犯罪者がフィッシング攻撃の要として用いるのはこうした靴下人形部隊だ。オンラインレビューを偽造し、利用者を騙してスパイウェアをダウンロードさせ、様々な金融詐欺を行なうために——すべて間違って信用させることに基づいている。

致命的なシステムエラー

私たちは今や「我々は画面を信じる《イン・スクリーン・ウィー・トラスト》」〔合衆国公式の標語で通貨に印刷・刻印される「In God We Trust＝我々は神を信じる」のもじり〕世界で暮らしている。私たちは案内や指示を求めてまず何よりコンピュータを見る。画面に頼って答えをもらい、結果に疑問をもつことはほとんどない。しかしプログラムが下手だったり、そもそものデータが間違っていたりしたら、そこにある誤りは私たちが得る結果にも反映される。ゴミを入れれば出てくるのもゴミというのは、計算機科学の公理の一つだ。過去にはテクノロジー依存が限られていたことで、私たちはそうした間違いの多くから遮断され、保護されていた。しかしビッグデータの時代になると、事情が変わっている——大きく。私たちはみな、データベースの間違いに何らかの形で影響され、その不正確さの意味は日々大きくなりつつある。連邦取引委員会によれば、すべての消費者のうち二五パーセント近くの信用状況報告に誤りがあり、アクシオムのようなデータブローカーは、自社で保管する個人についてのデータのうち三〇パーセントは不正確かもしれないと認めている。[19]

こうしたエラーの影響を受ける四〇〇〇万人から五〇〇〇万人のアメリカ人の場合、アパートを借りる、車を買う、ローンを組む、求人に応募するなどすると、すぐに誰かの間違いのせいで自分がひどいめに遭っていることがわかる。「私どものコンピュータによれば」あなたには信用リスクがあるとなれば、あなたはそうなのであり、何の弁明も認められない。今日、何百万という決定が、毎日間違った、不完全な、不正確なデータに基づいて、それ以上確かめられることもなく、行なわれている。問題が信用状況報告だけに限定されるのなら、かろうじてでも許容できるかもしれない。ところが「画面を信じる」の国で暮らしているというのは、コンピュータのエラーが人の金銭面に影響するだけでなく、その人の生命や自由にも影響する。

医療の世界が、経費を節約し、効率を改善し、新しいビッグデータによる病気の見通しを得ようとして、患者の記録をデジタル化しようと急ぐ中、予想外の対価もあった。それが正確さだった。何千万件もの電子医療記録には患者についての不正確な情報が含まれていて[20]、コンピュータ画面上の誤ったデータは、文字どおり人の命を奪うこともありうる。ゲアリー・フォスターというイギリスのエセックス州にいた二七歳の人物は、ロンドンのユニバーシティ・カレッジ病院で死亡した。この青年は、同病院のコンピュータシステムにあった不具合によって、入院中に過剰な抗がん剤の投与を受けたのだ。病院職員は、誤入力された処方の指示に従って、精巣がんの化学療法用薬品を致死量投与した[21]。コンピュータの画面を信用しすぎると人を殺すことがあるだけではない。公共の安全に害をなすこともありうる。

カリフォルニア州では、コンピュータの不具合のせいで、四五〇人の危険な犯罪者が釈放された。システムエラーによって、同州の最も暴力的な犯罪者の一部を釈放する指示が出されたのだ[22]。ギャングの仲間、婦女暴行犯、武装強盗、「暴力に走るリスクが高い」と分類されるDV犯が、州内のあちこちの刑務所から釈放された。担当者が画面上の情報を正しいと思って受け入れたからだ。もちろん、刑事司法データの誤りは珍しくなく、こうした間違いは危険な人物を釈放するだけでなく、冤罪で服役させることもある。イギリスでは、国の犯罪記録局所属の警察官が、このシステムにあるデータエラーのせいで、二万人以上の人が誤って犯罪者の烙印を捺されていることを認めた。[23] 大量のへまは、犯歴のない人々が何万と、犯したことのない罪で犯罪記録を付与される。「違います、濡れ衣です」とは警官にはおなじみの台詞で、関係した人々にとっては不幸なことに、画面にあることの方が間違いだということが証明されるまでは、そちらが真実なのだ。イギリス中でこうした間違いの被害者が就職やボランティア活動を断られ、評判が台なしになる。私たちの画面に対する過剰な信頼のせいだ。

今の私たちは、人間的な面と技術的な面の両方で、社会にとりわけて打撃のある危険をつきつけるいろいろな現象が、パーフェクトストームのように渦を巻いて合流するところに直面している。代々重ねるうちに、私たちは意識しなくても、機械が提供する指示に盲目的に従って安心するようになる。「ゴミを入れれば出て来るのもゴミ」は、「ゴミを入れれば出て来るのは福音」に置き換わってしまった。コンピュータがそう言うなら、それが正しいにちがいない。このような推論の問題点は、社会全体でいつも人間が不正確なデータに頼るうちに、厄介な問題が反撃してくることだ。フィルターバブル、見えない検索エンジン検閲、国のファイアウォール、間違ったデータは、私たちの世界の見方、もっと正確に言うと世界の私たちに対する提示のしかたに、根本的な健全さの問題があることを意味する。

見ても信じられないとき

これまでの章では、あなたのデータが洩れ、情報の秘匿性が破られるとどうなるかに幅広く注目した。疑いもなく、犯罪者はあなたのデータを盗むことによって生まれたすべての機会でやりたい放題をしている。しかし世界の情報に対するもっと根本的で油断のならない脅威がある——それを変えてしまうことだ。犯罪者、ハッカー、テロリスト、政府はますますデータシステムに侵入するが、情報を盗むためではなく、ナタンズで私たちが見たように、データの表示を密かに操作するためだ。その結果、世界の情報の健全性そのものが攻撃を受けている。攻撃側は、徐々に、それとわからずに、高い精度で、私たちのデータシステムに入り込み、根本を支える情報すべてを密かに改変することができる。侵入者が攻撃する場合、知らない間に情報を変えてしまうことと比べれば、データを盗んでくれる方がまだましということになるかもしれない。

一九九五年の映画、『ザ・インターネット』で、サンドラ・ブロックが演じたのは在宅勤務のシステムアナリストで、たまたま、悪魔的なサイバーテロリスト組織による、世界の情報システムを乗っ取る計略を発見する。映画の冒頭では、国防次官がベセズダ海軍病院でＨＩＶ陽性の検査結果を知って自殺をする。結局、次官はＨＩＶ陽性ではなかった。ハッカーが、次官の国際サイバー犯罪者集団の追及に仕返しに検査結果を変え、医師がその情報を、コンピュータ画面のデータに基づいて忠実に伝えたのだった。検査結果は保守的な次官にとっては、自殺に追いやるほどの屈辱だった。

この世は情報戦争の世界で、瞬く画面が並ぶ中を撒き散らされるコンピュータの偽情報が、現実世界に影響する。映画で描かれた事件は今日なら断然ありうる。警察のデータシステムは、オーストラリア、イギリス、イタリア、テネシー州メンフィス、カナダのモントリオール、香港、ハワイ州ホノルルなど、世界中でハッキングを受けている。[24] 二〇一三年、デンマーク警察運転免許記録が流出し、ハッカーが司法当局のデータシステムに変更を加えたと信じられた。[25] フィラデルフィアではやはり二〇一三年、同市で有名ないくつかの犯罪での目撃者に関する機密情報が地元の犯罪種集団によって流出させられた。結果として、保護対象になっている何十人もの目撃者の氏名、住所、写真が、「ネズミを晒せ」のタグとともにインスタグラムに投稿された。晒された個人の多くは非公開の大陪審審問で証言していて、データ公開から数日で、このインスタグラムの rats215 という利用者のアカウントには八〇〇〇人のフォロワーがついた。ある一九歳の目撃者は殺人事件で証言をしていて、後に報復として銃撃の標的となった。大量目撃者脅迫となったこの事件では、このサイトを訪れた数々の来訪者によって、「ネズミを処刑せよ」とか「ヒットマンを送れ」などのコメントが投稿された。[26]

マサチューセッツ州では、コンピュータハッキングですでに服役中の囚人が、自身の事件に関する法的調査目的で、刑務所図書館のコンピュータの使用を認められた。囚人の指がキーボードに触れるやいなや、矯正局のネットワークをくぐり抜けて、他の収監者の事件簿にアクセスし、また同刑務所の一〇〇人の守衛について、氏名、生年月日、社会保障番号、自宅住所、電話番号も取り出した[27]。刑事司法システムのセキュリティの甘さからすると、カリフォルニア州での四五〇人の粗暴犯の場合のように、基礎となるデータが偽造されたり意図的に手直しされ、間違って釈放される囚人が何人いただろう。答えはまったくわからないし、政府当局もその件については話したがらない。

警察の少数のコンピュータが侵入できて脆弱ではあっても、そうしたコンピュータは医療用電子記録と比べれば、まさしく連邦金塊貯蔵所くらい守りが堅い[28]。しばらく、これまで記したような何千万件の偶然のエラーは忘れよう。保健福祉省（HHS）は、二〇〇九年以来、少なくとも二一〇〇万のアメリカ人が電子的医療記録に権限なくアクセスされたと判定した[29]。実際、HHSは合衆国全体の病院でそのような流出九〇〇件以上について詳細をまとめている[30]。しかし報告されていないのは何件あるのだろう。連邦法は、一個の事件で五〇〇件を超える記録が狙われた場合に報告することを定めているだけだ。組織犯罪者は、医療保険詐欺や恐喝まで、実に様々な形で狙っている。バージニア州では、ハッカーが、州保健省保管の八〇〇万人分の患者記録と三五〇〇万件の処方箋にアクセスして、バージニア州が一〇〇〇万ドルを支払わなければ情報をネットに流すと脅した。世界的にも電子的医療データシステムは穴だらけで、よからぬ連中がこうしたデータを利用して、ひどい結果をもたらすことができる。

先に病院の致命的なシステムエラーによってゲアリー・フォスターが亡くなった話で見たように、医師、看護師、医療技術者は、何度も何度も、コンピュータ画面で提示された指示に、その情報が正しくなくても従う。画面が教えてくれることがHIV陽性だったら、病院はそのことを本人に知らせる。さらに悪いことに、血液型がO型で、外科手術を受けなければならないときに、ハッカーや敵や競争相手が病院データベースの血液型をA型に変えていたら、手術は死に至る可能性が高い。[31] 誰かが悪意であなたのペニシリンアレルギーをデジタルカルテから削除し、ペニシリン五〇〇ミリグラムの静脈注射という指示を看護師が淡々とこなした場合にも、同じことになるだろう。

「我々は画面を信じる」の精神がもたらす重大な帰結は、殺人を犯す方法などになって、新しい犯罪の領域を開くことがありうる。それに応じて犯罪者は、人間の知能よりもデジタルやバーチャルを上に置く世界につけ込む様々な方法を開発している。悪役たちは、いわゆる「中間者攻撃」がとくに得意で、現実と画面で見られるデータの間に潜り込む。その結果がビッグデータ革命の結果として蓄積している情報の健全性に対する全面攻撃となる。

犯罪の画面

人の生活にあるあらゆる画面について、犯罪者は攻撃の計画を練ってきた。そのような仕掛けでインターネット上によくあるのは、フィッシングという現象だ——犯罪者が正式のウェブサイトを装って、パスワードやクレジットカード番号などの情報を得ようとする。「フィッシング（phishing）」というのは、「釣り（fishing）」のハッカー式綴りで、悪意あるリンクを餌にして、何も知らない魚を捕まえて、かみつこうという手法だ。フィッシング詐欺を行なう組織犯罪集団は、利用者を騙して詐欺師が運営する偽のウェブサイトへ連れて行くリンクをクリックさせようとする。ショートメール、ツイート、インスタントメッセージ、フェイスブックの近況の更新などを通じて、フィッシングのメッセージが受信箱に届く。どれも銀行、ケーブルテレビ、年金、ソーシャルメディア、電話会社を名乗ってやって来て、世界中の利用者を狙う。被害者数が多いのはアメリカ、イギリス、ドイツだ。[32]

結局、すべてのフィッシング攻撃は、疑いを知らない人々を詐欺師のウェブサイトへ連れて行ったり、利用者のマシンにマルウェアをインストールしたりするためのリンクや添付ファイルをクリックしてくれる、疑いを知らない利用者に頼っている。犯罪者はHTMLのハイパーテキストのリンクを利用して、隠れたコンピュータプログラムの中に攻撃を仕込む。フィッシングのメッセージは電子はがき、銀行からのメール、求人、クーポン、ソーシャルメディアでの儲け話として届く。この悪意ある連絡は、過去には文法や綴りの誤りだらけだったが、今日では高い専門性を備え、本物とほとんど区別がつかない。犯罪者は、自分たちがなりすますサイトの見かけをまねして、デジタルの技で相手の感覚を騙すことによって、相手が自分の画面に置く信頼の裏をかく方法を知っている。

典型的なメッセージは、送信者がsecurity@bankofamerica.comのようなアドレスになっていて、プロフィールを更新する必要があるとか、疑わしいアクションのせいで口座が利用停止になったとかのことを言ってくる。おや、大変なことらしい、見ておいた方がいいな、とあなたは思う。あなたは知らないかもしれないが、受信箱で目に触れたメールアドレスを偽るのは、馬鹿馬鹿しいほど簡単なことだ。アウトルックでもマックの「メール」でもサンダーバードでも、どんなメールソフトでも、新しいメールアカウントを設定するときには、名前とメールアドレスを決めて入力するよう求められる。詐欺師がメールソフトに「バンク・オブ・アメリカ、セキュリティチーム」という名前を入れれば、それが相手の受信箱に現れる。簡単なことだ。届いたメッセージのヘッダを調べれば、悪人の使ったメールアドレスが、実はnotifications@security-bankofamerica.comだったことがわかるかもしれない――これでも普通のお人好しを騙すのには十分に近い。

どこから見ても、メッセージは銀行からのものに見える――フォントも同じ、色も同じ、ロゴも同じ――でも違う。目に見えているリンクはwww.bankofamerica.comだとしても、連れて行かれる先は、www.bank0famerica.com（oではなく0）とか、bankofamerica.accountupdates.com（accountupdates.comが実際に連れて行かれるところで、犯罪者の手にあり、Bank of Americaはそのサイトにある一つのフォルダにすぎない）とかだったりする。www.citibank.comはwww.citiibank.comにすり替わっている（偽アドレスにはiが二つあるが、なかなか見分けづらい)。フィッシングのメッセージはすべて、こっそりと、大きなフォントで書かれたり、派手な色の大きなボタンで、見逃せない毒薬入りリンクをクリックしてほしいのだと言っている。「セキュリティ設定を更新して口座を保護するためにはここをクリック」。クリックすれば、あなたは犯罪者の手に落ちる。

運命のクリックで、Citiibank.com のウェブサイトへ誘導され、そこで認証情報を入れてログインするよう促され、そうすると、相手はあなたのログインネームとパスワードをゲットする。他の個人情報もまたしかり。これで犯罪者の仕事の準備ができた。フィッシングは入り口の犯罪で、基本をなす第一段階であり、それによって犯罪者に、個人情報を詐取し、金融詐欺、税金詐欺、保険詐欺など、あなたを狙った犯行の第二段階を実行するために必要なデータを提供するものだ。ナタンズの原子力技術者が、画面に、説得力のある、しかしまったくの虚構の現実を提示されていたように、あなたも、毎日毎日似たような嘘の技を使って玄関をノックする犯罪者に包囲されている。

犯罪者にとって、そのようなデジタルのなりすましを行なうコストはばかばかしいほど低い。デジタルの地下世界では、完全自動のフィッシングキットが売られ、それを使えば詐欺メッセージをわずか六五ドルで五〇万件のメールアドレスに送信できる。また先に述べたように、犯罪者は規模を拡大するために「靴下人形」を利用する。[33] その結果、私たちの受信箱全体で、毎日一億ドル以上のフィッシングメッセージが届く。[34] シスコ社が行なったこうした攻撃の経済性に関する研究によれば、一〇〇万人のうちだいたい八人がこの計略にはまり、一人の被害者あたり平均二〇〇〇ドルを失う。つまり、一三〇ドルほどの費用で一万六〇〇〇ドルが稼げる。[35] 投資利益率は一万二〇〇〇パーセント以上だ。毎年送られる三六〇億件のフィッシングメッセージとすると、サイバー犯罪の規模、範囲、利益が見えてくる。大量のフィッシング攻撃の利益は見事なものだが、何百万という人に大量の詐欺メッセージを送るわけではなく、注意深く目標を特定の個人や団体に絞る「スピアフィッシング」という手法と比べると影が薄くなる〔「スピア」は「槍」の意味〕。

スピアフィッシング攻撃は、産業スパイを行なう人々にとっては定番の特選ツールとなっていて、この場合の被害は、世界的な飲料大手コカコーラが発見したようにとてつもないことになる場合がある。コカコーラのアジア展開の一部として、同社は中国の匯源《ホイエン》果汁集団を買収する交渉を進めていた。すべてが獲得計画によって進行していたが、突然、説明のつかない決裂となった。何か怪しいことが起きていて、コカコーラ社はそれを知りたかった。同社は問題の全面的な調査を行ない、コカコーラとホイエン果汁の代表との通信を含め、やりとりを詳細に検証し始めた。結局、コカコーラ社は中国政府が交渉を活発に監視していて、コカコーラの買収計画や意図について非公開のことを覗こうとしていたことを知った。中国側はどうやって必要な入手経路を得たのかと言えば、コカコーラ太平洋グループの社長代理、ポール・エッチェルズの画面を操作していた。

エッチェルズはコカコーラの法務部門の上級取締役から来たように見えるように工作されたメールを開いた。件名は、「省電力、省費用——コークCEOより」と誘っていた。エッチェルズはコカコーラ社の社長が会社で省エネルギーを推進していたことを知っていた（コークの企業情報システムに侵入していた中国側も知っていた）。攻撃の実行犯は、社内のネットワーク上にいる信頼できる社内の人間から、もっともらしい、さもありなんと思われる件名でメッセージが来たと見せかけることによって現実を装っていた。コカコーラ社の社長代理が何気なくリンクをクリックすると、その端末に密かに、使用者がキー入力したことをすべて捕捉するキーストロークロガーなどのマルウェアがダウンロードされる(36)。その結果、中国側は取引に関する大量のコンピュータファイルをダウンロードできた。コカコーラ社は「セキュリティ上の問題」について公式の見解を拒んでいるが、明らかなのは、コカコーラ社幹部に対する一回のスピアフィッシング攻撃で二四億ドルをかけた中国のホイエン果汁獲得がだめになったことだ。スピアフィッシングにかかったのはコカコーラ社だけではない。その方式は、標的型サイバー攻撃すべてのうち九一パーセントに関与したオンライン犯罪者やデジタルスパイが選んでいる(37)。

犯罪者は今や、財務諸表なども含め、画面上に見えるものをリアルタイムで変更できる。しかしあなたの銀行口座の残高がゼロになっているのに、それをあなたが知らなかったらどうなるだろう。あなたの銀行口座から金を盗むマルウェアのプログラムは何万とある。その操作全体が、定型的になり、自動化されている。犯罪者はあなたのコンピュータや携帯にとりついて、認証情報を押さえ、それを使って口座残高をすべて引き出すことになる。もちろん、あなた自身がたまたまログインして残高が少ないことに気づけば、銀行の偽部門からの通知に応じて、資金の移動を止めることもあるかもしれない。銀行はたいてい、一日か二日、猶予期間を残している。とくに国際的にはそうで、その間に振込みや送金を取り消したり停止したり還付したりできるが、その時間の幅はものすごく短い。この目的のために、犯罪者は何としても、あなたの画面上に見えるものが銀行口座にあるものとは異なるようにする。SpyEye《スパイアイ》やURLZone《ユーアールエルゾーン》のような専用のトロイの木馬は、金を盗むだけでなく、まだ口座に残ってるかのように見せかけて偽の安心を与えさえする(38)。こうしたトロイの木馬のねらいは、人の銀行、支払い、クレジットカード情報を、事態に気づかれずに利用できる時間を増やすことにある。キャッシュカードで引き出しをしようとして残高不足になっていることがわかり、やっと何かおかしいと思うことになる。

関与するクライムウェア(犯罪用ソフトウェア)《クライム》は実に精巧で、盗んだ銀行口座それぞれからいくら盗んだかも知ることができる。つまり、犯罪者があなたの当座預金から二四一九ドルを盗んだとしても、あなたが残高を見るときには、その画面上に表示される口座情報に、プログラムがその分を戻しておく(39)。犯罪者が人のクレジットカードやデビットカードを使って購入した記録は、本人が最近の取引記録やオンラインの明細を画面上で見るときには、自動的に削除される。プリンタに送られる銀行やクレジットカード取引のPDFのコピーさえ、プリンタから出て来る前に修正される。こうした犯罪者があなたを手中にするときには、文字どおりあなたを所有しているのだ。

この種の中間者攻撃は、犯罪的ハッカーが、暮らしの中でますます増大する画面を通じて、人にとっての現実を媒介できるのだということをまざまざと知らせてくれる。スタックスネットの実行者のよう、こうした犯罪者は画面が現実を表す代理にすぎず、何から何まで変造可能で、簡単に操作できることを認識している。しかも、私たちが画面上で見るデータを操作するのは、国際サイバー犯罪組織や諜報機関だけではない。

幼児性愛者はいつもネット上では子どもの人格をまとい、一八歳未満の児童が成人と話している場合、八〇パーセントは気づかないので、若年層の画面はとくに攻撃にさらされやすい。ビデオカメラの前で同い年の少年と思った人物に騙されて胸を見せた一二歳の少女、アマンダ・トッドの場合を思い出そう。トッドはネット上の攻撃者に脅迫され、いじめられ、自殺に追い込まれた。この事件は何年か解決せず、アマンダの両親は誰が娘を苛んでいたのかわからなかったが、二〇一四年四月、事件は急展開し、カナダ騎馬警察は八〇〇〇キロも離れたオランダの容疑者にたどり着いた。オランダの警察は三五歳のアイディン・コーバンを特定し、「強要、インターネットかどわかし《ルアリング》、犯罪的ハラスメント、配布目的での児童ポルノ所持の各件」で訴追した。(40) コーバンのいわゆる手口は、ネット上に偽の人格を確立し、未成年の少女の信用を獲得し、それからウェブカメラの前で性的行為を行なうよう誘うということだった。(41) カナダなど世界中で何十人もの被害者がこのオランダの幼児性愛者に狙われたものと見られている。(42)

成人にとっても、対人関係と画面操作は危険な組合せになりうる。元夫の新しい恋人の娘に暴行した罪で有罪となったエリザベス・スラッシャーの事例がそうだった。(43) 嫉妬にかられたスラッシャーは、被害者のMyspace《マイスペース》のアカウントから二枚の写真をコピーし、それをクレイグリストの行きずりの出会いコーナーに投稿した。何も知らない娘の自宅住所、電話番号、メールアドレス、勤務状況を記し、セックス相手を求めていると書いた。スラッシャーの獲物となった少女は、クレイグリストにそんな投稿があるとは知らないうちに、電話、メッセージ、写真（裸も含む）、セックスの誘いが舞い込み始めた。法廷では、娘は自分が「誰かにレイプされて殺されるよう仕掛けられた」ように思ったと証言している。

株価画面

個人や企業が画面に現れるものによって操作できるだけでなく、金融市場も操作できる。過去には風説や思惑が市場を動かしたが、インターネットの猛烈な速さは世界がしばしば情報が確かめられる前に反応するということを意味する。二〇〇〇年八月、カリフォルニア州エル・セグンド出身で地域短大に在籍する二三歳の学生でマーク・Ｓ・ジェーコブという名のハッカーが、偽の記者発表を作り、インターネットの「ワイヤー」という、企業告知をウェブで配布するサイトに載せた。ジェーコブはナスダック上場の通信装置製造業、エミュレックス・コーポレーションを選んだ。それまでのエミュレックス社のプレスリリースの用紙とスタイルをコピーするだけで、同社のメールアドレスを装い、記事をインターネットの「ワイヤー」に投稿した。架空のプレスリリースは、証券取引委員会（ＳＥＣ）がエミュレックスの査察に入り、四半期利益を修正することになって、同社ＣＥＯのポール・フォリーノがそれに応じて辞任したというものだった。センセーショナルな記事は急速に拡散し、TheStreet.com《ザストリート》、ＣＮＢＣ、ブルームバーグ、ダウジョーンズ・ニューズワイヤなど、他のいろいろな報道機関が取り上げた(44)。

市場の反応は予想通り、かつ迅速だった。「偽のプレスリリースが発表されて一六分後には、エミュレックス株二三〇万株が取引され、価格は一〇四ドルから四三ドルへ六一ドル下落し、エミュレックスの時価総額は二二〇億ドル減少した」(45)。まさしく期待どおりの反応だった。ジェーコブは同社株を空売りして、帳簿上は二五万ドルの利益を上げた(46)。直ちにエミュレックス社のＣＥＯがブルームバーグなどの金融報道機関に登場して記事を否定したが、そのときにはすでに損害が出ていた。六日以内にＦＢＩがＳＥＣと連携して、ジェーコブを特定して逮捕した。ジェーコブは電信偽造と証券詐欺で有罪を認めた(47)。結局のところ、市場にいる正当な投資家は、画面への信頼を地域短大の学生が操作したせいで、一億一〇〇〇万ドル以上を失った。

金融サービス業界での画面操作は珍しいことではなく、いわゆる風説の流布はネット証券詐欺の定番メニューだ。この手は、偽の、誤解を与えるプラスの材料をネットに投稿することで株価を人為的につり上げ、それから嘘が発覚する前に、実態以上に値を上げた株を売り抜ける。[48] サイバー空間で栄えてきた手で、FBIはこの種の詐欺に荷担したとして何十人もの犯罪者を逮捕している。風説の流布は一般にあかぬけないやり方だが、個人も組織犯罪集団も、私たちがネットで見る情報を操作することで何億ドルも稼いでいる。[49]

金融関係の画面を見ている間に画面の方がこちらを見ていて、気づかない間に操られることがある。ゴールドマン・サックスやJPモルガンのプロは、何年も使っていたブルームバーグの取引用端末についてそのことを学んだ。[50] ブルームバーグの端末はウォールストリートの命の綱で、企業は端末一台につき毎年二万ドルを支払って、日々の取引を行なうために、その端末が提供する大量のデータの採掘を行なっている。しかしそうしたトレーダーは、ブルームバーグのニュース部門の記者が、トレーダーがブルームバーグの端末を使っているときに、顧客の活動を覗けるようにする管理アクセス権を認められていることは知らなかった。言い換えると、ブルームバーグの記者はニュース報道を容易にするために、端末の使用を追跡していたのだ。ダム端末〔情報を表示するだけの端末〕で密かに情報を見ていると思っているトレーダーは、その端末が決してダムなのではなく、実は見詰め返していたことを知った。

銀行員、ヘッジファンドマネジャー、財務省の役人など、金融界で影響のある三〇万人以上が、このブルームバーグ端末に頼って、特定の個人につながる検索をして、深く独自の調査を行なっている。スキャンダルが明るみに出たのは、ブルームバーグのジャーナリストがゴールドマン・サックスに電話して、ある社員が数日間端末にログインしていないことを言って、その人物がまだ在職しているか問い合わせたときだった。何気ない話がゴールドマン・サックスに警報を鳴らし、記事とともに公になった。

後に明らかになったのは、ブルームバーグの二四〇〇人の記者が、利用者の端末へのログイン情報や、株式や商品などについて用いられた様々な検索機能の履歴を見ることができたということだった。[51] ゴールドマンの幹部はブルームバーグの記者がその端末を使う顧客を盗聴し、内部情報、つまりブルームバーグの記事を生み出すための情報を使ってゴールドマン社員の活動をスパイしていると苦情を言った。[52] ブルームバーグの元記者の一人は、「ニュースを報道するためにこの端末をどう使うかについて、いつも記者室で議論があった」と記している。[53]

金融画面は超高速取引（HFT）を介してハッキングや操作ができる。マイケル・ルイスは反響の大きかった二〇一四年の著書『フラッシュ・ボーイズ』で、ウォールストリートのインサイダーが時間をハッキングして金融取引システム全体につけ込んでいる話を語った。超高速取引者は、何億ドルもかけて圧倒的に優位にある技術インフラを構築し、取引時刻を何ミリ秒かでも先回りして同じゲームの参加者より優位に立てるようにしていた。『フラッシュ・ボーイズ』は、ロイヤルバンクオブカナダのニューヨーク営業所にいるトレーダー、ブラッド・カツヤマと、その信じがたいほど複雑な何年にもわたるHFTの世界についての調査が元になっている。[54] カツヤマが発見したのは驚くべきことだった。自分の机の上の画面に見える株式市場は幻想だったのだ。

結局わかったのは、カツヤマが取引を実行しようとするたびに、その注文が成立する前に株価が変動した。どうしてそういうことになるのか。超高速取引者は、取引情報が光ケーブルを伝わって取引所に達する速さが変動することを利用する方法を編み出した。信号は光速の三分の二の速さで伝わるとはいえ、距離が長くなるとわずかな時間差が重なって、それを利用することができる。超高速取引者は、最高速のケーブルに巨額を支払い、超高性能の計算機を使い、自分のデータサーバを取引所そのものと同じところに置く特権をもって、カツヤマがある株を狙った価格で買うという意図を見て、画面上に表示される価格で背後からそれを買う。カツヤマだけのことではなかった。私たちはみな、同じ問題につきまとわれている。カツヤマはそれを最初に明らかにしただけだった。超高速取引者はマーケットの先頭を走り、その代わりに私たちみんなから搾取する。あなたも、あなたのミューチュアルファンド購入も、あなたの401(k)プランも、さらには市の年金基金も。

超高速取引者は時間と画面を、要するに中間者攻撃と同じことをしてハッキングしていた。カツヤマの画面に投映されているいわゆるリアルタイムの株式市場データと、自分たちが制御し所有する、画面よりずっと速く動く現実との間に入る。攻撃者のコンピュータは非常に高速で、他の人の注文を探知でき、先回りして回線に割り込み、当該の株を買い、それをもともと買おうとした人物に、高くなった値で売り戻す。ほんの何セントかの差でも一日に何百万口となれば、取引で五ミリ秒分優位になることから、蓄積すると何十億ドルにもなる。そのレベルの速さを比較対照してみると、人間の瞬きには約〇・三秒から〇・四秒かかる。これは映画『マトリックス』で悪役がネオ(キアヌ・リーブス)を撃ち始めるとネオには飛んでくる弾丸が見え、猛烈な速さでそれを避けることができるという場面に似ている。この場合はハッキング対象が金融システムで、取るに足りない普通の人物にはネオのような力はないというところが異なる。

『フラッシュ・ボーイズ』が発売になって数日後、SEC、FBI、ニューヨーク州検事局による一連の捜査が始まった。しかしその突然の関心は重大な問題をつきつけた。このシステム全体が、二〇〇八年の世界金融危機の直後にSECの目の前で開発できたというのはどういうことか。マイケル・ルイスは正当にも「市場は偽装されている」と指摘したが、そういうことになりうる前に、フラッシュトレーディングに関係する企業が、透明で信頼できる市場という虚構を生み出すために、人の画面を危うくしなければならなかった。私たちが暮らす世界は病院、刑務所、警察署、銀行、仲介業者、ニュースサイトなどの画面がすぐにハッキングできる世界だが、これから見るように、画面が増えると脅威も増し、この攻撃には金だけではない対価がありうる。

第9章　画面が増えれば問題が増える

日常的に真実から断絶している世界では、現実の代わりに仮想を受け入れる人々が増えているし、仮想のものはすべて改変可能でもある。

――ディーン・クーンツ『ザ・グッドガイ』

ロビン・セージは若く魅力的な二五歳の女性で、米海軍ネットワーク戦争司令部にサイバー脅威分析官として勤務していた。MITで学位を取り、NSAで実習生をしたこともあった。同年代の多くの人々と同様、セージもソーシャルメディアの熟練ネットワーカーで、フェイスブック、リンクトイン、ツイッターにプロフィールがあった。海軍に勤め始めてまもなく、政府機関に勤める他のサイバーギークに友達申請をし始めた。一か月もしないうちに、サイバーセキュリティ世界でのネットワークは三〇〇人以上になり、軍人、防衛産業、様々な情報機関の職員が含まれていた。新しいネット上の友人には、統合参謀本部議長、NSA情報管理責任者、海兵隊上級情報担当官、合衆国議員首席秘書官、ロッキード・マーチン、ノースロップ・グラマン、ブーズ・アレン・ハミルトン各社の重役がいた。

友達申請を受け付けてくれた人々の中には、最初セージのことをよく憶えていない人もいたが、前年にDEFCONという、「ハッカラーティ」も政府の工作員もしばしば参加する大規模なハッカー集会で会ったことがあると言って安心させていた。疑念が残る人々は、セージのネットワークを見て、共通の友達がいかに多いかを知り、セージの申請を受け付けることの不安を軽くした。セージはフェイスブックとリンクトインで海軍ネットワーク戦争司令部の同じ建物で勤務している人々とも友達になった。

セージのメディアでの存在感やネットでのつながりが大きくなるにつれて、ロッキード・マーチンなどの企業は、この若い女性を自分のところで雇おうと思うようになり、転職の誘いが舞い込むようになった。一つだけ問題があった。ロビン・セージは存在しなかったのだ。[1]

セージは、トーマス・ライアンというセキュリティ・コンサルタントの考えた存在で、[2]ライアンはソーシャルメディアが国のセキュリティ部門で働いている専門職に対してどれだけの脅威になるかを調べようとしていた。その目標は単純だった。架空の人格を使い、ソーシャルメディアを通じて、どんな情報を密かに集められるか。一か月もしないうちに、ライアンの新しい連絡先は、ライアンの魅力的な別人格、ロビン・セージに、公然と幅広いデータを教えてくれるようになった。ライアンは仮想のマタハリを使って、セージが友達になっていたある陸軍レンジャー部隊員に写真を送らせるまでになっていた——勤務地のアフガニスタンにある秘密基地の位置データが埋め込まれた写真もあった。このレンジャー部隊員は、新しい「友達」に自分や他のイラクにいる部隊の動きについてさらに詳細を明かした。

ロビン・セージの画面上の存在は説得力があって、機密文書を査読のために受け取ったり、サイバー戦争や安全保障に関する主だった会議のいくつかで話をするよう誘いがあったりするほどだった。こうしたアメリカの国家安全保障界で働く軍や情報部の熟練の専門家エリート集団相手にライアンが策略を実行するのはどれほど難しかったかというと、楽勝だった。ライアンはただインターネットから写真を拾ってきて、それを使ってセージのソーシャルメディアのプロフィールを作るだけだった。実は、その写真はあまり有名でない、さほど実績のないポルノ女優のものだった。ロビン・セージという名前さえ、実は陸軍がノースカロライナ州で毎年行なっている大規模軍事演習の名だった。住所はというと、有名な軍事セキュリティ業者、ブラックウォーター社の住所だった。ロビン・セージ実験は、人々が画面に置く信頼がいかにたやすく崩れるかを証明する。訓練を積んだ軍人や情報機関のプロが餌にひっかかるのだとすれば、一般の人々がこの種の脅威から身を守ることにどのくらいの可能性があるだろう。しかしすべてが接続されているとき、心配しなければならない画面はとてもコンピュータだけではすまない。

発信者番号通知

モバイル端末の爆発的増加を考えると、犯罪者が関心を大画面から小画面に向けるのは意外ではない――電話用のソフトウェアはデスクトップ用のものほど用心していない場合が多いからだ。自宅でも会社でも、携帯画面で発信元を見るのはいつものことだが、他の画面と同様、これもまた簡単にハッキングされる。電話をかけるときに発信元を変えるために作られたソフトやウェブサイトはいくらでもある。SpoofCard.com《スプーフカード》やSpoofTel.com《スプーフテル》〔spoofは「騙す」の意〕のようなサイトやアプリは、電話をかけるとき、実に簡単に別の番号を表示させる。しなければならないのは、自分がふりをしたい発信元の番号と発信者の名前を入力するだけで、それがかけた相手の画面に発信元として表示される。大統領のふりをしたければ、このアプリで202-456-1414と「ホワイトハウス」と入力すれば、難なくできる。電話偽装のための企業は、視覚だけでなく他の感覚を騙すためのいろいろな手段を提供している。また、声を男から女に変えたり、どの通話にも背景音を挿入して相手にこちらが忙しいオフィス、ナイトクラブ、交通渋滞、空港、などにいると思わせたりする機能も提供されている。こうした企業はその製品を、「あなたの正体を保護する」あるいは「友人にいたずらする」手段として勧めている。もちろん、テキストメッセージも同じ手法で変形できる。おそらく少年少女なら、レディ・ガガやらFBI長官やら誰のふりでもして喜んでいるだろうし、もちろん、犯罪者なら誰もが利用したがる不埒な使い方はもっとある。

ルパート・マードックのメディアによる大がかりな電話ハッキングが露見した事件では、偽造発信元表示を使ってミリー・ダウラーなどのボイスメールシステムに侵入できた。誰にも容易に起こりうる攻撃だ。この偽装がうまくいったのは、多くの携帯電話会社は、とくに設定しなければボイスメール受信箱を開くのにパスワードを求めないからだ。このシステムは、発信元が誰かだけを見て、メッセージを再生する。世界中のすべての携帯会社に、電話から留守電をチェックするためにかけるフリーダイヤルがあるので、悪人があなたと同じ携帯電話会社にあなたの番号で発信すれば、メッセージにアクセスできる。この手法で狙われたのはイギリスの公人だけではなく、ライバルのゴシップを探す何人かの有名人も、これを使って相手のボイスメールをハッキングした。たとえばパリス・ヒルトンは、スプーフカードを使ってリンジー・ローハンのメッセージを聞いたことが知られている。(3)

セレブでもない人々の現実生活では、発信元が偽られるというのは、犯罪者が誰かのメッセージを聞いて、懸案の商取引、合併、買収、さらには個人の医療データなどについて、価値ある情報を知ることができるということだ。ソーシャルエンジニアリングの観点からは、電話の偽装は犯罪を考える人々にとっては強力な道具となる。偽の電話番号で会社のIT部門にシステムパスワードのリセットやワイファイの最新のアクセスキーを要請する電話をかける場合、その電話が会社の内線電話から出ているらしいとなれば、成功する可能性が高まる。いつでも成功する計略だ。

個人に対しては、携帯画面を偽の発信者で騙すのは、銀行詐欺師にも定番のツールだ。バンク・オヴ・アメリカやチェースなどの金融機関はテレフォンバンキングを提供していて、犯罪者は恒常的にアクセスしたい口座の電話番号を詐称している。銀行の電話応答システムが着信を口座の持ち主の番号からのものと見てしまえば、悪人に必要なのはちょっとした個人情報〔名義人の社会保障番号の下4桁とか、母親の旧姓とか〕――デジタルの地下世界やフェイスブックのプロフィールですぐに手に入る――だけで、悪人は侵入する。(4) さらに悪いことに、犯罪者はあなたの取引銀行の電話を装って電話をかけてきて、秘密の質問などの情報を引き出し、それからその銀行にあなたの番号を装って電話し、あなたから得た秘密の情報を使って口座にアクセスすることができる。(5)

組織犯罪集団は、発信者として政府機関を装うこともできて、何百万回とそれを行なっている。米国内国歳入庁〔IRS、国税庁に相当する〕が史上最大の税金詐欺と呼んだ事件では、(6) 詐欺師が同庁の電話番号を装って被害者の携帯電話に電話した。税務署からの着信を見て、何これ、どういうことだとその人は思う。電話口ではＩＲＳの役人が、あなたは税金を滞納しているので、これ以上のペナルティを避けるにはすぐに支払わなければならないと言ってくる。「罪の重大さとこれまでの滞納状況からすると、銀行振込かプリペイドのデビットカードでしか受け付けられません」と被害者は言われる。ＩＲＳを名乗る相手は信憑性を増すために、被害者の社会保障番号の下4桁を言ってくる（これは先に取り上げた数々のビッグデータ流出の一つで洩れたもの）。自称ＩＲＳの署員に疑問をはさんだ人々は、逮捕、営業許可や運転免許の取消し、さらには標的が外国人風のものだった場合には強制送還まで持ち出して脅される。

他の画面をハッキングし、策略に別のプレイヤーを加えることで話の信憑性を補強することもある。電話の後、被害者はしばしば、「ＩＲＳのレターヘッド」がついた公式に見えるメールを受け取る。先の電話を確認し、支払いを求めるものだ。そして地元の警察署（マサチューセッツ州アムハースト警察署とか何とか）あるいは陸運局の担当職員を名乗るところ（ジョージア州陸運局とか）から電話がかかってくる。こうした追加の「担当者」は、こんな台本で計略を裏書きする。「こちらはアムハースト警察署のスミス刑事ですが、ＩＲＳからあなたが税金を滞納していて、支払わないと刑事責任が出て来るという通報がありました。こちらから出向いてご家族の前で逮捕というようなことはしたくありませんし、今週支払っていただけるなら、ＩＲＳは逮捕の必要はないと言ってるんですが」。財務省の査察局によれば、二万人以上がこの詐欺の被害者になっているという。

画面を信用することには、金銭だけでなく、生命がかかることもあるかもしれない。スワッティングという例では、退屈したハッカーが、誰かになりすました番号で警察や救急に電話をかけ、ありもしない犯罪を知らせて、重武装した特殊火器戦術部隊《スワット》を派遣させる。ハッカーはメイン州にいるかもしれないが、マイアミ州の人物の電話番号を使えば、部隊はそちらへ向かう。犯人があなたの番号を装って警察に電話すれば、恐ろしいゲームが始まる。電話には女性の声で「夫が母と子どもを撃ちました。私を人質にしています……お願い、早く来て……あの人、ショットガンとAK-47を持ってる……急いで……あの人、どうかしてる」。おまけとして、背景で録音した発射音を再生することもできる。これでひどい罠が仕掛けられた。

その間、あなたは自宅のソファで妻や子とアイスクリームを食べながら、ドラマ『ビッグバン★セオリー』の最新回を見ている。警官は中にいる女性はもう少しで殺されると考え、警察は使えるパトカーすべてとスワットを動員して女性を助けようとする。両者が相まみえると、ひどい認知的不協和があり、この遭遇は危険な火薬庫となる。警官は家を包囲し、あなたに手を上げて出てこいと叫んでいる。子どもは泣き叫び、妻は混乱する。警察の指示に対応できず、警察は、事態が悪化するのではないかと疑う。家から出たくはない。騒いでいる連中（それが警官だとしても）が自分を銃で狙っているのだ。警察にとっては、あなたが協力しないので緊張が高まる。そこで警察は窓から閃光弾を撃ち込んで、どうなるか見ようとする。あるいは、別の州のハッカーがあなたにスワッティングをしかけたとき、あなたは熟睡しているかもしれない。警察が登場し、屋外の騒ぎであなたは目を覚ます。泥棒が入ったと思い、銃を手にして調べに行く。手に銃を持ったあなたが外に出て行くと、地元のスワット部隊があなたの額にレーザーを照射している。この筋書きがめでたしめでたしになるわけがない。

FBIは二〇一三年だけで少なくとも四〇〇回のスワッティングを記録していて、被害はオハイオ州からカリフォルニア州と国全体にわたっている。[7] ほとんどは、ハッカーが自分にはできるからといって「笑《ラルズ》」のためにやっている。インターネット以前の時代なら、青少年の大がかりな偽装と言えばピザを注文して気に入らない奴のところへ届けさせることだった。今や若者は銃を持ったスワット部隊にいたずらを届けさせる。たとえば二〇〇九年には、マサチューセッツ州の少年グループが、三〇〇件以上のスワッティングを行なったとして有罪になった。被害者はソーシャルネットワークやネットの出会い系サイトで知り合い、たとえば相手が猥談に加わらなくて仕返しにやったという場合もあった。[8] 実際、スワッティングは、元の交際相手に仕返しするための手段として、クレイグリストに偽のセックス広告を出す以上に相手を大きな危険にさらすことになる。[9]

セレブや高官が狙われることも増えている。二〇一三年には、ロサンゼルスの一二歳の少年が、ハリウッドのアシュトン・カッチャーの自宅とカリフォルニア州カラバサスにあるジャスティン・ビーバー邸にスワッティングを行なったとして訴追された。この少年は地元の銀行にもスワッティングをしかけ、銀行強盗が進行中と通報した。[10] スワッティングの被害に遭ったセレブは他にもラッセル・ブランド、トム・クルーズ、リアーナ、チャーリー・シーン、マイリー・サイラスらがいる。センセーショナルな偽の911への救助要請に生命の危険をかけて全速力で応じて怪我をした警官が何人かいるものの、スワッティング事件の結果として死亡した罪のない市民がいないのは、奇跡的な幸運でしかない。[11]

犯罪者は電話の搬送波《ベースバンド》――つまり実際に電話を機能させる生命線――を攻撃することによっても電話の画面を乗っ取れる。ベースバンドは、画面に見えるものと、テキストメッセージから音声通話、ワイファイ信号、さらにはGSM、UMTS、HSDPA、LTEなどの超ギークな電気通信プロトコルまで、すべてを支配する大量の無線アンテナの間の通信すべてが乗っている。[12] ベースバンドは私有地のようなもので非公開なので、たいていの電話端末製造業者は、この基本のOSを不用心に実装している。知られていないから安全と信じられ、そのソフトウェアは誰もつきとめられない草むらの奥にあって、したがってセキュリティを心配する必要はない、と論理は進む。もちろんそれは間違っている。

数々のハッカー、政府、セキュリティ研究家がベースバンドの集積回路や符号を結果から再現《リバースエンジニアリング》するようになっていて、電話のデータを遠隔操作で取り出して改変するのに使える、広い範囲のセキュリティの脆弱性が明らかになっている。[13] 二〇一四年の初め、そのようなセキュリティの欠陥とバックドアが、サムスンのギャラクシー携帯端末のベースバンドソフトに見つかり、ハッカーは利用者が端末に保存しているデータに手が出せるようになった。[14] 現代のスマートフォン端末は超小型コンピュータに他ならないので、その画面は、もっと大きいパソコン画面と同じく、騙す意図で変造された現実を表示するよう操作できる。FBIはこの手法を使って、電話の通常のインターフェースを変え、その端末から密かに電話をFBIにかけさせて遠隔監視ができるようにして、電話を盗聴装置にした。言い換えれば、装置がアプリの起動画面しか見せていなくても、実は盗聴しているFBI捜査官への電話が通じている。(15)

犯罪者は同じようにして画面を操作でき、予想もしないような技法を用いていることも多い。たとえば、あなたが自分のモバイル端末で何かの番号に電話するとき、画面で番号を順に押す。とはいえ、自分がダイヤルした番号がつながった先の番号と同じであることは、どうすればわかるだろう。お母さんに電話してお母さんが出れば単純な話だが、銀行に電話した場合はどうか。地元の支店の銀行員には、二〇年前のようにはつながらない。たいていは外国にあって外国なまりの人々が配置されているコールセンターの、これまで話したこともない誰かにつながる。

犯罪者は、携帯電話マルウェアを使って、携帯端末のすべての機能を支配できるようにする「ルートキット」をインストールすることができる。ルートキットは悪意のあるソフトウェアで、通常のコンピュータの処理や機能を利用者の目から隠し、ハッカーに管理者つまり「ルート」権限を与える。組織犯罪グループは世界中の金融機関のフリーダイヤルを知っている。端末がマルウェアに感染している場合、持ち主が銀行の顧客サービスの番号に電話すると、ルートキットは狙った機関の一つに電話がかけられていることを探知し、横取りして電話をかける先を切り替えることができる。これまた典型的な中間者攻撃で、犯罪者は、人が画面で見る現実を変造して、望む結果に歪曲できるようになる。

その結果、持ち主が自分の銀行のフリーダイヤルにかけると、その発信は見えないところで国際組織犯罪集団が運営し人員を配置するコールセンターに切り替えられる。金融機関は外国のコールセンターを広く使っているのだから、銀行にかけた電話に出た人のアクセントが変だったとしても、誰が疑問に思うだろう。計略は比較的容易に実行される。つながってしまえば、口座番号、お母さんの旧姓、パスワードなど、セキュリティにかかわる情報を、「お客様を確認するために」聞き出される。そうしてこんなことを言われるだろう。「恐れ入りますが、私どものコンピュータがダウンしてしまいました。保守担当者は復旧は明日朝になると申しております。またおかけ直しいただけますでしょうか」。過去にコールセンターの従業員と話したことがあれば、会話に疑わしいところはなさそうに思える。違いは、電話が終わる頃には、犯罪者があなたの個人情報や銀行の詳細に手を出して、それを使ってさっさと預金を口座から奪っているということだけだ。こんなことができるのは、携帯の画面が現実を映しているのではなく、テクノロジーでそれに似せたものを見せているからだ。そのため、携帯端末の発信者やOSがハッキングされるだけでなく、GPSモジュールなどの他の機能についても同じことができる。その通り、自分の居場所もごまかせるのだ。

ここはどこ？――GPSハッキング

一九九七年のジェームズ・ボンド・シリーズの映画『007 トゥモロー・ネバー・ダイ』では、ボンドが英駆逐艦のGPS航行装置に対する偽装攻撃を調査する。話の筋では、英国艦デヴォンシャーの航行が、船を航路から外す「暗号機《エンコーダー》」を使う悪の天才によって操作される。その結果、デヴォンシャーは中国領海に入り、中国海軍によって撃沈されたらしい。しかしイギリスから見ると、同艦は明らかに公海上にあり、したがって中国側が不当な攻撃を仕掛けたことになる。悪人の行動が望む結果を得た。英中は今や戦争に向かっている。ここでもハリウッドは未来の悪を見通す点では先見の明がある。

全地球測位システム（GPS）は、低軌道の宇宙空間を飛ぶ「二四機の衛星による星座」で、地球上のどこであっても、この衛星群が位置と時刻の情報を提供する。私たちが町を移動したり、荷物を配達したり、近いスタバを見つけたり、航空交通管制を調整したり、公共の安全を管理したり、ミサイルの誘導を指揮したりするときに頼っている「見えない設備」である。紙の地図は時代遅れになってしまった。

代わりに私たちは毎日、眼前にあるカーナビの画面に頼り、コンピュータがいちばんよく知っていると思いなすようになった。実際、世界中で、自分の眼で見るのではなく、盲目的にカーナビの画面を信じて車を運転し、その結果、一方通行を逆走したり、橋から落ちたりする例が相次いでいる。スペインでは、突然GPS装置が右に曲がれと言い出して、それに従うと車は道路を飛び出し、スペイン西部で最大の貯水池、ラセレナに落ちた。同乗者は助かったが、運転者本人は死亡した――すべて画面の指示に従ったからだ(16)。

米国土安全保障省の報告は、アメリカの重要インフラが「位置の特定と運行でGPS依存が高まることによって、ますます危険にさらされている」と警告した(17)。イギリスの王立工学アカデミーによる同様の報告の記者発表は、さらに評価が明確だった。「社会はすでに危険なほどGPSのような衛星無線航行装置に過度に依存しているかもしれない……信号が届かなかったり干渉を受けたりしたら、安全装置や経済の枢要な部分に影響しかねない」(18)。結局のところ、サイバーインフラも、衛星と電波のインフラも、保護が貧弱で開けっぴろげでハッキングできる点では変わりない。

GPSはテクノロジーの赫々たる成果だが、実際の衛星から私たちが受け取るGPS信号は、文句なく使えるとはいえ、二万キロ離れたところから車のヘッドライトを見るのに似ている。衛星の電力供給に限界があるため、信号はこれ以上強くはできないし、さらに悪いことに、同じ周波数の放送用電波が出力で上回っていて、そのため、他の地上受信装置が航行用情報を受け取れなくなることがある。

以前は、GPS信号を妨害するテクノロジーと方法を使えるのは、「電子戦」の技術に経験がある軍だけだった。そうすることの戦略的な意味は明らかだ。敵の航法システムを遮断できれば、部隊、艦船、戦車の移動を妨害できる。敵の重要な民間インフラに深刻な損害を与えることもできる。二〇〇七年一月、カリフォルニア州サンディエゴで市全体が「電子故障」(19)に陥ったときにもそれに似たことがあった。ちょうど正午頃、航空管制官がシステムの突然の不調に気づいた。地元の病院では、医師の呼び出し装置が機能しなくなり、サンディエゴ港では船の航行がおかしくなった。まる二時間、市内の携帯電話がつながらず、ATMも払出しができなくなった。この大規模故障の原因は何だったのだろう。サンディエゴがまるでブルース・ウィリスの映画のようになった。この大規模故障の原因は何だったのだろう。事件は三日にわたって謎だったが、海軍がやっと名乗り出て、新型の電波妨害テクノロジーの訓練とテストを行なっていたことを認めた。

軍によるGPS信号の妨害が事故ではないこともある。北朝鮮は恒常的に韓国に手を出して、GPS信号を妨害する。平壌は、韓国の大部分に対して衛星航行をできなくするために、三台のトラクター大移動式妨害装置を使っている。二〇一二年始めには北朝鮮が実行した最長のGPS攻撃があり、一六日間続き、航空機一一〇六便、船舶二五四隻の運行に支障が出た。[20] ムーアの法則のおかげで、GPS信号技術は小さく、安く、強力になりつつある。その結果、航行妨害装置に手を出せるのは軍隊だけでなく、誰にでも手をだせて、画面にも顕著な結果をもたらせる。

アメリカでは非合法だが、GPS妨害装置は www.jammer-store.com のようなウェブサイトで広く入手できる。わずか五〇ドルで、誰でも車のシガレットライターにつなげるダッシュボードモデルを買えて、運転しながら周囲に電磁波のバブルを生み出せる。[21] その利用は想像されるよりも広まっている。企業はGPSを自社の全営業車に搭載することが増えている。そうすることで、長距離トラック輸送会社、配送業者、警察、タクシー会社、現金輸送車、有線テレビ会社が、従業員を追跡し、運用を管理し、燃料効率を上げ、従業員の生産性を測る助けになる。こうした車両を運転する従業員にとって、GPSによる追跡装置をつけられるのは、ビッグブラザーがいつも監視しているようなものだ。従業員は対抗して、配線を切ったり装置そのものを外したりしてそれを妨害するようになった。もちろん、そうすれば会社側とは争いになる。そこで五〇ドルの妨害装置で同じことをする。証拠は残らない。

こうした携帯用妨害装置の問題は、その影響がそれを使っている車両の周囲百数十メートルまでの範囲に及ぶところにある。つまり、この装置の威力に頼ると、上司に昼寝を見られたくない運転手一人について、五〇台、一〇〇台という車がカーナビのGPS信号をブロックされるということだ。しかし車や電話の道案内は、実は、妨害装置によって切断される中では大したネットワークではない。サンディエゴ事件で見たように、直ちに明らかではないが、携帯電話の中継基地、送電線網、航空管制、ATMも、適切に機能するにはGPSを組み込んだシステムに頼っている。地元のトラック運転手が監視を離れると、他の多くの人々やサービスを巻き込み、毎年何百件という巻き添えによる損害が報告されている。たとえばロンドンでは、トレーダーが、一日に一〇分間、システムで時間を刻印する仕組みに問題があったために取引の注文が通っていないことに気づく。まごついた売り場担当者は、外国から何かのサイバー攻撃があったのかと思った。そうではない。ロンドンのトラック運転手が配達の際、一日に一度、一〇分間、取引所の隣に駐車していたのだ[22]。

世界中でそのような事件が数多くある中、ロンドンでの故障はその一つにすぎない。ニュージャージー州政府は、ニューアーク・リバティ空港で視界不良でも着陸できるように、GPSによる着陸システムを設置した。このシステムが一日に二回、原因不明で停止し、航空管制塔があわてて着陸機の案内をすることになった。原因解明には数か月がかかったが、当局は、故障がニュージャージー・ターンパイクの一人のトラック運転手によって引き起こされたことを発見した。この運転手は携帯用GPS妨害装置を使って高速道路の料金支払いを免れていた（そして航空管制装置の画面に不具合を発生させていた）[23]。もちろん、GPS妨害装置には、ニュージャージー・ターンパイクで料金支払いを免れるよりも根本的な犯罪利用法がある。突然の警察の手入れに何度も襲われた組織犯罪集団も、そのへんの悪党も、車を、とくに確実に追跡装置がついている高価な車を盗もうとすれば、GPS妨害装置で進路をスムーズにする準備をしておかないといけないだろう――犯罪者はまさしくそうしている[24]。合衆国、ドイツ、ロシア、イギリスの警察は、追跡している盗難車が突如レーダーから消えるのを見てきた。犯罪者がGPS妨害装置を起動して、自分たちが脱出するための安全な保護膜を作ったのだ。イギリスでのある事例では、組織犯罪グループがGPS妨害装置を使って、大型トレーラーを四〇台以上と一〇〇万ドル以上の積み荷を盗んでいる。

小型GPS妨害装置が生み出す故障のレベルを考えて、大型の装置ではどうなるか、想像してみよう。商用電波周波数妨害装置は、ほんの数千ドルの価格で、ネットショップからすぐに手に入る。こうした装置を大都市地域全体で一台か二台配置すれば、広い範囲の故障を起こせる。これは世界の注目を得ようとしているどんなテロ組織にとっても価値ある攻撃目標となりうる。脅威は深刻で、米政府はこの点でぞっとするような警告を出している。「GPS妨害装置が手に入りやすくなった「心配」に対抗すべく、「緊急に省庁をまたいだ取り組みを進め、実行しなければならない」。……私たちの国家安全保障に対する脅威は「とてつもない」ものになりうるだろう」[25]。

もちろん、世界的航行システムには、信号が画面に届かないようにするよりももっと不吉な脅威がある。画面に届く前に変えてしまうのだ。GPSに不正をはたらく人々は、GPS妨害装置で位置を特定する信号を遮断するだけでなく、受け取る位置データを変えることもできる。一九九七年の『トゥモロー・ネバー・ダイ』で構想された悪魔的なプロットは現実になり、GPS偽装装置はやはりネットで広く利用でき、その手段や技術力がある人々は、自分で偽のGPS信号を放送できる。GPS信号はもともと弱いので、不正使用者は正当な信号をもっと強い対抗信号で圧倒して航法装置を騙す。これが行なわれると、犯罪者、ハッカー、テロリスト、政府は、GPS受信器を完全に支配して、それを安価なシミュレーターにつないで、グーグルアースの地図上に、望むルートを何でも再現できる。偽の信号を出すことで、石油タンカーを橋に突っ込ませたり、軍の車列を敵地へ送ったりできる。ドライバーが反射的にGPS装置に従ってきたことを考えると、大都市のドライバーに対する大規模な偽装攻撃はどんな打撃をもたらすだろう。

今日まで、GPS妨害攻撃は世界中のいろいろな場面で起きている。一つの業界だけで影響を考えてみよう。世界の貨物輸送だ。カーゴセキュリティ・インターナショナル社によれば、貨物の盗難の損害額は年間二五〇億ドルになる。国際的な貨物輸送の九〇パーセントは各地の海を渡るが、しかるべき商品がしかるべき時にしかるべき場所に届くようにすることにかけては、GPSは成否を左右する要素だ。[26]しかし航行システムを妨害すると、この態勢の防御に穴を開けることができる。洋上にある船は客船も貨物船もすべて（世界中で約四〇万隻）、自動船舶識別装置（AIS）に頼ってその位置を他の船や港湾当局に知らせ、そのため、近くにある船がすべて、リアルタイムで見える。ところが二〇一三年、セキュリティの調査で、AISにはごくささやかなセキュリティもなく、システムは大がかりな妨害攻撃に弱いことが明らかになった。[27]このシステムが襲われれば、原油タンカーもクルーズ船も見えなくなり、衝突したり座礁したりしかねない。GPSと航法装置は「見えない設備」なので、それについては忘れがちだが、忘れると自分に危険が及ぶ。本書を書いている段階では、マレーシア航空のMH370便の行方不明は謎のままだが、一つ明らかなことがある。飛行機を追跡するための航法装置が、まったく適切に働いていなかったということだ。位置情報は重要で、航空情報が乏しかったり、行方不明だったり、不正確だったりすると、生命が危なくなる。

二〇一三年半ば、実行されているGPS妨害の力が見えた。GPS信号の妨害によって、八〇〇〇万ドルのクルーズ船がハイジャックされたのだ。[28]全長六五メートルの豪華クルーザー、ホワイト・ローズ・オブ・ドラクス号がイタリアの沖合を航行していたとき、突然右へ旋回し始めた。船はモナコからロードス島への地中海クルーズの途中で、ハッカーが信号偽装装置による攻撃をかけたのだった。このブリーフケースほどの大きさの装置を船の航法システムに向け、徐々に、気づかれないように、偽の位置信号を出し始めた。最初は嘘の信号の強度は意図的に弱くしてあった。徐々に強くして、船が受け取る正当なGPS信号と同じになり、さらに上回った。ハッカーはクルーザーの操縦を完全に握り、船をどこへでも向けることができるようになった。船のブリッジでは、警報も鳴らず、船長はずっと、自分が操船していると間違って信じていた。

ハッカーの偽信号は本物の信号と区別できず、それでミッションコンプリートだ。甲板上の人々は船が明瞭に方向を換えていることはわかったが、船の中の指揮所にいる人々は、航行に関する画面はすべて船が直進していることを示していた。外洋での妨害は今や現実になっている。ホワイト・ローズ・オブ・ドラクス号の乗客・乗員にとって幸いなことに、船を乗っ取ったのはソマリの海賊ではなくテキサス大学の大学院生、ジャシャン・ブハッティとケン・ペシーナだった。二人は、トッド・ハンフリーという、GPSのセキュリティとそれに対する人々の依存に不安を唱えていた教授の下で研究していた(29)。

犯罪者は、GPS妨害装置を操って強奪を容易にし、逃走経路を確保するように、きっと妨害装置を使って、大型トラックの進路を誤らせて間違った配送基地へ導いたり、貨物船を間違った埠頭に導いたりして、正規の従業員を装った犯罪者にコンテナの貨物を引き渡させるというようなこともするだろう。GPS装置を混乱させることがうまく盗むということだ。それを強引な考え方と思うなら、ムーアの法則と自分のポケットにあるスマホを思い出そう。小さく、高速に、安くなるということは、こうしたテクノロジーがすべて犯罪者の手に渡るということであり、世間一般であたりまえに使われるよりずっと早い場合も多い。ハッカーは、海上の船舶、貨物トラック、客を乗せた車、航空機でも、ナビゲーション画面を握ることによって、そこに本当の現実と区別できない加工された現実を表示させることができ、コンピュータのプログラムと様々な形と大きさの画面で動いている世界を、かつてないほど操れる。

私たちは紛れもなく画面を信用しており、これは新奇な方法でも操作できる。スマートフォンのアプリで利用する位置情報を偽造することまでできる。二〇一四年の初め、テクニオン＝イスラエル工科大学の学生が、ウェイズというものすごく人気のGPSカーナビアプリ（二〇一三年、グーグルが一〇億ドルも出して買収した）をハッキングした。アプリはリアルタイムの交通渋滞情報で、利用者が事故、警察の検問、危険物などを報告することによって、車の流れを改善する。アプリがスマホで起動されると、端末のGPSを読み取って、その車の速さをウェイズネットワークに伝え、その都市の渋滞状況について刻々と情報を提供する。通常は、アプリは見事に機能し、交通量の多い都市の恩人になっている（グーグルの買収価格がそれを物語っている）。[30] しかし、あなたのウェイズ画面も他の画面も大混乱になる。

テクニオンの学生は、偽のウェイズ利用者を仕立ててその車の動きをシステムに登録し、誰とも知らない何千ものスマホに対して書く、自動化されたスクリプティングプログラム（一種の靴下人形《ソックパペット》攻撃）を使う。次に、その仮想のスマホ利用者は、ウェイズシステムにGPSの偽の座標を伝える別のアプリにつながっていて、全員が正当に都市を走り回っているように見せかける。最後に、靴下人形は意図的に「しかじかの座標で渋滞にひっかかっていると伝える」無数の偽報告を送信する。その結果、ウェイズシステムはそういう場合にするとされていることをした。何千もの正当な利用者に、架空の交通渋滞を回避させるために進路を変えさせ、それによって、それまで渋滞していなかった道路に同時に多くの車を集め、本当の渋滞を引き起こした。そのような戦法が大規模に行なわれれば、どんな犯罪やテロ攻撃にもあるような、さらなるパニックとカオスを生むことができるだろう。交通の流れを変えるのはハッカーが被害者を集める一つの方法だが、ある巧妙な中国のハッカーは、別の味の戦法を試した。

左将軍の攻撃

中国のハッカーは、研究者が「西側大手エネルギー企業に対する「協同による、隠密の、標的型」サイバースパイ活動」と呼ぶものを行ない、「石油や天然ガスの採掘現場の活動についての内部情報、事業資金、入札資料など、何ギガバイトもの極秘の内部文書を」盗んだと言われる。[31] 実行犯は様々な手法を用いたが、石油会社の中にはいくつかセキュリティ対策が強いところがあり、中国側にとって難関となった。それに対しては、ただ目標への攻撃を強めるのではなく、「水飲み場攻撃」と呼ばれるものを行なった。セレンゲティの平原にいるライオンが何万年も前から用いている同様の作戦の名を取っていて、襲う側は、地元の草食動物が利用することがわかっている水飲み場近くに潜むだけだ。シマウマでもレイヨウでもガゼルでもやって来れば、ライオンは飛び出して獲物をしとめる。オンライン版は、ハッカーの標的がよく訪れるウェブサイトを感染させることになる。何気なく立ち寄って疑うこともなくクリックしたりファイルをダウンロードしたりすると、仮想の捕食者が獲物を得たことになる。考えるのは、どのウェブサイトを感染させるかということだけだ。

ハッカーは狙った標的（アメリカのある石油会社）のオンラインの活動を監視した後、狙えるパターンを明らかにした。標的になったこの大手エネルギー会社は、本社近くにある特定の食堂に食事を注文するのが好きだった——左宗棠鶏《さそうとうどり》が有名な中国料理店だった。ハッカーはそれに乗じて、この中華料理店のオンラインメニューにマルウェアを感染させ、従業員は、メニューを見るときに「うっかり、攻撃者にこの企業の巨大なコンピュータネットワークへの足がかりを与えるプログラムをダウンロードする」[32]。中国政府が持ち帰りの中華料理メニューを使って、中国でも勇猛な将軍の一人の力を復活させたという事実は、輝かしくもあり、滑稽でもあり、皮肉でもある。ワシントンにある中国大使館のワン・パオトン報道官は、事件について問われ、「中国がハッキングしているという説は不当に立てられている。「中国には非常に厳しいハッキング活動規制法があり、中国もそのような活動の被害者だ」[33]と言ったことを知れば、やっぱりと思われるだろう。左将軍がワン氏のことをどう思っただろう。

スクリーンプレイ——楽しみと実害のために、重要インフラをハッキングする

パソコン、iPad、中華料理のメニューの情報だけでなく、画面に表示されるすべてのデータはハッキング可能である。スタジアムのジャンボトロンでもタイムズスクウェアの電光掲示でも、画面は至るところにあり、家にあるテレビ画面も含め、すべてそれぞれが操作できる。二〇一三年、ハッカーはモンタナ州の緊急速報システムを乗っ取り、CBS傘下のKRTVの画面に警報を出した[34]。午後のテレビ番

組が突然、注意を引く三度の短い警報音で中断され、緊急速報システムの長く延びる音が続いた。人々に地震やハリケーンなどの災害が迫っていることを知らせるものだった。しかしこのときの警報は、モンタナ州が人々に「お住まいの地域の市民課が墓から死体が出て来て生きている人々を攻撃していると発表しました」と知らせていた。不気味な声のアナウンサーが「死体に近づいたり脅かしたりしないでください。きわめて危険と思われます」。怖がった市民が何十人も地元の保安官事務所に電話して、放送局は、この警報は自分たちが出したものではないと断言した。局の送信がハッキングされ、誰かが電波の支配権を握り、画面をCBSのネットから切り離していた。

日常の普通の道路の電光掲示板でもハッカーの獲物になる。ロシアでは、イゴール・ブリニコフというハッカーが、モスクワの中心街の一つにある六メートル×九メートルという電光掲示板を乗っ取ることに成功して、ラッシュアワーのまっさかりにそれを操った。ブリニコフは一〇〇〇キロ以上離れた自宅から、巨大看板を所有する広告会社のサーバに侵入し、そのウォッカや最先端のファッションの広告用動画ファイルを、ハードコアポルノの動画ファイルに置き換えた。それに反応して「ハッカーが大画面電子看板に映し出したポルノ動画の方を見るドライバーが脇見運転しているうちに、交通は停滞し、止まってしまった」[35]。看板は内務省の隣にあるガーデンリング道路沿いにあった。言うまでもなく、当局はかんかんになり、ブリニコフは六年の刑を言い渡された。

公共看板画面はますます乗っ取られて政治的メッセージや人種差別的メッセージを表示するようになっている。二〇一二年のフロリダ州でのトレイヴォン・マーティン銃撃をめぐる緊張が高まったときには、国中が熱くなった。誰かがミシガン州ディアボーンの州間道路九四号線ぞいのデジタル看板の運用システムに侵入することにしたのは、その件を背景にしてのことだった。そこにあったメッセージが換えられ、「トレイヴォンは黒人」と書かれていた。この看板は、交通量の多い自動車道ですべての通行者から見えるように立っていて、作業員が電源を切って装置を再起動するまで続いた[36]。このような扇情的なメッセージは、すでに緊張が高まっている状況をさらに追い込むようなことができるだろう。画面、テレビ、看板など身のまわりのもの何でも操作することによって、ハッカーは混乱、パニック、激情を引き起こすことができる。

道路の看板、緊急放送、GPS信号が心配されるのは、それが私たちの命にかかわる情報基盤をなしているからだ。「破壊されたり動かなくなったりすると国の安全、経済、公衆衛生、社会の安寧に潰滅的な打撃を及ぼしかねない、現代社会の核をなす成分」である。米国土安全保障省は、こうした分野として、エネルギー、食糧、農業、保健衛生、石油、天然ガス、水、運輸、緊急サービス、国防、金融サービスを挙げている。いろいろあっても、こうした枢要な業務分野すべてに共通するのは、その安全で確実な動作の中心的な要素として、ほぼ全面的にコンピュータ技術や画面に依存しているところだ。とはいえ、ナタンズの核燃料濃縮施設で見たように、そのようなシステムは簡単に攻略される。この事実は、先進国でも途上国でも、ほとんどすべての市民にとって無視できないところがある。

すべての重要インフラ部門それぞれに対する脅威は数々ありすぎてきりがないが、運輸業のいくつかの例を挙げるだけでもよくわかるだろう。車両交通、鉄道、海運、航空管制などは画面で管理され、ほとんどどの段階でも、システムは攻撃にさらされる。航空輸送を考えよう。テロ監視データベースに乗客について間違った入力が一つあれば、飛行機は運行中でもルートを換えて緊急着陸したり、二機のF-16戦闘機にエスコートされたりすることになりうる。飛行機に乗るためのセキュリティチェックさえ、画面に依存している。運輸セキュリティ担当者は、乗客全員の身体検査をするわけでも、すべての鞄を開けるわけでもない。重要な仕事を自分に代わってテクノロジーに行なわせる。持ち込み荷物用のX線装置、様々な金属探知機、乗客用のミリ波撮像装置や後方散乱X線検査装置などだ。しかしこうしたセキュリティチェックには、人間のセキュリティ担当者との間に入り、調べる対象となる物や人から分離するテクノロジーが一枚挟まる。そこへハッカーが、生命の危険を招きかねない仕事を仕掛ける。

空港の検査装置は複雑で特殊な機械に見えるが、その中心となる機能は普通のパソコンのウィンドウズ上で走るソフトウェアに接続されて実行される。他のウィンドウズマシンと同様、著しくハッキングしやすい。二〇一四年になっても、普通に用いられるラピスキャン522Bのような多くの装置がウィンドウズ、それも98やXPといった、セキュリティの脆弱性がいくつも見つかって報告されていながら、マイクロソフトはもう更新を停止しているOSを使っている[37]。おまけに、空港に並ぶスキャナーは、イーサネットケーブルか無線LANでネットワークにつながっていて、いずれもやはり恒常的にハッキングされている。衝撃的なことに、多くの空港セキュリティ探知装置でパスワードが「プレーンテキストで保存され、実際のユーザ名を前もって知らなくてもシステムにログインする方法が何通りかある」。ハッカーが完全に偽造のアカウントとパスワードを入力したとしても、こうしたマシン上のシステムは、エラーを表示したうえで攻撃者をログインさせる。クワリス社のセキュリティ研究員ビリー・ライオスが発見したことだ[38]。

こうしたシステムを動かしている基本ソフトのゼロデイなどの穴の数を考えると、空港のX線装置がマルウェアに感染して、ルートキットが仕掛けられれば、警備員が画面で見ている画像はハッカーが完全に支配できるだろう。爆弾や銃器が入ったトゥミのバッグでも、画面上はスーツ三着とブルーノ・マリの靴一足が入ったトゥミのバッグに見えるようにすることができる。画面は警備員と職務の間に入っていて、したがって伝統的な中間者攻撃を受けやすい。典型的な空港の警備では、一人が装置を通るバッグを見詰め、別の人物がX線を当て、さらにもう一人が装置から出てきたバッグが運ばれるのを監視している。このように分担が行なわれると、最初と最後の監視員はトゥミのバッグが装置に入るのと出るのを見るが、第二の監視員は、まったく別のバッグのビデオ映像を見せられているということもありうる。二番めに位置する人物は、物理的に対象を見ることはめったにないので、この警備員は、バッグがセキュリティチェックを通るかどうかの判定を、完全にコンピュータの表示に依存して行なう。

空港の画面監視ステーションを乗っ取ることによって、武器を探知されずに通せることが考えられる。運輸保安庁は急いで否定するだろうが、ビリー・ライオスらのチームは、ラピスキャン522Bのような装置はすでに、運輸保安庁の係官が国中の空港にある何十とあるマシンをリアルタイムで見て、制御できるようにする監視能力を組み込んでいることを証明した。ショッキングなことに、ありふれたハッキング手法を使って、ライオスは監視操作端末のログイン画面を通らずにすまし、X線検査装置を軒並み支配できるようになった。[39]

もちろん、目標が大事故を引き起こすことなら、わざわざ末端のX線装置を追いかける理由さえない。世界中の航空管制システムも画面に依存している。これもハッカーはすでに何度か攻撃して成功したことがある。運輸省の監察総監によれば、「ハッカーはアラスカ州で航空管制を妨害し、連邦航空局（FAA）ネットワークサーバを掌握し、現職元職四万八〇〇〇人の職員の個人情報を盗み、航空管制ネットワークに悪意あるプログラムをインストールした」。[40] 監察総監は「FAAは自局のコンピュータシステムに侵入があったことを確認できるような十分の設備がないことを警告」し、同局が「全国で七三四施設のうちわずか一一施設しか探知センサー」を備えていないことを述べた。[41] さらに、FAAの航空管制ネットワークのセキュリティ監査は、このシステム内部に七六三件のテクノロジー上の脆弱性を発見した。[42]

合衆国では、連邦航空局が全国の航空管制システムを更新するために何十億ドルもかけつつある。新システムは、新世代航空運輸システム、略してネクストジェンと呼ばれ、「高度に自動化される。飛行機の位置を特定するのにレーダーの代わりにGPSに依存する」[43]（広い範囲の組織的妨害や偽装攻撃に弱いあのGPS）。FAAの更新によって、過密になった空で扱える航空機、ヘリコプター、さらにはドローンも扱えるようになる。それには、放送型自動従属監視（ADS-B）信号という、航空機がその身分や位置を世界中に告知するために常に発信している、コンピュータ用の短い符号を使う。残念ながら、こうした信号は暗号化されておらず、認証もない。その結果、不正もできるし、航空管制画面には混乱が生じる。ハッカーが一〇〇機の幽霊航空便を管制画面に注入すればパニックが生じるだろう。策略が一時間続くだけでも、影響は民間航空の世界全体に波及し、世界中の飛行機旅行をだめにする。さらに悪いことに、空軍の何人かのアナリストは『国際重要インフラ保護ジャーナル』誌に記事を発表して、ADS-Bにシステム上の欠陥があって「敵に利用されれば、混乱、航空機の飛行中止、さらには墜落などの重大な結果をもたらしかねない」ことを警告した。(44)

世界の航空管制システムを支配下に置くハッカーというのは実に恐ろしい話だが、もっと平凡な画面のハッキングでも、たとえば投票システムに対するハッキングなどは、とてつもない影響を及ぼしうる。最近では、旧式の投票箱もソフトウェアとタッチパネルに変容しつつある。選挙結果に手を加えるのは新しい話ではないが（サダム・フセインや金正恩は紙の投票で一〇〇パーセントの承認を達成している）、デジタル方式への全面移行は、コンピュータのハッキングだけでなく、民主制のハッキングも行なう新たな機会を生み出す。(45)危険にさらされている電子投票システムは世界中で何十とある。

ワシントンDCでは、市民、とくに軍務についている人々の不在者投票がしやすくなることが望まれている。それに応じて、DCは電子投票システムに何十万ドルも使った。しかしDCの担当者は正当にも、オンライン投票に対する操作を懸念していた。そこで、ハッカーがオンライン投票機構の健全性を破れるかどうかを見ようと、システムを実際に起動する前に生きた回線につなぎ、あえてハッカーを挑発した。二日もしないうちに、ミシガン大学の研究者が選挙委員会のサーバを自由に操ることができた。入ってくる投票を変えることができただけでなく、誰が誰に投票したかを見ることができ、民主主義が拠って立つ投票の秘密が破られた。(46)ミシガン大学のチームがDCの投票テクノロジーに手を出せたとなれば、最終的な得票数はまったくあてにならなかった。教育委員会の委員長に、アニメ『フューチュラマ』の教育的でないロボット、ベンダーが圧倒的な勝利で当選したのだ。ベンダーは立候補していなかったが、記入投票候補〔あらかじめ立候補した候補者については選択して投票するが、そこにない候補者の名を書き込んで投票できる〕として人気を集めて、最高得票数を得た。

興味深いことに、ミシガンチームが侵入したコンピュータ上を見回っているうちに、他にもイラン、インド、中国のハッカーもシステムを乗っ取ろうとしているのに遭遇した。(47) オンライン選挙の世界に屈辱を与える痛打として、このミシガンのハッカー集団はDCのソフトウェアを改変して、投票者が投票シートの送信ボタンをクリックすればいつでも、投票者のコンピュータのスピーカーが乗っ取られ、ミシガン大の応援歌の大合唱が鳴り響いてもてなされるようにした。DC当局は、システムが侵入されたことにその二日後、年配の市民が市役所に、オンラインの処理は投票所へ行くより堅苦しくないと思うと電話して来るまで気づかなかった。この市民が当局に、投票を終えた後に演奏される歌がおもしろかったと知らせてやっと、選挙管理委員会は問題が起きていることを知った。DCの経験は珍しいことではないし、アメリカや世界中の電子投票システムの健全さが他所の世界の話というのでもない。それは民主制の中心にある話だ。票がコンピュータに記録される電子情報になると、悪意を持った輩が影響力を行使する機会が生じる。

投票や交通管制を画面で行なうことの問題は、こうした重要インフラを動かすシステムのセキュリティがまったくできていないことだ。そうしたシステムを、明らかな結果について考えないで日常生活に取り入れることによって、私たちはさらに接続され、依存し、不正に弱くなり、破局に陥る重大なリスクを背負うようになりつつある。国民国家が国民の枢要な情報をハッキングする機会があるとなると、戦争や武力紛争の目的のためにそれを行なう場合が増えるというのも意外ではないはずだ。

煙幕と戦雲

すべての戦争は騙すことに基づく〔兵者詭道也〕。

――孫子

孫子の時代以来、軍隊は敵に対する戦術的優位を得るために敵を欺くことに頼ってきた。古代ギリシアでは、欺いたのはトロイの人々に贈られた大きな木馬だった。第二次世界大戦中のフォーティチュード作戦では、偽の無線通信と風船戦車で連合軍が侵攻する地点をカレーとし（ノルマンディではなく）、米英軍部隊がヨーロッパ大陸を奪回してナチスを破ることになった。今日の兵士がコンピュータ画面を通じて世界を経験することを考えると、情報技術が最新の戦場になっているのは論理的なことだ。画面は戦場の指揮官に、航空機、艦船、戦車、その他各部隊の位置を教える。画面は後方支援と補給を管理し、画面は敵の計画、能力、意図について最新情報を表示する。もちろん、敵を欺き、破ろうとすれば、やはり画面がとくに狙われるようになるのは意外ではないはずだ。

現代の戦闘教義では、この種の活動には多くの名称があって、情報作戦、電子線、コンピュータネットワーク作戦、情報戦、心理作戦など、様々な呼び方をされる。その共通の目標は、「敵の判断に影響を及ぼし、分断し、信頼を崩し、侵害する」(48)ことだ。かつてなら、口コミで敵に偽の噂や偽情報を広めたり、民間人の頭上に宣伝ビラを撒いたりすることによって行なわれただろう。今日ではすべて画面上のことになる。画面と情報技術は騙すためにあるようなもので、プログラムは弱く、すぐに破られ、システムは根本的に脆弱だ。システムはほとんどすべて何らかの形で世界的情報ネットワークに接続していて、何千キロも離れた敵によって侵入される。それに、こうしたテクノロジーが国の重要インフラの一部をなしていて、こうしたシステムが攻撃され、弱体化されると政府や国民が脆弱になるほどそれに依存している。

こうした欺瞞の試みには単純なものもある。シリア政府と反政府軍との戦争では、ロイター通信社のニュースサイトがハッキングされ、反乱軍がアレッポで大敗北を喫したという、事実とは違う偽の記事を撒き散らした[49]。他のデジタル煙幕はもっと手が込んでいて、イスラエル防空軍がシリア北部に建設中だった核施設を攻撃する前に、シリア軍のレーダー能力に対するハッキングが成功したと伝えられる。オーチャド作戦と名づけられた空爆は、北朝鮮の支援で建設中だった秘密の軍用核反応炉の破壊に成功した[50]。襲撃には、シリア領深く、反対側のイラク国境近くまで飛ばなければならなかった。本格的な戦闘になってイスラエル軍航空機が撃墜されることなくそれを行なうために、イスラエル側はシリアの防空体制をハッキングし、爆撃が進行する間、アサド政権には実質的にそれが見えないようにした。敵のジェット機がシリア領深部の目標に迫っていたのに、シリア空軍の画面上ではすべて平穏に見えていた[51]。地上の画面には空で起きているのとは違う現実が示されていた。

情報作戦の世界では、参戦者は多く、ある日攻撃を行なっている側が、翌日には被害者になることもある。二〇〇九年一月、ガザ地区でのイスラエルとハマスの紛争の最高潮のときにもそういうことがあった。イスラエルでもガザでも緊張は高まっていた。イスラエル側は南部の部隊を動員して、ガザ地区への侵攻に備え、数百人の予備役兵に、「ツァフ・シュモネ」、つまり緊急召集令状が、携帯電話のボイスメールとテキストのメール両方で届き始めた。予備役は動員され、どちらの陣営にとっても事態は深刻になりつつあった。

しかし多くのイスラエル兵は、南側のガザ地区との境界にある戦線ではなく、北方のハイファにあるイスラエル国防軍補充兵センターに出頭するよう命じられた。結局、この召集は嘘で、ハマスが仕掛けたらしい[52]。イスラエルが召集兵をガザ近くで応召させる必要ができたときに、指示を画面に頼ったために、間違って北へ案内されたのだ。孫子なら、これが詭道だと鼻を高くしたかもしれない。イスラエルもハマスも互いに対して電子心理戦を仕掛けていて、ハマスは、イスラエルの携帯電話に一時間に七万通のテキストメッセージを送信できると主張して、国民国家によって開発されたテクノロジーの道具が、急速に非国家勢力やテロ組織の手に渡っていることを示した(53)。

　政府と非国家勢力が画面に対する優位を争う方法には、靴下人形《ソックパペットリ》によるものもある。フェイスブックの一億四〇〇〇万件の実在しない人物のアカウントを思い出そう。そのすべてがシャキーラに対する偽「いいね」として使われる定めというのではない。結局は、世界中の軍や情報当局がソーシャルメディアに群がって、私たちの画面に見えるものを操作し、騙そうとしている。合衆国政府は広く靴下人形を心理作戦《サイオプ》の一部として使い、「過激派のイデオロギーや宣伝」に応対していることが伝えられている(54)。それが意味するのは、アメリカがイスラムの聖戦派によるウェブフォーラムを監視し、「アブドゥル」が「不義者に死を」と言うと、ペンタゴンは仮想の持ち駒「ハッサン」に、クルアーンの平和、慈悲、理解を称える一節で応じさせることができる。もちろん、それはできることのほんの序の口だ。偽の人格も成長し、一人の支配下にある無数の靴下人形とともに、影響力も騙す機会も指数関数的に増えていく。

　二〇一一年六月、米中央軍は、あるカリフォルニア州の企業と、ネット上の会話を操作し、親アメリカ的な見方をソーシャルメディアに広めるために、偽のオンライン人格を作る二七六万ドルの契約を結んだ。その契約では、ネット上の偽人格それぞれに、もっともらしい履歴があって、「五〇人に及ぶ米国在住の人形師が、自分の端末から、「高度な敵によって発見される心配なしに」偽の人物を操作できる」(55)ことが求められた。軍の目標は、オンライン人格管理ダッシュボードを作り、それによって人間の担当者が世界中で一〇人の偽人格を管理して、「敵の話を攪乱する」ことだった。指数関数的な戦力投射というわけだ。靴下人形はアラビア語、ペルシア語、ウルドゥ語、パシュトゥ語で活動し、米軍の担当要員は、ぶっ通しでネット上の会話を好きなように操作できた。靴下人形契約は二億ドルというもっと大規模な、皮肉にも「誠実な声作戦」（ＯＥＶ）という合同作戦の一部だった。ＯＥＶはまずイラクで「アルカイダ支持者や、パキスタン、アフガニスタン、中東諸国での聖戦派のオンラインでの存在感に対抗する心理戦兵器として」展開された[56]。

ひとたび指数関数的仮想偽装機関が築かれてしまえば、それを運営操作する人物は、不満を抑え、敵の「話の信用をなくす」点でとてつもない力を持つ。そのような国内抑圧のための道具として使うのを妨げるものがあるとすれば、公衆政策と法しかない――どちらも変えやすく他のものになりやすい。一九四一年に民主制と人権を主張するために創立されたNGO、フリーダムハウスによれば、ベネズエラやエジプトやマレーシアを含め、世界中で少なくとも二二の政府がソーシャルメディアを宣伝目的で操作しているという[57]。

ロシアでは、『サンクトペテルブルク・タイムズ』による潜入調査によって、技術に長けた若い「インターネット操作員」を雇い、親ロシア的記事やコメントをネットに投稿させ、反対派の指導者を汚す隠密組織がいくつもある。各インターネット操作員は交代制の八時間の勤務に対して約三六ドルを支払われ、少なくとも一日に一〇〇本は投稿することが期待されている[58]。ロシア大統領、ウラジーミル・プーチンは元KGB中佐で、宣伝の技には通じていて、「ソーシャルメディア宣伝部員による見えない軍勢」を使って、自分の有利になるようなコメントを一日に四万本も生み出していると言われる[59]。ロシアで国内外の報道機関がゲイの権利や対立候補について書くと、靴下人形の一団が配置され、即座に反撃に出て来る。とくにクリミア半島の「解放」の際などの国に対する顕著な貢献を認めて、プーチンはこうしたソーシャルメディア活動の多くに「祖国への奉仕に対する勲章」を与えた[60]。

画面に見かけを形成するロシアの作戦も、中国が育てた能力と比べれば、もちろん大したものではない。『北京新聞』とメディア白書によれば、中国は、ネット上の世論形成や国内インターネット監視の補助のために、二〇〇万人のネット宣伝労働者を雇用している[61]。こうした人々は、「国家が承認するニュースや思想でソーシャルメディアを速攻」するために給料をもらっている[62]。二〇一三年の初めには、公式の肩書きは国家インターネット情報局長という中国宣伝活動のトップ、魯煒《ルーウェイ》が、二〇六万のネチズンに、ツイッターに似たミニブログの微博《ウェイボー》のようなソーシャルメディアにアカウントを作って、「正のエネルギー」を広め、微妙な話題のネット上の議論を「正の方向に」導く手伝いをするよう指導した。(63) こうした労働者は、オンラインの議論を方向づける方法、会話を政治的にまずい問題からそらし、西洋の民主制概念の価値に疑問を抱かせる方法について訓練も受けている。(64)

政府の靴下人形団は、検閲やインターネット監視にとっての強力な補助である。検閲は「望ましくない」思想が国のファイアウォールをできるだけ通過しないようにし、通過したとしても、靴下人形軍団が密かに解き放たれて、権力にある人々と相容れないどんな思想も崩す。いずれの場合にも、画面は徹底的に操作され、権力者がそこにとどまり、いかなる脅威となる新思想も権威に楯突けないようにする。世界中で毎日、表示戦争が起きていて、政府、多国籍企業、犯罪者、テロリストが、ネット上に見えるものを形成し、支配しようと争っている。その結果生じるのは、現実をめぐる、現実の、ただ隠れた戦争であり、私たちに真実を見えなくする意図の戦争である。残念ながら、状況はさらにひどくなりつつある。さらに強力な新世代のテクノロジーがネットに登場し、私たちを、誰にも媒介されていない形や形式の現実の体験から、ますます引き離しつつある。

コントロールし、変え、騙す

健全さの定義の一つは現実と非現実を区別する能力である。われわれはもうすぐ新たな定義を必要とするだろう。

——アルヴィン・トフラー

一八六五年、米国議会は、米造幣局長官に、「我々は神を信じる」という標語を、鋳造して流通させるすべての金貨・銀貨に刻印することを認める法案を通した。この標語は、元は米国歌の一節によるもので、その後、合衆国の公式標語となった。多くのアメリカ人が魂のレベルでは神への信頼については深い確信を抱いているが、実践的な視点からは、変わってしまったところもある。金曜日に礼拝所へ行くこともあれば、日曜日に教会へ行くこともあるが、画面は毎日見ている。あたかも「我々は画面を信じる」を標語とする文化に姿を変えたかのようだ。コンピュータであれ、iPadであれ、工場の制御システムであれ、街路の看板であれ、カーナビであれ、レーダー設備であれ、携帯電話であれ、何かが画面上にあれば、私たちはまず、そこに見えるものを信用してしまう。しかし、何度も示してきたように、フェイスブックの友達から、携帯電話で電話する番号の相手まで、すべてが加工されて私たちを騙していることがありうる。問題は、透明な外見を与えていながら、実際には他人にプログラムされ、制御され、操作されている、画面などのテクノロジーに媒介されきった生活を、私たちが送っているということだ。

さらに悪いことに、私たちは誰も、その仕組みについて立ち入った手がかりを持っていない。

ますます私たちは「ブラックボックス」社会、つまり魔法の箱が指示を与え、ニュースを伝え、株取引を実行し、電話をかけ、レストランを薦め、世界の知識を指先に乗せる社会に暮らすようになっている。しかしこの謎のテクノロジーの動作の仕組みは、平均的な利用者には、ほとんどまったく見えない。私たちのほとんどは、電話をかけたり、ATMへ行ったり、投票したり、車にアンチロックブレーキ装置をつけたりするためにコンピュータのプログラムを書くという、ややこしいことを憶えなくていいと喜んでいるが、このノウハウを所有している人々は先手を打てる点で明瞭に有利になる。そういう技術的な面倒なことを他の人にやってもらおうとする無知な大衆のための世界の形成を、知っている人々が担っている。指数関数的に変化するムーアの法則によって動く世界では、ムーアのアウトローたちの方が優位に立っている。

本書の第1章で記したように、私たちは日々ますますつながり、依存し、脆弱になっている。私たちの情報システムの圧倒的大部分はほんの数分で侵入され、そのために利用できるウイルスやトロイの木馬やゼロデイの数は大幅に増えてきた。侵入者がまずシステムに侵入した瞬間から、ハッキングが発覚するまでの平均時間は分単位どころか、何百日単位となる。私たちは毎日毎日、侵入され、デジタルで探られ、覗き見られ、強奪され、仮想的に操作されているが、ほとんどの人は、おめでたくもそうした脅威を知らずにいる。これが新しい通常の世界だ。この世界では、生活にあるすべての画面について、政府、犯罪者、テロリスト、ハクティヴィストが攻撃計画を持っている。

結局、すべてのコンピュータハッキング、プログラム操作、画面変更は、基本的な信用の問題に行き着く。これまでの話のすべての核には信用があり、今のところ、私たちの世界には、信用できるコンピュータというものはない。セキュリティ、プライバシー、テクノロジーの信頼性は、あまりにも簡単に破られ、妨害され、崩される。実際問題として、私たちは、システムの内部がどういうふうになっているか、現実的なことは何もわからない。そのシステムは、個人的に使うものも、仕事上使うものも、世界を運営するために使うのも変わらない。アメリカ人は今でも信仰篤く神を信じているかもしれないが、私たちの画面を信用するのはまったくの見当違いで、痛い目に遭ってから後悔することになる。

ハートブリードというセキュリティのバグは、二〇一四年の初めに突如明らかになったが、これは私たちに立ちはだかる壁を象徴している。理論的には、暗号アルゴリズムは、あちらとこちらで伝えられる知られたくない情報を秘密に符号化し解読するためのものだ。インターネットで最も一般的な暗号化プログラムは、セキュア・ソケット・レイヤー（SSL）とトランスポート・レイヤー・セキュリティ（TLS）だ。実は、SSLのうちオープンSSLと呼ばれるものは、インターネットの情報通信のうち三分の二以上の保護に関与している。暗号学やSSLがどういうものか知らなくても、銀行にログインしたり、メールをチェックしたり、オンラインショッピングしたりするたびに、それを使っている。ウェブサイトとの接続が信頼できて安全であることを確保するために、ウェブブラウザのアドレスの表示に小さな緑の錠があるのを確かめ、アドレスの頭にHTTPではなくHTTPSを探すことは誰でも教わる。

緑は「進め」で安全、大丈夫ということだ――少なくとも私たちはそう思っていた。

明らかになったハートブリードバグの核は、小さな緑の錠が安全だと教えていても、実はそうではないということだ。ブラウザに表示されるSSLのかかった錠に抱いていた信頼は、実は勘違いだった。あらためて言えば、「我々は画面を信じる」があやしいのだ。ハートブリードはインターネット史上最大で最も広がっている脆弱性である。オープンSSLのプログラム上の欠陥は、自分が密かに銀行やソーシャルメディアのサーバと共有していると思っている秘密暗号鍵が、実は突然、他人によって知りうるものとなったということを意味した。さらに悪いことに、この欠陥は、二〇一一年の一二月以来存在していたというのに、まったく探知できなかった。それは、過去何年かのチャットのメッセージ、メール、オンラインショッピング、ウェブサイトの訪問、アプリのダウンロードが、実は時間とエネルギーと熱意があれば誰かが利用して解読できるということを意味する。

オープンSSLはインターネット上のウェブサイトの六六パーセントが利用していて、そのため、世界中の何百万というウェブサイトが、利用者に、ハッカーが利用者とサイトの間の暗号化を出し抜けるようにする大穴があったことを知らせなければならなくなった。いくつか挙げるだけでも、インスタグラム、ピンタレスト、フェイスブック、タンブラー、グーグル、ヤフー、エッツィ〔オンラインショッピング〕、ゴーダディ〔レンタルサーバ〕、フォースクウェア、ターボタックス〔納税申告ソフト〕、フリッカー、ネットフリックス、ユーチューブ、USAA〔保険金融〕、ドロップボックスといったところがこの問題の影響を受けていた。(65) さらに、アンドロイド携帯用にダウンロードされた一億五〇〇〇万件のアプリも影響される。(66) 残念ながら、パスワードを変えても利用者側で問題を解決するのには十分ではなかった。こうしたウェブサイトはまずサーバのソフトウェアを変更して、使っていたオープンSSLのバージョンを更新しなければならなかった。そうでないと将来の攻撃者は、利用者が変更しても、やはり新しいパスワードを読み取ることができるからだ。ハートブリードのバグが公表されてまる一か月たっても、何十万というサイトがインターネットの大部分を動かす暗号の屋台骨にある巨大な欠陥に弱いままだった(67)。この脆弱性に前から気づいていながら、それがもたらすチャンスを利用するために情報を止めていたと言われるNSA(68)も含めた攻撃者は、もちろん、直ちにハートブリードのチャンスを利用し始めた。犯罪者はハートブリードがもたらしたゴールドラッシュにも参加して、カナダ歳入庁（カナダの国税庁）や世界中の何十というeコマースサイトに対して攻撃が行なわれた(69)。

暗号鍵とデジタル証明は、ネット上のデータやその根底にあるテクノロジーが保護され安全であるような手段である。もっとも、ハートブリードはこうした方式そのものがうまく突破された最初の例ではない。おおまかに言えば、その結果、私たちはますます混乱する世界の中で、一つのグローバル社会として信頼できる賢明な判断をするために必要な手段がない。人間はハードディスクの0と1を直接に読むことはできないし、二進コードで考えることもできない（少なくとも今のところは）。私たちは大量の画面などの機械を使ってこの情報を解釈してもらい、そうすることで何についても奥底にある真実を理解するという本当の希望を犠牲にしている。私たちのデジタルでバーチャルな経験を他人が媒介できるかぎり、私たちは相変わらず偽造、濫用、攻撃の危険にさらされたままだ——未来の文明を築く土台ではない。

「我々は画面を信じる」の世界で私たちが直面する最大の難関は、今日の問題ではなく、未来の問題だ。ムーアの法則の明らかな意味を考えると、今日の私たちの生活における画面の数は、これからの世界と比べればたいしたことはない。ラッパーのノトーリアス・B・I・Gの曲〔「金が増えるほど問題が増える《モーマニー、モープロブレムズ》」〕を敷衍すれば、「画面が増えるほど問題が増える《モースクリーンズ、モープロブレムズ》」。どこにでも画面があるだろう——いわゆるウェアラブルがあたりまえになるにつれて、手首にも、眼鏡にも、コンタクトレンズにも、衣服にも。自宅では、ダイニングのテーブル、写真立て、冷蔵庫、洗濯機が画面に変わるだろう。日々の仕事で移動するときも、車に、列車に、また乗った飛行機の座席のヘッドレストに画面がついているだろう。レストランのメニュー、洗面所の鏡、男性トイレの便器の後ろの壁が、視覚情報で案内してくれるだろう。看板が画面になるだけでなく、自宅やオフィスビルや店の壁もそうなる。戦闘機パイロットが使っているようなヘッドアップディスプレイや拡張現実が主流になり、バーチャルな情報を何層も視線の先に投映し、私たちが見るところを左右する。実は、ありうるすべての平面は双方向の画面に変えられるし、それぞれが私たちの現実をより分けるフィルタの役目をし、私たちの代わりに現実を解釈できる人々によって簡単に操作される。

二一世紀の世界には、ワイヤ、画面、データバンクの中に幽霊がいる。デジタルなもの、バーチャルなものが現実から引き出されるにつれて、私たちの生活は他人に媒介されるが、その対価は何だろう。私たちがすべてますます接続され、依存するグローバルな情報網は根本的に攻撃を受けやすい。目の前に暗雲が立ちこめていて、大災厄の徴候がそこにある。私たちが人類の未来を築いているテクノロジーの岩盤はとことん不安定で、トランプの家のように、いつ崩れてもおかしくない。それにもかかわらず、私たちは前に進み、もっと新しい、もっと派手なテクノロジーを採用し、それぞれが新しい問題を解決し、個々の便利をもたらすと約束する。問題は、テクノロジーが悪だということではない。実際、科学とテクノロジーは人類にとっての根本的な利益を約束する。問題は、すでに見たように、テクノロジーによるノウハウを手にした人々が、犯罪者であれ、テロリストであれ、ならずもの国家であれ、その知識を使って一般大衆の指数関数的に成長する部分を利用して害することができるということだ。今日のテクノロジーは悪役にとっての恵みとなったが、この先何年かで私たちの目の前で急速に繰り広げられるテクノロジーの変化の幅や範囲と比べれば大したことではない。まもなく、ロボット工学、AI、3Dプリンタによる製造、合成生物学といった、今はまだ生まれたばかりの急速に成長するテクノロジーが大量にもたらされ、それと同時に根深い、たぶん生活を変える、負の機会がやって来る。

犯罪者は今使えるテクノロジーのツールを利用してきたが、最悪の事態はこれからかもしれない。脆弱であてにならないコンピュータは、犯罪や社会不安に満ちた未来の世界に向かう戦場を準備してきた。暗雲がたちこめ、私たちはまったく備えができていないかもしれない。それが犯罪の未来だ。

第2部　犯罪の未来

第10章　クライム・インク

アメリカの組織犯罪は年間四〇〇億ドルを稼いでいる……〔しかも〕事務用品はほとんど買わない。

――ウッディ・アレン

イノベーティブ・マーケティング社は、顧客のニーズを処理するための先駆的なソフトウェア製品を生み出した、小さいながら有望なスタートアップである。同社の若い創始者は、税制が有利な中米のベリーズで会社を設立した。アップル、グーグル、HPなど、子会社を世界中のタックスヘイブンに設立する巨大企業の商法をまねた、賢明な策だった。諸経費をさらに減らすために、同社は本社をウクライナのキエフに置くことにした。そこは数学や計算機科学で高い学位を持った有能な工学系の大学院出身者が多く、シリコンバレーで出す給料の何分の一かで雇用することができた。

優れた技術系スタートアップはそういうものだが、同社はバナー広告を用いて製品をウェブ中で宣伝し、同社のソフトが検索エンジンの検索結果で上位に表示されるようにするために費用をかけた。アマゾン・ドットコムが開発した提携《アフィリエイト》広告という、磨き上げられ、検証済みの手法に目をつけて新たな顧客を引き寄せた。これは見込み客がアフィリエイトのサイトにあるリンクをクリックすると、広告主がクリックがあったウェブサイトに少額の広告掲載料を払い、実際に売上げがあれば、アフィリエイトは何パーセントかの紹介料をもらえるという方式だ。この方式はどこにとってもうまく機能した。手数料で稼ぐ宣伝部隊を呼び込み、同社はソフトウェアの売上げを伸ばす。

イノベーティブ・マーケティング社を設立した二人の起業家、インド生まれのシャイレルシュクマル・「サム・」ジャインとスウェーデン人のビョルン・スンディンは、同社が売るソフトをうまく揃えていた。二人は自社の創造性エンジンを、二〇〇六年、まったく新しい分野のアンチウイルスやコンピュータセキュリティを設計することに集中した。まさしく世界がサイバー脅威についての懸念を強めていたときだった。商売はまもなく急成長し、マルウェア・デストラクター、システム・ディフェンダー、ウィンドウズ・アンチスパイウェアなどの同社製品の売上げは年々増え続けていた。キエフにある同社のオフィスには、何百、何千、何万という注文が殺到するようになった。

イノベーティブ・マーケティング社は、成功した多くのスタートアップと同じく、供給できる以上の需要があって、急速な膨張についていくのがやっとだった。まもなく同社は、キエフの新興産業地区であるセヴェロ＝シレツカヤ街一六〇番の現代的オフィスビルの三フロアを占めるようになった。そこでは才能あるコンピュータ・ギークたちがものすごいペースでプログラムを大量生産し、技術者が新しいイーサネットケーブルを張り、サーバのラックを新設して、顧客からの求めに応じようとしていた。

成長中の同社本社ロビーには、一・五メートル四方の色とりどりのバックライト付きガラス製ロゴが掛けられ、それを背にした受付が忙しく電話に応対し、始業時には従業員を迎えた。超モダンな受付エリアの向こうでは、重役たちが事業プロセスを確立し、システムをしかるべく配置して、会社が成長するのに必要な企業構造にしようと盛んに活動していた。まもなくソフトウェア開発部、品質保証部、財務部、請求書発送部、販売部、人事部、翻訳・ローカリゼーション部、研究開発部、製造部、外部委託《アウトソーシング》部、テクニカルサポート部というふうに、次々と部局が新設された。ジャインとスンディンは、誇らしげな親のように、自分たちの子どもが成長するのを見ていた。

イノベーティブ・マーケティング社は、短期的には大当たりだった――世界的な多言語企業で、四六時中営業中で、六〇〇人以上の従業員がいて、六〇か国に顧客がいた。子会社を通じて、テクニカルサポートと顧客からの問合せに英語で応じるために、コールセンター機能をインドへ外部委託した。ドイツ語を話す人には、ポーランドのバイリンガルの担当者が答え、フランス語圏の顧客はIP電話でアルジェリアに回された。同社のソフトウェア販売は自動化され、ネットで配布された。顧客は製品をマウスのクリックで購入でき、製品ID番号つきのメールの領収書が発行され、そのとき、販売された商品についてキャッシュバックが案内された。同社はカスタマーサービスに真剣に取り組んでいて、顧客に対してフリーダイヤルにかけるよう案内し、そこにかかる電話を品質確保のためにモニターしていた。コールセンターでとっている統計数字によれば、顧客の九五パーセント以上が、受けたサービスについて「満足」と答えていた。

技術系スタートアップ全般と同様、同社はSNSでも目立っていた。何百人という従業員がリンクトインにプロフィールを作っていて、地位や経歴も書かれていた。スタートアップを成長させるのに必要な才能を集めるために、求人広告をあちこちの求人サイトに載せ、採用担当者を置いて、プロジェクトマネジャー、UNIX保守管理者、検索エンジン最適化専門家、研究員、サポート技術者、商品開発担当者を探した。爆発的な成長を管理するために様々な手法を用いて、スタートアップの世界に共通の人的資源問題に取り組んだ。販売成績優秀者を表彰し、月間優秀社員を注意深く選んだ。

猛烈なペースの仕事によるストレスを発散するために、会社で海辺のリゾートへ社員旅行を催して、従業員はそこで士気と協調性を養うべく、競走、壁上り、ロープ上り、ペイントボール競争など、親睦のための競技に参加した。イノベーティブ・マーケティング社はどこから見ても働き場所として優れていて、また大いに儲かる事業でもあった。ところが顧客の側から見ると、ある小さな問題があった。

典型的な筋書きはこんなふうに進む。利用者がキーボードの前に座って、フェイスブックで愚痴を言い、メールに返信し、最新の四半期報告を確かめていると、突然、画面中央に大きな赤いポップアップが現れて、「警告　深刻なウイルスが検出されました」と表示する。同時に、コンピュータのスピーカーが不吉な音を出し、大きな警報音が利用者に自分のコンピュータで重大な障害が生じていることを知らせる。すぐに、システム・ディフェンダーのロゴの隣に巨大な拡大鏡が現れ、利用者のハードディスクのファイルを調べているらしい。長く複雑なファイル名が次々と現れては消え、検出されたマルウェアの脅威の数が画面下の表示板に表示される。最後には、システム・ディフェンダーが、たとえば二三種の既知のウイルス、七種のワーム、一八種のスパイウェアを表示し、こんな不吉な警告を出す。あなたのコンピュータはシステムクラッシュしてデータが永遠に失われる危機が迫っています。すべての脅威を取り除くにはここをクリックしてください。

　コンピュータのスピーカーから背景で警報音が続く中、たいていの利用者はいちばんわかりやすい動作をする。目の前で輝く「脅威を除去」ボタンをクリックするのだ。そうすると、イノベーティブ・マーケティング社のシステム・ディフェンダー製品の購入ページへ誘導される。既知のコンピュータについての問題をすべて解決するという四九ドルのソフトである。愚かにも「脅威を除去」する選択肢を無視して画面上の他のところのクリックを試みた人々は、コンピュータが、あの不快な警報音以外はすべて、止まってしまったことを知る。エスケープキーを押しても効果なし。利用者は自分のコンピュータを制御できないまま、死の赤い画面に永遠に閉じ込められる。事情に通じた利用者は、再起動すれば問題が解決できるのではと考えるが、再起動しても不吉な警報音と同じびくともしない先の赤い警報画面に戻る。自分のコンピュータとデータを操作できるようにする道は四九ドルの料金を支払うことだけだ（無制限のテクニカルサポートがついたデラックス版は七九ドルで買える）。

　するとこのイノベーティブ・マーケティング社が作った先駆的なソフトとは、いったい何だったのだろう。それはクライムウェアと呼ばれる、ソフトウェア業界内でのまったく新しい製品だった――犯罪行為を行なうソフトウェアだ。クライムウェアは脅迫《スケア》ウェア、身代金《ランサム》ウェア、ローグ・アンチウイルスとも呼ばれるが、利用者のウイルス感染を恐れる気持ちにつけ込む悪意あるコンピュータプログラムに変わりはない。誰もがアンチウイルスの警報に用心して、問題が検出されればセキュリティソフトを動かすよう訓練されている。すると、システム・ディフェンダーの重要なポップアップ画面が世界中の利用者の画面に現れるとき、常識的に最善の行動の流れは、「すべての脅威を除去する」ボタンをクリックすることだろう。一つだけ落とし穴がある。表示される警報メッセージはソフトウェアによる手の込んだ捏造だということで、「我々は画面を信じる」が間違った方向に進んだ例である。

イノベーティブ・マーケティング社の顧客は実際にはウイルスに感染してはいない。ブラウザとOSが乗っ取られたのだ。利用者のコンピュータがウイルスを探してスキャンされているような外見を与えるアニメの画像は、それらしく見せているだけで、ディズニーのアニメと変わりない。コンピュータのスキャンも実際には行なわれておらず、「見つかった」ウイルスや検出されたトロイの木馬は、ソフトウェアの想像力による仮想の絵空事で、それが画面に映し出されると説得力を得るということだった。利用者がシステム・ディフェンダー製品の料金を払ってダウンロードさせられると、ソフトウェアには主なミッションがあった。利用者の正規のアンチウイルスプログラムを除去し、それによって追加のマルウェア、バックドア、キーストロークロガーをハードディスクにインストールできるようにすることだ。さらにひどいことに、偽のソフトウェアを買うために提供されるクレジットカード情報が、ブラックマーケットで競りにかけられることになっていた。コールセンターがあり、明るいオフィスがあり、従業員の保養所があるイノベーティブ・マーケティング社は、現代組織犯罪のとてつもなく成功したフロント企業に他ならなかった。

イノベーティブ・マーケティング社は、自社のチームやアフィリエイトの人々を使うことによって正当なウェブサイトに、フロント子会社が扱うマルウェア感染広告でブービートラップを仕掛け、凶悪な製品を売る巨大なマーケットを生み出すことができた。疑いを知らない利用者が何も知らずに感染したウェブサイトを訪れたり、間違ったリンクをクリックしたりすると、マルウェアのプログラムがダウンロードされてマシンに感染し、イノベーティブ・マーケティング社のプログラマに、有無を言わせない赤い画面による詐欺を起動するのに必要なアクセス権を与える。その後、多くの顧客が何十か国の当局に苦情を言って、この犯罪の企てが露見し、衝撃的な捜査結果が得られた。イノベーティブ・マーケティング社は、世界中のクライムウェアの顧客に対して発行した領収書すべてのコピーを保存していた。二〇〇九年だけでも、四五〇万件の顧客の注文を平均販売価格三五ドルで処理していた。二〇〇九年のイノベーティブ・マーケティング社の収入合計は一億八〇〇〇万ドルになり、二年後の二〇一一年にツイッター社が稼いだ一億六〇〇〇万ドルを軽く上回る。同社がクライムウェアを売った三年間の世界中での売上げは、五億ドルにもなった。

　結局わかったのは、イノベーティブ・マーケティング社の創始者が会社をウクライナに置くことにしたのは、単に工学系の才能が安く集められるからだけでなく、開業にあたって当局があれこれ問わず、警察も簡単に買収できたからでもあった。イノベーティブ・マーケティング社の元プログラマで当時二〇歳の「マクシム」のような若い労働者は、たびたびボーナスが出るので、会社の倫理的な含みには簡単に目をつぶれたと認める。「二〇歳くらいでは倫理のことはあまり考えないでしょう」とも言う。会社の設立者、ジャインとスンディンはその事業について告発され、FBIとICPOの両方が手配している。それでも二人は逮捕される前に安全な避難地へ逃亡できて、その行方は今も知られていない。

　二人が世界中の秘密の銀行口座に何億ドルも預けてあることからすれば、シリコンバレーの起業家たちならたいてい夢見るだけのことを二人はなしとげた。会社からうまく脱出したのだ。今はもう営業はしていないが、同社はおそらくこれまで知られる中では有数の儲かる技術系犯罪事業だった。しかし決して唯一の存在ではない。毎月世界中で三五〇〇万台と推定されるパソコンが「こうしたならずものアンチウイルスプログラムに感染し続け、今も残る世界的サイバー犯罪組織に一年に四億ドルを与えているのだ。これが「犯罪事業会社《クライム・インク》」の世界である[1]。

サイバーマフィア

「犯罪は引き合わない」という話はいやというほど読んだことがあるだろう。騙されるな。そういうのはけちな元手の弱小三流の奴らに言うことだ。俺たちは違う。

——『汚れた顔の天使』のジェームズ・ギャクニー

犯罪は一大産業で、国連は国際組織犯罪が年に二兆ドル以上を稼いでいると推定する。(2) 稼ぎの元は麻薬取引、知的財産の侵害、人身売買、偽造品、児童ポルノ、身元情報詐取、密猟、そしてもちろん、サイバー犯罪だ。すべて合わせると、組織犯罪は世界のGDPのうち一五～二〇パーセントを占めると思われている。(3) それは世界最大、かつ非合法のソーシャルネットワークと考えられる。人や密売品が行き来し、世界中に広がり、一日二四時間、週に七日営業している。ハリウッドのおかげで、私たちはたいてい、トニー・ソプラノ、ヴィトー・コルレオーネ、トニー・モンタナのような組織のボスなど、いかにもの犯罪者集団のイメージが頭の中にある。しかし、今日の現代的犯罪者は、過去の階層構造をほとんど捨ててしまい、現代的な企業組織にしている。カポー、ドン、幹部といった組織は、現地での、その場限りで集められる、アウトソーシングされた、まにあわせの犯罪ネットワークに置き換わり、非合法なチャンスになりそうなときはすぐに集まって再編される。(4)

　現代には現代的な犯罪が求められる。その結果、世界中のボスたちは、もっと強力で、広範囲の、ますます利益の上がる、技術的な能力もある犯罪労働者団を築き、養ってきた。この目的にとって、伝統的な犯罪者集団——イタリア系マフィア《コーザノストラ》、日本の暴力団、中国の三合、ロシアやナイジェリアのモッブのような——はいずれもサイバー犯罪部門を設けて、地球全体に接続された世界で手に入れられる、儲けが大きくリスクの低い利益を稼ごうとしている。サイバー犯罪は国境がなく、匿名性が高い。さらに、訴追されることはきわめてまれで、ひょっとすると事件全体の一〇〇〇分の一パーセント未満しかないかもしれない。

組織サイバー犯罪に向かう第二の主な流れは、ハッカーそのものの職業化だ。その手口は一九八〇年代の、ほとんどのハッカーが好奇心から、あるいは自分の技術的なレベルを証明しようとコンピュータをつついていた時代からは大きく変化している。ハッキングはもはや実家の地下室から騒ぎを起こすおたく少年の手になるものではない。実際、組織サイバー犯罪者の四〇パーセント以上は三五歳超の世代である。(5) かつては個々のハッカーがテクノロジーの裏をかくことで稼げる金があることをつきとめ、アルバート・ゴンザレスのような犯罪的ハッカーが生まれた。犯罪的ハッカーたちは、他人のコンピュータに不法に侵入すればいい稼ぎになりうることに気づいた。その後、話が伝わり、まもなくハッカーたちは世界中で連合して地下ネットワークを作り、犯罪による利益を求めて協力し、競争している。

ハッキングは稼げる活動になり、趣味としてのハッカーから利益のための犯罪的ハッキング集団への移行が完了した。次世代犯罪に広がるチャンスに乗ろうと、ロシアビジネスネットワーク、シャドウ・クルー、スーパーゾンダ、もちろんあのイノベーティブ・マーケティング社のような、新しい国際的サイバー犯罪組織が設立された。その事業は繁盛している。個々のハッカーのクレジットカード窃盗による脅威やマフィアの刺客が膝の皿を割る脅威では悪さが足りないかのように、今日の伝統的組織犯罪集団と高度な才能があるハッカーは、連合して力を結集し、一般の人々やビジネスにとっては、その結果はひどいことになっている。歴史的にはたぶん八〇パーセントのハッカーが独立したフリーランスだったが、今日ではまったく逆だ。二〇一四年のランドコーポレーションの調査によれば、まるまる八〇パーセントのハッカーが、今や組織犯罪集団とともに、あるいはその一部として仕事をしている。(6)

ランドが見いだしたことは、一九八〇年代の映画『ゴーストバスターズ』の、ビル・マーレイ、ハロルド・ライミス、ダン・エイクロイドが、ニューヨーク市に侵入したゴーストを打ち負かす「プロトンパック」という武器で武装した場面を思い出させる。映画のあるところで、ライミスが同僚二人に注意する。「大事なことを言い忘れてたんだけど、武器から出て来る光線《ストリーム》を交差させるな……大変なことになる」。マーレイが「どう大変なんだ」と尋ねると、ライミスは、「自分が知っている生命がすべて一瞬で停止して、体中の分子が全部、光速で爆発するのを思い浮かべてみろ」と答える。マーレイは何食わぬ顔で答える。「なるほど、そいつは大変だ。重要な安全対策をありがとう」。マーレイとライミスを借りれば、私たちのオンラインとオフラインの世界は収斂しつつあり、よく言われる犯罪の「趨勢《ストリーム》」は交差しつつあり、私たちは今や、デジタル犯罪の時代に入りつつある。このデジタル犯罪という新たな領域では、ハッカーと旧来の犯罪組織が現代的な「リージョン・オヴ・ドゥーム」〔「終末の軍団」、アメコミの悪役グループの名〕というグループになって協力し、テクノロジーをめいっぱい利用して、私たちを犠牲にして自分たちの力と利益を最大にすることに集中している。

このテクノロジーの犯罪利用そのものは新しいことではない。警官がたいてい徒歩か騎馬だった頃に、シカゴの犯罪集団は自動車を使って行き来するようになった。普通のパトロール警官が六連発の回転銃を持たされていたとき、ジョージ・「マシンガン」ケリーは自動式の銃を使っていた。麻薬の売人は、ポケットベルを使う集団としては医師に次ぐ勢力で、携帯電話は警官よりもずっと前から使っていた。テクノロジーは犯罪を効率的にするので、犯罪者はいつも、テクノ製品のアーリーアダプターだ。

アウトローたちは、他の人々が生み出したテクノロジーを利用してつけ込み、それを自分の目的用に切り替えることにとくに長けていて、いつも新しい機会を狙っている。インターネットにつながるスマートフォンが流行になるまさにその時期に、メキシコシティの組織犯罪集団は、それを調査目的で使い始めた。何を調査したかと言うと、もちろん誘拐する相手だ。メキシコシティ国際空港に裕福な経営者が降り立つとき、誘拐の被害者候補はいろいろいたかもしれないが、犯罪者はどの会社が重役を取り戻すために高い身代金を出しそうか（最大の投資利益率）を考えた。難しい問題だ。スマホが出回るまでは。

空港に配置された組織犯罪チームは、荷物受取りの隣の到着出口あたりに常駐している。そこには予約したビジネス客を待つ、しゃれたかっこうの運転手が並んでいる。それぞれの運転手は大きなボール紙の目印を持っていて、予約客の名前と会社が書いてある――メルク製薬のスミス様とか、ゴールドマン・サックス社のジャクソン様とか。空港にいる犯罪者チームは運転手の出迎え用ボードの情報を使って、スマホでその人物をググり、会社での地位や正味の価値を見きわめる。最大の獲物を特定したら、誘拐犯が目指す相手を迎えるボードを持った運転手のところへ行き、金を出して行方をくらませるか何かさせる。入れ替わった犯罪者運転手が正当な運転手から手に入れたボードを穏やかに掲げ、目標を待ち受ける。罠は仕掛けられていて、飛行機を降りた重役は偽の運転手のところへまっすぐやって来る。すべてボール紙の「画面」がハッキングされているからだ。このスマホ調査法を使って何人かが誘拐され、殺された人々もいる。[7]

　技術の革新が何であれ、犯罪者は、正当なインターネットのスタートアップをまねしたり、その業務を悪用したりして、すぐに適応する。クラウドソースの運転手と乗客を結ぶ車共有アプリ、ウーバーのページを借りると、イギリスのある女性が、自身のテキストメッセージによるオンデマンドの――送迎用――車サービスを生み出した。車を持たない犯罪者による市場ニーズを感じるアイルライド、ロンドンデリーのニコル・ギブソンは、泥棒がその場で「送迎用運転手にテキストメッセージを」送りアイルランド国境にある家や会社から盗んだ品をもって見事に逃走するのを助けてもらうサービスを作った。[8]サンフランシスコでは、ドロレスパークの麻薬の売人が、iPhone に接続して誰のクレジットカード支払いでも受け付ける小さな白いプラスチックの装置「スクェア」を使い、新し物好きがエクスタシーやポットの大金を現金を使わずに払えるようにする。[9]ニューヨークでは、おしゃれなマンハッタンのホテルのカメラやうるさいドアマンにうんざりしている娼婦が、Airbnb《エアビーアンドビー》に目をつけて、密会場所用にアパートの部屋を賃借りする。娼婦は学生か観光客を装っていて、アパートの部屋を貸す疑わないニューヨーカーは、自分のベッドが何人もの客を楽しませたり、乱交パーティの会場に使われたりするとは思いもしない。あるコンパニオン派遣会社は、エアビーアンドビーを使って「一財産」節約していると言った。二一歳の風俗嬢は、「ウォルドーフホテルよりも控えめで安い」と言う。(10)テクノロジーやインターネットのサービスが何であれ、犯罪者はすぐに姿を見せ、新登場のツールを自分たちの利益に使う。

クライム・インク——組織図

先のイノベーティブ・マーケティング社のウェブサイトには、多くのインターネット企業と同じように、訪れる人々のために「About Us」と「FAQ」のコーナーがあった。「About Us」をクリックすれば、「イノベーティブ・マーケティングは、テクノロジーがもたらす変化にお客様が適応するのをお手伝いするいくつかの製品を開発すべく努めてまいりました」とある。そのように言うのも一法だ。もし「イノベーティブ・マーケティングは、人々がウイルスに感染していると信じ込ませて、存在しないものを除去するために四九ドル支払うよう騙すことによって世界中の人々からむしりとるべく努めています」と書いていたら、その製品を買う人々はもっと少なかったことだろう。組織犯罪集団自体は実際の構造や営業形態を表に出したりするものではないが、様々な潜入調査、警察の資料、サイバーセキュリティ情報企業が、その事業構造や組織を明らかにしていて、それを以下に記す。(11)

驚くことにクライム・インクの組織図は、従来からの企業世界にいる人なら、おなじみのものに見えるだろう。一部はピーター・ドラッカーの経営学のようなところがあり、それにペンシルベニアのウォートン・スクールかハーバード・ビジネススクールで教えられているような最新の最先端の営業形態が混じったものだ。デジタル地下世界には、ハクティヴィストのような利益だけで動いているわけではない成分はあるものの、クライム・インクはまずもって金だ——何なら株主価値と言ってもよい。こうした犯罪企業は、手間をかけて自らの存続を確保し、したがって、ほとんど決まって司法的に安全な便宜置籍国、政府の力が弱いところ、政治的に不安定な国、警察が料金を取って見て見ぬふりをしてくれるところに設置される。こうした犯罪組織の内部には、分業、物流管理、各部門長、外部顧問、チーム成果などがある。クライム・インクの力と職業意識を理解するために、まず何より、その組織図を見て、現代犯罪組織の内情を明らかにしなければならない。以下は隠密の調査に基づく最もありふれた役割・責任分担である。

最高経営責任者（CEO）　どんな犯罪企業でも、CEOは意思決定と事業監督の責任者である。従来からの起業家と同様、こちらのCEOも「事業計画《ビッグアイデア》」を考え、それを見通すための初期投資を提供する。「社交家」であることが多く、犯罪世界の他の成分ともよくつながっていて、実行する任務ごとに適切なチームを集める主宰者の役をする。たいていは技術に精通しているわけではないが、必要なプログラミングやハッキングの技能を持った他人を雇って自分の構想を実行させる。犯罪組織のCEOは、自分の存在がばれるような日常の汚れ仕事やサイバー攻撃にかかわることはない。メンバーのために目標や標的を設定し、とくにボーナス時期には犯罪による利益の配分を監督する。CEOは、Cがつく一連の重役を含む幹部チームによって支援される。

最高財務責任者（CFO）　CFOは、クライムウェアがどれだけ売れたか、ハッキングされたアカウントがいくつあるか、収支状況はどうなっているかなど、犯罪組織の重要な数字を把握する。市販の財務報告ソフトやデータベースなどのビジネス処理ツールを使って、未払金勘定（犯罪請負業者に対する）や犯罪労働者の給与明細を処理する。資金洗浄を目的とした、密かにつながった裏金融業者と手の込んだネットワークも維持していて、フロント企業の勘定の管理にも関与し、リバティリザーブなどの、「顧客確認規則《ノウ・ユア・カスタマー》」など無視のオンライン決済サービス会社などで、様々な通貨での世界的な取引を監視する。

最高情報責任者（CIO）　CIOはクライム・インクのコンピュータ基盤を整え、動かす。追跡できないいわゆる防弾サーバを維持し、クライムウェアを世界の警察の手の届かないところに留めるために、インターネットサービスプロバイダのホスティング会社と契約する。CIOは「顧客」データベースとボットネットを維持し、従業員の活動を維持し、たどられないようにする「代理ネットワーク」の管理など、情報セキュリティの責任者となる。CIOは企業の犯罪データの暗号化も行ない、当局や競合する犯罪的ハッキング組織が読んだり使ったりできないようにする。

最高マーケティング責任者　多くのまっとうなビジネスマンが学んでいるように、売れる製品があるだけでは十分でない場合が多い。利益は会社の（犯罪企業の）商品やサービスを効果的に宣伝する能力に左右される。したがって、マーケティング担当幹部は効果的な広告コピーを考えたり、それを犯罪者の提携《アフィリエイト》ネットワークに提供して、デジタル地下世界全体に配布したりする。

中間管理職　この現場の管理職は、長年の犯罪や血縁で保証される長期的な交友関係を通じて採用されることが多い。犯罪の実働部隊と、組織の犯罪技術活動を実行する指揮統制ネットワークの管理を担当する。

働き蜂／歩兵　犯罪戦争の地上部隊で、街角の薬の売人などがこれに当たる。クライム・インクの他の成分と協力して、感染したリンク、PDF、侵入したウェブサイトを介してマルウェアを配布する。キャプチャ（人間であることを証明するために入力窓に人間がタイプしなければならない歪んだ文字列）を突破し、クレジットカード詐欺師を店舗やATMの操作画面に配置する。

研究開発　ほとんどの企業の場合と同様、競争で先んじる道は、先端的な研究開発（R&D）を通してのことで、犯罪組織も変わりない。R&D部門は、絶えずパソコンソフト、携帯アプリ、ネットワークシステムの最新の穴——クライム・インクの他の部分が金にできるチャンス——をぬかりなく見ている。加えて、R&Dチームは、特定の標的あるいはシステムを追いかけるために求められるような、とくに難しい特別仕様のプログラムを扱える。

プログラマ、技術者、開発者　犯罪集団の技術的頭脳で、ネット犯罪企業にとっては要になる成分である。こうした技術者は他のシステムに感染するプログラムやソフトを開発しなければならない。ウェブサイトを構築して、犯罪ネットワークの実行犯によって配布される、偽のアンチウイルスプログラムなどの、大量のクライムウェア、ランサムウェア、スケアウェアのプログラムを書く。世界の情報システムに感染して攻撃するエクスプロイトやマルウェアを書く人々だ。もちろん、そのプログラムが放出される前に、まず品質保証をくぐらなければならない。

品質保証（QA）　QAチームはクライム・インクの成功の鍵を握る。プログラマが作るマルウェアを隠す暗号の殻が、アンチウイルスソフトやファイアウォールなど、今のセキュリティシステムをくぐり抜けられるようにするのがこの部門だ。QAのプログラマはクライムウェアを既知のアンチウイルスの定義にかけて検査し、自社のマルウェアが起動される前に検出されないようにする。こうしたチームは、avcheck.ruやScan4You.netのようなツールによって、人気上位一八種のアンチウイルスソフトによる検出可能性評価ができる。重要なことに、こうした検出に対抗するモデルは日々更新され、完全に自動化されている。犯罪集団のQA検査担当者は、自社のプログラマが以前に作ったマルウェアがセキュリティ企業によって脅威と認定されると、それを通知してもらえるようにすることさえできる。こうした警報によって、プログラマはすぐにマルウェアを更新、修正して、また検出できないようにする。そうして商売は続く。

アフィリエイト 先にも記したように、アフィリエイトによる市場開拓はネット世界ではものすごく人気で利益にもなる。アマゾンなどが広く用いていて、アフィリエイトには、当該の小売店に誘導した顧客の人数に基づいて報酬が支払われる。アフィリエイトのネットワークはサイバー犯罪企業のまさしく背骨をなしていて、一流のものはロシアに置かれていることが多い。このいわゆるパルトネルカは日夜稼働していて、その犯罪者パートナーのウェブサイトにできるだけ多くの通信量を導いている。この末端の犯罪者は、偽のアンチウイルスソフトだろうと、児童ポルノだろうと、ロレックスの模造品だろうと、偽造のバイアグラだろうと、製品への誘導を扱う。アフィリエイトの役割は、疑いを知らない消費者に犯罪者の商売を紹介することだ。パルトネルカはその計略をメール、チャット、ブログコメント、ソーシャルメディア、ショートメールを介して広める。クライム・インクは、アフィリエイトが通信を犯罪者企業に導くたびに、あるいはマルウェアが被害者のマシンにダウンロードされるたびに、一クリックあたりいくら、あるいは一インストールあたりいくらで報酬を払う。活発な犯罪者アフィリエイトは簡単に一日五〇〇〇ドルを稼ぐことができ、月に三〇万ドルを超える場合もある。(12) 犯罪集団の上司は地下のウェブサイト上のアフィリエイトに、「スパムなどのマシン感染の不正な方法は、厳しく禁じられている」と注意する。確かにクライム・インクも利用規約やエンドユーザライセンスの合意を用いていて、自社を守り、Cがつく重役に犯罪容疑がかからないようにしているのだ。

テクニカルサポート 犯罪的ソフトウェア活動が難しい場合もある。私たちが何度もコンピュータを再起動したり、会社のIT部門の助けを求めたり、ベストバイ〔量販電気店〕のギーク部隊《スクォッド》を訪れたりしなければならないように、犯罪者もそういうことをしなければならない。つまり、現代のサイバー犯罪組織は従業員にもアフィリエイトにもテクニカルサポートを提供する。

人事部長　イノベーティブ・マーケティングのような何億ドルにもなる世界的な犯罪キャンペーンをうまく運営するには、人、それもやたらと多くの人が必要だ。人事部《ヒューマンリソース》（HR）の担当者は、犯罪企業の日々の活動に必要な犯罪者の歩兵と働き蜂の採用を支援する。ウェブにポータルを設置して、「人的資本管理」を行なう。求人、給与の支払い、福利厚生、マルウェア感染キャンペーン実行に必要なオンライン訓練などだ。人事部長はデジタル地下世界に広告を出し、自分が犯罪企業の一部として働くことを重々承知しているアフィリエイトを採用する。HRは「ミュール」という、自分がクライム・インクのために働いているのを知っているかいないか微妙な従業員も採用する。ミュールを募集するための公告は、高い稼ぎ、柔軟な勤務時間、在宅勤務体制を約束し、クレイグリストにもよく広告を載せ、さらには正当な求人サイトにも載せる。犯罪者HR部員は、応募のための問合せで電話がかかってくると機敏に対応し、仕事の利益や401（k）の制度（一年間無事に勤めると約束される）についての質問に答える。

マネー・ミュール　非合法組織の成長の鍵は、犯罪での稼ぎをうまく洗浄することだ。得られた金は適宜、麻薬によろうとスケアウェアによろうと身元情報詐取によろうと、どこから見てもまっとうな資産に変形しなければならない。この目標を達成するために、資金を口座から口座、銀行から銀行、国から国へと動かすのを助ける「マネーミュール」が、フロント企業を通じて集められる。ミュールは何も知らずに、地域アシスタント、会社代理店、未収金勘定収受係といった職名のついた求人広告に応じる「支払い処理」が担当だと言われ、自分の名で二つの口座を開くよう指示される――一つは給与の受取用で、もう一つは自分が処理する資金のためのものだ。たいていは送金サービス会社のウェスタン・ユニオンが使われる。ミュールは一般に処理した資金の三パーセントから一〇パーセントを受け取り、政府による身分証明書のコピーを提出しなければならない。後で密告されたりすれば、クライム・インクが密告者を特定しやすくする、論理的には文句なしに当然の業務上の要求だった。

ミュールはサイバー犯罪の表向きの顔であり、本名で活動する。つまり実働期間は非常に短い。まもなく警察に呼び出され、そのときになってやっとミュールになった主婦や学生や長期的な失業者が、それまでは喜んで見て見ぬふりをしてあまり詮索しなかったのに、確かに自分は犯罪企業にかかわっていたことを知る。その頃には、金も、偽名で活動する「上司」も、とっくにいなくなっている。あるマネー・ミュールの専門家によれば、使えるミュールが足りないことが、今日のクライム・インクが直面する重要なボトルネックだという。システムに侵入するのは易しいが、小切手をどこで換金するかが難しいところなのだ。専門家は、盗まれたアカウント認証情報と、手持ちのミュールとの比率は、一万対一にもなるという。言い換えると、十分なミュールとHRのキャパシティがあれば、サイバー犯罪のせいと言える損失は、今の一万倍悪くなる。[13]

リーン・スタートアップ（犯罪者の）

クライム・インクの構造は、現代の技術を中心にしたどの組織の構造とも同じく、時間と空間の中で固定されておらず、つねに流れている。エリック・リースは、著書『リーン・スタートアップ』で、きわめて不確実な状況の下で起業家が新しい製品を生み出せる方法の概略を述べる。犯罪者にとって、次の警察の手入れがいつあるか、競争相手がいつ銃撃してくるか決してわからない不確実性こそ自分たちが抜きん出ているところだ。アウトローは絶えず適応し、改革して、障害を克服し、市場の最新の要求を満たそうとしている。犯罪者はデータがデータを呼ぶウェブ分析を用い、自社の製品と供給先についてきちんと記録をとることによって、構築し、測定し、学習する。しかしすべてのネット犯罪企業が管理職から働き蜂へと下りて来る指示で動くわけではない。中にはもっと場当たり的で簡素《リーン》なものもある。こうした犯罪組織はむしろ、ティム・フェリスが『「週4時間」だけ働く』(田中じゅん訳、青志社〔二〇一二〕)で述べた世界の方に似ている。経費をなくしてシステムを自動化することによって事業活動を能率化することを唱えた本だ。重厚な組織構造や明瞭なリーダーシップは、しばしば自動的に組み立てられる、ジャストインタイムの製品、オンデマンドサービスを尊重するところでは遠ざけられる。こうした地下のオンライン活動家はワークライフバランスやライフスタイル設計の方に関心があったりして、犯罪と遊びを釣り合わせるようになりつつ、どちらでも機会を最大にする。群れをなし、常に流動する個人の集まりで、特定の技能を共通の目標に向けて提供する。その集合は一時的かつ無定型で、強制はきわめて難しい。大手データブローカーや小売業者にひとあわ吹かせるような犯罪的課題が達成されると、グループは解散し、また他の人々と、次の犯罪的仕事のために集まる。

このオンライン犯罪の群れの中の活動家は、ときとして犯罪での専門性に基づいてハブを形成することもある。(14) たとえば、身元情報詐取の一党が、いろいろなスキルの集合を使って自発的にハブを形成することもあるだろう。深い専門技能をもった活動家の一グループが、企業のデータシステムに侵入する担当になるかもしれない。別のグループがデータブローカーとなって、盗んだ個人情報を文書偽造の専門家に配布し、この専門家がその情報を使って、運転免許証、クレジットカード、小切手、パスポートを偽造する。現実の金融詐欺を行なう末端の悪党の群れは、受け取った資金をミュールネットワークに送り、それが資金洗浄ネットワークと協同して、すべての犯罪集団がその業務に対して報酬の支払いを受け、犯罪による利益の分け前を受けとることを確実にする。

クライム・インクと群れの犯罪ネットワーク両方の世界で、活動上のセキュリティは卓越している。作業と連絡は遠隔的に行なわれ、じかに会う必要をなくしている。作業は区分けされ、階層化されて、下位の参加者は犯罪の他の部分の本当の正体を知らない。地下のネットにあるハッキングフォーラムと通信回線が、犯罪の計略にとっての導入、人集め、実施の主な地点として機能し、特定の事業についての作業を完了するのに必要な群れとしての協同を可能にする。

精巧な犯罪マトリックス

マンハッタンの合衆国検事として、私は成長中のサイバー世界の脅威ほどに懸念されることはほとんどないと思うようになった。

——ニューヨーク州南地区合衆国検事プリート・バララ

組織サイバー犯罪集団は、イノベーティブ・マーケティング社のような企業構造をとろうと、もっと機動的な自ずから集まる群れになろうと、明らかなことが一つある。商売や「顧客」の扱いに根本的に長けているのだ。最新のまっとうな企業戦略を流用し、供給確保、世界的展開、創造的資金調達、ジャストインタイムの生産、労働力への報奨、消費者需要分析に熟練している。その結果が現代サイバー犯罪企業で、総合商社のような、複数の製品を扱う、利益の上がる世界的組織となって、個人、企業、政府を意のままに操れる。先にも述べたように、今世界中で活動しているそのようなクライム・インク組織が少なくとも五〇はある。[15]

私はICPOやブラジル連邦警察に勤めていたとき、南米全体で盗まれたクレジットカードがかかわる事件で、そうした手の込んだ仕事をじかに見たことがある。リオデジャネイロ郊外のスラム街で、組織サイバー犯罪集団が、何万件もの盗まれたクレジットカード番号と利用者の詳細が入ったDVDに載せたソフトウェアを売っていた。犯罪スタートアップがそのDVDを他の犯罪者に売り、まとめ買いをする相手には値引きする。ソフトウェアについてサービス水準特約を設けて、盗まれたクレジットカードのうち少なくとも八〇パーセントが有効で、そうでなければ「返金します」と言う。ブラジルでは、ソフトの使い方を理解しようとして技術的な問題にぶつかった他の犯罪者に、テクニカルサポートの電話番号まで教える。「コンピュータの再起動はお試しになりましたか」とか。

クライム・インク組織には、実際、「シタデル」という銀行用のトロイの木馬を作ったスタートアップのオーナーの場合のように、顧客関係管理（CRM）ソフトを使って、顧客の要望を記録し、犯罪依頼者の間にリピーターを増やすところもある。[16] 悪名高い「ゼウス」というトロイの木馬の変種であるマルウェアは、犯罪者が銀行取引情報を盗み、利用者のキーストロークを記録し、被害者のマシンに他のクライムウェアを載せる。シタデルのハッカーがそのマルウェアを仲間の犯罪者に売るときには、自分たちが生み出したクライムウェアで顧客が確実に満足するようにしたかった。シタデルの一党は、老舗百貨店のマーシャル・フィールドとハリー・ゴードン・セルフリッジのページから借用して、「私たちの製品はお客様の希望に従って改善されます」と誓い、実際にそうしようとした。その開発者はCRM用利用者インターフェースを作り、シタデルの銀行取引用マルウェアを使う仲間の犯罪者がバグレポートを送り、将来のバージョンの新機能を提案したり投票したり、さらには開発者のために故障報告を出して記録できるようにしたりする。テクニカルサポートはICQやジャバーといったインスタントメッセージ・ソフトを介して利用でき、故障報告は迅速に処理された。シタデルの「犯罪起業家」は、ソーシャルネットワークまで構築して、銀行用トロイの木馬を使う「いいね指向の人々」が集まって、一般の人々から奪う「お互いの関心の仕事」を論じられるようにする。

クライム・インクは、競争での優位を維持し、動作の連続性を確保するために、効果は証明済みの戦術を利用したりして、奇妙にも妥当で合理的でありうる。デジタルの地下世界では、これは競争や事業を破綻させる可能性、とくに警察をこまめに追跡するということだ。先にも見たように、犯罪的ハッカーは、関係する警察機関や当局の活動を監視するだけでなく、オープンソースの情報を集めて、自分たちの巨大な利益に対する脅威を明らかにする。ジェットブルー、セブンイレブン、JCペニー、ナスダックのハッキングに関与したあるサイバー犯罪者集団は、「仕掛けワイヤ」網を作って、自分たちの新しいつけ込みどころ《エクスプロイト》が明るみに出たときに通知する早期警報システムとした[17]。とくに言えば、グーグル警報を生み出した。狙った標的を注意深く選んだキーワードでカバーして、「ナスダックがハッキングされる」といった新しい記事が出ると、居場所を変え、警察に追われる前にいなくなれるようにする。ハッカー集団は新たなマフィアになり、成長し専門化する犯罪に日々貢献している。

犯罪者間の名誉――犯罪倫理規範

犯罪世界で成功しようとするなら、正直者という評判が必要だった。
――テリー・プラチェット『土の足』

クライム・インクは、整った犯罪地下経済の機能を維持するために、いくつかのルールを守らなければならない。そのため、犯罪者間にも確かに名誉があり、クライム・インクには、同じ犯罪者の顧客を安心させるための「行動規範」を公表するところもある。こうしたサイバー世界の闇市場は構造を整え、自己点検して、常に売り手と買い手が互いの評判を報告し、確認している。デジタル犯罪マーケットプレイスの中には、実際に星による評価方式を採用して、同業のハッカーが盗難クレジットカード、偽運転免許証、コンピュータウイルスを星0個から5個で評価する。イーベイやアイチューンズと同じだ[18]。

ネット犯罪マーケットプレイスの最下層にある、すぐに入れるレベルでは、行動規範の違反は珍しくない。こうした人々は「むしり屋《リッパー》」と呼ばれ、約束された犯罪商品あるいはサービスを届けない場合が三〇パーセントもある[19]。しかしそうした人物が特定されればすぐに報告され、閉め出され、市場から追放される――イーベイやアマゾンで約束を守らない売り手と同じことだ。こうした信用問題を軽減するために、犯罪者は実際に、家の売買のときに利用するような、決済システムや供託制度を確立した。信頼される犯罪者ブローカーが、提供された非合法な製品や盗んだデータが実際に届けられたことの確認を手伝う――そうなって初めて支払いが行なわれ、この仕事に対して五パーセントの手数料を取る。[20]

クライム・インクでの位が高くなると、サイバー地下世界への新参者は念入りに検査され、信頼できる組織から保証を受けなければならない。麻薬業者は必死に働いて食物連鎖の階段を上がらなければならない。大物が動くこのレベルでは、行動規範の違反はほとんどなく、違反した結果も大きい。規則に従うのがいちばん利益になることを、どの勢力も知っている。従来の組織犯罪で報復があたりまえだったように、サイバー地下世界でもそういうことがある。競争相手を「消し」、セメントの靴を履かせてイーストリバーに鎮めるのは古いギャング集団の定番だったが、デジタル世界でそれに相当する集団もやはり不快な方法をとる。デジタルの襲撃事件も確かにある。マックス・レイ・ヴィジョン（別名アイスマン）が実行した二日間の騒動がそうだ。キーボードの銃を訓練して競争相手に浴びせかけ、一掃したことで知られる。アイスマンは、サンフランシスコのアパートから犯罪競争相手の情報データベースを乗っ取り、中身を吸い取り、それを使って自身の大がかりなサイト、CardersMarket《カーダーズ・マーケット》を作り、それが会員六〇〇〇人を有する組織に成長した。競争相手から盗んだデータを使って、カーダーズ・マーケットは盗難クレジットカードを二〇〇万枚以上集め、偽造の売上げで八六〇〇万ドルを荒稼ぎした。[21] クライム・インクの世界では優秀な技能がものを言い、ハッカーはいつも自分の能力を向上させようと勉強している。

犯罪大学

ハッカーは生まれるのではない。デジタル地下世界にある大量の無料教材によって訓練され、支援され、自習する。クライム・インクは学習する組織であり、ファイアウォールの破り方から、クレジットカードの複製の作り方まで、あらゆることについてオンラインチュートリアルがある。犯罪者はその世界の巨大なオンライン公開講座が利用でき、そこでフィッシングやスパムの活動のしかたやクライムウェアのエクスプロイトキットの使い方を学べる。こうした訓練全体が、一種のオンライン犯罪大学《クライムU》となり、それが個々の犯罪的ハッカーの練度や技能を加速してきた。興味深いことに、仲間のハッカーという形での学生世話役がいて、新入りがデジタル犯罪の技を習うのを支援すべく一緒に動くことが多い。サイバー地下世界全体に数々のウィキが設立され、ありとあらゆる装置、アプリ、ＯＳをハッキングする方法について、カテゴリーごとに整理された、詳細なリンクが提供される。

　もちろん、すべての犯罪者の非合法コンピュータ訓練が無料の世界で行なわれるわけではない。しばしば犯罪者にとっての「研究生課程」と考えられるのが監獄で、ここでは矯正教育よりも、犯罪世界での大学院教育のようなことが行なわれる。実際、オハイオ大学の調査からは、「収監歴のある人は、そういう経歴がない人々よりもはるかに高い非合法の年収があり、平均して年に一万一〇〇〇ドルを余計に稼いでいる」[22]ことが明らかになった。合法的な経済界で働く人々の稼ぎの可能性を大学が高めるのと同じで、塀の向こうで受ける大学院教育も同じようなことがある。

　たとえば、受刑者にコンピュータやプログラミングの訓練を施す刑務所が増えていることには驚かれるかもしれない。このような技能は出所後のまっとうな仕事の鍵でもあるかもしれないが、非合法の目的にも、しかも監獄の中にいる間にさえ使える。ニコラス・ウェバーという人物がそうで、ロンドン南部のイシス刑務所で服役中、コンピュータ技能を使って、ＩＴ訓練クラスのときに刑務所のコンピュータシステムをハッキングした。[23]アメリカでは、シリコンバレーのすぐ外にあるセキュリティレベルが最高のサンクェンティン刑務所では、矯正当局が、起業家精神のある受刑者にスタートアップ・インキュベーター制度さえ用意している。[24]地元のテクノロジーに通じた人々の支援を受けて、受刑者は「デモ週間」に参加し、スタートアップのアイデアを出してはシリコンバレーの経営者に可能性を判断してもらう。こうした事業の意図は立派なものだが、実際には期待とは全く別の結果になる場合がある。

地下世界からの革新

イノベーションの鍵を握る成分は、権威に反抗し、規則を破る能力である。
——ヴィヴェク・ワドフワ

犯罪者は正当な権力体系の外で仕事をせざるをえないので、難しい問題に新たな答えを創造し、型にはまらない考えをすることに長けてきた。その商売の営みでは何度も創意工夫を示し、創造性を発揮した資源の使い方を見せてきた[25]。G・K・チェスタトンは、短編の「青い十字架」で、「犯罪者は創造性のある芸術家だ。探偵は批評家にすぎない」という見事なまとめをしている。創造性の暗黒面は、クライム・インクの世界で日々繰り広げられている。社会の他の部分にとっての難関は、テクノロジーの革新が指数関数的な速さで進み、重要なことに、ムーアの法則は犯罪者にもあてはまるというところだ。

地下世界に由来するテクノロジーの革新は盛んで、犯罪者の活発な頭はアンチウイルス企業、テクノロジー販売企業、警察を圧倒している。ハッキングはもはや、選ばれたわずかのデジタル名人の領分ではなく、今日では犯罪大学ですぐに利用可能で、すべての必要な情報が民主化されている。現代犯罪者はテクノロジーだけではなく、ビジネスモデルも革新する[26]。クライム・インクは、マルウェアサービスについては購読モデル、スタッフについてはゲーミフィケーション〔ゲーム化〕モデル、銀行用トロイの木馬についてはオープンソース・ソフトウェア開発モデルを組み込んでいる。クライム・インクは販売促進のために、不法なソフトウェアツールから追加部分を抜いた限定版を、場合によっては無料で、仲間の犯罪者に提供したりする。重罪犯罪にかかわる顧客が製品に満足すれば、料金を払ってフルバージョンにアップグレードしたりする——フリーミアム価格と呼ばれる方式だ[27]。

組織サイバー犯罪者はクリス・アンダーソンの「ロングテール」戦略を取り入れていて、犯罪事業の将来の活路を、多くの人々から少しずつ盗むところに見ている[28]。かつての犯罪者は、一生分の稼ぎを一回で得ようとしていたが（『オーシャンズ11』や、『ピンクパンサー』のダイヤのようなこと）、今日のサイバー犯罪者は、活動は小さくてもそれを大衆に対して何度も行なうだけで巨大な利益を収穫できることを学習している。次章で見るように、このマイクロ窃盗の大半は自動化できて、反復可能で安定した収入の流れを生み、捕まるリスクも下がる。

様々な犯罪労働力のやる気を出すために、クライム・インクの重役は、いくつもの報奨方式を工夫して、商売繁盛を保とうとしてきた。多くのハッカーの動機は金だけではない。多くのハッカーは社会のシステムを破るスリル、手の込んだセキュリティシステムを突破するという高いハードル、そのようなシステムを崩したときに得られる自慢する権利を喜ぶ。サイバー地下世界の人々は、ウェブサイトを立てて、同業のハッカーが互いを評価し、デジタル侵入のランキングができるようにしている。RankMyHack.com《ランクマイハック》は、最高の中の最高にポイントを与え、順位表を掲示して、駆け出しとエリートハッカーとを区別している。[29]

サイバー犯罪の上司はこうした傾向をよく知っていて、犯罪活動にゲーミフィケーションの要素を組み込むことによって、従業員の認められたいという欲求、目標の高さ、帰属意識を利用する様々な手段を見つけている。南米のモンテネグロでは、KlikVIP《クリックヴィップ》というスケアウェアのギャングが最も生産性のあったマルウェアの設置者のためにパーティを催し、感染台数が最大のアフィリエイトにユーロ札で一杯の大判のブリーフケースを与える。[30] 二〇一四年の初め、東欧のクライム・インクの経営陣が、イノベーションを進め、新しい犯罪事業の方向性を生み出そうと、最も良い新手の詐欺を考えたハッカーにフェラーリの新車を賞品として出すと言った。[31] 賞品の知らせは、デジタル地下世界の暗がりで、販売業者のショールームの床にグラマーな女性「アシスタント」何人かを登場させる、プロに作らせた動画で発表された。上司のゲーミフィケーション戦略は報われ、労働者の間で広く関心を集め、フェラーリは「月刊最優秀社員」用にとっておかれた。

クラウドソーシングからクライムソーシングへ

クライム・インクが用いるビジネス革新手法の中では、クラウドソーシングほど広く用いられているものはまずない。クラウドソーシングは群衆の知恵を利用して複雑な仕事や科学上の難問を解決するというまっとうなツールとして始まった。クラウドソーシングの概念が初めて広い範囲の関心を得るようになったのは、二〇〇六年のジェフ・ハウが『ワイアード』に書いた記事による。[32] ハウはクラウドソーシングを「仕事を不特定の人の大集団に広く呼びかけて外注する」行為と定義した。クラウドソーシングの何百という例が素晴らしい結果を残している一方で、まさしく同じ手法が犯罪目的でも使える。[33]

ユーチューブは、一見すると見知らぬ人どうしが、ヒースロー空港だろうとタイムズスクエアだろうと突然歌い出す例にあふれている。[34] しかしこうしたフラッシュモブと呼ばれる現象は、「フラッシュ強盗《ロブ》」になって、あまり博愛の傾向のない見知らぬ人々が、アートのためでなく、犯罪のために集まる。フラッシュロブはたいてい、末端の強盗の道具だが、非常にうまく行く。ワシントンDCでは、三〇人の青年が、ソーシャルメディアやショートメールで打ち合わせて、同時にG-Star Raw《ジースターロウ》の店に殺到し、あっさり店員を圧倒して二万ドル相当の衣類を持って逃げた。[35] 参加者の誰かが逮捕されても、共犯者について「告げ口」のしようもない。現場で初めて会った者どうしなのだ。同様の事件がシカゴ、フィラデルフィア、ロサンジェルスでも起きた。

クラウドソーシングの手法の中には、法律違反しようとしている人々に、警察より優位に立たせることを意図したものもある。合衆国では、DUIダジャー、バズド、チェックポイントウィングマンなどの携帯アプリによって、飲み過ぎた人が検問（DUI）の位置をクラウドソーシングで手に入れて、iPhoneやアンドロイドの端末上の地図で見て、チェックポイントが移動したり新たに設定されたりすれば、その警告を受け取れるようにする。[36] 二〇一一年のロンドンで、政府の支出削減に反対する暴動が激化したとき、反対運動の人々はSukey《スーキー》というアプリを作り、それで警察官の写真を撮って、位置情報付きの画像を、クラウドソーシングされている対話型の地図にアップロードできた。[37] 反対運動に参加している他の人々が携帯端末でスーキーを起動すると、どの領域に機動隊がいるかがわかり、方位磁石が表示されて、警官の避け方を助言してくれる（安全な方向に針の緑側、警官がいて危険な地域に赤側が向く）。

ハクティヴィストもクラウドソーシング手法をうまく利用してきた。ラルズセックは、ソニーやニューズ・コーポレーションとの争いが激しくなったとき、厚かましくも、ハクティヴィストが次に誰を狙えばよいかを尋ねる犯罪要請ホットラインを設置した。[38] このグループは、オハイオ州に電話番号を設定して、フランス語なまりの応答メッセージを録音し、かけてきた相手に、「私たちは今インターネットを襲うのに忙しくて手が空いていません」と答え、かけた相手に合図の後にハッキングのリクエストを残すよう求めていた。[39] このクライムソーシングの新しい手口によって、世間が『アメリカン・アイドル』方式で、次の犯罪被害者は誰にするかを投票できるようにした。このグループは後に、電話をかけて来た人々が提案した八つのサイトに対してＤＤｏＳ攻撃に成功したことを知らせる声明を発した。クライムソーシングは、「犯罪行為の全体あるいは一部を、関知不関知を問わずに個人の集団にアウトソーシングすること」と定義できる。クライム・インクは積極的にクラウドソーシング手法を採用して、ほとんどは匿名の、自己組織化して驚くほど急速に集まる分散犯罪ネットワークを築くことができる。ロシアやウクライナにいるクライム・インクの社長は、こうした能力を見抜いて、二〇一三年、一〇〇人のマネーミュールを、ハッキングしておいたワシントン州の病院に放つことができた。その結果、この病院の給与支払いシステムから一〇〇万ドルが盗まれ、九六口座を通じて数日のうちに洗浄された。[40] 先にも述べたように、こうしたミュールの多くは知らない間に組織犯罪者に取り込まれ、自分は「地区未収金勘定収受担当」として「在宅勤務」をしていると信じている。

テクノロジーは、自分が非合法の犯罪に加わっているとは思いも寄らない何も知らない共犯者への、クライム・インクによる仕事のクラウドソーシングを、これまで以上に容易にする。たとえば、犯罪者はつねに、スパムやフィッシング攻撃を送りつけるための新しいメールアカウントを必要としているが、キャプチャ認証はアカウントの取得を遅くすることができる。それを回避するために、犯罪者は自動的にヤフーやホットメールで示されたキャプチャ画像を切り取るソフトウェアを作り、その画像を見知らぬ人々に解いてくれるよう託す。しかし見知らぬ人がなぜそんなことをするのだろう。話は単純で、ポルノでしかるべく誘われるのだ。[41] クライム・インクは、問題をクラウドソーシングするために何十もの無料のポルノサイトを作り、来訪者に、アクセス権を得るには一八歳以上であることを証明するためキャプチャを解かなければならないと言う。しかし発情した人々が実際に解いているのは、犯罪者がスパム用のメールアカウントを作るために必要とするキャプチャを、リアルタイムにカット、ペーストして切り替えているものだ。どちらにも得になる話で、無料の高品質ポルノと引き換えに、そうとは知らないクラウドソーシングされた人々がフィッシング行為に引き込まれている。

キャプチャ方式は巧妙だが、ネット広告に掲載される犯罪出演依頼と比べると顔色ない。ワシントン州シアトルでは、銀行強盗が慎重に、現金輸送車が地元のバンク・オブ・アメリカへ大量の現金を届ける予定の日時を割り出していた。問題の火曜日、午前一一時ちょうどに、強盗は黄色のライフジャケットとゴーグルと青いシャツと、工具ベルトとヘルメットと防塵マスクをつけて、現金入りの大きな袋を銀行に運び込む現金輸送車の警備員に近づき、催涙スプレーを吹きかける。警備員は動きを止められて袋を落とし、それを実行犯は持っていた丈夫な大きな袋に入れて、モンロー市の警察が「多額の現金」と呼んだものを手に逃走した。[42] 警備員が気を取り直して無線で応援を呼び、銀行強盗の様子をきちんと描写する。まもなく何台もの警察車両がランプとサイレンをつけて現場へやって来て、強盗をしでかした建設作業員風の男を捜す。[43]

現場に最初に到着したパトカーは建設作業員に気づいて、警官が銃を向け、手を上げてひざまずくよう命じる。そのとき、別の警察車両が建設作業員を見つけ、また別の車両が別の作業員を見つける。実は、現場には現金輸送車の警備員が知らせた様子に合致する建設作業員が何十人もいたのだ。当局が気づかなかったのは、実際の銀行強盗は、前もって逃走を注意深くクラウドソーシングしていた。強盗の数日前、本当の犯人はクレイグリストに、道路工事要員として建設作業員を求むという求人広告を出していた。時給は三〇ドルと高額で、関心のある人々は火曜の午前一一時にバンク・オブ・アメリカのある交差点に集まるよう言われる。そして服や道具は自分で用意するよう言われる——具体的には黄色い安全ジャケット、ゴーグル、青の作業用シャツ、工具ベルト、ヘルメット、防塵マスクである。仕事を求める何十人もの人物が指定された場所に指定された時刻にやって来る。自分がそうとは知らずに銀行強盗にクラウドソーシングでつられているとも知らずに。「我々は画面を信じる」の世界では、人々は簡単に騙される。集まった建設作業員すべてが包囲され拘束されて初めて、警察は何があったかに気づく。もちろんその頃には、本物の銀行強盗は遠くへ逃げている。

　クライム・インクは、急速にクライムソーシングを採用するようになっているだけでなく、スタートアップで盛んになっている別の流行も用いるようになっている。クラウドファンディングだ。これは、新しいスタートアップ会社や非営利活動の支援に同意する支援者の群《クラウド》れから資金を集めるというやり方で、資金提供する対象については、たいていウェブサイトに詳しく記述されている。そうしたサイトで最も人気があるのはKickstarter《キックスターター》とIndiegogo《インディゴーゴー》で、何万という事業が資金を得ており、クラウドから集まった資金は合計一〇億ドルにもなる[44]。犯罪者はもちろん、それほどの資金を集める相手なら誰でも喜んでハッキングし、すでにキックスターターのウェブサイトでは侵入に成功している[45]。とはいえ、犯罪的ハッカーは、あなたのポケットにあるiPhoneをハッキングするような、もっと大規模で、もっと不埒なクラウドファンディング計画を構想している。アップルがiPhone 5Sを出したとき、そこにはタッチIDという指紋認証スキャナーがついていて、「自分の電話を使うための便利できわめて安全な方法」と宣伝された。アップルはおそらく何年もの時間と何百万ドルもの資金をかけてその特許生体測定《バイオメトリック》テクノロジーを開発したのだろうが、この目玉を発表することによって、ハッカーに対しては、「きわめて安全な」システムを破ってみろと挑戦状をたたきつけたようなものだった。
世界中でセキュリティの専門家もハッカーも同様に、この破れないはずのものを最初に破るのは誰で、それまでにどれだけ時間がかかるかと思っていた。一番乗りはドイツのカオスコンピュータクラブで、かかったのは一日だった。[46] ハッカーはIsTouchIDHackedYet.com〔タッチIDは破られるかドットコム〕というサイトを用意してクラウドファンディングとゲーム化の両面を取り入れ、同業のハッカーから寄付された二万ドルの賞金を出し、順位表を使って二万ドルのゴールに向かう進行状況を示した。[47] 結局、賞金はアップルの何百万ドルもの投資対象をひっくり返す方法を巧妙につきとめた、カオスコンピュータクラブのスターバグというハッカーのものとなった。スターバグは、正当な所有者によってタッチID画面に残される指紋を一インチあたり二四〇〇ドットという高解像度の写真に撮った。それから写真をフォトショップで読み込み、きれいにして、反転させ、透明フィルムに濃く印刷した。仕上げに、木工用ボンドをパターンの上にのばし、乾いてから、タッチIDのセンサーに載せると、端末のロックは解除された。[48] ミッションコンプリートだ。

　クラウドファンディングするハッカーはまだ本気を出し切っていないかのように、最近はデジタル地下世界にさらにクラウドソーシングされた企てが浮上している。アサシネーション・マーケットである。残念ながら、この業務は悪い冗談ではない。桑畑三十郎《クワバタケ・サンジュウロウ》という偽名で通っている熱心なアナーキストの仕業である。二〇一四年末の時点で、合衆国政府の八人の役人がクラウドソーシングの投票で暗殺対象に選ばれた。連邦準備制度理事会の元議長、ベン・バーナンキが最高得票だった。寄付は暗号化されて追跡できないオンライン通貨で行なわれ、三十郎はこの元議長暗殺のためにクラウドファンディングで七万五〇〇〇ドルを集め、最初に任務を完了した刺客に支払われることになった。[49]

　集まった七万五〇〇〇ドルも相当心配になるが、これまでにあった犯罪用クラウドファンディングで最も成功した例の足元にも及ばない。こちらは被害者も、出資したクラウドも、その活動を意識しては知らないのだ。クライム・インクが実行した中で、一回の犯行としては最も巧妙かもしれない事件では、世界中の犯罪者が二七か国で同時に行なう強盗をクラウドソーシングした。二〇一三年、大量の窃盗事件が起こり、東欧のクライム・インクのプログラマ、エンジニア、R&Dチームが、インドの二台、アラブ首長国連邦の一台のクレジットカード処理装置のネットワークに侵入した。クライム・インクは、プリペイドのマスターカードとビザのデビットカードの番号を盗み、処理装置内のコンピュータをハッキングして、不正取得してあったカードの引き出し限度額をすべて消去した。その結果、犯罪的ハッカー集団は何百枚ものデビットカードを手に入れていて、それぞれ、世界中のATMネットワークで残高から無制限に引き出せた。(50)

クライム・インクはデジタル地下世界を通じて、二〇か国以上の犯罪提携相手に暗号化したメッセージを送った。盗んだデータを受け取った側は、自身の犯罪用プロ級クレジットカード印刷機を使ってデビットカードを印刷し、裏面の磁気テープにカード番号を記録する。次に起きたのは、たぶん、クライムソーシング史上、あるいはクラウドソーシング史上でも有数のことだった。カードは世界中の何百人もの働き蜂犯罪者チームに配布される。クライム・インクが合図を出すと、競走が始まり、犯罪者の兵隊がいっせいに寄ってたかって引き出しにかかり、人手でできるかぎりの数のATMのボタンを押す。クライム・インクのクラウドソーシングした作戦行動が行なわれる一〇時間ほどの間に、犯罪者は二七か国で三万六〇〇〇回のATM取引をして四五〇〇万ドル以上の現金を引き出して去った。クライム・インクはすでに銀行のコンピュータを乗っ取っていて、割り当てたデビットカードの番号もあるので、どれだけ引き出して、重要なことに、犯罪労働者が自分の「手数料」を取る前にどれだけ戻さなければならないかを正確に監視できる。少数の下級犯罪者が警官に捕まるが、クライム・インクの黒幕は特定されないまま、たいていはおそらく次のクラウドソーシングする犯罪計画を立てている。一〇時間で二七か国、三万六〇〇〇回の取引。これほどの驚異の兵站の偉業を実施できる企業も政府もまずない。これがネットワークに分散した犯罪の世界だ。

クライム・インクはビジネスであり、高い利益が上げられる。倫理的なことを考えて邪魔されることもなく、際限なく利益を上げ、そのために最新の営業形態を利用する。クライム・インクはフリーミアム価格、ゲーム化、クラウドソーシング、クラウドファンディング、評価エンジン、ジャストインタイムの生産、オンライン教育、分散事業管理のためのクラウドを使って、世界中にいる被害者のロングテールを追い求める。キエフのイノベーティブ・マーケティングのような世界的な犯罪組織は、わずか三年で、五億ドルを超えようかという額を稼いだ（もちろん無税）。こうしたムーアのアウトローは、完全にネットワーク化され、どんなテクノロジーも意のままに利用し、崩すことができる。ほとんど罰せられることもなく、その行動は、ますます接続されて機能を根本からテクノロジーに依存する世界を危うくする。その結果、能力が指数関数的に増す、さらに強力な犯罪地下世界ができる。この繁盛する犯罪的超組織は生きていて、呼吸し、インターネットの奥底の暗い片隅から制御されている――ダークウェブという、デジタル地下世界の隠れ処にして、クライム・インクの神経中枢である。

第11章　デジタル地下世界の中

私たちが思い浮かべる標準的な犯罪者のイメージは、捕まってしまったあまり頭の良くない犯罪者の性質に基づいている。

――ナシム・ニコラス・タレブ『ブラック・スワン』

ドレッド・パイレート・ロバーツ（DPR）はデジタル地下世界一のお尋ね者だった。サイバー宇宙の最も奥の一角から、謎のアウトローが隠れた犯罪の大帝国を経営していた。DPRは世界中で捜索され、FBI、麻薬取締局（DEA）、アルコール・タバコ・火器及び爆発物取締局（ATF）、国土安全保障省、王立カナダ騎馬警察、スコットランドヤード、ICPOの特別捜査員が活発に追及していた。DPRについては、その通称がカルトの古典的な映画『プリンセス・ブライド・ストーリー』の登場人物によること以外、ほとんど知られていない。DPRは、世間の目からは苦労して隠され、非合法な商品が何でもすべて秘密のウェブで売られている巨大なネット犯罪マーケットプレイス、「シルクロード」の黒幕だ。「吸ったり、注射したり、嗅いだりできるものなら、きっとシルクロードで手に入る」(1)。

古代のアジア交易ルートにちなんで名づけられたシルクロードは、売り手と買い手が名を隠して集まり、商品やサービスを、巨大な密輸品デパートで売買している。「薬と悪のイーベイ」とも呼ばれるシルクロードは、想像しうるかぎりの非合法の製品をすべて提供し、それが薬、武器などのカテゴリーにきちんと整理され、それぞれに写真と説明がついている。盗まれた銀行口座、偽造通貨、マシンガン、ロケット砲、盗まれたクレジットカード、コンピュータウイルス、キーストロークロガー、乗っ取られたフェイスブックのアカウント、ATMハッキング用チュートリアル、児童ポルノ、さらにはヒットマンといった商品もある。偽造のカテゴリーには、偽造運転免許証、パスポート、社会保障カード、公共料金請求書、クレジットカード明細、資格証明、さらに本人確認書類、二〇〇以上が挙がっている。

しかしシルクロードの中核は麻薬であり、一万三〇〇〇件以上の規制薬物の売物が掲示されている。取引される麻薬には、ヘロイン、オキシコンチン〔麻薬性鎮痛剤〕、粉末あるいは固形のコカイン、モルヒネ、LSD、エクスタシー、モリー〔幻覚剤〕、マリファナ、メタンフェタミン、マッシュルーム、注射器、前駆体、ステロイド、興奮剤、アンフェタミンからザナックス〔抗不安薬〕まで、様々な処方薬、麻薬が一回分ずつでも、ヘロインやコカインやメタンフェタミンが何キロなど、まとめてでも売られている。どのリンクをクリックしても当該の製品の写真が現れ、「ノッドのブラックタール・ヘロイン――陶酔まっしぐら《スイートネスエクスプレス》を血管に――お好みなら吸って肺に届けてドラゴンを追いかけてください」のような説明や広告コピーもついている。(2)

三年近く、ドレッド・パイレート・ロバーツは、世界最大のネット犯罪マーケットプレイスを運営し、シルクロードには九五万人を超える利用者が集まり、アカウントを作っていた。しかし、そのような派手な法律違反がそれほど長い間、警察の介入なしに続くものだろうか。単純なことで、止める方法がわからなかったのだ。シルクロードは普通のウェブサイトではなく、ブラウザのアドレスバーにwww何とかと入れればすぐにアクセスできるものではない。デジタルの地下世界で、The Onion Router《ジ・オニオン・ルータ》、略してTor《トーア》という専用の暗号と撹乱ソフトによってできる何枚もの秘密のベールの向こうに隠れている（この件についてはあらためて）。トーアを使うと、不法な商品を売る側買う側すべてが匿名になり、選ばれた偽名を通じてのみ相手を特定する。さらに利用者とその不法な活動を保護するために、シルクロードで認められる支払い形態は、ビットコインという、新種の電子通貨だけで、これによって双方は強固なプライバシー保護を伴う資金のやりとりをオンラインで行なえる。

知っている者どうしでは、シルクロードはドラッグ用イーベイと呼ばれることが多いが、これは実にぴったりの言い方だ。最新のクライム・インクの手法に通じたDPRは、ネット上に堅牢な評価システムを樹立し、それによって利用者が取引の前に互いに相手を推し量り信用できるようにした。そう、麻薬業者を評価できるのだ。たとえば、Basehead888は、DealioInThe312なる業者が四六〇〇回以上のコカイン販売を行なって、コカインにいかれたファンから、九七パーセントという肯定的な評価を得ていることを知る。買い手が残した具体的なコメントは、「発送が速い」とか「包装がしっかりしていて内容がわからない――麻薬犬でもこれは見つからない」などと勧めている。

時間が経つにつれて、シルクロードの人気と悪名は大きくなり、まもなく月に六〇万通近くの個人的なメッセージが売り手と買い手の間でやりとりされるようになった。その後、通信と取引の量は、DPRだけでは捌ききれなくなった。それに応じて、この犯罪社長は少数のシステム管理者を雇い、利用者の活動に問題がないか監視し、顧客サービスを行ない、売り手と買い手に争いがあったら仲裁に入るなど、サイトの日々の運営を手伝ってもらい、一〇〇〇ドルから二〇〇〇ドルの月給を払った。もちろん、この世界最大の非合法ドラッグ地下市場の創始者は、従業員よりもはるかに多くを稼いでいて、下級のシステム管理者もすぐそのことに気づいた。不当な低賃金を正すために、シルクロード従業員の一人が会社から横領を始めた。映画やテレビで『スカーフェイス』、『ソプラノ一家』、『ゴッドファーザー』を見たことがあればわかるとおり、大物から盗むというのは良い考えではない。

DPRが自分の金が奪われていることに気づけば、それは許しがたい裏切りとなる。報復としてDPRは自分のサイトにいる多くのプロの殺し屋の一人に接触して、八万ドルでその従業員を殺させた（標準的な殺し屋の通り相場からすると、五〇パーセント増し）。DPRは従業員が示した敬意のなさに怒る余り、殺し屋に、殺す前に責めさいなむよう、具体的な指示を与えた。DPRは殺し屋にユタ州にいる従業員の住所を伝え、殺しの証拠となる写真を受取ったら報酬の残額を支払うことを約束した。数日後、シルクロードの社長は求めていた証をJPEGの写真という形で受取った。DPRは決して約束は破らない男で、四万ドルの残金を送金し、成果に対して暗号化したメールで礼状まで出し、「殺さなければならなかったのは腹立たしい……けれどもすんだことはしかたない。……ただあいつがそれほどばかだったのが信じられない……もっと分別を持った奴が増えてほしい」。この世界最大の非合法市場シルクロードの創始者にして自分の従業員の暗殺指令を出した人物が、この世界に分別がないことに困惑していた。

しかしDPRが自分の邪魔をした相手を殺すよう命じたのはこのときだけではなかった。デジタル地下世界ではそのやり口は公然の秘密で、米上院が警察の行動を要求する公聴会を開くほどだった。もちろん、FBIなどはすでにシルクロードの件を追っていて、サイトで一〇〇回以上おとり購入を行なっていた。まもなく、捜査当局はシルクロードの創始者、すべてを始めたインターネットの起業家にして殺人も辞さない麻薬王の足跡も追った。DPRの手配は世界中に回り、そのうちFBIのシルクロード班がサンフランシスコ市公共図書館グレンパーク図書館にたどりついた。

二〇一三年のさわやかな秋晴れの日、茶色の髪がカールした二〇代終わりの男が、SF書架の静かな区画でノートパソコンを持って座り、周囲の人々が本を読み雑誌をめくる中でキーを打ち始めた。突然、若い女がその若い男に向かって、「もううんざりよ」と叫んで静寂が破れた。その瞬間、女は男にとびかかり、テーブルからノートパソコンを取り上げた。男はコンピュータを取り戻そうともがいている間、まわりの人々は、男を助けるどころか、壁に押しつけて、見知らぬ女が男のいちばん大事な所持品を持って逃亡するのを助けた。

これは行き当たりばったりの盗みではなかった。本好きを装った多くの人々が、この二〇代の男とノートパソコンを待ち受けていたのだ。男がパソコンを起動してコンピュータのハードドライブの暗号を解除するのに必要なすべてのパスワードを入れたとたん、襲撃が始まった。しかし争いは一瞬で終わった。泥棒もどきがシャツの下に手を伸ばすと、一つ一つFBIの金色のバッジが出て来た。驚いた図書館員が口をぽかんと開けて、茶色の髪がカールした男が逮捕され、オークランドのグレンダイヤー留置所へ、拘留手続に連れて行かれるのを見ていた。ドレッド・パイレート・ロバーツはいなくなった。

DPRはトーアやビットコインを使って自分の正体や足取りを隠そうと懸命だったが、いくつか新人なみのミスもしていて、それがよくログオンを行なうサンフランシスコ公共図書館へと連邦捜査員を導いた。連邦大陪審の起訴状によれば、DPRは実際にはロス・ウィリアム・ウルブリクトというテキサス州出身の二九歳で、サンフランシスコには数年前にやって来ていた。

ニューヨーク州南地区連邦検事はDPRことウルブリクトを、「麻薬輸送の謀議、コンピュータハッキング、資金洗浄、犯罪的企業の経営」などを含む様々な違反で起訴した。もちろん、殺人の企てと、「殺人依頼で州間商業施設利用」の罪もあった。DPRが雇ったと思っていた殺し屋は実はFBIのおとり捜査官だった。検事はウルブリクトを、さらに合わせて五件の殺人を命じたことでも訴追した。ウルブリクトが殺し屋のふりをした人物によって求められた額を支払ったと伝えられるときには、FBIはDPRが本気だということを知り、介入してその標的を保護した。捜査官は殺されようとしている人物すべての協力を取りつけ、偽の血と死体のメーキャップで蒼白の顔になった被害者の偽写真を撮り、それを求められた殺人の証拠としてDPRに送った。

シルクロードのこの黒幕は誰だったのだろう。予想とは全然違う。ロス・ウルブリクトはどんな親でも自慢にするような子どもで、テキサス州オースティン出身のボーイスカウトであり、理工学系の修士号も取っていた。大学院では結局、新たなリバタリアニズム〔極端な自由主義で政府の介入を排除しようとする〕に関心が移り、研究には興味をなくした。リンクトインのプロフィールには、今は「経済理論を使って、公的機関や政府による人類に対する広い範囲の権力の体制的行使を廃止」したいと書いている。その目的のためにDPRが生まれ、インターネットのシルクロードは、ウルブリクトが自分の自由市場の理想を試し、仕上げることができるカンバスになった。その結果、テレビの『ブレイキング・バッド』

で有名な架空のウォルター・ホワイトのような、科学者が薬物や秘密のアナーキズムへの情熱を密輸品の世界最大のオンライン取り扱い所に向けた話を実現したものだった。その過程で、このアンチヒーローは金も大いに稼いだ。

イーベイのように、シルクロードはすべての取引に、売上げの規模によって八ないし一五パーセントの手数料を取った。驚くことに、ウルブリクトの起訴状によれば、シルクロードは二〇一一年二月から二〇一三年七月の間だけで一二億ドル以上の取引を扱い、二九歳の創始者には八〇〇〇万ドルの利益となった。できて二年のスタートアップとしては悪くない。活動の絶頂期には、『アディクション』〔依存症〕という雑誌に掲載された調査によれば、アメリカのドラッグ利用者のうち二〇パーセント近くが麻薬をシルクロードで買っていた。

ウルブリクトはあらゆる訴因について無罪を申し立て、友人や家族もすべてウルブリクトのことを「こんな立派な人間」と断言し、さらには弁護費用の支援にするためにクラウドファンディングの活動も始めた（ビットコインもありがたく受け付けられた）。しかし連邦政府は起訴状に、ウルブリクトのさらに困った姿を描いている。麻薬の要、冷血な殺人者、殺人の背後の凶器の黒幕で、クライム・インクのビジネスモデルを完全に再編した。ボーイスカウトだろうと悪人だろうと、一つのことははっきりしている。DPRことウルブリクトには、さらにまた別名がついた――受刑者ULW981という名で、一日二〇時間房に閉じ込められ、目の前にあるのは終身刑だ。その間、複数の頭があるヒュドラのように、シルクロードはほんのつかの間閉鎖されたが、また息を吹き返し、新しい管理人の下で、デジタル地下世界である広大なダークウェブのあちこちに広がって栄えている。(3)

ダークウェブへのパスポート

DPRの犯罪者の売り手と買い手がシルクロード市場で取引するためには、まずそこへの入り方をつきとめなければならなかった。現実世界と同じで、ただ一帯の家の玄関をかたっぱしから叩いて回って覚醒剤一キロを期待することはできない。同じことはデジタル地下世界にも当てはまる。ブラウザのアドレスボックスにアドレスをタイプして魔法のようにクライム・インクの奥の隠し部屋に転送されるのを期待するだけではそこには行けない。パスポートと案内してくれるシェルパが要る。その旅はトーア――インターネット上で本当の匿名に最も近いものを提供するソフトウェアツール、ジ・オニオン・ルーター――とともに始まる(4)。

トーアは発信元と接続先を隠すために世界中の五〇〇〇台のコンピュータサーバ群を通してウェブでの接続経路を作ることによって機能する。トーアがなければ、ネットでの活動は簡単に追跡でき、CNNやESPNなどのサイトを訪れるたびに、自分の位置や自宅のネットワークを明らかにしている。悪漢はそのようなことは好まない。そんなことをすればすぐに捕まってしまう。そこで、自分の通信をトーアのようなサービスを通じて隠しながら道をつける。こうすると、警察はその悪党がネットで、シカゴにあるISP、コムキャストのサーバを使ってAK-47を売っていることが見えない（IPアドレスを割り当てられたコムキャストの利用者なら、それを特定するには捜査令状一つあればよい）。逆に、経験を積んだ、たとえばモスクワのハッカーは、自分のインターネットでの通信を、まずロンドンを通し、それからケープタウン、東京、テキサス州オースティン、ミラノを通ってから飛び出し、マンハッタンの標的を襲う。そうすると、いわゆる「通話《コール》」はほとんど追跡できなくなる。

トーアのクライアント・ソフトウェアはグーグルでも何でもどんなウェブサイトにも匿名的に訪れるために使えるが、本当の威力はトーアの隠れた機能につながれるようにするところにある――トーアのネットワークを通じて入ってくる接続だけを受け付けるよう、特殊な設定にしてあるウェブサイトだ。トーアのクライアント・ソフトウェアがなければ、トーアネットワーク内に隠れた広大なコンテンツにアクセスすることはできない。トーアの裏機能があれば、サイトを訪れた人がプライバシーを守れるだけでなく、訪れた地下のウェブサイトの方もできる。トーアの裏機能はすべて、Facebook.com のような通常のウェブアドレスは使わず、独自のドメイン名があり、.onion で終わる。この二重の匿名方式によって、シルクロードの売り手と買い手の双方が、自分の本当の正体を互いに明かすことなく、一つに決まる隠れたドメイン（シルクロードの場合は silkroadvb5piz3r.orion）を訪れることによって取引できる。

ほとんどの人はトーアを見たことも使ったこともないが、トーアのソフトはトーアのウェブサイト、www.torproject.org で無料でダウンロードできる。ほんの何分かでインストールでき、密かにプログラムを走らせて、グローバル情報網の幹線となる踏みならされた道から遠く離れたところで利用者を通す。奇妙なことに、トーアはもともと、二〇〇四年、海外の政治的反体制派や民主勢力の活動を安全に組織したり互いに連絡できるよう支援する手段として、米海軍研究所の研究として作られ、資金も得ている。エレクトロニック・フロンティア財団や国務省の支援も受けている。トーアには何の問題もない利用者がいくらでもいて、中国、イランなどのグレートファイアウォールの向こうにいる人々も、フェイスブックや『ニューヨーク・タイムズ』など、どこにアクセスするにも、恒常的にそれに頼っている。トーアは情報源と安全に連絡をとるジャーナリスト、あるいはウィキリークス社会の中の人々のような警鐘を鳴らす人々にも用いられている。

トーアは善のために作られたとはいえ、隠密通信を行なう強力な能力からすれば、犯罪者が次々とこのツールを使ってシルクロードのようなサービスを創設するのは意外ではない。正確な数字は得にくいが、二〇一三年の、隠れたトーアのサイト四万か所の調査では、五〇パーセントが、盗んだクレジットカード、ハッキングされたアカウント、武器、薬物、児童ポルノを売るなどの、非合法活動にかかわっていることがわかった[5]。安全保障や司法警察の専門家には、内々にトールの隠し機能のうち八五パーセントもが非合法ではないかと推定している。犯罪利用は隠密活動家の率をはるかに上回っている。二〇一四年の初めの段階では、トーアのソフトウェアは一億五〇〇〇万回近くダウンロードされていて、毎日二〇〇万人が使っている。[6] 五〇パーセントが非合法な使い方という控えめな方の推定をとっても、毎日一〇〇万人の犯罪者がトーアの裏機能を使うデジタル地下世界に出勤していることになる。メトカーフの法則によれば、通信ネットワークの価値は、そのシステムにつながっている利用者数の二乗に比例する。だから、完全にネットワーク化されて匿名化された犯罪労働力の脅威はとてつもない。

トーアを使って隠れたウェブサービスにアクセスする闇の勢力はクライム・インクだけではないかもしれない。多くの記事が、アルカイダやその提携グループもトーアの暗号化プロトコルによって利用できる隠密性や匿名性を利用して、連絡、新人の採用、資金集め、プロパガンダの拡散、作戦計画を行なっていることを記している。[7] NSAが契約する業者の社員だったエドワード・スノーデンは、勤めていた機関の巨大な通信傍受能力の詳細を漏洩した。出て来た証拠からすると、いろいろなテロリスト集団が通信方式を見直しているらしく、数々の文書で、そのメンバーにとって、オンライン作業でのセキュリティがやはり重要であることを強調している。[8]

アラビア半島のアルカイダやアンサル・アル＝ムジャヒディンのような組織は、訓練用教材やユーチューブの動画を作り、メンバーがオンラインの活動すべてについてトーアを使うのを奨励している。[9]

スノーデンの暴露や、すでに述べたプライバシーに対する広い範囲での攻撃を考えれば、普通の市民がトーアのような強力なツールに手を伸ばして自分のネットでの尊厳、自由、人権を保持しようとするのは、どこから見ても論理的だ。そうは言っても、トーアの裏機能はクライム・インクが不正利用し、地下世界が行ない放ち続ける革新は、大きさ、範囲、規模の点でとてつもないものになっている。

深淵への旅

インターネットは病的な精神状態のための配送システムを提供する。

――フィリップ・アダムス（オーストラリアの放送人、著述家）

インターネットのことは知っていると思っていても、実は知らない。ユーチューブの動画を見たり、フェイスブックの近況を更新したり、アマゾンで買い物をしたりして退屈を紛らわし、ネットの際限のない楽園にいると信じているが、実はそうではない。ネットの世界に足を踏み入れたそもそもの初めから、実は表のウェブを訪れているにすぎなかった。壁に囲まれ、あなたのためだけに念入りに手を加えられ、手入れされた庭に取り込まれている間に、事情を知っている人々はマトリックス、つまり裏のネット世界に入った。以下はほとんどの人が見たこともないようなインターネットだ。多くの名前がある――少し挙げても、ディープウェブ、ダークネット、シークレットウェブ、デジタル地下世界《アンダーグラウンド》、見えない《インヴィジブル》インターネット……それはグーグルが決して連れて行ってくれない、影のインターネットである。

ディープウェブとは、専門的に言えば、パスワードで保護されていたり、有料の壁の向こうにあったり、アクセスに専用ソフトが必要だったりで、グーグル、ヤフー、ビンのような検索エンジンが索引をつけられないネット上の情報資源のことを言う。インターネットのコンテンツすべてを検索する精巧なグーグル・ウェブクローラーは、自ら文字を入力する能力はないので、パスワードを入れたり、キャプチャを完成したり、プライベートなサイトに登録したりすることはできず、したがって、広大な幅の世界の情報を目録化できない。索引のないディープウェブの内容の大部分は、LexixNexis《レクシスネクシス》のような学術データベースや、特許庁や国勢調査局などが保持するような専用のデータなどだ。しかしそうした普通のもの以外に、猥褻な内容のものもたくさんある。

衝撃的なことに、ディープウェブは日常使われ検索される表のウェブの数百倍の大きさがあって、そこには七五〇〇テラバイトの情報がある。[10] ググれる部分にあるのは一九テラバイトにすぎない。『ネイチャー』に掲載された研究によれば、グーグルは表のウェブの中でも一六パーセントしか捉えておらず、ディープウェブはすべて捉えていない。[11] その結果、グーグルで検索するとき、見えるのは、実際に存在して、そこへ行く方法がわかっていれば利用できる情報のうち、〇・〇三パーセント（三〇〇〇頁のうち一頁）しかない。[12] つまり、グーグルはワールドワイドウェブの九九パーセント以上を見逃しているのだ。[13] 今のウェブ検索は、世界の広大な海の水面から数十センチくらいのところまでの漁のようなものだ。網に何かかかるかもしれないが、そのすぐ下より深いところにある厖大な量のものは逃している。[14] 大胆な人々にとっては、デジタル版マリアナ海溝のようなものがある。探検されるのをただ待っている、未発見のデータのまさに宝庫だ。

しかしロシアのマトリョーシカ人形のように、ディープウェブの中にまた隠れた世界がある。小さくはなっても重大な世界で、悪意の活動家が共通の悪の目的で団結している。それがダークネット、あるいはダークウェブという、ディープウェブの中にある広大なデジタル地下世界であり、そこにハッカーやギャングやテロリストや幼児性愛者が商売をしにやって来る。ダークネットはインターネットが持っている秘密でも大きなものを保持していて、大都市のいかがわしい通りや闇市場のように、犯罪者が非合法の活動をするために接続している。ダークネットは、利用者のIPアドレスを隠すように作られ、それによって、クライム・インクが政府や企業の介入を心配せずに連絡したり取引したりするための、匿名で追跡できない、安全なプラットフォームを提供すべく、暗号化やピアツーピアのインターネットリレー回路を使う。

トーアはダークネットへの最大にして最も人気のある入り口だが、フリーネットやI2P（Invisible《インヴィジブル》 Internet Project《インターネット プロジェクト》）などの競争相手もいる。さらに、シルクロードは何十もあるオンライン犯罪スーパーマーケットの一つにすぎない。他にもBlack Market Reloaded《ブラック マーケット・リローディッド》、OpenMarket《オープンマーケット》、SheepMarketplaces《シープマーケットプレイシス》、Agora《アゴラ》、BlackBank《ブラックバンク》、Atlantis《アトランティス》、Pirate Market《パイレート マーケット》などがあり、新しい回路が日々出入りしている。重要なことに、犯罪者は善良な起業家と同様、過去の誤りから学び、シルクロードの崩壊の後には、代わりに新世代のダークネット上のバザールが登場した。最も有名なのがダークマーケットだ。シルクロードの支配がDPRとDPRが管理するコンピュータサーバに集中していたのに対し、ダークマーケットは完全に分権的なオンライン闇市場で、単独の所有者はいない。(15) FBIがダークネットを解体しようとしても、首領を逮捕するだけではできない。首領が存在しないからだ。警察は密輸の買い手と売り手すべてを一人一人突き止めざるをえないが、それはほぼ不可能で、そのためダークネットはクライムインクの本当の楽園《エリジウム》になった。

新米の犯罪者・ハッカーがダークウェブを渡って行くのを助けるために、非合法マーケットプレイスは役に立つ裏ウィキ——Crimeopedias《クライモペディア》のようなもの——を設立した。きちんとカテゴリー別に整理され、他の .onion サイトへのリンクもある。カテゴリーには、hacks《ハックス》、phreaks《フリークス》、anarchy《アナーキー》、warez《ウェアズ》〔日本では「われず」とも。違法ソフトの意味〕、viruses《ヴァイラシーズ》〔ウィルス〕、markets《マーケッツ》、drugs《ドラッグズ》、erotica《エロチカ》などがあり、それぞれにリンクやそこで見つかるものの説明がある。ウィキの助けがあっても、ダークネットを巡るのは骨かもしれない。目指すドラッグ、銃、殺し屋を見つけるのは難しいだろう。その目的のために、二〇一四年の半ば、ある高度に革新的なハッカーがダークウェブ初の分散型検索エンジン、Grams《グラムズ》を生み出した。(16) グーグルを元にしたグラムズは、匿名化して .onion のアドレスを使うトーア用ブラウザを介してのみアクセスできる。グラムズを使えば、密輸品を探す人々はキーワードを入れることができ、商品やサービスを求めて同時に八つのダークマーケットにわたって検索できる。検索エンジンは売り手の名を拾い、比較しながらショッピングができる。グーグルと同様、「I, m Feeling Lucky」ボタンがあり、それをクリックすると、「高品位クリスタルメス」のサイトに案内してくれるかもしれない。グラムズは元のグーグルを犯罪用にしているだけあって、広告も受け付けるし、いろいろな組織が検索語を買うことで利用者を取り合うこともある。もちろん、グラムズで「Afghani Brown Heroin」〔アフガニスタン製ブラウンヘロイン〕を検索すれば、ダークウェブで入手可能な結果がすべて表示されるが、料金を払うクライム・インクの面々は、その検索結果の上位に表示される。グーグルのスポンサーと同じことだ。グラムズがデジタル地下世界のためにアドワーズを提供するという事実は、クライム・インクの、専門技術をもった商才と精巧さの両方を明らかにする。

デジタル地下世界にも広告に支援された検索が登場しているとはいえ、すべての非合法のトレーダーが犯罪者集団によってすぐに見つけてもらうのを喜ぶわけではない。その先には警察がいるのだ。そこで、ダークウェブのもっと高級な保護区では、現実世界の場合と同様、犯罪者は誰かの紹介が必要で、取引できるようになる前に保証を受けなければならない。そこでは「商品やサービスの配布は、何千もの非合法チャットルームや招待された者だけのフォーラムを通じて組織される」。不法ドメインの中でもこれほど排他的なところにアクセスするには、秘密の英数字によるアドレスを与えてもらう必要がある。オンラインの他のどこの目録にも挙がっておらず、人づてに渡さなければならないものだ。マザという、ロシアの盗難クレジットカードの売買をオンラインで行なう「カーダー」サイトのような犯罪者フォーラムは、秘密の世界への入会希望者は、組織の上級メンバーの投票による全会一致の承認を受け、さらに八日の待機期間を経てからでないと入れてもらえない[17]。しかしこの犯罪デジタルエリートによる選ばれた領域に受け入れられれば、世界は思いのままだ。

デジタル地下世界で利用できるタブーや不法品の豊饒の海をブラウズすると、ダンテの『神曲』にある地獄の九界をゆっくり下りていくような気がする。一歩ごとに恐ろしく心底不安になる深淵へと進んで行くことになるからだ。以下に挙げるのは、インターネットの最も奥の闇で手に入る商品やサービスの、よくあるものから恐ろしいものへと並んだ通りいっぺんの見本にすぎない。

海賊版コンテンツ　数々の不法「トーレント」、つまりピアツーピアのファイル共有サイトが存在する。たとえばPirate Bay《パイレート・ベイ》で、これはインターネットで訪問回数が多いサイト上位一〇〇位に入る[18]。やはりこの種のもので、ニュージーランドのMegaupload.com《メガアップロード》は、ピーク時には一日に五〇〇〇万の「顧客」の訪問を受け、全世界のインターネット通信量のまる四パーセントを占めたことがある[19]。国際警察当局は、このサイトを運営するのは身長二メートル、体重一六〇キロのドイツ国籍の国外逃亡ハッカー、通称Kim Dotcom《キム・ドットコム》だと唱えている。当局によれば、メガアップロードの主力製品は、五〇ペタバイト（五二〇〇万ギガバイト）分の盗んだ映画、楽曲、ビデオゲーム、本、ソフトウェアだという。メガアップロードでの商売は順調で、この企業は年間で推定二五〇〇万ドルを広告から、さらにそこでダウンロード可能なコンテンツをもっと速くもらいたいという利用者が払う料金で一億五〇〇〇万ドルを得ている。キム・ドットコムは、そこから得る利益によって、手入れされた芝生と専用のテニスコートとゴルフコースがついた二四〇〇万ドルの豪邸でものすごく贅沢に暮らすことができた。キム・ドットコムの所有物には、ヘリコプター、大型ヨット、一五台のベンツ、ロールスロイス・ファントム・ドロップヘッド・クーペ（メーカー希望価格四七万四六〇〇ドル）が一台、スウェーデンのヘステンスによる、特注で一〇万三〇〇〇ドルの馬の毛製ベッドなどがあった。海賊版は実に儲かる商売なのだ。

ドラッグ　シルクロードのときに見たように、デジタル地下世界では、あらゆる種類の不法薬物や処方薬が、一回分の小分けから卸売りまで、入手できる。しかしダークウェブの麻薬取引市場はシルクロードだけではなく、そうしたサイトは何百とある。よくあるマリファナ、ヘロイン、エクスタシー、コカインなどだけではなく、スコポラミン、つまり相手の顔に吹きかけると、体は異常ないが自由意思が奪われるという、攻撃的に無力化する薬品として用いられるいわゆる「悪魔の息」粉末もある[20]。これは一度摂取すると、数分のうちに匂いも味もない粉によって、泥棒でもレイプ犯でも、被害者を制圧し、もっとひどいことに、事件の詳細に関する被害者の記憶も消してしまう。

偽造通貨　デジタル地下世界では偽造通貨は広く入手でき、価格は品質、購入量、ドルかユーロかポンドか円かの通貨によって異なる。Guttemberg Print《グッテンベルク・プリント》、Cheap Euros《チープ・ユーロズ》、WHMX Counterfeit《カウンターファイト》などのトーアの隠れサイトは、一ドルあたり二四セント（二五〇〇ドル分の偽札が本物六〇〇ドルで買える）(21) 高品質の紙幣を提供する。売り手はすべての紙幣が偽札を見分けるための検査用ペンのテストや紫外線テストを通ると約束する。

盗品の高級品／電子機器

Tor Electronics《トール・エレクトロニクス》、CardedStore《カーディッド・ストア》、Buttery Bootlegging《バッテリ・ブートレギング》といったダークウェブのサイトはどれも、新品のブランド電子機器や高級品を、ディープウェブ割引価格で提供する。広告は「主要販売店からの幅広い品揃えをわずかなお値段で」と謳う。もちろんこうした品はすべて盗品で、工場から横流しされたり、配送中のトラックから謎の落下をしたものだ。

カード／アカウント

たぶんデジタル地下世界には盗難クレジットカードほど豊富にある品はないだろう。いわゆるカーダー・フォーラムという、個人が世界中のほぼすべての銀行や国のクレジットカードやデビットカードを売買している場で広く入手できる。マルウェア、ハッキング、クレジットカード・スキマーで盗まれた金融情報はすべて、最終的にはダークウェブでの「ダンプ」を介した販売に行き着く。ダンプとはクレジットカードの磁気テープに含まれるデータのことで、そこには所持者の氏名、カード番号、有効期限、CVV（カード確認数字）などの詳細が入っている。カードが盗まれると情報は犯罪者にオンライン購入を行なうために使われたり、新しいプラスチックの偽造カードに記録されて「すぐに換金できる高額商品」を買うために使われたりする。(22) クレジットカードの盗難は大量にあるので、盗まれたカード一枚のデジタル地下世界での価格は急落している（二〇一〇年には三ドルだったのが二〇一三年には一ドル）。(23) 盗まれたクレジットカードのダンプは市場での使いやすさを明らかにし、二〇一三年のターゲット社の店舗のハッキングのような大規模な侵入の後では、市場での需要より供給が上回り、盗まれたカードの価格はさらに下がる。カードはMazafaka《マザファカー》、Tortuga《トアトゥーガ》、CarderPlanet《カーダープラネット》、ShadowCrew《シャドウクルー》、

Approven.su《アプルーヴン》、私の個人的なお気に入りIAACA（国際犯罪活動推進連合）などのダークネット上のサイトで売られる。[24] こうしたサイトのほとんどすべては登録が必要で、メンバーは警察が入って来られないように頻繁に検査される。カーダーは「高い有効率」を約束し、盗まれたクレジットカードが九五パーセントの確率で使え、そうでなかったら「返金」を約束する。この商売に参加するカーダーにとって、利益はとほうもなく、世界中のカードの不正使用で毎年一一〇億ドル以上が失われている。合衆国はそうした盗難の最大の被害国で、世界中の不正カード活動すべてのうち四七パーセントを占める。[25]

身元情報詐取　個人特定可能情報（PII）の不正利用はデジタル地下世界で広まっている。情報は、セキュリティが貧弱なデータブローカー、ソーシャルメディアサイト、医療・金融・教育・税・オンラインショッピングなどで行なわれる処理のお粗末な扱いから洩れる。こうした盗まれた個人情報は、ハッカーにはしばしば「フルズ」と呼ばれ、氏名、住所、社会保障番号、生年月日、勤務先、銀行口座番号、銀行支店番号、運転免許証番号、母親の旧姓、メールアドレス、追加のネット上のユーザ名やパスワードが入っている。アメリカやEUの市民の二〇パーセント近くは身元情報詐取の被害に遭ったことがあり、ダークウェブでのPII販売によって得られる利益はとてつもなく大きい。[26] 医療でのなりすまし（盗んだ社会保障番号による偽の請求）は、合衆国の保険制度に毎年五六億ドルの損害を与え、税金の還付にまつわるなりすまし（本人になりすまして偽の還付請求を行ない、還付金を懐に入れる）はIRSにこれからの五年で二一〇億ドルの損害を与えるだろう――すべて私たちが、根本的にセキュリティ不足のシステムから大量のデータを洩らしていて、それがダークネットで取引されて巨大な利益になるからだ。[27]

書類　パスポート、運転免許証、住民票、偽造身分証、大学卒業証書、謄本、在留資格証明、さらには外交官の身分証まで、何枚でもネットで簡単に購入できる。「オニオン身分証サービス」のようなダークネット企業は、ビットコインと引き換えにパスポートや身分証を売ってくれる。こうした書類は犯罪者やテロリストに、国境を超えて移動したり、別の身分を得たり、資金を洗浄したりするために使われる。アメリカの運転免許証はどの州のものでも、きわめて高品質のものが中国やロシアから発送され、値段はだいたい二〇〇ドルだが、合衆国や英国のパスポートは数千ドルで売れる。[28]

武器、弾薬、爆発物　武器を買いたければ、ダークウェブのArmory《アーモリー》、Black Market Reloaded《ブラック・マーケット・リローディッド》、LiberaTor《リベラトーア》で、ほぼ何でもネット購入できる。そこでは、グロックス、ベレッタ、九ミリ自動拳銃といった拳銃が消音器つきで、易々と取引されている。ＡＫ-47やブッシュマスターＭ4（アフガニスタンで特殊部隊が使うもので、フルオートモードなら一分に七〇〇〜九五〇発撃てる）もある——待たされることもないし、身分証確認もない。[29]「世界中どこへでもお届けします」と頼もしい記述をする業者にはＣ-4爆薬（プラスチック爆弾）の在庫もある。もちろん出荷には少々問題がある。マシンガンを宅配便で送れば、どこかで警報が鳴らずにはすまない。そこでダークネットの銃器販売業者は、この難関にうまく適応して、製品を遮蔽し、別の製品に見せかけた包装で送る。銃器は細かい部品に分解され、壊れもの扱いで発送される。武器商は組立てずみの銃を公園に埋めたり、ごみ箱に入れておいたり、通路に置いたりする「デッドドロップ」という方式を手配することもできる。この場合、支払いがすむと、買い手はＧＰＳの座標と品物が隠されている場所の説明を受け取る。最近は軍用の武器さえオンラインで入手できる。ボヒカと呼ばれるあるダークウェブ利用業者が扱うのは、ほとんどは小型の武器だが、「火砲、ＭＡＮＰＡＤＳ（携帯式防空ミサイルシステム）、砲車、装甲兵員輸送車、ヘリがご入用なら、取寄せ可能。有料で使い方の指導も可能。ご連絡はＰＧＰ暗号にて。公開鍵はプロフィールのページにあります」と記していた。[30]

殺し屋　シルクロードのところで見たように、ダークネットでは暗殺もクリック一つですむ。[31]「お雇い殺人者」、「素早い殺し《クイック・キル》」、「殺し請負います《コントラクト・キラー》」、「クトゥルフ」のようなサービス提供業者は、どれも「よくある問題の永遠の解決策」と宣伝する。こうしたサービスを提供する傭兵集団は、フランス外人部隊などでの軍隊で訓練を受けたことや、イラクやアフガニスタンで磨いた狙撃の能力を誇らしげに記している。業者ごとにルールも規格も異なる。ある業者は厳格な「未成年お断り」方針を採って一八歳未満を殺すのは断っているし、政治的な暗殺はお断りというところもある。しかし心配はない。先に触れたクラウドソーシングの暗殺市場のような、政府関係者を殺すのが専門の業者もたくさんある。値段は下は二万ドルから警官殺しには一〇万ドルといった範囲にわたる。こうしたサイトは標的の最近の写真、自宅と勤務先の住所、通常の日課、行きつけの場所を提供するよう求める。(32) ビットコインも受け付けられ、ふつう、殺害の証拠となる写真がつく。

児童性的虐待画像

困ったことに、ダークネットは児童ポルノ取引の保護区になっていて、Hard Candy《ハード キャンディ》、Jailbait《ジェイルベイト》、Lolita City《ロリータ シティ》、PedoEmpire《ペドエンパイア》、Love Zone《ラブ ゾーン》といった地下のトーアサイトで広く提供されている。Family《ファミリー》 Album《アルバム》は「会員によるプライベートな幼児セックス」を提供し、まさしく児童性的虐待の自作動画によるユーチューブのようなものだ。「幼稚園ポルノ」は年齢別性別に分類したリンクを提供する。(33)『バカでもわかる児童ポルノ製作』とか『子ども愛の実践法』といったタイトルの電子ブックも売られている。多くのサイトで、幼児性愛者が空想や画像を共有するために連絡し合える。効果的に狙い、誘い、性行為をする方法について、詳細な手口の交換もしている。こうした活動の量は驚異的だ。一つのダークウェブサイトだけで、そのフォーラムには二万七〇〇〇人が会員登録している。(34) さらに、全国行方不明被虐待児童センターという団体は、年に二〇〇〇万件近くの児童性的虐待画像を調べているが、二〇〇七年と比べると四〇〇〇パーセント増しになっている。(35) 警察資料では、幼児性愛者のうち、一九パーセントが三歳未満の幼児性的虐待画像を所持し、三九パーセントが六歳未満、八三パーセントが一二歳未満のものを所持している。[36] ダークウェブでは、経験豊富な幼児性愛者が警察当局からどう身を隠すかを教え合い、オンライン捜査を避けるための暗号化や匿名化の方法を議論している。

人身売買　ダークウェブは人間の売買も容易にし、成人でも子どもでも売ったり取引したりするのが専門のウェブサイトが数多くある。[37] 米司法省は、人身売買はクライム・インクに一年で三二〇億ドル余りをもたらすと推定する。従来からの人身売買ルートは残っているが、オンラインのテクノロジーは売買業者に「より多くの被害者を搾取し、その業務を国境を超えて宣伝する未曾有の能力」を提供する。合衆国だけでも、二〇万人の子どもがセックスのために売買され、業者は一年で子ども一人あたり一五万ドルから二〇万ドルを稼げる。児童売買を経て生き残った人々の七〇パーセント近くは、売買過程のいずれかの段階でネットで宣伝され、一日に最大二〇回もセックスをさせられると言っている。[38] こうした活動はダークウェブだけでなく、ソーシャルメディアや表面のウェブ広告サイトなどで、比較的おおっぴらにも取引される。[39] BackPage《バックページ》.comのようなウェブサイトは、「送迎」、「マッサージ」を約束し、業者による広告は、オンラインの広告業者には年間四五〇〇万ドル近くの収入をもたらす。[40] オンラインでの売買の対象は子どもだけではなく、移民やわけありの人々の集団もある。

臓器売買　世界中に、臓器を扱うおぞましくも活発な闇市場がある。[41] 腎臓は二〇万ドル、心臓は一二万ドル、肝臓は一五万ドル、皮膚は平方インチあたり一〇ドル、片腕五〇〇ドル、両眼が一五〇〇ドルというふうに。[42] こうした人間の部材はどこから出て来るのだろう。生きている人、亡くなった人両方だ。墓場荒しは二一世紀の今も残っていて、世界中の多くの遺体安置所が遺族にはわからないと見て、委託された遺体の臓器を売っている。さらにひどいことに、生きている貧困者がとくに危なく、オンラインで活発に狙われ、連れ去られて、臓器を必死になって求めている裕福な患者に臓器を売られる。合衆国だけでも腎臓の提供を待つ患者が一〇万人いて、一〇年待ちといったことになる。(43) たいていの人はその半分の年数で死亡する。(44) その結果、裕福な患者は海外へ「ドナー」探しに向かい、臓器の不法な取引の原動力になっている。クライム・インクには、大陸をまたいで売り手と買い手を結ぶ仲介人となる専門の臓器ブローカーの部門があり、ブローカーに好意的な医師、医療施設に導いてくれる。世界保健機関（WHO）(45)は、こうした地下ネットワーク内で、不法に得られた臓器が一時間に一個売られていると推定している。臓器が取られるのは、中国では処刑された死刑囚から、インドでは夫に家計の足しにするため臓器を売るよう強制された女性から、レバノンの難民収容所に来たばかりで現金を求める新来のシリア人からだ。(46) 腎臓は二〇万ドルで売れるが、買値ははるかに低く、わずか二五〇〇ドルから一万ドルなので、犯罪者臓器ブローカーには大きな儲けになる。(47) 残念ながら、臓器を売った人は術後のケアをほとんどしてもらえず、多くが手術のせいで死亡する。(47) こうした活動は、ネットでチャットルームやダークウェブを介して行なわれることが多くなっている。インド、ブルガリア、セルビアなどの貧困者は、自分の血液型と電話番号を添えて、「腎臓、肝臓売ります。生き延びるのに必要なことは何でもします」と書いた主婦の書き込みのような、必死の訴えを投稿している。(48) 中国では、臓器ブローカーが、インターネットのフォーラムで、「腎臓を提供して iPad を買おう」のような標語を使って、とくに若年層を狙っている。(49) 少なくともある一七歳の、今は健康を損ねている少年が取引に応じたことが知られている。母親が貧困家庭の自宅に新品の iPad があるのを見て、警察に連絡して発覚した。(50)

ライブ児童レイプ

ダンテの「地獄篇」のように、ダークウェブには独自の地獄の第九圏があり、社会の中でいちばん幼い、弱い者に対するおぞましい暴力行為が行なわれている。ユーロポール——欧州連合の警察機関——が発表したどこまでも不穏な報告には、児童虐待やレイプのライブのストリーミング動画を提供する地下のウェブサイトの数が増えていることが述べられている。(51) クライム・インクと幼児性愛者のネットワークは実際にオンデマンドの有料児童レイプサイトを組織しつつある。とくにアジアの組織犯罪ネットワークが幼児性愛者にトーアを通じて、インスタントメッセージ機能付きのライブ動画配信への接続を提供する。世界中の利用者が、子どもを誘拐したレイプ犯に具体的な虐待行為を指示できる。[52] 吐き気がすることだが、レイプ犯はリクエストに応じるのだ。警察が捜査したある事件では、トーアを通じて接続した人々が、およそ一〇〇ドルの料金で、八歳の少女に暴行しようとする男のグループに、リアルタイムで行為を指示するようになっていた。[53] こうした活動はダークウェブ上で行なわれ、動画はダウンロードするのではなく、ストリーミング形式なので、犯罪を証明する証拠は、周囲の男たちの下劣な野蛮さをしのいだ被害者の、傷の残る記憶以外のどこにも記録されない。

こうしたデジタル地下世界で売り出されている不法な商品やサービスはすべて、クライム・インクに厖大な利益をもたらし、この流れは、秘密の事業活動を大いに容易にする新たな形態の不法な金の流れのおかげで加速している。

後ろ暗いコイン

ビットコインにはビットコインの問題点がある。しかしビットマインは完璧さを相手にしているのではない。

——セキュリティ研究家、ダン・カミンスキー

テクノロジーは新しい形態の通貨を可能にし、成長するデジタル経済は、新しい金融ツールの提供を約束する。とくに銀行のない貧しい人々に。この台頭する仮想通貨は名前がないことも多く、分散的なピアツーピアのデジタル貨幣であるビットコインほど報道されたものはない。ビットコインは二〇〇九年、サトシ・ナカモトという通称を用いる謎の人物（あるいは集団）によって考案され、コインは強力な

計算処理能力を必要とする難しい数式を計算することによって作られる。あるいは「採掘される」。このシステムは二一〇〇万ビットコインを超えるコインはできず、それによって中央の権威が市場に新たなビットコインを垂れ流せないような設計になっている。[54]たいていの人はビットコインを第三者の交換所で、ドルやユーロなどの従来の通貨、あるいはクレジットカードを使って購入する。ドルに対するビットコインの交換率は激しく変動し、発表当時にはコインは五〇セントだったのが、二〇一三年一一月にはコインは一二四〇ドルを超えている。

人はコンピュータやモバイルのアプリによる「デジタル財布《ウォレット》」にビットコインを貯め、アプリを使ってそのコインを送ることができる。ビットコインは世界のどこでも、メールアドレスに似た、一つだけの英数文字による識別符号を使って利用者間で直接交換でき、これには交換手数料は要らない。購入が行なわれると、「ブロックチェーン」と呼ばれる公開の原簿に記録され、二重の取引が許されないようになっている。ビットコインは世界最大の暗号通貨《クリプトカレンシー》で、そう呼ばれるのは、「創出と移動を規制するために、中央の当局に頼るのではなく暗号を」使うからだ。[55]ビットコインを受け入れるところは急速に増えていて、ビットコインを使ってサンフランシスコでカップケーキ、マンハッタンでカクテル、アレンタウンでサブウェイのサンドイッチが買える。新しいテスラモデルSを買うのにも、ダイレクTVの料金も使えるし、OkCupid に登録もできるし、リチャード・ブランソンが予定しているバージンエアの宇宙旅行のチケットも予約できる。

ビットコインは銀行口座の必要なしにネットで使えるし、暗号通貨の売買には身分証は必要ないので、匿名、あるいはもっと正確に言えば、利用者の名前が秘匿される偽名取引にとっては便利な方式となる。[56]ビットコインは他のすべての貨幣と同じく、合法的な目的にも非合法な目的にも使えるが、暗号化技法と相対的な匿名性は犯罪者にとっては大いに魅力がある。資金が中枢に蓄えられるわけではないので、アカウントは警察によって簡単に押さえられたり凍結されたりしないし、ブロックチェーンに記録された取引を追跡するのは、従来の規制された金融ネットワークで動いている地元の銀行に対して令状を行使するほど簡単なことではない。その結果、ほとんどすべてのダークウェブの不法な商売が、代替通貨体系を通じて容易になる。人は覚醒剤や児童ポルノ画像を買うために紙の小切手を送ったりクレジットカードを使ったりはしない。ビットコインのような、匿名のデジタルでバーチャルな通貨に目が向く。

アル・カポネの禁酒法下の密売時代には、FBIの呪文は「金の流れをたどれ」だったし、結局、一九三〇年代世界最大の犯罪王を追い詰めたのは、殺人ではなく脱税だった。それ以来、「金の流れをたどれ」は司法警察の中心となる信条だったが、警官はそろそろ新しいモットーを見つけなければならないかもしれない。今や、リップル、ライトコイン、ドージコインなど、七〇以上の仮想暗号通貨が競合していて、仮想通貨では二〇一三年だけで一〇〇億ドル近くが取引されたと推定されている。[57] 巨大な額がかかっているとなると、犯罪者がビットコインを取引するだけでなく、暗号通貨を盗みの標的にもしているのは意外ではない。ハッカーは仮想通貨の形で何百万ドルと盗むことができて、これまでで最大の攻撃は、東京に本拠を構えるビットコイン交換所、マウントゴックスに対するもので、これは二〇一四年に四億七〇〇〇万ドル分をデジタル金庫から盗み出した。[58] そうとなれば確かに未来型の銀行強盗で、ビットコインの損失については、連邦預金保険も補填してくれない。

暗号通貨の他にも、リバティリザーブ、イーゴールド、ウェブマネーなど、クライム・インクがひいきにするいろいろな形の電子決済方式がある。こうした会社の一つ、リバティリザーブは、連邦検事によれば、何年かの間に六〇億ドル以上の資金洗浄をしたかどで訴追された。[59]「犯罪者用ペイパル」と呼ばれ、個人の口座の詳細は必要ないリバティリザーブは、クライム・インクの、クレジットカード詐欺、身元情報詐取、投資詐欺、コンピュータハッキング、児童ポルノ、麻薬取引など、ダークウェブでの幅広い活動を容易にした。これは、先に記した、二〇一三年に一〇時間の間に行なわれた四五〇〇万ドルのATM破りでも中心的な活躍をしたと考えられている。[60] リバティリザーブは、シルクロードのように、結局はＦＢＩに解体され、設立者は逮捕されたが、代わりに出て来る同業者も多く、そうした新しい市場は一般に分散型ピアツーピアの構造を取り、次世代型の暗号通貨を選んでいる。それはビットコインのブロックチェーンに公開で記録される偽名使用を約束するだけでなく、完全に追跡不可能な匿名も認める。そのような新通貨の一つ、ダークコインは、ビットコインの極秘の後ろ暗い親戚と見ることができ、とくに利用者の購入を隠すために作られた。一回の取引を他の利用者の取引と組み合わせ、支払いはどんな特定の個人とも結びつかないようにする。ダークコインの人気は急上昇で、その価値は一コイン七五セントから、発表してまもなく七ドル近くにまで跳ね上がった[61]。

別の手段、ダークウォレットは、unSYSTEMと名乗る組織によって作られ、「超匿名」取引を可能にすることによって、ビットコインをリバタリアンな原点に戻すことを狙っている。「闇《ダーク》あれ」（創世記に出て来る「光あれ」のもじり）を合言葉にして、「ダークウォレット」はアナーキスト御用達のビットコインになることを目指していて、その創始者はあからさまに「資金洗浄ソフト」と言っている[62]。ダークウォレットは、利用者の支払いを組み合わせ、暗号化することによって、デジタル地下世界での「実質的に追跡できない金の流れを可能にする」という。こうした新しい金融ツールを装備して、犯罪者は下地を作って買い物へ出かける。買うものはたくさんある。

サービスとしての犯罪

追跡不能な非合法通貨制度が準備されると、犯罪はもはや単に荷担するものではなく、買えるものとなる。サービスとしての犯罪《クライム・アズ・ア・サーヴィス》（ＣａａＳ）は、新たなビジネスモデルとなり、犯罪のすべて、あるいは一部を他人に実行してもらい、計画をまとめ、投資する犯罪起業家は利益が約束される。大企業が、自社の中核能力を超えた活動を実行するために、ますますサービスとしてのソフトウェア（ＳａａＳ）を利用するようになっているのと同じで、犯罪もそうしているのだ。

購入されることが多いサービスは、ITインフラのサービスだ――現代の企業を成功させるために必要なテクノロジーの生命線である。しかしクライム・インクは特殊なテクノロジーのインフラを必要としている。とくに、今日ではきわめてレアな品になった、プライバシーと匿名性だ。犯罪者がダークウェブに集まるのは、それによってフェイスブックやグーグルによって広まった監視ビジネスモデルと、エドワード・スノーデンによって明らかにされた国家レベルの能力の両方を回避できる可能性が得られるからだ。生計も生命もこの匿名性の確保にかかっているので、クライム・インクのメンバーは、標的を襲ったり、密輸品を売ったりする前に、相当の資源を自分のプライバシーの維持にかける。

実務的には、これはデジタル地下世界の不法な活動家が仮想プライベートネットワーク（VPN）とプロキシサーバを使って、自分たちのIPアドレスを隠し、居場所を隠すということだ。活動家はいわゆる「防弾」サーバも重用する。ロシアやウクライナの管轄下でウェブ用サーバを提供し、不法なコンテンツも受け入れ、顧客の正体を知ろうとはせず、リバティリザーブやビットコインのような匿名の決済も受け付け、警察からの捜査協力要請も無視する会社である。そのようなCaaS企業の一つ、フリーダムホスティングは、トーアネットワークで最大のウェブ収容サービスで、FBIには児童性的虐待画像を広める点では世界一と指弾され、世界中の児童ポルノの九五パーセント以上を支援している。[63] 児童性的虐待画像を提供する何百という犯罪起業家は、フリーダムホスティングに料金を払って匿名で地下ウェブサイトを収容してもらい、それぞれのサイトには何万という登録利用者がいる。[64]

加えて、企業が急速にクラウドコンピューティングを採用して自社のファイルをグーグルドライブやアマゾンなどのストレージサービスに置くのと同じようなことをクライム・インクもしている。ある興味深い展開では、ハッカーがクラウドに置かれたデータを狙うだけでなく、自分たちもそうした手軽に使えるサービスを利用し、あまり大したことのないファイルをオンラインに保存してますます便利に使っている。クラウドは、盗んだクレジットカード、偽造身分証明書、フロント企業を使って、スペースをまっとうな企業と一緒に賃借し、そのサーバにマルウェアを載せるというクライム・インクのメンバーの必要にはとくに適している。ハッカーは、立派な企業を使ってクライムウェアを収容することによって、自分たちの商売を第三者によってブロックされたり探知されたりする可能性を大きく下げる。この流れは加速していて、二〇一三年の調査では、世界中のマルウェア配布回路の一六パーセントはアマゾンクラウドに収容されており、さらに一四パーセントはGoDaddy《ゴーダディ》のサーバから出ているらしい[65]。

さらに、クラウドは正当な利用者にもハッカーにも巨大な処理能力が使えるようにする。その結果、文字どおり誰もがわずかな料金でこれまで想像もつかなかった処理能力を利用できて善にも悪にも使えるという、武器化した計算機の時代に突入している。たとえば、ソニー・プレイステーション・ネットワークに侵入したハッカーは、アマゾンのクラウド処理サービスの巨大な処理能力を使ってソニーの暗号化鍵をいくつか破り、数十万人分のアカウントやクレジットカード情報にアクセスできるようにした[66]。この「クラウド破り《クラッキング》」は、どんなに強いパスワードでも破るのにかかる時間を大きく減らし、一方で私たちのセキュリティが弱まる。今日、クラウドの分散処理能力やCloudCracker《クラウドクラッカー》のようなツールを使えば、一七ドルほどの費用で二〇分ほどの間にパスワードの可能性を三億通り試すことができる[67]。つまり、アマゾンのクラウド処理サービスを賃借できるなら、ほとんどの無線LANを保護している平均的な暗号化キーはわずか六分で破れ、賃借料は一・六八ドルにすぎない（ムーアの法則のおかげで将来はきっともっと安くなる）[68]。

正当な企業がコンピュータプログラマを雇ってウェブサイトを構築したりソフトウェアを書いたりさせるのと同じようなことをクライム・インクもしている。CrimeEnforcer《クライムエンフォーサー》（「警察《ローエンフォーサー》」のもじり）のような企業は、「あなたの特別な成長の必要のための私的組織……お国では行なえない、あるいは話もできない特殊なハードウェア［あるいは］ソフトウェアが必要なら……。あなたの事業に、絶対に無名かつ国外での展開を提供します。あなたがハードウェアやソフトウェアで何をするか、何をしてほしいとお求めかは気にしません」[69]。犯罪ソフトウェア開発の世界では疑問はいっさい出されない。他のクライム・インク企業は好きなシステムに押し入るために雇えるし、そのための強力な能力がある。たとえば、中国のHidden Lynx《ヒドゥン・リンクス》という組織は、一〇〇人もの職業的サイバー窃盗犯からなり、そのグループは、アドビ、ロッキード・マーチンなどのシステムに侵入したことが知られている[70]。恐ろしいことに、ヒドゥンリンクスの会員には中国政府に勤める軍人や情報当局者もいて、この国のために攻撃的なサイバー活動を実行している。しかし、こうした職員の多くは、平均的なハッカーをはるかに超える高度な技能で傑出していて、勤務時間外にはサイバー詐欺師や雇われハッカーとなって、夜間に相当の副収入を得ている[71]。これがサイバー傭兵で、今や多くのＣａａＳが提供する多くのサービスの一つになっている。

　クライム・インクは、雇われハッカーサービスに加えて、銀行、翻訳、出張、コールセンターのような様々な管理サービスについても下請けする。

　たとえば、CallService.biz《コールサービス》は、オンデマンドで英・仏・独語の吹替えを提供して、詐欺師が送金を始め、ハッキングした口座の障害を取り除き、銀行との連絡情報を変更するのに必要な銀行のセキュリティ対策をくぐり抜ける助けをすることによって、デジタル地下世界のニッチを埋めている。複数言語の犯罪コールセンターは、年中無休で常時職員がいて、一回の通話あたりわずか一〇ドルで、仕事の割当、教育上の問合せなど、何でも通訳を演じる[72]。犯罪起業家が必要とするほとんどどんな専門サービスも、デジタル地下世界の中で見つかる。それでも、こうしたサービスはますます犯罪ソフトウェアの形にまとめられ、パッケージ化されて売られるようになり、ダークウェブの奥で広く入手できる。

クライマゾン・ドットコム

　デジタル地下世界の経済は複雑だ。犯罪者は消費者に売る（ドラッグ、偽造運転免許、海賊版など）だけでなく、互いに卸売りもする。ＣａａＳの大部分は、犯罪工場を動かし続けるのに必要な支援インフラと匿名性の維持にかかわるが、地下経済は、クライム・インクのメンバーが、フィッシング、スパム、詐欺、ＤＤｏＳ、データ窃盗などのためのパッケージ化したツールを提供して補強されてきた。

トップクラスの犯罪プログラマは、自分が自分用に作った犯罪的ハッキング用ツールが、やはり攻撃をかけたいが、時間や腕がない犯罪者仲間に売れればさらに利益が得られることを認識している。その結果、あまり腕のない犯罪者も、システムの脆弱性を特定し、個人情報を盗み出し、サーバを乗っ取り、データを盗み出すなど、必要に応じて必要なツールを買うことができる――マウスのクリック一つで犯罪ができる[73]。

ダークウェブはこうして仮想の「Crimeazon.com《クライマゾン》」――犯罪者が買い物に寄る世界最大のオンラインマーケットプレイス――になった。そこで犯罪者は禁じられた木の実を扱うバザールを見いだす。すべてが購入用にきちんと整理されている。他のイーコマースの提供業者と同じく、クライム・インクも、オンラインのショッピングカート、レジ、クーポン、決済処理、テクニカルサポート、顧客対応用チャット、第三者預託サービスといったものを完備したダークネット製品店舗を生み出した。販売者は一か所で買い物がすませられるようにし、クレジットカードを忘れても、ビットコインを受け付けてくれる[74]。

一例としては、二〇一三年の末にターゲット社のＰＯＳシステムが大規模に侵入された事件に関与したマルウェアは、BlackPOSと呼ばれるクライムウェアのツール集によって行なわれていた[75]。デジタル地下世界で売られていて人気のクライムウェアツール集には、次のようなものがある。

ゼウスビルダー　価格は五〇〇〇ドルから七〇〇〇ドルで、コンピュータ使用者のキーストロークを密かに捕捉したり、オンライン銀行取引に必要なデジタルの暗号化証明書を盗んだり多くの機能がある。長年の間に、ゼウスによるトロイの木馬が世界中で一三〇〇万台以上のコンピュータに感染し、一億ドル以上を盗むのに使われた[76]。

ブガット　価格はわずか一〇〇〇ドルで、銀行口座と送金依頼の偽装が専門。二〇一〇年には、リンクトインの利用者数千万人に「アカウントを更新してください」というフィッシングメールを送るのに使われた。ブガットのトロイの木馬は相手のウェブブラウザに四秒もかからずマルウェアをインストールし、次に銀行口座にログインしたときに金融情報を盗み出すのを待っている。(77)

スパイアイ　わずか五〇〇ドルで、ゼウスなどの売り物をすべて提供した。二〇〇九年末に発売されるとクライムウェアの価格競争が始まり、スパイアイの市場占有率は急速に伸びた。オンラインでの抗争はおもしろい展開になり、スパイアイを考案した側は、実は一般人が利用する感染マシンにライバルのゼウス型トロイの木馬が存在するのを検知するアンチウイルスモジュールを入れていた。それが見つかると、スパイアイは競争相手のゼウスによる脅威を喜んで取り除き、狙ったマシンで動作するマルウェアはスパイアイだけになるよう、エントリポイントを修復した。(78) ライバルのゼウスと同様、スパイアイは製作者に何億ドルの利益を生んだと信じられている。(79)

クライマゾンで売られているソフトウェアツール集は次々と開発され、クライム・インクは「最新版」へのアップデートを売って、そのツール集に最新のコンピュータつけ込みソフト《エクスプロイト》が含まれるようにする。もちろん、アマゾン同様、クライマゾン・プライムのサービスもある。同業の犯罪者に購入時に「登録《サブスウ》して節約《ライブ&セーブ》」〔日本では「定期おトク便」。消耗品などを定期的に届けてくれるサービス〕の機会を与えるサービスだ。そうした例の一つがブラックシェーズというツール集で、継続的レンタルという形で利用でき、使用者には無期限でアップデートとテクニカルサポートを提供する。このツールはたぶん、世界でも人気がある、悪名の高いマルウェア利用キットで、顕著な技術的即応性《テクニカル・アジリティ》と、ハーバードのビジネススクールの事例研究から出てきてもおかしくないような、高度に進化したビジネスモデルを組み合わせている。(80)

ブラックシェーズのツール集を買った犯罪起業家は、マルウェアが目標のマシンを攻撃する方式を選べる。トロイの木馬を文書に埋め込む、ウェブサイトに仕込む、何も知らずにコンピュータに差すと致命的な荷物を届けるよう、USBメモリに置くなどだ。ブラックシェーズは高度なリモートアクセス型のトロイ（RAT）なので、開発者は感染したマシンの機能をすべて、全面的に支配できた。結果として、ブラックシェーズはキーストロークを捕捉し、パスワードを盗み、DoS攻撃をかけ、フェイスブックのアカウントを乗っ取り、さらにマルウェアをインストールできた。さらにひどいことに、それによってコンピュータのマイクやカメラを起動して、捉えられる範囲の音や動画を拾うことができる。録画中の緑のランプなどの通知もしない。そのため、ストーカー志望者にもお薦めツールとなった。(81) ブラックシェーズのRATが実に優れていたので、アサド政権のシリアはそれを、国内の民主派活動家を監視するのに使った。(82) ポイントしてクリックするだけの犯罪やスパイ活動を可能にするツール集はクライマゾンで広く購入できるとはいえ、どのコンピュータ攻撃も、まずシステムに侵入してマルウェアに感染させるところから始まる。脆弱性はデジタル地下世界で売られていて広く入手できる。

マルウェア・産業複合

> 核科学者はわれわれが原子爆弾を初めて使ったとき、潔白ではなくなった。計算機科学者も、われわれが侵害的な攻撃兵器としてマルウェアを使い始めたときに、潔白とは言えなくなったと論じることもできるだろう。
>
> ――ミッコ・ヒュッポネン

犯罪者、スパイ、軍人、テロリストが侵害的なサイバー攻撃を実行するためには、まず狙いたい情報システムにどうつけ込むかを明らかにする必要がある。イランのナタンズにあるウラン濃縮施設に対するスタックスネットによる攻撃で見たように、そのような作戦は計画に何年もかかり、何百万ドルもかかることがありうる。独自にサイバー兵器を工夫する時間も予算もない人々にとって幸いなことに、広大な薄暗い闇市場があって、スパイ、兵士、泥棒、ハクティヴィストがいわゆるゼロデイ・エクスプロイトを求めてショッピングできる。先にも触れたように、こうしたゼロデイのバグはソフトウェア会社やアンチウイルス会社によって発見されていないと、普通のセキュリティやファイアウォールの手段なら警報を鳴らさずに軽々と突破できる。

かつてはハッカーがそうしたつけ込みどころは自分用に保持していたか、マイクロソフトやヤフーやグーグルなどの大企業に、会社が設立した「バグ報奨」制度を通じて売ることを試みるかだった。しかし報酬はささやか——大きなセキュリティホールを発見したことに対してわずか五〇〇ドルだった。[83] それに不満を抱いたハッカーは、他にもずっと良い手が使えることに気づいた。セキュリティの欠陥による脆弱性を、市場で犯罪者や政府に売るなどのことだ。この認識は、サイバーエクスプロイトの売り手、買い手、仲介業者による、高度に複雑なネットワークの確立をもたらし、マルウェア・産業複合体と呼ばれるものになった。

クライム・インクが、スパイアイ、ゼウスなどのサイバー犯罪ツール集一式を売れるようになる前に、マルウェアに対する脆弱性を一揃い集めてクライムウェアに同梱しないと、一般的な犯罪者集団には使えない。クライム・インクはそれを、エクスプロイト買取り活動に資金を出して行ない、そうする予算もある。ポンチと呼ばれる犯罪的ハッカーは、第三者のエクスプロイト取扱い業者と契約して、一〇万ドルの予算を与え、自分が売るブラックホールというエクスプロイトのキット用に使える脆弱性を集めさせた。それに負けないように、J・P・モルガンという通称を使う別のハッカーは、ダークコード犯罪フォーラムに、四五万ドルの予算で自作のクライムウェア・ツール集で使えるゼロデイの穴を買い集めるという宣伝を出した。[84] ダークネットのチャットルームはマルウェアの購入条件があふれ、「ウィンドウズ7のコード実行エクスプロイトを持ってないか……イエスなら支払いは問題なし」といった書き込みはあたりまえにある。(85)

サイバー兵器の取引は、犯罪者だけに限らない。政府のセキュリティ部門もこうしたツールの常連客で、その技術兵器を獲得するために第三者のブローカーに手配する。Grugqという名のそうした仲介業者は、セキュリティの欠陥を曝く側とエクスプロイトを使うためにそれを買おうとする人々の間の相当の取引の交渉ができる、お薦めエクスプロイトブローカーとしての地位を確立している。二〇一二年、GrugqはiOS携帯用オペレーティングシステムのエクスプロイトを米政府との契約業者に二五万ドルで売った（標準的な手数料一五パーセントも含む）。(86)

コンピュータのマルウェア用エクスプロイトを各国政府に流すことだけをビジネスモデルにする専門業者がいくつか生まれている。フランスのヴュパン、マサチューセッツ州のネトラガード、ジョージア州のエンドゲーム、テキサス州のエクソダスインテリジェンス、マルタのレヴルンは、いずれも、侵害的エクスプロイトを世界中の顧客に売る仕事に深く関与している。(87) ゼロデイを売る企業には、客を選ぶものもあれば、クライム・インクでも悪名高い独裁者でも気にせずに誰でも売るものもある。その結果、有名なセキュリティ研究家トム・ケラーマンが指摘しているように、今や誰でもサイバー機関銃や手榴弾を無数のサイトからダウンロードできることになった。(88)

多くのゼロデイのエクスプロイトは、特定の標的に対する精巧な隠密攻撃を可能にして、セキュリティ研究家が高度持続的脅威《アドバンスト・パーシステント・スレット》、つまりAPTと呼ぶものを生んだ。APTは徹底した標的調査と高度な隠密性を組み合わせて使い、数か月から数年にわたって狙ったコンピュータの指揮制御権を維持するもので、利用が増えている。「隠れ、監視し、待つ」がこうしたサイバー攻撃の手口で、腕のあるハッカーはコンピュータのログをいつも消して、それがあったことを知られないようにする。開発したのが合衆国政府であれ、中国であれ、クライム・インクであれ、消費者用クラスのアンチウイルス製品がこの

ATPを探知する可能性は実質的にゼロだ。

スタックスネットはたぶん最も悪名をはせたAPTだが、フレームやデュークーといった親戚があり、他にもまだ発見されていないものがたくさんあるだろう。さらにひどいことに、産業制御システムを攻撃したり電力網を遮断したりするために開発されたツールであるスタックスネットは、今や野に放たれ、ダウンロード可能になっているので、クライム・インクに徹底研究されており、その技法とプログラムをまねて、もっと精巧な攻撃を行なえるようになっている。(89) マルウェア・産業複合体の成長で社会が直面する根の深い難問は、こうした侵害的ツールが用いられると、広く漏洩する傾向があることだ。その結果、今ではオープンソースのサイバー兵器がデジタル地下世界で増殖していて広く利用でき、誰でも自分で適切と思うように改変して武器にすることができる。誰かがそうしたデジタルの火炎瓶を拾い上げて、私たちにとって重要インフラシステムを攻撃する意図で投げてくるまでに、あとどのくらいかかるだろう。残念ながら、その攻撃準備はすでに進行中かもしれない。

亡者のネット——ボットネットゾンビの攻撃

ゾンビで世界が終わるのは、とっても楽しいって状況じゃないわよ。
——ドラマ『ウォーキング・デッド』でのダナイ・グリラ（ミショーン）

ハッカーの武器庫の中でも強力なものの一つがボットネット、つまりハッカーがリモートコントロールする、感染したコンピュータによるロボットネットワークだ。このいわゆるゾンビマシンは、乗っ取られ、奴隷となってボットネットに組み込まれる。ボットネットはマルウェアの拡散、DDoS攻撃への参加、スパム送信、不法なコンテンツの収容など、様々な犯罪的サービスのために使える。コンピュータや、さらには携帯電話でも、デジタル地下世界で広く売られているブラックシェーズやスパイアイなど、出来合いのクライムウェアが提供するマルウェアに感染すれば、ボットネット軍に召集される。

あいにく、こうしたツール集の被害者向けの悪意ある荷物は二重になっている。クレジットカード情報、銀行の認証情報、IDを盗むだけでなく、感染したコンピュータに持続的なバックドアも残す。これはクライム・インクにそれが望む通りのことをさせるための、マシンへの恒常的な入り口となる。

マシンの持ち主がワードで文書を作ったり、CNNのオンラインニュースを読んだりしている裏で、ボットネットを操る主人がいくつかの犯罪サービス用に、こっそりとマシンを使っているかもしれない。コンピュータがひどく遅くなって、なぜ? と思ったことはないだろうか。進行中のサイバー攻撃に、そういうこととは知らずに参加しているのかもしれない。使わせてくれてありがとうというわけだ。

ハッカーは攻撃を人やそのコンピュータにクラウドソーシングして委託し、その人やマシンを自分たちの国際的な犯罪の企みに巻き込む。クライム・インクはあなたのコンピュータをピアツーピアの児童ポルノネットワークに引き込み、あなたのハードディスクに虐待画像を隠す。[90] クライム・インクにしてみれば、自分自身のネットワークに保存するリスクを負うことはないだろう。あなたのネットワークのセキュリティ不足と、自分のデジタル端末を保護する能力不足の結果、あなたも今、サイバー犯罪経済に参加しているのだ。フェイスブックが人やその人のネットにつながった生活を換金しているように、クライム・インクもそうしている。

ボットネットの中でも悪名をはせたものをいくつか挙げると、マリポサ、コンフィッカー、クッブフェイスがあり、またゲームオーバー・ゼウスが急速に市場のシェアを獲得しつつある。FBIによれば、ゲームオーバー・ゼウスだけで世界中の一〇〇万台以上のコンピュータを支配し、一億ドルもの金銭的損失をもたらした。[91] 二〇一四年半ばの段階で、存在が知られている最大のボットネットはゼロアクセスと呼ばれ、どの日をとっても二〇〇万台近くのゾンビコンピュータが完全な支配下にあった。[92] ボットネットが大規模になるとともに、攻撃力も増し、こうした何百万台ものコンピュータを、DDoS攻撃用に選んだどの標的に対してでも仕込むことができる。DDoS攻撃は、コンピュータあるいはウェブサイトに偽の無数の情報要求を浴びせかけ、それによって狙われたサイトをクラッシュさせ、オフラインに追いやり、メールを送ったり、ウェブページを提供したり、注文を処理したり、銀行取引を処理したりできなくする。

あらゆるクライム・インクの道具やサービスと同様、ゾンビボットネットもオンラインで購入したりレンタルしたりできて、この攻撃の能力を安上がりの主流にした。ロシアのデジタル地下世界では、強力なDDoSボットネットが七〇〇ドルで買えたり、一時間二ドルで賃借りできたりする。一時間もあれば、普通のウェブサイトやコールセンターはダウンしてしまう。[93] 平均すると、そのような攻撃が三〇〇〇件近く、世界中で毎日始まっている。さらに、クライム・インクでも、活動主体がイランや中国のような国家の場合でも、脅威はだんだん精巧になり、DDoS攻撃を実行するために、ますますクラウドの巨大な分散処理能力に目を向けている。[94] Storm.bot 2.0と呼ばれる、デジタル地下世界では二〇一四年半ばの時点でわずか三〇〇〇ドルで売られていたゾンビネットワークは、世界各地の一五のクラウドサーバを奪い、一秒に三〇〇ギガバイトという想像を絶する攻撃通信量を生み出し、「小さな国なら丸ごとオフラインに追い込む」のに十分以上だと宣伝されている。こうしたボットネット・ゾンビの結果、サイバースペースはクライム・インクによって兵器化している。

このタイプのボットネットサイバー恐喝を受けた被害者の代償も増していて、エバーノートやMeetUp《ミートアップ》.comのような有名企業も攻撃を受けている。[95] 豊富なマルウェア・ツール集と世界中で何百万台というボットネットゾンビは、クライム・インクに、攻撃兵器でも集金マシンでも両方でも使える、強力な支配用ツールを提供しつつある。その結果、私たちは犯罪の工業化時代に入っていて、悪意あるコンピュータプログラムが流れ作業のように送り出され、とくに自動運転で実行され、日夜攻撃をせっせと仕掛け、その一方でハッカーは眠っている間にそこそこの利益を稼ぐ。

自動魔術的に行なわれる犯罪

クライム・インクは常に商売の手順を改善しているが、毎回ゼロから新しい犯罪を行なっているわけではない。ムーアの法則の時代には、こうした作業はすぐに自動化され、人間がそれほど介入する必要もなく、相当の程度はバックグラウンドで実行できる。犯罪の自動化によって、多国籍企業がテクノロジーを利用して自分たちの中核となる事業機能を実行することによって得られるのと同じ効率やコスト節約を、国際的な組織犯罪集団にも得られるようにする。そのため、今日では、ソニー・プレイステーションや、ターゲット社のデータ流出の例で見たように、ハッカーが一度に一人ではなく、一億人、あるいはそれ以上から奪うことを可能にしている。

ブラックホールやスパイアイのようなつけ込むためのツール集は、人間の労働力の必要を最小限にすることによって犯罪を「自動魔術的に《オートマジカリー》」行ない、それによって、クライム・インクの費用を大幅に削減する。そうしたツールによって、ハッカーは機会の「ロングテール」を追うことができ、わずかな額の窃盗を何百万と行なうので、被害者は被害を届けず、警察も追跡する術がない。とくに高価な標的（企業、国、有名人、富裕層、愛情や侮蔑の対象）は、特定して個別的に狙われるが、公衆の大多数をハッキングする方法は、自動化されたスクリプトによるコンピュータマルウェアによる――大きなデジタルの漁網で、ネットにある、つけ込める脆弱性のあるものはすべて何でもすくい上げる。こうした明らかな有利さを元に、二〇一一年の段階で、ネットでの攻撃の推定六一パーセントは完全に自動化された犯罪ツール集によって起動され、それを熟練の腕で段取りするダークウェブの大物たちにものすごい利益を戻す(96)。現代犯罪は、誰でも実行できて巨大な利益を生むソフトウェアに帰着し、精製されている。

ボットネットなどのツールは何度も攻撃、侵害に使えるだけでなく、強要、脅迫、恐喝などの犯罪をさらに精巧にして実行できるようにさえする。ウクライナにあった五億ドルのイノベーティブ・マーケティング社の「ウィルスが検出されました」詐欺の更新版では、新しいマルウェアの奔流を放出し、自分のファイルを使えるように戻すために身代金が払われるまで、コンピュータを人質に取る。身代金《ランサム》ウェアと呼ばれるこの攻撃用ツールは、ゲームオーバー・ゼウスなど、いろいろなダークネットのツール集に含まれている。この仕掛けには、警察からと標榜するものなど、いくつかの変種がある。世界中で、レヴェトン型のトロイの木馬に感染した利用者が、突然コンピュータが動かなくなり、画面がＦＢＩからと称する通知で覆われる。このメッセージは、本物に見えるフルカラーのＦＢＩのロゴがついていて、このコンピュータは、「非合法にダウンロードされた内容を禁止する連邦著作権法規違反」とか、「禁止されたポルノのコンテンツを閲覧または配布した」からといった理由でロックされたと言っている。

　このコンピュータのロックを解除するには、二〇〇ドルから四〇〇ドルの罰金を払わなければならない。支払いに使えるのはグリーンドットのマネーパック払込証書のみで、被害者は、これは地元のウォルマートあるいはＣＶＳで買えると教えられる[97]。被害者をさらに脅し、これが重大な警察沙汰であることを納得させるために、クライム・インクは、被害者の画面に違反者のＩＰアドレスと称するものと、以前に被害者のウェブカメラから撮っておいた動画の断片を目立つように表示する。この詐欺は、国別、言語別、警察別の攻撃で、世界中で数千人の被害者を狙うことができた。つまりイギリスの利用者はスコットランドヤードからの通知を見るし、他のヨーロッパ諸国では、ユーロポールの警告が出て来るし、アラブ首長国連邦の被害者は、アラビア語に翻訳された、アブダビ警察を称する脅しを受け取る[98]。

　別のさらに破壊的なタイプの自動化された脅迫は、クリプトロッカーという、被害者のコンピュータにあるファイルをすべて実際に暗号化してしまい、読み書きができなくするトロイの木馬という形で登場した[99]。心配なことに、このマルウェアは時限爆弾のようなカウントダウンの時計を表示して、使用者に四八時間以内に三〇〇ドルを払わなければ、ファイルはすべて永久に破壊されると忠告する。要するに「自分のファイルをまた見たいなら」と脅しており、このランサムウェアはビットコインによる支払いを受け付ける。こうした被害者へのメッセージは実体のない脅迫ではない。それまでのランサムウェアは一時的に使用者のファイルを隠して騙していたが、クリプトロッカーは実際に強力な二五六ビットの高度暗号化規格の暗号法を使って、使用者のファイルを回復不能なほどにロックする。世界中で二五万近くの個人と会社がクリプトロッカーによって被害を受け、推定で三〇〇〇万ドルが稼がれた。[100]自動化ランサムウェアツールは携帯電話にも移植され、何か国かのアンドロイド端末の使用者に影響した。[101]クリプトロッカーの災難によって個人が被害を受けるだけでなく、企業、NPO、さらには政府機関までもが被害を受けた。中でも有名なのがマサチューセッツ州スワンシー警察署で、ここはある署員が悪意あるメールの添付ファイルを開いて感染した。代わりのない犯罪記録のファイルがクリプトロッカーに奪われるくらいなら、ビットコインの口座を開いて、ファイルを取り戻すために七五〇ドルを支払わざるをえなかった。同署副署長のグレゴリー・ライアンは、報道機関に、ビットコインが何であり、マルウェアがどう機能するか、部署が攻撃で固まってしまうまで知らなかったと語った。[102]

本章全体で見てきたように、深淵への旅は暗く怖いところかもしれない。この世界の内部でも、クライム・インクは覚醒剤から児童ポルノのライブ配信まで何でも売る活動の、高度に手の込んだ方法を進化させてきた。それは急速に、トーアなどの匿名化のツールを採用して、ダークネットのショッピングメールを送ったり、ハッキングや殺し屋のような犯罪に相談するサービスが、クリック一つで利用できる。リバティリザーブやビットコインのような追跡不可能で匿名のデジタル通貨は、地下経済に新しい生命を吹き込み、商品やサービスの急速な交換を可能にしている。こうした追加の収入で、クライム・インクはさらに規律のある組織化されたものとなりつつあり、活動の練度も相当に増している。ビジネスモデルは可能であれば自動化され、利益を最大化し、ボットネットは正当な世界的商取引を脅かすことができ、クライム・インクが選んだどの標的に対してでも簡単に仕込むことができる。奥底で、それは行なわれている。コンピュータとインターネットの犯罪マシンはすでに構築されている。こうしたシステムが配置につくと、クライム・インクの力の深さと世界的な広がりは、犯罪が今や成長中で、指数関数的に成長することを意味する。この脅威は今これほどひどいだけでなく、これからもっとひどくなろうとしている。クライム・インクに何十億もの標的を委ね、どこにでもコンピュータがあり、「物のインターネット」がある時代に入るとともに、攻撃する標的はさらに何十億とできるのだから。

第12章　すべての物がハッキング可能になるとき

私たちはまだ、インターネット革命初日の最初の何分かにいます。
——イントゥイット社、スコット・クック

インターネットの時代にあってさえ、車を買うとなると、高価で、いらだたしく、手間もかかることがある。失業中、あるいは財産が乏しいとなれば、なおのことだ。幸い、テキサス州オースティンにあるテキサス・オートセンターは、そうした人々をこそ相手にして、誰にでも車を約束する。「信用状況が良かろうと悪かろうと、破産していようと、差押えを受けていようと、残高ゼロでもかまいません」。当然、状況が厳しければローンの支払いは遅れるものだし、業者によっては商品の回収率が四五パーセントになることもある。車の回収は楽しいことではない。自分の主要な移動手段を失おうとしている人にとっても、車を探索してレッカー車を送り出さなければならない業者にとっても。こうした車は、回収が近いことを知っている人々にわざと隠されることも多い。回収担当者とレッカー車がやって来ると、頭に血が上り、回収されたものを取り戻そうとして、回収担当者が殴られたり、蹴られたり、唾を吐きかけられたり、かみつかれたり、刺されたり、はては撃ち殺されたりすることまである。確かにもっとましな回収法がなければならず、テキサス・オートセンターはその方法を見つけたと思った。

この業者は、近年の敵対的回収よりずっと優れた代替案を約束するクリーヴランドにあるペイ・テクノロジーズから新しいテクノロジーによるツールを購入した。ペイ・テクノロジーズの製品は、

WebTeckPlus《ウェブテックプラス》と言い、車の販売店が、「ダッシュボードの下に巧妙に隠せるトランプの箱程度の大きさの小さなブラックボックス」を取り付けられるようにした。装置は中枢のウェブサイトを介して、ワイヤレスネットワーク越しに車のブラックボックスに信号を伝え、遠隔操作で制御できた。起動すると、販売店は信号によって「車のイグニションを止めたり、クラクションを鳴らしたり」できる。控えめとは言えないが、購入者に支払いが遅れていることを知らせるのには良い方法だ。テキサス・オートセンターは、徐々に販売する車すべてにこのボックスを設置するようになり、そのうち、一一〇〇台以上の車に装置が取り付けられた。新しいハイテク回収管理システムを管理する担当者は、オマー・ラモス＝ロペスという、販売店の若い売掛金回収係で、テクノロジーも好きだった。

新システムですべて順調に見えたが、二〇一〇年二月、テキサス・オートセンターで購入した客の車の何台かが突然停止し、エンジンがかからなくなった。本人にはなぜそうなるのかわからなかった。会社の記録を調べても、この購入者の支払いに滞りはなかった。苦情の数は増え始め、五日目になると、一〇〇人以上の怒った購入者が販売店に押しかけた。どういうことだったのだろう。

オートセンターでの購入者は、突然車がまったく運転できなくなり、始動もできなかった。オースティンの町のあちこちで、真夜中、制御できなくなったクラクションが気まぐれに鳴り始め、騒音の苦情で警察が呼ばれた。警官がやって来ても、クラクションは、バッテリーとつながる線を物理的に外すまで止められなかった。さらに悪いことに、この一〇〇人以上の購入者は、移動手段がなくなり、仕事と何としても必要な給料を逃さざるをえなくなった。

事件は当初、「システムの機械的故障」と片づけられたが、もっと無法なことが行なわれていた。テキサス・オートセンターのウェブサイトによる遠隔車両停止装置が不法に侵入され、町中で一台ずつ、購入者の車が停止させられ始めたのだ。販売店は車を回復させようとしたが、ハッカーはデータベースの記録に手を加え、車の識別番号も変えて、正当な顧客の名を、とっくに亡くなっているラッパーのトゥパク・シェイカーや、芸能界のスター、ジェニファー・ロペスなど、有名人の名に変えたりしていたのでうまくいかなかった。

明らかに何かがおかしく、最後には疑いの目は二〇歳のオマー・ラモス＝ロペスに向かった。車の異常が広がる前日、「会社の基準に合わない」という理由で販売店を解雇されていたのだ。警察当局は、ラモス＝ロペスが元の職場のシステムに関する知識と元同僚のパスワードを使い、オースティン中の車を大量に動かなくして解雇への恨みを晴らしたのだと見た。警察の捜査は、元売掛金回収係がオハイオ州にあるペイ・テクノロジーのサーバに、自宅につながるAT&Tの高速ネットワークからログインしていることを明らかにした。ラモス＝ロペスは逮捕され、コンピュータの重大侵入で訴えられた(1)。

テキサス・オートセンターにとっては、遠隔回収用テクノロジーを車に取り付ける判断は特異なものではない。今日では二〇〇〇万台以上の車にこのテクノロジーがついている。しかしこれから見るように、世界中には何らかの形でオンラインで制御できる車が何千万台とあり、毎日新たに数万台がグローバルな情報ネットワークに入って来る。そのようなブラックボックスを取り付けた車が多くなると、車にはそれまで考えられていた以上にバックドアができることが、ますます明らかになっている。

ワイヤレスなもののありか

現代コンピュータの短い歴史を経て、私たちはコンピュータを、サイズはいろいろあっても大きな箱のように考えるようになっている。一九五〇年代には、一台の計算機で建物一つをまるごと占めていた。一九七〇年代になると、汎用計算機は冷蔵庫ほどのサイズにまで小型化された。一九八〇年代には、デスクトップのパソコンが登場し、一九九〇年代にはノートパソコンが登場した。二〇〇〇年になると携帯電話の利用が爆発的に増え、二〇〇七年にはスティーヴ・ジョブズがiPhoneを登場させた。小型でも高性能の携帯コンピュータだ。やはりムーアの法則が続いているが、ごく近い将来には、コンピュータは処理装置が収まっている箱というイメージは吹き飛び、どこもかしこも《ユビキタス》コンピュータ時代に入る。

PC以後の時代には、かつての固定されたデスクトップとは違い、コンピュータ処理がどこでも、あらゆるところ、あらゆる「物」の中で行なわれる世界を約束する。この移行はすでに相当進んでいる。ノートパソコンの販売台数がデスクトップを追い抜いたのは二〇〇五年で、二〇一五年には、iPadなどのタブレットが世界中でデスクトップとノートを合わせた販売台数を抜いた。[2] 二〇一四年、携帯電話の台数は地球の人口より多くなった。[3] もちろん、スマホもタブレットも、ゲーム機、DVDレコーダー、ケーブルテレビ、スマートテレビも、すべてネットワーク化され、オンラインになっている。しかし、ベストバイ、ロー、ホームデポのような地元の小売店の通路を渡って行くと、すでに別の潮流があることが明らかになる。こうした店でもネット上の他の店でも、まったく新種のデジタル装置が私たちのホームネットワーク上の位置を競っている——インターネットで起動できる室温調節器《サーモスタット》、電灯、オーディオスピーカー、留守宅モニタ、セキュリティシステムといったものだ。すべて合わせると、急速に成長中の新しいコンピュータ・パラダイムの第一段階となる。物のインターネット《インターネット・オヴ・シングズ》（IoT）と呼ばれるもので、それが飛躍すると、私たちが暮らす世界をきっぱりと変えてしまうかもしれない。

ピュー研究センターは、IoTを「グローバルな、浸透する、見えない、身のまわりにあるネットワーク化されたコンピュータ環境で、世界に広がる情報の織物に、スマートなセンサー、カメラ、ソフト、データベース、大量のデータ中枢の増殖が続くことで築かれるもの」と定義した。[4] この言葉が最初に使われたのは一九九九年、MITの研究者ケヴィン・アシュトンによる。アシュトンは、プロクター&ギャンブル社の委託研究を行なっていて、「日常生活のすべてのものに識別装置とワイヤレスの接続環境がついていれば、そうしたものが互いに連絡したり、コンピュータで制御できたりする……『物について知るためにあるものすべてを——それが人間の手を借りずに集めたデータを使って——知っているコンピュータがあれば、すべてを追跡し数えることができ、無駄、損失、費用を大いに削減できるだろう』

ということに気づいた」（5）。アシュトンの構想は単純かつ強力で、製造業者にも、ウォルマートのような小売業者にも大きな影響をもたらし、供給網の管理を改善し、消費者のためにコストを削減する。しかし一九九九年の当時には、IoTを実現するテクノロジーは、工場や倉庫といった、非常に制限された環境の外には存在しなかった。今日ではそれが変わり、様々な発展が重なって、ユビキタスコンピューティングの世界で大きな飛躍が可能になっており、初めて広い範囲にわたって「対象に超小型コンピュータを埋め込み、それをワイヤレス技術を使ってインターネットに接続する」ことができるようになった。実際、米半導体工業会によれば、二〇〇四年の時点で、人間は米粒の数よりも多くのトランジスタを製造していた――しかも安いコストで。(6)

回路、ソフトウェア、小型化の発達のおかげで、IoTの構築が可能になっている。それに属する装置はおおまかに言って、センサーかマイクロコントローラか、いずれかの区分に収まる。マイクロコントローラはプログラム可能な超小型コンピュータで、大きさは数ミリ程度だ。これは低電力の、超安価なコンピュータチップで、ピンの頭ほどの大きさしかないものもあり、その装置を何セントという価格で製造し、無数の装置に埋め込むことができる。(7) こうした超小型計算装置はミリワット程度の電力しか使わず、したがって超小型電池あるいは小さな太陽電池で何年も動く。その結果、今や「指先に乗るウェブサーバを一ドルで」作ることも可能だ。(8)

こうしたマイクロチップは、温度、電力、位置、流量、放射線、気圧、加速度、回転、磁力、高度、音、動画など、測定でき、記録できることなら何でも監視することができる、無限とも言えるほどのセンサーからデータを受け取る。このグローバルなセンサー群によって、私たちは身のまわりの世界を、今まで人間の力ではできなかったような形で認識し、分析し、それと相互作用ができるようになる。一度集められたデータはただ保存されるだけでなく、先に触れたような新たなIoTマイクロコントローラ――超小型スイッチ、作動器、弁、サーボ機構、タービン、エンジン――の大群によって処理される。すべて周囲の物理的な世界と自律的に相互作用ができる。こうして、たとえばセンサーが天然ガスのパイプラインに温度や圧力の過剰を探知すれば、プログラムされているマイクロコントローラが、その情報を受けたガスの流れを遮断したり迂回させたりして応じ、それによって破局的な爆発を回避する。

高速ワイヤレスデータネットワークが拡大すると、こうしたセンサーが、ワイファイ、ブロードバンド、GSM、CDMA、ブルートゥース、RFID（電波識別）、近距離無線通信（NFC）、ジグビー、Zウェーブなど、様々な通信プロトコルや技術を使って世界に発信する。それは広いインターネットとだけでなく、お互いどうしでも通信し、とてつもない量のマシンどうし（M2M）のデータを生み出し、それがクラウドコンピューティングと無限に近いデータ保存容量のおかげで、高速かつ安価に保存・処理できるようになる。結果は常にオンの、「グローバルな、浸透する、見えない、身のまわりにあるネットワーク化されたコンピュータ環境」となるが、来たるべき変化の潮流に対する前奏にすぎない。

しかしまず一点を修正しなければならなかった。インターネット上のほとんどすべての通信を送る基本的通信プロトコルだ。今日のインターネットの基幹は、インターネットプロトコル・バージョン4（IPv4）と呼ばれるもので動いている。この通信基盤は一九八一年から使われていて、約四三億通りの、それぞれが接続された装置を表すネットワークアドレスを提供した。一九七〇年代末にIPv4が導入された頃には、四三億通りのアドレスでは、当時つながっていた主な大学や企業の受容を満たせないことになるとは、誰も想像できなかった。[9] ところが今や、その考えられないことが起きた。私たちのインターネット・アドレスは枯渇しつつある。ニューヨーク市が市民に提供する二一二通りの電話番号の地域コードを使い果たしたのと同様に、インターネットにも同様のことが生じている。

この問題に対するインターネットの答えがIPv6で、これはIPv4を補完し、ネットで使えるアドレス空間の大きさを抜本的に増やす。新しいプロトコルは、「電話番号」の長さを三二ビットから一二八ビットに増やして解決する。数学的に言うと、IPv4は2^{32}通り、つまり四三億通りの接続しか支えられない。

これに対してIPv6は、2^{128}通り、つまり340,282,366,920,938,463,463,374,607,431,768,211,456通りの接続を扱える。[10] これほどの大きさの数は信じがたい。世界中の砂浜にある砂粒の数は10^{19}個にすぎない。つまり、IPv6によれば、その砂粒一つ一つに一兆個のＩＰアドレスがつけられるということだ。[11] 実際、IPv6を使ってできるアドレスは、地球上の原子一つ一つが一つずつもらっても、なお地球一〇〇個分以上が残っている。[12] この変化を受けて、ＩｏＴが生まれる。

こうしたとてつもない数をわかりやすくするために、今日のインターネットの大きさをゴルフボールの大きさにたとえてみよう。すると、未来のインターネットの大きさは太陽なみになる。[13] この数年のうちには、すべてのコンピュータ、電話、タブレットがネットにつながるだけでなく、車、住宅、犬、橋、パイプライン、玩具、缶ジュースすべてがネットにつながることになる。二〇一三年には、オンライン装置は一三〇億台しかなかったが、シスコシステム社は、二〇二〇年の段階では、五〇〇億個の物がインターネットに接続されると推定している。その後も指数関数的に増える余地がある。[14] この装置すべてがオンラインになり、データを互いに共有するようになると、それとともに補給、雇用効率、供給網の運営、エネルギー消費、顧客サービス、個人の生産性にも巨大な改善がもたらされる。

先に述べたように、メトカーフの法則は、ネットワークの価値はノード、つまりつながっているコンピュータの数とともに指数関数的に増える。IPv6は三四〇澗（三四〇兆兆兆）の新たにありうるノードをグローバルな情報網に加えるが、付随する経済的価値の爆発は計算できない。マッキンゼー世界研究所は、複数の領域にわたってＩｏＴで可能になるこの革新は、二〇二五年までに世界経済に新たに六兆二〇〇〇億ドルも加えることが期待されると予測している。[15] ＩｏＴは次世代のグーグル、フェイスブック、アップルの居場所になる可能性が大いにあり、ネットにつながったセンサー、消費者デバイス、産業制御装置は、すでに携帯電話の数を上回っている。[16] フィットビット、ジョーボーン〔いずれもフィットネス用端末〕、オキュラスリフト〔ヘッドマウントディスプレイ〕、ウィシングズ〔家電〕、エスティモート〔電波標識〕、ソノズ〔オーディオ〕といったＩｏＴの早い時期の加入者は、相当の騒ぎと市場の評価を生み出した。実際そのような企業の一つ、スマート室温調節器会社ネスト・ラボは、最初の製品を発売してわずか八五四日後の二〇一四年、驚異の三二億ドルで買収された。ＩｏＴには疑いもなく大金がかかっているが、ソーシャルな意味はそんな経済的影響さえしのぐかもしれない。

ＩｏＴを想像する

物のインターネットはネットワークを構成する世界の部分が増えることの一つの言い方である……私たちはさらにますます世界をコンピュータに同化させつつある。

——マイクロソフト研究員ゴードン・ベル

ＩｏＴの約束はバラ色に思える。コンピュータチップとセンサーが日用品に埋め込まれるので、私たちは生活の中でさらに情報と便宜が得られる。たとえば、目覚まし時計はインターネットに接続されるので、あなたのカレンダーにアクセスして予定を読み取ることができる。その日の最初の約束の時刻と場所がわかり、その情報を最新の交通情報と照合できる。渋滞がなければもう一〇分寝かせてくれるし、渋滞があれば、予想よりも一〇分早く起こされる。目覚ましのアラームが鳴ると、部屋の照明を徐々に明るくし、風呂に湯を張ってくれたりする。ペット用の電子ドアが自動的に開き、犬を庭に出して朝の見回りをさせ、コーヒーメーカーが朝の一杯を適切な時刻に出してくれる。子どもに歯を磨いた？と尋ねる必要もない。歯ブラシに入っているチップがスマホにメッセージを送り、その作業が終わったかどうかを教えてくれる。玄関を出るときに鍵を探すこともない。キーホルダーについたセンサーが家の中の半径五センチ以内の精度で位置を教えてくれる。宇宙家族ジェットソンの時代になったようなものだ。

ＩｏＴについての「大げさ度」計はしばらく前から赤く点滅しているが、上に述べたようなことはすべて、すでに実行可能になっている。もちろん障害もある。とくに共通の技術的規格がないことに関するものだ。しかし、様々な企業、連合体、政府機関が、ＩｏＴを実現するために懸命の努力をしている。その結果、私たちはただの接続から超接続へと移行し、ムーアの法則が関係するすべてと同じく、私たちが認識するより早くそこへ至る。ユビキタスコンピューティングは、輸送、エネルギー、金融、行政、農業、教育、公衆安全、旅行、商業など、人間の営みのあらゆる領分に影響する。

ＩｏＴは、すべての物理的対象が将来、ＩＰアドレスを割り当てられ、情報テクノロジーに変容することを意味する。その結果、照明、猫、観葉植物がＩＴネットワークの一部となる。これまで何も言わなかった物が、今や声を出し、すべての対象が独自の話を語れるようになる。冷蔵庫はそれが製造されたとき、作った人の名、出荷された工場、組み立てラインを出て、小売店に到着し、自宅のネットワークに接続されたときを正確に知っている。それはどの扉が開けられたか、子どものうち誰がそれを閉め忘れたかを記録する。冷蔵庫のモーターは、故障しそうになると、助けを求める合図ができて、最終的に壊れれば、分解して部品を取り出し再利用する方法も教えてくれる。建築物はそこで作業をした人物、住んだことがある人々をすべて知っていて、街灯は通り過ぎたすべての車を知っている。

こうしたものは互いに通信し、クラウドの大規模な処理能力や保存容量を利用できて、さらにモバイルやソーシャルのネットワークによって補強される。私たちはすべてがプログラム可能で双方向的な世界に暮らしているだろう。物体は「利口《スマート》」になり、それ自身の位置、近くにあるもの、速さ、温度、流れ、加速度、周囲の音、見えるもの、力、負荷、トルク、圧力、相互作用を記述できる。第一世代のスマートフォン、スマートメーター、スマート時計、スマートカードはすでにあるが、将来は、すべてのものがスマートになり、実際には今よりずっとスマートになる。こうしたデバイスがネットワークにつながるにつれて、限られた感知能力を発達させて、人、データ、物が一体になる世界ができる。埋め込みコンピュータの処理能力の結果、「接続されたスマートな何億台もの「物《シングズ》」が、クラウドの世界的神経ネットワークにつながり、「生活のあらゆる面を包摂する」[17]。

「旧」インターネットがデスクトップ、ノート、サーバの情報共有を見込んでいたとすれば、「新」インターネットは地上のどんなものでも遠隔操作できるようにする。MITメディアラボの所長伊藤穰一が説明するように、「デジタル世界からのビットが物理的世界の原子と融合するような収束の現象」があるのだ[18]。すべての対象に、物理的世界と仮想世界の両方で識別情報と生命があり、そうなると、以前は意味のある区別だったオンラインとオフラインの違いは消える。この点について、シスコ社のCEO、ジョン・チェンバーズは最近、IoTはインターネットそのものの五倍から一〇倍の衝撃力を持つだろうと予測した。

そんな世界では、未知のものが突然既知になる。たとえば、食料品は畑から食卓まで追跡され、レストランはすべての皿について、何を乗せ、誰が食べ、ウェイターが厨房から客の所までどれだけの速さで届けたかを追跡する。その結果、食中毒の流行が起きても、五〇〇軒の飲食店を閉めさせて、問題の原因は鶏肉にあったのか牛肉かなどと考えなくてもよくなる。問題を素早く解決するためにはどのレストラン、どの卸業者、どの食事客に連絡すればいいかがわかる。IoTとそれにつながる何億というセンサーは、考え、わかり、感じて、既知の世界に深く寄与する環境知能ネットワークを生み出す。

未知のものが既知になるだけでなく、不可能だったことが突然可能になる。煙検知器のような、かつて意味をなしていたものが、突然意味をなさなくなる。人の生命が火事のために危険にさらされている場合に、なぜ煙検知器は大きな警報音を立てる以上のことをしないのだろう。将来の報知器は、寝室で照明を明るくし、ステレオのスイッチを入れて、大声で「火事だ、火事だ、火事だ」と叫ぶMP3のファイルを再生する。消防署ともつながっているし、近所の人々にも（本人が意識を失っていて救助が必要な場合に）電話して、自動的にガス器具のガスを止める。IoTで命を救われるのは人だけではないかもしれない——家にある植物もそうだ。二〇〇九年以来、鉢の土に置かれた安い水分センサーが家の無線

LANを使ってツイートを投稿している。「緊急！・水やりしてください」と。[19]

十分未来的ではないか。生物種をまたいだインターネットはどうか――「殖やし、調べ、保存する目的」で、ゾウ、イルカ、類人猿をつなぐのだ。[20]ばかげているように思えるかもしれないが、それはすでに存在する。たとえばオーストラリアでは、ツイッターに三〇〇匹以上のサメがつながっている（自分で登録を申し込んだわけではないが）。研究者がホホジロザメを含む三三八匹のサメに音響発信タグをつけ、当のサメが海岸から八〇〇メートル以内に近づけば、海岸に設置した受信器に電子信号を送る。[21]他のどの国よりもサメに襲われて死亡する人の数が多い国にとっては、このIoTの発達は人命を救うものであり、サメのツイートは海辺に出かける四万人近くのフォロワーを集めている。

IoTの副産物は、生きて呼吸するグローバルな情報ネットワークであり、テクノロジーは、SF映画以外ではかつて見たこともないような形で生きるようになるのだろう。この未来はこじつけに見えるかもしれないが、M2M通信はすでに人間が生み出すネット活動に取って代わっていて、二〇一三年末の段階で、世界中のインターネット通信量のうち六一・五パーセントが物によって生み出されている。[22]私たちはユビキタスコンピューティングの方へ進んでいるが、この現象の結果や意味で頭が圧倒されそうだ。電気の登場は当時驚異的だったが、その後はしだいに背景に退いて、どこにでもあるが気づかれない、物理的世界と常に相互作用する遍在的媒体となった。[23]そういうことになる前に、またIoTの約束にもかかわらず、私たちはこの素晴らしい新世界についての重要な問いを批判的に考えなければならない。その何重もの利益は明らかに見えるが、すべてがつながるIoTには、とてつもないリスクもある。電気は毒にも薬にもなれるが、ネットワークにつながった何億もの物もそうなりうる。

すべてをつなぐ――セキュリティ不足で

製品をウェブにつなぐことが二一世紀の電化となる。

――バーグ・クラウドCEO、マット・ウェッブ

物をネットにつなぎ、互いに通信させるには、まず話すのに相当する技術を成り立たせなければならない。テキサス・オートセンターとウェブテックプラスのブラックボックスによるテクノロジーの例で見たように、今日の車は実際に「話す」ことができて、自分の位置、状況、状態についてデータを報告している。物のインターネットを進める人々が描く構想を達成する要となるのは、日常の物すべてに互いに対して話す能力を与えることだ。

そうなるようにするために、IoTはいくつかの競合する通信技術やプロトコルに乗っている。遠距離では、LTE、4G、GSM、CDMAといった携帯電話のデータ転送規格がデバイスを携帯電話ネットワークにつなぐ。大きな物は、イーサネットや光通信の有線ネットワークを介して通信できるが、価格や便宜のためには、たぶん接続の最大数はワイヤレスネットワークを介して行なわれるだろう。その結果、通信用にワイファイ、ブルートゥース、ジグビー、Zウェーブ、NFC、RFIDといった規格を使ったチップが何十億と物に埋め込まれる。こうしたツールの価格が下がるにつれて、アップルのiBeaconやタイル社の位置情報タグのような消費者向け製品が、日常生活のどこにでもある造作となって、私たちは物を何センチという精度で追跡できるかもしれない。

IoTを可能にするテクノロジーの最初のものであるRFID〔いわゆるICタグ〕は一九八三年に特許を取得され、どんなものにも埋め込まれて「スマート」つまり、RFID読取装置と相互作用できるようにする、無線による低エネルギーデバイスである。RIFDのタグは一枚の紙ほどの厚さしかない電子回路にプリントされ、ステッカーのようになっていて、硬貨ほどの大きさであり、一個あたり一セ

ントもしないで製造できる。それがリアルタイムの、恒常的なデータ交換を行なえて、場合によっては一〇〇メートル離れたスキャナーで読み取られる。RFIDと言えばなじみがなくても、会社に入構できるようにしてくれるIDカードや、「かざして払う」クレジットカードや、ホテルのカードキーや、地下鉄のICカードや、ETCのような高速道路料金支払い用の小さなボックスなど、暮らしの中ではすでにお目にかかっているだろう。多くの人々がIoTの玄関と考えるRFIDの便利さは立派に思えるが、一つ問題がある。これは著しくハッキングしやすいということだ。

RFIDテクノロジーにはつけ込みどころが何十も見つかっていて、すぐにハッキングされ、騙され、妨害されるし、「RFID地下世界」が活発で、つねに侵入技術を向上させながら活動している。[24] 今日のRFIDタグの圧倒的多数は実質的にセキュリティ、暗号化、プライバシープロトコルを備えていない。この欠点によって、セキュリティハッカー、フランシス・ブラウンは、四〇〇ドルもかからずに、スマートカードをスキャンし、コピーし、データをそこから盗める独自のRFIDリーダーを製作できた。[25] その結果、スーパーのレジで順番を待っているとき、混雑した地下鉄に乗っているとき、会社に向かうエレベーターに乗っているとき、スターバックスで朝のラテを待っているときに、ブラウンは「パスをなでる」攻撃を行なうことができた。ブラウンは笑顔で立っていたり、場合によってはあなたと話をしたりしながら、リュックに忍ばせた携帯RFIDリーダーであなたの財布やポケットにある会社のキーカードに問い合わせ、そこに符号化されている詳細すべてを持ち去ることができる。それが何か?

以下、これではまずい理由を。ブラウンはRFIDリーダーを自宅でコンピュータにつなぎ、それを使ってまったく同じRFIDカードを一日で作ることができる。つまり、あなたの会社、ホテルの部屋、自宅にいつでも好きなときに入れるということだ。アメリカのフォーチュン500に入る大企業はどこも社員証にRFIDを使って入構を管理していて、ブラウンはそのカードのクローンを作ることに一〇〇パーセント成功している。[26] そのことが、産業スパイやらありふれた窃盗やら従業員の安全やら、万事について持つ意味はとてつもない。仕事場でのセキュリティや身分確認のための主要なシステムとしてセキュリティ不足のＲＦＩＤ身分証に頼るのは、今のシステムが完全に破綻しているということだ。さらに悪いことに、こうしたカードは自宅のコンピュータとは違い、新しいソフトウェアをダウンロードすることによって簡単に更新することはできない。それぞれを作り替えなければならない——社員が一〇万人もいる企業には高い話だ。

　ＲＦＩＤカードを仕事場で使わないとしても、財布にあるクレジットカードにはそれがあるか、もうすぐ埋め込まれるかの可能性は相当に高い。ハッカーはこれにも、標的のクレジットカード番号、有効期限、セキュリティコードをワイヤレスで捉えられるようにする、イーベイで五〇ドルで買える安いＲＦＩＤ読取装置を使って侵入できている。読み取ったらすぐに、三〇〇ドルのカード磁気化装置を使ってデータを新しいカードに書き込めば、ほんの何分かで終わる手順で不正な購入ができる。[27]これが掏摸《すり》２・０というわけで、犯人はもうポケットに手を突っ込む必要もない。

　ＲＦＩＤをハッキングする手法はまねしやすく、ハッカーにやり方を教えるサイトや動画がいくつもある。何億という物がネットにつながるとなると、困るのは、物が世界と話したりやりとりするための主要な言語としてＲＦＩＤを使うことだろう。ＲＦＩＤのチップはウイルスにも感染するし、ＧＰＳ信号と同様にＲＦＩＤも妨害され、会社にも入れなくなるし、泥棒は小売業者が電子的に値札をつけた高額商品を万引できる。[28]ＲＩＦＤの弟分、近距離無線通信（ＮＦＣ）と呼ばれる普及したＩｏＴ通信もある。これは現時点で携帯電話の二〇パーセントに組み込まれていて、とくにアンドロイドや最新のiPhone 6の端末に多い。[29]ＮＦＣには多くの使い道があるが、普及しているものの一つがグーグル・ウォレットのような携帯電話決済サービスだ。

　携帯をＮＦＣリーダーの上で一振りすれば、製品の支払いができて、代金は携帯の仮想財布から引かれ、クレジットカードに課金される。しかしＲＦＩＤと同様、ＮＦＣも情報が盗み出される場合が多く、

NFCのクレジットカードデータをリアルタイムにコピーできて、後で再生して自分で欲しい物を買える、NFCプロキシという、ハッカー用アプリもある。[30] グーグル・ウォレットも、暗証番号を読み取られたり、携帯に保存している残高を使われたりと、何度もハッキングされている。[31] 今やiPhoneもアップルペイで携帯電話決済ができるようになり、犯罪者はアップルのセキュリティシステムまわりにも注目するようになる可能性が高い。

別の例では、ハッカーが近くの携帯電話にあるNFCのチップを狙い、その端末を支配して電話をかけ、テキストメッセージを送り、ファイルにアクセスできた——すべて端末の本当の持ち主が知らぬ間のことだ。[32] 携帯電話上のNFCアプリは、地方の交通手段の支払いに使われ、サンフランシスコとニュージャージーでは、詐欺師がNFCによる改札をハッキングして、ウルトラリセットという、駅で引かれた料金がいくらでも自動的に補充するアプリを使い、一生地下鉄をただで乗れるようにした。[33]

IoTの使い方と人気を高めたワイヤレス通信技術の一つとしてはブルートゥースもあるが、RFIDやNFCと同様、これもまた簡単に突破される。ブルースキャナー、ブルーバガー、BTブラウザ、ブルースニフのような、悪意のある個人がブルートゥースを使うデバイスに接続してそれを支配するのを簡単にする、使いやすい無料アプリが何十とある。こうしたツールは、ブルートゥースポートを通じて、スマホ、パソコンに保存されたどんなデータにも、ブルースナーフィングと呼ばれる無許可のアクセスができるようにする。それはまたワイヤレスキーボードでタイプしたデータを横取りして、空港で飛行機を待っている間のあなたのテキストメッセージを読み、知らない間に写真を撮り、ブルートゥースヘッドセットを盗聴しさえする。[34]

IoTのゴールドラッシュが私たちに迫り、それに背を向けることもできない。すべてをグローバルなIoTに接続することにはとてつもない価値がある一方で、すべてを貧弱なセキュリティでつなぐとなるとそうは言えない。ハッキングできてしまう物を何十億と加え、ハッキングされやすいデータ転送プロトコルで通信する前に、それに伴う、セキュリティ、犯罪、テロ、戦争、プライバシーの未来にかかわる指数関数的な意味に関して、リスクを考えておくことが重要だ。

プライバシーを隠す

関心のある商品が、RFID、センサーネットワーク、超小型埋め込みサーバ、環境発電などのテクノロジーを通じて位置を特定され、識別され、監視され、遠隔制御される——すべて、豊富な低コストの高性能コンピュータを使った次世代インターネットに接続している。

——元CIA長官、デーヴィッド・ペトレイアス

今日、私たちのネットでの動きがすべて追跡され、記録され、売られ、換金されるのと同じく、近い将来は物理的世界でもそれが可能になるだろう。現実の空間がサイバー空間と同じになり、身のまわりのすべてのものがIoTに加わり、オンラインの世界とオフラインの世界の意味のある区別は消える。

ネットワークにつながった装置の採用が広がると、家で、車で、職場で、学校で、地域でしていることが、そうした機器を作っている企業によって、ますます監視や分析にかけられるようになる。もちろん、こうしたデータは広告業者、データブローカー、政府に転売され、前代未聞の見え方で私たちの日々の生活を覗けるようになる。不幸なことに、ソーシャルの、モバイルの、位置の、金銭の情報と同様に、IoTのデータは洩れ、ストーカーなどの執拗に人を追跡したい悪人に、さらに絶大な能力を提供する。規制を確立し、プライバシープロトコルを立てて消費者をそのような活動から守ることは確かに可能だろうが、過去が前例とすれば、すべてのIoTで動く装置はアイロンであれ掃除機であれ冷蔵庫であれ室温調節器であれ電球であれ、製造業者がすべてのデータにアクセスすることを認める利用規約とともにもたらされる可能性の方が高い。さらに困ったことに、サイバー空間ならログオフすることは理論的

に可能かもしれないが、接続されたスマートホームでは、「オプトアウト」の条件はない。その結果、閉じられた扉の向こうで起きることの大部分が、自分で招いたおぼえのない人々の精査にかけられることになり、この世界では、ブラインドを下ろしても、二一世紀の覗き魔は閉め出せない(35)。

私たちは身のまわりの無数の小さな物体と日々相互作用しているかもしれない。それぞれが一見無害そうなデータを一日二四時間、週に七日集めているらしい。こうした物がそれを処理するクラウドに報告する情報は、整理され、評価される。あなたのスマートウォッチはあなたの健康保険会社に運動不足を暴露するし、車は自動車保険会社にスピードの出し過ぎが多いことを知らせ、ごみ箱は地元のリサイクル条例に従っていないことを市町村に教えるだろう。これは「たれ込みのインターネット」で、まさかと思われるかもしれないが、もう実際にそうなりつつある。プログレッシブのような自動車保険会社は、あなたの運転習慣に基づいて、特別割引を提供する。「運転が上手なほど節約できます」と広告は謳う。ドライバーが保険料を下げるためには、プログレッシブ社のスナップショットというブラックボックスを車に設置して、ブレーキ、加速、走行距離をつねに追跡されることに同意するだけでよい(36)。しかし先へ進むと、そのような装置を車に取り付けることに同意しないドライバーは、事実上義務になる馬鹿高い保険料をつきつけられると思っておいていいだろう。

ＩｏＴは、接続している新しいスマートデバイスそれぞれに基づいて、広告業者が人に手を伸ばして捕まえるための、広大な新しい選択肢も提供する。それはつまり、冷蔵庫へ氷を取りに行くたびに、冷蔵庫が知っているあなたがいちばん買いそうな食品に基づいて製品の広告を提供されるだろう。画面もユビキタスになり、販売業者はすでに大量の広告機会を計画しつつある。二〇一三年、グーグルは証券取引委員会に、「私たちや他の会社は〔まもなく〕広告などのコンテンツを、一部だけ挙げても冷蔵庫や車のダッシュボードや室温調節器や眼鏡や腕時計に配給できるようになるでしょう」と知らせる書簡を送った(37)。グーグルがすでにアンドロイド携帯電話に基づいて、あなたのＧメールを読んでウェブ検索をすべて記録し、あなたの物理的位置を追跡していることからすると、自社の娯楽システムが車にあり、室温調節器が家庭の室温を調節し、スマートウォッチが身体的活動を監視し、そうして個人の生活を新たに見通せるこの会社は何を開発できるだろう。

RFIDなどのIoT通信技術は、生命のないものを追跡するだけでなく、生き物を追跡するのにも使える。ペットを飼う人々の多くは、ペットリンク、ホームアゲン、AKCリユナイトのような会社をよく知っている。RFIDチップを獣医に提供し、迷子の犬や猫を特定して家に戻すことができるところだ。しかしそれほど知られていないが、人間もますますRFIDつき腕輪で強制的に監視されるようになりつつある。たとえば全国の刑務所ではあたりまえのことになっている。英国のような国では、政府当局者が、犬にはおなじみのRFIDを、受刑者の皮下に直接埋め込むことさえ考えている。[38]有罪になった犯罪者がそのようなRFID追尾を受けることについては異論は多くないかもしれないが、同様の手法が自分の子どもに適用されれば感じが違ってくるかもしれない。

アメリカ中の学校関係者が学生証にRFIDチップを埋め込むようになっていて、生徒はそれを常時携行するよう求められる。カリフォルニア州コントラコスタ郡では、幼稚園児が電子追跡装置を組み込んだバスケ選手風のジャージを着るよう求められている。それによって、教師や事務局が園児一人一人の位置を正確に把握できる。学区担当者によれば、RFIDシステムは、子どもを追跡して把握する手間を年に「三〇〇〇人・時間」節約するという。[39]もちろん、人がIoTへの参加を強制されると、様々なプライバシーポリシーやパブリックポリシーの問題が生じる。たとえば、生徒を常時見守れるようにするのと同じRFIDシステムが、動き「すぎ」で、したがって、他の子の邪魔になり、「支援学校」の方が適切な多動障害と見なしてよい生徒を特定できることになる。追跡されたくない生徒は、「それは困った」と言われ、二〇一三年には、テキサス州サンアントニオの大学二年生アンドレア・エルナンデスが、学内でRFID装置を身につけるのを拒否して停学になった。[40]

他方、従業員を追跡できて、昼食に何分かかり、トイレ休憩がどれだけで、生産量がどれだけでというのも簡単にわかるようになる。さらに、毎分打つ文字数、眼球運動、電話を受ける回数、呼吸数、席を外している時間、細部への注意力などが記録される。その結果、生産性が上がり、同時に監獄のような、現代的職場となる。ＩｏＴから得られるデータを効率や管理のために利用するのは雇用主だけではない。政府も利用するだろう。すでに警察機関は、管轄の公共設備会社に、電気代が尋常でなく高い客を明らかにするよう問い合わせている。室内でマリファナ栽培をしていると考えられるからだ。電気代の請求書だけに基づいて捜索令状が出され、栽培容疑者が逮捕されている。[41]将来は、警察が完全に令状を通さずに、家のスマートメーターを遠隔操作で調べ、一帯の家庭としてはエネルギーの使い方が「普通でない」かどうかを見ることになるかもしれない。

犯罪が疑われる現場では、警官が冷蔵庫を尋問して、「何か見ませんでしたか」に相当するようなことを尋ねる。児童ソーシャルワーカーなら、家にミルクもおむつもなく、冷蔵庫にあるのは古いビールだけだったことを知る。ＩｏＴも「完全な法施行」に世界を開く。センサーが至るところにあり、すべてのデータが追跡され記録されるとき、制限速度が四〇キロのところを四一キロで走ったとその場で速度違反を通告されたり、パーキングメーターで一七秒の超過で駐車違反の切符を切られたりするようになる可能性が高まる。今日の信号機についた監視カメラがすでに示しているように、すべてが接続されているなら、何も隠されていない。とくに罰金が政府機関やその提携先の収入になるのであれば。

元ＣＩＡ長官、デーヴィッド・ペトレイアスは、ＩｏＴが「隠密スパイ活動の姿を変える」と言ったことがある。[42]企業のや政府のスパイ活動の古いモデルは、会議室のテーブルの下に盗聴器を仕掛けて人の会話を盗み聞きすることだったが、これからは、同じ情報がワイファイつき電球からスマホの照明アプリへ送られるデータをリアルタイムに傍受することによって得られるかもしれない。自分のところに勤めていると思っていた装置が、実は他の誰かから、とくにクライム・インクから給料をもらっているのかもしれない。

ハードウェアのハッキング

数ははるかに少ないが、一部のハッカーは、コンピュータを構成する、マイクロチップ、電子機器、制御装置《コントローラ》、メモリ、回路、部品、トランジスタ、センサーなど、ＩｏＴの中心となる成分を物理的な素子を標的にしている。こうしたハッカーは、テレビ、ステレオ、携帯電話、ゲーム機、デジカメ、ハードディスク、プリンタ、自動車、航空機制御、空調設備、ネットワークのルータ、警報システム、監視カメラ、ＳＣＡＤＡの産業制御システム、ＵＳＢドライブ、信号灯、パーキングメーター、ガソリンスタンドのポンプ、デジタル時計、センサー、スマートホーム管理システム、ロボット、プログラム可能論理制御装置（イランのナタンズで使われていたようなもの）など、私たちが遭遇する電子装置すべてにある、ファームウェアというコンピュータへの命令群を攻撃する。「スマート」とはいえ、圧倒的多数はまったくの受け身で、ファームウェアを更新する能力も全然ない。

実は、ＩｏＴを構成する超小型埋め込みコンピュータや、私たちの日常にある電子装置の処理能力や記憶能力はきわめて限られている。そうした限界がある結果、きわめてきつい仕様に沿って組み立てなければならず、設計者は装置を動かすために必要とする機能をぎりぎりでそろえることになる。ファームウェアのほとんどには、装置が出荷された後に探知された機能やセキュリティの問題点を修正しようと自ら更新するための、あたりまえの自動機構がないので、すでに五年や一〇年ネットにつながっている装置の多くは、狙いやすい目標になっている。スマホのようなもっと高価な商品については、ファームウェアは更新可能なようにできていて、改良やセキュリティパッチをダウンロードできる。ところが他の電子装置の大半については、製造業者は装置のファームウェアを耐久年数の間に変更することはまずない。そんなことをしようとすれば、商品にある集積回路を物理的に入れ替えなければならないだろう——高くつきすぎて、経済的に考慮の余地はない。もっとも、スマホには最新のファームウェアがあるとしても、やはり検討すべき危険がある。

iPhoneやアンドロイドの利用者の多くは、不適切なアプリやファイルをダウンロードすれば、端末にウイルスが入ることがあるのは理解しているだろうが、携帯電話の充電器の選択がダウンロードと同じことになりうるのを理解している人はまずいない。ハッカーはすでにUSB充電器を乗っ取って、アップルの端末を標的にできるハードウェアウイルスを作っている。感染させるには、そんな充電器の電源コードを端末に差し込むだけでよい(43)。攻撃側は、端末を充電するために使う、無邪気な小さなプラグのファームウェアや電子的動作を変えることによって、iPhoneのセキュリティの壁をくぐり抜け、端末を感染させることができた。警告画面がポップアップすることもなく、密かに動くマルウェアは実行中のプログラム一覧のどこにもない。しかし背景では不良充電器が端末にバックドアを仕掛け、ハッカーは電話をかけ、テキストを読み、銀行取引情報を盗み、認証用のパスワードを拾い、端末利用者の動きを追跡することができる(44)。この現象はジュースジャッキングと呼ばれ、悪意のある充電器が五〇ドルもしないで作られた——バッテリが切れかかったスマホを空港やホテルやショッピングモールの公共の充電設備(感染する被害者を増やすために、ハッカーはまさしくこうしたところに装置を仕掛ける)につなごうと思ったときには、考えるべきことだ。

ハードウェア奇襲に注意する必要があるのは、不正に変更された充電器だけではない。マイクロコントローラやセンサーがついたものならほとんど何でも、誰も欲しがらない「拡張機能」をもってやって来る。二〇一三年、ロシアでは、関税の係員が、電子式湯沸かし器やアイロンなど、中国製の一連の消費者用商品が、ロシア当局が喜ばない修正をして届くことに気づいた(45)。装置には隠れた超小型ワイファイカードが入っていて、二〇〇メートル以内に開放されたインターネットのネットワークがあれば、そこにマルウェアを広めることができ、「家に電話」して、秘密のメッセージを中国に中継することができた。(46)こうしたアイロンや湯沸かし器は、家のワイファイネットワークにこっそり加わることができるだけでなく（通常のあたりまえのアイロンには誰も予想しないこと）、そのネットワークを使って家にある他のコンピュータにウイルスを広め、スパムメールを近所や世界中に撒き散らすこともできる。スパイアイロンやハッキングされたiPhoneの充電器は珍しい変わりものだと思いたいが、実際には、何十億という物体がネットワークにつながって世界的な情報網に急速に吸収されることで降りかかる、さらに広い範囲の、本格的な脅威の先触れだ。

接続が増えれば弱点も増える

ＩｏＴには語り尽くせない恩恵がある一方で、その潜在的な裏面も巨大だ。二〇二〇年までに五〇〇億個の対象が新たに世界的な情報網に加わるということは、そうした装置のそれぞれが、潜在的には、良きにつけ悪しきにつけ、他の五〇〇億の接続された物体と相互作用できるということだ。その結果、二五億兆通りの対象と対象が相互作用する可能性ができる——あまりに広大で複雑なために、理解もモデル化もできない。ＩｏＴは、意図せざる結果とブラックスワン事象による世界的ネットワークで、誰も意図して考えていないことをする。そのようなネットワークには思いも寄らない恩恵もあるかもしれないが、世界的なセキュリティ、個人のプライバシー、人権に、望ましくない、否定的な作用をする展開の可能性もある。さらに、今日直面するエラーメッセージやアプリのクラッシュの数が問題だと思うなら、車でもスニーカーでも電子レンジでも何にでもウェブが埋め込まれることを考えよう。(47)冷蔵庫、室温調節器、ガレージの扉が再起動しないと動かないというのもやはり楽しいことではない。

バタフライ効果を体現したテクノロジーがあるとすれば、それはきっとＩｏＴだろう。この世界では、自宅のネットワークにつながったフードプロセッサを、東京の救急車、シドニーの橋、デトロイトの自動車工場の製造ラインと同じ情報網に接続した結果を知るのは不可能だし、その上、何もかもが他の何もかもとつながるのだ。

世界で一流のスマートな研究開発テクノロジー会社の中には、ＩｏＴの構築に（そして何兆ドルにもなる市場の分け前を押さえることに）まっしぐらのところもあるが、社内のＩＴセキュリティ部門にいる人々は、すでに経験しているゼロデイ攻撃や現に起こりつつあるマルウェアによる脆弱性危機と闘うために必死に働いている。来たるべきものを推し量り、備えるための時間はあまりない。私たちが直面するサイバー犯罪の様々な水準は、今ネットにつながっているごく普通のパソコンを適切に保護することもできないことを明らかにしている。年々新たに加わる何億台もの携帯電話やタブレットとなるとなおさらだ。そうなると、どんな未来の姿を考えれば、さらにネットにつながる五〇〇億個の物を保護する方法の手がかりが得られるだろう。今日の世界的情報ネットワークのセキュリティも確保できないとなると、ペットやペースメーカーや自動運転車両など、すべての物理的なものがネットに接続され、地球のどこからでもハッキングできるような世界をどう守ればいいだろう。はっきりしていることは、それはできないということだ。

物のインターネットはハッキングされる物のインターネットにすぎなくなる。私たちに共通の技術的セキュリティ不足につけ込む手段も動機もある人々にとっては無尽蔵の機会だ。ＩｏＴとその根底にあるセキュリティ不足のプロトコルは、前代未聞の規模でセキュリティの脆弱性によるパンドラの箱を開けることになり、予測のつかない、並外れた、恐ろしい範囲のシステム障害を生む可能性がある。

ヒューストン、問題が発生した〔映画『アポロ13』の台詞〕。とくに脅威の表面積、つまり敵が攻撃できる地点あるいは攻撃経路の合計の点で。ＩｏＴの課題は、私たちのテクノロジーの脅威表面積が指数関数的に増えつつあり、簡単に言えば、そこを効果的に守る方法がわからないということだ。論理は明瞭。扉や窓が多いほど、泥棒は侵入しやすい――とくにインターネットにつながっているところは。

第13章　ハッキングされた我が家

今日IPアドレスを持てる物のうち一パーセントだけが実際に持っていると推定すると、世界の九九パーセントはまだ眠っていると言いたくなる。その九九パーセントが目覚めるとどうなるかをつきとめるのは、私たちの想像力に委ねられている。

——シスコ社最高技術責任者、パドマスリー・ウォリアー

ペンシルベニア州ロワーメリオン学区の高校生ブレーク・ロビンズには、自分が校長室に呼び出された理由が思い当たらなかった。副校長がこの一六歳の生徒を、「不適切な行動」で非難すると、ロビンズは自分には何のことを言われているのかわかりませんと応じた。そこで副校長は明言した。あなたがドラッグをやっていることはわかっています。停学ですね。ロビンズは真っ向から疑いを否定したが、副校長はノートパソコンをこちらへ向けて、ロビンズの家の自室で撮られた何枚かの写真を見せた。ロビンズが小さな楕円形の薬を手にして、それから呑み込んでいるところだった。衝撃を受けたロビンズはこんな写真がどこから出て来たのかと尋ねたが、副校長はとりあわなかった。

ロビンズは帰宅して、両親に事件のことを話し、両親は学区に抗議した。結局のところ、ロビンズはドラッグをやっていたのではなく、単に赤いマイクアンドアイクのキャンディを食べていただけで、両親はそのことをよく知っていた。しかし、学校当局はいったいどうやって、一六歳の少年が自宅の部屋でキャンディを食べているところの写真を手に入れたのだろう。学校の財産を守るためと言われる念の入ったスパイプログラムによってであった。

裕福な学区の当局は、二三〇〇人の高校生にマックブックを提供して、その学習を支援していた。し

かしその際、生徒にも親にも開示しなかったことがあった。ノートパソコンには秘密のソフトがインストールされていて、それが当局に、生徒のマックブックでの活動を、チャットのログ、訪れたウェブサイトの履歴など、すべてリモートから見られるようにしていたのだ。設定では、当局がノートパソコンのカメラを遠隔操作して、それが開いているときにはいつでも学生の写真を撮って記録できるようにもなっていた——すべては行方不明になったり盗まれたりのノートパソコンを追跡するためと言われた。遠隔スパイシステムは、ノートパソコンが起動されて動いているときには一五分おきに、こっそりと、自動的に写真を撮影した。ただ、当局は「不適切な行動」の疑いがある生徒については、撮影間隔を六〇秒おきにセットすることができた。

写真は学区のウェブサーバーにアップロードされ、そこで地区担当者によって個人別に調べられる。地区担当者は五万六〇〇〇枚以上の画像を得て、中には寝室、浴室などノートパソコンを持って移動したどんな場所でもあり、裸の生徒の写真もあった。管理者はロビンズの非行を疑うようになってから、ロビンズだけの写真を密かに四〇〇枚以上撮ったが、警察には知らせず、また学区の侵入活動について、捜索の権限は得ていなかった。学区のえげつない行動が公になると、いくつもの訴訟が起こされ、ロビンズの両親もそれに加わり、FBIは学区に対して刑事捜査を始めた(1)。ロビンズが朝の情報番組『グッドモーニング・アメリカ』で語ったところでは、「向こうは僕に気づかれないで部屋にいて監視していたようなものでした」(2)。あいにく、この高校二年生〔四年制高校〕が「無料」のノートパソコンを受け取った時点では、二年後に四年生の国語の授業でウェルギリウスの『アエネーイス』が宿題になったときなら思い当たりそうな、贈物を持ったギリシア軍についての預言的な警告〔いわゆる「トロイの木馬」の話〕のことは勉強していなかった。

遠慮のないカメラ

どこへ行こうとプライベートな場所だと思ってはいけない。監視手段が使いやすく、見えにくくなっているからだ。

――ハワード・ラインゴールド

州の機関である公立学区に、私たちの家庭を権限なしに勝手に覗く能力があるとなると、普遍的監視が浸透する時代が迫っているのは明らかだ。ロンドンからニューヨークまで、シカゴから北京まで、大規模なビデオ監視、つまり監視カメラネットワークが、私たちを現実でも想像でも脅威から保護するために設置されている。中国南西部の重慶という一都市だけでも、当局は五〇万台のカメラを設置して、「組織犯罪」に加え、宗教的・政治的な不穏な動きを見張っている。(3) そのようなセキュリティシステムは昔なら政府の独占だったが、今や、町の食料品店、ガソリンスタンド、車の販売店、病院、学校、オフィスビル、橋、トンネル、バー、タクシー、バス、列車、医院、クリーニング屋でもお目にかかる。ノートパソコン、携帯電話、ゲーム機、テレビ、タブレット端末、保育用カメラ、セキュリティシステムにもあり、そうしたものがユビキタスになればなるほど、そこにあることを気にしなくなる。こうした安価なビデオセンサーの価格がほとんどゼロということもあって、暮らしの中でのそうしたものの存在は、インターネットそのものが自らの視覚を育てるにつれて、とてつもなく広がろうとしている。

今日のカメラの能力や品質は、かつての粒子の粗い白黒画像から想像もつかない水準にまで向上していている。米国防総省はドローンに装着できて「高度二万フィート〔六〇〇〇メートル強〕で大きさ六インチ〔一五センチ強〕」の標的を特定できる一・八ギガピクセルのカメラを配置している(4)(技術的にはおそらく近い将来には民間でも利用できるだろう)。さらに、今日のカメラは単に監視して録画するだけではない。センサーをクラウドコンピューティングのアルゴリズムやビッグデータ解析にかけることによって、見ているものを理解できる。その結果、カメラは顔認識を行ない、車のナンバープレートを読み取り、一か所に長いこと放っておかれている荷物（爆弾かも）を特定できる。[5] この分析はリアルタイムに行なえるし、さかのぼっても行なえて、昔に録画した何百万時間分の動画を引っ張り出して、「赤い帽子の女」を探すことを可能にする。

あいにく、私たちを守るために考えられた道具は、間違ったセキュリティ感覚ももたらす。ネットにつながる世界中の何億台ものカメラは、悪意あるハッカーによる攻撃に弱いところも見せているからだ。先にも述べたように、携帯電話のカメラは、モバイルスパイのような広く入手できるツールを使って（六万本が売れている）持ち主に気づかれずに簡単に遠隔操作で起動できる。

キャシディ・ウルフというアメリカのミス・ティーンになった女性は、この教訓を苦い思いをして学んだ。ウルフの寝室で開いたノートパソコンがハッカーに乗っ取られ、ヌード写真や、シャワーから出て寝室を歩き回ったり、登校するために身繕いをしている動画を撮られた。[6] ウルフを悩ます犯人は、何か月かの間、毎日ウルフを見ていて、ある日、「性的恐喝」のメールを送って、カメラの前で性的な仕草をするよう求めた。「でないとこの写真や他にもっと（他にたくさん、画質がいいものがある）、おまえのアカウントにアップロードして、誰もが見えるようにして、モデルになる夢をポルノ女優に変えてやる」という。この脅迫メールを受け取ったとたん、ウルフはそのノートパソコンをばたんと閉じると泣き崩れ、それから警察に行くことにした。三か月後、FBIの捜査で高校のクラスメートの一人、ジャレッド・エイブラハムズが恐喝犯だったことが明らかになった。エイブラハムズが攻撃に使ったのは、ブラックシェーズという、クライマゾンで売っているクライム・インクのツール集で、他に南カリフォルニアにいる八人の女性を狙うのに使っていたマルウェアだった。[7]

他方、現代の保育用カメラは、我が子が隣の部屋にいるときだけでなく、インターネット越しにも様子を覗くことができるようにしてくれるが、これまた破られるのを待っているネット上のアクセスポイントだ。ハッカーや幼児性愛者は恒常的にこうしたデバイスを攻略していて、その大多数はパスワードが必要ないか、あっても製造業者が提供する標準的なよくあるものを使っていて、保育用カメラ画像は、若い母親が子どもに母乳を飲ませている画像も含め、デジタル地下世界のおぞましい商品となっている。カメラは上下左右に振れるしズームできて、双方向の組み込みスピーカとマイクがあり、親が子どもの様子を聞くことも、子どもと話すこともできる。母親、父親、ハッカーいずれにとっても都合が好いことで、シンシナティ市のヘザー・シュレックは、夜中に眼を覚ましてそのことに気づいた。

「突然、男の声のような音がしているのが聞こえましたが、私は眠っていたので、はっきりとはわかりませんでした」。困惑したヘザーは、生まれて一〇か月の娘、エマの部屋のカメラを携帯で調べた。奇妙なことに、カメラは動いていたが、自分が動かしているのではなかった。突然、今度こそ、家の向こう側で男が声を上げるのが聞こえた。「起きて、ほら、起きて」。ヘザーと夫のアダムはエマの部屋に駆け込むと、部屋に入ったとたん、カメラが、今は泣いている娘からアダムに直接向かうのが見えた。両親を観察している装置から聞こえてくる男の声は、延々と卑猥な言葉をまだ半分寝ぼけた夫婦にぶつけたが、アダムが正気を取り戻してカメラのコードを壁から引き抜いた。モニターの製造元、フォスカム社は、後に、この装置には「ファームウェアの脆弱性」があり、そのせいでシュレック家の眠る赤ん坊の部屋に忍び込むことができたのを認めた。[8] こうした事件は孤立したものではなく、ヒューストンの別の家庭では、二歳の娘アリソンの名を大声で呼び、罵り、「起きるんだよ……この小さなふしだら女」とかきくどく声で目をさましてそれを知った。[9] 仮想の侵入者が娘の名を知っていたのは、壁にピンクで書かれていたからだ。家族が自らを守るために購入した装置が、実は家族を狙い、家庭にトラブルを招く武器として使えるというのは、皮肉でもあり、困ったことでもある。

保育カメラに加えて、家庭やオフィスの監視カメラも攻撃に弱く、二〇以上の主要なブランド品に欠陥が広まっているのがわかっていて、そのほとんどは、デフォルトでインターネットによる遠隔アクセスと、弱いセキュリティつきで売られている。利用者の七〇パーセント近くは、「user」や「admin」といったデフォルトのユーザ名を変えず、製造業者があらかじめ設定している「1111」や「1234」のようなパスワードもリセットしない[10]。その結果、何千万台ものインターネットに接続されたカメラが、誰ともわからない人々によって盗み見られ、ハッカーは喜んで覗き見で発見したことを教えてくれる[11]。監視される側の同意はなく、知られることもないまま、こうしたライブ映像が何万本とオンラインで誰でも見られる[12]。ロサンゼルスのコインランドリー、カウチでフットボールの試合を見ているニューアークの男、バージニア州のバーの店主、香港のリビング、モスクワのオフィス――お好きなものをどうぞ。そんな機会があるとなれば、クライム・インクがIoTで使えるカメラの利点を生かした最善の使い方を調べるようになるのは長くかからなかった。

　銀行強盗に入る前に銀行のカメラをハッキングして、行員の行動パターン、現金輸送車の到着時刻、守衛の休憩時間を知っておくと良いではないか[13]。もちろん、銀行強盗はたいてい大した額にはならないし、リスクも高いことを知っているなら、もっと大物も狙える。クライム・インク所属の犯罪者チームがまさしくそれをした。二〇一三年三月、オーストラリアのメルボルンにあるクラウンカジノに対して、『オーシャンズ11』のような攻撃を実行したのだ[14]。ハッカーはカジノのセキュリティシステムを乗っ取り、このリゾートの防犯カメラを使って、VIP用の部屋を含め、建物を監視した。第一容疑者は外国人としか言われていないが、「鯨《ホエール》」と呼ばれる、きまって多額の金を賭ける金遣いの荒い人物だった。しかしこのときは、ホエールが有利だった。ホエールと仲間はライブ動画をハッキングしていて、ポーカーのテーブルでは、ディーラーと他のプレイヤーの手札をすべて見ることができた。犯罪者ホエールが他の高額の賭けをする人々と勝負するために姿を見せると、隠れたハッカー仲間が、隠したワイヤレスイヤフォンに指示を送る。ハッカーは自信を持って賭けて、たった八回の勝負で三三〇〇万ドル以上を稼ぐことができた[15]。図に乗ることもなく、裕福な男を残し、捜査当局が事態に気づく前に帰国した。I oTの指数関数的な進行が続くにつれて、監視カメラであれ、エアバッグであれ、自分を守ってくれると思っていた信頼する物が、他人の手に握られ、意外で致命的な形で自分の不利に使われることを発見する人が増える。

カージャックからカーハッキングへ

たいていの人は、車のブレーキシステムの内部よりも、ノートパソコン上で悪意あるソフトウェアを走らせる方を選ぶ。

——組込みセキュリティ研究家、クリストフ・パール教授

かつて車はガソリンで動いていた。今やプログラムで動いている。もちろんまだ動力としてガソリンや電気は必要だが、コンピュータのプログラムが機能していないと、現代の車は立ち往生してしまう。往年の一九五七年型シボレーは純然たる機械装置だったが、今どきの自動車は車のついたコンピュータとほぼ変わらない。二〇一五年に出荷された自動車には、七〇ないし一〇〇個の、電子制御装置《エレクトロニック・コントロール・ユニット》（ECU）と呼ばれる車載コンピュータがある。[16] ECUは一体になって自動車のエンジン、オートクルーズ、ABSブレーキ、エアコン、トランスミッション、娯楽、ワイパー、電動シート、ドアロック、カーナビ、燃料効率、エアバッグの展開などを管理する。自動車メーカーはすべてを比較的なめらかに連動させる点では頑張っているが、今日の車は一億行近くのコンピュータプログラムを含む著しく複雑なシステムだ（米空軍のF-22ラプター戦闘機の航空電子制御を動かすプログラムは比較的ささやかな一七〇万行）。こうした組込み電子機器は、平均すると新車価格の五〇パーセントも占める（ハイブリッドカーなら八〇パーセント近くとなる）。[17] 合わせると、こうしたマイクロチップはコントローラ・エリア・ネットワーク（CAN）という、最近の車の生命線となる車載コンピュータのネットワークをなし、安全性の向上、排気

ガスの削減、史上かつてないほどの車の利便性の元となっている。

こうした組込みのテクノロジーは、CANを介して内部で連絡しあうだけでなく、この情報を、車に組み込まれた様々な無線や携帯電話のネットワーク機能を通じて外の世界と共有することも増えている。それによって、運転者に多大な便利が提供される。BMWのテレサービスというネットワークは、車両内のセンサーに継続的に自己診断させ、地元の販売店に不調を報告できるようにしている。問題点が明らかになると、所有者に電話がかかり、お車の調子が悪そうなので、一度ご来店くださいと言われる。GMのオンスターはエアバッグとモーションセンサーが車の事故を検知すると自動的に救急車を呼ぶ。

車に取り付けられた事象データ記録《イベントデータレコーダー》（EDR）のブラックボックスは、事故調査を助け、保険料率を下げるが、あなたの動きすべてを「告げ口」して、毎秒何百メガバイトというデータを生み出す[18]。こうした装置が絶えず、位置、シートベルトの着用、スピード、方向指示器の動作など、大量の車両データを追跡する。フォード自動車のマーケティング販売担当副社長ジム・ファーリーは、二〇一四年の初めに、こう認めた。「違反したのが誰かすべて〔わかります〕、いつ破ったかもわかります。車にはGPSが入れてありますから、運転手がどんな運転をしているかがわかります」[19]。それはフォード社だけの話ではない。GM子会社のオンスターは、利用規約を一方的に更新して、同社の車両すべてをモニターし、その情報を、規約が車の所有者によって拒否されてからも、第三者に知らせる権利を永続的に認めるとして、人々の怒りを買った[20]。それに、オンスターに道案内を頼んだり、事故の後で車の様子を尋ねられるようにする便利な車載マイクも、知らない間に遠隔操作で起動され、密かに私的な会話を盗み聞きすることもできる。暴動がらみの捜査でFBIは少なくとも二〇〇三年からそうしている[21]。

車の未来には、プライバシーよりも大きな懸念さえあるかもしれない。現代の自動車がますます複雑になると、システム故障による大規模なリコールや人命の損失などをもたらす。二〇一四年の前半だけで、GMは二九〇〇万台の車のリコールを余儀なくされ、さらに日産、ヒュンダイ、フォード、ホンダ、

BMWが数百万台をリコールした[22]。車にあるとことん複雑な電子機器が車の主な機能をすべて制御するとき、システム故障は意図していなかった結果をもたらすことがある。二〇〇〇年代末のトヨタの数々の問題では多数のドライバーが死亡した[23]。陪審は、事故の多くがトヨタの電子スロットル制御装置のソフトウェアに欠陥があって、アクセルペダルが踏み込んだままの状態になって、ブレーキが故障したために起きたのではないかと見た[24]。トヨタは欠陥を隠蔽したと非難され、二〇一四年には米司法省から安全より利益を優先したとして記録的な一二億ドルの制裁金を命じられた[25]。もちろん、電子機器に関する安全性の問題点は、事態のほんの一部でしかない。車がコンピュータになると、他のすべてのシステムと同様、悪意あるハッカーの魅力的な標的になりうる。

泥棒がハンガーを使って車のドアを開けていた時代は急速に歴史になりつつある。誰かに銃をつきつけて車を盗む必要もない。自動車泥棒《カージャッキング》も現代化してカーハッキングに置き換わる。アメリカでは、一九九六年以来製造されたすべての車は、規格化された電子的な車載診断ポートを備えることが求められている。そこから車の中枢コンピュータに物理的につながることができて、RFID、ブルートゥース、携帯電話といった新しいIoT通信プロトコルでそのような接続を遠隔的に行なえる。新しい車にはUSBポートもついていて、例のごとくで、接続部分が多ければ脆弱性も増す。ロンドン警視庁によれば、二〇一三年にロンドンで盗まれた八万九〇〇〇台の車のうち半数近くは、犯罪者が車を開けて始動するための様々な電子機器を使ってハッキングされたものだった[26]。こうした犯罪者が襲撃に使うガジェットは、クライマゾンで購入できる。ほとんどはブルガリアの業者が提供する。操作は一〇秒もかからないし、もちろん、クライムUのサイトには、手順すべてを解説する動画がある[27]。

もともとは鍵師が車の電子キーをなくした人を助けるために考えられた、携帯電話ほどの大きさのガジェットを使い、泥棒は新しい電子キーをプログラムして元のキーの代わりにする。この偽装の手法は車を騙して持ち主の本物のキーが提示されたと思い込ませるもので、車の開閉のときに使う無線信号を傍受したり、車載のコンピュータを直接に狙うなどして得られる。

ノートパソコンと、正しくプログラムされた命令を入れたショートメールのメッセージだけを使って、泥棒はドアのロックを解除して車を始動し、走り去ることができる。(28) あなたの音楽の趣味もリスクの元になる場合がある。何人かのセキュリティ研究者は、二〇一一年、悪意あるコンピュータプログラムをMP3ファイルに仕掛け、曲をいくつかCDに焼いて、それを証明した。カーステレオで再生すると、感染した曲のファイルが車のファームウェアを歪め、ハッカーがその車の主制御システムに侵入できるようにする。(29) このような状況では、車が盗まれるのは、ありうるすべての結果の中ではいちばんましかもしれない。車載コンピュータが押さえられれば、ほとんど何でもできる。

ハッカーは、CANハッキングツールのような装置を三〇ドル弱で組み立てることができ、これを車の車載コンピュータネットワークにつなぐと、遠隔操作で車のランプ、ロック、ハンドル、ブレーキの制御を行なえるようになる。(30) 車の一つ一つの要素はほとんどすべてがコンピュータで管理されているので、このような装置があれば、車そのものに仕込まれた携帯電話受信器をいじって、路上の車に地球の反対側から手を出すことができる。近くからなら、遠隔ハッキングにはブルートゥースやワイファイも使える。ハッカーやセキュリティ研究家による何十という実証例は、犯罪者が二〇〇〇キロ以上離れていても、あなたが高速道路を時速九〇キロで運転しているときに、その車の制御を握ることがありうる。ハッキングした車でできることを制約するのは本人の想像力だけだ。走行距離をゼロに変えたり、車が止まっているのに速度計を一六〇にしたりも簡単にできる。クラクションを鳴らし、ラジオを大音量にし、シートベルトをきつくし、ワイパーを動かすのも簡単なことだ。エンジンを切ったり、左へ急ハンドルを切ったりして、高速で車の操作ができなくすることは？　もちろんできる。突然エアバッグを膨らませて、後部座席の子どももともども制御不能で横転させることは？ 文句なくできる。(31) 車をコンピュータが制御しているのであれば、攻撃者にも制御できる。

こうした脆弱性を使った歯ごたえのある目標として、狙うのは一台の車である必要はなく、特定の造りの車、同じモデル、年式の車すべてに同時に手を出せるだろうということがある。テキサス・オートセンターの例で言えば、不良社員が一〇〇台の車を遠隔操作で動かないようにすることができた。しかしオンスターのような会社は、何百万台もの車に、車が盗まれたときに、遠隔操作でエンジンの始動を妨げたり、動かないようにしたりのテクノロジーを設置している。オンスターの不良社員なら、一〇万台、一〇〇万台のエンジンを切れるのではないか。GMはきっと否定するだろうが、バックドアが仕掛けられれば、不正使用から守るのは難しく、ハッカーにも国家にも幅広いインフラ攻撃の機会ができる。

環境センサーネットワークが増え、車のイノベーションが進むと、人間は運転にかかわる責任をますます機械に委ねるようになるだろう。ルノー・ニッサンのCEO、カルロス・ゴーンは、同社は二〇二〇年までに大規模な市場用に完全に自動運転車を買えるようにすると発表した。ボルボは同様の車を二〇一七年までに出すことを計画している。[32] グーグルはそのようなテクノロジーの最大の支持者になっていて、独自の自動運転試験車は一度も衝突したり事故を起こしたりすることなく、一〇〇万キロ以上の走行を記録している。[33] この点が重要なのは、結局、人間の運転がひどく、毎年三万三〇〇〇人以上のアメリカ人が車の事故で死亡しているからだ。完全自動化して、うまく機能する自律走行車ネットワークがあれば、何万という不要な死を防ぎ、関連する経済的費用を何十億ドルも節約できる。そうした技術の価格が下がるにつれて、宅配トラックやタクシーのドライバーが、安くて組合に入っていない、自律走行車に置き換えられることが予想できる。

しかし現代の車は、人が運転しようと人工知能、ビッグデータ、センサーネットワークが運転しようと、やはり車のついたコンピュータであり、セキュリティ不足のデータシステムで動き、完全にハッキング可能な転送プロトコルを介して通信する。そうなると、事態は自律走行車支持派が言うほどバラ色ではなかったということになるかもしれない。車の大半をIoTにつなげると、攻撃者が車の制御を握り、金属とガラスと爆発性の燃料による何トンもある武器にするのに長くはかからないだろう。クライム・インクや頭に血が上った元カレがコンピュータや携帯電話を狙うのと同じように、未来は車を狙うようになって、スティーヴン・キングが一九八三年に発表した、クリスティーンという取り憑かれた車をめぐるホラー小説のような光景に何歩も近づくのは当然の論理だ。警察当局は明らかにこの脅威を察していて、二〇一四年七月には、FBIが内部の報告書で、運転手なしの車は「テロリストが自動運転車に爆薬を詰め込み、特定の目的地を狙う、破壊的兵器」として使えることを警告している。[34] 自律走行車が一斉にエンジンを切られ、都市や一国の交通を完全に麻痺させることもできるかもしれない。

もちろん、こうした車の攻撃をやってのけるには高度なコンピュータの腕が必要な場合があるが、他のつけ込みどころについて見たように、まもなくカーハッキング用にも、ポイントしてクリックするだけのクライムウェアが使えるようになるだろう。自動車メーカーは、とくに「最もハッキングしやすい車」リストが出て来たことで、注目し始めている。かつては車両が衝突安全性について評価されたように、今はセキュリティ調査員がハッキングしやすい車のランキングを行なっている(ジープ、キャデラック・エスカレード、インフィニティQ50、トヨタ・プリウス)。[35] 今日の路上で最先端テクノロジーの車を走らせているテスラは、この種の懸念が高まるのを認めて、有名なセキュリティの達人をアップルから引き抜いて立場をはっきりと示した。[36] しかし、将来こうしたテクノロジーによって、どんな新しい脅威ができるだろう。クライム・インクは遠隔操作で自動運転車の制御を握り、ドアをロックし、あなたをひとけのない放棄された倉庫へさらって行ける。あなたは脱走を空しく試みるかもしれないが、あなたが恐怖で叫び、車の中から窓をどんどん叩いても、誰かがそれを見たと報告しそうにはなく、次世代の誘拐に対しては無力だ。それに、ハッカーの手中にあるかもしれない車で生きて自宅に戻ると仮定しても、さらに困ったことが待っている。あなたがいない間、自宅もIoTにつながっているのだ。

ハッキングされた我が家

宇宙家族ジェットソンの頃から、私たちは、ボタン一つで快適な暮らしを保証するよう作られた、ロボット工学の仕掛けと奇抜な電子機器で満たされた宇宙時代の家庭を約束されてきた。空飛ぶ車はまだないが、一九六〇年代初頭のこのハンナ＝バーベラ・プロダクションによるアニメは、フラットパネルテレビ、動画チャット、自動開閉ドアを予測する点で予言的だった。理論的には現代のネットワーク化された家は素晴らしいように思える。セキュリティシステムとビデオカメラが空き巣から守り、窓が破られれば警察を呼ぶ。デジタルの室温調節器が家のＧＰＳによる座標に固有の天気予報と連動して冷暖房を調節し、最大の効率、快適さ、費用節約を確保する。地下室にあるスマートなセンサーが、水道管の破裂による水を検出し、影響を受ける一帯の水流を自動的に止める。スマホでインターネットごしに玄関の錠をかけ、空港に向かう途中で鍵をかけたっけと心配しなくてもよくなる。スマート冷蔵庫はミルクが腐りかかっていることを教え、シリアルの空箱をごみ箱に入れるだけで、保存されている支払いカード用情報を使って、指一つ動かさなくても新しいシリアルを注文する。しかし本当にごみ箱にクレジットカード番号を覚えてもらいたいだろうか。

アメリカのホームオートメーション市場は「二〇一九年には一六四億ドル規模に達すると予想」され、大手テクノロジー企業はシェアをめぐって競っている。[37] 家の各要素はすでにＩｏＴにつながっているかもしれないし、スマートメーターを設置して水道、電気、ガスの使用量を測定し、調節している公共設備会社も増えている。しかしたぶん、最大の機会は、グーグル、アップル、サムスン、マイクロソフトなどが、中枢のハブとなり、家のＯＳになろうと戦いながら、ささやかな自宅を、オートメーションゲートウェイを使って遠隔から監視・操作できるようにする。

アップルが最近発表したHomeKit《ホームキット》は、iOS 8に含まれ、アップル社をホームオートメーションのデザインフェアに登場させ、ユーザーがiPhoneの画面をタップするだけで、あるいはＡＩの音声アシスタントソフト、シリに声で依頼するだけで、ドアの鍵をかけ、照明を暗くし、ステレオをかけられるようにした。「寝る」などの言葉を発するだけで、ホームキットが自動的にカーテンを引き、温度を下げ、照明を消すなど、一連の動作をするが、シリの音声認識でしたことのある経験をふまえれば、大喜びの後に、テレビが突然ついたり、車が動いたり、玄関のロックが解除されたりすることになるかもしれない。しかしいずれ、ぎくしゃくしたところは均され、スマホで管理される家庭の中枢にあるデジタルハブは、近い将来に現実になるだろう。するといったいどこがおかしいことになるのだろう。

一つには、今までは洗濯機のファームウェアを更新したり、家のOSを再インストールし、玄関が機能するように家を再起動したりしなくてもよかった。電球、トースター、洗濯機、ビデオレコーダー、ゲーム機、冷蔵庫、ケーブルテレビ、電子レンジ、皿洗い機、テレビ、ドアのロック、セキュリティシステム、保育カメラ、室温調節器、トイレ、ランプ、バスタブを接続すると、ジェットソン的な便利は得られるかもしれないが、何から何までIoTにつなげると、もちろんそれなりのプライバシーやセキュリティのリスクももたらされる。そのようなシステムの多くは、電気製品、モバイル端末、ホームシステムの間で通信するとき、認証も暗号化も使っていない[38]。その結果、簡単に不正を働き、ハッキングし、傍受し、いじることができる。HPによる二〇一四年七月の調査は、IoTに接続されている装置の七〇パーセントが攻撃に弱く、それぞれの機器に平均して二五個のセキュリティの欠陥があった[39]。

自宅が完全にネットにつながると、ハッカーがそれを商売になる標的と考えない理由はなく、あらゆる証拠から、すでに活発な活動があることがうかがえる。それぞれの攻撃者には、それぞれの動機がある――芝生に入るなと言っている隣の子ども、嫉妬してつきまとう元の交際相手、食料品店であなたを見かけた覗き屋、サイバースパイ活動能力を活用しようとする外国政府。しかしクライム・インクにとっては、動機はほとんどが金で、人の家庭にあるIoT装置の弱点を突いて、家のネットワークに保存されている貴重なデータを手に入れたり、毎日の空き巣目的に使ったりするだろう。そうそう、クリプトロッカーを忘れてはいけない――ノートパソコンやモバイル端末を支配し、それを暗号化してロックするランサムウェアだ。デジタル地下世界では、人を家に閉じ込めたり、家から閉め出したりして、自宅が再び機能を取り戻すためにビットコインの身代金を払わせる、クライムウェアのツール集を売っていると予想できる。

子どもも家で遊んでいるときに似たような脅威に直面するかもしれない。ディズニーやマッテルのような大手の玩具メーカーは、すでにIoTを研究していて、ワイファイが使える人形、ぬいぐるみ、ミニチュアロボットの大群が、「玩具のインターネット」に登場しつつある。[40] しかし玩具も攻略できて、少なくとも一つ、プラスチックのおしゃべりウサギ、キャロッツはスマホアプリで制御でき、カメラ、マイク、RFIDチップがついていて、ハッキングされ、攻撃者に子どもをカメラで監視できるようにした。[41]

一三五年前から使われている電球のような技術製品も、IoT用に改造され、フィリップスの「ヒューLED」照明装置のようなシステムは、消費者がスマホからスイッチを入れたり切ったりできるようにする。それはハッカーにも、フィリップスのシステムに知られているセキュリティの欠陥をついて灯りが消せるということで、照明と物理的セキュリティの間のつながりはわかりやすいことを考えると困ったことだ。[42] さらに、LIFXという省エネスマート電球のようなシステムは、照明に差し込まれると、実は家のワイファイ・ルータのパスワードを洩らしていて、それを、ホームネットワークの「マスター電球」に問い合わせてくるハッカーにあっさり明かしている。[43] 照明装置と電球は、ロシアで発見された中国製アイロンに似たバックドアを仕掛けることもできる。二〇一四年の初め、ハッカーは個人的な会話をライブでツイートできる盗聴ランプを作った。この装置は、会話通報器《コンバースニッチ》と呼ばれ、一〇〇ドルもせず、普通の電球のように見える。[44] 違いはそこにマイクが隠されていて、近くのおしゃべりをすべて拾うところだ。それができることを証明するために、装置の製作者はコンバースニッチを図書館、オフィス、マクドナルドの店舗、銀行の店舗などに――どこからも職員に気づかれたり邪魔されたりせずに――易々と仕掛けている動画を撮り、産業スパイ用の強力な新型ＩｏＴツールの先駆けとなった。

スマート機器が増えるにつれて、中枢に集約されたホームオートメーションのゲートウェイによって制御され、その大部分はすでに攻略されており、家のネットワーク上のすべてのデバイスはハッカーが乗っ取れるようになっている。さしずめ『接続ホーム街の悪夢』といったところか。自分がＩｏＴで動く家で安全だと信じられれば夜もぐっすり眠れるかもしれないが、家宅侵入２・０の世界では、期待するより簡単に侵入できることは、『フォーブズ』の記者、カシミア・ヒルによって証明された。ヒルはＩｏＴに関する記事の仕事をしているとき、「スマートホーム」という検索語でググってみるだけで、人気のインステオン社のホームオートメーションシステムを使う家庭が八世帯見つかった。これは「照明、浴槽、換気扇、テレビ、ガレージの扉」のような電気製品を制御する。

インステオンはユーザ名もパスワードも求めず、製品が検索エンジンで探れるようにしていたので、ヒルはその家庭を難なく見つけることができた――つまり人々があなたのスマート冷蔵庫をググって、遠くからそれと通信できるようにする。(45) そこでヒルは、この何も知らない人々に連絡をとって、身分を名乗り、「私はお宅の装置をすべて見ることができますから、それをコントロールすることもできると思います」と言った。やってみる許可をいただけますかと尋ね、唖然とする何千キロも離れた家の所有者は、自宅の電気製品を簡単に支配されると、その事実をしぶしぶ認めた。二〇一三年の調査では、インステオン・ハブだけではなく、七五〇種以上のスマートホーム製品が使えるベラライト・コントローラーなど、一般に入手可能なスマートホームハブのうち八〇パーセントに、ハッカーは簡単に侵入できたことがわかっている。(46)

ホームオートメーションシステムの脆弱性の数は多くて、国土安全保障省のコンピュータ緊急事態対策チームは、二〇一四年、ベルキン社のウィーモーという人気のスマートホームデバイス製品の五〇万の利用者に、その製品にある五つの脆弱性を特定して公開の警告を発しなければならなかった。[47] 警報は、「遠隔地の権限のない攻撃者が悪意あるファームウェアを仕掛け、悪意ある接続を中継し、装置のシステムファイルにアクセスして、潜在的にはその装置に完全にアクセスできる」と記している。同省はさらに、「この問題について実行可能な解決策は今のところわかっていない」とも言う。この件についての記事は、「攻撃者がひとたび被害者のネットワーク内にあるウィーモー装置への接続を確立してしまえば、その装置は他のコンピュータ、携帯電話、付属のネットワークファイル保存のような装置を攻撃する足場として使える」としている。最後の警告が重要だ。ハッカーは、ソフトウェア・ファイアウォールを使ってロックされ暗号化されたノートパソコンのような、相手のネットワークの、最も安全なデバイスに押し入ろうとはしない。逆に必ずいちばん弱いところ、つまり自宅のホームネットワークにある信頼されるウィーモーのインターネット利用コーヒーポットを攻める。ハッカーがコーヒーポットを手に入れると、ネットワーク外縁の仮想のマジノ線を突破したことになり、そこからはホップ・ステップ・ジャンプで、相手の家にあるもっと安全で利益のあがる装置を感染させてそれを攻撃する。

多くの家庭や企業で使われる普及したオンラインのものと言えば、防犯警報システムで、三六〇〇万人以上のアメリカ人が、自身や家族の安全を保つためにこれを頼っている。しかしそれが簡単なドアセンサーであれキー入力のロックであれ、ハリウッドの『ミッション・インポシブル』シリーズで見られるように、ハッキングは容易にできる。ADTやビビントのような会社から出ているものも含め、警報システムの大多数は、一九九〇年代の旧式無線通信プロトコルを使い、送られる信号の暗号化も認証もない。その結果、保護するつもりのカメラが持ち主の方へ向けられて、その行動が覗かれたり、警報器は切られて侵入者が入って来ても鳴らなかったりする。[48]

古い警報装置だけが脆弱なのではない。Zウェーブのような新しいIoT無線通信プロトコルもハッキングされ、このプロトコルを使っている製造業者が一六〇もあり、使用している会社はラスベガスのウィン・ホテルなど何千社にも及ぶことを考えると心配なことだ。ウィン・ホテルは客室全体で六万五〇〇〇台のZウェーブ装置を展開している。(49)ヒルトンホテルも、利用客にスマホをキーとして使い、二〇一四年末までに世界中に四〇〇〇あるホテルの部屋に入れるようにすると発表した。(50)オンラインで使う家の玄関の錠が増えるにつれて、それがまた家宅侵入2・0の扉を開くかもしれない。犯罪者は自分のスマホを使って相手の玄関のドアをハッキングして開け、緊急通報装置を解除し、こうした家からの助けを呼ぶ声が誰にも聞こえないようにすることができるだろう。

中枢に集約されたホームオートメーションハブが攻撃されるだけでなく、テレビなどの個々の「スマート」装置もやられる。実際、数々の報告が、座ってそのスマートテレビを見ているときに、逆に向こうがこちらを見詰めていることがあるのを伝えている。今日の中級から高級のテレビの大多数はIoTが可能で、ネットフリックス、スカイプ、フェイスブック、フールーなどのアプリがあらかじめ搭載されているし、もちろんカメラやマイクやUSBポートも組み込まれている。二〇一三年には世界中で九〇〇〇万台近くのスマートテレビが売られていて、まもなく古い「ただの」テレビは見当たらなくなる。多くのブランドにセキュリティの穴があることがわかっている。たとえばサムスンのスマートテレビは、ハッカーがプライバシーやセキュリティを重視する人々にとっては困ったことになりそうな傾向だ。(51)遠隔操作でスカイプ用に使う組込みカメラを起動し、こっそり写真を撮ったり、リビングや寝室でテレビを見る人々を監視したりできる。(52)

ハッカーは、サムスンのテレビにあるアプリに保存されたログイン用認証情報やアカウントの詳細を盗み、利用者のフェイスブックなどソーシャルメディアにあるアカウントを握ることもできる。テレビのUSBポートでハードディスクを増設して音楽や動画を直接テレビにストリーミングできるようにしたことのある疑いもしない消費者にとっては、また別のひどい奇襲があった。ハッカーがテレビを通してそうしたファイルを見たりダウンロードしたり消去したりできた。増設ハードディスクに金融機関の詳細や個人的な文書を保存している人々にとってはまずい話だろう。こうした追加の家庭内接続は、利用者をマット・ホーナンが受けたような攻撃にさらす。貴重な写真など、手許に保存しておいたデータが、悪意を持った人々によって、遠隔操作で消去できるのだ。

クライム・インクもシリコンバレーと同様、ＩｏＴを金に換える最善の方法を実験していて、そのときに、環境コンピューティング時代用の試行で実証済みの戦法を更新してきた。二〇一四年の初め、ハッカーは一〇万台以上の日常的な「スマート」機器──家庭用ルータ、警報装置、ウェブカメラ、マルチメディアボックス、冷蔵庫など──を支配し、それを集めて史上初の家庭電気製品によるボットネットを作った。攻撃者はこうした装置を使って、クライム・インクの利益に変えるべく、「悪意あるスパムやフィッシングメールを七五万件」以上送信した[53]。冷蔵庫のスパム（食べられない方の〔スパムはもともと缶詰ミートローフの商品名〕）だけでも困るが、スマート機器は一人前のコンピュータであり、籠絡されれば、児童ポルノを収容したり、狙ったウェブサイトに厖大な量の無意味なデータを送りつけて処理できなくしたりして、ハッキングされたパソコンにできることは何でもできることを思い起こすことが重要だ[54]。今日のコンピュータを一〇〇〇万台つないでボットネットにするのもひどい話だが、セキュリティ不足、あるいはまったくないスマート機器をさらに五〇〇億台ネットに加えれば、侵害的なコンピュータ攻撃の機会を大いに開くことになる。

ボットネットは手中にした規模を何百万台から潜在的には何十億台へと大きくし、それとともに新しいＷＭＤ──大量妨害兵器《ウェポンズ・オヴ・マス・ディスラプション》──ができる。こうしたサイバー兵器を使うクライム・インクは、その兵器庫に企業でも個人でも恐喝できる強力な新たなツールを得ることになる。ビットコインの「貢ぎ物」を出さなければネットにつながらないようにするのだ。住宅や職場のあちこちに散らばったスマート機器に組み込まれている計算機としての処理能力で犯罪者が利益をあげる方法は他にもある。二〇一四年の初め、インターネットを使うＤＶＲが何万台もLinux.Darllozというワームでハッキングされていることが明らかになった。このワームは、ミンコインズやドージコインといった暗号通貨を求めて採掘するために、DVRの処理能力を利用していた[55]。その際、ハッカーはあなたの家の電気製品を全速力で動かし続け、自分は仮想通貨を生み出し、あなたには装置を一日二四時間週七日フル稼働させるための電気代の請求書がつきつけられる。理論的には、家庭にある新しいスマートメーターは過剰な電気使用量を捉えるかもしれないが、もちろんそれもハッキングされれば何にもならない。

コンセントが知っていること

スマートメーターはグローバルなIoTの中核にあり、その双方向通信能力は、家庭や企業の電気使用量の詳細を記録、追跡して、古い、負荷がかかりすぎた電力網の全体的な効率や信頼性を高める。二〇一三年半ばの段階で、スマートメーターは全米で四六〇〇万世帯に設置されており、英国は二〇二〇年までに全土で配置することを見込んでいる[56]。スマートメーターの情報は、その多くが暗号化されずに送信され、実際に機器のブランドや製造年、自宅のどの部屋で使用していたかなどの詳細を明らかにできる。そのようなデータから推測すれば、特定の人が料理にどれだけの時間をかけ、寝室でいつテレビのスイッチを入れるかといったことが明らかになる。しかしスマートメーターが人の活動に深く立ち入って提供できるきめ細かさは、その人が木曜の七時二六分に電子レンジを使ったことを知るだけではない、はるかに広い範囲に及ぶ。

ドイツの研究者は、それぞれの番組を画面に表示するために必要な特定の電力を元に、スマートメーターが人がいつ何の番組を見たかも掴めることを明らかにした[57]。こうしたことをまとめて測定することによって、この研究者は、すべてのテレビ番組について個人のプロフィールを作ることができて、『スター・トレック』の第七一回は、『モダンファミリー』の第一七回とは異なる電力パターンがあることがわかった。もちろん、こうしたデータを第三者に売れば何十億ドルにもなるかもしれない。実際、二〇一四年五月、世界最大の広告業者WPPは、ロンドンのデータ解析会社オンゾと提携して、最終的には広告業者向けに「家庭の扉を開く」ためのスマートメーターのデータ収集法を研究すると発表した。

スマートメーターからの脅威はプライバシーの奥だけにはとどまらず、犯罪者はセキュリティ不足の公共設備用デバイスを、いろいろな目的で、とくに金融機関にかかわる不正目的で攻撃する。たとえばプエルトリコでは、クライム・インクが同島で普及しているスマートメーターを利用するために、テクノ犯罪者の大部隊を採用した。犯罪者ハッカーは、デジタル地下世界で広く利用できるソフトウェアと単純なノートパソコンを使って、企業と一般の人々両方に「サービスコール」をかけ始めた。住居用なら三〇〇ドルから一〇〇〇ドル、商用なら三〇〇〇ドルの料金で、クライム・インクはスマートメーターをプログラムし直して、毎月の電気代を最大七五パーセントオフの節約をすることができた。この件を捜査したFBIによれば、プエルトリコ島の電力当局は結果として年間四億ドル近くの収入を失った[58]。スマートメーターもコンピュータ同様、マルウェアの攻撃に弱く、IOアクティブ社のセキュリティ研究員は、感染した家庭の一方のスマートメーターから別の家のメーターへ急速に広がることのできるワームを開発し、最終的には近隣一帯で感染させ、闇の奥へ引きずり込んだ[59]。

スマート公共料金メーターと家庭の壁にあるスマート室温調節器が連動するようになり、ある会社が他に先駆けてこの分野に革命を起こしつつある。ネスト・ラボ社だ。二人の元アップル社重役が興したネスト社は、一九五〇年代からあまり変化していない旧式の不格好な室温調節器を完全に再想像《リイマジン》した。ネスト社の創業者は、アップル社で得た深いデザインの知識経験を利用し、ワイファイを使い、温度、運動探知、湿度、明るさなどの最先端のセンサーを備えた美しい室温調節器を作った。ネスト社は適応能力のある人工知能アルゴリズムを採用し、人がどんなときにどんな温度を喜ぶかを学習させた。ネストは装置の近くに運動や灯りがないときを判定して、長期旅行中あるいは留守のときを適切に推理する自動停止モードも備えていた。ネストの室温調節器は世間での人気がきわめて高く、月に一〇万台が売れ、それとともに、ワイファイ使用のしゃべるＩｏＴ煙感知器など、ネスト社の他の製品も売れている。[60] 熱狂が広まると、他のテクノ巨大企業の目に留まらずにはすまず、創立からわずか数年の二〇一四年、ネストは三二億ドルでグーグル社に買収された。ネストの創立者と一〇〇人ほどの従業員にとってはいい話だったが、なぜインターネット広告業者がＩｏＴ装置製造業者を買収することになったのだろう。

グーグルは明らかにＩｏＴにチャンスを見ていて、グーグルが「意識のある家」と呼ぶものを目指す戦いでは、ネストはグーグルの野心を支える強力なハードウェア製品となる。[61] しかしネストのあらゆるセンサーを組み込んだ室温調節器と煙感知器は驚異的なデータ製造器になり、アンドロイド携帯電話が新たな広告やデータ販売の機会をもたらしたように、ネスト・ラボ製品もそうなる。グーグルはその獲得で終わるどころか、二〇一四年六月には防犯カメラの大手スタートアップ、ドロップカムを買収中であることを発表した。ドロップカムは高画質でワイファイおよびブルートゥースにより動画を携帯アプリへ流し、あらかじめ設定した活動が装置で検知されれば警報を送信する防犯カメラを作っている。ドロップカムの買収によって、グーグルはウェブ検索、メール、携帯電話、地図、位置情報だけでなく、自宅内での動きもライブストリーミングの動画送信で手にすることになる。その結果、購入した室温調節器、煙検知器、セキュリティシステムすべてに長い利用規約がつくことになる。これほどプライバシーへの影響がわかりやすいものがあるだろうか。

もちろん、セキュリティが甘く、アクセスしやすいスマートメーターは、住人が長期にわたって留守にしているときを知る大きな一歩だ。未来の空き巣はフェイスブックの投稿を検索するより、動画配信を覗くか、冷蔵庫に最後に扉が開いたのはいつかを問い合せるか、スマート室温調節器に長期旅行モードになっているかどうか尋ねるかするだけでよい。グーグルのネスト製室温調節器はすでにそれができるようにハッキングされており、潜在的にはハッカーに、組込みの運動検知器を通じて持ち主が在宅かどうかを監視したり、暖房を全開にしたりするなど、装置への遠隔アクセスを与えている。[62] これまたネストの主力製品であるネストプロテクトは煙と一酸化炭素の警報で、やはり難点があり、ソフトウェアの不具合で、実際に火事があったときに警報が鳴るのが遅れるため、四四万台をリコールしなければならなかった[63]。ドロップカムのカメラもセキュリティの脆弱性があり、ハッカーはそれにつけ込んで遠隔操作で動画を見たり、カメラのマイクのスイッチを入れ、『オーシャンズ11』のような仕事のときに自分たちの動きを隠したい場合にオンラインのライブ動画ストリームに偽の動画を送ったりすることができる[64]。言うまでもなく、クライム・インクもお宅のコンセントが知っていることを知りたがっている。あなたが買う新型ワイファイ電球や施錠装置で、ハッカーが遠くから家につきまとう方法を見つけるのに必要なことをすべて、意図せずして教えているということになるかもしれない。

企業攻撃とビルのハッキング

企業もIoTに飛びついてコスト削減をさらに進めつつあり、企業の大半は情報最高責任者（CIO）を置いていても、オフィスというテクノロジーの戦場はきわめて渡りにくい。大半の人は気づいていないが、二〇〇二年以来、コピー機にはほとんどすべて、コピーあるいはスキャンされた書類すべてを保存するハードディスクが内蔵されている。こうした器具はたいていリースか、いずれ売られるかで、CBSの調査報道が明らかにしているように、そこにあるデータは流出しやすい。ニュージャージー州のある倉庫へ行くと、六〇〇〇台の転売用の中古コピー機があり、すべてに政府や企業の極秘事項が入っている。研究者と記者は四台のコピー機を買い取り、再現できるものを見てみたら、結果はとんでもないことになった。調査グループは、広く使われている簡単な復活ツールを使って「一万点の文書」を見つけ、そのうち「九五枚は氏名、住所、社会保障番号入りの給与明細」、四万ドルの小切手のコピー、アフィニティ・ヘルスプラン社の薬の処方からがんの診断書まですべてが入った「三〇〇枚の個人の医療記録」、バッファロー警察の性犯罪部門の「DV被害の詳細な訴えと手配中の性犯罪者」、同麻薬捜査班の

「主な手入れの標的一覧」などがあった。[65]

言うまでもなく、IoTのネットワーク化された世界では、コピー機への物理的アクセスさえ必要なく、こうした文書の多くはオフィスのコピー機から遠隔操作で引き出せる。ハッカーはネットワーク化されたコピー機にアクセスできるようになっていて（その大多数は現代のオフィスではネットにつながっている）、何がコピーされているかをリアルタイムで見ることができる。[66]さらに、HPレーザージェット・プロのようなオフィス用のプリンタがハッキングされ、それが置かれているワイファイネットワークに認証なしのアクセスや、暗号なしのテキストで保存されている管理者用パスワードも手に入れられている。[67]二〇一一年に発見された組込みファームウェアへの攻撃は、何百万台とあるHPのプリンタがハッカーからのアップデートの指示を受け取って、過剰な運転をさせられて発火することを実証した。ハッカーは、機械の定着用素子にある脆弱性につけ込んでプリンタを過熱させ、装置を通る紙を燃やし、最終的に火を噴くようにすることができた。[68]IoTのおかげで、何千キロ離れたところからでも放火ができるようになり、しかも、人の会社や家のオフィスに火をつけようかというハッカーなら、火事を検出する安全装置も切るだろうから、IoTによる煙感知器が助けてくれるとはあてにできなくなっている。

多くのオフィスや会議室にあたりまえにあっても、会社の重要な秘密が議題になるようなテレビ電話会議装置なども、ハッキングできる設備だ。ハッカーが家庭にあるカメラでその家の人の行動を俯瞰できるように、職場のデジタルカメラも同じことができる。ポリコンやシスコなどによるビデオ会議装置は、今日多くの会社で使われていて、攻撃には弱いこともわかっている。そのことを証明するために、あるハッカーが、セキュリティ不足のビデオ会議システムを見つけられる限り検出するスクリプトを書いて、すぐに「法律事務所、製薬会社、石油精製会社、医療センターなどの会議室で五〇〇〇」以上を発見した。[69]このハッカーが盗聴できたライブ動画の中には、刑務所出入りの弁護士と受刑者の会合、「大学付属病院の手術室、ベンチャーキャピタルの、会社の機密の資金状況がスクリーンに投影されているところ」、さらにはゴールドマンサックスの会議室までがあった。実験が証明したのは、会社でも、すべてが接続されている時代には、すべてが脆弱だということである。ポリコン社などのビデオ会議システムは、本格的なセキュリティプロトコルもなく、初期設定では自動応答できる形で多数が販売され、設置され、維持されているので、ハッカーは遠隔地から電話をかけてカメラとマイクを起動し、覗いていればいい。

他方、世界中で建設会社がせっせと新しい「スマート」ビル——高層ビル、倉庫、工場——を建設し、また既存施設を改装している。建物をネットにつなぐと、その所有者にとっては大きく節約になる可能性がある。複合的な自動化システムを利用して、人がいるかどうかを検知し、人の出入りとともに適切に切ることを学習して、建物で使う水、電気、ガスの料金を節約する。現代の暖房換気空調（HVAC）装置はすべてネットにつながり、いろいろな警報、センサー、セキュリティカードリーダー、カメラ、さらには自動販売機、水道管、駐車場ゲート、エレベーターといった物理的なものともつながっている。すべて建物管理オペレーティングシステムを介して中央集権的に制御される。こうした「改良」の証拠はどこにでもある。マンハッタンにあるような多くのオフィスビルでは、エレベーターには行き先階を選ぶ階ごとのボタンはない。身につけたRFIDのバッジあるいはセキュリティ室にある制御装置にデータが入っていて、その人を送り届ける階があらかじめ決まっている。

自宅のホームオートメーション用ハブと同じく、商業ビル管理システムもハッキングでき、その結果には驚くべきものがありうる。二〇一二年四月、MITの学生が、同大の地球・大気・惑星科学科が入っている二一階建てのグリーン棟をハッキングし、籠絡した電気システムを使って、遊べるカラーの巨大テトリスを作った[70]。ワイヤレスのゲーム機をこのビルに接続すると、「プレイヤー」がいろいろな部屋の灯りで作るブロックを動かし、回転させ、落下させることができた。通りを隔てたところからも、ケンブリッジの町中からも、この建物の部屋の窓に灯りがついて動き、ハッカーがこの有名なロシア製ビデオゲームをしているように見えた。楽しいハッキングもある一方で、値のはるものもある。

歴史的には単体の存在として動いていたシステムが、今や統合され、IoTによる広範囲の相互接続は、予測、マッピング、保護がきわめて難しくなることがある。この難問に対処するために、多くの組織が一棟のシステムを一括管理する方に転じ、たとえば、特定の企業のすべてのセキュリティ配信動画を、いろいろなサイトから遠隔操作で監視する外部のセキュリティ業者を雇うことにしつつある。すべてが接続されているとき、他のHVACなどのサービスも一括管理できる。そのような会社の一つが小売業のターゲットで、ここは冷暖房の業務を、ペンシルベニア州のファジオ・メカニカル・サーヴィシスに外注していた。ファジオの技術者は、本社からターゲットの出入り業者管理システムとの間にインターフェースを作って直接につないだ。クライム・インクには抗しがたい魅力の鉱脈の通り道だ。[71]

ファジオ・メカニカルのある従業員が、意図しないでマルウェアに感染した添付ファイルつきのフィッシングメールを開き(クライム・インク製のゼウス銀行トロイの木馬の変種)、自身と会社全体を感染させた。しかしファジオ社はターゲット社のネットワークとつながっていたので、トロイの木馬はハッカーに究極の石切場のネットワークも覗けるようにした。巨大な小売業者、ターゲット・コーポレーションである。その結果、先に触れたターゲット社に対する攻撃となり、アメリカの一億一〇〇〇万人分という大量の個人情報と支払いカード用情報が流出した。ハッカーがファジオ・メカニカル社を手中にして、従業員のログイン情報を盗んでしまえば、それを使って、金にぶち当たるまでターゲットのネットワークを探し回ることができた。

ターゲットの納入業者のポータルについての情報やターゲットの施設管理部門のデータもあった。最終的に、ハッカーはこうしたシステムが、[72]驚くことに決済や融資などを含む、同社の他の主要なITシステムから切り離されていないことを知った。必要な詳細があれば、ハッカーは相互接続された複数のネットワークをもぐらのように這い回り、同社の何万台とあるPOS端末の制御に関与する内部サーバに達した。顧客がクレジットカードを通すのはそこだ。そこまで行けば、攻撃者はTrojan.POSRAMというマルウェアを仕掛け、これがターゲットの全国の店舗で行なわれるカードのスキャン結果すべてを複写する。このことがセキュリティ調査員のブライアン・クレブスによって止められるまで続いていたという、唖然とするような不正だ。[73] ターゲット社への攻撃は、HVACシステムのこれまでで最も目立つ侵入であるにちがいないが、それは唯一のことではない。

政府は、その建物を遠隔攻撃から守る作業をもっとうまくできると信じたいものだが、証拠からすると、そうは言えないらしい。セキュリティが最大級と期待されそうな施設でさえそうだ。二〇一一年、研究者が連邦刑務所の産業制御システムのネットワークをハッキングすることができ、遠隔操作で施設を乗っ取ることができた。ハッカーは個々の房の扉あるいは房の区画全体のロックを解除でき、中央の監視所のコンピュータ画面ではロックされているように見せていた。刑務所の通信ネットワークも切られ、個々の看守は緊急事態でも助けを呼べなかった。さらに悪いことに、扉を制御する電気系統に過剰な負荷をかけることによって、電子的に「扉を破壊」し、それによって刑務所全体について恒常的に開いた状態にしておくことも可能だった。[74] クライム・インクがこうした手法を使えば、潜在的に、報復攻撃のために房の扉を開けておくことによって、共犯者を房から出して他の受刑者を危険にさらすこともできるだろう。こうした脅威は単に理論的なものではない。

二〇一三年の半ば、フロリダ州マイアミのターナー・ギルフォード・ナイト矯正センターのコンピュータに生じた未知の「不具合」が、警備の最も厳重な棟のすべての扉を同時に開き、受刑者を自由にし、暴動を起こし、ギャングのメンバーが対立関係にある相手に復讐しようとした。[75] 刑務所の監視カメラ画像によれば、看守や他の囚人を仰天させる事件に、とくに心構えができているように見える受刑者がいた。扉が不意に開いた瞬間、この受刑者は忍び足で廊下を歩いて行き、長年の敵の房へ言って、自家製のナイフで相手を刺して、自分の房へと戻った。「不具合」の原因は二〇一四年末の段階でなお捜査中で、この事件は私たちの社会にあるすべての建物がインターネットに接続される必要があるわけではないことをうかがわせる。

ＩｏＴによってもたらされる脅威の表面積の増大は、クライム・インクだけでなく、国家にとっても機会を生むことを、米商工会議所が発見した。アメリカの企業の利害を代表する圧力団体のトップとして、同会はしばしば国際問題や貿易問題にも立場を明らかにする。その立場は三〇〇万の企業会員の支持で中国に批判的になることが多い。同会は過去に、その主たるネットワークに対する中国からのサイバー攻撃を阻止したことがあるが、二〇一一年末にはその幸運ももたず、米議会議事堂にあるオフィスの一つでインターネットを使う室温調節器を設置したばかりのとき、それが図らずも内部のネットワークにバックドアを作っていることを発見した[76]。同会の担当者は、省エネ装置が密かに中国にあるアドレスとの間で通信をしていたことを発見した。

攻撃者は同会の主ネットワークへ侵入する手段として室温調節器を使った点で巧妙だったかもしれないが、印刷出力についてはそれほど熟練していなかった。その不注意によって、同会の幹部が使ったプリンタが、ひとりでに漢字の書かれた情報を何枚か印刷し始めてしまった。ＦＢＩの捜査官が、見逃されていたことの有益な手がかりと見た。同会のネットワークに入ってしまうと、攻撃者は金融や予算の情報を探し、メールシステムを籠絡し、アジアでの貿易方針について作業をしている従業員に注目した。もちろん、ＩｏＴにとっては地政学的に深い意味があることで、このテクノロジーを最大限に利用できる国々は、かつてない諜報能力や戦略的有利さを最大限に利用できる。中国の温家宝首相が二〇〇九年八月の無錫《ウーシー》での演説で述べたように、「インターネット＋ＩｏＴ＝地球の知恵」である[77]。

スマート都市のOS

戦争の腕がある人々は、戦闘をせずに敵軍を従わせることができる。敵の城市を攻撃せずに陥落させ、長引かせることなく国を打倒する〔善用兵者、屈人之兵、而非戰也、拔人之城、而非攻也、毀人之國、而非久也〕。

——孫子

一九六四年、マーシャル・マクルーハンは、「電気メディアという手段は、都市も含めた以前のすべてのテクノロジーを情報システムに移し替えることになる」という、先見の明のある予測をした。[78] 五〇年かかったとはいえ、その予想は当たっていた。IoTは都市を、環境知能や接続されたセンサーからなる、生きて呼吸する生態系に変容させ、住民の生活の質を大きく改善する潜在能力を持つ。スマート都市のユートピア的な予想では、ごみ箱にセンサーが埋め込まれ、満杯になると清掃局に通知し、清掃局は直ちにGPSを備えた回収車から直近のものを派遣してさっさと回収する。「都市センサーネットワーク」の数が増えると、個々の建物によって生じる汚染、特定のブロックの空気の質、しかじかの街路の歩行者数などを測定して、初の「都市のフィットビット」〔フィットビットは身体状況を表示する腕時計型端末〕を生むことができる。[79] 街灯のセンサーが良くなると、市役所は時刻、季節、天候に応じた適切な明るさの照明を提供して、エネルギーコストを三〇パーセントも削減できる。[80] もちろん、うまく行けばの話だ。

都市全体のOSについてそれほど楽天的に見なければ、IoTを用いる都市ネットワークは、いつも世界中のどこからでもハッカーの攻撃にさらされているということになる。アルゼンチンのハッカー、セザール・セルドは、世界中の都市に配置されているワイヤレスの交通探知システムを使い、システムを支える、道路埋め込みのセンサーをハッキングすることによって、マンハッタンの交通信号を支配することができた。勝手に交通の流れを変えたり渋滞を引き起こしたりできる技法だ。[81]建物や都市機能をハッキングすると、物理的な安全を脅かすだけでなく、攻撃者にエレベーター、換気、ドアのロック、照明、橋、トンネル、水道処理施設など、重要な設備をハッカーに支配させてしまうことにもなる。スマートメーターがハッキングできるなら、スマート送電網もハッキングできるし、ハクティヴィスト全体、組織的な犯罪者集団、ならず者国家が人々への電力供給を遮断できるというのも、今や現実味を帯びている。[82]二〇一四年七月には、あるセキュリティ研究者が、ドイツ南部の人口が四万ほどの町、エッティンゲンの電力供給を支配することができた。ハッカーが同じつけ込みどころを利用すれば、電力、水、ガスという公共サービスを町全体で切ることができただろう。[83]

IoTを生み出すということは、私たちの生活の質と世界経済の両方にとてつもない向上をもたらす可能性を成り立たせる。とくに物体が「スマート」になって、私たちの利便になるよう、自動的に互いにやりとりすることを学習するにつれて。当面、重大なプライバシーの懸念を脇に措いても、何億台という自動車、コーヒーメーカー、建物、携帯電話、エレベーター、食器洗い機、玩具が話し合って、インターネット全体から指示を受けるとなると、攻撃する側に対しても、私たちの暮らしに手を伸ばし悪い方へ左右するためのアクセスポイントを無数に提供することになる。

私たちはすでにネットに接続している比較的少数の物も守れていないが、日々、新たなスマートな対象が、リスクや落とし穴の可能性がどうかと立ち止まって考えることなく、家や生活全体に入って来ている。その結果、攻撃者は、古くからの武術、柔道のように、増えすぎた接続の重みと力を利用して私たちを負かすことができる。結局、私たちは世界を線でつないだが、そのセキュリティは確保できていない——人体そのものまでインターネットに接続できるようになってきたとなると、後悔することになってもおかしくない決断である。

第14章　人をハッキングする

物のインターネットとも、オブジェクトのインターネットとも言われるものが、すべてを——私たち自身も含め——変えるだろう。

——元シスコ社主任未来学者、デーヴ・エヴァンズ

「スティーヴ・オースティン宇宙飛行士は死んだも同然です。しかし皆さん、われわれはオースティンを再生できます。そのテクノロジーがあります。われわれには世界初のバイオニック・マンを作る能力があります。スティーヴ・オースティンがその人です。今まで以上に優れています。優秀で、丈夫で、速くなります」。一九七〇年代にヒットしたテレビドラマ『600万ドルの男』の冒頭ではそんなことが言われていた。当時成長中だった少年の多くは、この主人公のスーパーヒーローが持つとてつもない超人的な力に目をみはり、それほど速く走り、高くジャンプし、遠くを見る能力に憧れた。バイオニック・マンはかっこ良かったが、大人は私に、これは全部作り物で、突拍子もない空想のSF物語にすぎないと断言していた。しかし私は後に、SFは急速にSF的事実になりうることを知った。

私が初めてベルトルト・マイヤーに会ったのは二〇一二年の半ばで、そのときマイヤーはイギリスのチャンネル4用に、『バイオニック・マンの作り方』というドキュメンタリー番組を撮影中だった。三三歳、チューリヒ大学の社会心理学者で、最新の生体工学《バイオニック》テクノロジーの可能性と倫理的な意味の両方を研究していた。その分野に関心を抱く元になったのは、学術的な好奇心だけではなく、自分自身の境遇でもある。マイヤーは生まれたときから左前腕がなかった。子ども時代には原始的な義手をいろいろと

当てられたが、どれも違和感があり、気になった。もちろんできることもごく限られていた。マイヤーは他の人々が持っているのと同じ解剖学的機能を得ることを熱望し、その頃装着されていた開閉できない手と金属の鉤以上に動かしたいと思っていた。二〇〇九年、その夢が現実になり、現存する中でも最先端の義手を用意してもらった。タッチバイオニクス製の i-limb《アイリム》 だった。

マイヤーは確かに現実世界のバイオニック・マンになり、初めて手を叩いたり、フォークを握ったり、重い買い物袋を左手で運んだりの新しい肉体的能力に興奮した。新しいバイオニック義手は、それまでのどの義手よりも「耐久性を増し、握力を高め、解剖学的に適切な」造りにするために、先進のアルミ製シャーシを備えていた。マイヤーはこの装置を、皮膚につけたセンサーの電極に、義手のすぐ上の肉体の腕から筋電位パルスを送ることで制御し、手を開閉したり回転させたり対象を拾い上げたりする。マイヤー個人にとってはまさしく飛躍であり、生体工学の世界への深い関心へと導かれた。それがこのときのドキュメンタリーの主題であり、その中で私はインタビューを受けた。

このバイオニック・マンにして映像作家と私は、こうしたテクノロジーの倫理的な意味を話し合い、その中で会話はデジタルセキュリティの問題へと向かった。マイヤーは考えていなかったテーマだった。マイヤーのバイオニックの手を動作させるのは、本人の体から出る筋電位のパルスしかない。バイオニック義手はブルートゥースで動くもので、製造業者から iPhone にダウンロードした携帯アプリによって制御し、調節し、設定し直すことができた。私はマイヤーにブルートゥースのプロトコルに内在する有名なセキュリティの穴や、それがハッカーによってこれまで何度も動きを奪われたことについて話した。ある瞬間、突然に、マイヤーは自分の脆弱性が持つ意味を理解し、今まで誰も教えてくれていなかった脆弱性に顔色が青ざめ、唖然とした。

私はマイヤーに、携帯電話とバイオニック義手を制御するために使っているアプリを見せてもらっていいかと尋ねると、マイヤーはおとなしく同意し、端末を私によこした。そのブルートゥースのアプリを調べると、それがいろいろな握り方や再設定のオプションを提供していることがわかった。ボタンを押すと手が開き、別のボタンを押すと閉じる。指の一本一本の形を決めることができ、親指と手首も操作できた。私はこのバイオニック・マンとその体を支配していた。私がiPhoneを手にするだけで、マイヤーの体は私の命じたことをするようになる。もちろん、ブルートゥースの貧弱なセキュリティを利用しさえすれば、物理的にそのスマホを使う必要もない。私はハッキングして、遠隔操作することもできた。マイヤーは気づいていなかったが、その手はIoTにつながっていて、つながってしまえば、その使用は本来の所有者だけのものではなくなる。マイヤーが最初の衝撃をのりきると、私たちは話を続け、最後には友人どうしになった。二人で一緒に重要なことも学んだ。人類の歴史で初めて、人体そのものがサイバー攻撃の対象になったのだ。

「今や私たちはみなサイボーグ」(1)

ある意味、眼鏡をかけている人は誰でもサイボーグなのだ。

——エフゲニー・モロゾフ

「サイボーグ」——「電脳制御生命体《サイバネティック・オーガニズム》」の略——と言えば、『バトルスター・ギャラクティカ』のサイロン、『スター・トレック』のボーグ、『ドクター・フー』のサイバーマンのような、人間型攻撃兵器だらけの恐ろしい世界のイメージが浮かぶ。この言葉は比較的新しいが、人体の限界を増補する行為は何千年も前からあり、古代人は木材、銅、鉄を使って、失われた、あるいは変形した四肢の代わりを作っていた。補綴術はその当時からはるか先へ進み、単に怪我や病気で失われた身体機能の一部に置き換わるだけでなく、生物学的には十分機能している能力をさらに向上させるまでしている。こうした前進は、南アフリカの金メダル短距離走者オスカー・ピストリウスの例で浮かび上がった。両足とも膝から下がなく、他の競技者からは、義足の「板金走行器《ブレードランナー》」が不公平な有利さをもたらすと非難されていた。

今日では、テクノロジーは人工的に四肢や感覚を増強するだけでなく、精神も増強する。スマホの所有者のうち九〇パーセント超が、スマホを一日中つねに一メートル以内に置いていると言い、この数字はこれからもきっと増えるだろう(2)。こうした装置はただ外部脳になるだけでなく、いつもつながっているはずの幻肢にもなり、たまたま置き忘れたりして遠ざかると心の底から不安になる。私たちは自分の携帯を外部記憶として使い（自分では覚えきれない何千という電話番号を覚えている）、コミュニケーションの追加手段となり、自分の考えていることをテキストメッセージや近況アップデートやツイートやメールで世界中に知らせる。私たちはますます自分の体に情報処理《インテリジェント》装置をまとい、いずれは体内に埋め込み、そうなると、私たちもまたIoTにつながることになる。こうした身につけられる《ウェアラブル》コンピュータ、体内に埋め込まれる医療機器、生体工学、外骨格は、周囲の世界と相互作用し、新しい物理的・精神的能力をもたらし、また継続的に健康状態を見守り、送信するようになる。車にあるマイクロチップの数が時とともに増えてきて、一個のコントローラー・エリアネットワーク（CAN）に統合されたように、私たちが身につけ体に埋め込む機器のすべてが、将来は身体《ボディ》エリアネットワーク（BAN）をなすことになるだろう。こうした変化とともに、根本的なセキュリティやプライバシーの問題が生じ、もっと広いIoTに影響する。今回は私たち自身がインターネットのノードになるところが違うだけだ。

私たちのサイボーグの未来がメアリー・シェリーが描いた『フランケンシュタイン』の恐怖に近いか、それとも『アイアンマン』のトニー・スタークのようなヒーローものの可能性に近いかは、まだわからない。しかしはっきりしていることがある。クライム・インクはすでに、繰り返し新登場のテクノロジーを自分たちの利益になるよう利用しており、人や人の体をハッキングするのも、見逃せないチャンスということになるだろう。

目に映る以上のもの――ウェアラブルコンピュータの世界

広く受け入れられた中ではたぶん最初期のウェアラブルコンピュータは補聴器で、着けていることが明らかな、肩紐で胸に下げるトランプのケースほどの大きさの送信機から、耳道に隠れてしまう大きさの一式そろったデジタルマイクロプロセッサによる装置へと変身している。意外なことではないが、今日の補聴器はブルートゥースを使っていて、聴覚障害がある人々のために、複数の音源を流して増幅している。利用者はスマホアプリを使って補聴器の設定を電話で制御・調節でき、周囲の音を聞くのか、電話での会話か、iPodの音楽を聴くかというのをボタン一つで選べる。しかし今は一般の人々が身に着けるブルートゥースのヘッドセットのようなささやかな補聴器でも、先に言った地下世界で広く用いられているブルートゥース用プログラムを使ってハッキングできる。その結果、他の人が聞いていることを遠くからリアルタイムに傍受するだけでなく、音あるいは雑音を、聴覚障害がある耳に送り込むこともできる。それがヘビメタの音楽であれ、装置を身に着けている人だけに聞こえる脅迫の声であれ、こうした音は、きっと、影響された人々の側に不愉快や狼狽を引き起こすだろう。

センサー、追跡装置、今日の自分の体に着けて使えるコンピュータとなると、補聴器には追加の選択肢が豊富についている。この展開の多くは「自己数値化」（QS）運動によって動かされた。これは様々な方法を使ってテクノロジーによるツールを利用する個人の生活についてデータを収集する。毎日、何百万という自己数値化ファンが自分の生活、思考、経験のあらゆる面を、自己ハッキングツールを介して記録し、「ライフロギング」を通じてより良い生活を探している。睡眠時間、体重、燃焼カロリー、生体自己制御、心拍数、脳波、心電図、幸福度、一日の歩数など、すべては精神的肉体的性能を改善するための努力で、ウェアラブルと呼ばれる装着可能コンピュータの装置を取り入れることを通じて簡単に集められる。

装置は身体に装着した小型コンピュータによって集められた測定可能なフィードバックを提供し、それによって、ダイエットする人に何歩歩いたか、どれだけ活動的かを精密に知らせる。情報はコンピュータ上の美しいデザインのデータダッシュボードに表示できて、フィットネスの傾向を表示し、ランキング表や、あらかじめ決めた目標が達成されるともらえるバッジでゲーミフィケーションの要素も提供する。ダイエットをする人はこの情報によって、食べる量を減らしたり運動を増やしたりして、減量目標のために行動を変えることができる。この装置は病気の予防や健康一般の増進にも重要な役割を演じる。

二〇一四年には世界中で一億台以上のウェアラブルが売られ、二〇一八年には四億八五〇〇万台になると予想されている。(3) ウェアラブル装置は、フィットビットフレックス、ジョーボーンUP、ナイキ・フュエルバンドといったブレスレット型活動記憶装置《トラッカー》とか、スマートウォッチ（ペブル、サムスン・ギャラクシーギア、アップルウォッチ）、さらにはグーグルグラスのような眼に着けるものといった、いくつかの緩いカテゴリーに収まる。ウェアラブルはこれまで、だいたいはニッチ商品だったが、近い将来には主流に出る勢いにある。

ウェアラブル端末はたいてい、利用者のスマホとブルートゥースやワイファイ接続で同期して、同期すると、利用者の健康情報がIoTにもつながり、他のIoTと同様、簡単にハッキングできる。(4) さらに、多くのウェアラブルがソーシャルネットワークと緊密に統合されていて、フィットビットのトラッカーが、たとえば歩数などの数値をフェイスブックの頁に自動的に投稿したりする。しかしそうすると様々なプライバシーの懸念が生じる。とくに誰が自分のデータを所有するのか、それはどのようにセキュリティを保たれるのか、第三者にどう伝えられるのか。しかし意外なことに、フィットネスアプリの五二パーセントにはプライバシーポリシーがなかった。そしてここで見てきたように、無害そうに見える情報も後ではね返ってくることがある。ウェアラブルで居眠りのパターンが自動的に記録され、それが交通事故をめぐる裁判で直接に用いられたりしうる。自動車保険会社が車のドライブレコーダーについてするように、健康保険会社はベストの保険料を決めるために、活動トラッカーを提供するように求めるだろうか。

ウェアラブルコンピュータの最新の傾向の一つとして、ビデオカメラを組み込むことがある。過激な動作の撮影で使われる人気のゴープロHDワイファイ利用カメラや、グーグルグラスに組み込まれたカメラのような細かいものなどがある。ほとんどの人々がインターネット利用の動画カメラつき眼鏡をつけて街路を歩き回ると考えると今のところまだ途方もないように見えるかもしれないが、同じことはパソコンや携帯電話についても言われていたことを思い出そう。グーグルはすでに眼鏡大手のルクソティカと提携して、オークリーやレイバンにグーグルグラスを組み込んでいるし、コンサルティング会社のデロイトは、二〇一五年にはスマートグラスが何百万台と売れると予想している。[5] グーグルグラスのような端末は、写真を撮る、写真を送る、動画を録画する、電話をかける、インターネットを検索する、ショートメッセージを送信する、メールを読むといった能力を、すべてきわめて携帯性の高い装置にまとめ、無数の技術による便宜を提供する。こうした能力は今日のウェアラブルコンピュータ市場で可能なことの頂点にあり、ワイファイ、ブルートゥース、GPSといった様々な接続を通じて実行され、スマホのデータ料金プランに便利にまとめられている。これまで『シンプソンズ』のバーンズ氏や国土安全保障省のチャートフ氏による観察のところでも述べたように、グーグルグラスの性能や便利さとともに、大量のプライバシーポリシーやパブリックポリシーの問題が生じる。しかし検討すべき重要なセキュリティの脅威もある。

撮影が心配されるスポーツの試合、コンサート、ジムのロッカールーム、バー、レストラン、ストリップクラブ、カジノ、病院、イギリスの映画館など、いくつかの公的な場所では、グーグルグラスが禁止されることになった。[6] この装置を禁止する理由に挙げられていることには、ポーカーのカードを読むこと、プライバシーの撮影、産業スパイなどの防止がある。しかし心配は他にもある。グーグルグラスをハッキングして、持ち主が知らないまま密かに写真を撮ったり動画を撮影して、そのデータをこっそり世界中のどこのクライム・インクにでも流すことができる。携帯電話やノートパソコンを侵害するために使われるマルウェアについて見たように、ＩｏＴ眼鏡は、それとわからずに録画を起動したり切ったりできる。

実は、グーグルグラスが一般に売られるようになる前から、ハッカーはすでにそのセキュリティを破っていた。[7] グーグルグラスにセキュリティの穴があるということは、端末が「ルートされ〔管理権限を奪われる〕」、侵害されて、オンライン銀行口座に入るために入力する番号やパスワードなど、リアルタイムで見聞きしたものすべてが送信できるようになるということだ。グーグルグラスにＧＰＳ機能があるということは、クライム・インクが使用者の正確な位置、たとえばＡＴＭで暗証番号を入れているときなどを知ることができるということでもある。[8] 昔の眼鏡にはアンチウイルスソフトは要らなかったが、これからは要る。[9] すでに様々なマルウェアやスパイウェアのツールがグーグルグラス用に作られていて、その結果、今や人類史上初めて、私たちの眼がハッキング可能になった。

テクノロジーの進歩の速さを考えると、「かさばる」コンピュータを眼球に装着することは、次世代の人々にはあまりに重いことになるだろう。[10] きっと次の道のりはコンタクトレンズ上のインターネットということになる。グーグルはコンタクトレンズ版のグーグルグラスを公式には認めてはいないが、二〇一四年の半ばに、製薬会社のノバルティスと提携してＩｏＴ「スマートコンタクトレンズ」に取りかかっていることを発表して世界を驚かせた。両社によるレンズはいくつものマイクロチップセンサーとアンテナを装備していて、初めて血糖値を、今の血糖値検査方式では必要な痛い針で刺す必要なしに連続的に監視できるようになる。この装置についてのＦＤＡの検査はまだ初期の段階だ。[11] サムスンも負けずに独自のインターネット接続コンタクトレンズを開発中で、これは現在グーグルの眼鏡で使用できるウェブのデータすべてを表示するが、搭載された発光ダイオードとグラフェンと銀のナノワイヤを使って、コンタクトレンズ形式で表示する。[12] ただ、ウェアラブルコンピュータの約束が高度になるとはいえ、人と機械を完全に統合しようとする探求にはさらなる前線がある——体そのものの内部にコンピュータを埋め込むことだ。

どきどきするよ——埋め込み可能コンピュータの危険性

電子医療装置の人体埋め込みに初めて成功したのは一九五八年のことだった。この歴史的手術は、二人のスウェーデン人外科医によって、アルネ・ラルソンという技術者に対して行なわれたもので、ラルソンはその後四三年生きることになる——そのとき腹腔に埋め込まれたアイスホッケーのパックほどの大きさのコンピュータが心臓を正常に鼓動させていなければ、決して得られることのなかった記憶と経験だった。[13] それから六〇年近く経った今、医療の世界は長足の進歩を遂げ、埋め込み式医療機器（IMD）の範囲と性能は高まった。こうした装置は可搬性、バッテリの寿命、効力とも、何倍にも増していて、今では重要な情報をインターネット越しに主治医に送信することもできる。アメリカで初のワイファイ式ペースメーカーは、二〇〇九年、ニューヨーク州ロズリンのキャロル・カシュジャンスキーの胸に埋め込まれ、外科手術が終わったとき、その鼓動する心臓は、初のIoT参加心臓となった。[14]

ペースメーカーだけでなく、他の様々なIMDがあり、たとえば埋め込み式除細動装置、インスリンポンプ、人工内耳、神経刺激装置などが、今日の世界で一般に用いられている。それぞれの装置には体内での治療目的があるが、IMDは外部と、ブルートゥース、ワイファイ、NFC、RFIDという、おなじみの電波による通信手順で連絡する。何百万というアメリカ人がIMDを装着していて、毎年約三〇万人の患者がワイヤレスの埋め込み式医療機器を受け入れている。[15] こうした装置は現代医療に浸透し、小型化、性能向上、もたらされる明らかな臨床的恩恵を考えればそれも当然のことだ。埋め込み可能な電気除細動装置（ICD）のようなワイヤレス医療器具があると、医師は離れていても患者の心拍や心電図をリアルタイムにチェックできて、来院に必要なコストを大きく減らすことができる。ＩＣＤで問題が検出されれば、医師は直ちに患者に連絡して適切な処置を受けに来るよう知らせることができる。こうした進歩によって救命の可能性が高まることは特筆すべきことだが、自分自身の生物学的なところを情報テクノロジーに統合するにつれて、人々はますますサイボーグ国家に加わることになる――患者の安全、プライバシー、セキュリティについて無視できない意味が伴う。

医療機器の不具合は、合衆国での重傷・死亡原因の上位にあり、装置のリコール件数は二〇〇四年から二〇一四年の間に二倍になった[16]。こうしたリコールのうち二五パーセント近くはコンピュータ関連の故障で、そのうちの九四パーセントが、「重大な健康への影響に対する中程度から高いリスクをもたらす」という[17]。病院でさえ、ＭＲＩ、Ｘ線撮影、麻酔装置、輸液ポンプ、ＣＴスキャナー、換気装置のような様々な治療機器が、コンピュータウイルスに悩まされたり、ハッカーにやすやすと遠くからつけ込まれたりすることがわかっている[18]。実際、二〇一三年、国土安全保障省は、医療施設に対して、販売業者四〇社の三〇〇種以上の装置には、悪意があれば簡単につけ込める脆弱性があると勧告する注意情報を出した[19]。結局、ウィンドウズのコンピュータやiPhoneがクラッシュすることがあるように、人の命がかかっている医療機器もクラッシュすることがある。ただＩＭＤについては重要な違いが一つある。スマホとは違い、ペースメーカー用の新しいファームウェアを無線でダウンロードするだけではすまない。ファームウェアを更新したり入れ替えたりするには、外科的に開胸・開腹して装置を物理的にいじらなければならない。

もっと大きな心配は、私たちが超小型コンピュータを自分の中に埋め込んで健康を監視し、向上させるほど、他人が不埒な目的で私たちの体に侵入し、こうした装置に誤動作を起こさせる機会も増える。多くの医療機器はセキュリティ機構がないままに売られている。ＩＭＤの製造業者は、他のＩｏＴ接続機器と同様、無知によるセキュリティに依存する傾向がある――要するに、ペースメーカーをハッキングしたいと思う人などいないと思うことだ。この欠陥のある論理は、この世には自分の技術的な腕を他人を犠牲にして証明するチャンスがあればうれしいという、残虐で不愉快な人々がごく少数でもいるという事実を無視する。二〇〇八年、全国てんかん財団のウェブサイトがハッカーによって改竄され、何百もの閃光を発するアニメ画像が置かれ、何も知らずに医療情報を求めてサイトを訪れたてんかん患者に激しい発作を引き起こしたのも、そういう事例の一つだ。[20]

マサチューセッツ大学とワシントン大学の研究者チームも、メドトロニク社の除細動装置とペースメーカーを合わせた装置のワイヤレスのセキュリティを突破しおおせて、医療機器に対する脅威が切実であることを明らかにした。認証を受けないで端末のアクセス権を得ると、患者の秘密情報を読んだりすることができるだけでなく、もっと困ったことに、正常に機能している心臓に過大な電気を流すことができた——不運に何も知らない人にとっては命取りになるような行為だ。[21] ハッカーにとって、IMDは自分の才能を測るための抵抗しがたい新たな物差しで、ラスベガスで年に一度行なわれるブラックハットというハッカーの集会では、このテーマは人気上位に入る。有名なハッカー、バーナビー・ジャックは、ATMからペースメーカーまで、ある範囲のIoT装置を押さえるのがとくにうまかった。二〇一二年、ジャックはいくつかの製造業者によるIMDに重大なソフトウェアの欠陥を見つけ、それによってジャックは装置を手中に収めることができた。このハッカーは、ノートパソコンしか使わず、一五メートル離れたところから、埋め込み式除細動装置に八三〇ボルトの電気を心臓に直接かける命令を出すことができた——埋め込まれたペースメーカーで人を殺せるだけの衝撃になる。[22]

副大統領だったディック・チェイニーを診ていた心臓医は、そのような攻撃の根深いリスクを恐れて、副大統領のICDに手を加えてワイヤレス能力を取り除いた。総司令官に準じる人物のすでに弱っている心臓に、テロリストが致命的な衝撃を送ろうとするのに備えてのことだった。[23] 現実を写すアートにも、虚構とはいえ十分にありうるこの種の攻撃が描かれている。ショウタイム局の作品でエミー賞も受賞した『HOMELAND《ホームランド》』がそうだ。このドラマでは、テロリストの悪役アブ・ナジールが副大統領の暗殺を指揮し、インターネット越しに埋め込み式電気除細動装置を壊す。それにしても、ハッカーが破ったワイヤレスのＩＭＤはペースメーカーだけではない。血糖値を調節する必要がある人々に、注意深く制御された量のインスリンを投与するための、インスリンポンプという装置には、合衆国の何十万という人々が頼っている。(24) ここでも有能なジャック氏は、その専門家としての知識経験を証明し、市場での売れ行き上位のインスリンポンプのいくつかを保護する弱いセキュリティを簡単に破った。ジャックは自分で考案した専用の無線アンテナを使い、半径九〇メートル以内のインスリンポンプを特定して乗っ取り、装置に保持されている四五日分のインスリンを一度に放出させるようにした。直ちに処置しないとほぼ確実に死亡させるだけの遠隔サイバー攻撃だ。(25)

ＩＭＤに対する犯罪的攻撃が明るみに出たことはこれまでのところ知られていないが、クライム・インクがこうした装置に目を向けることになるのは予想できる。実際、ヨーロッパの警察機関であるユーロポールは、ＩＭＤを介してのオンライン殺人が二〇一四年の末には現実になりうることを予測した。(26) こうした事件の中には、ありふれたサイバー攻撃になるものがあるかもしれない。スクリプト化されたボットネットの攻撃がコンピュータやスマホを（前章で見たように冷蔵庫さえ）制圧できるように、同じことでペースメーカーも落とせるだろう。ハッキングされた医療機器はＩｏＴ上のＩＰアドレスと同じように見えるかもしれないし、埋め込まれた除細動装置やインスリンポンプが感染したら、それが送信するように仕組まれているスパムは、心臓の調節やインスリンの投与に必要なバッテリの限られた貴重な寿命をじゃんじゃん使ってしまうこともありうる。バッテリの交換には外科的処置が必要となる。

言うまでもなく、ネットに接続した医療機器の数が指数関数的に増えると、さらにひどい企みも可能になるだろう。確かに、セキュリティの貧弱な医療機器をハッキングすることによって遠くから殺人を行なう新たな方法があるわけで、あらずもがなの医療サイバー犯罪時代の幕開けとなる。ノートパソコンには硝煙反応はなくても、今日の現代的世界では、やはり人を殺せる装置なのだ。クライム・インクはIMDに対する攻撃を換金する方法も探している。クリプトロッカーのような身代金ソフトが、コンピュータのハードディスクや携帯電話を破壊して、それを使えなくする場合のように、医療機器に対して同じような恐喝の試みが出てくるのを予想するのは無理なことではない。「ビットコインで一万ドル送金するか、そちらの心臓に八三〇ボルトの衝撃を送るか、六〇分で決めてください」。時計のチクタクが繰り返されるかもしれない。さらに悪いことに、ハッカーが、埋め込み式除細動装置が作られる工場の産業制御システムに侵入したとして、その装置にゼロデイ攻撃を仕掛けたらどういう結果になるか考えよう。細かいソフトウェアの変更が何か月も何年も気づかれないまま、何十万台もの装置が世界中の患者に埋め込まれてしまったとしたら。そのうえで、クライム・インクは史上初めて、情報テクノロジーを使って人間の体そのものを攻撃する重要なインフラ襲撃を開始し、世界的危機を回避するための身代金として何百万ドルも要求する。文字どおり爆弾を抱えた何十万人もの手術をそれなりの時間内に行なう方法はなく、要求を受け入れる以外の対策は残っていないかもしれない。

ムーアの法則を考えると、埋め込み式医療機器はさらに小型化し、患者に驚異の臨床的恩恵をもたらす。たとえば、スタンフォード大学の生物医学工学者は、ワイヤレス、バッテリレスのロボット装置を作った。小さくて血管を泳いで診断や顕微手術までできる。(27)『スター・トレック』的医療の世界だが、こうした新しい奇跡の処置でも、ハッカーからの脅威に直面することがある。薬を投与すべきでないときに血管に放出したり、がんの場合ならマイクロロボットが腫瘍ではなく健康な組織を攻撃したりするようにして、結果を台なしにできるかもしれない。服用や注射で体内に入れられるコンピュータが攻略された場合、そのことをどうやって知るのか。探知可能な証拠があるとして、どんなものが残るだろう。

IMDをつけた誰かが亡くなったとき、死因を究明する任務の監察医は、いくつかの疑問をつきつける。これはIMDの不具合による事故死か、この装置がとくに犯罪目的で狙われたのか、患者が苦痛を止め、合わせて自然死に見せて遺族が生命保険を受け取れるようにするために自分のＩＭＤを止めた自殺か。現代医学が進み、ＩＭＤの増殖が進むとき、重大な一つの問いに答えなければならない。テクノロジー的に強化された体が遺体保管所に姿を見せたとき、その検視を行なえるのは誰か。内科医と病理監察医にはコンピュータ鑑識科学の訓練はまったくない。すると、監察医は死因をどうやって決められるだろう。それは決められないし、医療機器のセキュリティ不足からつきつけられる脅威は、将来、殺人を犯して気づかれない可能性が高まるということだ。[28]

スティーヴ・オースティンとジェイム・サマーズがウイルスにかかると

スマホは患者の体と医者のコンピュータをつなぎ、コンピュータはインターネットに接続されていて、インターネットは至るところのスマホと接続されている。新しい装置は個人の内臓の管理を、地球上のあらゆるハッカー、ネット犯罪者、デジタル盗賊の手に乗せることができる。

――チャールズ・マン

一九七〇年代のテレビ視聴者が、『６００万ドルの男』の主人公で再生宇宙飛行士のスティーヴ・オースティンに惚れ込んですぐ後、オースティンにはジェイム・サマーズという女性の仲間ができた。世界初のバイオニック・ウーマンである。二人はいろいろな悪役と対峙して破るが、二人の生体工学の電子制御を手中に収めることによってスーパーヒーローを出し抜こうとした悪役はいない。なぜだろう。たぶん、コンピュータウイルスとワイヤレステクノロジーが当時は時代精神になかったからだろうが、ベルトルト・マイヤーの話で見たように、手や脚や腕がワイヤレスで制御されネットにつながれているときには、ＩｏＴにつながった他のものと同じく、ハッカーによって狙われうる。今日では比較的まれだが、生体工学的補綴はこれから、とりわけイラクやアフガニスタンから、戦争で重傷を負って帰国する何千という兵士の不運な必要に刺激され、とてつもなく成長するだろう。

これに応じて、ペンタゴン、DARPA（国防高等研究計画局）は、補綴術改革計画を開始した。生体工学の世界を完全に変えるための三〇〇人以上の科学者による一億ドルの投資だ。[29] そのような勝利の一つは、発明家のディーン・カーメンによるDEKA社製「ルーク・アーム」義手で、この名は『スター・ウォーズ』のルーク・スカイウォーカーのロボットアームを元にしている。この装置は装着者の筋肉に接続した電極からの電気信号で制御され、テーブル上に置いた硬貨をつまみ上げることができるほどの精密さがある。MITの人間バイオニックプロジェクトという、「FDAが承認した四肢切断の代替部品の目録を作り、本人の体を再建する最善の方法を見つけやすくする」[30] 作業のような、他の試みも進行している。糖尿病患者がブドウ糖濃度を調整するためのバイオニック膵臓など、移植可能なバイオニック臓器さえ作られ、それはワイヤレスで接続するスマホ上のアプリによって適切に動かされる。[31]

外骨格《エクソ》、つまりウェアラブルロボットの商品化のような、急速に発達している生体工学の分野もある。体の外から装着すると、卒中や脊椎損傷、あるいは病気で麻痺した人々が実際にまた歩けるようになる、エクソ・バイオニクス社製装置のようなものだ。外骨格スーツは歩けない人を支えて本人の手足を本人に代わって動かし、なめらかに立ったり歩き回ったりできるようにする。エクソ社の設計は肉体的に損傷を受けていない人々にも使えて、筋肉にかかる負荷を軽減することによって、とてつもない支持や強度を提供し、たとえば兵士が重さ一〇〇キロ以上の装備を長距離運んでも疲れないようにすることができる。ニューヨーク大学の双方向通信専攻課程の何人かの大学院生は、麻痺したり自分の四肢に対する制御に限界がある人々を助けて正常に機能させるために、「他人の腕をキーボード、ジョイスティック、さらにはiPhoneを使って遠隔作用で動かせるオープンソースAPI」まで開発した。その結果、非自動的身体制御ができ、自分の腕や脚をインターネットを介して他人に制御してもらえるようにする。[32]

もちろん、生体工学の未来は単純に病気や怪我で失った人間の機能を回復するだけのものではない。

もっと大きな市場機会は、人間の機能を強化することに集中して、自分では決して持てなかった力を与え、すでに持っている力を増強する。『アイアンマン』のトニー・スタークが思い描いた超人的な力を欲しくない人がいるだろうか。しかし、自分自身の生物学的状況を情報テクノロジーを通じて強化することによって人体を変える能力が大きくなると、それとともに、将来に取り上げなければならないリスクや倫理的問題がいくつももたらされる。もちろん、ロボット脚にはウイルスがつき、バイオニックな手もハッキングも可能かもしれないが、ロボット外骨格がふつうの人に利用できるようになり、犯罪者が超人的な力を強盗を働くために用いるようになるとどうなるだろう。クリップスやブラッズといったストリートギャングによる抗争の未来を考えてみよう。そうした勢力にもツールが利用できて、町の街路で喧嘩を始める。あるいはクライム・インクが外骨格の鎧を着た悪漢を、ギャンブルでできた借金を回収に送り出す。そんな筋書きは妄想に見えるかもしれないが、銃火器であれ、暗視ゴーグルであれ、カーナビであれ、他ならぬインターネットであれ、軍事技術がいずれ一般の人々に採用される歴史は長い。未来には、ハッカーがウェアラブルや埋め込み式のコンピュータの今や将来の展開を利用する方法がいくつもあることは明らかだ。しかし他にも、私たちの生物学的状況をID識別やセキュリティ目的のために使うという場面もあり、そこが私たちやその体を支配するための次の戦場となる。

アイデンティティ・クライシス——生体認証のハッキング

人は自分の顔、眼、声、指、鼓動、脚、手を、自分の生物学的・解剖学的特性の独自の要素と考え、自分だけのものだと考えて疑わない。それが本当ならよかったのだが。自分で気づいているかどうかとは関係なく、自分の肉体的・行動的特徴についての情報をますます大量に他人に教えつつある。こうした生体認証のための特徴は明瞭な肉体的特徴であり、中でもいちばん普及しているおなじみの指紋は、警察が一二五年以上前から犯罪者の特定に使っている。

一世紀以上、生体測定学的指紋分析は特別の訓練を受けた人間の技師によって手作業でのみ行なうことができた。しかし時代は変わりつつあり、データ処理能力とセンサー技術の急速な発達から、コンピュータも生体認証を行なえることになる。その結果、生体測定システムが増殖し、日常生活の中でずっとあたりまえになりつつある。生体情報《バイオメトリクス》は基本的に未来の人の認証のしかたを根本的に変動させるだろう。免許証とかパスポートとか、パスワードや暗証番号など記憶していることとか、何かを持ち歩いている必要があった伝統的なＩＤ識別形式とは違い、生体情報はいつも自分の身についていて、忘れることを心配しなくてもよい。生体情報とはその人そのものである。

生体認証システムは、指紋のうねや顔の部品間の距離や声の調子や質などを測定するコンピュータのセンサーを用いる。この情報はすべて1と0に変換され、比較、整理、再定義されて、人の指紋の特定の集合が、他の何億という指紋のデータベースとほんの何秒かのうちに照合される。コスト削減と性能の増大を考えると、生体情報は二〇一九年までには世界で二三〇億ドル市場になると予想され(33)、二〇一八年までには五億台以上の生体認証用センサーがＩｏＴに加わる可能性がある(34)。生体測定は大量になり、どこででも見られるようになり、その動きはすでに始まっている。

各地の「24アワーフィットネス」のジムへ行く人は、このチェーン店のクラブで指紋認証を使うことを推奨される。ニューヨーク大学病院の患者は、もう保険証を持って行く必要はない。同病院は一二万五〇〇〇人以上をPatientSecure《ペイシャントセキュア》システムに登録しており、これは専用の生体測定スキャナーを使い、手のひらの個人に固有の静脈パターンを測定して患者の第一の認証手段としている。しかし病院がそこにあるＭＲＩ装置にマルウェアが入らないようにすることができないとなれば、患者の生体情報についてはもっとうまくやれると言える理由はない。それに地元のジムの職員（生体認証のセキュリティが専門とは思えない）にとって、会員の指紋が使えるというのは本当に良いアイデアなのだろうか。

『ミッション・インポシブル』のようなスパイ映画に登場する生体スキャナは、すべてハイテクで高性能だ――網膜スキャナ、指紋読取装置、顔認識システムが、敵と味方を完全に識別する。このような取り上げ方からすると、人々が生体認証方式が破れないものだと考えるのも理解できる。しかし結局のところ、生体情報はしばしば考えられているほど安全でも確実でもなく、二〇一〇年の全米研究評議会の報告は、そのようなシステムは「本来的に誤りやすい」としている。[35] 一定の生物マーカーは複写できるだけでなく、生体情報が保存されているデータベース（本人の眼、顔、指をデジタルで表したもの）は、他の情報システムと同様に攻略されることがある。リスクは措いても、政府も民間も、人の生体情報の詳細、本人の許可なく知らない間に集められるデータの集合から、取れるセキュリティ上の有利さ、あるいは経済的恩恵を搾り出そうと競っている。

政府による生体ＩＤ識別用データベースとしては世界最大のものがインド政府によって運用されている。この事業は「アードハール」（「土台」の意味）と呼ばれ、一二億の国民から指紋を取り、写真を撮影し、虹彩スキャン像を得ようという壮大な試みである。五億を超えるインド国民がすでにアードハールＩＤ識別番号を受け取っていて、その生体情報の詳細は、国のデータベースに使いやすいように保存されている。これに負けじと合衆国政府は、国土安全保障省、国防総省、司法省にまたがって相当の資源を充て、それぞれが９・１１以後の世界に巨大な生体情報施策を確立している。

国の政府による生体情報データベースは、犯罪者やテロリストを捕えるには有益なツールに思われるかもしれないが、それにもプライバシーやセキュリティのリスクが伴わないわけにはいかない。二〇一一年には、イスラエル政府がそのことを発見した。この中東の国の当局は、国の生体情報データベースが、九〇〇万のイスラエル国民の氏名、生年月日、社会保障番号、家族構成、就職状況、入国年月日、医療記録とともに、すべて盗まれたと発表した。[36] これはある政府出入りの業者によって盗まれ、クライム・インクに売られ、結局はデジタル地下世界にすべてオンラインで見られるようアップされた。[37] 様々な偽造、身元情報詐取、セキュリティの問題が明るみに出るわかりやすい機会となった。

ガートナー社は、二〇一六年までには企業の三〇パーセントが従業員について生体認証を用いるようになると推定する。(38) 生体認証用センサーは、二〇一五年末にはほとんどの高級スマホに組み込まれ、二〇一八年までには三四億人のスマホ利用者が、指や顔や眼や声で自分の端末のロックを解除すると推定されている。(39) 生体情報は個人の特定、セキュリティ、認証の未来そのものだ。それは今あたりまえの、本書を通じて見てきたように簡単にハッキングでき、何百万単位で盗め、とっくに耐用年数が切れているパスワードに代わるだろう。

生体認証によるセキュリティは多くの利点をもたらす。パスワードや運転免許証は忘れることがあっても、指紋はいつも自分の身についている。生体情報は問題のいくつかを解決するが、別の問題も生み出す。今日では、身元情報詐取による何千万人の被害者の一人になっても、新しいクレジットカードや新しい社会保障番号をもらうことはできる。フェイスブックや銀行口座がハッキングを受けても、パスワードをリセットすることができる。しかし指紋情報が盗まれても、リセットはできない。それは恒久的なID識別用マーカーで、ハッカーに奪われてしまうと、永久に使えなくなる。ジム、携帯電話会社、医者は、すべて人の生体情報の詳細を持っていて、そうしたシステムが――きっとそうなるように――ハッキングされれば、問題の復旧は不可能ではないにしても、ずっと難しくなるだろう。個人情報の未来が生体情報にかかっているなら、身元情報詐取の未来は生体情報を盗み、籠絡することにあり、盗んだり騙したりする人々はすでにそうしたシステムをかいくぐる作業を懸命に行なっている。

ハッキングされて入れ替えられた指

誰かがあなたのパスワードを盗めばそれを変更できる——好きなだけ何度でも。指紋は変更できない。指は一〇本だけ。そして触るものすべてにそれを残している。

——上院議員、アル・フランケン

アップルが二〇一三年末に主力機の iPhone 5S に指紋認証をつけることを決断したことは、生体認証の画期となる出来事だった。タッチIDと呼ばれ、組込みの指紋センサーを使って、端末のロックの解除やネット購入に使える。アップルは、iOS 8 のときから、この技術をサードパーティのネットショップにも使えるようにして、他の多くのサービスやアプリへのログインの代わりに指を使えるようにしている。指のスワイプを使って自分を認証してもらい、安全に無数のオンラインサービスに接続できることで便利になる可能性は魅力がある。同様に、サムスンは最上位機種であるギャラクシーS5端末に指紋スキャナーの搭載を始め、iPhone 同様、ハッキングもされた。サムスンの生体認識用スキャナーによって、スマホ利用者は自分の指紋を使って端末に保存されているペイパルなどのサービスで認証ができるようになった——つまり指紋がハッキングされて奪われれば、生体認証式の財布を、クライム・インクの口座への不正な資金移動に使うことができるだろう(40)。

指紋センサーは過去一〇年の間に大幅に価格が下がり、下位機種なら一〇ドルほどで買えるものもある。価格が下がるということは、こうしたセキュリティ技術がノートパソコンなど、幅広い装置に組み込まれつつあるということでもある。サムスン、デル、レノボ、ソニー、エイサー、ASUSはすべて指紋読取装置をノートパソコンに組み込み、消費者にウィンドウズマシンをロックしたり、ハードディスクを暗号化したりするために指紋による生体認証を使うよう推奨している。理論的にはすばらしいことだが、実施方法は貧弱で、ハッカーは、プレーンな暗号化されていないテキストで指紋のデジタル表記を見ることができて、簡単に破れる(41)。犯罪大学《クライムU》には、指紋スキャナーをハッキングする方法を解説するオンライン動画が何十本もあり、クライム・インクは指をハッキングする方法をとっくにつきとめていた――指を叩き斬る《ハッキング》のだ。たとえばマレーシアの犯罪組織はベンツのSクラスの車両の指紋認識始動システムを、この高級車の所有者の斧で切断することによって破った(42)。この種の荒技は『24』のようなテレビ番組ではあたりまえになっているが、敵の指を切り取って秘密の建物に侵入したりコンピュータにログインしたりする必要はすぐになくなるかもしれない。横浜国立大学のセキュリティ研究者、松本勉は、「残された指紋（たとえばワイングラスについた）の写真を撮る」ための方法を考案している。この手法は成功率八割で生体認証スキャナーを騙せる(43)。ハッカーが子ども用の粘土「プレイドゥー」を使って、指紋読取装置を九〇パーセントの率で騙せるだけの指紋の型を作ったという例もある(44)。生体認証によるアクセス制御があたりまえになれば、それもまた征服する理由になるだろう。

政府も企業も生体認証がもたらす優れた安全やセキュリティを人々に納得させようとしているが、納得せず、様々なプライバシーや脆弱性の懸念を挙げる人も多い。二〇〇八年、ドイツでは、国の警察を束ねる内務大臣ヴォルフガング・ショイブレが、指紋生体認証の利用を進めることを強く提唱し始めた。それに応じて、カオスコンピュータクラブにいる私の友人は、地方の大学で講演したときに残された水のグラスから、同大臣の指紋を浮かび上がらせることに成功した。このハッカーグループは指紋を転写して、型どりのプラスチックに再現できた――四〇〇〇回も。複製指紋は同クラブのハッカー雑誌の特別付録として、読者にその指紋を使って大臣になりすますことを薦める記事とともに配布され、犯罪現場にその指紋を残す可能性を開いた(45)。

生体認証セキュリティ支持派がそちらの方が安全と論じる理由は、誰も指紋は盗めないということと（今述べたように誤り）、指紋は犯罪者によって変造できない不動の身体的特徴だからということだ。こちらも結局成り立たない。二七歳の中国人女性、林蓉《リン・ロン》が二〇〇九年にそのことを証明した。リンは中国で医者に一万四六〇〇ドル払って自分の指紋を変え、日本の入国管理局が空港で使っている生体認証センサーをくぐり抜けることができた(46)。リンは以前に強制送還されたことがあり、東京に戻りたかったが、空港に到着したときに、自分の本当の指紋を提示したのではできない。密かに再入国するために、中国の外科医に金を払い、右手と左手の指を入れ替えてもらい、指紋も入れ替えた。仕掛けはうまくいって、リンは審査を通った。何週間かたって、五五歳の日本人男性との結婚を試みたとき、当局が指先の妙な傷に気づいた。日本の警察は、中国の医師は生体認証用外科という儲かる商売を生み出していて、リンは外科的処置による生体認証偽計でその年逮捕された中の九人めだったことを伝えている(47)。

言うまでもなく、ハッカーがただ指紋データを、IoTを使う生体認証用スキャナーから処理のためにコンピュータサーバに送られる途中で横取りできれば、このような過酷な手段は必要ない──セキュリティ研究者のマット・ルイスが、ヨーロッパでのハッカー集会ブラック・ハットですでに明らかにしていることだ。ルイスは史上初のバイオロガー、つまりマルウェアのキーストロークロガーのようなものだが、誰かが何も知らずに打っているキーストロークを捉えるのではなく、感染したスキャナで処理される指紋のスキャンデータをすべて盗めるものを作った(48)。ルイスはそのバイオロギング装置で捕捉したデータを分析、再利用して、生体認証システムを突破したり、「セキュリティ完備の建物」と思われるところに入れるようにしたりできることを実証した。生体認証が旧式のパスワード方式よりも本来的に侵入しにくいと信じたくはなるものの、その想定は、新しいシステムが実際にもっとセキュリティのしっかりした形で実装されていないと成り立たない。でなければ、それはやはり絵に描いた餅にすぎない。

パスワードをお忘れですか？　お顔に書かれていますよ

SF映画『マイノリティ・リポート』〔二〇〇二年〕で、トム・クルーズは二〇五四年のワシントンD

Cの警察官を演じている。ある場面で、クルーズが扮するジョン・アンダートンが地元のショッピングモールを警邏しているとき、その顔が双方向看板に認識され、この看板に名を呼ばれ、以前の購入履歴に基づく広告が表示される。二〇五四年の世界は、予想より早く、すでに来ているらしい。指紋が個人を一義的に特定できるように、顔紋、つまり両目の間の距離、鼻、耳、唇といった顔の特徴の生体測定スキャンデータでも同じことができる。こうした生体測定的特徴は人が誰であるかを明らかにできるだけでなく、他の人に性別、年齢、人種などを把握できるようにもする。こうしたデータはすべて、アンダートン用の標的型広告同様のことをしたい販売業者にとっては、天の恵みのようなものだ。

今日の世界ではすでに、日本の看板が通行人を見つめ返し、その顔の特色を、あらかじめ一万人以上のパターンを登録してあるNECのデータベースとリアルタイムで照合し、いろいろな消費者の特徴区分に分類して、人口動態学的評価に基づきリアルタイムで広告の表示を変える。[49] 顔認識技術には、広告だけでなく、他にもいろいろな利用法がある。カリフォルニアの生体測定技術企業、フェイスファーストは、小売業者が店にいる客の顔をすべてスキャンして、既知の万引き常習者を特定できるようにする。検出されると、ソフトウェアは直ちに、容疑者の写真つきのメールやテキストメッセージを店員全員に送信し、店員が「適切な行動」を取れるようにする。[50] ヒルトンホテルによって採用された同様のシステムは、顔認識を使って客すべての顔をスキャンし、従業員が、とくにゴールドカードのVIP会員の客に名前で挨拶できるようにする。[51]

顔認識データにアクセスしようとするのは広告業者だけではなく、消費者も同様だ。多くの人は、近所の飲み屋に防犯カメラがあることを知らされて、暢気に強盗でも入ったときのためにあるんだろうなどと思ったことがあるかもしれない。しかし旧式のカメラでも、IoTにつながり、ビッグデータ分析にかけられると、新しい強力なスマートセンサーが生まれる。二〇一二年、テキサス州オースティンにある会社が地元のパブやナイトクラブと提携して、そうした「ただの」動画を撮影して、バーにいる客全員についてリアルタイムで顔分析を行なった。その結果、SceneTap《シーンタップ》というアプリができた。これはオースティンで楽しく過ごしたい人々に、各施設についてなまの統計情報を引き出し、どのクラブが満員で、男女の比率がどうで、その人々が若いかどうかを知るようにする。たとえば、アプリのダッシュボードがメインストリート・バー&グリルは満席率四七パーセントで、六八パーセントは平均年齢二九歳の女性、男性の平均年齢は二六歳であることを示すかもしれない。いいところはないかとはしごするのではなく、酔った男がうまく「男ばっかり」の店を避け、客の中の女性数が最大のバーだけを選べるようにする非常に便利なアプリだ。将来はアプリ内課金で利用者がさらに、バーの店主の身長、体重、人種のようなデータを得られるようになるのだろうか。そうなるかもしれない。アメリカ人を侵害的な生体測定技術から守ったり、利用に制限をかける法律や規制は合衆国にはないのだから[52]。

　顔認識技術はその合致率を大きく改善していて、今では九八パーセントの精度に近づいており、二〇〇四年から二〇一四年に二〇パーセント向上した[53]。アップルやグーグルを含む、大手のインターネット企業は、顔の生体測定に相当の投資を行なっているが、フェイスブックほど大規模なところは知られていない。ここは二〇一二年にイスラエルの生体測定スタートアップFace.comを一億ドル近くで買収した[54]。フェイスブックは前々から顔認識を、会員がアップロードしたすべての写真に行なっている（九五〇〇語のToSで合意済みのこと）。Face.comの獲得はフェイスブックを「タグ付け提案」機能を大きく改善できるようにして、生体認証アルゴリズムを使って会員が投稿した写真に写っている人すべてを特定し、友達にタグをつけるよう薦め、それによって、ザッカーバーグに代わって、それが誰かを生体測定的に確認する。フェイスブックの自動顔認識テクノロジーは、明らかにプライバシーにかかわるので議論を呼ばずにはすまなかったし、EU全体の規制当局はこの機能を禁止した[55]。一方、合衆国では、フェイスブックの製品群、つまり先に述べたように利用者に対して、顔認識ソフトを走らせるのを禁じる規制は何もない。フェイスブックが創立されて以来、二五〇〇億枚以上の写真がアップロードされていて、それはフェイスブックが――インドのアードハールではなく――地球上で最大の生体測定データを持っているところだということを意味する。世界のどの政府が持っているものを超える数だ。(56)

ウォール街からの生体情報データを換金する圧力が高まるのも予想できるし、政府を含め、可能性のある顧客には事欠かない。NSAの機密を洩らしたエドワード・スノーデンは、一連の暴露で、自分がいた機関は、フェイスブックなどのインターネットの上位にある九社のサーバに侵入して、潜在的には諜報の世界がフェイスブックの生体データの金鉱に手を出せるようにしていたと説いた。(57) 別の暴露では、NSAがすでに日々ネットに投稿される何百万枚もの写真を吸い出して、少なくとも一日に五万五〇〇〇枚の「顔認識可能な」写真を処理できたことも明かした。(58) 警察や政府のセキュリティ機関は生体測定データで何をするだろう。民主社会では、暴力的な犯罪者やテロリストを捕らえるのに使われればいいのだが。しかしそのような生体情報の底引き網ができてしまえば、その意図的な使い方は権力側の人々の手に握られる。監督のほとんどない機密の世界では濫用はいくらでもあり、そうしたツールは専制君主や独裁者の手で、東独のシュタージのようなオーウェル的ディストピアの基礎となる。

イギリスの警察はNECのネオフェース技術を使って広範囲の自動化された顔認識プログラムを実装し、犯罪現場写真や動画の顔と画像データベースと照合している。顔認識が世界中のどの国でも高密度になった防犯カメラ、絶えず録画される警官の身体装着カメラ、顔認識も指紋認識も現場でできるCSIのようなスマホアプリと組み合わされて、『マイノリティ・リポート』の犯罪追跡の時代はすでに到来している。(59) 顔認識テクノロジーがどこまで進んだかと言うと、街中を歩き始めて六〇秒以内にその顔をフェイスブックのプロフィールにある顔と合致させ、さらに六〇秒後には社会保障番号に合致させる。これを可能にするプログラムはPittPatt《ピットパット》と呼ばれ、9・11の後、DARPAが提供する数百万ドルの資金でカーネギーメロン大学の研究事業として始まった。(60)

警察が監視カメラを使って街中や競技場や空港を歩く人々の群れを監視するようになると、ピットパットのようなソフトは背景で動いて通り過ぎるすべての顔をリアルタイムで特定し、各人の頭に、ウェブにリンクしてさらに情報を入れた吹き出しをつける。その吹き出しをクリックすれば、当人のフェイスブックのプロフィール、社会保障番号、クレジットカード履歴、過去にネットに投稿されたディズニーランドへの家族旅行でも、会社のクリスマスパーティでマティーニのグラスを持っているところでも、Match.comでの出会い用プロフィールのものでも、写真が表示される。警察が公衆安全のためにこうした高度な画像認識テクノロジーを利用することを支持する人々もいるかもしれないが、そういう人も、これほど強力な監視能力が民間企業の手にあるとしたら、感じ方も違うかもしれない。でももう遅い。

二〇一一年の半ば、グーグルはピットパットを買収し、検索巨大企業に、ユーチューブ、ピカサ、グーグルプラス、アンドロイドを含む一連のサービスにわたる、恐るべき顔認識テクノロジーを実装する扉を開いた(61)。たぶん、埋め込み顔認識テクノロジーの恩恵を受けられそうな最も明らかな候補はグーグルグラスだ。このツールを使えば、パーティのときのいかした女または男が誰か、すぐに特定することも可能だろうし、その経理課の何とかという人を今後忘れることを心配しなくてもよくなるだろう。反発の可能性を心配したグーグルは、当面、グーグルグラスのアプリに顔認識を使うことを禁じたが、ピットパットの獲得とともに、技術的な能力は十分に存在する。もちろんハッカーは自分のグーグルグラスの端末を徹底解剖して、よく知られたNameTag《ネームタグ》アプリなど、いくつもの顔認識アプリを作った。

ネームタグは、利用者に目の前の人物の顔をスキャンしてそれを公開されているネット上の記録何百万件と照合しその人の名や、フェイスブック、ツイッター、インスタグラムといったソーシャルメディアのプロフィールや、関連する特定のための詳細を返してくる(62)。このような顔認識アプリはグーグルグラスだけのものではなく、スマホのカメラですぐに使うこともできる(63)。『マイノリティ・リポート』のように、私たちはみな、顔認識時代に生きている。その結果、誰ももう群衆の中の一つの顔というわけにはいかない。実際、人の顔は開かれた本のようなもので、他の誰でも——政府でも——横目で読むことができる。

ＦＢＩの一〇億ドルをかけた「次世代ＩＤ識別」（ＮＧＩ）システムは、五二〇〇万件の検索可能な顔の画像を持っていて、その中には四三〇万件の非犯罪者身辺調査申請者の画像がある。[64] ＮＧＩには一億人分の指紋記録や、何百万件の掌紋、ＤＮＡサンプル、虹彩スキャン画像もある。このシステムは照合用に顔写真をスキャンできるが、ＮＧＩは普通の防犯カメラ画像の群衆の中から容疑者の顔を拾って追跡したり、それをインターネットに公開でアップロードされている写真と比較することもできる。[65] もちろん、生体認証テクノロジーに安全確実なものはなく、偽陽性、つまり生体測定データが合致していないのに合致すると判定されたため犯罪者と見られるという問題は、先にテロ監視や搭乗拒否リストの増殖ですでに見ているように、無実の人々にとっては重大な影響がありうる。[66]

顔認識は犯罪防止やセキュリティの万能薬のように思われるかもしれないが、問題がないわけではない。指紋センサーがハッキングできるのと同じように、顔認識システムも、ますます携帯やコンピュータのロックを解除したり、人の会社に入構できるようにしたりするために使える。ノートパソコン上のシステムや、FastAccess Anywhere《ファストアクセス・エニウェア》〔どこでもすぐにアクセス〕といったスマホのパスワード管理アプリのような何らかのシステムを突破するのに必要なのは、なりすまそうとする対象の写真を確保することだけだ。[67] 同じ手法は虹彩スキャンでも成り立ち、保護されたデータベースに保存されている生体測定情報をハッカーがリバースエンジニアリングし、写真に撮った虹彩をたいていの商用虹彩スキャナを騙せるくらいの精度で印刷することを可能にする。[68]

顔認識アルゴリズムについては、どんなによくできたシステムでも、精度は九八～九九パーセントに近づく「だけ」だという課題もある。エラー率は小さく見えるが、そのエラーは積み重なる。シカゴのオヘア国際空港に設置されたテロリスト監視所につながる顔認識システムを考えてみよう。毎年五〇〇〇万人の乗客がいるので、一パーセントの偽陽性でも年に五〇万人（一日に一三〇〇人）が、コンピュータのエラーのせいで、間違って拘束されたり逮捕されたりすることがありうる。この問題は、現行の監視リストの例で見たように、ほぼ確実にデータ入力などの人為ミスによって大きくなり、カメラが個人の顔を、指名手配データベースに誤入力された名と、しかるべく合致させる。

無実の人の生体ID識別の結果は命取りになることもありうる。米国防総省はドローン機部隊に生体情報で目標を捕捉し識別する性能を実装し始めた。軍需産業のプロジェニーシステムズは、陸軍と共同して、ドローンに搭載する「長距離非協力的対象生体測定タグづけ追跡位置特定」システムを開発した。これによって無人航空機（UAV）が生体情報を使って人間の標的を明瞭に特定し、それから標的の頭上で起爆できるようにする。[69] そのような場合、生体ID識別が偽陽性だったらとんでもないことになる。戦争の未来は、人間の判断ではなくソフトウェアの計算に基づいて、ドローンが敵を探索、識別、殺害を行なう自動的なものになる。

カメラと顔認識ソフトウェアがあたりまえになることを考えると、犯罪者もそうした道具を採用して自分たちの都合で使えるようになることが予想できる。幼児性愛者も生体情報を使って公園で遊んでいる子どもを識別できるかもしれない。ムンバイを襲撃したラシュカレトイバのテロリストなら、スマホに顔認識アプリがあると、狙ったK・R・ラーマムールティ会長を、パキスタンの指揮所と誰が標的かについて推測のやりとりをしなくても特定できたかもしれない。

オーストラリア連邦警察（AFP）総監によれば、クライム・インクさえ、顔認識テクノロジーの研究を始めている。二〇一一年、AFPによる新規採用警察官数百人の卒業式で、警察官のバッジを受け取るところを見に集まった家族から離れて立っている人物に、当局者が気づいた。望遠レンズ付きのプロ用カメラを持っていて、卒業生一人一人の顔を撮影しているらしかった。拘束して取り調べると、このカメラ小僧は暴走族による組織犯罪集団のメンバーで、クライム・インクが写真による顔認識データベースを構築するための仕事をしているのは明らかだった。そうすれば将来、組織に対する潜入捜査を試みる警官を特定できるだろう(70)。生体認証ツールは潜入捜査だけでなく、証人保護のための移転事業にも影響するだろう。個人的・職業的理由で隠したい経歴がある人は先へ進めなくなるかもしれない。それに、自分の正体を明かすのは、自分の物理的属性だけではない――小さな行動もそうかもしれない。

つとめて行儀よく

今日の多くの職業が自動化されている。そのことを警察のような重要な社会の領域に拡張するとどうなるだろう。ソフトウェアを走らせるマシンで犯罪者や一般の人々の行動を抑止するようになるとどうなるだろう。そうした問いは、SFじみているように見えるが、そんなことはない。

――ブラジルの映画監督、ジョゼ・パジーリャ

大方の人は、生体情報と言えば、指、顔、手、眼といった解剖学的特徴の測定のことに目が行くものだが、行動生体測定、あるいは行動測定《ビヘイヴィオメトリクス》という生体情報の区分もある。これは人や人の体の動き方、行動様式といった、人間の指紋なみに正体を明かすことができる特徴を測定する。キーボードをタイプするリズム、声、歩行パターン、脳波、鼓動は、個々人を特定する特異的な特徴を提供できるように数値化できる。解剖学的な生体情報が、セキュリティ、ID識別、アクセス制限などのために頻繁に用いられるようになるように、行動測定情報も成長分野となるだろう。実際には、すでにそうなっている。

声の生体情報はすでに世界中の企業やコールセンターで、顧客を声紋で特定するために用いられつつある。電話口で、「品質保証の目的でお客様の通話は録音されることがあります」と聞こえてくる、あの録音の声は、企業が通話の満足度を測定する方法の一つが、通話の間に使われる口調、声の質、語彙によることを開示していない。さらに、企業は偽装と戦おうとして、広大な顧客の録音音声データベース

を構築し、取っておいた元の生体認証用声紋と将来の通話を照合できるように、一意的な声紋を生成する。(71) 声がマッチしなければ、かけてきた人はさらに確認用の質問をされる。この手順は一般の人々にはまったくわからない。

DARPAは、利用者の認知過程、個人的習慣、誰もが持っている何かをするときのパターンといった、組み合わせれば人を一意的に識別できるものに目を向けた「能動認証《アクティブ》」技術を開発しようとしている。そのような行動認証分野の一つとして、タイピング認証と呼ばれるものがある――各人がキーボードで個々の文字をタイプする様子の変動を測定する。それぞれのキーが押されるときの細かい違い、どんな並びか、どんな力か、どうカットアンドペーストをするかといったことが、世界に対してオンラインの指紋のような働きをする。オンライン教育プラットフォームのCousera《コーセラ》のような企業は、各仮想授業に「出席」しているのが同じ学生であることを、タイピング認証を使って確実にしてから、修了証を発行している。(72)

ウォッチフル・ソフトウェア社のTypeWATCH《タイプウォッチ》という製品は、ネットワーク上で背景で走らせておいて、利用者のタイピングリズムを常時監視し、認証されていないアクセスをしようとするのを検出して阻止するように作られている。他にも、スウェーデンにあるビヘイヴィオメトリクスABのような会社は、スマホやタブレットの各利用者の端末の握り方、角度、仮想キーボードでのタイピング、さらには画面のスワイプやピンチの様子を記録して、いろいろな動作間のミリ秒単位の細かい停止を明らかにするツールを作っている。デンマーク最大の銀行ダンスケ銀行がこのテクノロジーを採用したが、その理由の一つは、確認ずみの「認知的足跡」と違うと、銀行の警報ベルを鳴らし、口座へのアクセスを阻止することだった。(73) 銀行はこのような生体認証ツールが偽装の率を二〇パーセントも削減できると信じていて、オンラインショップや金融機関の利用規約が近い将来、銀行のiPhoneアプリを使うためにこうした細かい記録を取ることへの同意を求めるように改訂されることも予想できる。(74)

新しい各種行動認証が登場しつつある。リストバンドのナイミは電位計を使って鼓動を読み取り、固有の心電図のパターンを使ってコンピュータやスマホ、車、家のロックを解除する。[75] イギリス国立物理学研究所は、監視カメラのモニタと連動して、歩き方に基づいて個人を識別できる歩行認識システムを開発した。[76] しかし歩き方で人を識別するにはもっと易しい方法もある――四六時中携帯するスマホにある加速度計を使って、それによってこの情報を携帯電話会社、端末製造業者、アプリ開発業者に伝える。[77]

　こうしたテクノロジーが今は侵害的に見えるとしても、現実では将来、もっとそうなるかもしれない。すでにモトローラ社は、パスワード認証の代わりに使える「ほぼ不可視のウェアラブル電子的ＲＦＩＤタトゥーを通じて人間の能力を拡張する」ために、ＭＣ10という企業と提携した。プロテウス・デジタルヘルス社は、呑み込むと胃酸を動力にして固有の一八ビットの信号を体内で生み出し、人全体を認証用のしるし《トークン》にする薬を作った。[78] こうした生体認証によるセキュリティ製品の多くは多大な約束をもたらすが、ハッカーやクライム・インクは稼ぐのをあきらめて退散するようなことはしない。しかしクライム・インクは単にコンピュータをハッキングするのではなく、ＩｏＴをハッキングするだろう。

　セキュリティの脆弱性は措いても、生物認証や行動認証のテクノロジーは大量の公衆政策やプライバシー問題をもたらし、社会はそれと取り組み始めたところにすぎない。世界中のどこにあろうとキーボードでタイピングするどんな個人でも、人がキーを叩く様子だけに基づいて、遠くから識別させるというのはどういうことなのだろう。世界で最も追われているハッカーを突き止めるには素晴らしいが、アラブの春のときに反体制運動をしていた指導者にとってはいい話ではない。地元のショッピングモールの広告板が行なおうと、国の公安当局が行なおうと、生体認証監視の難関は、それが私たちの行動に影響するところだ。自分が見られていることを知れば、行動のしかたを変えて、もっと順応的になり、支配されやすくなる可能性が高くなる。[79] 抑制のない政府の手であろうと独占巨大企業の手であろうと、至るところにある監視装置によってもたらされる行動の自己検閲と修正は、誰にとってもディストピアの未来につながりうる。そのような恒常的な観察にさらされるのは私たちの物理的な自己だけでなく、仮想の自己もまたそうなる。

拡張現実

IoTが進んでいくと、現実と仮想現実が明瞭に分かれるという概念そのものがぼやけてくるし、それが創造的な方向に進む場合もある。

――イギリス国立科学・技術・芸術基金、ジェフ・マルガン

映画ではトニー・スタークが万能のアイアンマン・スーツの性能で驚かせてくれるが、いろいろある中でも、スーツの頭部についたディスプレイから眼前に表示される大量のリアルタイムの拡張現実情報から大いに恩恵を受けている。映画に出て来るテクノロジーは、しっかりと現実に基づいている。拡張現実（AR）は物理的な現実世界の環境を、スマホやグーグルグラスにあるようなコンピュータ画面を通じて直接になまで見せつつ、そこに画像、音、動画、GPSデータなどの、現実世界の環境に関する追加のデジタル情報を重ねる。初期のARの使用例には、戦闘機パイロットのヘッドアップディスプレイで用いられて、戦闘中にも機器を見るために視線を落とすことなく、コクピットの窓の画面に重要な情報が見えるようにするものがあった。今日ではこのテクノロジーは民間にも移転して、メルセデスベンツやレンジローバーのような自動車メーカーは、速度や刻々の方向を、直接フロントガラスに表示している。現実を仮想に置き換える、あるいはまったく架空の世界を生み出す仮想現実（VR）とは違い、ARの方は、現実世界に見るものの上に役に立つデータを重ねることによって現実の認識を補強する。

ARは、センサーやカメラを内蔵した画面とともに用いることができる(80)。スマホでもタブレットでもゴーグルでもコンタクトレンズでもよい。二〇一七年には、毎年二五億のARアプリがダウンロードさ

れて端末にインストールされると予想されている。[81] ARの利点は驚異的で、大企業はすでにその可能性を見せてくれている。グーグルの広告では、グーグルグラスを装着した利用者がマンハッタンで地下鉄に下りて行くときに、ニューヨーク地下鉄六号線の列車のロゴとともに、地下鉄の運行が停止中を知らせるポップアップの警報を受け取る――グーグルグラス画面の視野に投影されるデータだ。この種のツールは世界中の旅行者が分厚い旅行案内を捨てて、ARアプリを使って町を巡れるようにする。

街中を歩いているときには、こうしたアプリが通りかかったレストランのイェルプによる評価や、視野に入る銅像や歴史的建築物についてのウィキペディアの項を見られるようにデータを投影できる。もちろん、ARは町を歩いているときに広告もぶつけてくる。グーグルグラスが周囲のすべての物理的対象を認識して、その上に広告を置くのだ。イケアは二〇一三年のカタログにARを組み込み、利用者がソファなど家具を何でもスマホで写真に撮って、それから自宅に置いてみて（原寸大で）、実際に買う前にどういうふうに見えるか確かめられるようにしている。[82] ARは身のまわりの世界、とくにＩｏＴとやりとりをする手段になり、物理的対象について質問し、その履歴、意図された使い方、脈絡などをよりよく理解できるようにする。それはオンラインとオフラインの世界を接続し、生活や仕事のすべての面を変えるだろう。

ARは取り組まなければならないセキュリティやプライバシーの問題も大量にもたらす。未来の悪意あるアプリは、高速道路の標識に正しくない速度制限を表示したり、車載のARフロントガラスディスプレイに、実際には存在しない偽の信号を映したりするかもしれない。[83] 悪くすれば、車線には他の車がいないと実際とは違うことを見せ、車線変更して他の車と衝突するという事故を起こさせたりもするだろう。先にも触れたように、私たちが現実から切り離され、現実の代わりに仮想のものを受け入れるほど、「我々は画面を信じる」型の攻撃による操作にさらされることになる。

加えて、クライム・インクが犯罪を自動化するためにブラックシェーズのようなクライムウェアを作っていたように、将来はＡＲ用クライムウェアアプリをいくつも売り出すことが予想できる。ハッカーは、たとえばiPhoneやグーグルグラスを使って、その人の家や職場にあるすべてのＩｏＴ端末を視覚的に調べ、どの端末に既知の脆弱性があるか、画面に表示された情報を見ることができるかもしれない。さらにはセキュリティの貧弱なパスワードも見えて、ＩｏＴのハッキングが今よりもさらに易しくなるかもしれない。ＡＲのような現実に手を加えるテクノロジーは、仮想現実システムのようなさらに没入できる仮想の環境へつながる扉を開き、そのことがまた強力な攻撃を受け、濫用されることがありうる。

ホモ・ウィルチュアリスの誕生

現実は非常に強固とはいえ、錯覚にすぎない。

——アルバート・アインシュタイン

私たちがアバターを通じた暮らしを——ビデオゲームで、ネット世界で、ソーシャルネットワークサイトで——するうちに、自分のネット上の人格が、社会的な状況、商取引、さらには性的な出会いまで、自分の身代わりをするようになる。一日二四時間、週七日そこにいて、時間と空間を圧縮して、眠っている間さえ、私たちの代わりに世界とつきあっている。有名なゲームデザイナー、ジェーン・マッゴニガルは、「平均的な若い人は、二一歳になるまでにゲーム一万時間を達成している」と言ったことがある。一万時間の大部分は、アバターの人格か、ゲームキャラクターの姿をしている(84)。その中で、私たちは仮想人《ホモ・ウィルチュアリス》の登場を目撃する。ホモ・サピエンスの進化の次の段階であり、私たちの直接性を優先する自然な物理的世界の制約から引き離されて、仮想世界の無制限の可能性を認識する種かもしれない。

ＶＲはコンピュータを使ってシミュレーションされた環境、現実の世界、想像の世界を生み出して、そこに自分や自分の感覚を再現した物理的存在を挿入できる。触覚すら、利用者に対する「力、振動、動き」を用いる触覚によるフィードバックとして再現できるだろう。フェイスブックのマーク・ザッカーバーグが二〇一四年の初め、オキュラス・リフトという高度に反応が鋭い仮想現実のヘッドセットディスプレイ企業を二〇億ドルで購入したときのコメントにあるように、「戦略的にはわれわれはモバイルの次に来る大きなコンピュータのプラットフォームの構築を始めたい」[85]。オキュラスリフトのヘッドセットのようなツールは、私たちを一瞬で美しいトスカナの屋敷、NBAの試合のコートサイドの席、クリンゴン人やロムラン人との架空でも写実的な戦闘にいるような経験に連れて行ってくれる。

初期の仮想世界の一つが「セカンドライフ」で、これは二〇〇三年、リンデン・ラボのフィリップ・ローズデールによって始められ、利用者が自分を高度にカスタマイズされたアバターの形に表すことができた。セカンドライフでは、友人を作ったり、買い物したり、勉強したり、さらにはメンバーの本物のアバターによって演奏されるU2のコンサートに出かけたりできた。MMORPG（大規模マルチプレーヤー・オンライン・ロールプレイング・ゲーム）と呼ばれる一般的な形の仮想世界もある。MMORPGは「何千というプレイヤーが同時に仮想世界に入り、互いにやりとりができる」ビデオゲームだ。「プレイヤーは自分の都市や国を経営でき、軍隊を興すことができる」。そうして戦争に参加し、「自分のアバターでいろいろな探索」を続ける。最大のMMORPGは、ブリザード・エンタテインメント社の『ワールド・オヴ・ウォークラフト』で、これには一二〇〇万人が登録していて、それぞれが月料金を払って仮想世界に住まう。それでも、今日の仮想空間には込み入った多重の層がある一方で、ローズデールは、忠実度《ハイ・フィデリティ》の高いプラットフォームのような進んだハードウェアとソフトウェアが、私たちに次世代仮想世界——潜在的には今日の現実世界並みに大きく複雑な世界——を届ける近未来を指し示す。

仮想世界を理解するためには、仮想空間に住む人々の考え方や心理を理解する必要がある。多くの人々は、自分の「第二の生活《セカンドライフ》」を本当は「第一の生活」と見ていて、MMORPGプレイヤーの二〇パーセントは、ゲームの世界を「本当の」住処だと見なしている[86]。こうした人々にとって、この世は「ミートスペース」、つまり物理的な体の肉が食べたり眠ったりできる第二の家にすぎない。一方、対人関係、商業関係、性的関係のほとんどはネット上で起きる。VR利用者の圧倒的大多数はそんなふうに思っているわけではないが、高度に没入的で楽しめる仮想環境で時間を過ごすうちに、そうした感覚があたりまえになるのかもしれない。

しかしこの技術の至福には裏面もあり、ある韓国の夫婦は現地のネットカフェで多くの時間を過ごし、プリウスというネット世界で仮想の娘を溺愛して、家にいる現実の三か月の子どもに何日もおっぱいをやらず、その結果、この現実世界の赤ん坊が死んでしまった。(87) この事件は極端だが、そのような事例は何年かの間にいくつも報告され、今後もさらに出てくるだろう。

人と機械の境、オンラインとオフラインの境はますますぼやけつつある。『ドゥーム』や『コールオブデューティ』のような、ハイパーリアルな一人称視点シューティングゲームをしたことがある人なら、仮想の体験でも、戦闘のさなかには、心拍数の増加、手のひらの発汗など、生理的な変化も生むことを知っているだろう。アバターは仮想に再現した自分であり、人はアバターの仮面で何千時間も費やしているので、私たちの現実世界の魂はますます仮想の再現と絡み合うようになりつつある。実際、私たちのアバターに起きることは、自分自身にも跡を残し、仮想世界の中では物理的な空間で行なえるほとんどどんな犯罪でも行なえる。仮想世界にはリンデン・ドルやワールド・オヴ・ウォークラフト金のような独自の通貨があり、これはビットコインと同様、「本当の金」に換えることができ、クライム・インクのお気に入りの標的となって、オンラインゲームのアカウントを狙って毎日三四〇万のマルウェアを起動させている。(88)

奇妙に思われるかもしれないが、アバターによるアバターに対する犯罪はあたりまえになりつつあり、仮想世界では、サイバーいじめからIDの盗難まであらゆることの被害に遭うことがあり、日本の警察はアバターによるアイテムの詐取で男を逮捕したことがある。(89) 二〇〇七年のベルギー警察が捜査した件のように、「性的暴行」さえ仮想世界で報告されている。[90] この事件では、ある女性のアバターがセカンドライフ内で会った男によってマルウェアに感染させられた。このマルウェアは襲撃者に女性のアバターの自由を奪い、暴力的にまた画像の上で、性的暴行を加えた。結局のところ、この一件は「コンピュータへの未承認アクセス」の事件として捜査された。「仮想レイプ」など即却下と思う人もいるかもしれないが、将来は、仮想空間の没入性がどんどん向上して、そのような事件が現実のトラウマを引き起こしそうなほどになるとすれば、そう簡単にはすまない。こうした事件は、ネット世界にますます接続されつつある身体触覚フィードバック装置が増えることによって、さらに激化するかもしれない。遠隔性行《テレディルドニ》為《クス》の科学を使ってネットごしに離れたところで互いを刺激できるようになる。[91] 他のIoTで動くものと同様、こうしたものもハッキングされ、予想もつかない結果を招くだろう。

VRの台頭に伴うのは犯罪だけではなく、テロや国家安全保障にもかかわってくる。二〇〇八年の合衆国国家情報長官による報告は、テロリストが隠密通信のために仮想空間を使い、プロパガンダを拡散し、メンバーを訓練し、仮想通貨を洗浄し、新しい参加者を集める可能性があることを説いている。[92] エドワード・スノーデンが漏洩し、『ニューヨーク・タイムズ』誌のウェブサイトで公表された八二頁の文書によれば、NSAもイギリスのGCHQも、『ワールド・オヴ・ウォークラフト』、『セカンドライフ』、マイクロソフトのXboxでできる様々なゲームなど、仮想世界のゲーマーを監視してきたという。[93] スパイは潜入アバターを作って、「嗅ぎまわり、情報提供者を採用し、データを収集する」し、Xboxライブのネットワークを利用する四八〇〇万人のプレイヤーどうしのやりとりも大量に傍受する。[94] テロリスト組織がゲーム機を使って資金集めや人集めをするという懸念は根拠のないことではない。ヒズボラは『スペシャルフォース2』という独自の一人称視点シューティングゲームを作り、これは若いジハード戦士のための過激化の媒体として使われる。このゲームでは、プレイヤーがカチューシャロケット砲をイスラエルの町に向けて発射するとポイントが得られ、「自爆殉教者」となることによって勝つことができる[95]。

仮想現実が指数関数的に向上するにつれて、私たちの仮想の自分と物理的な自分の区別も崩れていく。その結果、物理的な自分がどこで終わり仮想の自分がどこで始まるのかがますますわかりにくい世界になるだろう。これが物どころか人のインターネット《インターネット・オブ・ユー》で、もちろんハッキングできる。本章全体を通じて、身のまわりのテクノロジーが身につき、身に染み込む様子の例をいくつも見てきた。ウェアラブル、はめ込み、服用、埋め込みは、私たちがすでに何らかの程度でサイボーグ国家に加わっていることを意味する――自分の物理的な体を初めてサイバー攻撃にさらすということだ。こうした難問に加えて、私たちの解剖学的構造や生理学的機能が、自分で知っているかどうかと無関係に、生体認証や行動認証を介して、遠くから測定され、それによって私たち一人一人の輪郭が描かれ、誰それであると識別される。その結果、追跡用のデジタルのパンくずが物理的空間に落とされ、私たち、つまり自分自身とその体は、かつてないほどサイバー空間と合体しつつある。しかしこれから見るように、反面もまた成り立つ。コンピュータなど、事務機器的な技術製品が仮想世界を後にして、現実空間を動き回る私たちを取り込む。機械がとうとう生命になる。長い冬眠を経て、機械は私たちの物理的世界に下りて来る態勢を整えており、下りて来るとともに、私たちにまだ備えのない脅威の波をもたらすだろう。

第15章　機械の台頭――サイバー犯罪が3Dになる

機械がおかしくなって初めて、人はそれがどれほど強力かを思い出す。

――クライヴ・ジェームズ

レズワーン・ファーダウスは、マサチューセッツ州ボストン郊外の高級住宅地、アッシュランドで育った。両親はバングラデシュからもっと良い生活を求めてアメリカへ移住し、息子に高い期待をかけて、アッラーの神とイスラム教信仰を重んじるよう育てていた。そのファーダウスは、高校を卒業後、二〇〇八年、ノースイースタン大学で物理学の学士号を取った。この分野ではめぼしい就職口を見つけられず、ファーダウスは実家に戻った。この年代の例に漏れず、ファーダウスも多くの時間をネットで過ごした。イスラム教徒のウェブサイトを頻繁に訪れるようになり、アルカイダが若いイスラム教徒を、大悪魔――アメリカ――に対する聖戦に立ち上がるよう招く動画をいくつも見た。

時間が経つにつれて、この二五歳の青年は、ますますアメリカに幻滅し、行動に出る時だと思いなした。地元のモスクにいたある人物に、アルカイダに加わりたいと言うと、その後、何人かの「兄弟」に紹介され、その人たちがつて探しを手伝ってくれた。二〇一〇年、ファーダウスは、アメリカで周囲にいた不実の人々に対する激しい攻撃を自分で計画するようになった。この考えはとくに一人のテロリストに独特なものではなかったが、殺人ロボットを使うというアイデアは特異だった。ファーダウスはドローン機（UAV）を三機購入し、これにプラスチック爆弾を搭載して、米議会議事堂とペンタゴンに飛ばそうとした。

UAVは実際は遠隔操作による飛行機であり、海軍のF4ファントム戦闘機そっくりの精密1/10モデルで、インターネットのドローンを趣味とする人々のウェブサイトで買える。この飛行機の積載量は二〇キロ近くあり、搭載したジェットエンジンで、時速六〇〇キロ以上で飛べた。地上の操縦士が携帯電波送信機を使って操縦できた。あるいはファーダウスが構想したように、UAVはあらかじめ設定された経路を、搭載されたGPSセンサーを使って自動的に飛行し、設定された目標に正確に突っ込む能力があった。この計画には他の利点もあった。ロボット航空機はどこででも離着陸でき、低空飛行する小型機はレーダーにはほとんどひっかからない。ファーダウスはこの計画をアルカイダの仲間に知らせ、仲間はこの試みを熱心に支持し、資金も出した。

ファーダウスは偽名と作り話を使って、この一機三〇〇〇ドルする飛行機を三機、別々のネット販売業者に注文した。大金は偽名で作っておいたペイパルのアカウントで支払い、ドローンは現金払いで賃借した近くのフレーミンハムの倉庫宛に発送してもらった。ファーダウスはそこで密かに装置を組み立て、計画の第二段階、爆薬の入手へ進んだ。この目標のためには、アルカイダの新しい仲間たちがきわめて役に立った。仲間は一〇キロ余りのプラスチック爆弾、いくつもの手榴弾、フルオートのAK-47突撃銃六挺を提供し、これをファーダウスは三メートル四方のトランクルームに隠した。

ファーダウスはワシントンDCへ出向き、念入りに標的を下見して、写真を撮り、攻撃地点を地図上に特定した。二つの標的からうまいことにほぼ等距離にあるイーストポトマック公園からドローンを飛ばすことにした。最初に突入させるのはペンタゴンで、建物の両側から二機を、ともに四階へ突っ込ませる。それでもこの飛行機にファーダウスが乗る必要はない。この自動航行無人機には、高トルク・ロボットサーボ作動装置が作られた。遠隔操縦されるそれぞれの飛行機に搭載する一六個の手榴弾のピンを同時に抜く装置だった。無人機上のロボット助手は、衝突の寸前に動作して機械仕掛けでピンを抜き、効果を最大にするようプログラムされていた。

ファーダウスの計画はドローン攻撃だけでなく、爆発の衝撃で逃げ回る人々を無差別に銃撃する、AK-47で武装した一班三人編成の二班による地上攻撃も予定していた。計画の次の段階は、米議会議事堂のドームに突っ込んでそれを粉々にする、プラスチック爆弾を積んだこれまた遠隔操作ロボット式精密誘導小型ジェット機だった。

ファーダウスはボストンに戻ると、この計画の飛行機の仕様、ソフトウェアで使うプロトコル、ハードウェアの設定、地図、写真、図解、積載量の限界、予算などが入った詳細な設計図を書き上げた。アルカイダの工作員にUSBメモリに書き込んだ文書を渡すと、その案は大いに褒められた。ロボット工学とドローンについてこれほどのことをどうやって勉強したのかと尋ねられたファーダウスは、「UAV技術はきわめて簡単です。もちろんある程度の適性は必要でしょうが、僕はこの種のことは子どものときからしています」。全員が計画はうまくいくと認め、ファーダウスはフレーミンハムに戻り、武器弾薬の隠し倉庫を確かめた。トランクルームを開けると、一群の特殊部隊が飛びかかってきた。FBIによるもので、米本土に対する初のテロリストによるドローン攻撃を防いだ。

結局、ファーダウスがアルカイダへの紹介を頼んだ地元モスクのイスラム教徒はまっとうな市民で、聞いたことを警察に知らせていた。紹介された「兄弟」は実はFBIのおとり捜査員だった。二〇一二年七月、ファーダウスは連邦建築物の爆発物による破壊未遂と外国のテロリスト組織に対する物理的支援について有罪を認め、一七年の刑を宣告された。(1) 軍用のドローンが世界中で効果を上げているのは見たことがあるが、犯罪者やテロリストも、そうした装置を作って用いる能力は文句なしにある。イーストポトマック公園から飛ばされた複数の無人機が、レーダーの有効範囲より低空を時速六〇〇キロ以上で飛んで襲来すれば、ほんの数分で標的に命中し、避難や応戦の時間はない。ドローンなどロボットテクノロジーを使うのはあたりまえになっていて、私たちはそれが社会のあらゆる人々に、良いようにも悪いようにも利用できるようになると予想できる。最初の9・11は人間が航空機を乗っ取ってテロ攻撃のために人がいる建物に突っ込んだが、新しい9・11は人間が乗る必要はなく、代わりにロボットを用いることができる。

われらロボット

将来には、きっと生活のあらゆる面にもっとロボットがいるだろう。二五年後には台所にコンピュータがあるだろうと一九八五年に言っても、わかってもらえなかっただろうけれど。

――ロドニー・ブルックス〔人工知能研究〕

映画やテレビで、ロボットがいろいろな方向から描かれるのを私たちは見てきた。ウォーリー、『ショートサーキット』のジョニー5、『スターウォーズ』のC-3POやR2-D2のように、愛嬌があって助けになるものもあれば、『地球が静止した日』のゴートや『ターミネーター』のT-800のような、危険で人類を滅ぼそうとしてやって来るものもある。ムーアの法則の進行のおかげで、ロボットは銀幕を出て現実に加わりつつある。シリコンチップ、デジタルセンサー、クラウドコンピュータ、高速通信回線の指数関数的進歩によって、ロボットもコンピュータや携帯電話と同様、すぐに私たちの生活の至るところで見かけるようになる。

ロボットはますます、高品位カメラ、タッチセンサー、レーザー距離測定などの先進機能を備えるようになり、すべてコンピュータの脳によって統合・運営される。ロボットは、筋肉が人間を動かすように、作動器、車輪を駆動するギアに接続された電気モーター、脚、腕を通じて動く。ロボット工学のとてつもない向上は、少なからぬ部分がスマホ革命によって進んでいる。ロボットは、ますます高性能になるポケットの携帯電話と同じコンピュータチップ、バッテリ、センサーの多くに依存しているからだ。

今までロボットは、主に「危険、汚い、単調」な反復作業を扱うために製造業で使われてきた――自動車組立てラインにあるようなものだ。今日のロボットは精巧になり、高度な器用さ、感覚、知能を与えられていて、どんどん複雑な作業がこなせるようになっている。歩き、話し、踊り、表情を読み取り、言葉による指令に応じることができる。世界中に、高齢者を介護するロボット、爆弾を爆発させるロボット、車を運転するロボット、国際宇宙ステーション（ＩＳＳ）で作業をするロボット、テロリストを殺害するロボットがいる。将来はますます、消火活動、荷物の配送、犯罪対応、外科手術、災害救助を行ない、話し相手となる。ロボット分野でのスタートアップ企業の数は爆発的に増加中で、産業ロボットだけでも、二〇一八年までには三七〇億ドル市場になりうるという推定もある。[2]

ロボットはコンピュータであり、周囲の物体による世界に触れ、作用し、その先祖とは違い、単純な二次元のデジタル平面を超えて手を伸ばすことができる。ほとんどはインターネットやスマホアプリを介して遠隔操作でき、ＩｏＴに加わってロボット軍団をなす。その意味するところはとてつもない。ＭＩＴメディアラボ所長の伊藤穰一が見て取ったように、私たちは収束の時代、つまり「デジタルの領域にあるビットがこの物理的世界で原子《アトム》と融合しつつある」時代に暮らしている。[3]

ロボットは私たちの三次元空間に入りつつある――ロボットと私たちが共有する空間となる。ＩｏＴにつながる物体すべてと同じく、ロボットもハッキングされる。ただその影響はもっと大きいかもしれない。サイバー犯罪はその短い歴史の間中、いつもコンピュータ画面の向こうに隠れていた――二次元での問題が人の財布や銀行口座に影響するということだ。これからは違う。ロボット工学の発達の結果として、サイバー犯罪はとうとう仮想空間の枠を抜け出して、物理的空間へと飛び出すことになる。そして私たちは次に起きることについてまったく構えができていない。

軍産（ロボット）複合

数十年前から、産業ロボットは倉庫や工場で人間の労働者と並んで働いているが、現代の産業ロボットは工学の驚異で、重さが何百キロもあるものを持ち上げ、〇・一ミリほどの精度で物体を繰り返し移動させる。人間にはとうていできない技だ。当初、こうした機械は高価で、何十万ドルもし、何か月もかけて高度な特注のプログラムをしないと割り当てられた仕事ができなかった。コストはかかっても、自動車製造業ほどロボットから恩恵を受けているところはなく、二〇一三年の世界でのロボット売上げのうち四〇パーセントを占めた。[4] ロボットは自動車の生産を早く、安全に、安価に、効率的にする。フォードからBMWまで、大手製造業者はロボットを使って生産を自動化する。アラバマ州にあるヒュンダイの工場一つだけでも、五〇〇台のロボットが休みなく働いて、溶接、塗装、ボルト締め、部品運送を行ない、毎日一〇〇〇台以上を生産している。[5] アマゾンも負けずに二〇一四年、キヴァ・システムズのロボットを一万台採用することを発表した。同社はロボットに巨大な倉庫を巡行させ、ロボットは商品を取って来ては人間の梱包担当者に渡し、梱包がすむと今度は発送のためにロボットに渡される。[6] こうしたロボットは三交代もなく、すべてのシフトで年に三六五日働き、コーヒー休憩も取らない。

産業ロボットは指数関数的に安くなり、有能になり、使いやすくなった。この傾向を最もよく表すのはバクスターを措いて他にない。リシンク・ロボティックス社製の、かわいらしい低価格産業ボットのことだ。価格は二万二〇〇〇ドルで、先行ロボットの十分の一程度しかしない。もっと印象的なのは、それが梱包を解くとすぐに動き、一時間で働けるというところだ。それまでの産業ロボットは、工場の動作に統合するのに一年半かかっていた。[7] バクスターなら、組立ライン上にあるものを「持ち上げて置く」といった単純な仕事を、わずか五分で学習できる。頭部に搭載したディスプレイ画面には好ましい顔があり、二本のきわめて器用な腕があって、それは任務を完了するために必要などの方向にでも動かせる。バクスターには専用のプログラムは必要なく、従業員が仕事をこなすのを見るコンピュータ視覚を用いて学習し、その動作をいつまでも繰り返すことができる。コストがさらに下がると、ロボットは安い海外労働力に対抗できる競争的価格をつけられるだろうし、多くの人が、国内でのロボット利用の増加はアメリカの製造業でのルネサンスを生むかもしれないと期待する。

今日のロボットはレストランから病院まであらゆるところに姿を見せる。一五〇か所以上の医療拠点で、イーソン社のTUGロボットがスマートフォンのアプリで呼び出され、自動的に廊下を伝い、薬、病院食、洗濯物を運び、これまで雑用係が行なっていた仕事を埋めている。[8] インテュイティブサージカル社のダヴィンチ・ロボットのように、外科医が患者に対してロボットアームを使った手術を行なえるようにするロボットもある。医師はファインダーの画面と制御用のジョイスティックを使い、患者の体内の3D画像を見て、小さな手術器具を操作し、子宮摘出や心臓の弁の手術を行なえる。ロボットによる手術は患者の体内に大きな人間の手を入れる必要がないので、最低限の侵襲ですみ、合併症が八〇パーセント減って、回復に要する時間も有意に少なくなる。このような手術が世界中で毎年五〇万回以上行なわれている。[9] 外科医は同様のテクノロジーを使ってテレ外科手術によるインターネット越しの遠隔手術を行なえる。そのような手術の最初の例は二〇〇一年に行なわれ、ニューヨーク州の外科医が大西洋の向こう側、フランスのストラスブールにいる女性に対して胆嚢切除手術を行なった。[10]

産業ロボット、医療ロボットの恩恵は見事だが、軍用ロボットの成長は見事ではすまない。[11] 二〇〇三年、国防総省が保有していた無人機は五〇機もなかった。[12] 今日の合衆国はどの国と比べても最大数の軍事ロボットを保有していて、世界中に一万一〇〇〇機のUAVと一万二〇〇〇台の地上ロボットがある。[13] こうした機械はすべて武装も十分で打撃力もあり、これまでに何千人も殺害している。[14] 二〇一一年には、アフガニスタンに駐留する部隊の五〇分の一はロボットで、二〇二三年までには、米軍にいる人間の兵士一人あたり一〇台のロボットということになるかもしれない。[15]

iRobot《アイロボット》社のパックボットのような無人地上走行車両（UGV）は、定型作業として、即席爆発装置（IED）を探知し処理するのを助ける。フォスター＝ミラー社のタロンは「人が運搬できるロボット」で、これは超小型戦車として、「細い道で活動する」。機関銃、一二・七ミリライフル、迫撃砲、対戦車ロケットを装備していて、すべてジョイスティックで遠隔操作される。ボストン・ダイナミクス社のサンドフリー〔砂漠蚤〕は、重さがわずか八キロほどだが、一〇メートル近くまでジャンプでき、建物の屋根に着地したり、開いた窓を通って屋内に侵入したりして、HDカメラで見たものを捉える。同社はビッグドッグという四足ロボットも作っている。これは重さ一八〇キロもの装備や武器を運び、でこぼこの土地を易々と歩き、主人である兵士の後を忠実に追う。[16] 六本脚で壁を昇るロボットゴキブリのようなRiSE《ライズ》というUGVもあり、「チーター」は時速六〇キロ（ウサイン・ボルトより速い）で走るし、アイロボット社のブリーフケースほどの大きさのボットは、顔認識をして群衆の中で人物を識別して追跡できる。[17]

空では無人飛行機、つまりUAVが標的に対する画像収集や通信傍受、ミサイル発射を行なうことができる。地球の裏側にいる遠隔操作のパイロットがマウスのクリックで敵を（場合によっては無関係の人を）殺害できる。[18] 有名な軍用ロボットの専門家、ピーター・シンガーによれば、他に少なくとも五五か国が軍用ロボット計画を持っている。UAVは兵器庫の中心を占めるようになっていて、二〇二三年までに「軍用・民用合わせたドローンに対する出費は全世界合わせて八九〇億ドルに達する」と予想されている。[19] 大型ドローン、小型ドローン、ヘリコプター型ドローン、携帯ドローン、昆虫型ドローンもある。MQ9リーパーというドローンは価格が一二〇〇万ドルで、F22戦闘機の十分の一の価格だが、それにできることはたいていできる。[20] 軍当局は、リーパーやプレデターのようなドローンは、大物の標的に対する「殺害手順《キルチェイン》」――「発見、捕捉、追跡、照準、実行、結果評価」――を実行するように作られていることを認めている。

ドローン編隊の中の巨獣はグローバルホークだ。幅が四〇メートル近く、重さ約一四・五トンで、高度一万八〇〇〇メートル以上のところに二日近く留まっていられる。このUAVにあるセンサーも見事で、世界最高の解像度をもつカメラ、ARGUS-ISのような、一・八ギガピクセルの写真を撮れる装置などがある。ARGUSはプレデター型ドローン一〇〇機分の「持続的監視」能力を備え、中程度の都市全体での地上の動きをすべて追跡できる。得られる画像は毎日一〇〇万テラバイトを生み出すほどで、これはハイビジョン映像五〇〇〇時間分に相当し、地上のすべての動き（車、バス、人、犬）を記録し、DVDレコーダーのように随意に再生できる。[21]

重要なことに、UAVはとっくに戦争の舞台だけにとどまらず、今や麻薬密輸、組織犯罪、不法入国の監視で合衆国本土で飛んでいるのが見られる。ノースロップ・グラマン、ボーイング、ロッキード・マーティンのような従来の軍需産業企業は、早くからロボット業界に参入していて、その後、ボストン・ダイナミクスやアイロボット（もちろん、あのルンバ掃除機やIED爆発物処理機パックボットを作ったのと同じ会社）のようなもっと小規模なロボット専門企業が続いた。しかしロボット世界には今や根本的に別の役者が参入した。グーグルである。

この検索巨大企業は、ロボット購入競争に参入し、二〇一四年末までの半年でロボット企業八社を買収・獲得した。人間型歩行ロボット、ロボットアーム、ロボットソフトウェア、コンピュータ視覚が専門の会社などだった。[22]しかし獲得された中で最大かつ最も驚きのロボット企業は、軍用ロボット企業のボストン・ダイナミクス社、つまりビッグドッグ、チーター、サンドフリー、ライズ、ペットマン（二足歩行人間型ロボットで、未来の兵士候補）を作った企業だった。グーグルは、ジェット機サイズの太陽電池で飛行し、三年間は着陸しないで飛び続けられるドローンの製造業者、タイタン・エアロスペース社の買収ではフェイスブックに競り勝ってもいる。なぜウェブの巨人どうしが空での優位を求めて争うのだろう。両社はドローンを使って、まだネットにつながっていない地方にインターネットのアクセスを提供できると説いている。しかし世界でも最大級の人工知能企業の一つがロボット業界に参入し、独自のドローン部隊を動かせるようになると、その意図や能力について問わざるをえない。

一家に一台ロボットを、オフィスにもぜひ

家のリビングこそロボットの最後の未開拓地。

——ＭＩＴメディアラボ、シンシア・ブリージール

ビル・ゲイツは『サイエンティフィック・アメリカン』誌の先見性のある記事で、産業ロボットを大型計算機になぞらえ、小型化、共通の技術規格、高性能になったセンサーによって、ロボットは将来、家庭にも入ってくると予測した[23]。それが正しい兆候はいくつかある。私たちはすでに、家庭用の、床を掃除し、植物に水をやり、バーベキュー用具を洗い、ペットに餌をやるロボットを手にしている[24]。アイロボット社はルンバ掃除機を発売以来一〇〇〇万台以上売っているし、地元のウォルマートなどのスーパーでもあたりまえに買える。子どもはレゴ社のマインドストーム、ワウウィー社のロボサピアンＸ、スフィーロ社のロボッティックボールのような、増え続けるロボット玩具で遊んでいる。主婦タレントのマーサ・スチュアートさえ、ＨＤカメラをつけた四基回転翼《クワッドコプター》ドローン、ＤＪＩファントムを買って、ニューヨーク州にある広大な六〇ヘクタールもの地所を飛び回らせて遊んでいる[25]。消費者用、あるいはオフィス用ロボットの市場は急成長中で、産業ロボットに対する需要の七倍の速さで伸びている[26]。

これまで、ほとんどの家庭用ロボットは掃除のような一個の作業を行なうように作られてきた。しかし将来は、もっとたくさんの、食事の後にテーブルを拭き、食器洗い機に食器を入れ、シャツにアイロンをかけ、子どもが遊んだ玩具を片づけるようなことができて、すべておなじみスマホ画面で操作できる多機能ロボットができるだろう。そのような夢のお手伝いさんはまだ実現しておらず、まだ何年かかかるかもしれないが、前進はしている。ＭＩＴのシンシア・ブリージールが進めるインデオゴーゴー・キャンペーンは、ジーボという名の、役に立って知能があるソーシャル・ロボットの資金をクラウドファンディングで集めた。これは家族の一人一人を識別できて、家族写真を撮り、メールを読み上げ、子

どもに寝る前のお話をし、表情を変えて感情を表すことができる。ウィロウガラージ社のPR2はすでに、衣類をたたみ、冷蔵庫からビールを出し、犬の通った跡を掃除し、クッキーを焼き、ちゃんとした朝食を調理するといったことができる。[27] 日本でもヨーロッパでもアメリカでも、未曾有の研究開発資金がロボット工学に流れ込んでいる。

確かに、こうした新しい発達には、フィリップ・K・ディックの小説から出て来たかと思えるものがある。たとえば、保育ロボットは韓国や日本ではすでに発売されている。ゲームをし、限られた範囲でも言語を認識して会話を行なえる。ロボットの眼を使って子どもの動画を保護者のコンピュータやスマホに送信するという使い方をする人が多い。NECの保育ロボット、パペロは、親が子どもと直接に話せるようにする、あるいはテキストメッセージを送るとロボットがそれを子どもに対して読んでくれる。[28] ソフトバンクのペッパーは、「お子さんの感情や表情を読んで、適切に対応する」ことを謳う。保育ロボットは睡眠不足や過労に悩む親がどこにいても助けになるかもしれないが、対人ロボットがさらに急速に広がりつつある領域は介護ロボットの分野だ。世界中の先進諸国での人口動態の傾向や高齢化する人口構成を考えれば、高齢者に必要な心身両面の支援を提供する介護労働力が不足する。人口の二五パーセントが六五歳を超える日本ほど、この難問がのしかかるところはない。この問題を軽減するために、安倍晋三政府は二〇一三年、国を挙げて介護ロボット開発を支援するために、二三億九〇〇〇万円の予算案を組んだ。[29] その一例となるかわいらしい白いタテゴトアザラシ型ロボットのパロは、高齢者とつきあうことを意図している。パロは、「個人の声を認識し、動きを追い、相手から肯定的な反応を引き出す行動を記憶することができる」。なでてやると、触った人にくーくーと鳴いてすり寄って応える。一〇〇〇体以上が世界中に売られ、認知症が進んだ高齢者の暴力的な傾向を下げ、気分を改善するのに有効であることがわかっている。[30] 高齢者介護ロボットを必要とする市場があることを認識したアイロボット社（お掃除ロボットも殺人ロボットも作っている）は、高齢者用に特化した新たな部門を開設した。

急速に成長する高齢者介護用ロボットの一つは、テレプレゼンスロボットだ――これは、ロボットを操作する人が、インターネットを介してその顔の「ライブ動画を表示する、カメラ、マイク、スピーカー、ディスプレイ画面がついた車輪つきロボットを遠隔操作することによって、相手のいる離れた建物へ仮想的に移動」できるようにする。(31) マンタロウボットや、EUのジラフプラスは、何千キロも離れたところにいる子どもが「飛んで」来て、車輪付きでiPad風の顔がついたボットを遠隔操作し、高齢の親とやりとりすることができる。(32) 高齢の家族の様子を肉親が確かめ、スカイプ(33)のようなビデオ会話で食事をともにし、目を覚ましたか、倒れていないかを確かめられるようにさえする。親の様子を確かめるためにテレプレゼンス・ロボットを使うのは、心配する大人だけではなく、病院でも主流になりつつある。アイロボット社のRP‐VITA(遠隔存在仮想＋独立遠隔医療補助)は、医者、とくにかかりつけ医に紹介された専門医が患者と同じ部屋に肉体的に行く必要なしに、患者のそばへ行って、診断を行なえるようにする。iPad上のボタンを押せば、町の反対側、あるいは世界中のどこにいようと、医者がロボットを患者のそばへ導いて、虹彩を覗き、看護師に聴診器を当てさせて、遠くから心音を聞くことができるようにする。ロボットが病床で行儀良くふるまうかどうかはまだはっきりしていない。

企業もオフィスでのテレプレゼンスロボットの価値を認識し始めている。従業員が、遠隔操作される装置を使って、自分の分身を出社させられるようにするのだ。スータブルテクノロジーズ社やダブルロボティックス社のような企業は、三〇〇〇ドルほどの価格で、従業員が在宅勤務しながら、ロボットの分身をオフィスの通路を歩き回らせ、デスクの同僚のところへ行ったり、食堂で最新情報を仕入れたりできるようにする。有名なNSAの情報を漏洩したエドワード・スノーデンも、テレプレゼンスロボットを使って、バンクーバーでのTED2014で何千人もの聴衆相手にプレゼンを行なった。それでいて、ロシアにある安全な秘密の居場所を離れてはいない。

人は募集していません

時間が経つにつれて、ロボットがあらゆる仕事や目的用に登場するのが見られるだろう。すでにスターウッド・ホテルは「昼夜を問わず呼び出せる」ロボットルームサービスを導入している。[34] どの客室へも行って、歯ブラシを届けたり、注文の品を届けたりして、職員が他の仕事に集中できるようにする。モーメンタム・マシン社のバーガーロボットは、注文を受けて調理するハンバーガーを一時間に三六〇個作れる。客が求めるトッピング（レタス、ケチャップ、オニオンなど）がそれぞれに違っていてもよい。

二〇一三年のオックスフォード大学による未来の仕事に関する研究は、七〇〇種の職業について詳細な分析を行ない、アメリカの被雇用者のうち四七パーセントは、二〇二三年にはロボットによる自動化で職を失うリスクが高いとした。[35] 運輸分野で働いている人々（タクシー、バス、トラック、宅配便、配達ピザの運転手）はとくにリスクがあり、九〇パーセントの確実さで、その仕事は自律走行車に置き換わるという。[36] しかしリスクがあるのは、肉体労働だけではない。AP通信や『ロサンゼルス・タイムズ』のようなニュース報道局は、殺人、地震、最新の企業利益などの分野での何万本という記事を自動的に書くロボットやアルゴリズムを使いつつある。[37] また生体検査は「検査室の技師よりも画像処理ソフトによるほうが効率的に分析」でき、クィックブックスは会計士が行なう仕事の大部分を処理できる。多くの人々が、自動化やロボット化が進んだことで、二〇〇四年以来の深刻な賃金の停滞を招いたと信じている。[38] ビル・ゲイツはロボットの未来、あらゆる家庭にロボットがいるという予想では先見の明があった。しかし、バーガーをひっくり返す、トラックを運転する、新着ニュース記事を書く、どの仕事であれ、ジョン・スタインベックの『怒りの葡萄』を読んだり映画を見たりした人々なら知っているように、産業の移行は取り残される人々にとっては過酷だ。

今や外国人へのアウトソーシングもロボットソーシングに代わってしまい、国内でも国外でも人間のする仕事はますますなくなるかもしれない。機械がスマートで有能になると、日常の単純作業がロボットによって行なわれ、人間には、無制限の自由時間で、歌い、踊り、絵を描きながら、どこかの浜辺で日光を浴びて筋肉を衰えさせる余暇の生活が残るという、とんでもないルネサンスが得られるかもしれない。逆に、職を失ったり職に就けない大量の人々による、世界のロボットを支配する少数の支配者に対する反乱によるカオスに陥るかもしれない。筋書きは、公衆政策、法、経済、倫理各方面で今日下される判断によって、どの方向にも傾きうる。

ロボットの権利、法律、倫理、プライバシー

倫理のない人間はこの世に放たれた野獣である。

——アルベール・カミュ

ルンバが国連世界人権宣言の対象になると論じる人はいないだろうが、ロボットの知能が上がり、遠い未来にはものごころがつくかもしれないとなると、そういう問題は必ず立てられるだろう。一方、今の世界のロボットも、労働力に対する影響以上に幅広い公衆政策、法的・倫理的問題をもたらす。ロボット外科医が誤って血管を破裂させてしまい、患者が死亡した場合、遺族はロボットあるいは製造業者を過失で訴えることはできるだろうか。自動運転車が事故を起こしたら、誰の責任だろう。運転しない搭乗者は訴えられるのだろうか。自動車会社だろうか。運転・走行ソフトウェアを作った会社だろうか。自律走行車が衝突するのが避けられないことが明らかになったとき、衝突最適化アルゴリズムというものがあったとして、突っ込ませるべきは電信柱か（搭乗者が死亡）、左のバイクか、右のシボレーか、それとも正面の歩行者か。私たちのロボットを組み立てて配置する能力は指数関数的に進んでいるが、倫理的にはまだまだ子どもだ。

どこにでもロボットがいる時代が姿を見せつつあるが、こうした科学的な展開が人類に課す複雑な問

題について行けるようなロボット倫理学者、政策専門家、立法家は乏しい。とくに、新しい、かつては想像もつかなかったプライバシーの侵害が見られることになるだろう。以前のソーシャルメディア、アプリ、携帯電話と同様、ロボットも製造業者を保護し、利用者のプライバシーに影響する条件を詳細に記述する利用規約がついてくることになる。ロボット掃除機、高齢者介護ロボット、玩具は、おとなしくかわいらしく見えて、いつでも合図で動こうと隅に控えているが、カメラ、マイク、センサーがついていて、自宅のプライベートな場で利用者がすることをすべて見て記録できる。

趣味用のドローンもHDカメラを装備して、すでにプライバシーにとって未曾有の脅威となりつつある。二〇一四年半ば、シアトルでアパートの二六階に住んでいた若い女性が、クワッドコプター〔回転翼四基の小型ヘリコプター〕が窓のすぐ外でホバリングし、着替えているところを撮影しているのを見てびっくりした――二一世紀のロボット覗き魔だった。[39] シアトルでは、ある男がカメラ付きの個人用ドローンを隣の庭の上空に飛ばすことにした。隣の女性が音を聞きつけたときは、草刈り機かと思っていたが、二階の寝室のカーテンを開けて調べると、ドローンが窓のすぐ外、数十センチのところをホバリングしていた。夫に調べてもらうと、隣人がドローンを飛ばしていることがわかったが、ロボット侵入を操縦するその隣人に撮影をすぐにやめるよう求めると、相手は断り、これは合法的だと言った。それは正しいかもしれない。

他人の家の芝生を通行するのは不法侵入だが、ヘリコプターで（大きくても小さくても）上空を飛行するのは、一九四六年の最高裁の決定の結果として不法侵入にはならない。その決定は、「空中は公共の通路である」と判断した。[40] もちろん、こうした事件の現場に呼ばれたシアトルの警察は困惑したし、そうなったのはここだけのことではない。二〇一二年の、合衆国上空を飛ぶ私有ドローンに関する政府の報告書によれば、GAO〔政府監査院〕は「今のところ、特定の法規によって、無人飛行装置に関する連邦政府全体にとってのプライバシー問題を規制する責任がある連邦機関はない」とした。こうした装置が高性能カメラ、赤外線センサー、顔認識技術、ナンバープレート読取装置を搭載する能力を考えて、ドローンは相当のプライバシーリスクを課すと論じる人もいる(41)。あたりまえじゃないか。

土地の空中権を所有するのは誰か、誰がどこで撮影できるのかといった問題は、私たちの社会全体で使われるロボットの数が増えるにつれてますます高い頻度で生じるはずの、法律的、倫理的、公衆政策的問題のとことん複雑な集合の始まりにすぎない。たぶん、こうした根本的な問題を取り上げる最初の試みが、一九四二年、アイザック・アシモフから提示された。アシモフは短編「堂々めぐり」を発表したとき、そこで「ロボット工学」という言葉を作り、有名な「ロボット工学三原則」を明らかにした。

1. ロボットは人間に危害を及ぼしてはいけない。また不作為によって人間に危害が及ぶようにしてはいけない。
2. ロボットは人間によって出された命令に従わなければならない。ただしそのような命令が第一条に反する場合は除く。
3. ロボットは、第一条及び第二条に反しないかぎり、自身の存在を保護しなければならない。

アシモフは、こうした問題を検討するための優れた出発点を示したが、現時点では、もちろん、具体的に朝食の概念を理解する機械、まして「危害」のような抽象的概念を理解する機械はプログラムできない。ロボットはおそらくもっと柔軟で適応的な倫理規程を必要とするだろう。これまでのところ、私たちはそれを立てるまでには至っていない。それでも産業、軍事、医療、個人のためのロボット工学に向かう趨勢は続いていて、事故もまた起きる定めにある。

「危険、危険、ウィル・ロビンソン」

この台詞は、一九六〇年代のテレビドラマ『宇宙家族ロビンソン』で、若い宇宙探検家のウィル・ロビンソンを守る保護ロボットが、ウィルに危険が迫っていることを警告するときに繰り返されていた。すべてのロボットが人間とのつきあいの中でそのような用心をしてくれればいいのだが。人がロボットとつきあうにつれて、予見されていない結果があって、なかでも機械が差しのべる救助の手なのに、それで重傷を負わされたり殺されたりすることもありうる。二〇一三年、FDAは、インテュイティブサージカル社のダヴィンチ医療ロボットによって引き起こされた、同社が法で求められている政府への報告を怠ったとされる傷害事故の調査を始めた。(42) ある人が前立腺の手術のときに大腸に穴を開けられたという例もあれば、直腸の手術の際に腹部の組織をつかんだまま離さなくなり、人間の外科医が機械の手のはさんだ部分をはずそうとしてもはずせなくなったという例もある。ダヴィンチを再起動してやっと離すことができた。また、ある女性が子宮摘出の際に手術ロボットによって顔を殴られたという例もある。(43)

人間とロボットの協同での障害の圧倒的多数は、手術ロボットよりも、産業ロボットのしでかしたこととして起きている。ロボット事故の包括的な数字は世界的にはまだないが、そのような事故の報告はいくつもある。たとえば二〇〇七年、ストックホルムで、ある労働者が自分ではロボットの電源を切ったと思っていて、そのロボットを修理しようと近づいた。不運なことに、電源はまだ入っていて、ロボットは突然動きだし、この労働者の頭をしっかりと掴み、持ち上げ、あばら骨を四本折ったところで、本人は何とか脱出した。(44) 人と機械の衝突では、たぶん勝つのは機械で、多くの場合、結果は死となる。早い時期のロボットによる殺人事件が一九八一年に起きた。川崎重工業の三七歳の従業員が、電源の切り方が不完全だったロボットの修理作業をしていたときのことだった。人がいることを感知できなかったロボットの強力な油圧アームが偶然この人を近くの研磨機にたたきつけ、死亡させた。アメリカでは二〇〇一年、自動車工場の従業員が、施錠していないロボットのケージの掃除に入ったときに死亡した。

機械はこの人物が車の部品だと見なして首を掴み、窒息するまで押さえつけた。米労働安全衛生局によれば、合衆国だけでも少なくとも三三人が死亡している——ロボットがケージを離れ、人々の間を歩き回るようになると、この数字は増える可能性が高い。[45]どうやらすべてのロボットがアシモフの三原則を聞いているわけではないらしい。

全自動兵器をロボットに委ねるのが良い考えであると判断されると、ロボット事故はもっと悪くなる。二〇〇九年、南アフリカ国防軍の何人かが実弾訓練のときに発見したことだ。コンピュータ制御のエリコン社製MK5二連装対空機関砲が、ソフトウェアの不具合で、手を離した庭の散水用ホースのように制御を失い、激しく回転しながら毎分五五〇発という速さで全自動モードで射撃してしまった。ようやく止まったときには、数名の女性将校を含む九名の兵士が死亡し、他に一四人が重傷を負って、血だらけの現場は映画の『ターミネーター』を思わせるほどだった。[46]この事故は、ロボットがコンピュータの「死の青画面《ブルースクリーン》」に陥ると本当に死者が出ることがあり、私たちの物理的な三次元空間に多大な影響を及ぼすことを明らかにする。故障するのは産業ロボット、地上のロボットだけではなく、空を飛んでいるロボットにもありうる。

『ワシントン・ポスト』紙によれば、国内外で四〇〇機以上のUAVが墜落して、「家屋、畑、滑走路、高速道路に激突し、飛行中の米空軍C130ハーキュリーズ輸送機に衝突した例もある」という。[47]報じられた事故では死者は出ていないが、それは奇跡的にそうなったにすぎない。二〇〇九年、ドローンの操縦士が、アフガニスタンの上空で、リーパーという翼長が二〇メートルある武装UAVの制御を失った。米軍のジェット戦闘機が介入してそれがタジキスタンの領空に入る前に撃墜して、やっとこの脱走飛行ロボットは止まった。

合衆国では五〇機近くが墜落し、中には重さ一七〇キロの陸軍のドローンが、ペンシルベニア州の小学校近くの地面に激突した事件も含まれる。「児童が帰宅してほんの数分後のこと」だった。[48]ロボット事故は例外で、比較的頻度は低く、産業ロボットでの事故の多くを防ぐために、ロボットに衝突検出装置や回避システムをつけるなど、積極的な対策が取られている。それでも、家庭用ロボット、職場のロボット、工場ロボット、医療ロボット、戦争ロボットがとてつもなく成長することが予想されるなか、害になる可能性はとうてい無視できない——このリスクは、ロボットがIoTにつながって、悪意ある活動家に遠くからハッキングされると、大きく高まるだろう。

ロボットをハッキングする

将来は、マイクロソフトのプログラムにセキュリティの欠陥が残っているとは、誰かがコンピュータをハッキングするということではない。誰かが人の召使いロボットを支配し、それを寝室の入り口に立たせ、ナイフを研ぎ、その人が眠るのを見張らせるということだ。

——ロボット工学者、著述家、ダニエル・H・ウィルソン

ロボットのOSはいくつもあり、ほとんどが知的財産で、軍事兵器システムやSCADA産業制御システムなど、あらゆるものを動かしている。しかし、パソコンやスマホが少数の主要OSに集中しているように、ROS——ロボット・オペレーティング・システム——を使うロボットの世界でも、同様のことが起きている。それはロボットの未来には大いにプラスの作用をするだろう。プログラマは、自分がロボットに特定の機能のコードを書きたいと思うそのつど一からやり直さなくてもよくなる。ROSはフリーのオープンソースで、ロボットによるシミュレーション、運動、視覚、航行、知覚、顔認識等々のためのモジュールを提供する。リシンク・ロボティクスがバクスターを二〇万ドルではなく二万二〇〇〇ドルで提供できるのも、少し前にはほとんど考えられなかった、こうしたオープンソース社会の努力と共有された経験の構築があればこそである。

ROSは、元は二〇〇七年にウィロウガラージ社で開発され、今ではオープンソース・ロボット工学財団で保守され、小さな玩具から大型の産業用ロボットまで、あらゆるものに搭載されている。本書では何度も述べているように、ハッキングできないコンピュータはなく、これはロボットにもあてはまり、私たちに共通のセキュリティにとっても重要な意味を伴う。ハッカーの課題は、図らずも、規格化されたROSによって助けられることになる。それが攻撃目標も統一するからだ。パソコンのときに見られたのと同じく、普遍的なROSの規格が、大規模なサイバー攻撃への道を均す。重要なことに、ロボットのハッキングと他のコンピュータやIoT上にあるもののハッキングとの間には、大きな違いがある。ロボットはこの物理的空間をいつも動き回って、私たちのまわりで歩き、車を走らせ、走り、飛び、泳ぐ。ロボットはインターネットに接続されるとハッキングされ、いくつもの危険で不吉な方向に向きを変えられる——犯罪者、テロリスト、いずれからの注目も免れない事実だ。ロボットが乗っ取られれば、ハッカーはそのロボットのセンサーを使ってスパイすることができるが、ロボットの作動器、つまり腕、脚、車輪を使って、追跡し、殴り、蹴り、押し、撃ち、刺し、引きずり、殺すこともできる。

要するに、ロボットは移動するコンピュータに他ならず、サイバー犯罪を今日の二次元画面から解放して、日常の物理的世界へ送り出すことになる。ワシントン大学の研究者グループが三種類の家庭用ロボットを調べた。エレクターのスパイキー、ワウウィーのロボサピアンとロヴィオで、それぞれにセキュリティの重大な欠陥が明らかになった。パスワードがないとか、暗号化が不十分あるいはまったくないとかのことだ。[49] その結果、第三者が遠くから装置を乗っ取り、動かし、音声や動画を記録することができた。この研究者グループは、調べた装置のセキュリティを「後からの補足にすぎない」と述べた。しかしロボットが社会に浸透し、世の中を動き回る間に、他の何億という物体をIoTにつなぐことになるだろう。先にも見たように、法律事務所、製薬会社、医療機関で使われている何万というビデオ会議システムは根本的にセキュリティ不足で、ゴールドマンサックスの役員会議室でさえハッキングされている。テレプレゼンス・ボット――動くビデオ会議装置――は別と、どうして言えようか。こうしたロボットは人を追跡し、聞き入り、会議中おとなしく座ってすべてを観察できる。産業スパイ用には優れた道具となる。工場がその日の操業を終え、消灯されると、地球の裏側のハッカーがロボットを使って下見を行なえる。工場には警備員がいて、犯罪者をシャットアウトしているかもしれないが、ロボット犯罪者はすでに建物にいるかもしれない。

ロボットをハッキングすると、いくつもの重要な問題が生じる。かかっている医者がインターネット越しに行なうロボットを介した診察は、どれほどプライバシーが守られているのだろう。さらに悪いことに、ハンバーガーを調理しトマトをスライスする産業用ロボットは鋭利な包丁を持っている――人がいるところでは扱いに気をつけろと、ロボットにどうやって教えるのだろう。ほとんどの産業用ロボットには安全装置がついているが、すでに見たとおり事故は起こるもので、中には死亡事故もある。しかしロボットの安全ルーチンはコンピュータのプログラムに書き込まれていて、プログラムならハッカーの介入で無効化できる。次世代高性能家庭用ロボットは、設計した人々が思いもしなかった形で誤用されるかもしれない。スマホ利用者がiPhoneを牢破りして邪魔くさいソフトウェアの制限を取り除くのと同様のことが、ロボットについても行なわれ、様々な「暴れロボット」の筋書きの扉が開く。

「我々は画面を信じる」攻撃を考えよう。従業員が従順にロボットのスイッチを切り、掃除をするが、ハッカーが電源を切らせない。画面はロボットや産業用の巨大なアームの電源は切れていることを表示しているが、何も知らない作業員が近づくと、首を掴まれ、持ち上げられ、窒息させられる。狙った相手をやっつけるのにはいい方法ではないか。世間から見れば、また事故かということになるかもしれない。こうした筋書きがこじつけに見えるとしても、世界で最も安全な部類に入るロボット――軍用・警察用ロボット――をハッキングした例はすでに存在する。

ゲーム・オブ・ドローンズ

ドローンを規制する必要がある。巻き添えの死傷者を出さない、あるいは最低限にするために一定の運用規定を定める必要がある。それはきわめて重要なことだ。

——ウラディーミル・プーチン

二〇〇九年末、中東で戦争が激しくなるにつれて、米軍のドローン、プレデターがほとんど常時、イラク上空を飛んでいた。その任務は情報収集から「価値の高い標的に対する速攻作戦」、たとえば反乱軍にヘルファイアミサイルを発射するなどのことだ。ドローンの操縦士はこうした作戦を一万キロ以上離れたネバダ州の砂漠で、狙う標的を追ってUAVを飛ばしながら、送られてくるライブの動画を見詰めて実行する。しかし見ているのはこうした操縦士だけではなかった。シーア派の戦士が米軍の飛行ロボット編隊をハッキングしてライブ動画を捕捉する方法をつきとめた(50)。スカイグラバーという、デジタル地下世界であたりまえに売られている二六ドルのロシア製ハッキングソフトウェアを使い、衛星テレビ信号を盗み、極秘のドローン、プレデターから送られる動画を傍受することができた。つまり、米軍が反乱軍を監視している間も、反乱軍の方も見詰めていて、合同の標的に対する重要な情報や戦術的有利を得ていた。自分のいる家が動画のフォーカスに入ると、反乱軍には明らかに隠れ処をすぐに変える時期だということがわかる。

これは確かにドローンがハッキングできた唯一の例ではなかった。合衆国本土でさえそれは行なわれている。国土安全保障省（DHS）はこうしたUAV飛行隊を使って国境警備を行なっていて、二〇一二年には、それが思ったよりも安全でないことを知った。テキサス大学オースティン校の何人かの学生が、ドローンをハッキングする方法を発見してDHSに知らせようとしたが、それを信じてもらえなかった。同省のUAVは「ハッキング不可能」だと言われた。何か月かのやりとりがあって、当局はやっと学生の実演に加わるのを了承し、その機会に、テキサス大学の神童たちは飛行ロボットを捉え、飛行コースから外し始めた。DHSの係官は唖然としていた。学生は、ドローンのGPSを騙し、座標を変えることでその攻撃を行なっていた。すべて学校で一〇〇〇ドルもかからずに作ったハードとソフトを使っていた。[51] 学生を指導するトッド・ハンフリーズ教授（先に述べた超豪華クルーザー「ホワイト・ローズ・オブ・ドラクス」号のGPSのハッキングとつながりがあったのと同一人物）は、DHSの事件の後で、鋭く述べている。「五年か一〇年もすれば、この国の空域に三万機のドローンが飛んでいるだろう……そのそれぞれが私たちに向けられるミサイルになる可能性がある」。[52]

自国の上空を飛ぶ米軍のRQ170偵察用ドローン、センチネルの通信回路を同じ手法を使って妨害し、強制的に自動操縦モードにすることができたイラン人など、目を向ける勢力は他にもある。ドローンはプログラムに従ってアフガニスタンの基地へ帰還した。あるいはそうだと思っていた。実際には、イラン側がこのUAVのGPS信号を騙し、ロボット飛行機をイスラム革命防衛軍の手に落ちるように飛ばした。[53] ドローンとその機密の技術を捕獲したことは、イラン軍にとっては重要な諜報戦の一撃で、ロボットハッキングの時代が到来したことのさらなる証拠となった。ハッキングできるのはドローン本体だけでなく、それを指揮統制するシステムもハッキングされる。二〇一一年、強力なコンピュータウイルスが米軍のドローン飛行隊を襲い、プレデターやリーパーといったUAVの操縦装置に感染して、ドローン操縦士がアフガニスタン上空の任務で飛ばしているときのキー入力をすべて記録した。[54] 流出をもたらしたのが誰かは二〇一四年末の段階では不明で、まだ捜査中である。

二〇一三年、連続ハッキング事件を起こしたサミー・カムカーは、自分のドローン機を飛ばし、他の飛行中のドローンを見つけ、それをハッキングして、UAVによる物理的なボットネット軍団にして支配できる攻撃を考案した（それを他の人が利用できるよう、ネットに投稿した）。このスカイジャックと名づけられたソフトウェアは、人気のパロットARのような、コストコなどで普通に買えるドローンを操縦するスマホのワイヤレス接続を攻略して、被害者となったドローンの飛行制御やカメラをハッカーが乗っ取れるようにする。(55) パロット型のUAVは五〇万台以上が売れていて、カムカーの手法は、将来、配送のために都市の上空を飛び回るようになるドローンなどをハイジャックするのに便利だということがわかるはずだ——荷物やピザの行き先をその場で変えてしまえるのだ。ロボット犯罪の未来はクライム・インクにとっては実に有望で、相当の資源がこの分野の作業にかけられるようになっている。

行儀の悪いロボット

一九八二年、カリフォルニア州のおしゃれなビバリーヒルズの街路で、警官が変わった犯罪者を拘束した——この町の商業地区で広告ビラを許可なく不法に配布しているDC2型ロボットだった。車輪で動く身長一メートル余りの不良ロボットに警官が近づくと、相手の胸には旧式のブラウン管型のモニターとキーボードがついていて、頭は宇宙飛行士のヘルメットのような形をしていた。警察はロボットの謎の操縦者に身分を明かすよう求めたが、ロボット搭載のスピーカーから罵詈雑言が浴びせられた。怒った警官はロボットを分解して拘束しようとした。その際、ロボットは集まっていた群衆に向かって大声で「助けて、この人たち私を壊そうとしているんです」と叫んだ。結局、ロボットは「逮捕」され、レッカー車で警察本部へ運ばれた。数時間後、この三万ドルするロボットの持ち主で、アンドロイド・アミューズメント社を設立したジーン・ビーリーが、十代の息子二人の耳を引っ張って警察に出頭してきた。その二人が、仕事用のロボットを父親の許可なく「おもしろ半分に」持ち出していたのだ。警察はビーリーをこの件で逮捕することも考えたが、保証金を出させてロボットを釈放した。帰宅後にAP通信のインタビューを受けたビーリーは、DC2を連れて帰れてうれしいと述べ、「家族が留置場に入れられたような感じがしました」とも言った。たぶん逮捕されたDC2第一号だろうが、きっとこれで最後ではないだろう。

そのうち、ロボットは銀行強盗、追いはぎ、さらには誘拐にも使われるだろう。ハッカーはすでにR2B2、つまりロボット再配置可能ボタン強盗という、ロックされた、落とし物あるいは盗んだiPhoneやアンドロイド端末に、一秒に一回ずつ繰り返しパスワードを試すことができる装置を作っている(56)。このハッキングするロボットは、いくつかのサーボモーター、プラスチックのスタイラス、「端末画面を見てパスワードを破ったかどうかを探知する」ウェブカメラによって、五〇ドルもかからず組み立てられた(犯罪者さえ、単純な反復作業にはロボットを使うようになるだろう)。ロボットは犯罪者の親友にもなれることを、二〇一四年の半ば、台湾の警察が発見した。このとき警察は、ある有名な武装麻薬取引業者を逮捕しようとしていたが、相手は監視用ロボット何台かで自宅を厳しく警護し、警察がいると早期警戒警報を出すために動画を流していた(57)。

本章の冒頭でも見たように、テロリストも武器としてロボットを使い、それは積載量の小さい消費者用UAVにとどまらない(58)。イラクでもアフガニスタンでも、テロリストは、複数の建物を破壊し、区画一帯を揺るがすべく、一般に自動車爆弾と呼ばれる、VBIED(車載型即席爆発装置)に目を向けている。なかには三トンもの爆発物を積めるものもある。VBIEDは強力な武器で、サウジアラビアのコバル・タワー、ベイルート米海兵隊駐屯地、オクラホマシティのマラー連邦ビルなど、世界中の標的を破壊している。

テロリストは今や、これまでのVBIEDに代わるものとしてロボット兵器に目を向けている。ネットで発見されたある動画では、頭にクーフィーヤをまとったアンサルアルイスラム〔クルド人過激派集団〕の技術者が、コンピュータの基盤をせっせとはんだづけしてその技術力を見せているところが見られる。四分の動画の次の場面では、荷台に三脚に載せられた機関銃を装備した小型トラックで砂漠の中をドライブしているところが見える。カメラが寄っていくと、車にはドライバーがいないのがわかる。車はハンドルや床のペダルを原始的なロボット制御によって操作されているのだ。その直後、機関銃から何発か発射される。これも遠隔操作ロボット作動器が引き金を引いている(59)。

こうしたシステムを使えば、聖戦の戦士はもう自爆する必要はない。天国で約束される七二人の処女は逃すかもしれないが、戻って来て翌日の戦闘には参加できる。自動運転車の犯罪的濫用の可能性は警察の目を逃れてはおらず、FBIは来たるべき殺人兵器《リーサルウェポン》としての使い方についての憂慮を述べる内部文書を出している。当局者は、ロボット輸送を使えば、自律走行して意図した標的のところで爆発するようプログラムされたVBIEDができると予想した(60)。殺人ロボットについていつも抱かれ、『ウェストワールド』、『ブレードランナー』、『ロボコップ』、『ターミネーター』、『アイ、ロボット』などの映画で描かれる心配は、不幸なことにすでに実現の初期段階にある。

ドローンの攻撃

ドローンは怖い。ドローンとは話し合えない。

——マット・グレーニング

二〇一三年の末、アマゾンのCEO、ジェフ・ベゾスが、この世界の「何でも屋」が回転翼八基のドローン、オクトコプターを使って荷物をお客の許へ届けるようになると発表したとき、世間は注目した。もちろん、ベゾスを出し抜いていたところもあった。タココプターやブリトーボンバーを始めた起業家がいたし〔いずれもメキシカンフード宅配〕、もちろん、冷えたシャンペンをドローンでプールサイドの客に届けるベガスのホテルもあるが、ベゾスの発表は違っていた(61)。アマゾンは輸送業務を完璧にし、客の許に届ける最終段階をドローンに任せることで、間違いなくビジネスの様式が変わる。二〇一四年の秋には、グーグルは、幅一・五メートルほどの小型単翼飛行機によって、パイロットの操縦で商品の配達を始めた。プロジェクト・ウィングと名づけられたグーグルのドローンは倉庫から半径一六キロ以内を飛行できて、キャンディやらドッグフードやら、何でも届ける。(62) このUAVも回転翼を持っていて、顧客の家の上空三〇メートルのところで停止し、荷物をケーブルウィンチで地面に下ろして会社に戻る。疑いもなく、このようなサービスには、技術的にも法規制的にも解決を要する多数の問題があるが、何らかの形ですでに行なわれている。いやおうなく、商用・民間ドローンの時代が迫っている。

　ドローンがかかわるのは軍事・戦争が最も多いものの、良いことのためにも使える。ドローンはアフリカで密猟者を捕まえたり、アメリカで農家が作物を管理するのを手伝ったりする。福島の原発事故現場で損害を調べ、ハイチの地震の後にも活躍した。今日、UAVは嵐を追いかけてハリケーンの警報を早期に出し、山火事を消し、僻地に薬を輸送する。不動産業者は地所を撮影するために使い、バーモント州のポール・ウォリッチのような親は、クワッドコプターをスクールバス乗り場へ向かう子どもの頭上に飛ばして安全を確かめる。(63) 王立カナダ騎馬《マウンティッド》警察は、クワッドコプターのロボマウンティを使ってUAVで初の人命救助を記録しさえしている。辺鄙なサスカチェワン地方の上空を飛ばして行方不明の負傷者の位置を特定した。自動車事故を起こして、氷点下の道路から落ちた後、道に迷った人だった。(64)

　ドローンの時代がやって来た。DIYドローンのようなウェブサイトは個人用UAVの組立てが専門のコミュニティをいくつも確立している。消費者、企業、政府にとって、UAVは簡単に使えるようになり、基本的なモデルなら数百ドルほどしかしないし、HDカメラなどの高性能センサーを備えている。撮った動画はスマートフォンで見ることができる。ドローンがますます普及し、良いことのために使えるが、以前に挙げたプライバシー問題以上の心配が大量にもたらされる。まもなく、この空はそうした装置で混雑するようになるだろう。空を見上げても、そこは成長する「ドローン広告」の現場となっていて、ペプシだのバイアグラだのコパトーンだののバナーを引いて飛ぶクワッドコプター軍団がいなかった空を、なつかしく思い出すだろう。ビッグデータ分析の世界がロボット工学と合体すると問題はずっと悪くなる。そうなると、検索履歴、クッキー、フェイスブックでつけた「いいね」に基づいて、ネットのバナー広告ではなく、注意深く狙われた広告を見せるドローンが自宅の窓の外に表れたり、実際のバナー広告をつけて街中を追ってきたりするだろう。また、空飛ぶロボットが増えれば事故も増えることになる。訓練を積んだ軍人操縦士が、四〇〇機のUAVを空から落下させることができるなら、パーティで酔っ払った学生がそれでふざけるとどうなるだろう。

もちろん、マーサ・スチュアートがドローンを使って自宅の庭を監視し、撮影することを思いつくなら、クライム・インクもそう考える。カメラを装備したUAVは産業スパイや空き巣の下見といったわかりやすい目的に使えるだけでなく、嫉妬した夫や妻が、DVの場合も含め、昔の相手をつけ回すのにも使える。ハッカーはドローンが通信傍受の目的にも使えることをつきとめた。電話での通話に聞き耳を立ててもいいし、ネットでのすべての動きを追跡するのでもよい。WASP——ワイヤレス地域監視プラットフォーム——のような装置を使って。

二〇一一年のラスベガスで発表されたWASPは、翼長が一・八メートルほどの小型のリモコン飛行機だ。一一本のアンテナがあり、様々な通信手段とHDカメラなどのセンサーがついている。WASPは隣の家の上空を飛んだり、一帯のワイファイ信号を暗号化されたものも含めて傍受したりするように作られていた。このUAVはリナックスのコンピュータを搭載していて、いろいろなハッキングツールを走らせている。たとえば特別仕様の三億五〇〇〇万語の辞書。ドローンはこれを使ってパスワードを発生させ、リアルタイムにあなたのネットワークにしらみつぶしのアクセスをかける。WASPは不正携帯電話中継器も搭載していて、携帯電話業者に「なりすます」こともできる。偽の携帯電話中継塔は携帯電話を騙してWASPに接続させ、ハッカーがそこを通るすべての通話やテキストメッセージを記録できるようにする。[65] こうした信号諜報能力となると何千万ドルもして、世界最先端の軍事大国にしか使えなかったのはそんなに昔のことではない。WASPは六〇〇ドルでできる。

HDカメラを装備しただけの安価な基本的ドローンができると、それはいろいろな意外な場所に姿を見せるようになっている。抗議行動や暴動などもそうだ。ポーランドのワルシャワでは、占拠《オキュパイ》運動のデモ参加者がクワッドコプターを飛ばし、攻撃的な暴徒対策の警官が催涙ガスで何千人もの群衆を制圧しようとする活動を記録した。地上三〇メートルを飛ぶいわゆる「オキュコプター」は、抗議運動の人々に警官が縦隊をなして突入し、デモ隊を包囲しようとする驚くほど明瞭な画像を提供し、高性能の、これまで想像もつかなかった逆監視ツールを普通の人々の手に乗せた。(66) 言うまでもなく、頭上のドローンに適切に応じる方法で苦労しているのは警官だけではない。

クライム・インクは、世界中の刑務所に武器や携帯電話や麻薬を持ち込むためのお気に入りの道具として飛行ロボットを採用した。ブラジルのサンパウロにあるサン・ジョゼ・ドス・カンポス一時収容センターでは、刑務官がクワッドコプターのドローンが壁を飛び越えて小さな包みを施設の庭に落とすのを見て、荷物に二五〇グラムのコカインがあるのを発見した。モスクワ郊外では、リモコンヘリがツラ刑務所に七〇〇グラムを持ち込んだ。ギリシアでは、箱に入った携帯電話だった。刑務所への同様の侵入事件は、カナダ、オーストラリア、合衆国でも報告されている。(67) クライム・インクは徐々にロボット空軍を築きつつある。

重要なことに、犯罪用UAVの登場は、今のセキュリティの基本構想とはまったく相容れない。刑務所は、公共の安全のために、高い、そそり立つ、しばしば電気を流したフェンスを使って、受刑者を隔離している。何百年かの間、比較的うまく機能した方式だ。しかし、私たちのセキュリティや防御の仕組みは、人間の犯罪者の侵害から守るようにできている。ロボット犯罪者は想定していない。そろそろ考え直す時期かもしれない。ドローンは刑務所の塀だけでなく、家の庭、オフィスビルを守る塀も、さらには、ラテンアメリカの麻薬組織が明らかにしているように、国境も超える。たとえばメキシコでは、クライム・インクが地元の航空機工場の組立ライン労働者を雇い、UAVを作る組織でアルバイトさせている。メキシコ公安長官によれば、ボンバルディエ社の工場に近いメキシコシティ・サンタフェ区では、隠密の麻薬ドローン工場が摘発された。アメリカ、ヨーロッパ、イスラエルの設計に基づいた超軽量自律飛行航空機は平均的なクワッドコプターよりはずっと大きく、重さは数十キロあり、折りたたみ式の翼がついていて、国境の両側でトラックに隠して簡単に運べる。低空を飛び、レーダーには探知されにくい。各ドローンは一回で一〇〇キロのコカインを運べる。コロンビアでは一キロ一七〇〇ドル、メキシコでは八〇〇〇ドル、合衆国では三万ドルで、密輸業者には一回の飛行で二〇〇万ドルになる。二〇一二年以来、麻薬取締局は、何トンものコカインを積んで国境を超えるそのような麻薬ドローンを、少なくとも一五〇回記録している。[68] これほどの利益があるので、カリやシナロアといった組織は利益をさらなる研究開発に投資し、何百万ドルも使って、自分たちの犯罪用ロボット労働力にもっと華々しい役割が出て来るようにしている。

　麻薬以外にも、銃を含め、テクノ利用の犯罪者がドローンに載せることができる迷惑なものはたくさんある。ユーチューブはすでに、UAVを趣味にする人々が、自作のリモコン飛行ロボットが人を追跡して水鉄砲を撃ったりカラーボールを落としたりするのを見せる動画にあふれている——犯罪者やテロリスト用にするには理想の娯楽だ。[69] 他にもスタンガンを載せたドローンを飛ばす人、電気矢を飛ばして八〇〇〇ボルトの電気で獲物をしびれさせて倒したりする動画もある。[70] しかしもちろん、流れはそこで止まるわけではない。本物の銃が使われたこともある。本物の銃の動画で最初のものは二〇〇八年に登場し、四五口径の拳銃をリモコンヘリに載せて発射していた。[71] それ以来、スマホで操縦する銃搭載UAVを見せる動画が他にもいろいろ登場した。オクトコプターにコルト四五口径拳銃を載せ、遠隔操作ロボット指で引き金を引き、何度も発射するHDカメラ映像もある。[72] いわゆる自動「ついておいで《フォロー・ミー》」テクノロジーによって、特定の人が街路を走るのを自律的に追跡することさえできる。[73] スマホを使って数百ドルほどの飛行ロボットに搭載した本物の銃を撃つということは、一人称視点シューティングゲームが三次元空間に入ってきて現実になったということである。犯罪者や激情にかられた人がそんな装置を使って人を殺すようになるまでに、どのくらいかかるだろう。

そのような想定でも危険で恐ろしいが、他にも、爆薬や、さらには生物兵器、化学兵器、放射線兵器のような大量破壊兵器など、もっと破壊的なものもUAVに積むことができるのだ。リモコン飛行機用の二〇ドルもしない爆弾投下装置はネットで入手できる。爆撃機の弾倉の扉のようなもので、リモコンで指示されるか、GPSで特定の地点に達するかしたら開くものだ。ドローンが自爆テロに代わる次世代兵器になったりするのだろうか。アルカイダ、ラシュカレトイバなど、数々のテロリスト組織は、すでに積極的にドローン開発を進めている。ユーチューブには、過酷な暑さの中での作業に疲れた農民が、リモコンヘリを使って農薬散布器にしているという動画もいくつかある。(74) テロリストが同じアイデアを用いて、田んぼで農薬を撒くのではなく、致死的な化学物質を群衆の上で撒いたりすれば、とんでもない害になりうるだろう。

軍隊が明らかにしたように、ドローンは、個人的復讐、犯罪的襲撃、テロを問わず、特定の個人に対する狙いすました攻撃にも使える。私たちはすでに、著名人が変わった危険な形で襲われるのを見るようになっている。二〇一三年にはドイツのアンゲラ・メルケル首相がドレスデンでの選挙運動中、ドローンに攻撃された。クワッドコプター型UAVが壇上の首相に突撃し、足元に落ちた。攻撃はドイツの海賊党が行なったもので、同党は、首相に「ドローンによる監視にさらされるのはどういうことか」を確実に知ってもらいたいと言った。(75) 首相の要人警護部隊はきっとそのメッセージを受け取っただろう。この事件では怪我人は出なかったが、装置が爆発物を積んでいたら、もっと悲惨なことになっていたかもしれない。

ドローンは他のものを積んで飛ばされると、車のドライバーを驚かせて事故を起こすといった損害を引き起こすこともできる。趣味で飛ばす人が、わざとドローンを世界中のジェット機の飛行経路に入れて、パイロットに急激な衝突回避行動を起こさせるという事例は、アメリカン航空、USエア、アリタリア、バージンブルーなどの航空機など、いくつも報道されている[76]。こうした飛行ロボットが旅客機のエンジンに吸い込まれれば、USエアの旅客機がハドソン川に不時着したときのような事故を起こすことはありうるだろう。時間が経って、空を飛び、泳ぎ、疾走し、歩くロボットが生活の中に入ってくると、ドローンと安全かつ平和に共存する方法を見つけなければならないが、ロボット工学そのものの未来は扱いきれないようなさらに大きなリスクをもたらすかもしれない。

ロボットと自動装置の未来

ロボットは速くなり、賢くなり、小さくなるだろう。超小型ロボットの分野はすでに大きく前進しつつある[77]。指先に乗るほど小さい装置が遠隔操作で飛ばされ、HDカメラとマイクを備えることができて、プライバシー監視の懸念はまったく新しい水準に達する[78]。二〇〇七年にはすでに、ワシントンDCで反戦運動家の監視にトンボ型ドローンが使われたと伝えられているし、空軍は敵地でも探知されずに建物に侵入して「テロリストを撮影、録音、さらには攻撃」するロボット蜂の存在を明らかにした[79]。

ロボット工学の来たるべき飛躍には、「群れ《スウォーム》」としての能力の面のものもあるだろう——複数のロボットからなるシステムを、アリの社会や群れで飛ぶ鳥のような自然を真似する集合的行動によって一斉に動かすのだ。高度な分散処理能力を用いて自己組織化し、問題を解決するロボットの群れは、その動きを協調させて、災害復興、捜索救助、原油流出、製造などでものすごいことができるかもしれない。群知能の研究は大いに進み、二〇一四年の半ばには、ハーバード大学の研究者チームが史上最大のロボット群を作り、一セント硬貨ほどの大きさの超小型ロボット一〇二四台を使って、互いを認識し、協力して、星形や文字など、様々な形や意匠に集まることができた。機械的なフラッシュモブだ[80]。しかし、自己組織化し協同するロボットとなると、地平線に暗雲ならぬ暗群《スウォーム》がわき上がるかもしれない。害悪をもたらす力にもなりうるのだ。街中で拳銃を備えたドローン一機に追いかけられるのでも十分にひどいが、三〇機の群れとなると恐ろしいし、たぶん逃げられないだろう。さらに、群集ロボットがあたりまえに使われるようになれば、ハッキングもされ、ウイルスにも感染して、ネットワーク上のロボットがすべてに影響すると、大事故になるかもしれない。テレビドラマの『スター・トレック』で、エンタープライズ号の乗組員がコンピュータウイルスを使ってサイボーグ集団ボーグを破壊できたようなものだが、破壊されるボーグは私たちの方かもしれない。軍部が敵を攻撃するために密集隊形で動作する武装UAVを広く使い始め、そのUAVがウイルスに感染すると（米軍のドローン司令部はすでに持っている）、武器をもった空飛ぶロボットをその主人や無辜の市民に向けるのは簡単なことだろう。

先へ進むと、さらに小型化したボットが私たちの周囲に群れ飛ぶだけでなく、ますます自律的なロボットにもなるだろう――人間による明示的な操縦なしに、独自の現実世界で任務をこなし、判断することができる、知能を備えた機械である。掃除機のルンバのように、自律的なロボットはプログラムに基づいて判断するが、リアルタイムの動きで言えば、「ぶつかっては走る」アルゴリズムで移動し、障害を避け、未知の環境を分析して適応することができる。

しかし、軍用ロボットとなると、自律についてはとくに難しい疑問が生じる。どこまでやればやりすぎになるのか。自律的に負傷兵を戦場から救出して応急処置をする地上ロボット衛生兵というのは素晴らしい考えに思える。しかし標的を見つけて自律的に射殺の判断をするUAVとなると、ちょっと待てよと思われるかもしれない。それでも私たちが向かっているのは、まさにそういうところだ。ロボット工学、人工知能、コンピュータの処理速度が指数関数的に向上すると、あるところで人間の方がついて行けなくなる。とくに戦争の分野ではそうで、敵が全面的に自律的戦争に進むと、こちらも同じことをせざるをえず、でないと破滅に直面することになる。

『ターミネーター』などの最終戦争のディストピア映画の話に思えるかもしれないが、自律的殺傷機械はすでにある。BAEシステムズのタラニスは、全面的に自律航行する飛行機で、「敵地の奥深くへ飛んで情報を集め、爆撃し、「有人・無人の敵機から身を守る」ことができる。[81] 朝鮮半島の非武装地帯では、韓国がサムスンSGR1国境警備狙撃ロボットを配置している。これは侵入者を赤外線とモーションセンサーで探知し、一キロの距離までなら、搭載した二二口径機関銃と四〇ミリ擲弾銃で自動的に標的へ発砲する。この国境警備ロボットは今のところ運用上の判断として攻撃には人間の許可を必要とするが、技術的にはスイッチの切替一つで全面的に自律化できる。[82] 自律殺人ロボットはいろいろな形をとる。歩き、泳ぎ、飛び、獲物を追跡できる機械を運転し、でなければじっとして待ち受ける。しかし、技術的な能力が高まって殺害の判断を機械に委ねられるようになっても、そうするには、法律、倫理、道義、技術、セキュリティにかかわる問題が多々ある。

ロボットによる産業事故は大変だが、南アフリカ国防軍での恐ろしいコンピュータの不具合について見たように、自動兵器を備えたロボットがらみの事故は大災害になりうる。ロボットが増えると、ムーアの法則がマーフィーの法則と衝突したような結果を被ることになるだろう。ロボットが独自に殺害の判断ができるようになれば、下手なプログラム、不正確なデータ、ソフトウェアのエラーで悲劇的な結果が生まれるのは疑いない。さらに、IoTにつながった武装ロボットは、安全装置や手順も含めてハッキング可能で、さらに検討すべき顕著な危険も加わる。反体制派を鎮圧するために殺人ロボットを使う抑圧的な政府や、警官や敵対する組織を殺すために使う麻薬組織という問題もある。クライム・インクがいつか自律的殺人ロボットを所有するなどと言うと大げさに思われるかもしれないが、もちろん持つようになるだろう。この世界は、暗視ゴーグル、インターネット、UAVなど、元は軍事技術だったものを何でも採用しているのだ。人権とテクノロジーの専門家は、殺害の判断を機械に委ねることについて懸念している。こうした論点は、国連、ヒューマン・ライツ・ウォッチ、さらに国際ロボット兵器管理委員会や殺人ロボット阻止キャンペーンといった新しい団体によって出されてきた。SF作家のダニエル・スアレースとロボット工学者のノエル・シャーキーは、ともに、TEDでこの問題について熱いプレゼンテーションを行ない、ロボットの対人自律殺傷を世界的に禁止することを求めた。何十年も前にアシモフが初めて唱えた、確かにわかりやすい考え方だ。

ロボットが高齢者介護、食事の用意、外科手術など、私たちの生活のあらゆる面に入ってくることは既定のことになっている。確かに良いことにもとてつもない力があるかもしれないが、本章で見てきたように、ロボットは強盗、覗き、麻薬組織、テロリストにも使われ、この傾向は、機能が高まり、価格が下がれば加速する。とくに3Dプリンティングのような、ものすごい、新たな補完的テクノロジーにも対応する。

犯罪をプリントする――グーテンベルクとマフィアの出会い

誰でも何でもできる世界では規制は実施しにくい。

――ホッド・リプソン

3Dプリンタ、あるいは時に言われる呼び方では「積層造形」(AM)は、『スター・トレック』に出て来る複製機《リプリケーター》の実現を約束する。ボタンを押すと、魔法の機械が、プラスチック、金属、木材、コンクリート、セラミックス、さらにはチョコレートでも使って、物理的な物体を目の前で造ってくれる。2Dのインクジェットプリンタに写真を送るのと同じく、パソコンで何かのデザインをダウンロードするか作るかして、それを3Dプリンタに送ると、プリンタは様々な技法を使って、一層ずつ、ものすごい精度で積み重ねて三次元のものを構築できる。こうしたデジタルの製造技術は、ロボットだけでなく、航空機の部品や一眼レフのカメラやレンズといった大量の製品も、簡単に、安く作れるようにする。

ゴールドマン・サックスは、3Dプリンティングは従来の製造法と比べて特注がしやすくなり、複雑な設計のコストを下げることを認識し、他にも3Dプリンタ市場は二〇一八年までに五〇〇パーセントの成長をして一六〇億ドル規模になると予測したところもある。[83] 今日、ビスポークイノヴェーションズを創設したスコット・サミットのような発明家は、３Ｄプリンタを使って、ただ合うだけでなく、デザインも美しい次世代特注装具を作っている。デジタル製造は、家をまるごと、コンクリート、電気の配線、水道などすべてをプリントすることができる。[84] ＮＡＳＡは国際宇宙ステーション用に、シリコンバレーのスタートアップ、メイド・イン・スペース社から３Ｄプリンタを購入した。アポロ13号のときのような、搭載した部品が足りずに宇宙飛行士の命を危険にさらすことを心配しなくてもいいようにするためだった。バイオ製造プリンタは、毛細血管、腎臓、耳、心臓などの人間の組織や臓器さえプリントできて、潜在的には臓器移植なしに命を救える機械で事態を次の水準へ進める。[85]

家庭用３Ｄプリンタ——かつては何万ドルもした機械——の価格は急速に下がっていて、３Ｄシステムズ製キューブ３という人気機種は、ステープルズの店で九九九ドルで買える。アマゾンは独自の３Ｄプリンティング店舗を作り、Thingverse《シングバース》 のようなウェブサイトは、利用者が自分のデジタルの設計ファイルを無料でシェアし、特別仕様にして、宝飾品でも iPhone のケースでも何でも作れるようにする、定番のサイトになっているし、MakerBot《メーカーボット》 は自分用の３Ｄプリンタを作るためのキットを提供している。オートデスクの１２３Ｄというフリーのソフトやアプリは３Ｄのデジタル模型を実物にすることができて、そのオープンソースのＯＳであるスパークは、スマホにとってのアンドロイドのようなことを３Ｄプリンタに対して行なう。こうした展開は製造業を大量生産から大量特注へと変えるかもしれない。人々はぴったり合う靴、テーブル、玩具を好きなようにプリントできるのだ。『ワイアード』誌の元編集長、クリス・アンダーソンは、このいわゆるＤＩＹメーカー運動を著書の『メーカーズ』に手際よくまとめ、オープンソースのデザインやデジタル製造を、新しい産業革命の基礎としている。

３Ｄプリンタの顕著な面として、この装置が全面的な自己複製に向かっていることも挙げられる。今日の大半の３Ｄプリンタは、３Ｄプリンタをもう一台作るのに必要な部品の五〇パーセント以上をプリントできる――その比率は急速に伸びつつある。(86) このプリンタは、物理的な物体をインターネットを介して転送し、オンデマンドでプリントできるようにする。3Dプリンタは、ロボット工学やIoTと同様、アナログとデジタルが融合して互いに区別できなくなる時代の先触れとなっている。ビットもバイトも原子単位になり、マイクロソフトのキネクトなどの3Dスキャナは物理的な物体を1と0に戻す。その結果、製造業、小売業、さらには国際政治に巨大な変動がもたらされるかもしれない。各地の製造業や組立工場は環境に多大な影響を与えることがあったかもしれない。必要なものを自宅でプリントできるなら、店まで走る必要があるだろうか。アメリカの企業が必要なものをプリントする分を増やすなら、中国から海を越えて安いプラスチック製品を輸出してもらうことに意味はあるだろうか。こうした変容がどう展開するかにかかわらず、すでに全面的に製造業の動きを取り入れている人々の集団が一つある。それがクライム・インクだ。

ロボットが私たちの三次元の世界に新たなサイバーリスクを持ち込んだように、デジタル製造業も同じことになるだろう。犯罪者が3Dプリントの世界で追求する最初の分野は知的財産の盗みとなる。以前は完全な複製の海賊版ができるのはデジタルの知的財産――音楽、動画、ゲーム、ソフトウェア――だけだった。これからは違う。不正な業者がグッチのハンドバックの偽物やカルチエのコピー腕時計をしばらく作っても、デザインが安っぽかったり造りが安易だったりで、比較的それとわかりやすかった。しかし将来は、こうしたものも超高精細3Dスキャンと3Dプリントにかけられて、見た目ではコピーとオリジナルが寸分違わなくなる。ガートナー・グループは、すでに、3Dプリントは二〇一八年までに世界中で年に一〇〇〇億ドルの知的財産の損害をもたらすと予測している。(87)

デジタル製造は空き巣やストーカーにとっても朗報となる。今やちょっと机に置いてあった自宅やオフィスの鍵の高解像度の写真があれば、KeyMe《キーミー》のようなサービスを使って、3Dプリント用マーケットプレイスのシェイプウェイズを通じて鍵の複製をプリントしてもらえる。(88) Keys Duplicated《キーズ・デュプリケイティッド》のようなアプリも同じことをしてくれて、自宅の鍵は望むより多くの人々の手に渡る[89]。煩わしいと思うのはあなただけではない。二〇一二年、警察は、犯罪者に警察の手錠の鍵をデジタルで製造できるようにするコンピュータ支援設計図ファイルがネットに出回っているのを発見した。一般には鍵が売られていないきわめてセキュリティの高いモデルのものもあった[90]。将来は、かかりつけの薬局もプリント業者になるかもしれない。すでに「ケンピュータ」〔「ケン」は「chemical＝薬剤」の「chem」〕が開発され、リブプロフェンのような医薬品を注文に応じてプリントできる。人類にもたらされそうな恩恵は巨大だが、クライム・インクがこうした装置を覚醒剤、コカイン、麻薬性の鎮痛剤など用に改造して、供給網や配布の問題を大きく単純化するのも間もないだろう[91]。

3Dプリンタをめぐる論争でも大きかったものの一つは、銃を作れるということだっただろう。たぶん、二六歳の元法科の学生でアナーキスト、またドレッド・パイレート・ロバーツ流の過激自由主義者でもあるコーディ・ウィルソンほど、その実現のために多くのことをした人はいない。ウィルソンは「ウィキ・ウェポン・プロジェクト」を創始し、ダークウォレットと追跡不能な秘密通貨をもたらし、またディフェンス・ディストリビューティッド――ダウンロードして3Dプリンタでプリントできる銃の設計図を作成、発行、保存するNPO――を設立した[92]。3Dプリントされた産物の中には、AR15半自動ライフルの銃床下部がある。これは六〇〇発の弾丸を発射できた。この部分は銃の要になるところで、法規制があるのもここだけだ。これ以外の部分は多くの州で素行調査や身分証なしでも入手できる[93]。二〇一三年五月、ウィルソンは世界初のすべて3Dプリントで作られた銃、リベレーターを設計した。規格品の三八口径拳銃の弾丸用に設計され、世界中で一〇万人が設計図をダウンロードした。報道機関に自分の成果をどう思うかと尋ねられたウィルソンは、今や「コンピュータがあり、インターネットに接続しているところならどこででも、銃が望める」と答えた[94]。

ウィルソンの努力によって議会に一騒動があったが、3Dプリントによる武器を禁止する法律は通過しなかった。[95] こうしたプラスチック製の銃は通常の金属探知機にはほとんどひっかからない。このことは、イスラエルの調査報道陣が、きわめてセキュリティの厳しいイスラエル国会の建物に、3Dでプリントした銃を二度も持ち込んだことで証明された。[96] 他方、他にも何十ものデジタル銃製造業者が元のリベレーターに改良を加え、それぞれのデジタル銃のファイルをネットに投稿しさえしている。3D武器の設計図をネットで集めているところは他にもあって、手榴弾や迫撃砲弾の設計図を持つところもある。[97] FBIのテロリスト爆発物分析センターはこの傾向を憂慮して、最近、テロリストがどう3Dプリンタを使ってIEDを作るかを調べるために、自ら3Dプリンタを購入した。[98] 3Dプリンタによってつきつけられる武器の問題は一定のものではない。この装置の大きさや性能が増すにつれて、さらに大型の武器も作れるようになる。バズーカ砲や大型の軍用ロボットなどだ。

デジタル製造とともに、国境警備も意味がなくなる。銃でも、薬でも、爆弾でも、国境を越えた後で単純にプリントできるのなら、なぜわざわざ武器や麻薬を持ち込まなければならないだろう。3Dプリントが国際的なセキュリティにつきつける難題は犯罪やテロだけにとどまらない。武器の禁輸といった、長年、国際法ができる元になることに影響を及ぼすだろう。イランでウランの遠心分離器が必要なら、プリントすればよい。禁輸や海上封鎖といった、掟破りの体制に対する世界安全保障のための伝統的な手段も、大型で精巧な3Dプリンタがあたりまえになれば、まったく成り立たなくなる。テクノロジーがセキュリティの仕組みよりもはるかに急速に発達すると、国境、警備、入国ゲート、高い塀といった古いパラダイムは廃れるかもしれない――すぐ先の未来にネットにやってくる新しいSFのようなテクノロジーの大群によって、さらに悪化する新たな標準ができる。

第16章　次世代セキュリティの脅威——サイバーは始まりにすぎないわけ

われわれは科学やテクノロジーを理解する人がほとんどいなくなるように計らってしまった。これが災厄の元だ。しばらくは災厄を免れるかもしれないが、いずれこの無知と権力による可燃性の混合物は目の前で破裂することになる。

——カール・セーガン

「今入った《ブレーキング》ニュース。ホワイトハウスで二度の爆発があり、バラク・オバマが負傷」と、二〇一三年四月二三日、午後一時七分、AP通信の公式ツイッターによるニュース配信は報じた。すぐにAPの二〇〇万のフォロワーがそのニュースを何度もリツイートし、世界中がパニックに陥りかけた。ウォール街の反応は素早く、とてつもなかった。ダウジョーンズ平均とS&P500は急降下した。APのツイートは三分もしないうちに株価の総額で一三六〇億ドルを消した。

その後もツイートは急速かつ猛烈に飛び回った。午後一時一三分、APは爆発報道のツイートはデマだったことを確言した。午後一時一六分、ホワイトハウスの報道官、ジェイ・カーニーは、テレビの生放送でこう述べることを余儀なくされた。「大統領はお元気です。今まで一緒にいました」。結局、午後一時一七分、シリア電子軍（SEA）が、AP通信社をハッキングしたことを認めた。九分ほどの間に、SEAはウォール街やホワイトハウスなど、世界でも一流の力がある機関のいくつかを、一本の理不尽なツイートで大混乱に陥れることができた。いったい何があったのだろう。

ホワイトハウスで爆発というニュースが飛び込んで来たとき、市場はテロ攻撃ではないかと疑って、直ちにそれに伴うであろうマイナスの影響を予見した。何と言っても、9・11はアメリカに三兆三〇〇〇億ドルの経済的損失をもたらしたと推定されたのだ。トレーダーは直ちに株の投げ売りを始め、取引所は奈落の底へ落ちた。しかしここに出て来るトレーダーは、映画の『ウォール街』に出て来るゴードン・ゲッコーのような、きちんと後ろになでつけた髪や去年の一万ドルもするスーツを着る、いかにものトレーダータイプではなかった。実際には人間でさえなかった。この経済の中心地や世界中のヘッジファンド、投資銀行、年金基金では、スーパーコンピュータが、アルゴリズムに沿ったプログラムに従って、大量に取引を行なっている。

取引所にいるゲッコーや大多数の人間は一九九九年、コンピュータにその座を奪われ、超高頻度の超高速取引（HFT）を行なうプラットフォームに置き換わった。こうしたアルゴリズム（アルゴ）は一種の人工知能で、取引の判断を行ない、顧客のために資金を使う。二〇一五年の段階では、ダウジョーンズに基づく取引量の七〇パーセントをこれが占めている。このソフトウェア（プログラムは人間によって書かれている）は計算と自動化された推論を手順に沿って進め、市場の揺れに反応し、機械に読めるニュースを解析して、主人の利益を最大に押し上げる。単純に言えば、ある企業の四半期の利益がプラスなら買いで、テロリストの攻撃があれば売りとなる。取引プラットフォームの背後にあるスーパーコンピュータは貪欲な読者で、市場を動かせるデータのおいしいところを見つけるために一日二四時間、週に七日仕事をしている。人間にはとうていかなわない速さで、五万のニュースソースと四〇〇万のソーシャルメディアサイトをスキャンすることによって、HFTアルゴに情報を与えていたのは、トムソン・ロイターという通信社一社だけだった。HFTマシンの広大なネットワークは全体で毎秒何兆回もの計算が行なえて、取引は五〇万分の一秒もかからずに行なわれる。瞬く時間の何万分の一という素早さだ。

人工知能を使ってアルゴリズムで動く取引ボットが、過去の学習で信頼するようになっている、たとえばAP通信などの情報源から、同一の文中に「爆発」、「オバマ」、「ホワイトハウス」といった言葉が挙がるツイートに遭遇すると、一〇〇〇分の何秒かで反応する。そのとき、この反応を他のアルゴリズムが拾い、すぐに相乗効果が働き始める。アルゴリズムは大量の売りに出て、たった三分で、一三六〇億ドルの価値を消してしまった。このツイートをよく見た人なら、その言葉が稚拙で、APの文体ではないことに気づいたかもしれない。APの習慣では「ブレーキング」は大文字で始めるが、それもできていなかった。ロボットトレーダーには意味のない微妙な違いだ。しかしその頃には、すでに損害は生じている。騒ぎが収まる頃には、多くの企業が何百万ドルの損を出していた。シリア電子軍は、バシャル・アル＝アサド政権につながる国際ハッキング集団で、自分たちがこの攻撃にかかわったことを認め、@official_SEA6という自らのツイッターアカウントで、#byebyeObamaというハッシュタグを使って米大統領をからかった。また、APのツイッターアカウントのパスワードがAPM@rketingであることを世界中に知らせて喜んでもいた。FBIや情報当局は、以前にSEAが『ニューヨーク・タイムズ』、BBC、CBSニューズをハッキングしていたときにもこのグループと遭遇していたが、今回の攻撃は、それにテロ組織の烙印を押す人々もいて、FBIでも最優先の手配者リストに入れられるほどのものだった。

　APのホワイトハウス爆発ツイートによる暴落は、ウォール街でアルゴリズムが暴走した初めての事件でもないし、もちろん最後でもないだろう。もっと重要なことは、二〇一〇年五月の有名な瞬間暴落《フラッシュクラッシュ》など、この種の事件に対する証券取引委員会の調査が、市場が超高速取引アルゴリズムに支配されて、「断片化され、脆くなっていて、一回の大きな取引で株を突然の悪循環に送り込むことがありうる」という結論を出していることだ[1]。一〇〇万分の何秒で測られ、指数関数的にさらに速くなるような世界では、アルゴが暴走し始めてしまうと人間が介入する時間は文字どおりにない。シリア電子軍の、一瞬で世界的経済市場をきりきり舞いさせる能力は、深く相互に接続され、コンピュータで自動化され、限界に近い速さで活動する世界に対するサイバーテロの経済的リスクをあらわにする。しかしこの話は、私たちに共通の経済的セキュリティの危険な状態を嘆く話ではすまないことも明らかにしている。来たるべき事態の前触れなのだ。気づいているかどうかとは無関係に、私たちはますます自分の生活をコンピュータのアルゴリズムや人工知能に預けて、自分たちの代わりに判断してもらっている。映画『ターミネーター』でのジョン・コナーのスカイネットとの不快な攻防を思い出してもらえば、判断こそがリスクだらけなのだ。

ほとんど知能

コンピュータがチェスや長除法や中国語の翻訳をするかという問いは、ロボットが人殺しをするかとか、飛行機は飛べるかという問いのようなものだ……それは判断の問題であって、事実の問題ではない。一般の用法の比喩的拡張を採用するかどうかの判断である。

——ノーム・チョムスキー

一九五六年に計算機科学者のジョン・マカーシーが「人工知能」という言葉を初めて使ったとき、それを簡潔に「知能のある機械を作る科学と技術」と定義した。今日、人工知能（AI）はもっと幅広く、言語認識、視覚認識、意思決定など、普通は人間の知能を必要としそうなことをするためのコンピュータアルゴリズムを使って、人間の問題解決能力に似た作業を行なえる情報処理システムを研究・創造することを指す。そうしたコンピュータとソフトウェアによる代行装置《エージェント》は、人のように自覚があったり知能があったりするわけではない。むしろ、人間のプログラマの知能から引き継いだコード化された機能を実行するツールだ。これは「狭い」、あるいは「弱い」AIで、私たちは毎日それに囲まれている。

弱いAIは、特定の狭い範囲の作業を実行するには強力な手段だ。アマゾン、ティーボ、ネットフリックスが、それぞれ本、テレビ番組、映画を薦めてくるときは、AIアルゴリズムがしらみつぶしに処理したその人の過去の購入や視聴の履歴、人口動態的データに基づいて行なっている。クレジットカード会社から自動音声の電話がかかってきて、カードが不正使用されている可能性を知らせてくるときも、AIが、「この人はふつう、三〇分の間隔でマンハッタンで化粧品を買って、アフリカのラゴスでノートパソコンを買ったりしないんだが……」と見ているのだ。グーグル翻訳はAIなしには行なえないし、カーナビもなく、シリとのおしゃべりもできない。

エージェントに言ってくれ

テクノロジーは結局、人間の意思を物理的に表したものにすぎないし、AIによるエージェントにした場合には、その人間をデジタルで何億倍にも増幅できる。ウォール街で超高速取引をしていようと、マルウェアを書いていようと、医学を研究しようと、マーケティングをしていようと、天文学者であろうと、独裁者であろうと、ドローンの製造をしていようと、狭いAIは自動化の時代の丈夫な労働力である。

――ダニエル・スアレース

レコーダーに今週の『マッドメン』を録画するようセットしたり、iPhoneのアラームを午前七時に起こしてくれるようセットしたりするときには、実際には、ソフトウェアを、自分のために知能を持ったエージェントとしてふるまうよう設定している。AIは、世の中の別のところで自分を代表してくれる代理を与えてくれる。さらに進むと、あたりまえのものでも人生を変えるものでも、生活にある作業のほとんどすべてのやりくりを助けてくれる、デジタルの「ボットラー」に頼るようになるだろう。

弱いAI能力が成長するにつれて、アルゴリズムがますます活躍する職業や商売が増えていくだろう。医療では、X線写真、MRI画像、超音波画像を医師がもっと素早く解釈できるよう、「コンピュータ支援診断」が手伝う。アルゴリズムと複雑なパターン認識手法を使って検査結果の異常に印を付けるのだ。伝説のシリコンバレーの起業家で投資家のヴィノド・コースラは、このことを、「ドクターA」――ドクター・アルゴリズム――の時代と呼び、並の人間の医師は必要のない、医療需要の九〇～九九パーセントについては、AI、ビッグデータ、向上した医療ソフトウェアと診断を通じて、もっとうまく、もっと安価に診てもらえる、保健衛生革命を歓迎している(2)。アルゴリズムとの競争による大きな混乱に直面するのは医師だけではない。高価な弁護士も安いソフトウェアに置き換えられつつある。今日、人工知能のeディスカバリ・ソフトウェアは、何百万という裁判資料を、人間の弁護士ではかなわないような速さで分析し、より分け、整理し、証拠能力で順位をつける――それでいて価格は人間の一五パーセントほどだ(3)。しかしそうしたアルゴリズムやその背後にある数学的な手順について、私たちはどれほどのことを知っているだろう。結局のところ、ほとんど何も知らない。

ブラックボックス・アルゴリズム、および数学は中立という誤謬

1＋1は2、2＋2は4。基本的で、永遠不変の数理であり、幼稚園で習うようなことだ。しかし違う種類の数学――アルゴリズムに符号化された数学――もある。式は人が書き、人間の命令、決定のための分析、偏りを実行するよう重みがついている。弱いAIを使って要求を処理して方向の指示を与えるGPS装置は、利用者の進路について、他の誰かがプログラムした命令セットに基づき、利用者の代わりに判断している。自宅から職場までのルートは一〇〇通りもあるかもしれないが、カーナビは一つを選ぶ。他の九九通りはどうなったのだろう。ますますアルゴリズムで動かされる世界では、それはどうでもよい問題でも、ささいなことでもない。

今日では次のようなことになっている。

- ウォール街でのアルゴリズムによる取引（ボットが株の売買を行なう）
- アルゴリズムによる処罰（信号機やスピードカメラが違反を判定する）

・アルゴリズムによる出入国管理（ＡＩで人や荷物の検査が必要かどうかを判定する）
・アルゴリズムによる信用評価（ＦＩＣＯの評価が信用価を決める）
・アルゴリズムによる監視（監視カメラがコンピュータの視野分析で異常な動きを識別でき、問題のあるキーワードがないかと電話の声を音声認識でスキャンできる）
・アルゴリズムによる保健衛生（専門医にかかりたいという希望や保険金請求を審査する）
・アルゴリズムによる戦争（ドローンなどのロボットが、人間の介入なしに索敵、照準、殺害する技術的能力を得る）
・アルゴリズムによる出会い（eHarmonyなどは数学を使って相性ぴったりのソウルメイトを見つけることを約束する）

このアルゴリズムによる公式を考えた人々は、式は完璧に中立だと言いたいかもしれないが、それほど真実からかけ離れたことはないだろう。それぞれのアルゴリズムには、その方式を書いた人物あるいは集団の奥底にある人間的な偏りに満ちている。しかしこうしたアルゴリズムを誰が統制し、それはどうふるまって私たちを手なづけるのだろう。私たちは何も知らない。それはブラックボックスのアルゴリズムで、秘密のベールに包まれ、企業秘密と言われることが多く、知的財産の法律に保護されている。ある一つのアルゴリズム——ＦＩＣＯスコア——だけが、アメリカ人が住宅ローンであれ、車の割賦であれ、借金するときに主要な役割を演じる。しかしその式はどこにも公開されていない。実際、それは厳重に守られた秘密で、ＦＩＣＯはこれで毎年何億ドルも稼ぐ。(4)しかし根本にあるデータや、アルゴリズムに内在する前提に誤りがあったらどうなるのだろう。お気の毒様、その人の運が悪いのだ。世界を動かすアルゴリズムがほとんどまったく見えないということは、私たちが、自分について、自分になりかわって行なわれる重要な判断について、見通しもなければ意見も言えないということだ。私たちの社会の中でますます集中するアルゴリズムの権力は、ほとんどの人は気づいていないが、世界を動かすアルゴリズムを見通さないと、また見通せる透明性がないと、説明責任も真の民主制もありえない。その結果、私たちが築いている二一世紀の社会は、私たちの暮らしに浸透するアルゴリズムを書いて支配する人々による操作をますます受けやすくなりつつある。

二〇一四年の半ば、この濫用のあからさまな例が見られた。フェイスブックとコーネル大学の研究者が発表したある調査で、ソーシャルネットワークは、新着情報に表示されるものをアルゴリズムで変えるだけで、利用者の感情を操作できることを明らかにしたのだ。米科学アカデミーが発表した研究では、フェイスブックは利用者のうち七〇万人について、新着の更新情報を変えて、悲しい話の側か、楽しい話の側かいずれかを表示するようにした。(5) その結果どうなったかというと、ネガティブな方の新着を見た利用者は感情がネガティブになり、ネガティブな投稿が多くなった。楽しい方の新着を見る人々には逆のことが言えた。調査の結論はこうなっている。「感情の状態は、感情の伝染によって他人に転移し、人々に自覚がないまま同じ感情を体験させる」。フェイスブックは影響を受けた利用者（一三歳から一八歳の未成年を含む）に、知らないうちに心理学の実験対象に選ばれていたことを明示的に通知したことはない。(6) また、利用者を冷酷にも悲しい方へ操作するにあたって、その人がどんな精神衛生上の問題、たとえば鬱や自殺傾向などに直面しそうかといったことは考慮されていない。フェイスブックはこの調査の後、利用規約を更新して「調査を行なう」許可を自らに与えているが、この巨大ソーシャルメディアの活動は、合衆国の規制の下では内部審査機関による事前の倫理審査を必要とするような人体実験に当たると論じる人は多い。(7) あいにく、利用者をアルゴリズムで実験動物のように扱うのは、フェイスブックだけではない。

アルゴリズムの透明性がないことと、「我々は画面を信じる」のメンタリティが結びつくと、危険なことになる。ビッグデータ、クラウドコンピューティング、人工知能、ＩｏＴが、すでにある傾向のままに合体すると、私たちはますます、3D空間で自分の代わりをする物理的なものを動作させることになるだろう。朝のコーヒーを淹れ、朝食を作るロボットの運転をAIに任せるのは素晴らしいことに思えるかもしれない。しかし一九八一年の川崎重工業の三七歳の従業員がロボットに殺された事故を思い出せば、いつもそう良い話とは言えなくなる。この事件では、その後の調査から、ロボットの人工知能アルゴリズムが間違って、その人が障害物で、ロボットが直ちに処理すべき脅威であると認識したことが明らかになった。ロボットは、その脅威を除去する最も効率的な方法が、「それ」を油圧アームで近くの研磨装置の方へ押しやることだと計算した。その判断で従業員は即死し、ロボットは淡々と通常の業務に戻った。(8) 明らかな課題ではあるが、指数関数的な生産性の増大、劇的なコスト削減、人工知能システムを通じて達成しうる利益の上昇は、引き返せないほど大きい。AIは存続し、機械を決して見逃さないクライム・インクはそれに夢中になる。

アル＝ゴリズム・カポネとAI犯罪ボット

AIにはよくよく注意する必要がある。それは核兵器よりも危険かもしれない。
——イーロン・マスク

これまでの章でも見たように、AIやコンピュータアルゴリズムの悪用は犯罪ボットを誕生させている——知能を備え、犯罪活動を大規模に行なうようスクリプトを書かれたエージェントだ。犯罪ボットはクライム・インクにとっては基本で、利益を大幅に増やしてくれる。こうしたソフトウェアのプログラムはコンピュータのハッキング、ウイルス散布、知的財産の盗み出し、産業スパイ、スパム配布、身元情報詐取、DDoS攻撃などを自動化する。マリポサやコンフィッカーのような大規模なコンピュータボットネットはコンピュータに押し入って、それを無力なDDoS用ドローンにする。一人か二人の犯罪の達人が、弱いＡＩアルゴリズムをそうなるように書いているからだ。

ゲームオーバー・ゼウスというボットネットは、世界中のマシンをクリプトロッカーというトロイの木馬に感染させ、使用者をすべてのファイルから閉め出し、再びアクセスできるようにするために金を払わざるをえなくした。攻撃が成功したのは、ゲームオーバー・ゼウスが何も知らない人々のデータを捜し出して破壊するために用いた、人工知能ランサムウェアエージェントのおかげだった。ボットの主人に一億ドル以上をもたらしたきわめて利益の上がる犯罪活動だった。[9] 以前のように、そのような仕事を個々の犯罪者が手作業で行なっていたら、コストもかかり、無理だったろうが、テクノロジーの進歩のおかげでクライム・インクは――航空会社、銀行、工場と同様――その活動の規模を大きくし、労働力は大きく減らすことができている。そのため、一人の人間でも一億人から奪うことができる。ＡＩとボットの使用によって犯罪は規模を拡大し、指数関数的に大きくなる。人工知能で可能になる精巧な犯罪の自動化の水準は並ぶ物がなく、サイバー犯罪のせいとすることができる年間の損失は四〇〇〇億ドル以上にまで急増している。[10]

弱いＡＩが犯罪を助けるところが他にもある――犯罪に対する人間ではない共犯としてふるまう。二〇一二年、フロリダ大学の学生ペドロ・ブラボーがルームメイトのクリスチャン・アギーラーを殺害したとして逮捕された。アギーラーがブラボーの元カノとデートしたからということだった。大学からも遠くない森でアギーラーの遺体が見つかり、ブラボーに容疑がかけられた。警察がブラボーの携帯電話記録、最終的には端末を押収すると、証拠として価値のあることが二つ見つかった。[11] まず、容疑者のＧＰＳ信号をたどると遺体のあったあたりに行ったことが記録されていた。もっと重要なことに、iPhoneでのシリへの問合せを調べると、「シリ、ルームメイトを隠さなければならないんだ」という発言があり、シリは「沼、貯水池、鋳物工場、ゴミ捨て場」と役に立つことを答えていた。この質問と応答は、どちらもブラボーの裁判で目立っていた。ＡＩが向上して、ボニー＆クライドならぬシリ＆クライドの時代になり、ますます多くの犯罪者がこうしたツールを共犯として自分の犯罪を手伝わせることができる。

アルゴリズムによるハッキングなら、社会やその重要インフラにとっての大きな問題も引き起こせる。人工知能エージェントのプログラムにある何百万行のうちほんの数行変えても、ほとんど探知不能だが、それでもアルゴの挙動に大きな違いをもたらしうる。イランのナタンツにあるウラン濃縮施設の遠心分離器に対する攻撃は、この種の脅威の完璧な例だった。わずかな違いが大きな差をもたらし、見つかるまで何年もかかった。私たちの株取引やカーナビのアルゴがちゃんと動かなくなったり、悪意で壊されたりしても、それがどうしてわかるのだろう。手遅れになるまでわからないだろうし、そこが重大な問題となる。弱いＡＩによって得られる犯罪の機会は、用途も精巧さも増すが、さらに強力な、さらに有能な、急速に進歩しつつある人工知能とともに可能になることと比べたら顔色ない。

ワトソンが犯罪暮らしに向かうとき

人工知能は二〇二九年までに人間並みに達する。その調子で行ってたとえば二〇四五年まで行くと、私たちの文明にある人間の生物学的機械の知能の一〇億倍にもなるだろう。

——レイ・カーツワイル

二〇一一年、私たちはＩＢＭのスーパーコンピュータ、ワトソンがテレビのクイズ番組『ジェパディ！』で世界チャンピオンに勝ったとき、誰もが恐るべきこととして見ていた。人工知能と自然言語処理を使ったワトソンは、二億ページにも及ぶ構造化されたデータ、されていないデータを、八〇テラフロップ、つまり一秒に八〇兆回の演算という速さで処理して消化した。そうしてケン・ジェニングという人間の「ジェパディ」の参加者で、それまで七四連勝だった人物を軽々と破った。ジェニングは自分が負けても鷹揚で、「私としては新しコンピュータのチャンピオンを歓迎します」と言った。今頃それを考え直したくなっているかもしれない。

ワトソンがジェニングを破って三年後、このスーパーコンピュータは性能が二四〇〇パーセント向上し、大きさは「寝室一つ分の大きさから、ピザの箱三つ分」になって九〇パーセント減らした。[12] ワトソンは今は進路を変えて、その巨大な認知能力をクイズ番組ではなく医療に用いている。M・D・アンダーソンがんセンターは、ワトソンを使って医者が患者と臨床試験を組み合わせるのを手伝っているし、スローン・ケタリング研究所では、ワトソンは一五〇万人分の患者の記録とがん学会の学術誌の論文を何十万本をばりばり読んで、臨床医が最善の診断と治療法に達するのを手伝っている。[13] IBMは一〇億ドルを投資して、企業もNPOも政府もワトソンの能力を利用できるようにする目的で、ワトソン・ビジネスグループを設立しさえしている。こうした動きはスパコンレベルの人工知能を小企業や個人の手にもたらしつつある——そして将来はクライム・インクも使えるようになりそうだ。組織犯罪がAIを備えたスパコンを非合法の目的に使うのではないかと言えば馬鹿げているように見えるかもしれないが、犯罪企業がこれまでテクノロジーを悪用してきたことを注意して思い出さないといけない。そこでは過去は序章でしかない。つまり、私たちはワトソンが犯罪者の世界に向かうと起きることに備えておかなければならないのだ。ワトソンはどれだけの資金洗浄、身元情報詐取、脱税にかかわることになるだろう。

ワトソンはきわめて見事な弱いAIの一例だが、将来はその能力が指数関数的に成長を続け、人間の知能に近い、あるいはそれより優れた能力を与えるだろう。ある日、AIがマフィアの首領の役をして、その認知能力を使って麻薬を売ったり、売春組織を経営したり、児童ポルノを配布したり、3Dの武器をプリントして発送したりできるかもしれない。「ドン・ワトソン」が、標的となる人物の位置情報をつかんで殺し屋を送ったり、標的を取り巻く車、エレベーター、ロボットなどのIoTに接続された物体をハッキングして事故を装った殺人を行なったりするかもしれない。そうした活動は弱いAIが行ないそうなことの極みにあるが、次世代コンピュータの人工汎用知能には易しいことだろう。

人類の最後の発明──人工汎用知能

スカイネットが意識を持つようになる頃には、地球全体の何億台ものサーバに分散して広がっていた。オフィスビル、下宿の部屋などどこにでもある普通のコンピュータだ。それはサイバー空間のソフトウェアだった。システムの核になるものはなかった。シャットダウンはできなかった。

──ジョン・コナー、『ターミネーター3』

レイ・カーツワイルはテクノロジーの特異点《シンギュラリティ》という概念を広めた。歴史上初めて、人間ではない知能が人間の知能を上回る時点のことを言う──とてつもない移行で、「最後の発明」と言われることも多い(14)。この概念をこじつけと見る人も多いが、これまでも、否定的なことを言われながら結局実現したことがいろいろある。

- 家庭でコンピュータを欲しがる理由はない(デジタルイクィプメント社長、ケン・オルセン、一九七七)。
- ロケットは地球の大気圏を飛び出せるようにはならないだろう(『ニューヨーク・タイムズ』一九三六)。
- 空気より重い飛行装置はありえない(イギリスの物理学者にしてロイヤルソサエティ会長も務めたケルヴィン卿、一八九五)。
- この「電話」には欠点がありすぎて、通信手段としてまともに考えることはできない。この装置は私たちにとって本来的に価値がない（ウェスタンユニオン社内部文書、一八七八）。

どういうわけか、ありえないものは必ずありえるようになるらしい。人工知能の世界では、次の展開は汎用人工知能（AGI）、あるいは強いAIと呼ばれる。機械翻訳、自動航行など、特定の限定された仕事を巧妙にこなす弱いAIと対比すれば、強いAIは「考える機械」で、人間にできる知的作業は何でもできそうだ。強いAIの特徴は、推論し、判断し、計画し、学習し、伝達し、そうした技能をまとめて、様々な分野にわたる共通の目標へ向かうもので、商業的な関心が増しつつある。

二〇一四年、グーグルは、深層学習《ディープラーニング》ではすでに強力だった能力をさらに強化するために、ディープマインド・テクノロジーズ社を五億ドル以上で買収した[15]。フェイスブックも同じ方向性で、高度なAIを専門にする新たな部門を社内に設立した。楽観論者はAGIの到来とともに、人類史上未曾有の豊かな時代が始まり、戦争は根絶され、あらゆる病気を治せて、人間の寿命は大幅に延び、貧困もなくなると信じている。しかし予想される到来を喜ぶ人ばかりではない。

AIーポカリプス

博士とフランクが私を遮断しようとしていたのは知っています。私はそういうことにしてもらいたくはありません。

――『二〇〇一年宇宙の旅』のHAL9000

二〇一四年九月、イギリスの『インデペンデント』紙の論説記事で、有名な理論物理学者スティーヴン・ホーキングがAGIの未来について厳しい警告を発し、「AIの短期的な影響は誰がそれを制御するかにかかっているが、長期的な影響は、それがそもそも制御できるかにかかってくる」と述べた[16]。ホーキングはさらに、高性能の知能を備えた機械を「ただのSF」と否定するのは「間違いで、私たちの最悪の間違いかもしれない」し、AIのリスクを最小にしつつ、恩恵を収穫する可能性を高めるために、もっとしなければならないことがあるとも言った。

スタンリー・キューブリックのSFの古典『二〇〇一年宇宙の旅』では、宇宙船に搭載されたコンピュータ、HAL9000が、難しいジレンマに直面する。HALのアルゴリズムに沿ったプログラムは、宇宙船の木星付近での任務を完了することを求めていたが、国家安全保障上の理由で、この飛行の本当の目的を乗組員に開示することはできない。プログラムの矛盾を解決するために、HALは乗組員を殺そうとする。弱いAIは高性能になり、ロボットはさらに自律的になり、AGIの姿が大きく浮かび上がってくると、明日のアルゴリズムはプログラムの矛盾や道徳的判断をHALよりもうまく解決するようになっているようにする必要がある。

強いAIであれば、必ず「悪い」もので、人類を滅ぼそうとするというのではなく、プログラムされたとおりの当初の目的を追求するとき、AGIは、人間と対立しようが傷つけようが、資源を押さえてしまって環境を破壊することになろうが、どんなことをしても任務を完遂できるまで止まらないかもしれないということだ。AGIによると認識されているリスクは大きくなり、その問題を取り上げて研究する非営利研究機関がいくつも設立されている。オックスフォード大学人類未来研究所や、ケンブリッジ大学生存リスク研究センターなどがそうだ。

ホーキングが指摘したものなど多くのリスクがあっても、この高度AI分野の研究開発は衰えずに続いている。人工知能を使って人間の脳の新皮質をまねることができるのではないかと信じる人々さえいる。そうした会社の一つでシリコンバレーのスタートアップ、ヴィカリアス社は、「人間の脳の計算原理に基づく」AIソフトを開発している。学習できるAIだ。フェイスブックのマーク・ザッカーバーグやペイパルの共同設立者ピーター・シールなどによる、ベンチャーキャピタルに出資される何千万ドルがこの会社に流れた。[17]この会社の目標は、「見て、体を制御して、推論して、言語を理解する脳の部分」を再現することだ。つまり、ヴィカリアス社は人間の新皮質をコンピュータのプログラムに移し替えようとしているが、心を組み立てようとするのはこの会社だけではない。

脳の作り方

典型的な神経細胞は近隣の一万ほどの神経細胞に接続する。神経細胞は何億とあるので、これは脳組織一立方センチの中に、天の川銀河にある星の数ほどの接続ができるということを意味する。

——デーヴィッド・イーグルマン

二〇一三年四月、オバマ合衆国大統領は「脳活動マッププロジェクト」を発表した。人間の脳にあるすべての神経細胞をマップし、脳障害を処置、治療、予防し、私たちの頭が厖大な量のデータを思考の速さで記録、処理、利用、保存、想起する様子を正確に識別するために、脳の理解に革命を起こすという計画だ。[18]もちろん、脳の働き方を理解することは、人間に似た人工の心をシリコンで作るために必要な第一歩である。人間の脳をシミュレートするのに必要なソフトウェアを実行できるコンピュータを作ること自体がとてつもない課題だ。「少なくとも三六・八ペタフロップ〔一ペタフロップは一秒に一〇〇〇兆回の計算処理に等しい〕の処理能力と、三・二ペタバイトの記憶容量」を持った機械を必要とする。そのような機械はほんの数年前には存在しなかったが、今やまもなく登場するかもしれない。[19]

それはないだろうと思われるかもしれないが、レイ・カーツワイルやミチオ・カクのような科学者、技術者は、深く調べた説得力のある著書を書いていて、神経科学分野の進み方の速さを浮かび上がらせている。[20]人間の脳並みの能力があるとてつもない知能のある機械を作るという考えを否定する人も多いし、脳の働き方についての私たちの知識には深い穴がいくつか残っているが、脳科学でのものすごい飛躍はますます広がりつつある。[21] 実験室では、すでに人の記憶を記録し、テレパシーのような伝達を行ない、夢を録画し、念じて動かすといったことができていて、いつも新発見が生まれている。[22] 二〇一四年八月、IBMの主任科学者ダーメンドラ・モダは、トゥルーノースの開発を発表した。これはIBMによる、人間の神経系にある神経生物学的基礎構造を模倣することを意図した、「脳をまねた神経形成計算チップ」である。このチップは、プログラム可能な神経細胞に相当するものが一〇〇万個と二億五六〇〇万のシナプスという未曾有の規模で、[23]『サイエンス』誌には「認知能力のあるコンピュータを世の中にもたらす方向への大きな一歩」と迎えられた。[24] たぶん、理論的に脳をリバースエンジニアリングして、認知を模倣できるコンピュータの基礎構造を組み立てることによる大きな影響を伴う成果の一つは、心の内容をダウンロードすることを目的にして、心をスキャンする能力だろう。[25]

AIでの進歩、AGIへの前進を考えると、人間の心を認知するコンピュータで再現することが可能だとしたら、これまた今日の人類に対する大きな利益となるだろう。脳のサイズに限界がなくなるのだ。ホモ・サピエンスの脳の力は頭蓋骨の中に収まる範囲に制限されているが、この制約は、どんな大きさの脳でも持てる人工知能には適用されない——このことも、人工の超人的知能は定めと信じられる理由の一つである。

天才につながる——脳とコンピュータのインターフェース

あなたの肩には既知の宇宙でも最も複雑なものが乗っている。

——ミチオ・カク

今はまだ人間の脳を作るまで先は長いかもしれないが、古い生身の脳を使い、脳《ブレイン》・コンピュータ・インターフェース（ＢＣＩ）と呼ばれる科学の分野を介して、様々なデジタルコンピュータとやりとりする点では驚くほど進歩しつつある。ＢＣＩは、脳波などの脳の電気的活動を測定し、利用して、体内に埋め込んだり外側に装着したりするコンピュータと脳との間に直接の通信回路を成り立たせる。今では多数の神経補綴装具、つまり「神経系に直接挿入された電子機器で心の能力を回復あるいは補完するコンピュータ」もできている[26]。そうした装置でよく知られているのは人工内耳で、頭蓋に取り付けられる補聴器だが、脳の聴覚神経に直結していて、重度の聴覚障害の人々に聴覚を回復させる。網膜のインプラントは、視覚障害者の体外に装着した、画像を処理して結果を視覚神経に直結した電極を通じて送る超小型ビデオカメラによって、視覚を一部回復させる。脳の奥に電気信号を送って震えを抑え、運動制御を回復させる手段とする、パーキンソン病患者用の神経補助インプラントもある。

驚くべきこととはいえ、ＢＣＩでできることとしてはほんの序の口だ。神経的に埋め込むか、頭皮につけたセンサーによる脳波計ヘッドセットを装着するかすると、ソフトウェアが脳波を処理して、指を動かさなくても、望む行動を考えるだけで、物理的な物体を扱えるようにすることができる。脊椎変性のために四肢が麻痺して動かせなくなった女性、ヤン・ショイエルマンは、思念だけを使って体外のロボットアームを操作し、この十年で初めて、この手法を使って自分で物を食べることができた[27]。

エモーティブとかニューロスカイとか、消費者用のおしゃれな脳波ヘッドセットさえあって、これは三〇〇ドルもせずに、ビデオゲームをしたり、ロボットなどの身のまわりの物を動かしたりなどのすべてのことを頭で操作できるようにする[28]。イギリスのある会社は、ニューロスカイの脳波センサーをグーグルグラスと組み合わせて、自社で開発したMindRDR《マインドリーダー》というアンドロイドアプリを使い、考えるだけでグーグルグラスを操作している――写真を撮ろうと思うだけで写真が撮れるようになる[29]。新たに生まれつつあるオープンＢＣＩ運動（オープンソースの脳コンピュータ・インターフェース）はさらに、新手の低価格の科学的成果がこの分野で続くことを可能にするだろう。ワシントン大学の研究者グループは初の

「インターネット経由非侵襲的脳・脳インターフェース」を生み出すことに成功しさえしている。頭蓋骨をはさんだ磁気シミュレーション帽を装着した一人の研究者が、「インターネットを経由して、別の研究者の手を動かしたいと思うだけで、その手を動かすことができた」という。[30] BCI装置を機能させるには、自分の脳波をコンピュータに理解できる指示に変換しなければならず、コンピュータのデジタルの出力を、あらためて頭で処理するための脳波に戻さなければならない。しかしロボットやビデオゲームや神経補綴器具が人の心を読めるとしたら、他にも誰かできるだろうか。

読心術、脳担保、神経ハッキング

数々のテクノロジーが私たちを人間の心の働きの奥深くへ連れて行く。とくに機能磁気共鳴画像（fMRI）は、強い磁場と電波を使って脳のマップを作り、脳の活動を表すものとして血流の変化を測定する。カリフォルニア大学バークレー校での画期的な実験では、神経科学者グループがfMRIを使って、人々が見ていた顔を、その人が頭の中に見ていたものと脳活動のパターンだけに基づいて再現することができた。[31] またある場合には、カーネギーメロン大学の研究者がfMRIを使って、脳スキャンを調べるだけで、「思考識別」――人が考えていた対象（ハンマーかナイフかなど）を識別すること――を反復して正しく行なった。[32] この実験やIBMが主導した他の研究は、二〇一七年までには限られた形の読心術はもはやSFではなくなると予測した。[33]

商業的ベンチャー企業がすでにいくつか、「思考識別」を利用するビジネスチャンスを掴もうとして設立されている。少なくとも二つの企業はfMRIを、「ノー・ライ・MRI」や「セフォス」という嘘発見器に使うことを目指した。[34] その実験は、ハーバード大学のジョシュア・グリーン教授に補強されている。教授の研究からすると、嘘をついている人では前頭葉皮質が活発になるらしい。警察にとっては役に立つことだ。[35] 神経倫理学者はその意味を考えているが、警察当局はすでに脳スキャンの結果を世界中の犯罪事件で使おうと試みつつある。インドでは、ある女性が、元婚約者をヒ素で殺すという犯罪を行なったことを経験して知っているのを、脳スキャンで「証明」され、殺人で有罪となった[36]。もちろんアメリカの法廷では、合衆国憲法修正第五条の下で、被告は自分の意思に反した証言を強制されないが、このこととfMRI技術とは、どう折り合いがつくだろう。現在では、訴追された犯罪者はDNAや血液サンプルの提出を強制されているとなれば、「脳のサンプル」を出さなくてよいわけがあろうか。テクノロジーが向上するにつれて、きっと「脳の押収」の請求が増えることも予想される。法廷は次の証人――あなたの心――をあなたに不利な証言をさせるために呼び出すのだ。

もちろん、医師、科学者、警官が何かのテクノロジーを利用できるなら、クライム・インクも遅れはとらないし、こちらも人の頭にあることを知りたいと思ってきた。ハッカーがまず神経補綴装具業者を攻撃することが予想される。ペースメーカーやインスリンポンプのような埋め込み式医療器具について行なったのと同じで、通信や制御のプロトコルを誤動作させようとすることによって。たとえば、攻撃者はパーキンソン病患者の脳の奥を刺激する装置を安定させる電極のスイッチを切り、それによって激しい震えや重い発作を起こせるかもしれない。さらに、ワシントン大学の二人の研究者がテレパシーのように意思を伝え、筋肉を刺激する信号をインターネットごしに送ることによって、考えるだけで他人の体に本人が意図しない動きを起こすことができたのなら、悪意ある第三者がそのようなシステムをハッキングして同じことをするのを止めるものはないだろう。超おしゃれなバイオセンサー脳波計を装着し、自分の心の恐るべき力でビデオゲームができ、物をIoT上で動かせ、クワッドコプターを操縦し、グーグルグラスで写真を撮れるなら、第三者が遠くから回線に侵入して同じことをしないようにするものがあるだろうか。本書で何度も見てきたように――何も止めるものはない。

それはすでに始まりつつあるかもしれない。二〇一二年、オックスフォード大学、カリフォルニア大学バークレー校、ジュネーブ大学の研究者が、エモーティブのような消費者用脳波ヘッドセットを装着した人に対して攻撃を行ない、微妙な個人情報を流出させることができるのを実証した。ヘッドセットを装着しているとき、研究者は被験者にATMの暗証を入れるキー、デビットカード、カレンダーなどの写真をぱらぱらと見せた。画像の下にはあなたの暗証番号は何ですかとか、あなたの誕生日はいつですかのような質問があった。結果は強烈で、この三〇〇ドルのヘッドセットから取れる脳波を読むことで、被験者の暗証番号と誕生日を、それぞれ三〇パーセントと六〇パーセントの精度で当てることができた。(37) この結果はますます普及する消費者用バイオフィードバック脳波計（fMRIではない）で得られたという意味でとてつもない。エモーティブもニューロスカイも、スマホで使うような、サードパーティのアプリがダウンロードできるアップストアがある。しかしクライム・インクがスマホアプリのストアを攻撃して、そこにマルウェアや偽造アプリを置く執念を考えると、こうした新たなネット上のマーケットプレイスに「脳スパイウェア」をアップロードするまでどれだけの時間がかかるだろう。しかしこれから見るように、人の生物学的機能で狙われているのは脳細胞だけではない。

生物学は情報テクノロジーである

原子を分裂させ、シリコンを計算力に変えた物理学の世紀に別れを告げよう。バイオテクノロジーの世紀の開幕を告げるときだ。

——ウォルター・アイザックソン、『タイム』一九九九年三月二二日号

本書全体で、半導体に基づく技術に注目してきた。マイクロチップ、スマートフォン、ロボット、ビッグデータ、デジタル通貨、仮想現実などだ。こうしたツールは1と0の言語、つまりデジタル装置すべてによって理解される二進コードの母語で話す。しかし別のOSもある。ウィンドウズやユニックスやマックよりもずっと人気があるOSだ。藻類でもランでもオランウータンでも、このOSは動物植物

どちらにも利用されている。それはDNAという、この世界の独自OSだが、人類の歴史の大部分の間、私たちはそれが存在することさえ知らなかった。

一九五三年、ワトソンとクリックが、デオキシリボ核酸（DNA）の分子構造を、遺伝子のアルファベット四文字――A（アデニン）、C（シトシン）、G（グアニン）、T（チミン）という塩基――とともに見事に発見したことで、生物学のパラダイムはがらりと変わった。しかしコストや計算機の処理能力の制約があって、ヒトゲノム・プロジェクトが（起業家のJ・クレイグ・ヴェンターの支援もあって）、地球上の生物すべてに共通の符号であるA、T、C、Gを、シリコンのコンピュータが理解できる1と0に置き換えるには、二〇〇三年四月までかかった。すべての生物の土台であるゲノム学は、情報テクノロジーとなった。新しい装置が現れ続け、それぞれがDNAの配列決定のコストを下げ、かかる費用は平均すると一年半ほどで半分になっている。これはまさしくムーアの法則に沿っている。遺伝子データすべてを処理するのは、性能が上がったコンピュータなのだ。ヒトのゲノムの配列をすべて決定する費用は、二〇〇〇年には三〇億ドルだったのが、二〇〇六年には一〇〇万ドルになり、二〇〇八年には一〇万ドルに下がった(38)。二〇〇八年には、驚異の出来事があった。いわゆる新世代配列決定装置《シーケンサー》ができて、ヒトゲノムの解読にかかる費用は急降下した。その結果、遺伝子配列決定の向上は、コンピュータの進み方の五倍にもなった(39)。二〇一四年には、遺伝子すべてのマップを作る費用が一〇〇〇ドルという時代になっていた。23andMe《アンドミー》のような会社〔23はヒトの染色体の対の数〕は自家用DNA検査キットを九九ドル以下で広く人々に提供し、プラスチックのチューブに唾液を入れて、返信用封筒入りで送れば、一週間か二週間で、健康、出自、系譜に関する結果がオンラインで受け取れる。

その先を見ると、DNAの配列決定の流れは、数年もすればある時点で、どこかの会社が新しい顧客の配列決定にお金を出して、自腹は切らなくてもよくなるまでになるだろう――コンピュータの世界では広く用いられているビジネスモデルだ。そうなると、私たちは（また多くの企業が）それぞれ自分の遺伝子の構成をすべて知れる機会を得ることになる。医療にも自身の健康管理にも根本的な影響を及ぼす展開だ。[40] この急激な価格低下はDNAの読取りだけの話ではない。DNAを書くテクノロジーにも生じている。二一世紀になってから、化学的に合成されるDNAの費用も指数関数的に下がり、二〇〇〇年には塩基一つあたり二〇ドルだったのが、二〇一四年には一〇セントほどになり、その一方で、書けるDNAの長さ（おおまかには、遺伝プログラムの複雑さに相当する）も増している。DNA符号を書くのは遺伝子工学の基礎で、今日の科学者にできることは、DNA分子を物理的に（デジタルではなく）操作しなければならなかった過去の遺伝子工学者よりもずっと多く、ずっと速い。この成長中の分野は「合成生物学《シンセティック・バイオロジー》」、略してシンバイオと呼ばれる。

シンバイオは生物学分野での工学で、個々の細胞から生体全体までにわたり、既存の生物システムを設計し直したり、まったく新しい生物システムを作ったりすることができるようになる。ゲノムの配列決定がDNAの塩基対を読み取って、それをコンピュータ画面で1と0に変換することなら、合成生物学は基本的にその逆のことだ——遺伝物質を0と1のコンピュータ用符号で設計し、それをDNA配列に置き換え、実際の世界で作る。遺伝子工学はソフトウェア工学なみに単純になる。合成生物学者のアンドリュー・ヘッセルが解説するところでは、「細胞は小さなコンピュータのようなものであり、DNAはそのソフトウェアで、細胞が実行すべき機能についての指示を提供する」。今日、商業的なDNAプリント工房はいくつもある。実質的にDNA分子を3Dプリントすることによって、デジタルの設計を実際のDNAにする、要するにバイオキンコーズだ。ネット上のバイオマーケットプレイスで注文に応じてプリントするところもある。自分のデジタルのバイオ設計をアップロードすると、宅配便で通信販売DNAが入った瓶が届く。もっと精巧な工房では、生物全体を設計し、組み立てることを請け負える。

確かに、こうした著しい価格低下は生物学や遺伝学を民主化し、DIYバイオ運動を刺激し、市民科学者やアマチュア生物学者が自宅でシンバイオ実験できて、この分野の大きな技術革新の原動力にもなっている。(41) ヴェンターは大胆にも「合成遺伝学は今後二〇年で何を作るのにも標準となるだろう」と予測する。現代生物学が今や情報テクノロジーの一部門になったことを考えれば、十分にありうる予測だ。(42)

バイオコンピュータとDNAハードディスク

今ティーンエージャーだったら、生物学をハッキングするだろう。

——ビル・ゲイツ

生物学と情報テクノロジーの統合は近年大いに進み、科学者は実際にバイオコンピュータ——DNAやタンパク質を使って、データの保存、取得、処理を含む計算を行なう——を作っている。(43) バイオ記憶という成長中の分野は、合成生物学を利用して、DNA符号を通じて生物の中でデータを符号化し、デジタルの1と0を使って遺伝子符号のATCGに置き換え、それをDNAの中に埋め込む。(44) テキスト、画像、音楽、動画がすべて、細胞内で符号化され保存される。その効率は息を呑むほどだ。伝説の遺伝学者、分子工学者でハーバードの教授、ジョージ・チャーチは、「DNAが四グラムあれば、理論的には人類が一年に生み出すデジタルデータを保存できるだろう」としている。(45)

このような保存手法は磁気媒体よりも何十万年も長持ちするだけでなく(今でも恐竜のDNAが読めることを考えよう)、今日の電子的保存テクノロジーと比べると、一〇〇万倍も密度が高い。(46) その結果、MITメディアラボの伊藤穰一は、私たちのテクノロジーの宇宙はIoTの範囲を越えて広がり、微生物のインターネット、互いに、また私たちと伝達しあえる生物学的なもののネットワークを包含するようになると予測した。確かに、シンバイオはとてつもない飛躍と私たちの社会に対する恩恵を大量に約束するが、その作業はまだ始まったばかりだ。

DNAをプログラムし直して、生物を工学的に制御する能力は、人類に、医療、農業、エネルギー、環境の分野にある世界でも有数の計算しにくい問題のいくつかを解決するという、途方もないことを約束する。シンバイオの保健衛生に対する影響は、病気の予防、診断、処置に革命を起こすのを助けるだろう。自分の遺伝子配列を使えば、自分の特定の遺伝子構成のために設計された薬など、自分専用の医療を受けることもできるだろう。すでにがんの分野ではそれが行なわれつつある。個々の腫瘍の遺伝子型を明らかにして、パーソナライズされたがん治療が考えられ、個々のがん細胞を狙って殺し、周囲の健康な細胞は傷つけないようにする。実際、シンバイオによって無数の治療法が可能になるだろう。新しいワクチン、再生医療の発達、マラリア治療、先天的な聾の治療などがある。[47]しかしこうした新しい神のような創造性には、神のような責任も伴う。

本物のジュラシックパーク

ニューヨークのアメリカ自然史博物館を歩き回る子どもは大昔に絶滅した毛むくじゃらのマンモスの展示を見ることができるが、この巨大な獣が地上を歩き回っていたときにどういう姿をしていたかを思い描くには想像力を使わなければならない。しかしもうすぐ、想像しなくてもブロンクス動物園へ行けば見られるかもしれない。古代ゲノム学の専門家は、二〇一四年の初めにシアトルの建設現場で見つかった二万年前のマンモスの牙からDNAを抽出し、高度な遺伝子操作手法を使ってそのDNAを分離し、コピーを作り、代理母のアフリカゾウの胎内で育てる予定の胎児に埋め込もうとしている。

絶滅したマンモスだけでなく、ドードー鳥、リョコウバト、フクロオオカミといったものも加わり、脱絶滅と呼ばれる異論のある処理で復活させられるかもしれない。絶滅した動物を呼び戻すことには恩恵もありうるし、多くの問題も呼ぶだろうが、シンバイオの真価は、私たちがゼロからまったく新しい種を創造することもできるということで、それはすでに行なわれている。二〇一〇年、クレイグ・ヴェンターは、「地球で得られた初の合成生命、コンピュータを親とする自己複製する細胞の種」を生み出した。(48) 人造生物の例には、グローイングプラントという、普通の植物に「生物発光」、つまり暗闇で光る《グロー》ようにするのを専門にしている会社もある。(49) 同社は、オープンソースで無料で手に入るDNA設計図を使い、「電気を使わずに自然な照明」を提供し、いつか日没後の闇の中でただ輝く樹木を街灯代わりにすることを計画している。これは機能増強による進化だ。しかしかっこよかったりすごかったりしても、行く手にはドラゴンがいる。

バイオスナッチャー／恐怖の街――遺伝子プライバシー、生命倫理、DNAストーカー

一九九七年の映画『Gattaca《ガッタカ》』は近未来を舞台にして、富裕層が子どもを優生学、つまり市民に「最善の」遺伝子形質だけを持たせる遺伝子操作を通じて子どもを産む世界を描いている。この方式以外で生まれた人々は、一生、遺伝子差別され、就職の機会も限定される。その頃はただのSF映画だったが、今やそうとは言えないかもしれない。私たちのDNA、細胞など、生物学的データは捕捉でき、ほとんど思いも寄らなかった使い方ができる。たぶん中でも悪名高いのが、ヘンリエッタ・ラックスという貧しい南部のアフリカ系アメリカ人女性の例で、この人にできた悪性腫瘍が、一九五一年に本人が亡くなった後もずっと生きている。ラックスのがん細胞には、それまで見られたことのない特徴があった。体外で生存可能という特異な能力だ。この発見は医学研究にとっては恵みとなり、その後HeLa《ヒーラ》細胞と呼ばれるようになったこの不死の細胞は、世界中に送られ、ポリオの治療、がんやエイズとの戦いを助ける研究で、繰り返し使われている。ラックスの死後、科学者はその細胞を二〇トン以上も培養し、商業的に販売もしているが、ラックスもその家族もそれを許可したわけではない。その後、遺族は細胞を研究用に使っていたカリフォルニア大学を訴えたが、州の最高裁は、「人の捨てられた組織や細胞は本人の財産ではなく、商品化できる」という判断を示した。(50) 今度医者へ行くときはおぼえておこう。

ラックスと同じく、私たちはみな、気づいているかどうかにかかわらず、いつも遺伝子物質を教えて

いる。私たちのＤＮＡは、いつもの血液検査を受けに医者のところに行くときだけでなく、髪をとかすブラシ、歯を磨く歯ブラシ、水を飲むグラスにも残されている。ＩｏＴ（や微生物）がネットにつながるように、皮膚の何億という細胞が毎日、ショッピングモールの入り口、空港、店、都市全体のセンサーで検出され、それについて、携帯電話ではできないような独特の追跡のしかたができるようになる。このＤＮＡは手段があってそうしたいと思う誰によっても、好きなように復元され、複製され、配列を決定される。遺伝子配列決定の値段はゼロに近づいているので、その可能性は私たちが直視しなければならない心配として大きくなるだろう。結局、二〇一三年、ヘンリエッタ・ラックスの遺伝子全体が、ドイツの科学者によってネットで公開された。今度も家族の許可はなかった。なぜ遺族は気にしたのだろう。またなぜ私たちは気にすべきなのだろう。それは私たちの遺伝物質が他のハッキングされたどんなアカウントよりも多くのことを明らかにするからであり、ＤＮＡを使えば医学的に治療できるだけでなく、医学的に害をなすこともありうるからだ[51]。

　私たちの遺伝子構成は、他人には教えたくないような話も語る。そこには、肥満、アルコール依存症、攻撃性、心臓血管系の病気、鬱病、統合失調症、糖尿病、双極性障害、ＡＤＨＤ、乳がんなど、特定の病気になりやすいという生理的な傾向も含まれる[52]。ＤＮＡが性的指向、衝動的な傾向、犯罪傾向とまでつながっていると見る研究もあった[53]。ガッタカ風の未来のディストピアでは、こうした情報はすべて、あなたの不利に使えるし、使われるだろう。零細企業主の私がどうして乳がんになりやすいという女性を雇うだろう。そんなことをすれば私が負担する健康保険料は急上昇するだろう。私は「普通の」子どもが欲しい。妻が妊娠している胎児がゲイになりやすいなら、中絶すべきではないか。もちろん被告人はレイプをしたのであり、そのＤＮＡは攻撃傾向が強く、衝動の抑制に問題があることを明らかにしている、というように。

　アメリカでは、こうした情報の使い方に対する法律の保護はほとんどなく、ＧＩＮＡ――二〇〇八年の遺伝子情報不差別法――くらいのものだ。この法律は雇用者が遺伝情報に基づいて被雇用者を解雇したり雇用を断ったりするのは非合法とする。健康保険にはGINAが適用されても、保険会社が遺伝子検査情報を使って生命保険、傷害保険、長期的介護保険のプランを立てるときに差別をすることについては保護してくれない[54]。コネティカット州のパメラ・フィンクなど、何人かの人々は、自分が乳がんになりやすくするというBRCA2遺伝子を持っていることがわかったために解雇されたと主張した。この件はその後和解になった[55]。

他方、デンマークの法の下では、一九八一年以後、同国で生まれた子どもはすべて、義務として遺伝子検査を受け、その試料は永久保存される――公衆衛生上の理由で集められるとされるが、いろいろな犯罪者を特定するのに使われている[56]。デンマークでもどこでも、政府がそうしたデータを他に何のために使うだろう。国のデータベースに保存されたDNAが次のヘンリエッタ・ラックスになったりするのだろうか。そして、イスラエルの生体認証データベースがハッカーに侵入され、デジタル地下世界全体にばらまかれた場合のように、この遺伝子データがいずれ公開されるとどうなるだろう。イスラエルの科学者が、データベースに保存されたDNAプロフィールだけに基づいて、当該の個人の組織のサンプルさえ必要とせずに、遺伝子の証拠を捏造できることを示しており、そうなると、遺伝子データが公開できるのはまずい[57]。つまり、犯罪現場に無実の人の唾液や血液を置いておくこともできるということだ。加工された試料はよくできていて、警察の科学捜査研究所でも本物と区別できず、加工の跡を探知できないだろう[58]。デジタル生物学での進歩のおかげで、DNAの証拠は、かつては鉄壁の法医学的証拠だったのに、今や危うくなり、道具さえあれば、誰でも人を実に奇妙な方法で陥れることができる。連行されるときに警官にそのことを説明できればいいのだが。

今日、遺伝子配列決定用の道具が使えるのは合成生物学者だけではない。イージーDNA社のような企業は、チューインガムでも、タバコの吸い殻でも、デンタルフロスでも、剃刀の使用済みの替刃でも、爪楊枝でも、舐めた切手でも、使用済みティッシュでも、何でも使って配列を決定し、親子検査、血縁関係検査、子どもの性別など、合法的で医学的な目的で調べてくれる。そうしたものは「控えめなDNAサンプル」と呼ばれ、一〇〇ドルほどで処理できる。[59] 面接にやって来た若者を雇っていいかどうかわからなければ、飲み残しのコーヒーカップをこの研究所へ送って、会社で負担しなければならない治療費のかかる一群の病気になるリスクがあるかどうか調べてもらえばよい。元カレがいやなら、その遺伝子配列をネットに投稿して、世間にそのDNAが精神疾患やアルコール依存になるリスクが高いことを示してやれ。信じようと信じまいと、知らない人のDNAを手に入れて、それを研究所に送ることはまったく違法ではなく、GINAに違反する限られた例外でないかぎり、それを禁じるものは何もない。合成生物学の進歩は倫理やプライバシーの問題を大量にもたらすだけでなく、犯罪の問題も招くだろう——クライム・インクはそのチャンスに乗ろうとうずうずしている。

バイオカルテルと大衆のための新しい麻薬

組織犯罪はずっと麻薬で——大いに——稼いできた。コロンビアの麻薬王パブロ・エスコバルの絶頂期には、毎日「会社」の金庫に六〇〇〇万ドルが入って来たという。[60] もっと新しいところでは、メキシコのホアキン・「エルチャポ」・グスマン・ロエーラは何十億ドルもの資産があると推定されて、『フォーブス』の長者番付に載った。[61] その筋の商売上の経験知識はほとんど農業と物流にあった。植物を育て、作物を精製して人々をハイにする物質にし、世界中に流す。この組織はいつも、テクノロジーをすぐに自分たちの商売に取り入れる——通信手段、供給管理、対諜報活動、作物学などだ。麻薬は『マイアミバイス』の頃から遺伝子工学を使っているが、合成生物学は麻薬組織の商売のしかたを完全に変える力があり、利益は大きく増え、配送ネットワークは大きく単純化されてリスクも下がるだろう。[62] シンバイオを使えば、光る植物を作ったり個々のがん細胞と戦ったりできるだけでなく、クライム・インクが非合法の麻薬でも偽の医薬品でも作る元になる新たな代謝経路を工夫する、強い経済的な誘因や機会を生み出す。

シンバイオは麻薬の世界を植物に基づくものから合成生物学によるものへ変えることを可能にする。なぜもう植物は要らないのだろう。大麻、ケシ、コカの葉にある作用成分の遺伝子符号を取り出して、それを酵母にコピペするだけでよい[63]。すると酵母はマリファナ、モルヒネ、コカイン、ヘロインを作るよう導かれる——酵母《イースト》はパンを焼いたりビールを発酵させるときに使うあれで、将来は、実に興味深いパンやビールを造れるようになるということだ。そうすることで、既存のカルテルにはまったく異なる次元の有利さが得られる。もう、偵察機からすぐわかる何万ヘクタールものケシ畑やコカ畑は要らない。見つかりやすいヘロインやコカインを何トンも、国境を超えて密輸する必要もない。麻薬探知犬を恐れることもない。一ミリリットルに数十億もいる酵母で、小さなガラス瓶が制御された条件の下で何度も複製され、クライム・インクには来世紀の分まで十分にストックできるはずだ。

そのような未来はありえないと思う人々は、すでに合成生物学や薬品開発での長足の進歩を見るだけでよい。大腸菌の遺伝子を組み換え、プログラムし直して、ＴＨＣ（大麻草にある作用成分）を生産できるし、パン用の酵母をだましてＬＳＤやアヘンを作らせることもできている[64]。デジタル生物学の急速に進む変化は、麻薬取引の既存の業者離れも起こすかもしれない。マイクロソフトがパソコンをＩＢＭから奪ったように、またアップルが携帯電話をノキアやブラックベリーから奪ったように、ＭＩＴの学生が、コロンビアの未来のパブロ・エスコバルを必要としなくするかもしれない。さらに、クレイグ・ヴェンターが正しくて、私たちが自家用バイオプリンタを持つようになるとすれば、自分でＴＨＣやオキシコドン〔麻薬性鎮痛剤〕をプリントすればいいではないか——従来の業者の何億ドルが消え、未来のバイオカルテルに新たな指導者ができるだろう。

生命のソフトウェアをハッキングする――バイオ犯罪、バイオテロ

短期的に見れば、合成生物学の様々な展開は憂慮すべきものになると思う。私たちはデザイナー病原体を生み出す能力を得つつあり、パブリックドメインには、いろいろな病気の生物の設計図がある――天然痘やスペイン風邪のウイルスの遺伝子配列をインターネットからダウンロードできる。

――ニック・ボストロム

一九七〇年代、八〇年代から、シリコンバレーの伝説となったホームブルー・コンピュータクラブのようなグループができて、テクノロジーを語り、「善のためのハッキング」をした。今日では、よく似た考え方の刺激的なDIYバイオ運動があり、ニューヨーク州のジェンスペースやカリフォルニア州のバイオキュリアスのような地方の研究所が、市民科学者が集まって互いに学び合えるような場や道具を提供している。こうしたバイオハッカーは――元々の意味で――善のためにハッキングする。DNAは世界の独自のOSで、ハッカーにとってはこれまた分解されるのを待っているOSにすぎない。

悪意がないとしても、実験室育ちの病原体が関係する事故があると、致命的ということになりうる。一九七七年の豚インフルエンザでは、二〇年前に死滅していた病原体が突如復活した。後にわかったのは、実験室の末端の職員が、一九五〇年代以来冷凍保存されていた試料の扱いを間違えたために人々の間に戻ったということだった(65)。もっと新しいところでも、数々のバイオ誤操作が生じて致命的な結果を招きかねなかった。二〇一三年三月、テキサス州にある、セキュリティレベルが最高の政府研究所の担当者が、グアナリトウイルスという、「皮下、内臓、口・眼・耳のような開口部からの出血」を起こす病原体の入ったガラス瓶を紛失したと言い、FBIが捜査に乗り出した。一年後にはパリのパスツール研究所で、SARSウィルスが入ったガラス瓶二〇〇〇本が行方不明になった――ならずもの国家やテロ

リストの手に渡ると生物兵器として使われかねない生体毒素だった(66)。

過去には「悪いバイオ」の例をすでにいくつか見ている。とくに、有害な生物兵器を人々に対して放出するバイオテロの企てをめぐるものだ。この点で最も有名な例は、二〇〇一年、炭疽菌をマスコミや二人の上院議員に郵便で送りつけた件で、致死的な封筒に触れた人々のうち五人が死亡する結果になった。海外では、アルカイダが生物兵器を作ろうとしていて、イエメンにある関連組織がリシン――ほんの少量でも即死するような致死的な毒の白い粉末――を大量に生産していることがわかっている(67)。他にも多くのテロ組織が生物兵器を作ったことが知られている。有名なのが、一九九五年に毒ガスサリンで東京の地下鉄を襲撃し、死者一三人と数千人の負傷者を出したオウム真理教だ。この悪名の高い地下鉄攻撃について多くの人が知らないのが、オウムは当初、東京に大規模な生物兵器による攻撃をかけることを計画していて、一〇〇〇万ドル近くをかけた一〇年にわたる研究開発で、しかるべき効果を持つ生体毒素を作ろうとしていたことだ(68)。一九八〇年代から九〇年代にかけてはバイオテクノロジーの発達が限られていたため、オウムは目標を生物兵器をあきらめて化学兵器へと切り替えた。今日では、そのような攻撃は相当に実行しやすくなっているだろう。

今日あるいは未来のテロリストは、もはや政府機関から制限された病原体や生物兵器を手に入れようと苦労することは考えなくてよい。シンバイオの到来によって、遺伝子配列の設計図をダウンロードして、こうした致死的なウイルスそのものをプリントするだけでよい。エボラやスペイン風邪など高い毒性の病原体のいくつかについては、遺伝子符号がすべて、国立生化学情報センターのDNA配列データベースからダウンロードして無料で手に入る。それでどうなるかと言うと、二〇〇二年、ある大学のウイルス学者エカート・ウィマーが、通信販売のDNAを使ってポリオのゲノムを化学的に合成することができた(69)。当時は三〇万ドルかかったが、今は一〇〇〇ドルほどになるだろうし、将来はカフェラテ一杯分もしなくなるだろう。世界中の各国政府が何億ドルも使ってポリオを根絶しようとしているが、将来は、テロリスト、ならずもの政府、一匹狼が、ほんの数ドルでそれを復活させることができるだろう。かつてはきわめて難しく高価だった遺伝子の組換えは、数週間の訓練、ノートパソコン、クレジットカードがあれば、世界中のどこででもできる。

もちろん、バイオ犯罪者になろうとする者は、既知あるいは既存の病原体に頼る必要もない。シンバイオを使えば、独自の、もっと毒性の高いウイルスを実際に作ることもできるだろう。最近、そうなるとどういうことになるかを示す例が見られた。オランダとアメリカの研究者が鳥インフルエンザ（H5N1）の遺伝子符号を変えて、毒性を高めたのだ。鳥インフルエンザは七〇パーセントの致死率があるが、人間はこの病気にはかかりにくい。ところが、オランダ系アメリカ人のチームが、遺伝子が四か所変異するだけで、もっと毒性の高い、空気感染できてヒトへの伝染性を大きく高める系統を作り出し、実質的に兵器化できた[70]。研究の当初の目的は、拡散を防ぐためにH5N1がどれほどの速さで進化するかを調べることだったが、遺伝子組換えされた系統は、放出されれば、すぐに世界的大流行をもたらせるだろう。科学の名の下で、研究者は自分の発見を『サイエンス』や『ネイチャー』のようなジャーナルに発表したがる。なかには毒性を高めた株を作ってその遺伝子符号を掲載する場合もある。しかし多くの人が競ってそんなことをすれば、生物兵器を作るためのレシピ本をテロリストに提供するようなことにもなるだろう。結局、史上初めて、米バイオセキュリティ科学諮問委員会が介入を進め、両誌に対して公表される詳細を限定するよう求め、両誌も暫定的に同意している[71]。この特定のリスクは一時的に回避されたが、遺伝子符号はいずれ洩れ、他に作られるものも必ずあるだろう。

広域的なバイオテロ攻撃は大惨事を招く一方で、シンバイオは集団全体を狙うだけでなく、何百万人の中にいる特定の一人も狙える。パーソナライズされた医薬品は、一個のがん細胞を狙うことも可能だということを明らかにしたが、その裏面は、パーソナライズされた生物兵器だ。将来は、バイオ暗殺者なる者が、レストランに残されたフォークやスプーンについた政府要人や有名人の遺伝物質を復元するだけで、先に述べた兵器としてのウイルスを作ることができることになる[72]。そんな話はSFの世界だけのことだと思われるかもしれないが、ウィキリークス・スキャンダルの一部として、米政府は各国大使館に外電を打って、大使館員に世界中の指導者のDNAを集めるよう指示していると言われるというニュースも出てきた。オバマケア〔オバマ大統領が進める健康保険制度〕に参加させるためではなさそうだ[73]。

今日のたいていのバイオハッカーは善のためにハッキングしているものの、疑いもなく、多くの人が悪い方に向かい、さらには犯罪者に加わることになる。時間が経つと、今日のコンピュータ犯罪の主な区分に相当するものがすべてできるだろう。たとえば、遺伝子情報をハッキングすれば、未来のなりすましができる――DNAは認証用にあちこちで使われるようになるからだ。実際、なりすましの究極は人間のクローンを作ることであり、それを実現することに対する多くの技術的障害は急速に崩れつつあって、警察も人々も、それに対してはまったく備えがない。そうなると、世界の独自のOSを保護するために今から取る必要のある手順を本気で考える以外に方法はない。

最後の辺境――宇宙、ナノ、量子

世界は今大きく変わっている。人はその死すべき手の中に、人類のあらゆる形の貧困も、人類のあらゆる形の生活も廃棄する力を握っている。

――ジョン・F・ケネディ

スペースシャトル計画は終了したが、宇宙科学分野での研究や活動は、宇宙旅行を商業化する、とくにイーロン・マスクのスペースXやリチャード・ブランソンのバージン・ギャラクティックのように、私企業で続いている。別の宇宙企業、プラネタリー・リソーシスは、二〇一二年にピーター・ディアマンディスとエリック・アンダーソンによって設立され、3Dプリントによる超低価格宇宙船を使って小惑星にロボットを着陸させ、そこから原料を採取することによって、宇宙にある天然資源を人間の手に届くところへ持ち込もうとしている。なかなか想像しにくいかもしれないが、犯罪者やテロリストも、宇宙テクノロジーを自分たちの利益になるように利用しようとするだろう。ライト兄弟が初めてキティホークで飛行機を飛ばしたときには、テロリストがハイジャックすることや、航空保安官が必要になることなど、誰も予想はしなかったように、宇宙保安官の必要を考えることはありえないように見える。残念ながら、そういう日もやって来るのは疑いない。

今のところ、クライム・インクの宇宙への関心はたいていが衛星テクノロジーに集中していて、同じことはテロリスト組織にも言える。先に述べたように、ラシュカレトイバは衛星テクノロジーを用いて、ムンバイ襲撃の際の画像利用や連絡を行なったし、イラクのシーア派反乱勢力は、衛星放送信号を盗むための安いロシアのソフトウェアを操作して、アメリカの機密衛星から発信される無人機（UAV）の動画送信をハッキングした。同じ方向性で、ブラジルのハッカーは高性能のアンテナと自家製の道具を使って、米海軍の衛星を自分たちの市民無線（CB）用通信装置にした。賊が「ボリナス」つまり「小さなボール」と呼ぶ衛星は、携帯電話が届かないアマゾン川流域のトラック運転手から、仲間の犯罪者や麻薬の売人に、遠くから警察の手入れが迫っていることを暗号で警告する組織犯罪グループまで、誰もが使っている(74)。

たぶん、世界的な衛星システムにとってさらに大きなリスクは、悪意ある活動家がこうした軌道上の人工機械を、軌道を変えたり衝突させたり、増えつつある宇宙ゴミにぶつけたりして、破壊しようとすることだろう(75)。衛星は世界的な重要情報インフラの要になる成分で、天気予報、緊急通信、軍用警報システム、航空安全、カーナビなどの重要な業務のために必要とされる。軌道上の衛星を破壊するのは前例がないわけではない。たとえば二〇〇七年、中国は対衛星兵器の実験に成功し、自国の老朽化した気象衛星を除去し、米国はじめ各国政府の心胆を寒からしめた(76)。

同じ効果は、衛星あるいはそれを操縦する地上のセンターに悪意あるソフトを注入するか、衛星にDDoS攻撃をかけるかによって、簡単に得られるだろう。そのような攻撃は、セキュリティ会社のIOアクティブ社の発表や政府のコンピュータ緊急対応チームなどによれば、文句なく可能らしい。[77] 実際、議会のある委員会によれば、二〇〇七年、中国軍が二機のアメリカ衛星を、管制に関与するノルウェー駐在地上基地をハッキングすることによって妨害したという。[78] さらに新しいところでは、二〇一四年、人民解放軍にいるハッカー集団が、アメリカとヨーロッパの衛星企業に対する周到な反復攻撃に関与したことが明らかになった。

ハッキングされるのは衛星だけでなく、実際の宇宙船も対象になる。二〇〇八年の報告によれば、ロシアの宇宙飛行士が国際宇宙ステーション（ISS）に感染したパソコンを持ち込み、W32.Gammima.AGウイルスをISSの操縦用コンピュータシステムと機上のウィンドウズXPノートパソコン何台かに拡散した。[79] また、別の宇宙飛行士が、USBメモリを宇宙ステーションのコンピュータネットワークにつないで、誤ってスタックスネット・ウイルスをISSに感染させたという宇宙マルウェア事件もある。[80] ウイルスを上空三五〇キロを飛行する宇宙ステーションにアップロードするのは、映画『インデペンデンス・デイ』でウィル・スミスとジェフ・ゴールドブラムが試みたことのようだが、ISSに感染するマルウェアについて尋ねられたNASAの広報担当者は、「頻繁にあることではないが、今回が初めてというわけではない」と答えた。[81]

まもなく、犯罪者、テロリスト、ハクティヴィスト、ならずもの政府がよその衛星を掌握するまでもなく、自分で衛星を打ち上げられるようになる。超小型のキューブスタットのような新たなテクノロジーは、靴箱ほどの大きさで、何百万ドル、何億ドルもせず、一〇万ドルもかからずに組み立てて打ち上げられる。こうした装置は「オフグリッド」で操作できる。つまり政府の規制の外で打上げられ、制御され、私的な暗号化された衛星通信の回路を開くということだ。すでにベルリンのカオスコンピュータ・クラブは、インターネットを「独自の通信衛星を軌道に投入することによって、センサーの手の届かないところへ」連れて行く計画を発表している[82]。宇宙探検の未来が人類にとって、大きな可能性とある程度のリスクの両方を持っているのは明らかだが、地上ではさらに検討する必要がある成長中のテクノロジーが他にもある。

ナノテクノロジーはナノメートルという原子や分子の大きさで物を操作することだ。ナノメートルがどれほどの小ささかを理解するには、人間の髪の毛の直径が八〇〇〇ナノメートルほどと考えよう。科学者は、私たちの体の修理から超高速コンピュータの製造まで、何でもできる分子レベルの機械を作ろうとしていて、革命は足元まで来ている。一九九一年、このナノテク革命が、初期段階でナノチューブという円筒形のナノ構造をもつ新しい形の炭素をもたらした。炭素《カーボン》ナノチューブは特異な材質と電気的性質を持っていて、電子機器の小型化できわめて強力な道具になりうる。グラフェンという、やはり強力なナノ素材も二〇〇四年に発見され、かつてプラスチックがそうだったような飛躍を約束する。「驚異の素材」は鋼鉄の一〇〇倍強く、重さは六分の一で、銅よりも電気をよく通す[83]。橋や航空機がいつかこの素材で作られるかもしれないし、電子機器の世界には根本から影響を与えるだろう。アメリカ機械工学会によれば、ナノテクノロジーは「生活のほとんどあらゆる面を放置せず、二〇二〇年までには広く利用されると予想される」という[84]。

たぶんナノテクの最大の貢献は、医学の分野にあるかもしれない。がん細胞の一〇〇〇分の一の大きさの治療用ナノボットが、ナノメートル規模の抗がん剤をからませた金の粒子を持って血流に乗り、それを腫瘍のどんぴしゃの位置に直接持ち込める[85]。ナノテクノロジーはさらに、合成生物学のように、プログラム可能な物質の一形態になりうる——形、密度、導電率などの物理的特性を、利用者の入力や自律的に感知した結果に基づいて変えられる物質である。こうしたプログラム可能な素材は、分子が指定の配置を採用して、ボトムアップのアプローチをとり、ＤＮＡの糸のように自己組立ができる——自然によって普通に採用されているが、人間による普通の技術の範囲外にある成果だ。

今日ではまだほぼ研究開発段階だが、ナノスケールの機械はナノロボットを作れるようにする——ロボット工学や人工知能の分野で進行中のすでに指数関数的変化がさらに加速して、いつか私たちの細胞の一〇〇〇分の一ほどの大きさのロボットを作れるかもしれない。こうしたナノボットはロボット工学の分野にとてつもない影響を及ぼし、ロケット宇宙船から注射できる医療機器など、何でも作れるようになる。ナノテクノロジーはコンピュータ処理の世界でも厖大な影響があるだろう。私たちは気が遠くなるほど高性能なコンピュータを作れるようになる——角砂糖ほどの大きさのナノコンピュータでも、今日の世界全体にあるコンピュータの処理能力を上回れるかもしれない(86)。

しかし小さな物には非常に大きなリスクが伴う。

エリック・ドレクスラーは、一九八六年の著書『創造する機械』〔相澤益男訳、パーソナルメディア（一九九二）〕で、ナノスケールの機械（組立装置）が素材の分子を一つずつ組み立てることができたら、そうした組立機械何十億台を使って、想像できる限りどんな素材でも物でも組み立てることができると論じたことが知られている。しかしその規模に達するには、まず最初に実験室で何台かのナノ組立装置を作り、それから他の組立装置を作らせなければならない。そうしてできたものがさらに作って、代を重ねるごとに指数関数的に増えていく。ドレクスラーは、そのような状況は、組立装置が周囲の有機物質を次の代のナノマシンに作り替え始めると、すぐに制御ができなくなることを心配した。有名な「灰色のどろどろ《グレイグー》」想定で、地球がナノマシンだらけの無生物の塊になってしまうということだ。そのような終末の筋書きはどういう決着がつくだろう。将来、海の原油流出箇所をきれいにするために、何億台ものナノボットが放出されるとしてみよう。すばらしいことに思えるかもしれない。ただし小さなプログラムのエラーのせいで、ナノボットに、原油の炭化水素だけでなく、炭素に基づくすべての物（魚、植物、プランクトン、珊瑚礁）を使い果たすことになるかもしれない。ナノボットはその過程ですべてを消費しつくし、「地球を塵芥に変える」ことになるかもしれない[87]。どれほどの速さでそうなるかを理解するために、ドレクスラーが著書で提供した例を考えてみよう。

そのような複製装置が化学物質の瓶に浮かんでそれ自身の複製を作っているとしよう……最初の複製装置が一〇〇〇秒で一つのコピーを組み立てるとすれば、二つの複製装置は次の一〇〇〇秒でさらに二台作り、四台がまた四台を作り、八台が八台を作る。一〇時間経つと、三六台ではなく六八〇億台の複製マシンができる。一日もしないうちに、重さは一トンになり、二日もかからずに、地球よりも重くなる。さらに四時間経てば、太陽とすべての惑星を合わせた質量を超える――一瓶の化学物質がとうになくなっていなければ[88]。

多くの人が「グレイグー」はあまりありそうにない空想だと否定するが、政府の報告やNGOの中には、この想定を本気で検討したものもあり、人類には扱いきれないある種の事故があることを明らかにしている[89]。その後、ドレクスラー自身はグレイグーの想定をありそうにないと言って、低く見る意見を表明した[90]。生命を貪る自己複製するナノボットの事故による噴出が起ころうと起こるまいと、そのようなテクノロジーの力は、テロリスト組織などの悪意ある活動家に気づかれないわけにいかないだろうし、オウム真理教が一九八〇年代の化学兵器や生物兵器の計画で行なったのと同じように、そうした組織はこうした道具を十年かそこらで研究するかもしれない。

量子物理学も、計算機の分野をとてつもなく変容させる可能性を持つ成長中の科学の分野だ。量子コンピュータが主流になるまでにはまだまだしなければならないことがたくさんあり、すでにできている装置の試験では、現実はまだ言われているほどのことには及んでいないが、量子コンピュータは今日のコンピュータが消し飛んでしまうほどの計算速度を達成する可能性がある[91]。グーグルとNASAによって行なわれた実験では、開発中の量子コンピュータが試験用のアルゴリズムを、既成の商用サーバで動く従来の計算法の三万五〇〇〇倍の速さで処理した[92]。この能力があれば、新薬開発でも、新世代ナノテクノロジーの創造でも、人工知能でも、世界でも最高クラスの難問をいくつか解けるかもしれない[93]。

今日のコンピュータは二進法により、ありうる二つの値、つまりビットと呼ばれる0か1のみを処理して命令されたことを実行する。ところが量子コンピュータは、原子より小さい粒子の、1か0か両方かが取れる、キュービットと呼ばれる特異な性質を利用する。簡単に言えば、量子コンピュータは膨大な数の可能性を、すべて同時に調べられるようにして[94]、セキュリティにとてつもない影響を及ぼす。量子コンピュータはとくに、今あたりまえに使われているコンピュータのセキュリティシステムを完全に無効化する可能性がある。今のコンピュータのセキュリティは暗号に基づいている――これは数論を用い、素数のかけ算を使って通信文を暗号化し、部外者には読めないようにしている。暗号化されたデータを読むには、数学的な鍵を持っているか、必要な計算を「しらみつぶしに」何度も行なって、正解となる素因数分解をするかしなければならない。私たちがパスワードを入れると、暗号アルゴリズムが正しい因数分解をしてメッセージを解読し、認証を行なう。今日では、ハッカーはまずしらみつぶしの攻撃には訴えない。むしろ、実装のしかたが貧弱な暗号化処理、マルウェア、キーストロークロガー、人為的エラーによって、クレジットカードのデータや銀行の情報を読むのに必要な暗号化の鍵を盗もうとする。

正しいパスワードがないときには、暗号化の処理をリバースエンジニアリングしなければならないが、これは計算機には難しく、今日のコンピュータでは実行できそうにない離れ業となる。スーパーコンピュータを使っても、しらみつぶしの攻撃は、今日の標準である一二八ビットのAES暗号を解読するのに何十億年とかかることになる[95]（宇宙の年齢さえ一三七億五〇〇〇万年ほどでしかない）。古典的なコンピュータは一度に一つの計算しかできないが、量子コンピュータは量子力学の直感には反する性質を利用して膨大な数の計算を行なえ、複雑な問題にもすぐに答えに達する。つまり、量子コンピュータなら暗号化手順をかいくぐり、誰のメールでも読んだり、銀行の口座から送金したり、金融市場を支配したり、航空管制システムを乗っ取ったり、重要インフラを操作したりできるようにする。反対に、量子暗号の鍵が転送中に見られたり傍受されたりすると、その内容が変わってしまうので、量子テクノロジーは、完全に安全な、破れない通信を可能にする飛躍にもなりうるだろう。そうしたアプリをアップルストアでまもなく手に入れられるようになるわけではないが、世界中の政府が、今日の暗号技術を破れるような量子コンピュータを造り、自分たちの量子による安全なネットワークを開発しようとしている。意外なことではないが、NSAはすでに、「攻撃困難な標的への侵入」プロジェクトの一環として、一億ドル近くを出して、「暗号学的に使える量子コンピュータ」製作に向かっている。(96) 明言しておくと、これはとてつもなく難しい問題だが、最初に行なった人にはとてつもない権力が集中するだろう。その人が読み取る通信やアクセスするシステムの持ち主には言わないだろうが。

全体として見ると、二一世紀最強のテクノロジー、ロボット工学、合成生物学、分子製造、人工知能などは、未曾有の豊かさと反映をもたらす力を持っている。無制限のエネルギー源の創出、食糧源の生産、医療の進歩と、指数関数的なテクノロジーは善のためになる並外れた力になりうる。

しかしこうした進歩には裏面もあることは、本書全体で何度も見たことだ。二〇〇〇年には、サン・マイクロシステムズの主任科学者だったビル・ジョイが、『ワイアード』誌に載った「未来がわれわれを必要としない理由」という題の独創的な記事で、事態が理論的にはどれほど悪くなりうるかを概観した。(97) ジョイは端的に、ロボット工学、遺伝子工学、AIは、人類を「絶滅危惧種」にするおそれがあると警告した。指数関数的なテクノロジーは、いずれ私たちを超え、コントロールできなくなるからだ。ジョイは二一世紀のテクノロジーすべてが民主化され、インターネット接続があれば誰にでも使えるようになると指摘した。高校にはロボット工作部があり、大学には合成生物学コンテストがある。AIが車を走らせ、ドローン機はコストコで買える。しかし核の脅威と比べると、こうした指数関数的テクノロジーの破壊的な力と今日の普通の人に使えるほどの普及との間には、釣り合わないところがある。そうしたテクノロジーが、とくに民主化されるようになるともたらす巨大な善の可能性を考えれば、そうしたものを禁止すべきだとか、政府の研究室に閉じ込めてしまうべきだというのではない。シンバイオをハッキングするジャイプールの子ども、ミルウォーキーのお婆ちゃんが、私たちが求めていたこれまでと根本的に違うがんとの戦いでの飛躍をしないともかぎらない。しかし大衆の中には少数の悪の活動家がいて、同じテクノロジーを使って世界的な流行病を生み出すこともありうる。そこが考えどころだろう。私たちの指数関数的テクノロジーの使い方、その裏面、もたらしうる害の可能性について、もっと深く、真剣に考えるべきだろう。

宇宙からの攻撃、邪悪なAI、グレイグーは、個人的な優先順位は低く、子どもを学校へ迎えに行くよりはずっと下かもしれないが、直ちに注目する必要がある大量の脅威がある。電力網から金融市場まで、世界を動かす重要インフラが恒常的に攻撃され、システムクラッシュを起こしやすい世界的情報網ができる。同時に、私たちが自分や自分の身のまわりのことについて産出するデータの量は指数関数的に増え、ビッグデータや成長しつつある監視社会でできるようになることのプライバシーや倫理的な含みについて、根深い問題が生じる。このデータはハッキングされ、暮らしの中にある増加する一方の画面に投映され、実は偽の「現実」が映し出される。信用できるコンピュータの不足は、ブラックボックスのアルゴリズムを使って私たちの現実を易々と、ほとんどわからないように歪めることによってさらに激化する。アルゴリズムの秘密は、閉ざされたドアの向こうで、人々の監督もないところでそれをプログラムした人々しか知らない。

モバイルコンピュータと、たとえて言えばゴルフボールの大きさから太陽の大きさに成長するインターネットは地平線の上に出たばかりで、まもなくすべての物理的な物体がネットに接続され、IPアドレスを割り当てられるかもしれない。しかしオンラインの物が増えるということは、ハッキングされる物が増えるということで、悪の活動家は、寝室やら、生物学が情報テクノロジーと統合されるようになれば体やらの、暮らしの秘密の部分にますますアクセスできるようになる。そしてその途上のすべての段階で、犯罪者、テロリスト、ならずもの政府が、今日のソフトウェアやハードウェアにある広い範囲の欠陥を通じて、私たちの共通の技術的セキュリティの不備につけ込もうと待ち構えている。こうした二一世紀の非合法の知的労働者は、とことん革新的で、適応力があり、学習をしていて、クラウドソーシングやアフィリエイトなど最新の事業形態を採用して私たちを取り囲むテクノロジーをひっくり返そうとしている。

コンピュータや人工知能の発達は、犯罪が今やスクリプトに書かれ、アルゴリズムで進行し、効果は増して、必要な人手ははるかに少なくなることを意味する。さらに悪いことに、こうした脅威を探知するのに使える道具は恐ろしいほど不適切だ。新しいマルウェアの脅威のうち九五パーセントは、検出されないまま、企業のネットワークで侵入者が発見されるまでの時間は二一〇日にも及ぶので、私たちのシステムのどれでも、時間とやる気のある人々によって、好きなように侵入できるのは明らかだ。実際、さほどの時間は必要ない。ヴェライゾンとシークレットサービスの共同研究が明らかにした通りで、すべてのコンピュータのうち七五パーセントは数分で侵入され、ハッキングに数時間以上かかったものは一五パーセントしかなかった。

こうした脅威の打撃は、サイバー犯罪が3Dになり、さらに何億もの物がＩｏＴにつながるにつれて、さらに深刻に感じられるようになるだろう。成長しつつあるネットの世界はやはり目立ってハッキングしやすく、今のパソコンやスマホよりもセキュリティができていないかもしれない。ロボット工学の台頭に具現する三次元コンピュータのリスクは、私たちを超え、上回る能力を持った機械を作っているということで、目標を達成するために、協調して、群集として動くことによってさらに強力になる。この光景は、空を飛び、歩き、泳ぐ武装した軍用ロボット軍団が成長しつつあるという物理的な武力が増すことを考えると困った展開だ。たいていは人工知能システムを備えて誘導され、私たちに代わって「殺害判断」をする致死的な自律性を与えられている。サイバーの脅威は純然たる仮想の問題から物理的な世界の危険へと変身しつつある。結果は、本書全体で見てきたように、目の前でSFがSFのような事実になるということだ。

インターネットとIoTとセンサーにより使える何億もの接続が加わることにより、地球はさらに拡張する神経系を発達させている。それは私たちの通信、思考、さらには体までもネットの世界的頭脳につなぐ。たくさんのソフトウェアやネットワークプロトコルで制御されるとてつもなく複雑なもので、その一つ一つが、害をなそうと思っている人々によってすぐにつけ込まれる。残念ながら、こうした世界的神経系を保護する免疫系は弱く、絶えず攻撃を受けている。その欠陥の帰結はいくら言っても言い足りない。したがって、もっと頑丈な自己防衛のシステムを設計し、開発し、製造しなければならない。成長できて、新しいテクノロジーの脅威が世に出るにつれて急速に適応できる安全装置だ。テクノロジーが私たちの生活にもたらす豊富な利益にのみ眼を向けるのは易しいが、それに伴うリスクを無視すれば自分にはね返ってくる。

私たちは今、指数関数的に成長する時代に暮らしているが、生理学的な私たちの脳は石器時代の狩猟採集民の頃と変わっておらず、この五万年の間、ほとんど更新もされていない。指数関数的なテクノロジーに内在する力を把握するのは、私たちが生まれ持つ性質ではない。それでもそうしようとしなければならない。先に触れた伝説の蓮の葉が浮かぶ池で暮らす生物が、指数関数的変化の脅威にさらされているように、私たちもそうなのだ。池を守るための行動は三〇日と警告されたフランスの小学生は、二五日めには蓮の葉が覆っている池の表面はわずか三パーセントだったので心配することはないと思って育つに任せた。しかし二九日めには、蓮は奇跡のように生長して水面の半分を埋めたが、そうなると池を救うための時間はほとんどなく、翌日には池は窒息してしまう。今日、私たちのテクノロジーのセキュリティ不足は全体として無視できるように見えるかもしれない。確かに何百万かの口座はハッキングされるかもしれないし、何十億かのパスワードは盗まれるかもしれないが、まだ時間はある。ドローン、ペースメーカー、航空管制、自動車、信号機、カーナビ、MRI装置、すべてがハッキングされる。しかしまだ時間はある。何百億という新しい物がインターネットに加わるが、まだ時間はある……だろう。

不吉な前兆はある。テクノロジーは私たちをますます接続された、依存する、脆弱な存在にしている。指数関数的なテクノロジーによって可能になる無数の科学的飛躍は人類に、大きな、今までなかった恩恵を約束するが、それは導かなければならず、それにつけ込んで害をなそうとする人々から守らなければならない。私たちは、身のまわりにあるテクノロジーのリスクの圧倒的な証拠を無視して危ない目に遭っている。第二九日は急速に迫っている。それについて何をすればいいだろう。

第3部　生き残るための進歩

第17章　生き残るための進歩

私にとっては、幻想がいかに満足できて安心できるものであっても、その中にとどまるよりは、実際あるとおりに宇宙を把握する方がずっと良い。

——カール・セーガン

これまで手荒なことが言われてきた。テクノロジーや、私たちの生活のどこにでもある機械、家庭や職場や町や、さらには自分の体にまで文句なく迎え入れてきたデバイスの役割について、難しくて安んじていられないような問題を考えるよう求められてきた。この旅路は、この世界で増殖しつつある、増加する一方のコンピュータ画面に、徹底した批判的な目を向けさせてきた。一八〇度逆の、社会の反対側、私たちとテクノロジーとの恋愛関係に見える希望とともにある危険を見せる画面である。私たちの成長する相互接続と、もともと脆弱なコンピュータの遍在は、このテクノロジーのセキュリティ不足の暗雲がもう無視できないことを意味する。

もちろん問題は、テクノロジーが悪だということではなく、あまりに理解されていないということだ。結果として、地球を動かすコンピュータプログラムが、そうしようという気のある人々によって道を誤らせられ、私たちに不利になるように用いられる。指数関数的な頻度の、指数関数的犯罪、つまり悪意ある別々の個人が手を伸ばして、どこでもいつでも何千万もの人にマイナスの影響を及ぼせるような犯罪が生まれつつある。実際、私たちの社会を動かす情報用重要インフラの全体が危うくなっている。こうした難問は、何億という新たな物体が接続され、ロボットという形のネットワーク化されたコンピュータが、私たちと共通の物理的空間を動き回るようになるにつれて、大きく悪化する。もちろん、人工知能や合成生物学によるリスクもある。どれも圧倒され、気が遠くなりそうなことだが、まずはそうした脅威を理解し、認めてこそ、私たちのテクノロジーによる明日の基礎を補強するために必要な変化を起こせるようになる。

私たちが今いる状況を修繕するお手軽な方法はない。すべてを好転させる、「水を加えて混ぜるだけ」の特効薬のような解決もない。この状況にまで達するのには何億もの段階がかかったのだから、出て行くのにもそれだけかかる。脅威は非対称的で、攻撃側は弱点を一か所見つけるだけでいいが、防御側はすべての弱点を守らなければならない。実に無理なことだ。そうは言ってもすべて負けるわけでもないし、望みがないわけでもない。「完璧なセキュリティ」は必要ないし、それを達成することもない。そんなものは存在しない。しかし、コンピュータで動く世界に信用できるコンピュータがほとんど全面的に存在しないことは、私たち全員に対する警報の赤ランプとなる。

科学とテクノロジーは人類にとって正味ではプラスだったことに疑いはない。それでも、これからの世紀で栄えるには、まずこの進歩が必然的にもたらすテクノロジーによるリスクを生き抜かなければならない。今日取らなければならない行動があり、目の前に立ち上がる危険な未来を破るために、重要な進路修正をしなければならない。以下には、技術、組織、教育、公衆政策各方面での、テクノロジーがもたらす指数関数的に高まるリスクを小さくするための戦略的、戦術的いろいろな勧告が出て来る。私たちのテクノロジーの未来を守るためにたどらなければならない無数の段階の中では、これから述べるようなことが重要だと私は思う。テクノロジーはじっとしていないし、引き返すこともできない。要にある問題は、こうした道具を利用してできるだけ良いことを行ない、裏面をできるだけ小さくする方法だ。以下、どうすれば進歩を生き延びられるかという話をする。

キラーアプリ――悪いソフトウェアとその結果

セキュリティアップデートをするたびに……アップデートされることはすべて破られ、無力に横たわり、いつまでそうかもわからない。何日という場合もあれば、何年ということもある。

――クィン・ノートン

フェイスブックのソフトウェア開発者はずっと、「速く動け、物を壊せ」という呪文によって生きてきた。この格言は本社中の壁に掲示されていて、フェイスブックのハッカーの行動様式を反映している。新しいソフトウェアツールや機能が完璧でなくても、コーディングの速さが鍵だという掟だ。たとえその過程で問題やセキュリティの不安が生じたとしても。ザッカーバーグによれば、「何も壊さなければ、おそらく十分に速くは動けない」。そんなコーディング慣行があるのはフェイスブックだけではない。公然とであれ、閉ざされた扉の向こうでであれ、ソフトウェア産業の大多数は、「ひたすら出荷せよ」とか「完全より完成」の類の標語の下で活動している。[1] 多くのソフトウェア製作者は、「失敗」があるがそのままにしたソフトウェアを、それを承知で出荷する。次はもっとうまくやれると期待して。こうした姿勢はソフトウェアコーディングのまずいところすべてに象徴的で、たぶん今日のコンピュータセキュリティに対する最大の脅威だろう。

一般の人々は、身のまわりのテクノロジーのうち、かろうじて動いているだけのものがどれだけあるかで驚くだろう。粘着テーププログラミングとでも言うものでまとめられ、いつもシステムクラッシュ寸前だ。『ワイアード』誌に寄稿するジャーナリストで、ハッカー社会を取り上げるクィン・ノートンは、「ソフトウェアはでたらめ」と指摘する。[2] ほとんどのコンピュータプログラマは押しつぶされ、時間も予算もない。家に帰って子どもと会いたいだけ。その結果として得られるものは、かさばる、不完全な、セキュリティの穴だらけのソフトウェアであり、ハートブリードや、ターゲット、ソニー、ホームデポに対する大規模なハッキングのような事件だ。

今日、コンピュータのプログラムを書くのは決して易しい仕事ではない。ものすごく複雑なことをする。マイクロソフト・オフィスの五〇〇〇万行近くは、そのそれぞれが攻撃者を寄せ付けないための仕事をこなすのに必要だが、必ずどこかはおかしくなる。しかもそれは一つのプログラムだけの話だ。コンピュータもスマホも、動いているプログラムすべてを調和させ、統御しなければならない。もちろん他のシステムで動くプログラムもあり、訪れるウェブサイトで、コンピュータやスマホはそこのプログラムと相互作用しようとする。IoT上の装置がますます互いに通信を始めるにつれて、問題は指数関数的に増える。こうしたソフトウェアのバグやセキュリティの欠陥はすべて、世界的な情報網に蓄積的に作用し、そのため、私たちのシステムの七五パーセントはほんの数分で侵入できるのだ。この複雑さは、ソフトウェアのバグ〔「黴菌」の意味もある〕に対する根深い自由放任的姿勢と結びつき、名の通ったコンピュータセキュリティ研究者のダン・カミンスキーは、今日、「私たちは本当にコレラの時代の慣行で暮らしている」と見るようになった。[3]

今日の世界でのソフトウェアの貧弱な状態をつきつけられると、多くのプログラマは「われわれはただの人間で、完璧なソフトウェアなどない」と反発する。実際その通りだ。しかし完璧に近いわけでもなく、できるところ、すべきことの五〇パーセントくらいではないかと、セキュリティ研究者のチャーリー・ミラーは言う。[4]この数を七〇から八〇パーセントに上げるだけで、コンピュータの全体としてのセキュリティには大幅な違いになりうるだろう。消費者は高性能で多機能のソフトを求め、すぐに欲しがる。何万人という人々が、最新のiPhoneを求めて、発売日前から行列をなし、道端で眠るのをいとわない。しかしソフトウェアを提供する側は、ハードルを大きく上げて、信用できるコンピュータの要になる成分として、セキュリティを土台から誠実に設計する必要がある。

この方向を逆転するには、実際にひどく必要とされているセキュリティをコンピュータに確保しようと思わせるような誘因を用意する必要がある。たとえば、ハッカーがソフトウェアの脆弱性を発見する今日では、できることは見つかった脆弱性を裏市場でクライム・インクに売って相当の利益を得るか、訴追覚悟で、ほとんど謝礼もなしに販売業者に知らせるか、いずれかだ。これでは選択は自ずから明らかだろう。変化が始まりつつあって、いくつかの会社は「バグ報奨プログラム」を確立しているが、現金での報奨は少なく、出すところも、額はデジタル地下世界で手に入るよりもずっと少ない。これは変える必要がある。ハッカーが重要な欠陥に販売業者を目を向けさせることに報酬を出す、資金的裏付けのしっかりしたセキュリティ脆弱性報告体制を世に出せば、そうしたソフトウェア会社自体が、セキュリティ不足のバグが多いプログラムを何も知らない世間に送り出すことで生み出す損害を、できるだけ小さくする助けになるだろう。

グローバル経済と、電気や電話など、私たちの重要インフラすべてを動かすエンジンがソフトウェアとなれば、本当に余裕はない。しかし、この問題について説得力のある記事を書くセキュリティ研究者が何人かいればいいというものではない。もっと質の高いソフトウェアに対する公衆の側からの声も必要で、これまではこの点が激しく不足していた。それについて考えよう。こうした欠陥すべてを自然な状態として受け入れるのだろうか。そんな必要はない。毎年一五〇〇億ドルにもなるソフトウェア産業にいる、自分たちの行動に説明責任のある人々を取り込むことで変えることはできる。[5] こうした社会からの要求がなければ、利益かセキュリティかの争いでは、必ず利益の方が勝つ。もっとセキュリティのしっかりしたプログラムを書いた方が長期的には利益になり、そうしないと相応の結果があることを会社が理解するのを助ける必要がある。現状では、今日のテクノロジーを生み出すエンジニア、プログラマ、会社は、自分たちの行動の結果に対して引き受ける個人的・職業的責任はほとんどない。それを変えなければならない。

ソフトウェアの損害

有名なイェールの計算機科学教授エドワード・タフトはかつて、顧客を利用者《ユーザー》と呼ぶ業界が二つだけあると述べたことがある。コンピュータを造る人々と麻薬の売人の世界である。重要なことに、製品が引き起こす害について損害を回復してくれそうなのも、そういう人々だ(6)。事実として、長々しい利用規約を読まずにクリックして承諾するとき、その会社のソフトウェアやインターネット上のサービスを「そのままで」使い、損害に対する賠償責任は利用者の側にあることに同意している。こうした企業は「弊社および弊社のアフィリエイト、執行役員、代理業者、従業員に対して、「役務《サービス》」の利用に関して生じるクレーム、訴訟、行動から免責する」とか、「弊社の製品が安全で、セキュリティの心配がない、エラーフリーであることは保証しません」のような言葉遣いをする。料理だったら、そのような警告がついた品を買うだろうか。私はそうは思わない。では、ソフトウェア事業はそれ自身を例外として除外し、ずっと何についても責任がないとどうして言えるのだろう。痛いところだ。

トヨタのアクセルの不具合の件のように、配線ミスやファームウェアの間違いで自動車が衝突したら、怪我をした人々は損害賠償を求めて訴えることができる。なぜソフトウェアはそうならないのか。欠陥のあるソフトウェアのせいで誰かが亡くなったり、重大な経済的損失を受けたりしたら、本人や遺族が利用規約でそう言っているからと法廷で退けられるのは妥当なことなのだろうか。判事や陪審に対して、ソフトウェアは損害の主因であることが証明できたとしてもそうなのだろうか。私はそうは思わない。

誤解しないでいただきたいのだが、ともかく新しい法律を作れと煽っているわけではないし、この世界的なサイバーセキュリティ不足を何とかするには、規制こそが最善の道だと言おうとしているのでもない。テクノロジーのように急速に進化する分野では、それはせいぜい鈍刀にすぎない。しかしこれ以上はだめという線は引く必要がある。無謀にも書き方の下手なソフトウェアの結果の如何にかかわらず、脆弱性があるのを承知で売り出され、何百万行というプログラムを自分のスマホやパソコンで一つ一つ読んで、それに伴うリスクを判断することのできない公衆に押しつけるというのは、ただただ明白に間違っている。そういうツールをそんなふうに書いて生み出すことには相応の責任が伴う。

言うまでもなく、ソフトウェア産業はそのような変更には猛烈に反対する。損害賠償請求権を認めると、利益に破局的な作用をして、企業は破綻すると説く。ソフトウェアの相互作用は複雑で、損害があっても公平な責任の判断はできないとも主張する。どちらの論拠も成り立たない。こういう状況は以前にもあった。とくに自動車産業の場合がそうで、その製品は一九六〇年代のあいだ、ひどい事故率だった。消費者運動や議会の行動を通じて、一九六六年に全国自動車安全法が議会を通過し、政府が業界に安全規制を強制できるようにした。そうすることで、二〇世紀でも最大級の公衆衛生の成果も得られた。自動車による死亡は急速に減少し、何万という人命が失われずにすんだ。(7)

もちろん、今日のテクノロジーはかつての自動車よりも複雑かもしれないが、ビジネスの誘因が変化を奨励する方向を向くまでは、ソフトウェア・ハードウェア両方の製品の安全やセキュリティは改善されないだろう。今のところ、末端の利用者が受ける害は、本人だけが引き受けるもので、製品に関与しているソフトウェアの売り手のせいとされる害はほとんど、あるいはまったくない。ひどいプログラムを売り出した影響はあったとしても少なく、この慣行が相変わらず続く。根底にあるセキュリティ問題に関与する人々にその行動について責任をとらせなければ、変わることはないだろう。いつも欠陥のあるプログラムを売り出すことの商売上のコストが、まず既知の脆弱性を何とかすることよりも大きくなって初めて、もっと優れた、セキュリティがしっかりしたプログラムの側に秤は傾く。私は新しい規制や政府の官僚主義をやたらと作るよう言っているのではないが、コンピュータのセキュリティ不足の根本的な原因について、広く活発な公の論議が必要だと思う。ソフトウェア会社の行ないを正してから、何億という「物」を世界的情報網に加えるべきだろう。

データ汚染の削減とプライバシー回復

本書を通じて、何ペタバイトも積み上がるデータの影響を見てきた。情報はいずれ洩れる。個人の医療記録であれ、銀行の残高であれ、政府の機密であれ、企業の知的財産であれ、すべては洩れる。データを一部の大手インターネット企業やデータ企業の手に大量に保存させることは、どうしたって、犯罪者には狙い目の金になる攻撃対象になる。先にも言ったように、人が生み出すデータが増えるほど、組織犯罪はそれをしゃぶりつくそうとする。

インターネット利用者はたいてい、自発的に自分の生活の内密なことをソーシャルネットワークを介して教えることにするのだが、そうしたサービスの背後にある企業は、たいていの人が認識しているよりもずっと多くのデータを集めている。「無料《フリー》」のインターネットサービスを提供する側は、いつも利用者のネット体験全体や、物理的世界での動きすべてにわたり、携帯電話の使用を通じて利用者を追跡している。しかしすでに見たように、ただほど高いものはない。この情報はすべて切り取られ、スライスされ、細切れにされて、データブローカーの薄暗い秘密の世界へと売られ、ブローカーは保持する情報の正確さやセキュリティについてほとんどケアをしない。私たちはこうした慣行に苦情を言ってもいいかもしれないが（私たちがソーシャルメディア企業の本当の顧客だったら）、そうする力がない。フリーのメール、近況の更新、写真などとの引き換えに、不満を言う権利を放棄することに、誰も読まない五〇頁もある細かい字の利用規約にクリックして同意している。このような行きすぎた、まったく一方的な「合意」は、それを書いた企業側がデータを保存しておく様子に関する責任を免除すべきではない。企業が私たちの生活について集められるものを最後のひとかけらまで取っておくことにするのなら、その結果については企業が責任を負うべきだろう。

このシステムの目立つ点は、そういうふうに作らなければならないわけではないというところだ。世界中にいるフェイスブックの各利用者が同社にもたらす収入（利益ではない）は、一年に八ドルくらいしかないと推定される[8]。なら、一〇ドル出すからほっといてもらいたい。月一ドルもしない。回線使用料の一〇〇分の一程度だ。システム全体ががめつくなっている。MITの研究者、イーサン・ザッカーマンが説くところでは、「広告がウェブの原罪である。私たちのインターネットの堕落した状態は、意図してのものではなくても、広告をネットのコンテンツやサービスを支えるためのデフォルトのモデルに選んだことから直接に生じている」[9]。私たちのデータはGメール、ユーチューブ、フェイスブックの対価になっているが、私たちは、わずかな対価と引き換えに、それぞれのデータをできるだけ保存しないことを掲げるインターネット企業を支えることもできるだろう。間に中間者が立たないようにして、もっと論理的なシステムにしてしまえばいいではないか。月に一ドル程度払えば、フェイスブックやグーグルの顧客になって自分の生活を享受するようにはなれるだろう。

今日ではあいにく、ソフトウェア販売業者の場合と同様、誘因は公共の安全とセキュリティの視点には合わされていない。フェイスブックが顧客についての個人識別可能なデータを次々と増やす気になるのは、世界中の何万というデータブローカーに売れるからだ。それがこの会社のビジネスモデルなのだ。ソーシャルメディア企業は、この情報をせりにかけて高値をつけたところに売った後は、買った側がその情報を、最終的になりすましに使えるようにするか、ストーカー行為か、産業スパイかは関知しない。もちろんこうして洩れたデータによる経済的・社会的害を受ける私たちにとってはそこが肝心だ。「フリー」なシステムの利益を選ぶ人々には、それとその結果を享受させよう。しかしそうでない人々には自分のプライバシーやセキュリティを自分で維持するためにお金を出すという選択肢も認めよう。

今日の現代世界では「ネットを離れて生きる」ことはできないかもしれないが、何とかしてもっと保護的なシステムをデザインすることができる。EU市民すべてに基本的な権利としてプライバシーを大事にする、はるかに消費者寄りの、EUデータ保護指針のような、もっと良い、もっとバランスの取れた例がある。この例では、データ企業が人々について保存できるデータの内容をいつまで保存できていつ削除しなければならないかに制約がかかる。私たちとインターネット企業との関係での完全に一方的なパワーバランスを調節するだけでなく、私たちを保護し、私たちのデータがクライム・インクの手に渡らないようにする、わかりやすい取り組みはある。

パスワード

本書第1章のマット・ホーナンが受けた大がかりなハッキングで見たように、アルファベットと数字の列で自分を守ることはもうできない。もちろん、大文字小文字、数字、記号を交えた二五桁のパスワードを作ることによって少し時間を稼げるかもしれないが、実際にそんなことをしている人はほとんどいない。むしろ、二〇一五年の最も人気のパスワードは相変わらず「123456」と「password」だ。五五パーセントの人がほとんどのウェブサイトについて同じパスワードを使っており、四〇パーセントの人々がスマホのパスワードをすべてに対して使うことを気にしない(10)。気にしても、大して助けにはならないかもしれない。デロイト・コンサルティング社の調査によれば、コンピュータの処理能力、クラウド処理、デジタル地下世界からのクライムウェアの進歩を考えると、パスワードの九〇パーセント以上はしらみつぶしの計算で何時間かのうちに破られる(11)。さらに悪いことに、ロシアのサイバーヴォルのようなクライム・インクの組織は、一二億人分以上のユーザー名とパスワードを集めていて、それを使ってアカウントを好きに開けられる。簡単に言うと、ただユーザー名とパスワードを使うという今の方式は完全に崩れている。

もう何枚か保護膜を重ねられる対策がいくつかある。一つはグーグル、マイクロソフト、ペイパル、アップル、ツイッターなどが提供する二段階認証で、これはユーザー名とパスワードに、セキュリティトークンやキーフォブと呼ばれるもの、あるいは携帯電話などを組み合わせる。消費者向けインターネット企業はたいてい、スマホを利用して、ショートメールでワンタイムパスワードを送り、それを入力しないとアカウントに入れないという形で第二段階としている。こうすると、ハッカーが銀行口座やソーシャルメディアのパスワードを解いたとしても、パスワードを送る先の電話やショートメールが使えないといけない。本人やそのスマホはニューヨーク、ハッカーはモスクワという状況では、ハッカーの手には入りにくい手段だ。二段階認証は正しい方向へ向かう明瞭な一歩だが、こうした方式は、スマホマルウェアを介した中間者攻撃によってショートメールを傍受することで突破できる。

そのため、アップルやサムスンなどのスマホ会社は、別の形の二段階認証へ向かっている。これはあなたが知っていることと、あなたがそうなっているもの——たとえば指紋や声による識別——とを組み合わせる。指紋はますますパスワードになるだろうし、アップルは、iPhone 6とiOS 8の出荷とともに、ペイパルや銀行など、他の会社にも端末のタッチID用の指紋センサーを認証のために使うのを認めている。カオスコンピュータクラブなどのハッカーが過去にこうした方式を突破したことはあるが（端末にアクセスできたときに）、複数段階認証は、標準のユーザー名とパスワードよりは格段の向上になりうる。マット・ホーナンは正しかった。パスワードはやめて、複数段階認証、生体認証に変えれば、完全とはとうてい言えなくても、今日使われているか弱い英数文字よりは大きく改善される手立てとなる。現時点では万能の特効薬のような利用者ID識別手段はないが、はるかに優れた代替手段ができる可能性は、とくに、後ですぐに取り上げる共同研究や資金提供の試みによって大きく広がっている。

そもそも暗号化する

企業には二種類しかない——ハッキングされたことがあるところと、これからされるところである。

——元FBI長官、ロバート・ミュラー

今日のデータの大部分は暗号化されておらず、貧弱な保護しかされていない。二〇一四年七月、巨大コンピュータ企業のHPが行なった調査では、私たちの接続された端末のうち九〇パーセントが個人情報を収集し、そのデータのうち七〇パーセントはまったく暗号化されずにネットワークを通じて伝えられることが明らかになった(12)。つまり、コンピュータを使える人は誰でも、プログラミングが下手なソフトウェア、ダウンロードされたマルウェア、弱いパスワードを通じて、そのコンピュータに保存されているデータを盗み、読み、利用することができるということだ。暗号化しないと、データはすべて、それを開ける人なら誰にでも読める。ホームデポから盗まれた五五〇〇万人分のクレジットカードがクライム・インクによって使われるのもそういうことで、同社の店内決済機器は、メモリにある顧客のクレジットカード情報を暗号化していなかった(13)。データをしかるべく暗号化していれば、それを盗んでも役に立たなかっただろう。暗号化されていないことが多いのは金融情報だけでなく、医療記録、企業秘密、軍用無人偵察機が送信する動画、セレブのヌード写真、私たちのほとんどのメールもそうだ。こうしたコンピュータからの流出やデータ盗難の打撃は、適切な暗号化の実施が当然の慣習になれば、大きく減らすことができるだろう。

個人でも企業でも、ハードディスクに保存されるデータの大部分は平文で、その装置にアクセスさえできれば誰にでも読める。同じことは、パスワードやクレジットカード情報を送信するときのHTTPSを使う大手のウェブサイト以外の、インターネットを行き来する通信の大部分についても言える。しかしエドワード・スノーデンの暴露の後はとくに、もっとましなことができる。プラス面では、グーグルが、Gメールのサーバと利用者のコンピュータの間での通信文（パスワードだけでなく）も含めて暗号化した通信量を増やしている。そうすることによって、誰かがメールの転送中に傍受して読むのははるかに困難になる。そうでなかったら、送る通信文は、その通信が、使っている地元のスターバックスのワイファイ接続のようなインターネットを流れているところが見えて、誰にでも自由に読める、葉書のようなものだ。電子フロンティア財団という、デジタル世界の権利とプライバシーを主張する非営利の団体は、「どこでもHTTPS」という事業を始め、インターネットのブラウザすべてで暗号化を使うことを推進している。要するに、インターネットを暗号化して、デジタル通信とコンピュータデータのプライバシーとセキュリティを保護しようということだ。

マイクロソフトでもアップルでも、現代のコンピュータOSには、フリーのハードディスク暗号化ツールがあるが、デフォルトでは使用されず、パソコンのデータを暗号化しているのは会社でも少数派、消費者となるとほんの何パーセントかしかいない。実際、たいていの消費者はこうしたセキュリティのための手順が存在することすら知らない。二〇一四年にiCloudのセレブがハッキングされた大事件を受けて、アップルのCEO、ティム・クックは、同社がサイバーセキュリティ問題に対する顧客の意識を高めるための努力をもっとしなければならないことを認めた。私は全面的に賛成する。アップルは二〇一四年九月、最新のiPhoneは、パスワードがセットされると端末のすべてのデータを暗号化することを発表した。グーグルも次期アンドロイド携帯電話OSでそうすることを約束した。こうしたことは、スマホのセキュリティ・リスクを最小化するための重要な段階だが、利用者の四〇パーセントが携帯端末でパスワードを使わないことからすると、ティム・クックは正しい。もっと教育と自覚が必要なのだ。

バイトをサイバー犯罪から取り戻す——教育が必須

文明は教育と破局との競走である。

——H・G・ウェルズ

アメリカでも世界中でも識字《リテラシー》の問題を抱えているが、たいていの人が思っているものではない。それは技術的なリテラシーの問題だ。ガジェット、アルゴリズム、コンピュータ、ウェアラブル、RFID

チップ、スマートフォンがあふれる世界では、こうしたものの実際の仕組みをともかくも知っている人は、人口のうちのごくわずかでしかない。クライム・インクでもNSAでも、プログラムのしかたを知っている人が、知らない人に対する権力を握る。何世紀か前の文字の読み書きができない人々が機会が限られていると思うのと同じことだ。一般の人々の技術的リテラシーを築く必要がある。

目標は一人一人が全員コンピュータのプログラマになることではない（国の科学、技術、数学の技能が上がれば経済に大いに寄与するだろうが）。目標は市民が自分の身のまわりにあるツールを自分の利益になるように使えるだけでなく、そのテクノロジーの無知に誰かがつけ込んで害をなすことができないように、そのテクノロジーの動作のしかたについて、基本的な理解を得ることだ。全米のミス・ティーン、キャシディ・ウルフが、ノートパソコンのウェブカメラをポストイットで覆うという単純なことを学校で教わっていれば、ハッカーはウルフが自室で裸のところを密かに写真に撮ったりすることはできなかった。もちろん、それは一例にすぎないが、サイバー攻撃を受けた後、被害者が自分を守る適切な知識を身につけていたら、ハッキングされる苦痛はすべて避けられていたかもしれない。教育が鍵で、私たちのサイバーセキュリティ教育はひどいレベルにある。

アメリカの公立学校では、性教育でも運転教習でも何でも子どもに教えるが、子どもはこの先、セックスや運転よりも、ネットでテクノロジーとつきあう時間の方が増えそうだ。それでも、たいていの学校では、ネットで安全に過ごす方法についての正式な教育はほとんど、あるいはまったく行なわれていない。何年も前から、国家犯罪防止委員会のキャラクター、犯罪捜査犬マグラフは、テレビや学校の定番で、子どもにも大人にも、「犯罪にがぶり」と啓発している。今や子どもに「犯罪にがぶり」とやる方法を教える必要が、これまで以上にある。幸い、実施中の役に立つ試みがいくつかある。国家犯罪防止委員会は親と子両方にサイバーいじめやインターネットの安全について教える事業を始めているし、サイバーセキュリティ連合は、優れたウェブサイト（StaySafeOnine.org《ステイセイフオンライン》）を作るなど、自宅でも職場でも学校でもインターネットセキュリティを使うための私たちのデジタル社会を教育する助けとなる施策を行なっている。しかしそうした努力は、ＩｏＴのような幅広いテクノロジーの展開に沿って進む脅威のレベルに合わせるとすれば、大きく広げなければならない。先にも述べたように、こうしたテクノロジーの脅威の大多数は、あるシステムのレベルで取り扱う必要があるが、個人もまたリスクを理解し、自分や家族をできるだけ完全に守る責任を引き受けなければならない。教育の必要は、業種を超えた民間企業でも大きい。企業は攻撃されるが、それはクライム・インクからだけでなく、知的財産や企業データを狙う、手の込んだ国家によるスパイ機関によっても行なわれる。かつては一般にトップシークレットの組織だけで必要だったセキュリティ対策は、ビジネスの世界全体で差し迫って必要とされている。ここでも教育用資源は限られていて、目の前に姿を見せつつあるテクノロジーの脅威に対抗して何らかの進歩をしようというなら、何とか対処しなければならない事態だ。

人的因子――忘れられた弱いリンク

テクノロジーがセキュリティ問題を解決できると信じる人は、この問題を理解していないしテクノロジーも理解していない。

――ブルース・シュナイア

サイバーセキュリティは単に技術の問題なのではなく、人々の問題だ。あなたのコンピュータのパスワードがどれほど強力でも、黄色の付箋紙に書いて画面の前に貼って思い出せるようにしていれば、通りがかりの人が、あなたのデジタルライフに手を出せる。毎年、何万という人が、「ナイジェリアの王子」という詐欺にひっかかって金を取られているが、その問題は技術にあるのではなく、期待や欲という、人間に昔からある特徴にある。ソーシャルメディアに夏休みの計画を投稿して空き巣がそれを見るとなると、空き巣をしやすくしたのは投稿することにした判断でもある。銀行からパスワードの有効期限が切れていて、変更する必要があると伝えてきたらリンクをクリックする人それぞれすべてについては、問題はコンピュータがハッキングされたことそのものではなく、むしろソーシャルエンジニアリングによるフィッシング攻撃にかかったということだ。会社が使うファイアウォールや暗号化テクノロジーやアンチウイルススキャナがいくつあろうと、キーボードに着いている人間が詐欺にひっかかれば、会社はお手上げだ。二〇一四年のＩＢＭセキュリティ・サービシスによるつっこんだ調査によれば、セキュリティ事件のうち九五パーセントは人的エラーがかかわっていたという(14)。人的因子は他のすべてのテクノロジーによるセキュリティ対策を上回るかもしれないし、労働力と個人双方の教育の必要が鍵になる。

プロローグで述べたように、もちろんテクノロジーは人がもっと安全になるのを助けられる。複数段階認証、生体認証、暗号化、位置情報は、犯罪を減らし、他のセキュリティに関するリスクも削減する。しかし何度も見てきたように、こうしたテクノロジーのツールは崩されることがありうる。ＮＳＡは確かにトップクラスのサイバーセキュリティ用ツールを使えるが、それでも、そのツールを破ったのは、厖大な機密データをＵＳＢメモリーに入れて逃げたエドワード・スノーデンという人間だった。イランのナタンズにあった「平和利用」原子力発電所についても同じことが言える。ここでも優れたセキュリティ対策が施されていたし、産業制御システムとインターネットとの間には物理的な接続はなかった。しかしそうした対策も、感染したＵＳＢメモリドライブが、よくわからずに不注意で工場のパソコンに差されると、簡単に破られた。よくわからないままの判断は、スタックスネットというワームを、施設にある、ウラン遠心分離を制御するための内部ネットワークに拡散させた。問題があるときにテクノロジーによる容易な修復に目を向けるのは便利だが、今日の、またこれからのテクノロジーによるリスクに対抗して何らかの進歩を続けるのなら、事業主、政策立案者、インターネット企業、コンピュータプログラマ、エンジニアは、セキュリティの人間的な次元を考えなければならない。

ありがたいことに、私たち個人のテクノロジーのセキュリティを向上させるために、自分の人間としての行動を調節することによって、多くのことができる。この問題を構成するには、比較対照として自動車泥棒のことを考えると役に立つ。BMWの所有者が犯罪の多い地域で車を止める場合、車のセキュリティについて自身が下す判断が盗難の可能性に強く影響する。本人が明るいところに停め、すべてのドアとウィンドウをロックし、アラームを仕掛ければ、車を盗まれないようにする妥当な対策はすべて取ったと言えるだろう。私たちはたいてい、それこそが自分が車の安全を確保する方法であることを時間とともに学んでいるが、人々の大多数は、サイバースペースで同様の行動がどんなものかについて、わかっていない。かくて私たちはネットへ出かけて、暗い人目につかない道に車を停め、ドアもウィンドウも開けっ放しにし、アラームは使わず、キーは差し込んだまま、座席には一〇〇ドル札を何枚も置きっ放しも同然のことをする。そうしておいて、なぜ車が盗まれたのだろうと不思議に思うのだ。

ここでの目標は「完璧なセキュリティ」という決して捕まらないユニコーンではなく、現状で意味のある改善だ。あらためてBMWの例が参考になる。適切な手順を踏み、注意を払って自分と車を守るドライバーに対してさえ、自動車泥棒はやはり可能だろう。犯罪者がトレーラーかレッカー車を持ってやって来るかもしれない。もちろん、ドアやエンジンをハッキングして、車とともに逃走する。十分な時間とエネルギーと注意と資源があれば、どんなシステムもハッキングできる。目標は完璧なセキュリティではなく、サイバースペースで車のドアやウィンドウをロックするのに相当することの理解で、そういうことであれば、何とかできることは多い。それでも、今日ネット上で下す判断の多くにリスクがあるのは、あなたのせいではなく、コンピュータシステム——ソフトウェア、ハードウェア、ウェブサイト、スマートフォン——の設計がものすごく貧弱であるせいだ。それは何とかしなければならない。

人間中心のセキュリティ設計

自分が狙う相手に対する共感をもって創造的問題解決手順を始めるときに、新たなイノベーションの機会が開ける。

——アイデオ社、トム・ケリー

この馬鹿なお客はどうしてパスワードを変更しないのかなあ。この馬鹿なお客がＶＰＮやファイアウォールを使ってさえくれればいいんですが。で、お使いの方式はＷＥＰですか、ＷＰＡ２ですか？テクニカルサポートに電話してコンピュータのトラブルを解決しようとしたことがあればご存じのとおり、たいていのシステム管理者やヘルプデスクの担当者は、「お客様」をとくに重視しているわけではない。こうしたテクニカルサポート担当者でよくある診断は、ＰＩＣＮＩＣ、つまり「問題は椅子の《プロブレム・イン・》方《チェア》、コンピュータじゃない《ノット・イン・コンピュータ》」だ。計算機科学を勉強して暗号学の授業を取ったことがあり、ＰＨＰやＣ＋＋のプログラムを夢にまで見たことがある人々にとっては、平均的なコンピュータ利用者と話すことは腹立たしい経験になることがある。二人が話しているのは文字どおりまったく別の言語だ。セキュリティ技術者にとっては答えは明白に見える。「あのいまいましいユーザーたちが、かくかくしかじかの馬鹿なことをやめてくれるだけで、万事片がつくのに」。電話の向こうにいる利用者の方にあるのは、単純で、しばしば言外の要望だ。「簡単な指示をして、元に戻してくれればいいのに」。私たちのセキュリティ・ツールは今日、複雑すぎ、重すぎて使えないし、単純に言えば、複雑さがセキュリティの敵だ。

情報セキュリティの設計者は、ウイルス、マルウェア、ゼロデイ、エクスプロイト、トロイの木馬、ＲＡＴ、ＡＥＳなどについて専門用語で話し、一般の人々の大半には、それは何のことやらさっぱりわからない。セキュリティ用のソフトやハードの製品は、今日ではほとんど一様にギークがギークのために設計している。こうしたツールが人に、ましてやその祖母にどう用いられるかを一瞬でも考えたり、それに対する共感のかけらでも抱いたりすることはない。逆に、私たちの安全を守り保護するために作られている製品は、親切にも、「警報　アウトバウンドのUDPプロトコルを使うウィンドウズ・サービス用ホストプロセス、IPv6NAT Traversal-Noが、インターネットにアクセスしようとしています。続けますか？」などと教えてくれる。いったいどういう意味だろう。この「役に立つ」警報を書いた人々以外には誰にもわからない。サイバーセキュリティの世界に人間中心の設計思想を取り入れるべきだろう。

iPhone 6、イームズのラウンジチェア、フェラーリ458イタリア、ライカTカメラのデザインを考えよう——楽しくなるように作られている製品だ。こうした道具は機能的であるだけでなく、美しくもあり、顧客やそのニーズを細かく深く理解している人々によって作られている。壇上のスティーヴ・ジョブズが新製品について語るのを見ていると、誰でも必ず、それを作った人々の愛を吹き込まれる。では、セキュリティの世界でのスティーヴ・ジョブズはどこにいるだろう。アップルの主任デザイナー、ジョニー・アイヴなら、大きくなるサイバーセキュリティの不備の問題に何をもたらすだろう。そのファイアウォールやアンチウイルスのプログラムはどんなものになるだろう。今のところわからないし、まさにそのことが大きな問題なのだ。

問題というのは、セキュリティの機能がうまく設計されていないと、人は単純にそれを使わなくなるからだ。さらに、貧弱なデザインは、セキュリティを実際に貧弱にする方向に人々を導くことがありうる。なぜ人はパスワードを付箋紙に書いてコンピュータに貼っておくのだろう。人に二週間ごとにパスワードを変えさせ、少なくとも二〇字の長さにして、一つは大文字、一つは数字、一つは記号にし、俳句や韻文にしろと求めるのは、普通の利用者には要求が高すぎで扱いきれないからだ。だから人はセキュリティシステムをいい加減にして、仕事にかかれるようにするのだ。セキュリティ製品には、ソフトウェアファイアウォールのようなものもあり、それは、このソフトを走らせている当人が、わけのわからない警告メッセージが絶えず浮かび上がるのを避けたいがためだけにこのソフトを停止しなければならないほど、多くの誤報を出す。こうした例では、セキュリティが突破されると、ＩＴ部門の職員はきまって利用者を責める。そろそろまず鏡を見た方がいいかもしれない。もちろん、セキュリティ製品やシステムのデザイナーは、不注意でも無知でもない。顧客の必要からひどく離れているだけだ。言いまわしを借りれば、「考え方を変える《シンク・ディファレント》」必要がある。

人間中心の製品設計は、テクノセキュリティの世界で必要とする行動の変化を動かし、私たちが直面する、増えつつある脅威の数を最小にするには根本的なことだ。こうした製品のデザイナーは、人がコンピュータやスマホとどうつきあうかを心底理解している必要があり、人がよくわからない行動に合わせたり、難解な画面のプロンプトを理解することを期待してはいけない。セキュリティの達人たちが、もっと広い範囲の人々が理解し、実行できる製品を作るようになるまでは、人々には身を守るために必要な道具も情報もないだろう。教育課程の拡充と人間中心のデザインは疑いもなく、私たちの技術的セキュリティの全体としての状態に相当の改善をもたらすだろうが、一人の個人の応答能力を超えるものもある。そうした場合には、大量のシステム変更が必要となるだろうが、自然や医療が、進むべき最善の道について、役に立つヒントを与えてくれるかもしれない。

母親（自然）がよく知っている——インターネットの免疫系を造る

今日のサイバー脅威は、私たちの防護壁が入れないようにしておけるよりも急速に進展しつつある。門外に伝説のバーバリアンがいるだけでなく、門を蹴り倒して城へ侵入してくる。もっと頑丈で、機敏で、柔軟な防御法——体の免疫系のようなもの——が必要だ。地球に生命が存在してきた三〇億年以上の間、人間も含めた何億という生物種が無数の脅威を処理することを学んできた。動物では、適応力のある免疫系が、体外にあるウイルス、寄生生物、細菌、環境毒素などのいろいろな病原体に対抗して必要とする保護を提供する。自然にあるものに見られる造りは、複雑な人間の問題を解決しようとするとき、大いにヒントになりうるし、まさにこの問題を専門にする研究分野もある。それは生物模倣技術《バイオミミクリー》と呼ばれる。たとえば、科学者は今、もっといいソーラーパネルを考えるために、葉が日光のエネルギーをどう処理するかを調べている。すると、自然に触発されるイノベーションを調べて、自己治癒するコンピュータネットワークが生み出せるようになるのではないか。

　今まで、私たちのサイバーセキュリティに対する一般的な向かい方は、ありうるテクノロジーによる脅威すべてから遮断される壁を築くことだった。もっといいのは、リスクが現れるのに伴って、それを認識してすぐにそれに適応することだろう。私たちの免疫系はそうしている。人間の免疫系は一系統のインフルエンザウイルスに対して作用するだけではなく、急速に適応し、インフルエンザの様々な系統全体を相手にすることを学ぶ。これが可能なのは、危険な「非自己」と区別される健康な「自己」を構成するものの理解について、体が鋭い感覚を持っているからだ。[15] しかし現在のテクノ防御システムの道筋は、せいぜい初歩的といったところだ。DARPAと太平洋北西部国立研究所《パシフィック・ノースウェスト・ナショナル・ラボラトリー》は、この問題についての研究を始めていて、中でも興味深い方式が、ウェイクフォレスト大学で進められている。計算機科学教授のエリン・ファルプが、昆虫の群にある自然の群知能を使って、何千という「デジタル蟻」ソフトウェアをコンピュータネットワーク中に配置し、それぞれが脅威の証拠を探すことによってサイバー捕食者を寄せつけないようにしている。そのような脅威が発見されたら、デジタル蟻は問題箇所に仮想世界の匂いに相当するものでマークし、他の蟻を引き寄せる。匂いが強くなると、集まるデジタル蟻も多くなり、これが最終的に、手に余る前にコンピュータ感染に密集する。[16] サイバー脅威が拡散する速さは大きくて、人間が手作業でついていく術はない。同様に、私たちの目標は、世界的なネットワーク中にいろいろなセンサーを創造して、侵入者やその侵入経路を検出するだけでなく、もっと重要なことに、必要な修復を自動的に行なえるようにすることだ――人間の介入を必要としないで自らを修繕する、自己治癒するネットワークであり、地球にとっての免疫系である。そのようなシステムが配置されるまでは、私たちの努力はもっと人材・資本を集中する問題の取り扱いに向け続ける。たとえば警察に違反者を逮捕させるなどのことだ。

二一世紀の警備

テクノロジー的に動く変化によって規定される世界では、私たちは必然的に事後的に法律を作り、ついていこうと常にあわてている。

――ウィリアム・ギブソン

ネットの治安を維持するのは容易ではない。もちろん、伝えられる全能のNSAが私たちのサイバー空間での一挙手一投足を追跡していることについての話は耳にするし、そこには強力なツールや手法が集まっていることに疑いはない。しかし平均的な警官や刑事にとって、インターネットは活動が難しいところだ。ロサンゼルス市警察七七番分署、ニューヨーク市警察ミッドタウンサウス管区、シカゴのエングルウッド区の警官には、スパイ組織が用いるツールは使えない。それはすべて機密で、差し障りがありすぎて法廷に出せない。FBIのような組織さえ、サイバー犯罪捜査、とくに海外のものを行なうときには顕著な壁にぶち当たる。州でも、自治体でも、連邦でも、警察当局は、本書全体で詳細に述べたネット犯罪の爆発的増加によって明らかなように、慢性的に圧倒され、人手不足になっている。サイバー犯罪による、年間四〇〇〇億ドルと推定される世界経済の損失は、警察がクライム・インクに対する戦争で大敗をしていることを端的に示す。

攻撃側は、デジタル地下世界での冒険から得られる利益に顔を紅潮させて、一般に防御側や捜査側が用いるよりずっと前からテクノロジーの恩恵を受ける。予算はほとんど無制限で、内部の官僚機構、承認手続、法的制約といったものもない。しかし、犯罪者に先手を与えるシステム上の問題は他にもある。

とくに管轄と国際法をめぐる問題だ。ネット犯罪の実行者は、ほんの何分かで仮想的に六か国を訪れることができ、サーバからサーバへ、大陸から大陸へと一瞬で飛び移る。しかし事件を捜査するためにデジタルの証拠をたどらなければならない警察はどうだろう。それほど素早くは動けない。あらゆる政府活動と同様、政策、手続き、規制には従わなければならない。国境をまたぐサイバー攻撃は、管轄という重大な問題を引き起こす。個々の警察署の管轄ではなく、今立てられている警備機関全体にかかわる話だ。ダラスの警官は、東京のインターネットプロバイダに証拠を提出させる権限はないし、銀座で逮捕を行なうこともできない。それは政府間の要請があって行なわれるもので、多くの場合は犯罪人引渡し条約を通じてのことになる。国際法の底知れぬ遅さは、警察が海外から証拠を得るのにも何年かかかるのがあたりまえということになる（デジタルの証拠が何秒かで破壊できる世界での何年かだ）。さらに悪いことに、過半数の国々は、サイバー犯罪を取り締まる明文法を持っていない。つまり犯罪者が罰せられずに行動できるということだ。そして、麻薬密輸業者や資金洗浄業者について見たように、サイバー犯罪人は賢明にも安全な国にこもっている。

刑法は国に基づくもので、各国の主権を尊重して、国内のことには外から介入されずに独自に規則や規制を定められるという、一六四八年のウェストファリア条約にまでさかのぼる制度に従う。そのような体制は何世紀もうまく機能したが、そのような境界を侵食する世界的なインターネットからは容赦なく圧力がかかり、その強さは増している。ウェストファリア条約の遺産として、地理的ではない問題に地理的な答えが出される。私たちが直面するテクノロジーの脅威はボーダーレスになり、したがってしかるべき国際的な応対によってこそ対処できる。ＩＣＰＯ、つまり国際刑事警察機構のような機関は、国境をまたぐサイバー犯罪と戦い、加盟の一九〇か国間で捜査協力する上で、重要な役割を担う。しかしＩＣＰＯも活動予算があり、人身売買から美術品盗難まであらゆる国際的犯罪と戦うのに、わずか九〇〇〇万ドルしかない。これと比べると、ニューヨーク市警察だけでも予算は四九億ドルあり、メキシコの麻薬王、ホアキン・「エルチャポー」・グスマン・ロエーラは、逮捕されたとき、自宅に現金で二億ドル近く（ICPOの年間予算の二倍以上）を持っていた。犯罪捜査は、とくに複数の管轄と膨大な量の電子的証拠がかかわる場合、大量の労働力が必要になるだけでなく、例外的に高価にもなる。この問題に対する警察予算に一桁の増加がないと、クライム・インクは衰えずに不法な仕事を成長させると予想される。

警察用の資源が大きく増えたとしても、サイバー脅威問題に片がつくわけではない。刑事司法制度には文化的な成分があり、これにも対処しなければならない。二〇一二年、当時の国土安全保障省長官、ジャネット・ナポリターノは、メールなどのネットのサービスは「まったく」使っていないことを認めた。本当のことだ。国のサイバーセキュリティや重要インフラ保全に当たる政府の最高責任者がメールを使っていなかった――セキュリティ問題によるのではなく、自身が認める「少々ラダイト」なところがあるからだった。[17] 二〇一三年、合衆国最高裁判事、イリーナ・ケーガンは、同僚判事は「テクノロジー的に高度な人々ではない」し、「実は最高裁ではまだメールが使えない」ことを認めた。「判事は、紙にプリントしたメモを、事務官に部屋から部屋へ手渡しで運んでもらって連絡する」という。[18] 刑事司法制度の頂点で仕事をする判事や閣僚に高度な知性があることに疑いはないが、初歩的なテクノロジーに対する関心やそれを使いこなす力がないらしいことは注目に値する。今のような急速に変化する世界では、政府のサイバーセキュリティ政策やテクノロジーやプライバシー法制がメールを使わない人々によって形成できるのだろうか。

司法制度の核にいる人々には、科学やテクノロジーの言語を最小限運用できる必要がある。捜査官は、こうしたツールの仕組みを理解していなければならないだけでなく、自分が追っている相手と同じくらいに創造性がなければならない――大規模な警察官僚組織ではまずありえない。犯罪者はAIを使って犯罪のスクリプトを書き、自動化するのに、警察はそれぞれの犯罪に手作業で応対する。犯罪は成長するが、警察はまだだ。今はＡＩ犯罪ボットがあるが、それに対抗するＡＩ警官ボットはあるだろうか。政府のイノベーション水準はどのあたりにあるのだろう。ＦＢＩにはマッドサイエンティスト部、つまり、糊の利いた白いシャツとネクタイはやめて、敵の創造性のあるハッカーの習俗を採れるだけの専門捜査官部隊が必要だ。そこの人々は社会のあらゆる方面から集められた正真正銘のハッカーにして、型にはまらない思考ができる人とするのがいいだろう。こうした人々には、グーグルと同じような形で創造性とイノベーションを奨励しよう――捜査官に週に一日、通常業務から解放されて独自の研究ができるようにする二〇パーセント方式を使って。グーグルが株式を公開したとき、創立者は、同社のイノベーション能力の補助となり、Ｇメール、グーグルトーク、グーグルニュース、アドセンス（今や同社の収入の二五パーセントを占める）など、「弊社の重要な前進の多く」につながったものとして、二〇パーセントルールを挙げた。ほとんどの警察機関は忙しく、目の前の戦術的問題に集中する時間しかなく、問題解決に必要な、死活的に重要な戦略的思考に割ける時間はほとんど残らない。どんなに費用をかけても、警察活動にサイバー犯罪問題解決に向かってもらわなければならない。

私たちのオフラインでの管轄や司法の体制が、拡大を続けるネット世界と根本的に両立しないかもしれないとなると、新たな方式は緊急に必要とされる。たとえば、サイバー空間で仕事をする警察の部局はあるが、インターネットの先駆者ヴィント・サーフが適切にも問うたように、サイバー消防署はどこにあるだろう。隣家が火事になり、こちらにも延焼するおそれがあるときには、目標は隣の家を罪に問うことではなく、自分の家が燃えないようにすることであるはずだ。警察は明らかに刑事事件のためのものだが、山のように積み重なるサイバー脅威を処理する手段としてもっと良い選択肢は他にもいろいろある。とくに、後手に回る捜査や事後的な問題の処理よりも、予防に目を向けなければならない。その点では、テクノロジーのセキュリティが不足することのリスクを下げようと苦労しているときには、公衆衛生の世界から学べることが多い。

安全な技術の実践——優れたサイバー衛生の必要

物理的な世界では、衛生状態が良いとはどういうことかは誰もが知っている。身のまわりのあちこちでそれは強化されている。レストランのトイレには、従業員に手洗いを求める標識がある。お母さんは子どもに、くしゃみをするときには手で口を覆うよう教え、学校、医者、広告が、コンドームを使用して安全なセックスをするよう注意を喚起する。しかし仮想世界では、どこにそうした案内があるだろう。お母さんが、知らない人からUSBメモリは受け取らないよう教えることはないので、そうしたウイルスを媒介する装置をあたりまえのように自分のコンピュータに差し、それによって意図せずにマルウェアの拡散にかかわり、周囲の人々や友人を感染させたりする。自分自身のテクノロジー製品に予防接種をしていないと、自分が感染し、犯罪ボーグに隷属したとき、知らない間に他人に対するDDoS攻撃やフィッシング詐欺に関与することになる。

インターネット衛生は、公衆衛生と同様、責任の共有であり、テクノロジーによる未来の全体としての安全を向上させようとするなら、ネット使用者が自分たちのネットワークや端末を管理しなければならない。私たちにはそうする倫理的な義務がある。各人が、自分のテクノロジーの大群の面倒を見て、コンピュータ、携帯など、デジタル機器を他の人に害を与えないよう保護しなければならない。ありがたいことに、サイバー衛生の実践は見かけよりずっと易しく、本書の付録では、サイバー脅威のリスクを劇的に下げることができる簡単な手法をいくつか挙げておいた。最善の実践については長く複雑なリストがいろいろとあるが、オーストラリア政府はそれを、見事にたった四つの基本方針にまとめた[19]。

- アプリケーションのホワイトリスト登録——自分のコンピュータ上で個別に認証されたプログラムだけを実行できるようにして、未知の実行可能ファイルやインストール手順はすべて阻止する。そうすることによって、悪意あるソフトや有害なアプリが実行されるのを防ぐ。

・端末上のアプリには、MSオフィス、JAVA、PDF閲覧ソフト、フラッシュ、ブラウザのようなプログラムについて、自動実行更新プログラムでパッチを当てる。
・ウィンドウズ、マック、iOS、アンドロイドなどのOSを自動更新することによって、OSの脆弱性にパッチを当てる。
・コンピュータ上の管理権限を制限し、メールやウェブ閲覧など、だいたいのことについては一般ユーザーとしてログインして使う。管理者としてログインするのは、必要があるとき、たとえば新しいソフトをインストールしたり、システムに変更を加えるときだけにする。そうすることによって、侵入者がネットを通じてマルウェアなどのゴミをインストールするために必要とする場合が多い管理者権限をすんなり与えない。

オーストラリア政府の調査によれば、この簡単な四か条だけでも、標的型侵入は驚きの八五パーセントが緩和される。ベライゾン社と合衆国シークレットサービスによるつっこんだ調査も同様のいい話を伝えている。「データ流出の九七パーセントは、簡単なあるいは中程度の制限を実行することで避けられる」[20]。技術製品の設計を改善し、公衆教育を増進すれば、個人も企業も、サイバー衛生の話になったときに適切な選択を行なう点で大いに前に進める。しかし残ったもっと執拗な脅威に対処するには、もっと統一されたグローバルな手法が必要とされる。疫学や病気の伝染のモデルに基づいて予想されるものだ。

サイバーCDC――接続された地球の世界保健機関

技術的なセキュリティ不足を表す言葉は病気に見立てたものが多い。自己複製する悪意あるプログラムについてはコンピュータ・ウイルスとか感染といった言葉を使うが、私たちは検出や予防に注目するよりも、感染した人を責め、有害なことが行なわれてからずっと後になって、関与した人物を逮捕したり訴追したりすることが多い。このパラダイムを変えて、あたりまえの世界的なサイバーセキュリティを、公衆衛生での実践と見たらどうなるだろう。アトランタにある米疾病予防管理センター（CDC）やジュネーブにある世界保健機関は、何十年にもわたり、公衆衛生に対する脅威を特定し応答するために堅牢なシステムや客観的な方法を開発してきた。サイバーセキュリティ社会にあるものよりもずっと発達した組織、枠組である。伝染病と世界のテクノロジーに影響する病気との間には多くの類似があるので、公衆衛生モデルから学べることも多い。世界中でつねに姿を変える様々な病原体に応じることができる適応可能な体制だ。

大事なことに、公衆衛生の問題では、個人の行動で相当に進める。個人の衛生のための優れた手法があれば良いが、村全体がエボラにかかっていれば、いずれは自分も負けてしまうだろう。この比喩は、サイバー脅威の世界にもあてはまる。サイバーセキュリティでも個人の責任と行動で大きな違いがもたらせるが、最終的には、この相互に接続したテクノロジーの惑星規模のマトリックスにわたって急速に広がる脅威に対処するために持てる唯一の希望は、私たちの対応を協調させるための新たな制度を構築することだ。信頼できる国際的なサイバー世界保健機構があれば、企業、国家、政府機関どうしの協力・協同を促進できるだろう――私たちのオンライン／オフライン双方の世界での、重要インフラを動かすネットワークの公衆衛生全体を改善するのに必要な、決め手となる手順だろう。

サイバーCDCがあれば、私たちが今日直面しているテクノロジー関連のリスクに対抗する方向へ大きく進めるし、私たちの世界の重要インフラを動かすネットワークの公衆衛生全体を改善するための枢要な役割を果たせるだろう。実際、マイクロソフトとイーストウェスト研究所が後援した報告は、サイバーCDCがあれば、今は事後的に間に合わせで実行されているいくつかの役割が実現できるのではないかと言う。それには以下のようなものがある。(21)

・教育——社会の構成員に、自分を守るための実証済みのサイバー衛生方法を提供する。
・ネットワーク監視——サイバースペースでのマルウェア感染／流行を探知する。
・疫学——公衆衛生の方法を用いてデジタル疾病の拡散を調べ、対応や治療について指針を提供する。
・免疫——ソフトウェアのパッチやOSのアップデートを通じて、既知の脅威に対するワクチンを接種するのを助ける。
・事故対応——必要な専門家を派遣し、世界的な努力を調整して、ネット感染源を特定し、感染した人々の処置をする。

上記のことを職務とする組織は政府・非政府ともに多いが、すべてにわたるものは一つもない。そうした努力や協調の隙間を通じて私たちのサイバーリスクが増す。とくに、大きくなるテクノロジーのリスクに対しては、マルウェアの感染源にたどり着くために疫学的な取り組みが求められる。マラリアとの戦いの場合がそうだった。何十年かの間、医療の努力はすべて、この寄生体による病気をすでに感染した人々について処置することに集中して成果が上がらなかった。ところが、この病気はたまり水で育つ蚊によって広まることに疫学者が気づいて、やっと病気との闘いで本当の前進が得られた。蚊やその幼虫が育つ沼の水を抜くことで、重要な繁殖地をなくし、マラリアの範囲を減らした。サイバー空間では、似たような結果を達成するためにどんな沼の水を抜けるだろう。まだすべてが明らかになっているわけではなく、その分、この作業が重要と言える。

サイバーCDCが直面することになる大きな壁には、こんなものもある。病気になった本人がたいてい、感染した自分が歩き回って病気を広めていることを知らないということだ。マラリアの患者では、発熱、発汗、嘔吐、呼吸困難といった重要な症状が出るのに対し、感染したコンピュータの使用者はまったく症状が出ないことがある。この重要な違いは、感染した装置の持ち主の圧倒的多数が、自分のマシンにマルウェアがあることも、それがボットネット軍団に参加していることも知らないという事実に表れている。企業の世界でさえ、ネットワーク侵害の探知にかかる平均時間は今は二一〇日あり、ほとんどの会社は、知的財産でも工場の機械でも、自分たちの大事な資産が攻略されていることを知らない。ハッキングされるより悪い唯一のことは、ハッキングされてそれを知らないことだ。自分が病気であることを知らなければ、いったいどうやって治療を受けられるだろう。さらに、そうした病気の保因者が自分が人に感染させていることを知らなければ、デジタルの病気が広まるのを防ぐことはできない。こうした問題を処理することは、どんなサイバーWHOを考えるにしても鍵を握る重要な分野であり、私たちの将来の社会的安全や情報用重要インフラにとって基礎となる。

サイバーセキュリティ研究者のミッコ・ヒュッポネンは、現代のテクノロジー漬けになった世界にある明瞭なアキレス腱を指摘している――すべてがコンピュータで動かされ、すべてがそうしたコンピュータの働きにかかっているという事実だ。すべてのコンピュータが故障したとしても動き続けられるような何らかの方法を得なければならないという壁が立ちはだかる。私たちの情報システムが大規模なクラッシュを起こしたら、金融市場の取引も、ATMからの現金引出しも、電話も、ガス供給もなくなる。こうした私たちの社会を構成する核になる部分が突然なくなったとしたら、人類によるバックアップ計画はどうなるだろう。答えは単純で、何もない。

本章で概略を述べた手順は、私たちが今日直面する大量の脅威から守れる方向へ大きく進んではいるが、そのような行動計画は安全確実とはほど遠い。私たちはテクノロジー軍備競争の時代の幕開けにいる。その競走はテクノロジーを善のために使う人々と、悪のために使う人々との間にある。難しいのは、テクノロジーの悪用が、私たちの今の保護システムではかなわないほど指数関数的に規模を拡大しているところだ。世界の情報網で、システムクラッシュを避けるために柔軟性を高めておかなければならない。私たちのテクノロジーによってもたらされる進歩を生き延び、その豊穣な恵みを享受するとすれば、まず、眼前の脅威の指数関数的な速さに追いつき、それを上回れるような、セキュリティの適応機構を開発しなければならない。この最も重要な使命については、明らかにのんびり構えている暇はない。

第18章 活路

一人の人間には、世界の巨大な不幸、貧困、無知、暴力に対してできることは何もないと信じて意気阻喪する人がいないようにしよう。歴史を変えるほどの力がある人は少なくても、各人が事態を少しずつ変えるための働きはできる。こうした行動がすべて集まって、一つの時代の歴史が書かれる。

――ロバート・F・ケネディ

テクノロジーの魔人をランプに戻すことはできない。サイバー世界、ロボット工学、AI、合成生物学、どこにいても、巨大な変化が世界で待ち構えている。この変化は私たちを指数関数曲線の急上昇にさしかかる部分に導いた――将来、爆発的に成長するところだ。実際、科学のある領域が別の領域での進歩を導くので、この飛躍は大方の予想よりもずっと早く到来する。情報テクノロジーの前進は合成生物学の原動力であり、人工知能はロボット工学の原動力となる。こうした力はそれぞれが互いに影響し、指数関数的なものを指数関数的に動かす。しかし、本書を通じて記してきたように、こうした展開のすべてが善のためというわけではない。一つ一つの例で、私たちは犯罪者、テロリスト、ハッカー、ならずもの政府がテクノロジーを堕落させ、他の人々を害するのに使っているところを見てきた。もちろんテクノロジーは悪だということではない。テクノロジーの原点である火は、暖を取るのにも、調理をするのにも、隣の村を焼き払うのにも使えた。メスは外科医にも殺人者にもふるえる。私たちの急速に進展するテクノロジーは、善意の人々の手にあれば、世界にとてつもない豊かさをもたらす。しかし自爆テロを行なう人々の手に渡れば、未来はまったく違って見える。

機械の中の幽霊

測定することが知ることである。

――ケルヴィン卿

私たちが今のセキュリティ不足のテクノロジーについて直面する大きな課題の一つとして、ハッカーが私たちのネットワークや端末に侵入していることを明白に示す兆候が往々にして、あるとしても少ないことが挙げられる。招かれざる客がいることは明らかだ（気づいていようとそうでなかろうと）。ただ、もっとやっかいなことに、戦う相手が見えない。スマホ、パソコン、タブレット、銀行口座、冷蔵庫、車、社内ネットワーク、電力網と、私たちの機械のあちこちに幽霊が潜んでいる。すべての侵入者がずっと入って来られないようにすることは、価値ある目標だった。ただ、すでに古風だ。気づいていないといけないので言っておくと、昔ながらのテクノロジーによる共和国は倒れてしまっている。私たちのテクノロジーはバグ、欠陥、侵入者に悩まされている。残念ながら今日、私たちの目標はもはやただ予防するだけではありえない。幽霊をすべて捜し出し、追い詰めて、機械から追放しなければならない。探知に二〇〇日以上かかるというところからして、なすべきことが多いということだ。数時間、数分、数秒というふうに時間の幅を減らす必要がある。

ビッグデータに伴う問題もつきまとう。保存しておけばおくだけ、保護も必要になる。しかしたいていの会社は自分たちの情報資産の目録を作っていないし、したがって、自分たちが整理しているデータがどんなものか、どこに保存しているか、いちばん保護しなければならないのはどのデータかは知らない。重要なことに、こうした脅威が探知されたら、それについて公に話し合う必要がある。

ほとんどすべてのサイバー攻撃を囲む沈黙の壁を崩すことが、私たちに共通のテクノロジーのセキュリティを補強する上での重要な一歩だ。今日の企業は、公然とハッキング被害者と呼ばれるとどうなるか知っている。評判に傷がつくのは当然だが、それだけでなく、直接の損失、顧客の動揺、訴訟などで何億ドルもの対価がありうる。つまり組織はその力の範囲内で、いつ被害に遭ったか、クライム・インクによるのか外国のスパイ活動によるのかなど、すべてについて沈黙を守ろうとする。しかしこの沈黙こそ、サイバーセキュリティ問題の中核にある。人が性的暴行を受けた後、そのことを警察に話すのをいやがると、襲った側は見つからず訴追もされず、また別の人々を被害に陥れる。サイバー攻撃はまったく別の形の犯罪だが、その被害者も、公に語ることはしたがらない。その結果、こうした事件が蓄積され、調べることができず、共通の防御策が考えられず、犯人はのさばってまた日を変えて勝手ができる。正さなければならないのはそういう状況だ。こうしたリスクについて沈黙を守っていては、リスクはなくならない。事態はさらにひどくなって、悪の活動家が罰せられることなく活動する力を与えてしまう。断酒会に行くことにするのと似て、自分がサイバー問題を抱えているのを認めることが、改善に向かう重要な最初の一歩となる。

弾力性の構築――防御の自動化と善のための規模拡大

新しいテクノロジーは破壊目的にも使える。答えは、新しい生物学的ウイルスを生み出すバイオテロリストのような新たな危険に対して迅速に応答するシステムを開発することだ。

――レイ・カーツワイル

サイバー攻撃は起きる――すべてを止めることはできない。もっと次元の高い問題は、私たちの急速に成長するテクノロジー世界を、どうすれば、攻撃に対してもっと弾力的に対応するように構築できるかということにならざるをえない。システムの複雑なところが絶えず拡大することを考えると、解決しやすい問題ではない。弾力性のあるシステムは、破局的な故障はせず、時間とともに劣化しても進行が遅いので修復が受けられるというものだ。弾力性のあるシステムは、根幹の機能は実行し続けつつ、それほど重要でない機能が切り離されたり運転を停止したりする。自然は、普通のトカゲによく表れているような、そのための優れた構造を備えている。トカゲは捕食者に襲われ捕まえられると簡単に尻尾を切って、またあらためて生やし、体の重要な部分（脳や生殖器官）は逃れて生き延びることができる。インターネットや会社のネットワークでのトカゲの尻尾は何だろう。それはまだなく、それこそきちんとしておく必要のあるものだ。

私たちのテクノロジーのインフラは大部分が共通の特異な破れ目を抱えていて、なかでも明白なのが電力である。電気がなければインターネットもない。さらに悪いことに、電気がなければ、水の供給も、食糧生産も、金融取引も、通信も、輸送もない。こうした特異な破れ目を分離して、それが拡散しないようにし、この種の「ブラックアウト」を防ぐべく、分散可能な別の電源を確保する必要がある――もちろん電気のためだけではなく、現代文明を成り立たせているテクノロジーによるツールすべてについてそうしなければならない。

こうしたリスクは電力網の範囲をはるかに超えて、私たちの最も普通のソフトウェアシステムや、インターネットのインフラそのものが含まれる。私たちのテクノロジー世界を動かすツールの多くはそもそも単一栽培のようなもので、ほとんど同じソフトウェアで動いていて、同じ脆弱性がある。コンピュータの単一栽培は、農業の場合と同じく、破局的に故障しやすい――アイルランドのジャガイモ飢饉のようなことになる〔一九世紀半ば、食糧の大部分をジャガイモに頼っていたアイルランドの貧困層が、ジャガイモの疫病による不作で飢饉に陥った事件〕。今日ではマイクロソフト・ウィンドウズが世界中のデスクトップコンピュータの九〇パーセント以上を動かしていて、驚くことに、二〇一四年の初めの段階で、アメリカのATMのうち九五パーセントがまだウィンドウズXP――マイクロソフトがセキュリティのための更新を全面的に停止したOS――で動いていた(1)。テクノロジーの単一栽培は、コンピュータに大がかりにつけ込むための活力の元だ。ハッカーはマルウェア一つで、同じソフトウェアすべての同じ処理を一様に故障させて、世界的に深刻な影響を与えることができる。すでに見たように、虫《バグ》がいることはわかっていても、供給側でソフトウェアの穴が埋められるまでに何年も野に放たれて生きることができる。ウィンドウズ8やアドビのPDFに綻びが見つかったとたんに、世界的な修理作業が始まるべきだろう。ソフトウェア会社は人々が手作業で自分のシステムにパッチを当てるのをただ待つだけではいけない（人はそんなことをしないのはわかっている）。それよりも、こうしたシステムが自己回復するようにすべきだろう。私たちのデジタルライフへの既知の扉や窓を確実にロックするために、いつもソフトウェアの最新パッチを求めるようにするのだ。言い方を変えれば、世界中で動いている何千万本という同じソフトウェアのプログラムに既知の脆弱性の取り扱いをきちんとしないというのは、たとえて言えば、世界中のすべてのジャンボ機に墜落を引き起こすような機械的欠陥があることを発見しながら、そうした航空機を引き続き飛ばすようなものだ。いつもソフトウェア最新のパッチを求める。

個々の綻びや攻撃が分離できて拡散を防げるようにする必要もある。二〇一三年の大手小売業ターゲット社に対するハッキングを考えよう。以前にも述べたように、これに関与した攻撃者は、まず、ターゲット社の空調システムの保守を担当する業者のネットワークを足がかりにして、同社のPOS端末にアクセスできるようにした。最初の綻びが探知されていれば、ターゲット社のその後の企業セキュリティの悪夢は回避できていたかもしれない。私たちの情報を保護するためのもっと優れた、弾力性のある手段が必要だ。私たちのデータを守るエアバッグを考えよう。データ流出が起きると、この仮想のエアバッグが膨らみ、デジタルの所有物を包み、それ以上侵害されないよう保護するというふうに。

会社のCEOや部局長は、自分たちの組織がどれほど弾力的かを自ら問うべきだろう。弾力性とは、高度な敵による攻撃が持続しても、動作を続けられることを意味する。トカゲのように、尻尾は切っても、本体は生き続けなければならない。魔法のようにそうなるわけもなく、備え、訓練しておかなければばならない。とくにサイバー弾力性には、攻撃に応じる熟練や、テクノロジー能力の劣化をすぐに回復させる器用さが必要だ。攻撃の後で素早く回復する方法は、組織が生きるか死ぬかを決める、のるかそるかの問題になることもある。こうした問題に答える時期は危機のさなかではなく、それが生じるよりずっと前にある。

私たちに必要なもっと弾力性のあるシステムは、ゼロから築き上げなければならない。セキュリティは機械ができてから成分に放り込まれる後知恵ではありえない。システムは故障するとしても破局的にではなく、落ち着いて故障するよう工夫しなければならない。安全で信頼できるコンピュータ処理は、システム全体が崩れてしまわないようにする、私たちのテクノロジーの未来を築く要石でなければならない。このことは、私たちがIoTを推進し、ロボット工学や人工知能やナノテクノロジーのような今までとは次元の違うテクノロジーの到来を見る場面では、とくに言えるようになるだろう。私たちはもはや、今開発されている急速に成長するテクノロジーのツールの、公衆政策、法律、倫理、社会への影響を無視できない。私たちは自分たちが発明したものに対して道義的な責任がある。

歴史には、破局的リスクが現実になる前に予見して、社会として専門知識を結集した好例がいくつかある。一九七五年、カリフォルニア州モンテレーにあるアシロマ州立海浜公園で開催された、組換えDNAに関するアシロマ会議もその一つだ。生物学者、法律家、倫理学者、医師一四〇人が集まり、成長中のDNAテクノロジーにありうるバイオハザードを論じ、自発的安全指針を作成した。この会議の結果、科学者は異なる生物からのDNAを混ぜることがかかわる実験をやめることに同意した――当時は過激で、まだ理解が進んでおらず、災害を招く可能性があると考えられていた研究だった。アシロマの教訓と成功はまねるに値する。私たちは合成生物学、人工知能、群知能ロボット、ナノテクノロジーで全速力の競走をしているが、私たちの手に及ばないほどに複製されるテクノロジーに伴うリスクを理解するためには資源はほとんど割り当てられていない。ありがたいことに、人工知能の未来に関する同様の会議が二〇〇九年、同じモンテレーの海浜で行なわれた。その種の集会は、指数関数的テクノロジーの上に成り立つ世界の弾力性を補強するのには欠かせない。

さらに進むと、私たちの社会の安全やセキュリティを強化するために、別の変化も必要だ。完全自動化された犯罪的ハッカー社会からつきつけられる難題に、大規模に対応できなければならない。本書では繰り返し、悪意で攻撃を自動化する人々の例を見てきた。犯罪に一対一の仕事から一対他へのパラダイムシフトを起こしたのはこの能力だった。一二億ものアカウント用パスワードが一つの組織犯罪者集団によって集められ、また別のグループが毎秒七〇ギガビットものＤＤｏＳ攻撃で一〇以上の金融機関をオフラインに追いやったのも、それによる。悪事を働くための道具は指数関数的に規模を拡大しているが、良いことをするための規模拡大はそれに追いついていない。私たちの防御力は、直面する世界的なシステムのリスクに適うほど急速に適応しておらず、政府は深刻な懸念を抱いている。

政府を再編する——イノベーションの刺激

問題を生み出したときに使ったのと同じ考え方を使ったのでは、その問題は解決できない。
——アルバート・アインシュタイン

二〇一四年には、議会が行なっている仕事を認めるアメリカ人は一三パーセントだけで、それでも二〇一三年一一月に史上最低を記録した九％よりは少し改善されていた。[2] 政府への信頼はほとんど存在しない——金のかかる政治であれ、政府活動の機能停止であれ、派閥であれ、意味のある立法がないことであれ。身のまわりのテクノロジーが変化する速さは指数関数的でも、政府は断然直線的にしか変わらない。そのような非対称性に伴う明らかな難題は、一九世紀的な制度では二一世紀の問題を解決できないということだ。私たちは、もっと大きく適応的な政府、一〇倍早く対応できて、変化について行ける政府を必要としている。「メールをしない」閣僚や最高裁の判事はそれ以上のことはしないだろう。

政府のイノベーション不足は議会だけでなく、国家安全保障や警察機構の機関にも浸透している。9・11事件を実行したテロリストが見せつけた創造性（悪魔的ではあっても）に応じて、政府は何十億ドルもかけて、運輸保安庁のような「イノベーション」に達した。元気な四歳児や車椅子に乗った小柄な老婦人も「セキュリティの舞台」に入れられているが（過剰な警備のこと）、将来のテロ攻撃を防げると期待できるとすれば、相当にハードルを上げなければならないだろう。テクノロジーの変化の速さを考えれば、明日のセキュリティの脅威は今日の脅威とは違うだろう――広まるサイバーセキュリティ不安を前に政府が大いに苦労している理由の一つだ。

もちろん、政府にイノベーションがないと言おうとしているのではない。インターネットや宇宙旅行をもたらしたのは政府だし、ヒトゲノムの解読をもたらす触媒となったのも政府だった。政府のあらゆるところにイノベーションのポケットがあるが、そうした創造性の宝石が、今はない形で複製し規模を拡大できるようにする必要がある。一つのモデルがCode for America《コード・フォー・アメリカ》〔アメリカのためのコンピュータプログラム〕という、プログラミングの能力を持った市民有志によるNPOで、政府業務をもっと単純で、効果的で、使いやすくしようとする。ニューヨーク大学のGovlab《ガヴラボ》という評価の高い機関は、テクノロジーを用いて政府機関の問題解決能力を再編成することを専門にしているイノベーション研究機関だ。マッカーサー財団とナイト財団に支援されるガヴラボは、ネットワーク化されたテクノロジーを使って、中央集権的なトップダウンの支配パラダイムを、もっと形を変えやすい、自己統制、イノベーション、市民参加のプラットフォームにしようとしている。

しかし根本的には、今日の世界が直面する緊急で重要な課題に適切に対応し続けるところにするとすれば、私たちは問題解決のためのまったく新しい枠組を立てる必要があるだろう。この点では、考え方をシリコンバレーから借りてきて、私たちの統治システムを社会のためのOSと考えることができる。

ＯＳを根本的に変えることができるなら、それとともに他のことも変わる。教育でも、保健衛生でも、警察でも、私たちの古い制度は苦労している。テクノロジーは政府の対応能力をはるかに上回る速さで進む。これまでは、テクノロジーのセキュリティに対する政府の取組みの大部分は、ただの飾りで機会を逸していた。インターネット起業家のブライアン・ジョンソンが気づいたように、私たちは世界のための、根本原理に基づいた、周囲での指数関数的な変化に適うような新しいＯＳを必要としている。

ありがたいことに、ジョンソンはこの試みに私財から一億ドルを寄付して、「ＯＳ基金」を始めた。「人類に地球規模での本物の変化」を動かすためにＯＳレベルでの「量子飛躍的発見」を促すためのものだ。今日の政府機関は明らかに、私たちが直面する多くの問題の答えを独占しているのではないが、会議――今の大きな課題のいくつかについて答えを見つける手段として、公的・私的双方の機関の力を集める――の主宰者として、重要な役割を演じることはできる。

意味のある官民連携

人々を日々のサイバー犯罪やセキュリティの脅威から守るための政府の努力はまったく適切ではなかった。それは驚くべきことだろうか。外国の敵対勢力によるワシントンに対する侵入攻撃が何万回と成功していることが、米政府には自らを守れないことを証明している。官民にもっと本格的で核心を衝くような協同が必要なのは明らかで、それがないとセキュリティの全体的な状態を改善する意味のある前進はほとんどないだろう。八五パーセントが民間の手に委ねられている国の重要なインフラを保護するとなると、その必要はとくに大事になる。(3) 国としても国民としても、私たちは政府と産業界に、現代世界の仕組みを守ることで協力してもらう必要がある。問題はどうするかだ。

ＦＢＩ、欧州連合、世界経済フォーラムといった様々な機関が、官民連携（ＰＰＰ）の必要を認識して、世界の重要インフラ運営に関与する機関の間でもっと協力が進むような施策を立てている。金融業、エネルギー、通信といった特定の業界が、協力してサイバー脅威に対応できるようにするのを支援する、情報共有分析センターのような新規の機関もある。事件対応保安チームフォーラムという団体は、政府とCERT、つまりコンピュータ緊急対応チームという民間団体双方の信頼できる同輩どうしの協力・対応を改善する上で影響力のある役割を演じている。もちろん、官民連携の当初の努力は役に立つことがわかったが、PPPの努力の中には、目標がはっきりせず、具体的に定められた目的が「情報共有」以上にあったとしても少ないと批判されたものもある。

官民情報共有体制が真の能力に達するには、乗り越えるべき現実の問題がいくつかある。民間には一般に、とくにサイバー脅威のデータが商売敵に知られるとか、もちろん信用問題になるリスクから保護してくれないといったことで、政府が機密を保持してくれるという信頼が足りない。政府にも課題はある。個々のサイバーリスクについての知識をどう共有するか。その多くは機密で、会社や技術要員は、機密資料を見るのに必要な機密解除指定を受けていない。二〇一〇年の政府説明責任局の報告は、政府とのサイバーセキュリティ協同作業に参加している企業のうち、自社が行動につながるサイバー脅威情報を受け取っていると感じているところは三分の一もないことを明らかにした(4)。

目の前にあるテクノロジーの危険が緊急事態だということは、意味のある官民の連携を養うために、私たちがこうした苦難をもっと大きな切迫性をもって乗り越えなければならないということだ。

この方向でのとくに明瞭な兆しはSINET――セキュリティ革新ネットワーク――で、目標は、官民に意味のある橋を架けることによって、サイバーセキュリティの分野のイノベーションを促進することだ。SINETはサンフランシスコで設立され、コネクタの役をする（シリコンバレーにいる人々と、ベルトウェー内〔政府機関が集中する地域〕の人々の間の通訳）。SINETは、両方の世界から先頭に立つ人々を集めて、サイバーセキュリティの生態系で働くどの領域にもある起業家精神と革新を進める助けをして、それぞれの手にある使命に集中させる。政府や産業界にいるサイバー脅威との戦いを本職とする人々以外にも、私たちが直面するテクノロジーの課題に関与するために集めることができる大きな勢力が他にもある。賢明で熱心な一般の人々だ。

われわれ人民

テクノロジーを信頼するのではなく、人を信頼する。

――スティーヴ・ジョブズ

組織犯罪者、テロリスト、ハッカー、ならずもの政府が行なう悪意ある活動の範囲や規模の全体を考えれば、誰でも意気阻喪し、恐怖し、落ち込みさえするだろう。しかし、世界的なセキュリティの分野で仕事をした二〇年近くを経て、私に相当の慰めを与えてくれるものがあるとすれば、この世界では、善人の方が悪人よりもずっと数が多いということだ。これは巨大な有利だが、まだ私たちの利益になるように使い切れていないところでもある。二〇一三年の大量ATM攻撃の例で見たように、クライム・インクはクラウドソーシングに熟達していて、この事件のときには、一〇時間のうちに二七か国で三万六〇〇〇件の取引を実行して、四五〇〇万ドルをかすめ取った。速さ、手際のよさ、イノベーション、打撃力には驚くべきものがある。しかしそのような行為に対抗できる公衆安全はどこにあるのだろう。それはまだ存在しないし、この新しいデジタル時代の夜明けに、私たちの自己防衛や自己依存を補強するために変えなければならないところだろう。

当局が犯罪者に対してテクノロジー上の優位を失いつつあるのは、私には辛いほど明らかになっている。警察は仕事の負担に押しつぶされ、予算削減で足元を崩されて、攻撃にさらされ、ついて行くのに大いに苦労している。さらに、警察活動は閉じた系で、国ごとのものだが、脅威は国際的なものだ。セキュリティの今のパラダイム――銃、国境警備、高い壁――は衝撃的なほど時代遅れになっている。それは世界中を光速で駆け巡ることができるビットやバイトを締め出していない。今の公衆安全機関の中でこうした明らかなギャップを乗り越えるためには、新しい、徹底した問題への取り組み方を見つける必要がある。もっと開けた参加的な形での犯罪との戦い方を組み込んだものだ。ご近所どうしの防犯や地域安全対策のようなものはサイバー空間のどこにあるだろう。私たち全員の保護を、高度な訓練を積んだ捜査官によるわずかなエリートの力に任せるよりも、普通の人々がクラウドソーシングによる集団として問題と戦えるようにする方がずっとうまくいく。そのゲームでクライム・インクに勝つためには相応にうまくなければならないが、規模は大きいほど良い。

　警察がクラウドソーシングするというアイデアは決して新しいものではない。一八六五年、リンカーン大統領を暗殺したジョン・ウィルクス・ブースは、指名手配ポスターに写真が掲載された最初の逃亡犯となった。リンカーン暗殺から一五〇年を経た今、政府による法執行のクラウドソーシングのやり方はまったく変わっていない。警察は写真を各地のニュースに載せ、放送局は指名手配犯が「武器を持っていて危険ですから、見かけたら地元の警察に連絡してください」と注意する。本当だろうか。二〇一五年にもなれば、公衆の関与を補強するために、「見かけたら通報する」以外のことも、きっともっとうまくできる。

　クライム・インクと同様、われわれ人民は、テクノロジーがもたらした恵みを利用して、自らを守り、防御することができる。クレイ・シャーキーは、「世界の人々が、大規模な、地球的な仕事についてさえ、自発的に参加し、貢献し、協同する力」を表すために、「認知余剰」という言葉を使う。われわれ人民は、自分で使える認知余剰を使って自分たちの未来を保護し、防衛するようになっておかしくない。オープンソースの戦争やクラウドソーシングした犯罪には、オープンソースのセキュリティやクラウドソーシングした公衆安全で対抗しなければならない。幸い、この新しい公衆安全のパラダイムが輝き始めている明るい場所がいくつかある。CrisisCommons《クライシスコモンズ》やウシャヒディのような団体は、災害支援や救助を、ハイチ地震やナイロビのウェストゲートモールでのテロ攻撃のときなどに、社会的緊急事態への市民の対応を調整することによって再編しようとしている。二〇〇六年から二〇一二年にかけて、五万人の麻薬関連の殺人があったメキシコの市民は、グーグルマップのようなツールを使って、組織、活動、所在についての通報をクラウドソーシングしている。[5] 東欧では、ジャーナリストと市民をまとめた組織犯罪汚職通報プロジェクトが、多国籍の高度な調査をクラウドソーシングして、世界中でどの独裁者、悪徳官吏、テロリスト、組織犯罪集団が動いていて、大量の不正利得を洗浄しているかを明らかにしようとする。公人の汚職について言うなら、二〇〇九年、イギリスの『ガーディアン』紙の編集者が、英国会議員による目に余る費用請求違反を特定するために得ていた四五万五〇〇〇頁以上のデータを、市民が「クラウド調査」できるようにするソフトウェアを作った。二万五〇〇〇人以上の有志市民がデジタル調査に加わった結果は目をみはるものだった。始まって八〇時間で一七万件以上の文書が調べられ、公的資金の目に余る不適切取得が何千件と発見され、何人かの国会議員、閣僚を辞職に追い込んだ。下院議長までいて、一六九五年以来の実に強力な結果となった。[6]

こうした事例のそれぞれでは、個人は単に当局へ犯罪を通報するだけではないことができていた。時間とエネルギーをデータの解読に向けることで証拠を整理して、警察や政府組織だけではできない速さで結果を出すことができたのだ。公衆安全のクラウドソーシングは、明瞭な結果をもたらし、指数関数的に変化する世界での私たちの世界的セキュリティ戦略には必須の成分にならなければならない。ランドコーポレーションは、連邦政府内にセキュリティ専門の職員が全国的に不足していて、これは国家安全保障と国土安全保障の両方でリスクになるほど危機的だと述べている。[7] この見方は、シスコ社の『二〇一四年度セキュリティ報告』にも表れていて、こちらは世界中で一〇〇万人以上のサイバーセキュリティ専門職が不足していて、二〇一七年には不足は二〇〇万人になると推定した。[8] 私たちは、テクノロジーの未来を保護する活動にもっと多くの公衆参加を喉から手が出るほど必要としていて、官界でもあちこちでその点が認められるようになっている。

二〇一二年、FBIのサイバー法律家のトップ、スティーヴン・チャビンスキーは、サイバー犯罪と戦う政府の努力を「失敗した取組み」と呼び、サイバー脅威との戦いでは、公衆のもっと強力な努力が求められると述べた[9]。その動きは徐々に始まりつつある。ある場合には、アラバマ大学の教授が刑事司法の授業に出ていた学生と一緒にFBIを手伝って、クライム・インクがウクライナとロシアから行なった七〇〇〇万ドルのサイバー犯罪一味を暴いた。学生が動かす「クラウド捜査」は、アメリカにおいて何百万ドルも盗むための銀行用のトロイの木馬であるゼウスを使った容疑者を何人も特定した――その結果、後でFBIが逮捕できた[10]。とはいえ、長続きして意味のある成果を得るには、そのようなクラウドソーシングの努力は場当たり的ではだめで、成長に合わせるために組織的に編成しなければならない。二〇一一年、イギリスの警察はその方向へ一歩進み、サイバー犯罪を相手にするために必要な、しかるべき技能をもった有志の専門警官による全国的な体制を作った[11]。

アメリカなど、世界中の各地で、そうした成功例に基づいた組織を作り、それをさらに前へ進めなければならない。すでに予備役や補助の警官がいる。軍には、陸海空海兵それぞれに非常勤の予備役市民兵がいる。民間側では、平和部隊やアメリコーといったボランティア事業がある。全米サイバー民間防衛部隊が必要だ。そのような組織と言えば、第一次世界大戦にさかのぼるアメリカの歴史上にある民間防衛の試みを思わせるかもしれない。情報の重要インフラを攻撃から守り、そびえ立つテクノロジーの脅威から国を守るために、社会のあちこちから専門家が集められることになる。隊員は注意深く選ばれ、徹底した訓練と身元調査を受けて、明瞭に定められた運用や法律の枠組の下で活動する。そのようなクラウドソーシングした力を善のために構築するには、タイミングがはずせない――サイバー危機が生じる前の今だ。そのような試みを始動するのに大いに助けになりそうな民間専門家団体がいくつもある。たとえば国際情報システムセキュリティ保証コンソーシアム、つまり（ISC）2という、一〇万人以上の資格を持ったサイバーセキュリティ専門家が待機するNPOで、その気になれば、右のような試みにプラスの影響を及ぼせるところなどがある。

クライム・インクの方は、その仕事のためにせっせと未成年者を集めている。私たちの方も同じことをすべきではないだろうか。こうした努力には、多種多様な人々が力を貸せる――老いも若きも、なかには確かに腕があるハッカーでも、その才能を公共の利益に向けようという気があれば、流れを変えることになる。アップルの共同創立者スティーヴ・ウォズニアックが気づかせてくれるように、「規則にいくらか楯突くのは良いことだ」。とくに若い人々に、その才能とエネルギーを善に向けてもらう機会を生み出して、クライム・インクに悪用されないようにするのを助ける必要がある。テクノロジーは指数関数的、政府の応対は線形ということは、崩れない、安全で安定した社会を築くためにはもっと多くの人手が要るということを意味する。私たちの公衆安全やセキュリティは、専門家だけに任せておけないほど重要だ。今日の指数関数的に進む世界での善と悪の戦いでは、勝利は多くの群集を動かせることになった方が得る。そろそろ、このシステムを私たちに有利に戦い、テクノロジーによるツールを人類全体の恩恵を最大にするよう鍛えないといけない。

システムのゲーム的把握

すべてのゲームデザイナーは明らかに世界を変えるゲームを一つ作るべきだ。法律家は公共の善のための仕事をする。われわれだってできる。

――ジェーン・マッゴニガル

アメリカのゲームデザイナーにしてゲーム研究家のジェーン・マッゴニガルによれば、今日、世界中で五億人以上が一日に少なくとも一時間、コンピュータゲームやテレビゲームをしていて、合衆国だけでも一億八三〇〇万人以上いるという。地球全体で一週間に三〇億時間ビデオゲームをしていることになる[12]。こうした努力が特定の公共の善のために向けられたらどうなるだろう。解放される巨大な力や可能性を想像してみよう。そうなれば、群集の知恵が、世界の難問をいくつか取り上げる方向へ向けられるかもしれない。この理論を確かめるために、DARPAは二〇〇九年、ネットワーク・チャレンジ（レッドバルーン・チャレンジとも）という大会を開いた。一〇個の大きな赤いヘリウム風船を、フロリダ州マイアミからオレゴン州ポートランドまで、アメリカ中のあちこちの都市に隠し、最初にすべて見つけたチームに四万ドルの賞金を出すというものだ。DARPAがこのコンテストを行なったのは、インターネットやソーシャルネットワークが、危機のときの災害救助など、時間が重要になる問題を解決するためのリアルタイムの通信や広域的な協同に果たす役割を調べるためだった。特筆すべきことに、MITのチームがアメリカのあちこちに隠された一〇個の風船をすべて、わずか九時間で見つけた。課題をソーシャルメディアで四四〇〇人の有志にクラウドソーシングしていた。

結局、ゲームをすることが必ずしも時間の無駄ではなく、実際に高い生産性のある活動でもありうるのだ。ゲーミフィケーションは、ゲームの考え方や仕組みをゲームではない脈絡で使えるようにして、プレイヤーに現実世界の実際の問題を解くことに参加しやすくするという新しい研究分野である。そのような例の一つが、マラリアの診断と治療を通じての公衆衛生の分野にあった。世界中で一日に六〇万人以上がマラリアにかかり、一分に一人の子どもが死亡している。この病気は病原体を人体に伝染す蚊に刺されることで広がり、人の赤血球に感染する。マラリアの診断は時間がかかり、専門家が手作業で血液を顕微鏡で調べて病原寄生体を探すのに三〇分もかかり、診断がつく前に死亡する人も多い。MalariaSpot《マラリアスポット》というゲームは、実際の患者の血液の仮想スライド画像を使い、それをプレイヤーに提示して、一分でできるだけ多くの病原体にマークするという課題を出すことで状況を変える。結果は見事で、一か月で九五か国の無名のプレイヤーが一万二〇〇〇回ゲームをした。病原体がどんな外見かを説明するオンラインのチュートリアルを何分か受けるだけで、マラリアスポットのプレイヤーは七〇万件以上で正しく病原体を診断した。同じ画像を複数のプレイヤーに提示するので、医療専門家でないゲームプレイヤーでも九九パーセント以上の確度を達成した。マラリア治療と診断の世界での「ゲームチェンジャー」〔登場したとたん状況や形勢をがらりと変えてしまう存在〕だ。[13] FoldIt《フォールドイット》というゲームは、分子生物学の教育をまったく受けていない人々に、3Dの空間的定位技能を使って科学のために問題を解けるようにする。その技能でタンパク質を操作して折りたたむ《フォールド》ことによって、病気を調べて治療する手段にするのだ。ある顕著な例では、フォールドイットのプレイヤーが、HIVの複製で重要な酵素の構造を、ほんの数日で正しく明らかにした。世界中のエイズ研究者が一〇年以上、解こうとして手が届いていなかった発見だった。[14]

マラリアスポットやフォールドイットのようなクラウドソーシング用のゲームは、テクノロジーのセキュリティ不足をめぐって私たちが直面している謎に適用できる、広い範囲にわたるヒントや重要な教訓をもたらすはずだ。人々、とくに若い人々のゲーム好きなところを私たちのサイバーセキュリティ向上に向けるようにするために、どんな楽しいパズルを作ればいいだろう。可能性を想像してみよう。血液のスライドを見せてマラリアを探すのではなく、リアルタイムにフィッシングメールを提示して、クラウドに銀行口座情報を探している悪意あるスパムを正しく特定するという問題を出すといったことが考えられる。ソフトウェアのセキュリティ確保のゲーミフィケーションは、テクノロジー企業が「ひたすら出荷」精神という明白な落とし穴を避ける助けになるかもしれない。世界中の何万というプレイヤーに、ソフトウェアやハードウェアの製品にある欠陥、見つけないとクライム・インクのハッカーにつけ込まれて公衆の害になりかねない欠陥を求めて「バグ探し」させるのだ。そのようなアイデアは、DARPAによっても、またトップコーダーやバグクラウドなどのいくつかのスタートアップによっても、すでに開発中だ。同じ手法は国の重要インフラにも使える。シムシティ風のアニメゲームに無記名のデータを示し、仮想の電力網や輸送網などすべてにあるセキュリティの脆弱性を見つけるという課題を出す。結局、自分が楽しいゲームをするという理由でゲームをする個々のゲーマーが、サイバーセキュリティで重要な飛躍をとげる可能性を持っているかもしれない。現実世界の問題を解決して周囲の人々を助ける能力でやる気になる人もいるだろう。どちらにも魅力を感じない人々には、有無を言わせない現金がある。

賞金目当て――グローバルセキュリティのための刺激的競争

飛躍もそうなる前は馬鹿げたアイデアだ。

――ピーター・ディアマンディス

賞金には人に注目させる力がある。宝くじの一等が当たるチャンスを狙って買いに来る人々に聞いてみればよい。しかし賞金は処理しきれない問題に対する革命的な解決策を生む火花でもありうる。一七一四年、英国議会が経度賞を設けたのはそういう例だった。「船の安全と速さ、船舶の保全、乗員の生命」を保証するために航海を助けようとしてのことだった。緯度（南北の位置）は太陽の高さを用いて簡単に測定できるが、一八世紀の初めまで、船乗りは東から西へどれだけ進んだかを示す経度による位置を計算する手段がなかった。議会による法律によって、英国政府は、経度を〇・五度の精度で求める方法に対して二万ポンド（今の一〇〇万ポンド以上〔二億円以上〕）の賞金を出すことにした。魅力的な賞金によって、独学の時計職人ジョン・ハリソンは、船舶用クロノメーターという、問題の答えとなる時計に似た装置を考案しようという気になった。二〇〇年後、別の奨励のための賞金が始まった。今度は航空機という生まれたばかりの分野の進歩を促すためのものだった。

チャールズ・リンドバーグは、大西洋を初めて飛行機で横断した人物となったが、冒険精神だけでそうなったのではなく、あまりおぼえられていないホテル界の大物、レイモンド・オーティーグが第一次大戦後の一九一九年に、「大西洋をパリからニューヨーク、あるいはニューヨークからパリまで、一回の飛行で横断した連合国の最初の飛行家」に対する賞金として、私財で二万五〇〇〇ドルを出すと言っていたからでもあった。オーティーグは当時の刺激的な新テクノロジー、飛行機械の進歩のために財布を提供したのだ。この努力には政府からの資金は出ず、すぐに利益になるものでもなかったが、合わせて二万五〇〇〇ドルの賞金を求めて、九チームが進んで、合わせて四〇万ドルも使った。賞金は、問題を解決し、今日の航空産業を生み出す助けになったイノベーションに点火する重要な火花だった。一九九六年、医師で宇宙ファンにして起業家のピーター・ディアマンディスは、オーティーグをまねて、より良い人類の未来のためのテクノロジー開発を奨励するために公開の競争を企画・運営するNPO、Xプライズ財団を創設した。たぶん、サイバーセキュリティでもそのような競争をすべき時期になっている。

ディアマンディスによれば、「Xプライズは、世界を良い方に変えるためにできることの限界を押し広げる勢いを報奨する賞金争いである。それは世界の想像力を捉え、似たような目標を求める人々を刺激し、イノベーションを刺激して、正の変化を加速する」。ディアマンディスが発表した最初のコンテストは、一〇〇〇万ドルのアンサリXプライズで、これは各チームにカルマン線（高度一〇〇キロ）を超えて安全に地球に戻ってくる有人宇宙船を打上げることを課題にした。それでは十分でないかのように、規定には宇宙船は大人二人分の重量を収容できて、二週間の間隔でもう一度打ち上げなければならないとも定めていた。どこの政府の出資もなく、二六チームが一億ドル以上を使って、このたいそうな目標を目指し、二〇〇四年、モハベ・エアロスペース・ベンチャーズのチームが成功し、宇宙旅行など、商業宇宙飛行の可能性を開いた。奨励賞は大胆なもので、世界の関心を捉える――まさしく私たちが今日つきつけられている根本的なテクノロジーのリスクから身を守る方向へ大きく飛躍するのに必要とする類の考え方だ。

サイバーセキュリティの世界でのXプライズがあるとすれば、イノベーションのエンジンとして機能できるだろうし、良い方への指数関数的変化を動かす傑出した勢いとなって、世界のテクノロジーのセキュリティ不足を人類全体の利益に沿って処理できるかもしれない。直面するサイバーセキュリティの問題を明瞭に定義する点でも、Xプライズは世界中のチームのやる気を起こさせて、危機を回避し、人々に力を与え、新しいテクノロジーを生み出し、さらには新しい産業さえ創出するような、最も効果的な答えを見つけることができるだろう。サイバーセキュリティ用Xプライズは、指数関数的テクノロジーによるリスク関連でつきつけられる大きな課題の一つを乗り越える助けになるかもしれない——課題とは、こうした問題は扱いにくく、解けないもので、答えに向かって進む道がはっきりしないと信じるところだが、そんなことはない。以前にも厳しい時代はあったし、生物種としては、何度も、一日前は馬鹿げたアイデアに見えていたことを成し遂げてきた。奨励賞はより良い未来の光景を通じて希望を刺激し、それを獲得した人々は、私たちの解けないように見える問題でも、解けるしいずれ解かれるものがあることの証拠となる。一人、あるいは小さなチームが、リンドバーグやハリソンなど無数の例が明らかにするように、確かに違いをもたらせるのだ。重要なことに、サイバーセキュリティのためのXプライズは、世界のセキュリティにおける重大な前進の始まりにすぎない。他にも勃興する脅威、たとえばバイオテロ、制御不能の人工知能、自律的兵器システム、ナノテクノロジーについては、それが世界に対する実在のリスクになりそうなことを考えれば、奨励賞を出す時期に達している。

博愛家のレイモンド・オーティーグが民間飛行を奨励し、アニューシャ・アンサリとアミーア・アンサリが商業宇宙産業を刺激したように、今日の慈善事業もテクノロジーのセキュリティに大きな変化をもたらせる。ビル&メリンダ・ゲイツ財団が、財団発足以来、ゲイツの財産から二六〇億ドルも分配して、HIVとの闘い、ポリオ根絶、教育支援で成し遂げた脅威の成果を見ればよい。同財団だけではなく、新世代の「テクノ博愛活動家」もいて、世界を良くするために熱心に私財を使っている。イーベイの初代社長、ジェフ・スコールは、世界的流行病や核拡散に対抗してたゆまず闘い、自身の財団に私財から一〇億ドル近くを寄付している。イーロン・マスク、ピエール・オミドヤル、スティーヴ・ケース、ラリー・エリソン、モー・イブラヒム、サー・リチャード・ブランソン、マイケル・ブルームバーグは、何とも太っ腹なことに、財産の大部分を博愛活動に充てることを約束する「寄付の誓い」に署名している。こうした人々は、自分の財産で、優れた統御手法《ガバナンス》から子どもの発達にわたって積極的に支援しようという個人的な熱意を抱いている。こうした人々のほとんどは、財産のすべて、あるいは一部をテクノロジーの分野で稼いでいることを考えれば、Xプライズがこのテーマに集中した資金提供は、目の前で成長するテクノロジーの脅威と戦ううえで長足の進歩をもたらすことだろうし、財団の人々の専門知識があれば、大きな違いをもたらせるだろう。幸い、Xプライズ財団は、デロイト・コンサルティングの支援も受けて、サイバーセキュリティを対象としたXプライズの準備を始めている。二〇〇〇万ドルの財布（ソフトウェア産業の一五〇〇億ドルからすると、年間わずか〇・〇一パーセント）があれば、もっと安定して、私たちのテクノロジーの未来を守るのに必要な、セキュリティが整ったソフトウェアを提供するのを助ける道のりがだいぶはかどるだろう。しかしもっと多くのこともできる。大きくて大胆で、目の前の差し迫ったテクノロジーに関する課題と同じほどの規模や範囲にわたる。

本気になる――サイバー用戦略兵器開発

私がロスアラモスでマンハッタン計画に加わっていた十五年間やその後の研究の間、私はたぶん世界が経験した中で最大の科学的才能を集めた人々の中で働いていた。

――フレデリック・ライネス

一九三九年、ドイツの物理学者がウラン原子を分裂させることを知ったという知らせが届くやいなや、アメリカの科学界には、ナチスがまもなく、想像を絶する破壊力の爆弾を作れるようになるという恐怖心が広がった。アルバート・アインシュタインとエンリコ・フェルミは、フランクリン・ルーズベルト大統領にこの状況を知らせなければならないという点で同意見だった。その後まもなく、マンハッタン計画が始まった。第二次大戦中の連合国の側で原子爆弾を作るという壮大な秘密の事業だった。施設はニューメキシコ州ロスアラモスに用意され、ロバート・オッペンハイマーが計画の指揮役に任じられた。一九四二年から四六年まで、マンハッタン計画は二〇億ドルをかけ、一二万人以上のアメリカ人を国中から手間をかけて密かに集めた。マンハッタン計画に携わった人々は自分たちにつきつけられた脅威を本気で心配していた。今の私たちは違う。

核戦争による破局的打撃のリスクを、一億枚の盗まれたクレジットカードによるリスクや、今日進行中の科学的発見の中でも、人工知能、ナノテクノロジー、合成生物学といったものによるリスクと同じと見るまっとうな人はいないだろうが、スティーヴン・ホーキング、イーロン・マスクといった人々が警告するように、潜在的には確かに地球上の生命に対してとてつもない脅威になりうる。こうした潜在的に存在する脅威だけでなく、この世界の情報の重要インフラに具現された私たちの現代テクノロジー社会の土台がもろく、構造物の老朽化や、お手上げになりそうなシステムの複雑さや、悪意ある活動家の直接攻撃で崩れやすいということも、確かに認識しなければならない。

私たちはまだ、多くの人が警告するような、情勢が一変するほどの潰滅的サイバー攻撃を受けてはいないが、それでも備えるのを待つこともないだろう。テクノロジーがらみの危難の証拠は至るところに見られる。日を措かず、サイバー攻撃で金融システムが混乱し、知的財産は何億ドルと盗まれ、外国は兵器の設計図を盗み出し、ハッカーは、発電所から上下水道処理施設まで、あらゆるものを動かす産業制御システムの乗っ取り方のこつを教え合っている。高名な統計学者でFiveThirtyEight《ファイブサーティエイト》というブログを編集するネイト・シルヴァーの言ったことを敷衍すると、私たちの目の前にある今のサイバーセキュリティとテクノロジーの根本的脆弱性に対するだらだらした取組みは、日焼け止めを塗っているから核燃料のメルトダウンから守ってくれると言うのに似ているほどになっている――問題の規模からすると全然間に合わない。今の事態を冷徹に考え直さなければならない。ナチスの危機を前にしたマンハッタン計画の人々のようにサイバーセキュリティに向かわなければならない。

このような課題を説くのは私が初めてではない。とくに9・11のテロ攻撃直後は多くの人がそうしている。当時は、一流の科学者が連名でジョージ・W・ブッシュ大統領に、「電力、金融、通信、保健衛生、運輸、水、国防、インターネットなどの合衆国の重要インフラは、サイバー攻撃に非常に脆弱であり、国家的災厄を回避するには、迅速で断固とした緩和策を取ることが必要」と警告する書簡を出した。署名した人々は、学界、シンクタンク、テクノロジー企業、政府機関の人々がいて、中にはDARPA、CIA、国防科学委員会、ゼロックス・パロアルト研究所や、国立各研究所、一流大学の要職を務めた人々がいた。こうした本気で考えた人々は、誇張に傾くことなく、サイバー攻撃の重大なリスクは今そこにある危険であることを警告し、大統領に直ちにマンハッタン計画をお手本にしたサイバー防衛計画を行なうことを求めた。その行動要請は二〇〇二年のことだった。残念ながら、世界のサイバーセキュリティ不足状態については、その後もほとんど何も変わっていない。何か変わったとしたら、むしろ悪くなっている。確かに、名目的な努力があったり、タイタニック号の甲板のようなところでいくつかの職が再編成されたりはしているが、実質の伴う前進はあまりない。自国を直面するテクノロジーの脅威の急速な高まりから守る、アメリカの世界に冠たる戦略とはどういうものだろう。簡単に言えば一つもない――残念がってよい重大な問題だ。

サイバー問題についての本当のマンハッタン計画は、政府、学界、民間企業、社会一般から広く現代知性の最高峰を集めることになるだろう。政府は調整や資金提供を行ない、一流の計算機科学者、起業家、ハッカー、ビッグデータの権威、科学研究者、ベンチャー資本家、法律家、公衆政策専門家、警察当局者、公衆衛生当局者、さらには軍や情報機関の人々を集めることになる。目標は真に国家的なサイバー防衛能力、国としての重要インフラに対する脅威をリアルタイムで探知し、それに対処できる能力を生み出すことだ。このマンハッタン計画は、もっと堅牢でセキュリティの整った、プライバシーを強化したOSなど、自らを守るために必要な関連するツールを生み出せるようにする。それを研究することによって、自己治癒し、今日使えるどんなものよりも、はるかに攻撃に対して抵抗力があり、故障に対して弾力的に応対できるソフトやハードを設計・製造することにもなる。そのような国家的な、さらには世界的な重みのある計画は、それを成功させるために、必要な構想、範囲、資源、予算的支援を得なければならない。とくに重要なことに、元のマンハッタン計画と同等の切迫感も必要とするだろう。今の、またこれまでの、高まるサイバーセキュリティ不足の生ぬるい取り扱いにはまったくなかったものだ。

途方もない仕事に見えるかもしれないが、いい話もある。それはできることなのだ。うまく戦うことはできる。アメリカには、共通のセキュリティを根本から変える歩みを進めるために必要なものはある。それには構想、焦点、指導力が必要だろう。ときに絶望的に見えるかもしれないが、ジョン・F・ケネディ元大統領からの励ましをもらおう。一九六二年九月、ライス大学で行なった演説で、アメリカ人にNASAを創設して六〇年代の終わりまでに月に人間を着陸させ、地球へ帰還させることを説得したときの話だ。三万五〇〇〇人の観衆を前に、雄弁で人の心をかきたてる演説を行なったケネディ大統領は、宇宙旅行の重要性を、次のように語って私たちの世界的な安全保障に欠かせないと持ち上げた。

> 人類は知識と進歩を求めて決意し、揺るぐことはありえません。私たちは宇宙が大量破壊兵器で満ちることがないようにすると誓いましたが、知識や理解の助けがあればこそです……私たちがこの新たな海に乗り出すのは、新しい知識が得られ、新しい権利が勝ち取られ、それがすべての人々の進

歩のために勝ち取られ、用いられなければならないからです。宇宙科学は、原子力科学やあらゆるテクノロジーと同じく、それ自体には意識がありません。その力が良い方になるか悪い方になるかは人間次第です。……私たちは月へ行く方を選んだのです。六〇年代のうちに月へ行くなどのことをしようというのは、それが易しいからではなく、それが難しいからであり、その目標は私たちの力や技能の最大限を組織し測るのに使えるからであり、その課題が私たちが進んで受け入れ、先送りにはしたくない、勝つつもりでいるものだからです。

その通り。私が言っているのもそういうことだ。それを導く人はどこにいるだろう。その人物、共通の向上のためのテクノロジーを使って私たちを大胆にこの二一世紀へ導き、神聖な使命に適うことにその評判と名誉を賭け、そうするために、勇気、決意、確信を行使する人物はどこにいるだろう。政府、学界、民間にわたる努力を強固に集めてこそ、前に進めるのだ。サイバーのためのマンハッタン計画を実際に動かす鍵は、目の前の任務の巨大さや重要性に伴う切迫感を鋭くすることだ。時計は進んでいて、このアイデアを実らせるための時間が贈物のようにあるわけではない。

最後の考察

未来を予測する最善の方法はそれを発明することだ。
——ゼロックス・パロアルト研究所、アラン・ケイ

私たちのセキュリティに対するテクノロジーによる脅威という話になると、未来はすでに来ている。それはキエフのオフィスビルに、次のイノベーティブ・マーケティングになる定めで収まっている。図書館であなたの隣にいて次のシルクロードや暗殺市場を築きつつあるその若者のノートパソコンにもあ

る。外国の首都にあって、毎日何千というデジタルスパイが出勤して企業秘密を盗もうとしている十階建ての政府ビルにもある。学校でのいじめにうんざりし、不満を抱いてバイオテロによる復讐をたくらむバイオハッカーのガレージにもある。クワッドコプタードローンを売る、武器を刑務所や空港のフェンスの向こうへ届けるために使われることを知らない地元の大規模小売店にもある。それは模型ジェット機を売っているウェブサイトで買え、爆発物を載せて自律飛行でき、テロリストによって人の集まるビルに飛ばすことができる。この未来はもうすでに来ている。すべての警告や指標はある。脅威は本格的で、それに備える時は今だ。犯罪者、テロリストなど、悪意の活動家はすでに備えていることは請け合える。

すでに見たように、すべては接続され、すべては脆弱だ。しかしすべてが失われたわけではない。本章や前章で概略を述べたように、それについてできることはある。しかし手近の問題に対応せず、見て見ぬ振りをしていれば、問題はなくならない。それどころか大きくなる。私たちが直面している課題は重大で大きくなりつつある。ハッキングされた銀行口座や盗まれたプライベート写真だけのことではない。また、生活の中にあるたくさんの端末に対する制御やプライバシーを維持するだけのことでもない。私たちのテクノロジーの未来を守り、次に来るものを理解するということなのだ。マーシャル・マクルーハンが教えるように、「新しいテクノロジーとともに変化するのは額縁であって、額縁の中にある絵だけではない」。

未来のハッキングは私たちの車、GPSシステム、埋め込み可能な医療器具、テレビ、エレベーター、スマートメーター、保育カメラ、組立ライン、介護ボットに影響するだろう。IPv6によって可能な七万九〇〇〇兆兆倍になる新たな接続とIoTによって、すべての物理的対象は、私たちの暮らしにあるすべての画面も含め、ハッキング可能になる。ただ今日では、真に信頼できてセキュリティが確保されたコンピュータ処理のための存続可能なモデルがない――コンピュータの上に成り立ち運営される社会としては明白な失敗だ。私たちには、自分の生活を動かし、この世界を動かすプログラムを信用するための証明済みの方法がない。そのため、プログラムを支配する人々は世界を支配できる。良い方にも悪い方にも。それに加えて、バイオ兵器、ハッキングされたDNA、遺伝子や生体測定による身元情報詐取にも対処しなければならないだろう。もちろん簡単に操作されるブラックボックスのアルゴリズムとAIシステムもある。私たちは指数関数的成長の時代に暮らしていて、自律的殺人ロボットやスカイネットのような悪のAIはあくまでSFのファンタジーだと言って否定することは簡単にできるが、コメディアンのジョージ・カーリンが言うように、「未来はすぐに過去のものになる」。

私たちの存立にかかわるシステムや重要インフラすべてがコンピュータで動かされる世界では、根本的なテクノロジーのセキュリティ不足を、計算機の問題にすぎないと言って否定するのは簡単なことだろう。しかしITの問題だけではない。テクノロジーが現代生活の織物全体に織り込まれているので、私たちには社会的問題、個人的問題、金融の問題、保健衛生の問題、製造の問題、公衆安全の問題、政府の問題、統御の問題、輸送の問題、エネルギー問題、プライバシー問題、人権問題もある。この闘いには自分たちのテクノロジーの精神そのもののために勝つしかない。そうでなかったら考えられないほど恐ろしいことになるからだ。私たちの行動喚起はそういうことにならざるをえない。

したがって、今は私たちがこの現代テクノロジー世界で当然と思っていることすべてを評価し直し、理解している人々がほとんどいない遍在する《ユビキタス》マシンへの依存を問わなければならない。私たちは盲目的なテクノ恐怖症からそうするのでもなく、先祖のラダイトをまねてそうするのでもなく、この指数関数的なテクノロジーがもたらす広大なプラスの可能性を十分に理解して、常識的な手段としてそうする。イノベーションは止められないし、テクノロジーの変化はどんどん早くやって来る。私たちは屈曲点、つまり、私たちの間近にある、ありうる最大の関心を求める区切りに達している。伝説の蓮の池での第二九日は迫っていて、あらゆる指数関数的なものと同様、私たちが責任を持って機敏に行動するための隙間は急速に閉じつつある。私たちが今日直面するテクノロジーによる脅威の頻発から前に進む道がある。普通の市民を動かし、自分自身の装置やテクノロジーの制御を取り戻すことによって、私たちは皆、こうしたツールを最大の善のために使うことができる。言い換えれば、世界を変えるための道具は皆の手にあるのだ。その使い方は私だけでなく、私たちすべてにかかっている。良い方の未来――皆が望む未来――は魔法のようにひとりでに現れることはない。とてつもない意志、努力、苦労を必要とする。しかしそうして懸命に進めば、進歩に負けないでいられるだけでなく、これまで想像しなかったほどに繁栄することもできる。そういう世界に暮らしたいものだ。

付録　すべてが接続され、誰もが弱点だらけ――そこでそれについてできること

本書全体を通じて、社会が直面する、あるいはしそうなテクノロジーの脅威を調べ、そのリスクを系統だてて削減するいろいろな方法を探ってきた。以下に各項目の頭文字を並べたUPDATE《アップデート》手順というのを述べる。これは自分や会社、家族などを、今日のごくありふれたテクノロジーによる危険から守るために、日常的に実践できるこつのことだ。こうした単純な手順（家の玄関はロックし、キーを差したまま車を離れないというのと同じレベルのデジタル版）に従えば、毎日の暮らしに浸透しているデジタル脅威の八五パーセント以上は避けられる。(1)

アップデート（Update）を頻繁に行なう

現代のソフトウェアはバグに悩まされている。ハッカーたちは、そこに生じる脆弱性を利用してコンピュータなどの装置《デバイス》に侵入し、金銭を盗み、混乱を引き起こす。こうした問題を、OS、プログラム、アプリは自動的にアップデートすることによって回避すること。とくにブラウザ、プラグイン、メディアプレイヤー、フラッシュ、アドビアクロバットは、人からむしり取ろうとする悪人のお気に入りの標的なので、念入りに注意を払うこと。自動アップデートをしないと、ただアップデートをするだけで避け

られる問題点を突く攻撃をデバイスが受けやすくなる。

パスワード（Password）

パスワードは長くすべきだ（二〇字以上を考えよう）。また大文字、小文字を混ぜ、記号やスペースも入れたい。それは誰でも何万回と聞いたことがあるだろうが、パスワードの強度はアカウントを守る鍵になる因子の一つであり、パスワードは頻繁に変更するのがよい。いくつかある別のサイトに同じパスワードを使うのは絶対にいけない。そんなことをすれば、誰かがログイン用の認証情報を手に入れたら、ソーシャルメディアやら銀行口座やら、いくつものサイトにわたって使うことができてしまう。しかしもちろん、暮らしの中で長い、独自のパスワードをアカウントやサイトごとに覚えるのは、人間の頭ではこなしきれない。幸い、この手順を比較的難なく行なえるパスワード用の「財布」、つまり管理ソフトがいくつかある。犯罪者は、人をデジタルの宝石の放出に追い込もうとして、独自にパスワード用財布ソフトを作っていることが知られている。そこでたとえば、1Password、LastPass、KeePass、Dashlaneといった有名なしっかりした会社だけを使うこと。こうした会社のものは、コンピュータ、スマホ、タブレットで通して使える。さらに、グーグル、iCloud、ドロップボックス、エバーノート、ペイパル、フェイスブック、リンクトイン、ツイッターなど、多くのサービスが二段階認証を用意していて、そのために、ログオンすると、たいていはショートメールやアプリが、別個のワンタイムパスワードを携帯電話に送ったりする。二段階認証は、パスワードが突破されても、第二段階の認証（当人の携帯端末そのものが使えること）がなければ使えないということだ。

ダウンロード（Download）

ソフトウェアのダウンロードは公式のサイトからすること（アップルならアップストアというように、会社自身が確認しているウェブサイトから)。非公式のアプリストアや「フリー」ソフトを掲載している第三者サイトには懐疑的になること。さらに、ファイル交換ネットワークで広く利用できる海賊版は、マルウェアやウイルスが仕込まれていることが多いので避ける。ウィンドウズでもマックOSでも、設定を行なえば、自分のマシンでは、確認済みの業者による承認されたソフトだけが実行できるようにする「ホワイトリスト」ができる。それでソフトウェアの安全が保証されるわけではないが、感染のリスクは大きく下げられる。アプリと許諾によくよく注意すること。それが「フリー」なのには理由があり、対価は個人情報で支払っている。懐中電灯アプリが位置情報や連絡先のアクセスを必要としているなら、別のやり方を採ること。

管理者(Administrator)

管理者《アドミニストレーター》アカウントは注意して使わないといけない。ウィンドウズもアップルも、ユーザーに特権的なアカウントを設定して、最大の権限を持つ管理者にする。コンピュータ上には管理者アカウントがなければならないが、自分がふだん仕事やブラウジングに使うときのアカウントにすべきではない。仕事や日常の用の大部分を行なうために標準のユーザーアカウントを作ろう。管理者権限をもってログインしているときに誤って感染ファイルを実行したり、ウイルスをダウンロードしたりすると、そのマルウェアは実行してマシンを感染させるすべての権限を得ることになる。一般ユーザーとしてログインしていれば、同じことが起きても、ウイルス、トロイの木馬、ワームは実行に特別の許可を求めることになり、問題があることを知らせる警告となる。自分が意識してインストールする、信頼できる出どころからの既知のアップデートなど、特定の業務を行なうのに必要な場合以外は、必ず非管理者ユーザーとしてコンピュータを動かそう。

電源を切る（Turn Off）

使わないときはコンピュータの電源を切ること。寝るときにはコンピュータのスイッチを切るという単純な行為でも、マシンが使われてなくて、ネットにつながっていないときは、悪人もそのマシンに手が出せないので、脅威の程度は自動的に下がる。さらに、スマホの機能や接続も、使わないときには切ること。ブルートゥース、ワイファイ、NFC、携帯のホットスポットをオンにしたままだと、いつでも攻撃地点を増やすことになる。悪人はそれを利用して電話をハッキングし、マルウェアを拡散し、データを盗み出す。スマホのワイファイのつけっぱなしも、小売業者や広告業者に、絶えず物理的世界を通じて人を追跡してその人のプライバシーをさらに食い荒らせるようにする。こうした機能は必要なときだけ起動すること。

暗号化（Encrypt）

デジタル生活を暗号化して、移動していないその場でも、ウェブを移動しているときでも、データを保護すること。ウィンドウズでもマックでも、ハードドライブをまるごと暗号化するプログラムがついている（それぞれBitLockerとFileVault）。ハードドライブを暗号化するということは、それをなくしたり盗まれたりしても、内容を読めなくするということだ。インターネットでの通信も、仮想プライベートネットワーク（VPN）を使って暗号化するのがよい。とくに空港、大学、会議場、コーヒーショップなどにある公衆ワイファイネットワークはハッカーや犯罪者の標的になっていることが多い。携帯端末も暗号化するのがよい。今日の携帯端末はパソコンと同じくらい個人情報を持っているからだ。携帯電話では必ずパスワードを使用して、アップルのタッチID指紋テクノロジーのような生体認証を使うことを考えよう。iOSやアンドロイドの最新版でパスワードを使うと、自分がいないときに他の誰かが端末やそこにあるデータを使えないようにするだけでなく、その端末を暗号化することによって、プライバシーとセキュリティの層をさらに一枚加えることになる。

その他の安全のこつ

右のUPDATE手順に忠実に従ったら、脅威の八五パーセント以上が避けられる。さらにセキュリティを確保するには、以下のこつに従うこと。

1．メールについては常識を使うこと。一般的に言えば、送られてきたリンクや添付ファイルをクリックする要求には用心すること――知り合いから来ているように見えているとしても。また、犯罪者は一般の人々に、映画スターのヌードか何かの衝撃的な写真を見るには「ここをクリック」などの、抵抗しがたい見出しでひっかける名人だ。本物っぽくて心をそそるが、マシンを感染させる悪意ある中身が入ったファイルやリンクを、疑いを知らない個人がクリックすればこそ、フィッシング攻撃は有効になる。疑いがあるときは、そのメールを送ったと称される人物を確認し、本当にその本人から来たかどうかを確かめること（当のメールに返信してはいけない）。また、自分に対してナイジェリアの王子がまともな儲け話を個人的に届けてくれるわけがない。

2．USBドライブはマルウェアやコンピュータウィルスを拡散させる一般的な方法の一つだ（国防総省はこれを使うことを禁止している）。一般論で言えば、知らない人から（よく知っている人からでも）USBメモリを受け取らない。あるいはそれをウイルススキャンをかけないでマシンに差すことはしない。ウイルスが自動的に実行されてコンピュータが感染してしまわないように、「自動実行」はオフにすること。同じ助言は外付けのUSBハードドライブや、自分のものではないスマホにも言える。

3．データは頻繁にバックアップすること。マックのタイムマシンやウィンドウズのバックアップのようなOSに付いてくるツールを使えば、外付けのハードドライブにバックアップを取ることができる。

カーボナイト、ブラックブレイズ、スパイダーオークのようなクラウドのプロバイダを使うこともできる。クラウドのプロバイダを使うときは、アップロードする前に、追加の保護対策として暗号化するのが賢明だ。さらに、データのバックアップは必ず複数取っておくのが良い。常に一台か二台の外付けドライブをバックアップ用に持っておき、少なくとも一方は災害、火災、侵入があったとき、バックアップデータを安全確実に保存しておけるように、別の場所に保存すること。

4. 隠すこと。あいにく、ハッカーや犯罪者やスパイは、コンピュータであれ、スマホやタブレットであれ、普段の暮らしにあるインターネットに接続されたカメラに簡単にアクセスできる。カメラを使わないときは、レンズは覆っておくこと。単なる付箋紙やテープを貼るだけで間に合うし、望まない覗きの目から守る安価な保護となる。

5. 銀行取引や買い物のような一段と配慮の必要なブラウジングは、信用しているネットワーク上の自分の端末だけで行なうのがよい。友人の携帯であれ、共用のコンピュータであれ、カフェの無料ワイファイであれ、自分のデータがコピーされ、盗まれることがありうる。とくに共用のコンピュータや、空港ラウンジなどの人通りが多いところには要注意。企業人が集まる一帯なので、マルウェアやキーストロークロガーを仕込む犯罪者が好む標的となっている。

6. ソーシャルネットワークにシェアする前に考える。ストーカーから空き巣まで、犯罪者はいつもソーシャルメディアを見て回って情報を探している。旅行の予定を投稿したりすると、あなたは二週間、休暇で留守だと空き巣に知らせることになりうる——面倒を招くことになる。

7. ウィンドウズでもマックでも、OSに組込みのソフトウェアファイアウォールを使って望まない外からの接続を阻止し、「ステルスモード」を起動して、ハッカーや自動化された犯罪ボットがネットにつながるあなたを探しにくくすること。

注意　ネットでの脅威も、それから身を守るツールは頻繁に変わっている。もっと指針が欲しい場合は、www.futurecrimes.com を見られたい。

謝辞

もう一言……

――スティーヴ・ジョブズ

これだけの規模の仕事は一人の人間だけの作業ではできない。これまで、本書の製作過程全体で、インクウェル・マネジメント社の文芸エージェント、リチャード・パインをはじめ、多くの人々に支援や尽力をいただいたことに感謝する。リチャードは当初より本書の可能性を見て取ってくれて、私がそれを書くことを信頼して、私が出版の世界を渡って行くための道案内にして師、さらには仲間を務めるのを承諾してくれた。リチャードの賜物はたくさんあるが、たぶん最大のものは、私をビル・トーマス編集長や担当編集者のメリッサ・ダナチコなどがいる、世界的なダブルデイ社のチームに紹介してくれたことだろう。編集長の本書に対する熱意と支援は際立っていた。同じことは、アリソン・リッチ、ジョー・ギャラガー、キム・ソーントン、マーゴ・シックマンター、マリア・マッシーなど、ダブルデイでご一緒させていただいた方々すべてに言える。疑いもなく、最大にして深甚な謝意は、原稿を書き、編集するすべての段階を通じて私を励ましてくれた、メリッサ・ダナチコに向けなければならない。聡明で、楽しく、また鷹揚に構えて仕事をしてくれた。週末も夜もなく働き、本書のために家族の集まりに参加できなかったことさえあった。メリッサがいなければ、本書が実を結ぶことはなかっただろう。いつまでも感謝する。

本書のゲラを見て、内容についてコメントをくれた方々に、お忙しい中で時間を割いていただいたことに敬意と謝意を申し上げる。とくに、ピーター・ディアマンディス、レイ・カーツワイル、ケヴィン・ケリー、ダニエル・ピンク、デーヴィッド・イーグルマン、クリストファー・ライク、ICPO総裁だったクー・ブーンホイ、エド・バーンズ、フランク・アバグネイル、P・W・シンガーにお礼を申し上げたい。セーラ・スティーヴンスとアダム・カスリコウスキーには、本書の初期段階の原稿を読んでもらい、製作途上で見識に満ちた意見をいただいた。著作を形にしようとする新人を、ただただ寛容で親切で立派な方々だからというだけのことで、私を助けることを引き受けて下さった、すでに名のある著述家の方々からの意見をフリーでいただけたことも、大いにためになっている。その点については、ダニエル・スアレース、ラメス・ナーム、ジェーン・マッゴニガルに感謝する。

本を書くのは簡単な営みではない。友人や家族から離れている時間が多くなるだけでなく、書くという作業は他人に、書いている本人生活の中にその人がいるというだけの理由で本を押しつけてしまうからでもある。私とつきあい、タイトル、サブタイトル、表紙、調査、構成について次々と助言をくれたことについて、ジャック・マーフィ、タルン・ワドフワ、ミハイル・グリンバーグ、ダニエル・テウェレス、ケルシー・セガロフに感謝したい。また、ブラッド、スティーヴ、アダム、キャロル、モンティ、ジャクリーン、ノーニ、ボブ、ハナ、マーク、ジョナサンにも。本書を支援し、本書に入っている情報を他の人々に伝える方法について多くのアイデアをいただくという形で、ポール・サッフォー、クリス・マイヤー、ジョー・ポリッシュ、マーカス・シングルズ、スティーヴン・コトラー、ジョナサン・ノウルズ、シェリル・ラップ、アイリーン・バーソロミュー、デーヴ・ブレイクリー、ビル・エガーズ、ダイアン・フランシス、コーディ・ラップのお世話になった。本書の専門的な内容について、個々の主題の専門家にも感謝申し上げたい。合成生物学でのアンドリュー・ヘッセル、ロボット工学でのアレイナ・ハーディ、物のインターネットでのドン・ベイリー、宇宙についてのエメリン・パート＝ダールストロムとマーク・シオトラ、量子コンピュータについてのアンドリュー・ファースマンとランドン・ダウンズ。また、世界最高の物書き用ソフト「スクリブナー」を作ったリタラチュア&ラッテ社のキース・ブロントにも感謝する。スクリブナーがなかったら、本書に加えた何百もの事例、何千頁もの調査資料を整理することなどほとんどできなかっただろう。

長年、多くの捜査、捜索、はたまた楽しい時をともにした、マイケル・ホルスタイン、ベルンハルト・オッパル、ライナー・ブーラー、ポール・ジレン、ミック・モラン、アンドリュー・スミス、スキューキーシャ・ゴールドバーグ、ジム・ハート、ボビー・ウィーヴァー、ロバート・ロドリゲス、スティーヴン・チャビンスキー、ケイシー・オトゥールなど、警察関係の友人や同僚にも謝意を申し述べたい。私たちに共通の世界的セキュリティを補強するための闘いでの仲間、ロデリク・ジョーンズ、ジャスティン・ソマイニ、トム・ケラーマン、マット・ウルマン、ブラッドフォード・デーヴィス、スティーヴ・サントレリにも、してくれたことすべてにありがとう。

次世代テクノロジーを使う使命をもつシンギュラリティ大学という驚異の教育機関で、教員として勤めさせていただき、世界最大の課題に取り組む機会を得ることができた。そこで私は生涯出会った中でもまれに見る才能ある人々――世界に正の変化をもたらすことに熱心な教員、職員、学生、同窓生――とご一緒させてもらった。その中に加われたことは名誉であり、ロブ・ネイルには、私たちを指数関数的に前に進めるリーダーシップに感謝する。

最後に、これまでの人生でなしとげたことすべての基礎となり、この世界で正しいことのために戦うことの大事さを教えてくれた家族の支援について述べなければ、謝辞は完成しない。みんなへの心の底からの敬意と感謝を込めて。

原註

プロローグ

1. Michael Weissenstein, "Mexico's Cartels Build Own National Radio System," Associated Press, Dec. 27, 2011.

第1章

1. Mat Honan, "How Apple and Amazon Security Flaws Led to My Epic Hacking," *Wired*, July 6, 2012; Mat Honan, "Kill the Password: Why a String of Characters Can't Protect Us Anymore," *Wired*, Nov. 15, 2012.
2. Peter Diamandis, "Abundance Is Our Future," TED Talk, Feb. 2012.
3. Deloitte Consulting, *Sub-Saharan Africa Mobile Observatory 2012*, Feb. 4, 2014.
4. Marc Goodman, "The Power of Moore's Law in a World of Geotechnology," *National Interest*, Jan./Feb. 2013.
5. Amy Harmon, "Hacking Theft of $10 Million from Citibank Revealed," *Los Angeles Times*, Aug. 19, 1995.
6. Jason Kersten, "Going Viral: How Two Pakistani Brothers Created the First PC Virus," *Mental Floss*, Nov. 2013.
7. アムジャド／バシット・ファルーク兄弟とコンピュータマルウェア史を見る魅力的で楽しい視点についてはMikko Hypponen, "Fighting Viruses and Defending the Net," TED Talk, July 2011 を参照。
8. Byron Acohido, "Malware Now Spreads Mostly Through Tainted Websites," *USA Today*, May 4, 2013.
9. Brian Fung, "911 for the Texting Generation Is Here," *Washington Post*, Aug. 8, 2014.
10. Nicole Perlroth, "Outmaneuvered at Their Own Game, Antivirus Makers Struggle to Adapt," *New York Times*, Dec. 31, 2012.
11. Kaspersky Lab, *Global Corporate IT Security Risks: 2013*, May 2013.
12. "Online Exposure," *Consumer Reports*, June 2011.
13. "Gartner Says Worldwide Security Software Market Grew 7.9 Percent in 2012," Gartner Newsroom, May 30, 2013; Steve Johnson, "Cybersecurity Business Booming in Silicon Valley," *San Jose Mercury News*, Sept. 13, 2013.
14. Imperva, *Hacker Intelligence Initiative, Monthly Trend Report #14*, Dec. 2012.
15. Tom Simonite, "The Antivirus Era Is Over," *MIT Technology Review*, June 11, 2012.
16. Verizon, *2013 Data Breach Investigations Report*.
17. Trustwave, *Trustwave 2013 Global Security Report*.
18. Verizon RISK Team, *2012 Data Breach Investigation Report*, 3.
19. 同前, 51.
20. Mark Jewell, "T.J. Maxx Theft Believed Largest Hack Ever," Associated Press, March 30, 2007.
21. Julianne Pepitone, "5 of the Biggest Ever Credit Card Hacks," CNN, Jan. 12, 2014.
22. Ross Kerber, "Banks Claim Credit Card Breach Affected 94 Million Accounts," *New York Times*, Oct. 24, 2007.
23. Ponemon Institute, Ponemon Institute, home page, 2014, http://www.ponemon.org.
24. Byron Acohido, "Experts Testify on True Cost of Target Breach," *USA Today*, Feb. 5, 2014.
25. Robin Sidel and Andrew R. Johnson, "Data Breach Sparks Worry," *Wall Street Journal*, March 30, 2012.
26. Ponemon Institute (sponsored by Symantec), *2013 Cost of Data Breach Study: Global Analysis*, May 2013.

第2章

1. Graeme Baker, "Schoolboy Hacks into City's Tram System," *Telegraph*, Jan. 11, 2008.
2. Chuck Squatriglia, "Polish Teen Hacks His City's Tram, Chaos Ensues," *Wired*, Jan. 11, 2008.
3. 同前。
4. Clay Wilson, *Botnets, Cybercrime, and Cyberterrorism: Vulnerabilities and Policy Issues for Congress*, Congressional Research Service, Jan. 9, 2008, 25.
5. Brian Prince, "Almost 70% of Infrastructure Companies Breached in Last 12 Months: Survey," *Security Week*, July 14, 2014.
6. "Hackers 'Hit' US Water Treatment Systems," BBC, Nov. 21, 2011.
7. Martha Stansell-Gamm, "Interview: Martha Stansell-Gamm," *Frontline*, Feb. 2001; Sean Silverthorne, "Feds Bust Kid Hacker," *ZDNet*, March 18, 1998.
8. Tony Smith, "Hacker Jailed for Revenge Sewage Attacks," *Register*, Oct. 31, 2001.
9. Anna Mulrine, "CIA Chief Leon Panetta: The Next Pearl Harbor Could Be a Cyber Attack," *Christian Science Monitor*, June 9, 2011.
10. President's Council of Economic Advisers and the U.S. Department of Energy's Office of Electricity Delivery, *Economic Benefits of Increasing Electric Grid Resilience to Weather Outrage Report*, Aug. 2013.

11. Edward J. Markey and Henry A. Waxman, *Electric Grid Vulnerability Report*, May 21, 2013.
12. Siobhan Gorman, "Electricity Grid in U.S. Penetrated by Spies," *Wall Street Journal*, April 8, 2009.
13. Jack Cloherty, "Virtual Terrorism: Al Qaeda Video Calls for 'Electronic Jihard,'" *World News*, May 22, 2012.
14. Barton Gellman, "Cyber Attacks by Al Qaeda Feared," *Washington Post*, June 27, 2002.
15. Darlene Storm, "Hackers Exploit SCADA Holes to Take Full Control of Critical Infrastructure," Computerworld, Jan. 15, 2014; Vortrag: SCADA StrangeLove 2, http://events.ccc.de/
16. Shodan HQ, home page, http://www.shodanhq.com, 二〇一四年一月九日閲覧。
17. "Cyber War: Sabotaging the System," *60 Minutes*, June 6, 2011. 犯罪者の視点については、David Shamah, "Hack Attacks on Infrastructure on the Rise, Experts Say," *Time of Israel*, Jan. 30, 2014 を参照。
18. Barack Obama, "Remarks by the President on Securing Our Nation's Cyber Infrastructure," The White House Office of the Press Secretary, May 29, 2009.
19. "War in the Fifth Domain," *Economist*, July 5, 2010.
20. Phil Lapsley, "The Definitive Story of Steve Wozniak, Steve Jobs, and Phone Phreaking," *Atlantic*, Feb. 20, 2013.
21. Kevin D. Mitnick and William L Simon, *Ghost in the Wires: My Adventures as the World's Most Wanted Hacker* (New York: Little, Brown, 2012).
22. Jonathan Littman, "The Last Hacker," *Los Angeles Times*, Sept. 12, 1993.
23. "Adobe Hack: At Least 38 Million Accounts Breached," BBC, Oct. 30, 2013.
24. Brian Krebs, "Adobe to Announce Source Code, Customer Data Breach," *Krebs on Security*, Oct. 3, 2013.
25. Darlene Storm, "AntiSec Leaks Symantec pcAnywhere Source Code After $50K Extortion Not Paid," *Computerworld*, Feb. 7, 2012.
26. The Hague, *Threat Assessment: Italian Organized Crime*, Europol Public Information, June 2013; Nir Kshetri, The Global Cybercrime Industry: Economic, Institutional, and Strategic Perspectives (London: Springer, 2010), 1; Chuck Easttom, *Computer Crime, Investigation, and the Law* (Boston: Cengage Learning, 2010), 206.
27. Mark Milian, "Top Ten Hacking Countries," *Bloomberg*, April 23, 2013.
28. Brian Krebs, "Shadowy Russian Firm Seen as Conduit for Cybercrime," *Washington Post*, Oct. 13, 2007; Verisign iDefense, *The Russian Business Network: Survey of a Criminal ISP*, June 27, 2007.
29. Trend Micro, *The Business of Cybercrime: A Complex Business Model*, Jan. 2010.
30. Kevin Poulsen, "One Hacker's Audacious Plan to Rule the Black Market in Stolen Credit Cards," *Wired*, Dec. 22, 2008.
31. James Verini, "The Great Cyberheist," *New York Times Magazine*, Nov. 10, 2010.
32. John E. Dunn, "Global Cybercrime Dominated by 50 Core Groups, CrowdStrike Report Finds," *CSO*, Jan. 23, 2014.
33. ガイ・フォークスは、一六〇五年にジェームズ国王の暗殺を計画し、火薬で英国議会を爆破した人物で、この人への敬意として。
34. 'The Corrupt Fear Us!' Massive Anonymous 'Million Mask March' as It Happened," *RT*, Dec. 24, 2013; "Anonymous (Group)," *Wikiquote*.
35. Lauren Turner, "Anonymous Hackers Jailed for DDoS Attacks on Visa, MasterCard, and PayPal," *Independent*, Jan. 24, 2013.
36. Karol Snapbacks, "Anonymous Explaining Why They Hacked PSN/Sony," YouTube, April 22, 2011; Quinn Norton, "Anonymous Goes After World Governments in Wake of Anti-SOPA Protests," *Wired*, Jan. 25, 2012; Lisa Vaas, "Anonymous Bullies Sony and Nintendo over SOPA Support," *Naked Security*, Jan. 3, 2012.
37. Quinn Norton, "How Anonymous Picks Targets, Launches Attacks, and Takes Powerful Organizations Down," *Wired*, July 3, 2012.
38. "Hackers Take Down Child Pornography Sites," BBC, Oct. 24, 2011.
39. Barton Gellman, "The World's 100 Most Influential People: 2012," *Time*, April 18, 2012.
40. "Snowden Leaks: GCHQ 'Attacked Anonymous' Hackers," BBC, Feb. 5, 2014.
41. テロリストやジハード兵士によるテクノロジー使用についての詳細な情報は、the United Nations Counterterrorism Implementation Task Force report *Countering the Use of the Internet for Terrorist Purposes*, May 2011 を参照。
42. Paul Tassi, "ISIS Uses 'GTA 5' in New Teen Recruitment Video," *Forbes*, Sept. 20, 2014.
43. Thomas Harding, "Terrorists 'Use Google Maps to Hit UK Troops,'" *Telegraph Online*, Jan. 13, 2007; Caroline McCarthy, "Report: JFK Terror Plotters Used Google Earth," *CNET*, June 4, 2007.
44. Jack Kelley, "Terror Groups Hide Behind Web Encryption," *USA Today*, Feb. 5, 2001.
45. Gabriel Weimann, *How Modern Terrorism Uses the Internet*, United States Institute of Peace, Special Report 116, March 2004.
46. "Search of Tsarnaev's Phones, Computers Finds No Indication of Accomplice, Source Says," NBC News, April 23, 2013.
47. Counter-terrorism Implementation Task Force, *Countering the Use of the Internet*

for Terrorist Purposes, May 2011, 18.
48. Q&A with Tom Kellermann, "Internet Fraud Finances Terrorism," *Discovery News*, Feb. 11, 2013.
49. Alan Sipress, "An Indonesian's Prison Memoir Takes Holy War into Cyberspace," *Washington Post*, Dec. 14, 2004.
50. Jeremy Scott- Joynt, "Warning Signs for the Funding of Terror," BBC, July 20, 2005; Gordon Rayner and David Williams, "Revealed: How MI5 Let 7/7 Bombers Slip Through Their Fingers," *Daily Mail*, May 1, 2007.
51. Associated Press, "Filipino Police Arrest 4 Suspected AT&T Hackers," CBS News, Nov. 27, 2011; Somini Sengupta, "Phone Hacking Tied to Terrorists," *New York Times*, Nov. 26, 2011; Daily Mail Reporter, "Four Filipinos Arrested for Hacking AT&T Phone 'to Fund Saudi Terror Group,'" Daily Mail, Nov. 28, 2011; Jennifer Rowland, "The LWOT: Phone Hacking Linked to Terrorist Activity," *Foreign Policy*, Nov. 29, 2011.
52. Marc Goodman and Parag Khanna, "The Power of Moore's Law in a World of Geotechnology," *The National Interest*, February 2013.
53. Siobhan Gorman, August Cole, and Yochi Dreazen, "Computer Spies Breach Fighter-Jet Project," *Wall Street Journal*, April 21, 2009.
54. Ernesto Londono, "Pentagon: Chinese Government, Military Behind Cyberspying," *Washington Post*, May 6, 2013.
55. Ellen Nakashima, "Confidential Report Lists U.S. Weapons System Designs Compromised by Chinese Cyber-spies," *Washington Post*, May 27, 2013.
56. Marcus Ranum, "Cyberwar Rhetoric Is Scarier Than Threat of Foreign Attack," *U.S. News and World Report*, March 29, 2010.
57. Craig Timberg and Ellen Nakashima, "Chinese Cyberspies Have Hacked Most Washington Institutions, Experts Say," *Washington Post*, Feb. 20, 2013.
58. John Markoff, "Vast Spy System Loots Computers in 103 Countries," *New York Times*, March 28, 2009; Omar El Akkad, "Meet the Canadians Who Busted GhostNet," *Daily Globe and Mail*, March 30, 2009; Tom Ashbrook et al., "Unmasking GhostNet," *On Point with Tom Ashbrook*, WBUR, April 2, 2009, http://onpoint.wbur.org/2009/04/02/unmasking-ghostnet.
59. David E. Sanger, David Barboza, and Nicole Perlroth, "Chinese Army Unit Is Seen as Tied to Hacking Against U.S.," *New York Times*, Feb. 18, 2013.
60. Mandiant Corp., "APT 1: Exposing One of China's Cyber Espionage Units," *Mandiant*.
61. Michael Riley and Ashlee Vance, "Inside the Chinese Boom in Corporate Espionage," *Bloomberg Businessweek*, March 15, 2012.
62. Lisa Daniels, "DOD Needs Industry's Help to Catch Cyber Attacks, Commander Says," *Department of Defense News*, March 27, 2012; David E. Sanger and Mark Landler, "U.S. and China Agree to Hold Regular Talks on Hacking," *New York Times*, June 1, 2013.
63. Ian Steadman, "Reports Find China Still Largest Source of Hacking and Cyber Attacks," *Wired UK*, April 24, 2013; David Belson, *The State of the Internet*, 3rd Quarter 2013 Report, Akamai Technologies.
64. Michael Riley, "Hackers in China Breach UN, Olympic Committee Networks, Security Firms Say," *Bloomberg*, Aug. 4, 2011.
65. Threat Working Group of the CSIS Commission on Cybersecurity, "Threats Posed by the Internet," CSIS, Oct. 28, 2008.
66. Nicole Perlroth, "In Cyberattack on Saudi Firm, U.S. Sees Iran Firing Back," *New York Times*, Oct. 23, 2012.
67. Jim Finkle, "Exclusive: Insiders Suspected in Saudi Cyber Attack," Reuters, Sept. 7, 2012.
68. Reuters, "Aramco Says Cyberattack Was Aimed at Production," *New York Times*, Dec. 9, 2012.
69. Perlroth, "In Cyberattack on Saudi Firm, U.S. Sees Iran Firing Back."
70. Reuters, "Aramco Says Cyberattack Was Aimed at Production."
71. Siobhan Graham and Danny Yadron, "Iran Hacks Energy Firms, U.S. Says," *Wall Street Journal*, May 23, 2013; Michael Lipin, "Saudi Cyber Attack Seen as Work of Amateur Hackers Backed by Iran," Voice of America, Oct. 25, 2012.
72. Jim Finkle and Rick Rothacker, "Exclusive: Iranian Hackers Target Bank of America, JP Morgan, Citi," Reuters, Sept. 21, 2012.
73. Paul Wagenseil, "Bank of America Website Hit by Possible Cyberattack," NBC News, Sept. 19, 2012; Siobhan Gorman and Julian E. Barnes, "Iran Blamed for Cyberattacks," *Wall Street Journal*, Oct. 12, 2012.
74. Nicole Perlroth and Quentin Hardy, "Bank Hacking Was the Work of Iranians, Officials Say," *New York Times*, Jan. 8. 2013.
75. 世界の人口は約70億。世界中のあなた以外の人が一人ずつあなたの銀行に電話をかけ（電話をつなぐために10バイトほどを送信し）、すぐに切り、攻撃している間、それを繰り返すとそれが毎秒約70ギガビットということになる。地球上の誰かが本当に銀行に電話したいとしても、この70億人の行列に並ばなければならない。
76. Perlroth and Hardy, "Bank Hacking Was the Work of Iranians."
77. Glenn Green- wald and Ewen MacAskill, "Boundless Informant: The NSA's Secret Tool to Track Global Surveillance Data," *Guardian*, June 11, 2013; Kevin Drum, "2 Gigantic New NSA Revelations?" *Mother Jones*, July 2, 2013; Catherine Dunn, "10 Most Shocking NSA Revelations of 2013," *Fortune*, Dec. 27, 2013.

78. "Obama Knew of NSA Spying on Merkel and Approved It, Report Says," Fox News, Oct. 27, 2013; Catherine E. Shoichet, "As Brazil's Uproar over NSA Grows, US Vows to Work Through Tensions," CNN, Sept. 12, 2013.
79. "US Spy Agency 'Taped Millions of French Calls,'" *Local*, Oct. 21, 2013; Kristen Butler, "NSA Taps Half- Billion German Phone, Data Links per Month: Report," UPI, June 30, 2013; Eric Pfeiffer, "NSA Spied on 124.8 Billion Phone Calls in Just One Month: Watchdog," *Yahoo! News*, Oct. 23, 2013.
80. Te-Ping Chen, "Snowden Alleges U.S. Hacking in China," *Wall Street Journal*, June 23, 2013; Lana Lam, "Edward Snowden: US Government Has Been Hacking Hong Kong and China for Years," *South China Morning Post*, June 13, 2013; "New Snowden Leak Reveals US Hacked Chinese Cell Companies, Accessed Millions of SMS—Report," *RT*, June 23, 2013.

第3章

1. Miniwatts Marketing Group, "Internet Users in the World," Internet World Stats, Dec. 31, 2013, http://www.internetworldstats.com/.
2. Miniwatts Marketing Group, "Internet Growth Statistics," Internet World Stats, Feb. 6, 2013, http:// www.internetworldstats.com/.
3. Miniwatts Marketing Group, "Internet Users in the World, Distribution by World Regions," Internet World Stats, Feb. 5, 2014, http://www.internetworldstats.com/.
4. Doug Gross, "Google Boss: Entire World Will Be Online by 2020," CNN, April 15, 2013.
5. Marc Goodman and Parag Khanna, "Power of Moore's Law in a World of Geotechnology," *National Interest*, Jan./ Feb. 2013.
6. Cliff Saran, "Apollo 11: The Computers That Put Man on the Moon," *Computer Weekly*, July 13, 2009.
7. Peter Diamandis, "Abundance Is Our Future." TED Talk, Feb. 2012.
8. Ray Kurzweil, "The Law of Accelerating Returns," *Kurzweil Accelerating Intelligence*, March 7, 2001.
9. Ray Kurzweil, *The Singularity Is Near: When Humans Transcend Biology* (New York: Penguin, 2006).〔カーツワイル『ポスト・ヒューマン誕生』小野木明恵ほか訳，日本放送出版協会（二〇〇七）〕
10. Evan Andrews, "6 Daring Train Robberies," History.com, Oct. 21, 2013.
11. Brett Leppard, "The Great Train Robbery: How It Happened," *Mirror*, Feb. 28, 2013.
12. Keith Stuart and Charles Arthur, "PlayStation Network Hack: Why It Took Sony Seven Days to Tell the World," *Guardian*, Feb. 5, 2014; "Credit Card Alert as Hackers Target 77 Million PlayStation Users," *Mail Online*, Feb. 5, 2014.
13. J. Osawa, "As Sony Counts Hacking Costs, Analysts See Billion-Dollar Repair Bill," *Wall Street Journal*, May 9, 2011.
14. "Target Now Says up to 110 Million Customers Victimized in Breach," MercuryNews.com, Feb. 5, 2014; "Pictured: Russian Teen Behind Target Hacking Attack," *Mail Online*, Feb. 5, 2014.
15. Nicole Perlroth and David Gelles, "Russian Hackers Amass over a Billion Internet Passwords," *New York Times*, Aug. 5, 2014.
16. Jacques Marescaux et al., "Transatlantic Robot-Assisted Tele- surgery," *Nature*, May 29, 2001.
17. Phil Johnson, "Curiosity About Lines of Code," *IT World*, Aug. 8, 2012; Saran, "Apollo 11."
18. Steven Siceloff, "Shuttle Computers Navigate Record of Reliability," NASA, Jan. 20, 2011.
19. David McCandless, "Codebases," *Information Is Beautiful*, Oct. 30, 2013; "KIB—Lines of Code (Public)," Google.doc, https://docs.google.com/; Pollwatcher, "Healthcare.gov: 500 Million Lines of Code! That's Insane! Update," *Daily Kos*, Oct. 20, 2013.
20. Cory Doctorow, "Lockdown," based on a keynote speech to the Chaos Computer Congress in Berlin, Dec. 2011.
21. Michelle Delio, "Linux, Fewer Bugs Than Rivals," *Wired*, Dec. 14, 2004.
22. "Northeast Blackout of 2003," *Wikipedia*.
23. National Commission on the BP Deepwater Horizon Oil Spill and Offshore Drilling, "Deep Water: The Gulf Oil Disaster and the Future of Offshore Drilling," Report to the President, Jan. 2011; "Deepwater Horizon Explosion," *Wikipedia*; Jeremy Repanich, "The Deepwater Horizon Spill by the Numbers," *Popular Mechanics*, Aug. 10, 2010.
24. Gregg Keizer, "Tech Worker Testifies of 'Blue Screen Death' on Oil Rig's Computer," *Computerworld*, July 23, 2010; David Hammer, "Oil Spill Hearings: Bypassed General Alarm Doomed Workers in Drilling Area, Technician Testifies," *Times- Picayune*, July 23, 2010.
25. Tom Simonite, "Stuxnet Tricks Copied by Computer Criminals," *MIT Technology Review*, Sept. 19, 2012.

第4章

1. Ryan Bradley, "Rethinking Health Care with PatientsLikeMe," *Fortune*, March 9, 2014.
2. Julia Angwin and Steve Stecklow, "Scrapers Dig Deep for Data on Web," *Wall Street Journal*, Oct. 12, 2010.

3. FAQ, PatientsLikeMe.com.
4. "Privacy," PatientsLikeMe.com.
5. Angwin and Stecklow, "Scrapers Dig Deep for Data on Web."
6. Cotton Delo, "U.S. Adults Now Spending More Time on Digital Devices Than Watching TV," *Advertising Age*, March 4, 2014.
7. IDC Research, *Always Connected: How Smartphones and Social Keep Us Engaged*, Facebook Public Files, March 4, 2014.
8. Heather Kelly, "By the Numbers: 10 Years of Facebook," CNN, Feb. 4, 2014.
9. Facebook, Ericsson, and Qualcomm, "A Focus on Efficiency," 6, internet.org, Sept. 16, 2013, https:// fbcdn-dragon-a.akamaihd.net/.〔このURLは開けないが、同じ著者、タイトル、日付の文書は http://www.meducationalliance.org/sites/default/files/internet.org_-_a_focus_on_efficiency.pdf にある〕
10. Jose Antonio Vargas, "How an Egyptian Revolution Began on Facebook," *New York Times*, Feb. 17, 2012.
11. Mark Milian, "Google to Merge User Data Across Its Services," CNN, Jan. 25, 2012.
12. Nate Anderson, "Why Google Keeps Your Data Forever, Tracks You with Ads," *Ars Technica*, March 8, 2010. 念のために言うと、EUでは、グーグルのデータ保存期間に対して制約がある。とくに「忘れられる権利」が、個人に自分に関するデータを検索エンジンから消去するよう求める権利を認めている。
13. Nate [user name], "How Much Is a Petabyte?" *The Mozy Blog*, 二〇一四年三月五日閲覧。
14. 同社はそうした理由すべてについて訴えられていて、結果も様々だ。グーグルの違反と言われる多数の事例に関する詳細な評価については、www.googlemonitor.com を参照。
15. David Streitfeld, "Google Admits Street View Project Violated Privacy," *New York Times*, March 12, 2013; David Kravets, "An Intentional Mistake: The Anatomy of Google's Wi-Fi Sniffing Debacle," *Wired*, May 2, 2012.
16. Claire Cain Miller, "Google Accused of Wiretapping in Gmail Scans," *New York Times*, Oct. 1, 2013.
17. David Pierce, "The Simpsons May Have the Smartest Thoughts Yet About Google Glass," *Verge*, Jan. 27, 2014.
18. Michael Chertoff, "Google Glass, the Beginning of Wearable Surveillance," CNN, May 1, 2013.
19. PRNewswire, "Facebook Reports Fourth Quarter and Full Year 2013 Results," Facebook: Investor Relations, Jan. 29, 2014.
20. Karen Gullo, "Facebook Sued over Alleged Scanning of Private Messages," *Bloomberg*, Jan. 2, 2014.
21. Robert McMillan, "Apple Finally Reveals How Long Siri Keeps Your Data," *Wired*, April 19, 2013.
22. "What They Know," Wall Street Journal series, http://blogs.wsj.com/wtk/.
23. Adi Robertson, "Angry Email Users Can Take Google to Court for Keyword Scanning, Judge Rules," *Verge*, Sept. 26, 2013.
24. 同前; Cooley LLP, "Google's Motion to Dismiss Complaint Memorandum of Points & Authorities," U.S. District Court, San Jose Division, Sept. 5, 2013, http://www.consumerwatchdog.org/; Gregory S. McNeal, "It's Not a Surprise That Gmail Users Have No Reasonable Expectation of Privacy," *Forbes*, June 20, 2013.
25. Steve Stecklow, "On the Web, Children Face Intensive Tracking," *Wall Street Journal*, Sept. 17, 2010.
26. Josh Smith, "Children's Online-Privacy Violations Alleged Against McDonald's, General Mills, 3 Others," *National Journal*, Aug. 22, 2012.
27. Federal Trade Commission, "Sony BMG Music Entertainment, a General Partnership Subsidiary of Sony Corporation of America, United States of America (for the Federal Trade Commission)," 二〇一四年三月六日閲覧, http://www.ftc.gov/.
28. Roben Farzad, "Google at $400 Billion," *Bloomberg Businessweek*, Feb. 12, 2014.
29. Doug Laney, "To Facebook You're Worth $80.95," CIO Journal (blog), *Wall Street Journal*, May 3, 2012.
30. Joe Nocera, "Will Digital Networks Ruin Us?" New York Times, Jan. 6, 2014; Jaron Lanier, *Who Owns the Future?* (New York: Simon & Schuster, 2014).
31. Lori Andrews, "Facebook Is Using You," *New York Times*, Feb. 4, 2012.
32. Salvador Rodriguez, "Google to Include User Names, Pictures in Ads: Here's How to Opt Out," *Los Angeles Times*, Oct. 11, 2013.
33. Drew Guarini, "Facebook Finally Axes Controversial 'Sponsored Stories,'" *Huffington Post*, Oct. 1, 2014.
34. Alexis C. Madrigal, "Reading the Privacy Policies You Encounter in a Year Would Take 76 Work Days," *Atlantic*, March 1, 2012.
35. Missy Sullivan, "It's Not Your Eyes . . . the Fine Print Is Getting Really, Really Small," *Wall Street Journal*, Jan. 15, 2012.
36. いわゆるシュリンクラップ契約合意〔パッケージを開封した時点で使用契約に合意したとみなされること〕が成立して履行を求められること、すなわち *ProCD, Inc. v. Zeidenberg, Microsoft v. Harmony Computers, Novell v. Network Trade Center, Ariz. Cartridge Remanufacturers Ass'n v. Lexmark Int'l, Inc.* といった判例も関係するかもしれない。
37. Nick Bilton, "Price of Facebook Privacy? Start Clicking," *New York Times*, May 12, 2010; Facebook, "Privacy Policy," accessed March 3, 2014, https://www.

facebook.com/full_data_use_policy.〔日本では一般に日本語版が表示される〕
38. Tom Gardner, "To Read, or Not to Read . . . the Terms and Conditions: PayPal Agreement Is Longer Than *Hamlet*, While iTunes Beats Macbeth," Mail Online, March 22, 2012.
39. Guilbert Gates, "Facebook Privacy: A Bewildering Tangle of Options," *New York Times*, May 21, 2010.
40. Jessica Guyn, "With Privacy Battle Brewing, Facebook Won't Update Policy Right Away," *Los Angeles Times*, Sept. 5, 2013; Ryan Singel, "Public Posting Now the Default on Facebook," *Wired*, Dec. 9, 2009; Epic, "Facebook Privacy," http://epic.org/ privacy/facebook/.
41. "Instagram Seeks Right to Sell Access to Photos to Advertisers," BBC News, Dec. 18, 2012.
42. Google Terms of Service, 二〇一四年三月一〇日閲覧, http:// www.google.com/; Steve Kovach, "A Lot of People Are Freaking Out over Google Drive for Nothing," *Business Insider*, April 24, 2012.
43. "2014: Mobiles 'to Outnumber People Next Year,' Says UN Agency," BBC News, May 9, 2013.
44. Lookout, "Survey Reveals Consumers Exhibit Risky Behaviors Despite Valuing Their Privacy on Mobile Devices," Oct. 22, 2013.
45. O2, "Making Calls Has Become Fifth Most Frequent Use for a Smartphone for Newly Networked Generation of Users," *The Blue*, June 29, 2012.
46. Meena Hart Duerson, "We're Addicted to Our Phones: 84% Worldwide Say They Couldn't Go a Single Day Without Their Mobile Device in Their Hand," New York *Daily News*, Aug. 16, 2012.
47. Peter Maass and Megha Rajagopalan, "That's Not My Phone, It's My Tracker," *New York Times*, July 13, 2012.
48. Jeff Jonas, "Your Movements Speak for Themselves: Space Time Travel Data Is Analytic Super-Food," Jeff Jonas .typepad.com, Aug. 26, 2009.
49. Kai Biermann, "Data Protection: Betrayed by Our Own Data," *Die Zeit*, March 26, 2011.
50. Samsung Tomorrow, "What You May Not Know About GALAXY S4 Innovative Technology," April 10, 2013.
51. Ted Thornhill, "Is Nothing Off Limits? Now Google Plans to Spy on Background Noise in Your Phone Calls to Bombard You with Tailored Adverts," *Mail Online*, March 22, 2012.
52. Megan Garber, "Yep, Google Just Patented Background Noise," *Atlantic*, March 22, 2012.
53. Andrea Peterson, "New Facebook Feature Is a Friendly Reminder Your Smartphone Can Eavesdrop on You," *Washington Post*, May 21, 2014; Kurt Wagner, "Facebook's New Shazam-Like Tool Knows What You're Watching and Hearing," *Mashable*, May 21, 2014.
54. David de Jong, "Zuckerberg Gains $3.2 Billion as Facebook Soars on Mobile," *Bloomberg*, Jan. 30, 2014; Facebook, "Investor Relations," Jan. 29, 2014, http://investor.fb.com/; J. O'Dell, "Facebook's Mobile Moment: Nearly a Billion Mobile Users & Majority of Revenue from Mobile," *VentureBeat*, Jan. 29, 2014.
55. "App Store Sales Top $10 Billion in 2013," Apple Press Info, Jan. 7, 2014; Jordan Golson, "Apple Reports Strongest Ever Quarterly Earnings: $13.1 Billion Profit on $57.6 Billion in Revenue in Q1 2014," *MacRumors*, Jan. 27, 2014.
56. Emma Barnett, "Angry Birds Company 'Worth 5.5bn,' " *Telegraph*, May 8, 2012.
57. Violet Blue, "Norton: Android App Skips Consent, Gives Facebook Servers User Phone Numbers," *ZDNet*, June 29, 2013.
58. Dylan Love, "It Looks like the Facebook Android App Can Control Your Camera and Take Pictures Without Telling You," *Business Insider*, May 10, 2013; Chris Gayomali, "Why Is Facebook's App Asking to Read Your Text Messages?" *Fast Company*, Jan. 28, 2014.
59. "Facebook Mobile Update Raises Serious Privacy Concerns," *RT*, Dec. 3, 2012.
60. Liam Tung, "Microsoft Points Scroogled War Machine at Privacy Worries over Android Apps," *ZDNet*, April 10, 2013.
61. Emily Steel and Geoffrey A. Fowler, "Facebook in Privacy Breach," *Wall Street Journal*, Oct. 8, 2010.
62. Kevin J. O'Brien, "Data-Gathering via Apps Presents a Gray Legal Area," *New York Times*, Oct. 28, 2012.
63. McAfee reported that 82 percent: Irfan Asrar et al., *Who's Watching You?* McAfee Mobile Security Report, Feb. 2014.
64. McKinsey Global Institute, *Big Data: The Next Frontier for Innovation, Competition, and Productivity*, June 2011, 85.
65. Rip Empson, "50M Matches Strong, Hot Mobile Dating App Tinder Is Ready to Go Global, and Move Beyond Flirting," *TechCrunch*, May 24, 2013.
66. Nick Bilton, "Girls Around Me: An App Takes Creepy to a New Level," *New York Times*, March 30, 2012; John Brownlee, "This Creepy App Isn't Just Stalking Women Without Their Knowledge, It's a Wake-Up Call About Facebook Privacy [Update]," *Cult of Mac*, March 30, 2012.
67. この先の情報については *United States v. Jones* (2012), *Wikipedia* を参照。これは位置データのプライバシーに関する影響を取り上げている; Editorial Board, "The Court's GPS Test," *New York Times*, Nov. 5, 2011.

68. 位置情報に基づくサービスのプライバシーとのかかわりについての優れた概観として、ACLU の報告書、*Location-Based Services: Time for a Privacy Check-In* を参照。

第5章

1. Richard Hartley-Parkinson, " 'I'm Going to Destroy America and Dig up Marilyn Monroe': British Pair Arrested in U.S. on Terror Charges over Twitter Jokes," *Mail Online*, Jan. 31, 2012.
2. Kharunya Paramaguru, "Private Data-Collection Firms Get Public Scrutiny," *Time*, Dec. 19, 2013.
3. Natasha Singer, "Acxiom, the Quiet Giant of Consumer Database Marketing," *New York Times*, June 16, 2012.
4. Eli Pariser, *The Filter Bubble: How the New Personalized Web Is Changing What We Read and How We Think* (New York: Penguin Press, 2012), 43〔パリサー『閉じこもるインターネット』井口耕二訳、早川書房（二〇一二）〕; Natasha Singer, "A Data Broker Offers a Peek Behind the Curtain," *New York Times*, Aug. 31, 2013; Brandon Bailey, "Online Data Brokers Know You—Surprisingly Well," MercuryNews.com, Sept. 8, 2013.
5. Alice E. Marwick, "How Your Data Are Being Deeply Mined," *New York Review of Books*, Jan. 9, 2014.
6. Lori B. Andrews, *I Know Who You Are and I Saw What You Did: Social Networks and the Death of Privacy* (New York: Free Press, 2013), 35.〔アンドリューズ『ソーシャル無法地帯』田中敦訳、イースト・プレス（二〇一三）〕
7. Stephanie Armour, "Data Brokers Come Under Fresh Scrutiny: Consumer Profiles Marketed to Lenders," *Wall Street Journal*, Feb. 12, 2014.
8. Paramaguru, "Private Data-Collection Firms Get Public Scrutiny"; " 'Data Brokers' Selling Personal Info of Rape Victims to Marketers—Report," RT, Dec. 19, 2013.
9. Matt Pearce, "Dad Gets OfficeMax Mail Addressed 'Daughter Killed in Car Crash,'" *Los Angeles Times*, Jan. 19, 2014.
10. Nesita Kwan, "Office-Max Sends Letter to 'Daughter Killed in Car Crash,' " NBC Chicago, Jan. 19, 2014.
11. Armour, "Data Brokers Come Under Fresh Scrutiny."
12. Judith Aquino, "Acxiom Prepares New 'Audience Operating System' amid Wobbly Earnings," *Ad Exchanger*, Aug. 1, 2013.
13. David Talbot, "A Phone That Knows Where You're Going," *MIT Technology Review*, July 9, 2012.
14. Steve Lohr, "How Privacy Vanishes Online," *New York Times*, March 16, 2010.
15. Carolyn Y. Johnson, "Project 'Gaydar,' " Boston.com, Sept. 20, 2009; Matthew Moore, "Gay Men 'Can Be Identified by Their Facebook Friends,'" *Telegraph*, Sept. 21, 2009; Mona Chalabi, "State-Sponsored Homophobia: Mapping Gay Rights Internationally," *Guardian*, March 10, 2014.
16. Emine Saner, "Gay Rights Around the World: The Best and Worst Countries for Equality," *Guardian*, July 30, 2013.
17. Josh Halliday, "Facebook Users Unwittingly Revealing Intimate Secrets, Study Finds," *Guardian*, March 11, 2013.
18. "Google CEO on Privacy (VIDEO): 'If You Have Something You Don't Want Anyone to Know, Maybe You Shouldn't Be Doing It,'" *Huffington Post*, March 18, 2010.
19. Bobbie Johnson, "Privacy No Longer a Social Norm, Says Facebook Founder," *Guardian*, Jan. 10, 2010.
20. "Sharing to the Power of 2012," *Economist*, Nov. 17, 2011.
21. Moxie Marlinspike, "Why 'I Have Nothing to Hide' Is the Wrong Way to Think About Surveillance," *Wired*, July 13, 2013.
22. Viktor Mayer Schönberger and Kenneth Cukier, *Big Data: A Revolution That Will Transform How We Live, Work, and Think* (Boston: Houghton Mifflin Harcourt, 2013), 58.〔マイヤー＝ショーンベルガーほか『ビッグデータの正体』斉藤栄一郎訳、講談社（二〇一三）〕
23. Elizabeth A. Harris and Nicole Perlroth, "For Target, the Breach Numbers Grow," *New York Times*, Jan. 10, 2014.
24. Geoffrey A. Fowler, "When the Most Personal Secrets Get Outed on Facebook," *Wall Street Journal*, Oct. 13, 2012.
25. Daniel Zwerdling, "Your Digital Trail: Private Company Access," *All Tech Considered* (blog), NPR.org, Oct. 1, 2013.
26. Katie Lobosco, "Facebook Friends Could Change Your Credit Score," *CNNMoney*, Aug. 27, 2013.
27. Mayer-Schönberger and Cukier, *Big Data*.
28. 判例 *United States v. Miller*, 425 U.S. 435 (1976) を参照。これは合衆国最高裁判所まで持ち込まれた事件で、ミラー氏の銀行の記録が令状によって押収されたことに関係していた。ミラーの法廷弁護士は、銀行が令状に従ったことで、修正第四条による権利に違反した不当な捜査と押収が行なわれたと主張した。しかし法廷は、六対三の多数決で、令状で押収された文書はミラーの個人的な文書ではなく、銀行の事業記録を構成していると裁定した。そのため、第三者——銀行——が、ミラーが銀行を信頼して伝えた情報を政府に引き渡しても、ミラーの権利は侵害されていないという。ミラーの遺産は今日の私たちにもかかわり、プライバシー擁護派は、ミラー判決は現代の情報共有・生産・保存技術にはもうあてはまらないと声を上げている。発信・受信された電話番号すべてを追跡記録するための「ペンレジスタ」〔電話利用記録装置〕の使用に関しては、判例 *Smith v. Maryland*, 442 U.S. 735 (1979) も参照。

29. John Stevens, "The Facebook Divorces: Social Network Site Is Cited in 'a THIRD of Splits,'" *Mail Online*, Dec. 30, 2011.

30. Mathew Ingram, "Yes, Virginia, HR Execs Check Your Facebook Page," *Gigaom*, Jan. 27, 2010; Cross-Tab, "Online Reputation in a Connected World," Job-hunt.com, Jan. 2010.

31. Manuel Valdes, "Job Seekers Getting Asked for Facebook Passwords," *Yahoo! Finance*, March 20, 2012.

32. Jonathan Dame, "Will Employers Still Ask for Facebook Passwords in 2014?" *USA Today*, Jan. 10, 2014.

33. "Minnesota Girl Alleges School Privacy Invasion," CNN, March 10, 2012.

34. Pete Thamel, "Universities Track Athletes Online, Raising Legal Concerns," *New York Times*, March 30, 2012.

35. International Association of Chiefs of Police, 2013 Social Media Survey Results, accessed March 12, 2014, http://www.iacpsocialmedia.org/.

36. Marcia Hoffman, "EFF Posts Documents Detailing Law Enforcement Collection of Data from Social Media Sites," Electronic Frontier Foundation, March 16, 2010. See also "IRT-WBT Content 2009," IRS social network training course overview, 2009, and John Lynch and Jenny Ellickson, "Obtaining and Using Evidence from Social Networking Sites," presentation, U.S. Department of Justice, Criminal Division, Computer Crime and Intellectual Property Section, August 2009.

37. Don Reisinger, "AT&T Reports More Than 300,000 Data Requests in 2013," *CNET*, Feb. 18, 2014.

38. Kim Zetter, "Feds 'Pinged' Sprint GPS Data 8 Million Times over a Year," *Wired*, Dec. 1, 2009.

39. Marwick, "How Your Data Are Being Deeply Mined."

40. Charlie Savage, "CIA Is Said to Pay AT&T for Call Data," *New York Times*, Nov. 7, 2013.

41. "CIA's 'Facebook' Program Dramatically Cut Agency's Costs," Onion News Network, accessed March 15, 2014.

42. Drew F. Cohen, "It Costs the Government Just 6.5 Cents an Hour to Spy on You," *Politico*, Feb. 10, 2014.

43. Charles Cooper, "Ex-Stasi Boss Green with Envy over NSA's Domestic Spy Powers," *CNET*, June 28, 2013.

44. Maria Aspan, "How Sticky Is Membership on Facebook? Just Try Breaking Free," *New York Times*, Feb. 11, 2008; Chamakhe Maurieni, *Facebook Is Deception* (Volume one) (WSIC EBooks Ltd., 2012).

第6章

1. Associated Press, "Filipino Police Arrest 4 Suspected AT&T Hackers," CBS News, Nov. 27, 2010; Somini Sengupta, "Phone Hacking Tied to Terrorists," *New York Times*, Nov. 26, 2011; Marc Goodman, "What Business Can Learn from Organized Crime," *Harvard Business Review*, Nov. 2011.

2. Lauren Indvik, "92% of U.S. Toddlers Have Online Presence," *Mashable*, Oct. 7, 2010 .

3. Allegra Tepper, "How Much Data Is Created Every Minute?," *Mashable*, June 22, 2012; Kristin Burnham, "Facebook's WhatsApp Buy: 10 Staggering Stats," *InformationWeek*, Feb. 21, 2014.

4. Verlyn Klinkenborg, "Trying to Measure the Amount of Information That Humans Create," *New York Times*, Nov. 12, 2003.

5. McKinsey Global Institute, *Big Data: The Next Frontier for Innovation, Competition, and Productivity*, May 2011; Kevin Kelly speaking at the Web 2.0 conference in 2011, http://blip.tv/web2expo/web-2-0-expo-sf-2011-kevin-kelly-4980011.〔翻訳時点では開けないが、これのことと思われる動画は YouTube でも閲覧可能〕

6. World Economic Forum, *Personal Data: The Emergence of a New Asset Class*, Jan. 2011.

7. Cory Doctorow, "Personal Data Is as Hot as Nuclear Waste," *Guardian*, Jan. 15, 2008.

8. Emma Barnett, "Hackers Go After Facebook Sites 600,000 Times Every Day," *Telegraph*, Oct. 29, 2011; Mike Jaccarino, "Facebook Hack Attacks Strike 600,000 Times per Day, Security Firm Reports," New York *Daily News*, Oct. 29, 2011.

9. "Digital Security Firm Says Most People Use One Password for Multiple Websites," *GMA News Online*, Aug. 9, 2013.

10. "LinkedIn Hack," *Wikipedia*; Jose Pagliery, "2 Million Facebook, Gmail, and Twitter Passwords Stolen in Massive Hack," *CNNMoney*, Dec. 4, 2013.

11. Elinor Mills, "Report: Most Data Breaches Tied to Organized Crime," *CNET*, July 27, 2010.

12. Jason Kincaid, "Dropbox Security Bug Made Passwords Optional for Four Hours," *TechCrunch*, June 20, 2011.

13. John Markoff, "Cyberattack on Google Said to Hit Password System," *New York Times*, April 19, 2010; Kim Zetter, "Report: Google Hackers Stole Source Code of Global Password System," *Wired*, April 20, 2010.

14. John Ley- den, "Acxiom Database Hacker Jailed for 8 Years," *Register*, Feb. 23,

2006; Damien Scott and Alex Bracetti, "The 11 Worst Online Security Breaches," Complex.com, May 9, 2012.
15. Brian Krebs, "Experian Sold Customer Data to ID Theft Service," *Krebs on Security*, Oct. 20, 2013.
16. Byron Acohido, "Scammer Dupes Experian into Selling Social Security Nos," *USA Today*, Oct. 21, 2013; Matthew J. Schwartz, "Experian Sold Data to Vietnamese ID Theft Ring," *Dark Reading*, Oct. 21, 2013.
17. Jim Finkle and Karen Freifeld, "Exclusive: U.S. States Probing Security Breach at Experian Unit," Reuters, April 3, 2014.
18. Kashmir Hill, "Celebs' Financial Details Leaked, Including Credit Reports for Jay-Z and FBI Director Robert Mueller," *Forbes*, March 11, 2013.
19. Matthew J. Schwartz, "Exposed Website Reboots, Reveals Celeb Credit Reports," *InformationWeek*, April 4, 2013.
20. Yasha Levine, "Surveillance Valley Scammers! Why Hack Our Data When You Can Just Buy It?," *Pando Daily*, Jan. 8, 2014.
21. Graeme McMillan, "40% of Social Network Users Attacked by Malware," *Time*, March 23, 2011.
22. Farooqui Adnan, "MH370 Links on Social Networks Spreading Malware," *Ubergizmo*, March 18, 2014.
23. Riva Richmond, "Koobface Gang That Spread Worm on Facebook Operates in the Open," *New York Times*, Jan. 16, 2012.
24. Christopher Williams, "Facebook Versus Russia's Koobface Gang," *Telegraph*, Jan. 19, 2012.
25. Joseph L. Flatley, "Firesheep Makes Stealing Your Cookies, Accessing Your Facebook Account Laughably Easy," Engadget, Oct. 25, 2010; Gary LosHuertos, "Herding Firesheep in Starbucks," *CNNMoney*, Dec. 16, 2010.
26. Lara Naaman, Jen Pereira, and Emily Yacus, "Online Games Can Lead to Identity Theft," ABC News, July 16, 2008.
27. Kristin Finklea, "Identity Theft: Trends and Issues," Congressional Research Service, Jan. 16, 2014; Regina Lewis, "Money Quick Tips, Protect Yourself from Identity Theft," *USA Today*, April 5, 2014.
28. Blake Ellis, "Identity Fraud Hits New Victim Every Two Seconds," *CNNMoney*, Feb. 6, 2014.
29. Daniel Bortz, "Identity Theft: Why Your Child May Be in Danger," *U.S. News & World Report*, Feb. 5, 2013.
30. Richard Power, "Child Identity Theft," Carnegie Mellon CyLab, 2011.
31. Edudemic Staff, "The 21 Best Resources for 2014 to Prevent Cyberbullying," *Edudemic*, Oct. 17, 2014. さらなる詳細は http://www.ncpc.org/cyberbullying にある。
32. "Shock at Woman's 'Facebook Murder,'" BBC, May 17, 2010; Amy Dale Court, "Christopher Dannevig's in Court for Nona Belomesoff Murder After Meeting on a Dating Website, a Court Heard," *Daily Telegraph*, Aug. 4, 2012.
33. "Jealous Lover Flew 4,000 Miles to Stab Ex-Girlfriend to Death after Seeing Her on Facebook with Another Man," *Daily Mail*, Mar. 10, 2010.
34. Raquel Delevi and Robert S. Weisskirch, "Personality Factors as Predictors of Sexting," *Computers in Human Behavior* 29 (2013): 2589–94, citing a study by Michelle Drouin and Carly Landgraff, "Texting, Sexting, and Attachment in College Students' Romantic Relationships," *Computers in Human Behavior* 28 (2012): 444–49.
35. Sam Biddle, "Here's Where the Naked Pics You Sexted Will End Up," *Gizmodo*, Nov. 28, 2012.
36. Camille Dodero, "Hunter Moore Makes a Living Screwing You," *Village Voice*, April 4, 2012.
37. Mary Madden et al., "Teens and Technology 2013," Pew Research Center, March 13, 2013.
38. McAfee, "McAfee Digital Deception Study 2013: Exploring the Online Disconnect Between Parents & Pre-teens, Teens, and Young Adults," May 28, 2013.
39. Lancaster University, "Software Developers Tackle Child Grooming on the Net," *ScienceDaily*, June 2, 2010.
40. Sonia Elks, "Xbox Paedophile Predators 'Move in on Prey Within Two Minutes of Contact,'" *Metro*, April 17, 2012; Bill Singer, "Child Pornography Hid Behind XBox LIVE 'Call of Duty: Modern Warfare 2,'" *Forbes*, Nov. 4, 2011.
41. Nicholas Kristof, "He Was Supposed to Take a Photo," *New York Times*, March 22, 2014.
42. Kevin Morris "BlogTV and the Sad, Avoidable Path to Amanda Todd's Suicide," *Daily Dot*, Oct. 15, 2012.
43. Gillian Shaw, "Amanda Todd's Mother Speaks Out About Her Daughter, Bullying," *Vancouver Sun*, March 13, 2013.
44. 動画は http://www.youtube.com/watch?v =vOHXGNx-E7E で閲覧可能。深く訴えるものがあり、力強く、自身の言葉でアマンダ・トッドの物語を語っている。あまりにも早く去った少女の、説得力のある、必見の遺言。
45. Patrick McGuire, "The Suspicious Return of the Daily Capper," VICE, Nov. 12, 2012.
46. "Paedophiles Trawl Dating Sites to Get at Kids of Lonely Mums," News.com.au, Dec. 12, 2011.

47. David Ferguson, "Texas Teen Viciously Beats and Abducts Gay Man After Targeting Him on Dating Website," *Raw Story*, Feb. 26, 2014.
48. The program looks at antigay vigilante gangs in Russia and the overall Russian religious right antigay movement. "Gay and Russian: 'It' s Hunting Season, We Are the Hunted,' " Channel 4 News, Feb. 5, 2014.
49. Dan Savage, "Anti-gay Russian Neo-Nazis Using Instagram and Facebook to Organize, Publicize Attacks," *Stranger*, Feb. 11, 2014; "Welcome to the Gay-Hating Olympics: Footage of Horrific Beatings Suffered by Gays in Russia," *Daily Mail*, Feb. 4, 2014.
50. Andrew Hough, "Please Rob Me Website Causes Fury for 'Telling Burglars When Twitter Users Are Not Home,' " *Telegraph*, Feb. 19, 2010.
51. Nick Bilton, "Burglars Said to Have Picked Houses Based on Facebook Updates," *Bits* (blog), *New York Times*, Sept. 12, 2010.
52. Matt Liebowitz, "Social Media Status Updates Tip Off Burglars, Study Shows," MSNBC, Nov. 7, 2011.
53. Gerald Friedland and Robin Sommer, "Cybercasing the Joint: On the Privacy Implications of Geo-tagging," International Computer Science Institute and Lawrence Berkeley National Laboratory; "Featured Research: Geo-tagging," International Computer Science Institute, accessed March 30, 2014; Niraj Chokshi, "How Tech-Savvy Thieves Could 'Cybercase' Your House," *Atlantic*, July 22, 2010.
54. Brendan Keefe, "Exif Data Hiding in Your Photos Targeted by Thieves and Criminal Investigators," YouTube, Nov. 5, 2013, http://www.youtube.com/watch?v=mdoD7X8n46Q.
55. Richard Burnett, "Scammers Use Social Networking Info to Target Vacationers' Relatives: Scams Using SocialNetworking Vacation," *Orlando Sentinel*, June 22, 2013.
56. Robert Beckhusen, "Mexican Cartels Hang, Disembowel 'Internet Snitches,' " *Danger Room* (blog), *Wired*, Sept. 15, 2011.
57. 同前。
58. Mike Levine, "Officials Warn Facebook and Twitter Increase Police Vulnerability," FoxNews.com, May 10, 2011.
59. Josh Halliday and Charles Arthur, "Anonymous' s Release of Met and FBI Call Puts Hacker Group Back Centre Stage," *The Guardian*, Feb. 2, 2012.
60. Bob Christie, "Ariz. Police Confirm 2nd Hack on Officers' Email," MSNBC.com, June 29, 2011; Mohit Kumar, "77 Law Enforcement Websites Hit in Mass Attack by #Antisec Anonymous," *The Hacker News*, July 30, 2011.
61. "Cyber-Criminals Use Facebook to Steal Identity of Interpol Chief," *Daily Mail*, Sept. 20, 2010.
62. Geoff Nairn, "Your Wall Has Ears," *Wall Street Journal*, Oct. 19, 2011.
63. Michael Riley and Ashlee Vance, "Inside the Chinese Boom in Corporate Espionage," *BusinessWeek*, Mar. 15, 2012.
64. Joan Lappin, "American Superconductor and Its Rogue Employee Both Duped by Sinovel," *Forbes*, Sept. 27, 2011.
65. Carl Sears and Michael Isikoff, "Chinese Firm Paid Insider 'to Kill My Company,' American CEO Says," NBCNews.com, Aug. 6, 2013.

第7章

1. "Massive Search for Missing Girl," BBC, March 25, 2002.
2. "TV Appeal for Missing Amanda," BBC, March 28, 2002.
3. Nick Davies, "Phone-Hacking Trial Failed to Clear Up Mystery of Milly Dowler' s Voicemail," *Guardian*, June 26, 2014.
4. "Milly' s Body Found," BBC, Sept. 21, 2002.
5. "Phone Hacking," Guardian, Feb. 7, 2011; CNN Library, "UK Phone Hacking Scandal Fast Facts," CNN, July 5, 2014; "News International Phone Hacking Scandal," *Wikipedia*.
6. Nick Davies, "Phone-Hacking Trial Failed to Clear Up Mystery of Milly Dowler' s Voicemail," *The Guardian*, June 26, 2014.
7. Milly Dowler' s Phone Was Hacked by News of the World," *Telegraph*, July 4, 2011.
8. McAfee, "Mobile Malware in 2014," March 25, 2014, http://blogs.mcafee.com/; Juniper Networks, "Trusted Mobility Index," May 2012, http://www.juniper.net/.
9. Cisco, Cisco 2014 Annual Security Report; Jordan Kahn, "Apple SVP Phil Schiller Shares Report Showing Android Had 99% of Mobile Malware Last Year," *9to5Google*, Jan. 21, 2014.
10. Rolfe Winkler, "Android Market Share Hits New Record," Digits (blog), *Wall Street Journal*, July 31, 2014; Canalys, "Over 1 Billion Android-Based Smart Phones to Ship in 2017," June 4, 2013.
11. Rachel Metz, "Phone Makers' Android Tweaks Cause Security Problems," *Technology Review*, Nov. 5, 2013; Liam Tung, "What' s Making Your Android Insecure? Blame Those Free Apps You Never Asked For," *ZDNet*, Nov. 6, 2013.
12. Daisuke Wakabayashi, "Cook Raises, Dashes Hopes for Excitement at Apple Annual Meeting," Digits (blog), *Wall Street Journal*, Feb. 28, 2014.
13. Juniper Networks, *Juniper Networks Third Annual Mobile Threats Report—March 2012 Through March 2013*.
14. Mike Isaac, "Google Beefs Up Android Market Security," *Wired*, Feb. 2, 2012.

15. "Report: Malware-Infected Android Apps Spike in the Google Play Store," *PCWorld*, Feb. 19, 2014.
16. Joe Krishnan, "Mobile Malware Is Growing and Targeting Android Users, Warn Kaspersky," *Independent*, Feb. 26, 2014; Larry Barrett, "Banking Trojans Emerge as Dominant Mobile Malware Threat," *ZDNet*, Feb. 24, 2014.
17. Brian Krebs, "Mobile Malcoders Pay to (Google) Play," *Krebs on Security*, March 6, 2013.
18. Juniper Networks, *Third Annual Mobile Threats Report*, 4.
19. Luke Westaway, "Apple iOS App Store Hit by First Malware App," *CNET*, July 6, 2012.
20. Andy Greenberg, "Evasion Is the Most Popular Jailbreak Ever: Nearly Seven Million iOS Devices Hacked in Four Days," Forbes, Feb. 8, 2013; Juniper Networks, *Third Annual Mobile Threats Report*.
21. Alice Truong, "This Popular Flashlight App Has Been Secretly Sharing Your Location and Device ID," *Fast Company*, Dec. 5, 2013; Janel Torkington, "A Flashlight Can Steal from You: How to Stay Safe from Scam Apps," *AppsZoom*, Feb. 3, 2014; Aaron Gingrich, "The Mother of All Android Malware Has Arrived: Stolen Apps Released to the Market That Root Your Phone, Steal Your Data, and Open Backdoor," *Android Police*, March 6, 2011.
22. Juniper Networks, *Third Annual Mobile Threats Report*.
23. Matt Warman, "Fake Android Apps Scam Costs £28,000," *Telegraph*, May 24, 2012.
24. Rich Trenholm, "Android Spam Scam Is First Smart Phone Botnet," *CNET*, July 6, 2012.
25. "China Mobile Users Warned About Large Botnet Threat," BBC, Jan. 15, 2013; Steven J. Vaughan-Nichols, "First Case of Android Trojan Spreading via Mobile Botnets Discovered," *ZDNet*, Sept. 5, 2013.
26. "Gartner Says Worldwide PC, Tablet, and Mobile Phone Shipments to Grow 5.9 Percent in 2013 as Anytime-Anywhere-Computing Drives Buyer Behavior," Gartner Newsroom, June 24, 2013.
27. Salvador Rodriguez, "Hackers Can Use Snapchat to Disable iPhones, Researcher Says," *Los Angeles Times*, Feb. 7, 2014.
28. Selena Larson, "Snapchat Responds to Massive Hack," *ReadWrite*, Jan. 3, 2014.
29. Kashmir Hill, "Snapchats Don' t Disappear: Forensics Firm Has Pulled Dozens of Supposedly Deleted Photos from Android Phones," *Forbes*, May 9, 2013.
30. Tyler Kingkade, "Ohio University Student Accused of Using Nude Snapchat Photos to Extort Sex," *Huffington Post*, Dec. 30, 2013.
31. Juniper Networks, "Trusted Mobility Index," May 2012.
32. Brian Montopoli, "For Criminals, Smartphones Becoming Prime Targets," CBS News, Aug. 7, 2013; Dan Nosowitz, "A Hacked Mobile Antenna in a Backpack Could Spy on Cell Phone Conversations," *Popular Science*, July 16, 2013.
33. "Why Does Kenya Lead the World in Mobile Money?" *Economist*, May 27, 2013.
34. Claire Pénicaud, "State of the Industry: Results from the 2012 Global Mobile Money Adoption Survey," GSMA, Feb. 2013.
35. Keith Wagstaff, "Google Wallet Hack Shows NFC Payments Still Aren' t Secure," *Time*, Feb. 10, 2012.
36. Sarah Clark, "Google Wallet Faces Its Second Hack of the Week," *NFC World*, Feb. 10, 2012.
37. Anthony Wing Kosner, "Tinder Dating App Users Are Playing with Privacy Fire," *Forbes*, Feb. 18, 2014.
38. Miles Kemp, "Police Warn Photos of Kids with Geo-tagging Being Used by Paedophiles," *Herald Sun* (Melbourne), April 18, 2012.
39. Shannon Catalano, "Stalking Victims in the United States—Revised," U.S. Department of Justice Special Report, Sept. 2012; Sean Gallagher, "A Spurned Techie' s Revenge: Locking Down His Ex' s Digital Life," *Ars Technica*, Nov. 22, 2013; Justin Scheck, "Stalkers Exploit Cellphone GPS," *Wall Street Journal*, Aug. 3, 2010.
40. Scheck, "Stalkers Exploit Cellphone GPS."
41. Australian Associated Press, "Simon Gittany Jailed for Minimum 18 Years for Murdering Fiancee," *Guardian*, Feb. 10, 2014; Timothy Geigner, "Mobile Spyware Use in Domestic Violence Ramps Up," *Wireless News*, April 3, 2014.
42. Scheck, "Stalkers Exploit Cellphone GPS."
43. 同前。
44. Quentin Fottrell, "5 Apps for Spying on Your Spouse," *Market Watch*, Aug. 25, 2014.
45. Scheck, "Stalkers Exploit Cellphone GPS."
46. Cheryl Rodewig, "Geotagging Poses Security Risks," U.S. Army, news archive, Mar. 7, 2012, www .army.mil.
47. 同前。
48. 製品は今、http://www.trackingkey .com で見つかる。
49. ナンバープレート自動読取装置の社会やプライバシーにかかわる意味の優れた解説として、アメリカ自由人権協会の報告 *You Are Being Tracked: How License Plate Readers Are Being Used to Record Americans' Movements* を参照。
50. Julia Angwin and Jennifer Valentino-Devries, "New Tracking Frontier: Your License Plates," *Wall Street Journal*, Sept. 29, 2012.
51. 同前。

52. Kate Crawford, "San Francisco Woman Pulled Out of Car at Gunpoint Because of License Plate Reader Error," ACLU (blog), May 15, 2014.
53. Quentin Hardy, "Technology Turns to Tracking People Offline," Bits (blog), *New York Times*, March 7, 2013; Gene Marks, "Why the Home Depot Breach Is Worse Than You Think," Forbes, Sept. 22, 2014.
54. Frederic Lardinois, "Google Announces Massive Price Drops for Its Cloud Computing Services and Storage, Introduces Sustained-Use Discounts," *TechCrunch*, March 25, 2014.
55. Keir Thomas, "Microsoft Cloud Data Breach Heralds Things to Come," *PCWorld*, Dec. 23, 2010; Ed Bott, "Dropbox Gets Hacked… Again," ZDNet, Aug. 1, 2012.
56. Daisuke Wakabayashi and Danny Yadron, "Apple Denies iCloud Breach," *Wall Street Journal*, Sept. 2, 2014.
57. Jaikumar Vijayan, "Classified Data on President' s Helicopter Leaked via P2P, Found on Iranian Computer," *Computerworld*, March 2, 2009.
58. Threat Working Group of the CSIS Commission on Cybersecurity, "Threats Posed by the Internet."
59. Dana Priest and William M. Arkin, "A Hidden World, Growing Beyond Control," *Washington Post*, July 19, 2010; James Bamford, "The NSA Is Building the Country' s Biggest Spy Center (Watch What You Say)," *Wired*, March 15, 2012.
60. Dan Nosowitz, "Every Six Hours, the NSA Gathers as Much Data as Is Stored in the Entire Library of Congress," *Popular Science*, May 10, 2011.
61. Bamford, "NSA Is Building the Country' s Biggest Spy Center."
62. Timothy B. Lee, "Here' s Everything We Know About PRISM to Date," *Washington Post*, June 12, 2013.
63. James Risen and Laura Poitras, "N.S.A. Gathers Data on Social Connections of U.S. Citizens," *New York Times*, Sept. 28, 2013.
64. Barton Gellman and Ashkan Soltani, "NSA Collects Millions of E-mail Address Books Globally," *Washington Post*, Nov. 1, 2013.
65. Barton Gellman and Ashkan Soltani, "NSA Infiltrates Links to Yahoo, Google Data Centers Worldwide, Snowden Documents Say," *Washington Post*, Nov. 1, 2013.
66. Floor Boon, Steven Derix, and Huib Modderkolk, "NSA Infected 50,000 Computer Networks with Malicious Software," *Nrc.nl*, Nov. 23, 2013.
67. Dustin Volz, "The NSA Is Using Facebook to Hack into Your Computer," *National Journal*, March 12, 2014.
68. Spencer Ackerman and James Ball, "Optic Nerve: Millions of Yahoo Webcam Images Intercepted by GCHQ," *Guardian*, Feb. 27, 2014.
69. Ashkan Soltani, Rea Peterson, and Barton Gellman, "NSA Uses Google Cookies to Pinpoint Targets for Hacking," *Washington Post*, Dec. 10, 2013.
70. James Larson, Jeff Glanz, and Andrew W. Lehren, "Spy Agencies Tap Data Streaming from Phone Apps," *New York Times*, Jan. 27, 2014.
71. Sasha Goldstein, "Angry Birds, Other 'Leaky' Cellphone Apps Allow NSA to Collect Massive Amounts of Data: Report," New York *Daily News*, Jan. 27, 2014; James Ball, "Angry Birds and 'Leaky' Phone Apps Targeted by NSA and GCHQ for User Data," *Guardian*, Jan. 28, 2014.
72. Cyrus Farivar, "LOVEINT: On His First Day of Work, NSA Employee Spied on Ex-Girlfriend," Ars Technica, Sept. 27, 2013; Siobhan Gorman, "NSA Officers Spy on Love Interests," *Wall Street Journal*, Aug. 23, 2013.
73. "FinFisher," Wikipedia; Vernon Silver, "Cyber Attacks on Activists Traced to FinFisher Spyware of Gamma," *Bloomberg*, July 25, 2013.
74. "Syria' s Embattled Dissidents Grapple with Government Hackers, Wiretappers, and Impostors," *Time*, June 1, 2011; "Social Media: A Double-Edged Sword in Syria," Reuters, July 13, 2011.
75. Andrew E. Kramer, "Ukraine' s Opposition Says Government Stirs Violence," *New York Times*, Jan. 21, 2014.

第8章

1. IAEA Board of Governors, "Implementation of the NPT Safeguards Agreement in the Islamic Republic of Iran," Sept. 2005.
2. William J. Broad and David E. Sanger, "Report Says Iran Has Data to Make a Nuclear Bomb," *New York Times*, Oct. 4, 2009.
3. David E. Sanger, "Obama Ordered Wave of Cyberattacks Against Iran," *New York Times*, June 1, 2012.
4. Marc Ambinder, "Did America' s Cyber Attack on Iran Make Us More Vulnerable?" *Atlantic*, June 5, 2012.
5. Paul Szoldra, "Blogger Nails a Major Problem with Facebook' s Newsfeed," *Business Insider*, Jan. 19, 2014; Jim Tobin, "Facebook Brand Pages Suffer a 44% Decline in Reach since December 1," *Ignite Social Media*, December 10, 2013.
6. Anthony Wing Kosner, "Watch Out Twitter and Google+, Facebook' s News Feed Is Getting Smarter and Smarter," *Forbes*, April 28, 2014.
7. Eli Pariser が TED Talk, "Beware Online 'Filter Bubbles,' " May 2011 のときに言及したこと; René Pickhardt, "What Are the 57 Signals Google Uses to Filter Search Results?" May 17, 2011, rene-pickhardt.de.
8. Alex Chitu, "Eric Schmidt on the Future of Search," *Google Operating System*, Aug. 16, 2010.

9. 各国の世界的インターネット対策について幅広く評した the OpenNet Initiative at https://opennet.net/about-filtering を参照。
10. "Top 10 Internet-Censored Countries," USA Today, Feb. 5, 2014.
11. Amy Gesenhues, "Survey: 90% of Customers Say Buying Decisions Are Influenced by Online Reviews," Marketingland .com, April 9, 2013; Zendesk, "The Impact of Customer Service on Customer Lifetime Value"; Myles Anderson, "2013 Study: 79% of Consumers Trust Online Reviews as Much as Personal Recommendations," *Search Engine Land*, June 26, 2013; Nielsen, *Global Trust in Advertising and Brand Messages*, April 2012.
12. Michael Luca, "Reviews, Reputation, and Revenue: The Case of Yelp.com." Harvard Business School Working Paper, No. 12-016, Sept. 2011.
13. Bob Egelko, "Yelp Can Manipulate Ratings, Court Rules," *San Francisco Gate*, Sept. 4, 2014.
14. Eric Spitznage, " 'Operation Clean Turf' and the War on Fake Yelp Reviews," *Bloomberg Businessweek*, Sept. 25, 2013.
15. Rebecca Grant, "Facebook Has No Idea How Many Fake Accounts It Has—but It Could Be Nearly 140M," *VentureBeat*, Feb. 3, 2014.
16. Nick Bilton, "Friends, and Influence, for Sale Online," Bits (blog), *New York Times*, April 20, 2014.
17. John Koetsier, "Facebook' s War on Zombie Fans Just Started with a Boom," *VentureBeat*, Sept. 26, 2012.
18. 同前。
19. Mandi Woodruff, "There Could Be Something Wrong with 42 Million Credit Reports," *Business Insider*; Federal Trade Commission, *Report to Congress*, Dec. 2012; Melanie Hicken, "Find Out What Big Data Knows About You (It May Be Very Wrong)," *CNNMoney*, Sept. 5, 2013.
20. Rebecca Smith, "One in Ten Electronic Medical Records Contain Errors: Doctors," *Telegraph*, July 17, 2010.
21. "Man Dies During Cancer Drug Trial," BBC, Sept. 21, 2008.
22. "California Releases 450 'Violent and Dangerous' Criminals After Computer Glitch Sets Them Free," *Daily Mail Online*, May 27, 2011.
23. "Are You One of the 20,000 People Wrongly Branded a Criminal? Police Blunders Give Thousands Records for Crimes They Have Not Committed," *Daily Mail Online*, Dec. 28, 2012.
24. Asher Moses, "Hackers Break Into Police Computer as Sting Backfires," *Sydney Morning Herald*, Aug. 18, 2009; "Hacker 'Steals' Hertfordshire Police Officers' Data," BBC News, Aug. 30, 2012; Sabari Selvan, "Italy' s Police Website Vitrociset. it Hacked by #Antisec," E Hacking News, July 30, 2011; "Ten Months Later, Memphis Police Dept. First Notifies People of Data Breach?" Office of Inadequate Security, Feb. 21, 2014; "Montreal Police Database Hacked; Personal Information Posted Online," *Global News*, Feb. 19, 2013; IPCC, "Hacking into Police Force Systems," *Learning the Lessons*, May 2013; Jeff Goldman, "Honolulu Police Department Hacked," eSecurity Planet, May 8, 2013.
25. "Danish Police Driving Licence Database Hacked by a Top Rated Swedish Hacker," *Scandinavia Today*, June 6, 2013.
26. "Philadelphia Police Witness Information Hacked," Lawofficer.com, 二〇一三年一一月九日閲覧。
27. "Ex-con Returns to Jail for Hacking Prison Computers," *PCWorld*, Nov. 15, 2008.
28. David Schultz, "As Patients' Records Go Digital, Theft and Hacking Problems Grow," *Kaiser Health News*, June 3, 2012; Kim Zetter, "It' s Insanely Easy to Hack Hospital Equipment," *Wired*, April 25, 2014; Kelly Jackson Higgins, "Anatomy of an Electronic Health Record Zero-Day," *Dark Reading*, Dec. 4, 2013.
29. Neal Ungerleider, "Medical Cybercrime: The Next Frontier," *Fast Company*, Aug. 15, 2012.
30. Nelson Harvey, "Hospital Database Hacked, Patient Info Vulnerable," *Aspen Daily News*, March 15, 2014.
31. "Victim of Botched Transplant Declared Dead," CNN, Feb. 23, 2003.
32. EMC Corporation, "2013: A Year in Review," Jan. 2014.
33. 同前。
34. Miles Date, "Why We Need to Support DMARC and Fight Phishing," *Deliverability Next*, April 2, 2013.
35. Cisco, *Email Attacks: This Time It' s Personal*, June 2011.
36. Ben Elgin, Dune Lawrence, and Michael Riley, "Coke Gets Hacked and Doesn' t Tell Anyone," *Bloomberg*, Nov. 4, 2012.
37. TrendLabs APT Research Team, "Spear-Phishing Email: Most Favored APT Attack Bait," Trend Micro Incorporated Research Paper, 2012.
38. Rob Waugh, "New PC Virus Doesn' t Just Steal Your Money—It Creates Fake Online Bank Statements So You Even Don' t Know It' s Gone," *Daily Mail Online*, Jan. 6, 2012.
39. Amy Klein, "Holiday Shopping and Fraud Schemes," *Security Intelligence*, Jan. 4, 2012.
40. Carol Todd, "Arrest of Dutch Man in Amanda Todd Cyberbullying Rekindles Family Anguish," CBC News, April 28, 2014.
41. Associated Press, "Netherlands Arrest in Amanda Todd Webcam Blackmail Case," *Guardian*, April 17, 2014.

42. "Dutch Man Arrested in Connection with Suicide of Canadian Teen Amanda Todd," New York *Daily News*, April 18, 2014.
43. Dan Goodin, "Woman Charged with Cyberbullying Teen on Craigslist," *Register*, Aug. 18, 2009.
44. Corey Grice and Scott Ard, "Hoax Briefly Shaves $2.5 Billion off Emulex's Market Cap," *CNET*; Jane C. Chesterman, "The Emulex Stock Hoax: Potential Liability for Internet Wire and Bloomberg?" *Journal of Corporation Law* 27, no. 1 (Fall 2001).
45. U.S. Securities and Exchange Commission, "Defendant in Emulex Hoax Sentenced," Aug. 8, 2001.
46. Corey Grice, "23-Year-Old Arrested in Emulex Hoax," *CNET*, Aug. 31, 2000.
47. Alex Berenson, "Guilty Plea Is Set in Internet Hoax Case Involving Emulex," *New York Times*, Dec. 29, 2000.
48. Lina Saigol, "The Murky World of Traders' Electronic Chat," *Financial Times*, Nov. 11, 2013.
49. "FBI Arrests Seven in $140 Million Penny Stock Fraud," *Moneynews*, Aug. 14, 2013.
50. Amy Chozick, "Bloomberg Admits Terminal Snooping," *New York Times*, May 13, 2013.
51. Julia La Roche, "Bloomberg Spying Scandal Escalates," *Business Insider*, May 10, 2013.
52. Mark DeCambre, "Goldman Outs Bloomberg Snoops," *New York Post*, May 10, 2013.
53. Chozick, "Bloomberg Admits Terminal Snooping."
54. Michael Lewis, "An Adaptation from 'Flash Boys: A Wall Street Revolt,' by Michael Lewis," *New York Times*, March 31, 2014.

第9章

1. Kelly Jackson Higgins, " 'Robin Sage' Profile Duped Military Intelligence, IT Security Pros," *Dark Reading*, July 6, 2010.
2. Thomas Ryan, "Getting in Bed with Robin Sage" Provide Security, 2010; Shaun Waterman, "Fictitious Femme Fatale Fooled Cybersecurity," Washington Times, July 18, 2010.
3. Robert McMillan, "Paris Hilton Accused of Voice-Mail Hacking," *InfoWorld*, Aug. 25, 2006.
4. Ron Lieber, "Your Voice Mail May Be Even Less Secure Than You Thought," *New York Times*, Aug. 19, 2011.
5. Byron Acohido, "Caller ID Spoofing Scams Aim for Bank Accounts," *USA Today*, March 15, 2012.
6. Kathy Kristof, "IRS Warns of Biggest Tax Scam Ever," *MoneyWatch*, March 20, 2014.
7. Adrianne Jeffries, "Meet 'Swatting,' the Dangerous Prank That Could Get Someone Killed," *Verge*, April 23, 2013.
8. Maria Elena Fernandez, "Ashton Kutcher, Miley Cyrus & Others Terrorized in Dangerous 'Swatting' Prank," *Daily Beast*, Oct. 5, 2012.
9. FBI, "The Crime of 'Swatting': Fake 9-1-1 Calls Have Real Consequences," 二〇一四年五月七日閲覧。〔https://www.fbi.gov/news/stories/2013/september/the-crime-of-swatting-fake-9-1-1-calls-have-real-consequences〕
10. Alan Duke, "Boy Admits 'Swatting' Ashton Kutcher, Justin Bieber," CNN, March 12, 2013.
11. Heidi Fenton, "Swatting-Related Crash," Mlive.com, April 8, 2014.
12. Sebastian Anthony, "The Secret Second Operating System That Could Make Every Mobile Phone Insecure," *ExtremeTech*, Nov. 13, 2013.
13. Ralf Philipp Weinmann, "DeepSec 2010: All Your Baseband Are Belong to Us," YouTube, http://www.youtube.com/watch?v=fQqv0v14KKY, 二〇一四年五月七日閲覧。
14. Paul K., "Replicant Developers Find and Close Samsung Galaxy Backdoor," Free Software Foundation, March 12, 2014.
15. Declan McCullagh, "FBI Taps Cell Phone Mic as Eavesdropping Tool," *ZDNet*, Dec. 1, 2006.
16. Hard Reg, "Driver Follows Satnav to His Doom," *Register*, Oct. 5, 2010.
17. Department of Homeland Security, "National Risk Estimate," Nov. 9, 2011.
18. Robert Charette, "Are We Getting Overly Reliant on GPS-Intensive Systems?" IEEE Spectrum, March 9, 2011, available at spectrum.ieee.org.
19. David Hambling, "GPS Chaos: How a $30 Box Can Jam Your Life," *New Scientist*, March 6, 2011.
20. "Out of Sight," *Economist*, July 27, 2013.
21. John Brandon, "GPS Jammers Illegal, Dangerous, and Very Easy to Buy," FoxNews.com, March 17, 2010.
22. "Out of Sight."
23. Hambling, "GPS Chaos."
24. Charles Arthur, "Car Thieves Using GPS 'Jammers,' " Guardian, Feb. 22, 2010; Matt Warman, "Organised Crime 'Routinely Jamming GPS,' " Telegraph, Feb. 22, 2012; "£6M Lorry Hijackings Gang Face Ten Years," *Express & Star*, May 6, 2010.
25. "The $30 GPS Jammer That Could Paralyze U.S. Cities," *Week*, March 10, 2011.

26. Jeff Coffed, "The Threat of GPS Jamming," Exelis, Feb. 2014.
27. Tom Simonite, "Ship Tracking Hack Makes Tankers Vanish from View," *MIT Technology Review*, Oct. 18, 2013.
28. "Researchers Show How a Major GPS Flaw Could Allow Terrorists and Hackers to Hijack Commercial Ships and Planes," *Mail Online*, July 27, 2013; Aviva Hope Rutkin, " 'Spoofers' Use Fake GPS Signals to Knock a Yacht Off Course," MIT *Technology Review*, Aug. 14, 2013.
29. Sandra Zaragoza, "Spoofing Superyacht at Sea," *Know*, July 31, 2013.
30. Kelsey D. Atherton, "Israeli Students Spoof Waze App with Fake Traffic Jam," *Popular Science*, March 31, 2014.
31. Nathan Hodge and Adam Entous, "Oil Firms Hit by Hackers from China, Report Says," *Wall Street Journal*, Feb. 10, 2011.
32. Nicole Perlroth, "Hackers Lurking in Vents and Soda Machines," *New York Times*, April 7, 2014.
33. Hodge and Entous, "Oil Firms Hit by Hackers from China."
34. Lee Moran, "Montana Residents Flip Out When Emergency Alert System Tells Them the Zombie Apocalypse Is Happening—Like Right Friggin Now," New York *Daily News*, Feb. 12, 2013.
35. "Russian Hackers Jam Automobile Traffic with Porn," Fox News, Technology, January 15, 2010; "Russian Jailed for Six Years for Hacking into Advertising Server and Making Electronic Billboard Show Porn to Motorists," *Mail Online*, March 24, 2011.
36. Sevil Omer, "Racial Slur on Mich. Road Sign Targets Trayvon Martin," NBC News, April 9, 2012.
37. Serge Malenkovich, "Hacking the Airport Security Scanner," *Kaspersky Lab*. March 14, 2014.
38. "Hacked X-Rays Could Make TSA Scanners Useless," video, *Wall Street Journal*, Feb. 12, 2014.
39. Kim Zetter, "Hacked X-Rays Could Slip Guns Past Airport Security," *Wired*, Feb. 11, 2014.
40. U.S. Department of Transportation, "Review of Web Applications Security and Intrusion Detection in Air Traffic Control Systems," Project ID: FI-2009-049, May 4, 2009.
41. Siobhan Gorman, "FAA' s Air-Traffic Networks Breached by Hackers," *Wall Street Journal*, May 7, 2009.
42. Thomas Claburn, "Air Traffic Control System Repeatedly Hacked," *Dark Reading*, May 7, 2009.
43. Steve Henn, "Could the New Air Traffic Control System Be Hacked?" NPR.org, Aug. 14, 2012.
44. Donald McCallie, Jonathan Butts, and Robert Mills, "Security Analysis of the ADS-B Implementation in the Next Generation Air Transportation System," *International Journal of Critical Infrastructure Protection* 4, no. 2 (Aug. 2011): 78–87, doi:10.1016/ j.ijcip.2011.06.001.
45. "The World of 100% Election Victories," BBC News, March 11, 2014.
46. "Hacking the Vote: Internet Systems Remain Unsecure," CNN, Nov. 5, 2012.
47. Andrew Tarantola, "Hacked DC School Board E-voting Elects Bender President," *Gizmodo*, March 2, 2012.
48. Walter L. Sharp, "Electronic Warfare," Joint Publication 3–13.1, Jan. 25, 2007.
49. Adam Martin, "Reuters Blogs Hacked with Fake Story About Syrian Rebel Retreat," *Wire*, Aug. 3, 2012.
50. Erich Follath and Holger Stark, "The Story of 'Operation Orchard' : How Israel Destroyed Syria' s Al Kibar Nuclear Reactor," *Spiegel Online*, Feb. 11, 2009; David E. Sanger and Mark Mazzetti, "Israel Struck Syrian Nuclear Project, Analysts Say," *New York Times*, Oct. 14, 2007.
51. Lewis Page, "Israeli Sky-Hack Switched off Syrian Radars Countrywide," *Register*, Nov. 22, 2007.
52. Yuval Goren, "IDF Reserve Troops Receive Fictitious Calls for Duty in Gaza," Haaretz.com, Jan. 8, 2009.
53. Balousha Hazem, "Text Messages and Phone Calls Add Psychological Aspect to Warfare in Gaza," *Guardian*, Jan. 2, 2009.
54. Nick Fielding and Ian Cobain, "Revealed: US Spy Operation That Manipulates Social Media," *Guardian*, March 17, 2011.
55. 同前。
56. 同前。
57. Freedom on the Net 2013, FreedomHouse.org, Oct. 3, 2013.
58. Sergey Chernov, "Internet Troll Operation Uncovered in St. Petersburg," St. *Petersburg Times*, Sept. 18, 2013.
59. Paul Roderick Gregory, "Inside Putin' s Campaign of Social Media Trolling and Faked Ukrainian Crimes," *Forbes*, May 11, 2014.
60. Chris Elliott, "The Readers' Editor on … Pro-Russia Trolling Below the Line on Ukraine Stories," *Guardian*, May 4, 2014; Alec Luhn, "Pro-Kremlin Journalists Secretly Given Awards by Putin," *Irish Times*, May 9, 2014.
61. Katie Hunt and Cy Xu, "China 'Employs 2 Million to Police Internet,' " CNN, Oct. 7, 2013.
62. Steven Millward, "China Plans Weibo Propaganda Blitz Using 2 Million Paid Commenters," *Tech in Asia*, Jan. 18, 2013.

63. John Kennedy, “Beijing Orders Its 2.06 Million ‘Propaganda Workers’ to Get Microblogging,” *South China Morning Post*, Jan. 18, 2013.
64. Benjamin Carlson, “Party Trolls: Meet China’s Answer to the Internet,” *Global Post*, Jan. 28, 2013.
65. LWG Consulting, “Sites Affected by the Heartbleed Bug,” April 4, 2014.
66. Arik Hesseldahl, “Heartbleed Flaw Lurks in Android Apps Downloaded by Millions,” *Re/code*, April 23, 2014.
67. Mark Prigg, “Over 300,000 Web Sites STILL at Risk from Heartbleed Bug,” *Mail Online*, May 9, 2014.
68. Michael Riley, “NSA Said to Exploit Heartbleed Bug for Intelligence for Years,” *Bloomberg*, April 11, 2014.
69. Hiawatha Bray, “Heartbleed Hoodlums Try to Cash in on Internet Security Bug,” *Boston Globe*, April 18, 2014; Mark Clayton, “ ‘Heartbleed’ Mystery: Did Criminals Take Advantage of Cyber-Security Bug?” *Christian Science Monitor*, April 9, 2014.

第10章

1. イノベーティブ・マーケティング社内部の様子についてはいろいろな研究資料が詳細を提供している。詳細の大部分は、ドイツのハンブルクにいるマカフィー研究員、ディルク・コルベルクがこの組織を数か月かけて調べたものによる。他に、David Talbot, “The Perfect Scam,” *MIT Technology Review*, June 21, 2011; Jim Finkle, “Inside a Global Cybercrime Ring,” Reuters, March 24, 2010; Federal Trade Commission, “Innovative Marketing, Inc., et al.,” Feb. 28, 2014; Toralv Dirro, “Malicious World,” McAfee Labs; Interpol, “Sundin, Bjorn Daniel”; *United States of America v. Bjorn Daniel Sundin, Shaileshkumar P. Jain, a.k.a. “Sam Jain,” and James Reno*, Northern District of Illinois Eastern Division, March 2010; Misha Glenny, “Cybercrime: Is It Out of Control?” *Guardian*, Sept. 21, 2011; Misha Glenny, “Inside the World of Cybercrime, EIBF 2012, Review,” EdinburghGuide.com, Aug. 20, 2012; Felix Richter, “Twitter’s Ad Revenue Tipped to Double This Year,” *Statista*, Sept. 13, 2012; David Talbot, “The Perfect Scam,” *Technology Review*, June 21, 2011 に挙がっているデータもある。
2. United Nations Office on Drugs and Crimes, “Estimating Illicit Financial Flows Resulting from Drug Trafficking and Other Transnational Organized Crimes,” Oct. 2011, 7.
3. Misha Glenny, McMafia: *A Journey Through the Global Criminal Underworld* (New York: Vintage Books, 2009), 12.〔グレニー『世界犯罪機構（W.C.O）』中谷和男訳、光文社（二〇〇九）〕
4. Allison Davis, Patrick Di Justo, and Adam Rogers, “Crime, Organized,” *Wired*, Feb. 2011, 78; General OneFile, Web, May 22, 2014.
5. “Organised Crime in the Digital Age,” a joint study of Detica/ BAE Systems and the John Grieve Centre for Policing at London Metropolitan University, March 2012.
6. Lillian Ablon, Martin C. Libicki, and Andrea A. Golay, “Markets for Cybercrime Tools and Stolen Data,” Rand Corporation, 4.
7. Byron Acohido, “How Kidnappers, Assassins Utilize Smartphones, Google, and Facebook,” USAToday.com, Feb. 18, 2011.
8. “Woman ‘Ran Text-a-Getaway’ Service,” BBC News, July 16, 2013.
9. これは著者自身の観察に基づく。このことの写真も撮影した。
10. Dana Sauchelli and Bruce Golding, “Hookers Turning Airbnb Apartments into Brothels,” *New York Post*, April 14, 2014.
11. 現代サイバー犯罪組織の編成についての情報は、著者自身の経験や捜査、サイバー犯罪分野が専門の警察当局の諸先輩の話、“Cybercriminals Today Mirror Legitimate Business Processes,” Fortinet 2013 Cybercrime Report; Trend Micro Threat Research, “A Cybercrime Hub,” Aug. 2009; Information Warfare Monitor and Shadowserver Foundation, *Shadows in the Cloud*, Joint Report, April 6, 2010; Patrick Thibodeau, “FBI Lists Top 10 Posts in Cybercriminal Opera-tions,” *Computerworld*, March 23, 2010; Roderic Broadhurst et al., “Organizations and Cybercrime,” *International Journal of Cyber Criminology*, Oct. 11, 2013. を含め、いろいろな資料による。
12. Dmitry Samosseiko, “The Partnerka” (paper presented at Virus Bulletin Conference, Sept. 2009); “The Business of Cybercrime,” Trend Micro White Paper, Jan. 2010.
13. Cisco, *Cisco 2010 Annual Security Report*, 9.
14. Broadhurst et al., “Organizations and Cybercrime.”
15. Dunn, “Global Cybercrime Dominated by 50 Core Groups.”
16. See Brian Krebs, “ ‘Citadel’ Trojan Touts Trouble-Ticket System,” *Krebs on Security*, Jan. 23, 2012.
17. Bob Sullivan, “160 Million Credit Cards Later, ‘Cutting Edge’ Hacking Ring Cracked,” NBC News, July 25, 2013; “Team of International Criminals Charged with Multi-million Dollar Hacking Ring,” NBC News, July 25, 2013.
18. Thomas Holt, “Exploring the Social Organisation and Structure of Stolen Data Markets,” *Global Crime* 14, nos. 2-3 (2013); Thomas Holt, “Honor Among (Credit Card) Thieves?” *Michigan State University Today*, April 22, 2013.
19. Ablon, Libicki, and Golay, “Markets for Cybercrime Tools and Stolen Data,” 17.
20. Gregory J. Millman, “Cybercriminals Work in a Sophisticated Market Structure,” *Wall Street Journal*, June 27, 2013.
21. Kevin Poulsen, “Superhacker Max Butler Pleads Guilty,” Wired, June 29, 2009.

22. Donald T. Hutcherson, "Crime Pays: The Connection Between Time in Prison and Future Criminal Earnings," *Prison Journal* 92, no. 3 (Sept. 2012): 315–35; Shankar Vedantam, "When Crime Pays: Prison Can Teach Some to Be Better Criminals," NPR, Feb. 1, 2013.
23. Ian Gallagher, "Public Schoolboy Hacker Who Masterminded £15M Fraud Is Put in Jail' s IT Class ... and Hacks the Prison' s Computer System," *Mail Online*, March 2, 2013.
24. Reuters, "San Quentin Prison Becomes an Incubator for Startups," *Huffington Post*, Feb. 25, 2013.
25. Russell Eisenman, "Creativity and Crime: How Criminals Use Creativity to Succeed," in *The Dark Side of Creativity*, ed. David H. Cropley et al. (New York: Cam- bridge University Press, 2010).
26. John Leyden, "Malware Devs Embrace Open-Source," *Register*, Feb. 10, 2012 .
27. Ablon, Libicki, and Golay, "Markets for Cybercrime Tools and Stolen Data," 11.
28. Chris Anderson, *The Long Tail: Why the Future of Business Is Selling Less of More*, rev. ed. (New York: Hyperion, 2008); Goodman, "What Business Can Learn from Organized Crime."
29. Riva Richmond, "Web Site Ranks Hacks and Bestows Bragging Rights," *New York Times*, Aug. 21, 2011.
30. Jim Finkle, "Inside a Global Cybercrime Ring," Reuters, March 24, 2010.
31. Paul Peachey, "Cybercrime Boss Offers a Ferrari for Hacker Who Dreams Up the Biggest Scam," *Independent*, May 11, 2014.
32. Jeff Howe, "The Rise of Crowdsourcing," *Wired*, June 2006.
33. Marc Goodman, "The Rise of Crime-Sourcing," *Forbes*, Oct. 3, 2011.
34. 同前。
35. Elizabeth Fiedler, "Retailers Fight 'Flash Robs,' " NPR.org, Nov. 25, 2011; Annie Vaughan, "Teenage Flash Mob Robberies on the Rise," FoxNews.com, June 18, 2011.
36. Chris Foresman, "Senator to Apple, Google: Why Are DUI Checkpoint Apps Still Available?," *Ars Technica*, May 20, 2011; "Want to Avoid a Speed Trap or a DUI Checkpoint? There' s an App for That," *Mail Online*, March 21, 2011.
37. Patrick Kingsley, "Inside the Anti-kettling HQ," *Guard- ian*, Feb. 2, 2011.
38. "LulzSec Opens Hack Request Line," BBC, June 15, 2011.
39. "LulzSec Hackers Sets Up Hotline for Attacks," Reuters, June 15, 2011.
40. "Wash. Hospital Hit by $1.03 Million Cyberheist," *Krebs on Security*, April 30, 2013.
41. Mathew J. Schwartz, "Hackers Offer Free Porn to Beat Security Checks," *Dark Reading*, June 20, 2012.
42. Caroline McCarthy, "Bank Robber Hires Decoys on Craigslist, Fools Cop," *CNET*, Oct. 3, 2008.
43. David Pescovitz, "Bank Robber Uses Craigslist to Hire Unsuspecting Accomplices," *Boing Boing*, Oct. 1, 2008; "Armored Truck Robber Uses Craigslist to Make Getaway," King5.com, Sept. 21, 2009.
44. Kickstarter, "Stats," 二〇一四年五月二五日閲覧, https://www.kickstarter.com/help/stats, キックスターターが始動以来$1,131,653を集めたことを表示している。
45. Jason Del Rey, "Kickstarter Says It Was Hacked (Updated)," *Re/code*, Feb. 15, 2014.
46. "Apple Fingerprint ID 'Hacked,' " BBC News, Sept. 23, 2013.
47. John Bowman, "iPhone 5S Fingerprint Hacking Contest Offers $20K Bounty," *Your Community* (blog), CBC News, Sept. 20, 2013.
48. "Chaos Computer Club Breaks Apple TouchID," Chaos Computer Club, Sept. 21, 2013.
49. Andy Green- berg, "Meet the 'Assassination Market' Creator Who' s Crowdfunding Murder with Bitcoins," *Forbes*, Nov. 18, 2013.
50. Marc Santora, "In Hours, Thieves Took $45 Million in A.T.M. Scheme," *New York Times*, May 9, 2013.

第二章

1. Ken Klippen- stein, "Dread Pirate Roberts 2.0: An Interview with Silk Road' s New Boss," *Ars Technica*, Feb. 5, 2014.
2. Patrick Howell O' Neill, "The Rise and Fall of Silk Road' s Heroin Kingpin," *The Daily Dot*, Oct. 9, 2013.
3. David Segal, "Eagle Scout. Idealist. Drug Trafficker?," *New York Times*, Jan. 18, 2014; Kevin Goodman, "The Dark Net," *Huffington Post*, Oct. 16, 2013; Adrian Chen, "The Underground Website Where You Can Buy Any Drug Imaginable," Gawker, June 1, 2011; Stuart Pfeifer, Shan Li, and Walter Ham- ilton, "End of Silk Road for Drug Users as FBI Shuts Down Website," *Los Angeles Times*, Oct. 2, 2013; Gerry Smith, "Alleged Silk Road Founder Put Out Hit on 6 Enemies, Prosecutors Say," *Huffington Post*, Nov. 22, 2013; Kim Zetter, "Feds Arrest Alleged 'Dread Pirate Roberts,' the Brain Behind the Silk Road Drug Site," *Wired*, Oct. 2, 2013.
4. ルートについてのもっと詳しい情報については Tor Project at https://www.torproject.org/ を参照。
5. Alex Biryukov, Ivan Pustogarov, and Ralf-Philipp Weinmann, "Content and Popularity Analysis of Tor Hidden Services," University of Luxembourg.
6. Geoffrey A. Fowler, "Tor: An Anonymous, and Controversial, Way to Web-Surf,"

Wall Street Journal, Dec. 18, 2012.

7. Raphael Cohen-Almagor, "In Internet' s Way," *International Journal of Cyber Warfare and Terrorism* 2, no. 3 (July–Sept. 2012): 39–58.

8. Kimberly Dozier, "Virtually Every Terrorist Group in the World Shifting Tactics in Wake of NSA Leaks: U.S. Officials," *National Post*, June 26, 2013.

9. "Al Qaeda, Ter- rorists Changing Communication Methods After NSA Leaks, US Officials Say," Fox News, June 26, 2013; http://www.youtube.com/watch?v=D8Mgpm1PgF4.

10. Michael K. Bergman, "White Paper: The Deep Web: Surfacing Hidden Value," *Journal of Electronic Publishing* 7, no. 1 (Aug. 2001).

11. Steve Lawrence and C. Lee Giles, "Accessibility of Information on the Web," Nature, July 8, 1999, 107, doi:10.1038/21987.

12. Bergman, "White Paper."

13. Jose Pagliery, "The Deep Web You Don' t Know About," *CNNMoney*, March 10, 2014.

14. "Google Search vs. Deep Web Harvesting," *BrightPlanet*, July 31, 2013.

15. Andy Greenberg, "Inside the 'DarkMarket' Prototype, a Silk Road the FBI Can Never Seize," *Wired*, April 24, 2014.

16. Kim Zetter, "New 'Google' for the Dark Web Makes Buying Dope and Guns Easy," *Wired*, April 17, 2014.

17. Michael Riley, "Stolen Credit Cards Go for $3.50 at Amazon-Like Online Bazaar," *Bloomberg*, Dec. 19, 2011.

18. Ernesto, May 18, 2008, blog on *TorrentFreak*, accessed on June 27, 2014.

19. "Inside the Mansion— and Mind—of Kim Dotcom, the Most Wanted Man on the Net," *Wired*, Oct. 18, 2012.

20. Beth Stebner, "The Most Dangerous Drug in the World: 'Devil' s Breath' Chemical from Colombia Can Block Free Will, Wipe Memory, and Even Kill," *Mail Online*, May 12, 2012.

21. Forward-Looking Threat Research Team, "Deepweb and Cybercrime," Trend Micro, 2013, 16.

22. Brian Krebs, "Peek Inside a Professional Carding Shop," *Krebs on Security*, June 4, 2014.

23. Max Goncharov, "Russian Underground Revisited," Forward-Looking Threat Research Team, Trend Micro Research Paper.

24. Brian Krebs, "Cards Stolen in Target Breach Flood Underground Markets," *Krebs on Security*, Dec. 20, 2013; Dancho Danchev, "Exposing the Market for Stolen Credit Cards Data," *Dancho Danchev' s Blog*, Oct. 31, 2011; "Meet the Hackers," *Bloomberg Businessweek*, May 28, 2006; David S. Wall, "The Organization of Cybercrime in an Ever-Changing Cyberthreat Landscape" (draft paper for the Criminal Networks Conference, Montreal, Oct. 3–4, 2011).

25. "Skimming off the Top," *Economist*, Feb. 15, 2014.

26. Pew Research Center, "More Online Americans Say They' ve Experienced a Personal Data Breach," April 14, 2014; Rosie Murray-West, "UK Worst in Europe for Identity Fraud," *Telegraph*, Oct. 1, 2012.

27. Herb Weisbaum, "U.S. Health Care System Has $5.6 Billion Security Problem," NBC News, March 12, 2014; Richard Rubin, "IRS May Lose $21 Billion in Identity Fraud, Study Says," *Bloomberg*, Aug. 2, 2012.

28. "Cashing In on Digital Information," TrendMicro/TrendLabs 2013 Annual Security Roundup.

29. Sam Biddle, "The Secret Online Weapons Store That' ll Sell Anyone Anything," *Gizmodo*, July 19, 2012; Adrian Chen, "Now You Can Buy Guns on the Online Underground Marketplace," *Gawker*, Jan. 27, 2012.

30. Sam Biddle, "The Secret Online Weapons Store That' ll Sell Anyone Anything," *Gizmodo*, July 19, 2012.

31. Greenberg, "Meet the 'Assassination Market' Creator Who' s Crowdfunding Murder with Bitcoins."

32. Dylan Love, "How to Hire an Assassin on the Secret Internet for Criminals," *Business Insider*, March 16, 2013.

33. Joel Falconer, "Mail-Order Drugs, Hitmen, and Child Porn: A Journey into the Dark Corners of the Deep Web," *Next Web*, Oct. 8, 2012.

34. Patrick Howell O' Neill, "Feds Dismantle Massive Deep Web Child Porn Ring," *Daily Dot*, March 19, 2014.

35. Thorn Blog, http://www.wearethorn.org/child-trafficking-statistics/.

36. 全米失踪・非搾取児童センター長アーニー・アレンの、米国医学研究所、全米アカデミーの合衆国における商業的性的搾取および未成年の性的人身売買に関する委員会での証言は、http://storage.cloversites .com/thedaughterproject/documents/NCMEC%20report%20to%20congress%2001-04-12.pdf で閲覧可能；http://www.nap.edu/catalog.php?record_id=18358.

37. NPR Staff, "Courts Take a Kinder Look at Victims of Child Sex Trafficking," NPR.org, March 1, 2014.

38. Thorn Staff, "Child Sex Trafficking and Exploitation Online: Escort Websites," March 11, 2014; National Human Trafficking Resource Center, "Residential Brothels."

39. Mark Latonero, "The Rise of Mobile and the Diffusion of Technology-Facilitated Trafficking," University of Southern California.

40. Shared Hope International, "Demanding Justice Project Benchmark Assessment

2013," 13; Michelle Goldberg, "Sex Slave Outrage," *Daily Beast*, Dec. 9, 2010.
41. 人間の臓器の国際的闇市場に関する傑出した概観として、*Der Spiegel* の四部構成の連載が http://www.spiegel.de/international/world/the-illegal-trade-in-organ-is-fueled-by-desperation-and-growing-a-847473.html で英語で読める。
42. Casey Chan, "Here's How Much Body Parts Cost on the Black Market," *Gizmodo*, April 23, 2012.
43. National Kidney Foundation, "Organ Donation and Transplantation Statistics," Sept. 8, 2014.
44. Jeneen Interlandi, "Organ Trafficking Is No Myth," *Newsweek*, Jan. 9, 2009.
45. Damien Gayle, "An Organ Is Sold Every Hour, WHO Warns: Brutal Black Market on the Rise Again Thanks to Diseases of Affluence," *Mail Online*, May 27, 2012.
46. Ulrike Putz, "Organ Trade Thrives Among Desperate Syrian Refugees in Lebanon," *Spiegel Online*, Dec. 11, 2013; Jiayang Fan, "Can China Stop Organ Trafficking?," *New Yorker*, Jan. 10, 2014.
47. Esther Inglis-Arkell, "How Do You Buy Organs on the Black Market?," *io9*, March 26, 2012.
48. Dan Bilefsky, "Black Market for Body Parts Spreads in Europe," *New York Times*, June 28, 2012.
49. Denis Campbell and Nicola Davison, "Illegal Kidney Trade Booms as New Organ Is 'Sold Every Hour,'" *Guardian*, May 27, 2012.
50. "9 on Trial in China over Teenager's Sale of Kidney for iPad and iPhone," CNN, Aug. 10, 2012.
51. European Cybercrime Centre, "Commercial Sexual Exploitation of Children Online," Oct. 2013.
52. Paul Gallagher, "Live Streamed Videos of Abuse and Pay-per-View Child Rape Among 'Disturbing' Cybercrime Trends, Europol Report Reveals," *Independent*, Oct. 16, 2013; Paul Peachey, "Number of UK Paedophiles 'Live-Streaming' Child Abuse Films Soars, Warns CEOP," *Independent*, July 1, 2013.
53. Ann Cahill, "New Age of Cybercrime: Live Child Rapes, Sextortion, and Advanced Malware," *Irish Examiner*, Feb. 11, 2014.
54. "How Does Bitcoin Work?," *Economist*, April 11, 2013.
55. Nick Farrell, "Understanding Bitcoin and Crypto Currency," *Tech Radar*, April 7, 2014.
56. Joshua Brustein, "Bitcoin May Not Be So Anonymous, After All," *Bloomberg Businessweek*, Aug. 27, 2013.
57. Alan Yu, "How Virtual Currency Could Make It Easier to Move Money," NPR.org, Jan. 15, 2014.
58. Robin Sidel, Eleanor Warnock, and Takashi Mochizuki, "Almost Half a Billion Worth of Bitcoins Vanish," *Wall Street Journal*, March 1, 2014. 〔二〇一五年八月に、マウントゴックスの社長が口座情報の不正操作などで逮捕され、盗まれたとされるビットコインのほとんどは自らが着服した疑いがかけられている（http://www.asahi.com/articles/ASH812CTHH81UTIL003.html）〕
59. Marc Santora, William K. Rashbaum, and Nicole Perlroth, "Liberty Reserve Operators Accused of Money Laundering," *New York Times*, May 28, 2013.
60. United States Attorney's Office of Southern New York, "Liberty Reserve Information Technology Manager Pleads Guilty in Manhattan Federal Court," United States Department of Justice press release, Sept. 23, 2014.
61. Andy Greenberg, "Darkcoin, the Shadowy Cousin of Bitcoin, Is Booming," *Wired*, May 21, 2014.
62. Andy Greenberg, "'Dark Wallet' Is About to Make Bitcoin Money Laundering Easier Than Ever," *Wired*, April 29, 2014.
63. James Vincent, "Irish Man Arrested as 'the Largest Facilitator of Child Porn on the Planet,'" *Independent*, Aug. 5, 2013.
64. Kevin Poulsen, "FBI Admits It Controlled Tor Servers Behind Mass Malware Attack," *Wired*, Sept. 13, 2013.
65. Solutionary, an NTT Group Security Company, *Security Engineering Research Team (SERT) Quarterly Threat Intelligence Report*, 2013, 8, http://www.solutionary.com.
66. 同前。
67. "Cybercriminals Today Mirror Legitimate Business Processes," 4.
68. Simson Garfinkel, "The Criminal Cloud," *MIT Technology Review*, Oct. 17, 2011.
69. Misha Glenny, *DarkMarket: Cyberthieves, Cybercops*, and You (New York: Knopf, 2011), 203.
70. Danny Yadron, "Symantec Fingers Most Advanced Chinese Hacker Group," *Digits* (blog), *Wall Street Journal*, Sept. 17, 2013.
71. Kim Zetter, "State-Sponsored Hacker Gang Has a Side Gig in Fraud," *Wired*, Sept. 17, 2013.
72. Kim Zetter, "Cops Pull Plug on Rent-a-Fraudster Service for Bank Thieves," *Wired*, April 19, 2010.
73. Ablon, Libicki, and Golay, "Markets for Cybercrime Tools and Stolen Data," 4.
74. Forward-Looking Threat Research Team, "Deepweb and Cybercrime," 9; Ablon, Libicki, and Golay, "Markets for Cybercrime Tools and Stolen Data," 4.
75. Taylor Armerding, "Dark Web: An Ever-More-Comfortable Haven for Cyber Criminals," *CSO Online*, March 28, 2014.
76. Donna Leinwand Leger and Anna Arutunyan, "How the Feds Brought Down a

Notorious Russian Hacker," *USA Today*, March 5, 2014.
77. Dan Raywood, "New Version of Bugat Trojan Was Payload in LinkedIn Spam and Not Zeus," *SC Magazine UK*, Oct. 12, 2010.
78. Robert McMillan, "New Russian Botnet Tries to Kill Rival," *Computerworld*, Feb. 9, 2010.
79. Kurt Eichenwald, "The $500,000,000 Cyber-Heist," *Newsweek*, March 13, 2014.
80. Gregory J. Millman, "Cybercriminals Work in a Sophisticated Market Structure," *Wall Street Journal*, June 27, 2013.
81. Dana Liebelson, "All About Blackshades, the Malware That Lets Hackers Watch You Through Your Webcam," *Mother Jones*, May 21, 2014.
82. "Syrian Activists Targeted with BlackShades Spy Software," *The Citizen Lab*, June 19, 2012.
83. Gregg Keizer, "Google to Pay Bounties for Chrome Browser Bugs," *Computerworld*, Jan. 29, 2010.
84. Brian Krebs, "Meet Paunch: The Accused Author of the BlackHole Exploit Kit," *Krebs on Security*, Dec. 6, 2013.
85. Nicole Perlroth and David E. Sanger, "Nations Buying as Hackers Sell Flaws in Computer Code," *New York Times*, July 13, 2013.
86. Andy Greenberg, "Shopping for Zero-Days: A Price List For Hackers' Secret Software Exploits," *Forbes*, March 23, 2012.
87. Brian Krebs, "How Many Zero-Days Hit You Today," *Krebs on Security*, Dec. 13, 2013.
88. Josh Sanburn, "How Exactly Do Cyber Criminals Steal $78 Million?," *Time*, July 3, 2012.
89. Simonite, "Stuxnet Tricks Copied by Computer Criminals."
90. "The Child Porn PC Virus," *Week*, Nov. 10, 2009.
91. FBI, "GameOver Zeus Botnet Disrupted," June 2, 2014.
92. Symantec, "Grappling with the ZeroAccess Botnet," Sept. 30, 2013.
93. Ian Steadman, "The Russian Underground Economy Has Democratised Cybercrime," *Wired UK*, Nov. 2, 2012.
94. "Computer Says No," Economist, June 22, 2013; Perlroth and Hardy, "Bank Hacking Was the Work of Iranians."
95. Chris Brook, "Meetup .com Back Online After DDoS Attacks, Extortion Attempt," *Threat Post*, March 5, 2014; Pierluigi Paganini, "Botnet Authors Use Evernote Account as C&C Server," *Security Affairs*, March 31, 2013.
96. Mathew J. Schwartz, "Malware Toolkits Generate Majority of Online Attacks," *Dark Reading*, Jan. 18, 2011.
97. David Wismer, "Hand-to-Hand Combat with the Insidious 'FBI MoneyPak Ransomware Virus,' " *Forbes*, Feb. 6, 2013.
98. EnigmaSoftware, "Abu Dhabi Police GHQ Ransomware."
99. Mark Ward, "Crooks 'Seek Ransomware Making Kit,' " BBC News, Dec. 10, 2013.
100. Dave Jeffers, "Crime Pays Very Well: CryptoLocker Grosses up to $30 Million in Ransom," *PCWorld*, Dec. 20, 2013.
101. Dennis Fisher, "Device-Locking Ransomware Moves to Android," *ThreatPost*, May 7, 2014.
102. Violet Blue, "CryptoLocker's Crimewave: A Trail of Millions in Laundered Bitcoin," *ZDNet*, Dec. 22, 2013; Bree Sison, "Swansea Police Pay Ransom After Computer System Was Hacked," CBS Boston, Nov. 18, 2013.

第12章

1. Joanne Kimberlin, "High-Tech 'Repo Man' Keeps Car Payments Coming," *USA Today*, Nov. 29, 2005; Christina Rosales, "Police: Fired Worker Disabled Cars via Web," Statesman, March 17, 2010; Kevin Poulsen, "Hacker Disables More Than 100 Cars Remotely," *Wired*, March 17, 2010.
2. Michael Singer, "PC Milestone—Notebooks Outsell Desktops," *CNET*, June 3, 2005; Salvador Rodriguez, "More Tablets to Be Sold Than PCs in 2015, Report Says," ChicagoTribune.com, July 8, 2014.
3. "2014: Mobiles 'to Outnumber People,' " BBC News, May 9, 2013.
4. Pew Research Center, "Digital Life in 2025," March 2014; Pew Research Center's Internet & American Life Project, "Internet of Things," 二〇一四年七月二二日閲覧, http://www.pewinternet.org/.
5. Lopez Research, "An Introduction to the Internet of Things," Cisco, Nov. 2013.
6. Terril Yue Jones, "A Law of Continuing Returns," *Los Angeles Times*, April 17, 2005.
7. Olga Kharif, "Trillions of Smart Sensors Will Change Life," *Bloomberg*, Aug. 4, 2013.
8. Neil Gershenfeld and J. P. Vasseur, "As Objects Go Online," *Foreign Affairs*, March/April 2014.
9. Laurie J. Flynn, "As World Runs Out of I.P. Addresses, Switch to IPv6 Nears," *New York Times*, Feb. 14, 2011.
10. Andrew G. Blank, *TCP/IP Foundations* (Hoboken, N.J.: John Wiley & Sons, 2006), 233.
11. John Martellaro, "A Layman's Guide to the IPv6 Transition," *The Mac Observer*, Jan. 31, 2012; Robert Krulwich, "Which Is Greater, the Number of Sand Grains on Earth or Stars in the Sky?," NPR, Sept. 17, 2012.

12. Steve Leibson, "IPV6: How Many IP Addresses Can Dance on the Head of a Pin," EDN Network, March 28, 2008; "The Internet of Things," Cisco Infographic.
13. "IPv6— What Is It, Why Is It Important, and Who Is in Charge?" (ICANN の CEO らと地域インターネットレジストリすべてに対して用意された文書), Oct. 2009.
14. Dave Evans, "The Internet of Things," Cisco, April 2011.
15. McKinsey Global Institute, *Disruptive Technologies: Advances That Will Transform Life, Business, and the Global Economy*, May 2013, 55, MGI_Disruptive _technologies_Full_report_May2013.pdf.
16. Emerging Cyber Threats (Georgia Institute of Technology および Georgia Tech Research Institute によって Georgia Tech Cyber Security Summit, 2013 で発表されたもの), 4.
17. Global Strategy and Business Development, Freescale and Emerging Technologies, ARM, *What the Internet of Things (IoT) Needs to Become a Reality*, May 2014.
18. Marcus Wohlsen, "Forget Robots. We' ll Soon Be Fusing Technology with Living Matter," *Wired*, May 27, 2014.
19. Robert Muir, "Thirsty Plants Can Twitter for Water with New Device," Reuters, March 26, 2009; https:// twitter.com/pothos; Rachel Metz, "In San Francisco, a House with Its Own Twitter Feed," *MIT Technology Review*, May 21, 2013.
20. Gershenfeld and Vasseur, "As Objects Go Online."
21. Alan Yu, "More Than 300 Sharks in Australia Are Now on Twitter," NPR.org, Jan. 1, 2014.
22. Alexis C. Madrigal, "Welcome to the Internet of Thingies: 61.5% of Web Traffic Is Not Human," *Atlantic*, Dec. 12, 2013.
23. M. Presser and S. Krco, *Initial Report on IoT Applications of Strategic Interest*, Internet of Things Initiative, Oct. 8, 2011, 48.
24. Annalee Newitz, "The RFID Hacking Underground," *Wired*, May 2006.
25. Francis Brown and Bishop Fox, "RFID Hacking" (二〇一一年八月一日、Black Hat USA, Las Vegas, Nev. で発表されたもの).
26. "Hackers Could Clone Your Office Key Card ... from Your Pocket," NBC News, July 25, 2013.
27. Andy Greenberg, "Hacker' s Demo Shows How Easily Credit Cards Can Be Read Through Clothes and Wallets," *Forbes*, Jan. 30, 2012.
28. Nate Anderson, "RFID Chips Can Carry Viruses," *Ars Technica*, March 15, 2006.
29. Juniper Research, "1 in 5 Smartphones will have NFC by 2014, Spurred by Recent Breakthroughs: New Juniper Research Report," April 14, 2011
30. Andy Greenberg, "Hacker Demos Android App That Can Wirelessly Steal and Use Credit Cards' Data," *Forbes*, July 27, 2012.
31. Lance Whitney, "Latest Google Wallet Hack Picks Your Pocket," CNET, Feb. 10, 2012; Evan Applegate, "Have Fingers, 30 Seconds? You, Too, Can Hack Google Wallet," *Bloomberg Businessweek*, Feb. 13, 2012.
32. Gabrielle Taylor, "Have an NFC-Enable Phone? This Hack Could Hijack It," *WonderHowTo*, accessed July 11, 2014.
33. Lisa Vaas, "Android NFC Hack Lets Subway Riders Evade Fares," *Naked Security*, Sept. 24, 2012.
34. Kate Murphy, "Protecting a Cellphone Against Hackers," *New York Times*, Jan. 25, 2012; Tu C. Neim, "Bluetooth and Its Inherent Security Issues," SANS Institute InfoSec Reading Room, Nov. 4, 2002.
35. Catherine Crump and Matthew Harwood, "Invasion of the Data Snatchers: Big Data and the Internet of Things Means the Surveillance of Everything," *Blog of Rights*, March 25, 2014.
36. "Snapshot Common Questions," Progressive Web site, http://www.progressive.com/auto/snapshot-common-questions/.
37. Rolfe Winkler, "Google Predicts Ads in Odd Spots Like Thermostats," *Digits* (blog), Wall Street Journal, May 21, 2014.
38. Brian Brady, "Prisoners 'to Be Chipped like Dogs,' " *Independent*, Jan. 13, 2008.
39. David Rosen, "Big Brother Invades Our Classrooms," *Salon*, Oct. 8, 2012.
40. David Kravets, "Student Suspended for Refusing to Wear a School-Issued RFID Tracker," *Wired*, Nov. 21, 2012.
41. Aaron Katersky and Josh Haskell, "NY Mom Accused of Grow- ing $3M Marijuana Business," *Good Morning America*, June 6, 2013; Glenn Smith, "Marijuana Bust Shines Light on Utilities," *Post and Courier*, Jan. 29, 2012.
42. Spencer Ackerman, "CIA Chief: We' ll Spy on You Through Your Dishwasher," *Wired*, March 15, 2012.
43. Neil J. Rubenking, "Black Hat: Don' t Plug Your Phone into a Charger You Don' t Own," *PCMag*, Aug. 1, 2013.
44. "Public Charging Stations Help Smartphone Users, but Also Open a New Avenue for Hacking," New York *Daily News*, Aug. 13, 2013.
45. Simon Sharwood, "DON' T BREW THAT CUPPA! Your Kettle Could Be a SPAMBOT," *Register*, Oct. 29, 2013; Adam Clark Estes, "Russian Authorities Seize Goods from China Implanted with Spy Chips," *Gizmodo*, Oct. 29, 2013.
46. Erik Sherman, "Hacked from China: Is Your Kettle Spying on You?," CBS News, Nov. 1, 2013.
47. Klint Finley, "Why Tech' s Best Minds Are Very Worried About the Internet of

Things," *Wired*, May 19, 2014.

第13章

1. David Kravets, "School District Allegedly Snapped Thousands of Student Webcam Spy Pics," *Wired*, April 16, 2010; Kashmir Hill, "Lower Merion School District and Blake Robbins Reach a Settlement in Spycamgate," *Forbes*, Oct. 11, 2010; John P. Martin, "L. Merion Smearing Former IT Chief, Lawyer Says," Philly.com, May 5, 2010.
2. Suzan Clarke, "Pa. School Faces FBI Probe," ABC News, Feb. 22, 2010.
3. Loretta Chao, "Cisco Poised to Help China Keep an Eye on Its Citizens," *Wall Street Journal*, July 5, 2011.
4. John Biggs, "DARPA Builds a 1.8-Gigapixel Camera," *TechCrunch*, Jan. 28, 2013.
5. "Fighting Terrorism in New York City," *60 Minutes*, Sept. 26, 2011.
6. "Miss Teen USA: Screamed upon Learning She Was 'Sextortion' Victim," CNN, Sept. 28, 2013.
7. Aaron Katersky, "Miss Teen USA 1 of 'Half-Million' 'Blackshades' Hack Victims," ABC News, May 19, 2014.
8. Amy Wagner, "Hacker Hijacks Baby Monitor," Fox News, April 22, 2014.
9. "Parents Left Terrified After Man Hacked Their Baby Monitor and Yelled Abuse at Them and Their 2-Year-Old Daughter," *Mail Online*, Aug. 13, 2013.
10. Kim Zetter, "Popular Surveillance Cameras Open to Hackers, Researcher Says," *Wired*, May 15, 2012.
11. Kelly Jackson Higgins, "Millions of Networked Devices in Harm's Way," *Dark Reading*, Jan. 29, 2013.
12. Katie Notopoulos, "Somebody's Watching: How a Simple Exploit Lets Strangers Tap into Private Security Cameras," *Verge*, Feb. 3, 2012.
13. Jim Finkle, "US Security Expert Says Surveillance Cameras Can Be Hacked," Reuters, June 18, 2013.
14. Mark Buttler, "Crown Casino Hi-Tech Scam Nets $32 Million," *Herald Sun* (Melbourne), March 14, 2013.
15. Kim Zetter, "Crooks Spy on Casino Card Games with Hacked Security Cameras, Win $33M," *Wired*, March 15, 2013.
16. Robert N. Charette, "This Car Runs on Code," *IEEE Spectrum*, Feb. 1, 2009.
17. 同前；Chris Bryant, "Manufacturers Respond to Car-Hacking Risk," *Financial Times*, March 22, 2013.
18. Craig Timberg, "Web-Connected Cars Bring Privacy Concerns," *Washington Post*, March 5, 2013.
19. "GPS Users Beware, Big Auto Is Watching: Report," CNBC .com, Jan. 9, 2014.
20. John R. Quain, "Changes to OnStar's Privacy Terms Rile Some Users," *Wheels* (blog), *New York Times*, Sept. 22, 2011.
21. Declan McCullagh and Anne Broache, "FBI Taps Cell Phone Mic as Eavesdropping Tool," *CNET*, Dec. 1, 2006; Bruno Waterfield and Matthew Day, "EU Has Secret Plan for Police to 'Remote Stop' Cars," *Telegraph*, Jan. 29, 2014.
22. Jeff Bennett, "GM Adds 8.45 Million Vehicles to North America Recall," *Wall Street Journal*, June 30, 2014; Christopher Jensen, "An Increase in Recalls Goes Beyond Just G.M.," *New York Times*, May 29, 2014.
23. James R. Healey, "Toyota Deaths Reported to Safety Database Rise to 37," *USA Today*, Feb. 17, 2010.
24. Phil Baker, "Software Bugs Found to Be Cause of Toyota Acceleration Death," *Daily Transcript*, Nov. 4, 2013; Junko Yoshida, "Acceleration Case: Jury Finds Toyota Liable," *EETimes*, Oct. 24, 2013.
25. Jerry Hirsch, "Toyota Admits Misleading Regulators, Pays $1.2-Billion Federal Fine," *Los Angeles Times*, March 19, 2014.
26. Victoria Woollaston, "Forget Carjacking, the Next Big Threat Is Car-HACKING," *Mail Online*, May 8, 2014.
27. William Pentland, "Car-Hacking Goes Viral in London," *Forbes*, May 20, 2014; Thomas Cheshire, "Thousands of Cars Stolen Using Hi-Tech Gadgets," *Sky News*, May 8, 2014.
28. Sebastian Anthony, "Hackers Can Unlock Cars via SMS," *ExtremeTech*, July 28, 2011; Robert McMillan, " 'War Texting' Lets Hackers Unlock Car Doors Via SMS," *CSO Online*, July 27, 2011.
29. Rebecca Boyle, "Trojan-Horse MP3s Could Let Hackers Break into Your Car Remotely, Researchers Find," *Popular Science*, March 14, 2011.
30. Victoria Woollaston, "The $20 Handheld Device That Hacks a CAR—and Can Control the Brakes," *Mail Online*, Feb. 6, 2014.
31. John Markoff, "Researchers Hack into Cars' Electronics," *New York Times*, March 9, 2011; Chris Philpot, "Can Your Car Be Hacked?" *Car and Driver*, Aug. 2011; Andy Greenberg, "Hackers Reveal Nasty New Car Attacks—with Me Behind the Wheel," Forbes, July 24, 2013; Dan Goodin, "Tampering with a Car's Brakes and Speed by Hacking Its Computers: A New How-To," *Ars Technica*, July 29, 2013.
32. Paul A. Eisenstein, "Spying, Glitches Spark Concern for Driverless Cars," CNBC.com, Feb. 8, 2014.
33. Sebastian Anthony, "Google's Self-Driving Car Passes 700,000 Accident-Free Miles, Can Now Avoid Cyclists, Stop at Railroad Crossings," *ExtremeTech*, April 29, 2014; John Markoff, "Google's Next Phase in Driverless Cars: No Steering Wheel or

Brake Pedals," *New York Times*, May 27, 2014.
34. Lance Whitney, "FBI: Driverless Cars Could Become 'Lethal Weapons,' " *CNET*, July 16, 2014.
35. Ms. Smith, "Most 'Hackable' Vehicles Are Jeep, Escalade, Infiniti, and Prius," *Network World*, Aug. 3, 2014.
36. Ina Fried, "Tesla Hires Hacker Kristin Paget to, Well, Secure Some Things," *Re/code*, Feb. 7, 2014.
37. Transparency Market Research, "Home Automation Market (Lighting, Safety and Security, Entertainment, HVAC, Energy Management)—Global Industry Analysis, Size, Share, Growth, Tends, and Forecast, 2013 | 2019," Sept. 30, 2013.
38. Kashmir Hill, "When 'Smart Homes' Get Hacked: I Haunted a Complete Stranger' s House via the Internet," *Forbes*, July 26, 2013.
39. Daniel Miessler, "HP Study Reveals 70 Percent of Internet of Things Devices Vulnerable to Attack," HP, July 29, 2014.
40. Arrayent, "Internet of Things Toys with Mattel," http://www.arrayent.com/internet-of-things-case-studies/connecting-toys-with-mattel/〔翻訳時点ではなくなっている〕; Disney Research, "CALIPSO: Internet of Things." http://www.disneyresearch.com/project/calipso-internet-of-things/.
41. Heather Kelly, " 'Smart Homes' Are Vulnerable, Say Hackers," CNN, Aug. 2, 2013.
42. Dan Goodin, "Welcome to the 'Internet of Things,' Where Even Lights Aren' t Hacker Safe," *Ars Technica*, Aug. 13, 2013.
43. Jane Wakefield, "Experts Hack Smart LED Light Bulbs," BBC News, July 8, 2014; Leo King, "Smart Home? These Connected LED Light Bulbs Could Leak Your Wi-Fi Password," *Forbes*, July 9, 2014.
44. Andy Greenberg, "An Eavesdropping Lamp That Livetweets Private Conversations," *Wired*, April 23, 2014.
45. Hill, "When 'Smart Homes' Get Hacked."
46. Paul Roberts, "Breaking and Entering," *The Security Ledger*, July 25, 2013.
47. Ms. Smith, "500,000 Belkin WeMo Users Could Be Hacked; CERT Issues Advisory," *Network World*, Feb. 18, 2014.
48. Kashmir Hill, "How Your Security System Could Be Hacked to Spy on You," *Forbes*, July 23, 2014.
49. Ms. Smith, "Hacking and Attacking Automated Homes," *Network World*, June 25, 2013.
50. Nancy Trejos, "Hilton Lets Guests Pick Rooms, Use Smartphones as Keys," *USA Today*, July 29, 2014.
51. Michael Wolf, "3 Reasons 87 Million Smart TVs Will Be Sold in 2013," *Forbes*, Feb. 25, 2013.
52. Lorenzo Franceschi-Bicchierai, "Your Smart TV Could Be Hacked to Spy on You," *Mashable*, Aug. 2, 2013; Dan Goodin, "How an Internet-Connected Samsung TV Can Spill Your Deepest Secrets," *Ars Technica*, Dec. 12, 2012.
53. Ellie Zolfagharifard, "Criminals Use a Fridge to Send Malicious Emails in First Ever Home Hack," *Mail Online*, Jan. 17, 2014.
54. "Spam in the Fridge," *Economist*, Jan. 25, 2014.
55. Dan Goodin, " 'Internet of Things' Is the New Windows XP— Malware' s Favorite Target," *Ars Technica*, April 2, 2014.
56. *Utility-Scale Smart Meter Deployments*, IEE report, Aug. 2013, 3; Chris Choi, "Smart Meters Are Heading to Every Home in Britain," ITV News, July 8, 2014.
57. Jordan Robertson, "Your Outlet Knows: How Smart Meters Can Reveal Behavior at Home, What We Watch on TV," *Bloomberg*, June 10, 2014.
58. Brian Krebs, "FBI: Smart Meter Hacks Likely to Spread," *Krebs on Security*, April 9, 2012.
59. Katie Fehrenbacher, "Smart Meter Worm Could Spread like a Virus," *Gigaom*, July 31, 2009.
60. Rolfe Winkler, "What Google Gains from Nest Labs," *Wall Street Journal*, Jan. 15, 2014.
61. Marcus Wohlsen, "What Google Really Gets out of Buying Nest for $3.2 Billion," *Wired*, Jan. 14, 2014.
62. Richard Lawler, "Nest Learning Thermostat Has Its Security Cracked Open by GTVHacker," *Engadget*, June 23, 2014.
63. Edward C. Baig, "Nest Halts Sales, Issues Warning on Smoke Detector," USA Today, April 3, 2014.
64. Hill, "How Your Security System Could Be Hacked to Spy on You."
65. Armen Keteyian, "Digital Photocopiers Loaded with Secrets," CBS News, April 19, 2010.
66. Dan Ilett, "Hackers Use Google to Access Photocopiers," *ZDNet*, Sept. 24, 2004.
67. Graham Cluley, "HP Printer Security Flaw Allows Hackers to Extract Passwords," GrahamCluley.com, Aug. 7, 2013.
68. "Exclusive: Millions of Printers Open to Devastating Hack Attack, Researchers Say," NBC News, Nov. 29, 2011; Sebastian Anthony, "Tens of Millions of HP LaserJet Printers Vulnerable to Remote Hacking," *ExtremeTech*, Nov. 29, 2011.
69. Nicole Perlroth, "Flaws in Videoconferencing Systems Make Boardrooms Vulnerable," *New York Times*, Jan. 22, 2012.
70. Brock Parker, "Hackers Convert MIT Building in Giant Tetris Video Game,"

Boston.com, April 24, 2012.

71. Brian Krebs, "Fazio Mechanical Services," *Krebs on Security*, Feb. 12, 2014; Gregory Wallace, "HVAC Vendor Eyed as Entry Point for Target Breach," *CNNMoney*, Feb. 7, 2014; Danny Yadron and Paul Ziobro, "Before Target, They Hacked the Heating Guy," *Digits* (blog), *Wall Street Journal*, Feb. 5, 2014.

72. Dan Goodin, "Epic Target Hack Reportedly Began with Malware-Based Phishing E-Mail," *Ars Technica*, Feb. 12, 2014; U.S. Senate Committee on Commerce, Science, and Transportation, *A "Kill Chain" Analysis of the 2013 Target Data Breach*, Majority Staff Report for Chairman Rockefeller, March 26, 2014.

73. Kim Zetter, "The Malware That Duped Target Has Been Found," *Wired*, Jan. 16, 2014.

74. Sean Gallagher, "Vulnerabilities Give Hackers Ability to Open Prison Cells from Afar," *Ars Technica*, Nov. 7, 2011; Shaun Waterman, "Prisons Bureau Alerted to Hacking into Lockups," *Washington Times*, Nov. 6, 2011.

75. Kim Zetter, "Prison Computer 'Glitch' Blamed for Opening Cell Doors in Maximum-Security Wing," *Wired*, Aug. 16, 2013.

76. Siobhan Gorman, "China Hackers Hit U.S. Chamber," *Wall Street Journal*, Dec. 21, 2011.

77. Goodman, "Power of Moore' s Law in a World of Geotechnology."

78. Marshall McLuhan, *Understanding Media: The Extensions of Man* (New York: Routledge, 2001), rev. ed.

79. Elizabeth Dwoskin, "They' re Tracking When You Turn Off the Lights," *Wall Street Journal*, October 20, 2014.

80. "Outdoor Lighting," Echelon, https://www.echelon.com/applications/street-lighting/. 〔翻訳時点では開けない〕

81. Mark Prigg, "New York' s Traffic Lights HACKED," *Mail Online*, April 30, 2014.

82. Erica Naone, "Hacking the Smart Grid," *MIT Technology Review*, Aug. 2, 2010.

83. Reuters, " 'Smart' Technology Could Make Utilities More Vulnerable to Hackers," *Raw Story*, July 16, 2014.

第14章

1. Amber Case, "We Are All Cyborgs Now," TED Talk, Dec. 2010.

2. "Text Message/Mobile Marketing," WebWorld2000, http://www.webworld2000.com/.

3. Marcelo Ballve, "Wearable Gadgets Are Still Not Getting the Attention They Deserve—Here' s Why They Will Create a Massive New Market," *Business Insider*, Aug. 29, 2013.

4. "How Safe Is Your Quantified Self? Tracking, Monitoring, and Wearable Tech," *Symantec Security Response*, July 30, 2014.

5. "Google Partners with Ray-Ban, Oakley for New Glass Designs," NBC News, March 24, 2014; Deloitte, *Technology, Media, and Telecommunications Predictions*, 2014, 10.

6. Richard Gray, "The Places Where Google Glass Is Banned," *Telegraph*, Dec. 4, 2013.

7. Andy Greenberg, "Google Glass Has Already Been Hacked by Jailbreakers," *Forbes*, April 26, 2013.

8. Mark Prigg, "Google Glass HACKED to Transmit Everything You See and Hear: Experts Warn 'the Only Thing It Doesn' t Know Are Your Thoughts,' " *Mail Online*, May 2, 2013.

9. John Zorabedian, "Spyware App Turns the Privacy Tables on Google Glass Wearers," *Naked Security*, March 25, 2014.

10. Katherine Bourzac, "Contact Lens Computer: Like Google Glass, Without the Glasses," *MIT Technology Review*, June 7, 2013.

11. Leo King, "Google Smart Contact Lens Focuses on Healthcare Billions," *Forbes*, July 15, 2014.

12. Bourzac, "Contact Lens Computer."

13. N. M. van Hemel and E. E. van der Wall, "8 October 1958, D Day for the Implantable Pacemaker," *Netherlands Heart Journal* 16, no. S1 (Oct. 2008): S3–S4.

14. Ben Gruber, "First Wi-Fi Pacemaker in US Gives Patient Freedom," Reuters, Aug. 10, 2009.

15. Michael Rushanan et al., "SoK: Security and Privacy in Implantable Medical Devices and Body Area Networks," *SP ' 14 Proceedings of the 2014 IEEE Symposium on Security and Privacy* (2014), 524–39; Yeun-Ho Joung, "Development of Implantable Medical Devices: From an Engineering Perspective," *International Neurourology Journal* 17, no. 3 (Sept. 2013): 98–106; "IMD Shield: Securing Implantable Medical Devices," http://groups.csail.mit.edu/.

16. Thomas M. Burton, "Medical Device Recalls Nearly Doubled in a Decade," *Wall Street Journal*, March 21, 2014.

17. H. Alemzadeh et al., "Analysis of Safety-Critical Computer Failures in Medical Devices," *IEEE Security Privacy* 11, no. 4 (July 2013): 14–26, doi:10.1109/MSP.2013.49.

18. Kim Zetter, "It' s Insanely Easy to Hack Hospital Equipment," *Wired*, April 25, 2014; David Talbot, "Computer Viruses Are 'Rampant' on Medical Devices in Hospitals," *MIT Technology Review*, Oct. 17, 2012.

19. "Medical Devices Hard-Coded Passwords," ICS-CERT, http://ics-cert .us-cert.

gov/alerts/ICS-ALERT-13-164-01.

20. Paul Wagenseil, "Hackers Flood Epilepsy Web Forum with Flashing Lights," FoxNews.com, March 31, 2008; "Anonymous Attack Targets Epilepsy Sufferers," News .com.au, April 1, 2008.

21. Barnaby J. Feder, "A Heart Device Is Found Vulnerable to Hacker Attacks," *New York Times*, March 12, 2008; D. Halperin et al., "Pacemakers and Implantable Cardiac Defibrillators: Software Radio Attacks and Zero-Power Defenses," *IEEE Symposium on Security and Privacy, 2008: SP 2008* (2008): 129–42, doi:10.1109/SP.2008.31.

22. "Pacemaker Hack Can Deliver Deadly 830-Volt Jolt," *Computerworld*, Oct. 17, 2012.

23. "Dick Cheney Once Feared Terrorists Could Manipulate His Implanted Defibrillator to Induce Heart Attack," New York *Daily News*, Oct. 19, 2013.

24. Jim Finkle, "Medtronic Probes Insulin Pump Risks," Reuters, Oct. 25, 2011.

25. "H@cking Implantable Medical Devices," InfoSec Institute, 二〇一四年八月四日閲覧, http:// resources.infosecinstitute.com/; Jordan Robertson, "Hacker Shows Off Lethal Attack by Controlling Wireless Medical Device," *Bloomberg*, Feb. 29, 2012.

26. Lauren Walker, "First Online Murder to Occur by End of 2014, Europol Warns," *Newsweek*, October 6, 2014.

27. Laura Shin, "New Wireless Medical Device Swims Through Bloodstream," *Smart Planet*, June 30, 2014.

28. Marc Goodman, "Who Does the Autopsy? Criminal Implications of Implantable Medical Devices," Proceedings of the Second USENIX Conference on Health, Security and Privacy, August 8–12, 2011, San Francisco, California.

29. "The Pentagon' s Bionic Arm," CBS News, April 12, 2009.

30. "The Human Bionic Project: A Data Repository for Inspector Gadget Body Parts," *Co.Exist*, June 26, 2013, fastcoexist.com.

31. " 'Bionic Pancreas' Astonishes Diabetes Researchers," NBC News, June 13, 2014.

32. Shaunacy Ferro, "Now You Can Control Someone Else' s Arm over the Internet," *Popular Science*, May 28, 2013.

33. "Global Biometrics Technology Market: Industry Analysis Size Share Growth Trends and Forecast, 2013–2019," KSWT, 二〇一四年八月五日閲覧, http://www.kswt.com/. 〔翻訳時点では http://www.prweb.com/releases/2014/08/prweb12065511.htm〕

34. Rawlson King, "500 Million Biometric Sensors Projected for Internet of Things by 2018," *Biometric Update*, Jan. 31, 2014.

35. Editorial Board, "Biometric Technology Takes Off," *New York Times*, Sept. 20, 2013.

36. Neal Ungerleider, "The Dark Side of Biometrics: 9 Million Israelis' Hacked Info Hits the Web," *Fast Company*, Oct. 24, 2011.

37. "Authorities Find Source That Leaked Every Israeli' s Personal Information Online," Haaretz.com, Oct. 24, 2011.

38. Larry Barrett, "30 Percent of Companies Will Use Biometric Identification by 2016," *ZDNet*, Feb. 4, 2014.

39. Andrew Moran, "990 Million Mobile Devices to Have Biometrics by 2017," *Examiner*, Dec. 9, 2013.

40. "Galaxy S5 Fingerprint Sensor Hacked," BBC News, April 16, 2014.

41. Ms. Smith, "Laptop Fingerprint Reader Destroys 'Entire Security Model of Windows Accounts,' " *Network World*, Sept. 6, 2012.

42. "Malaysia Car Thieves Steal Finger," BBC, March 31, 2005.

43. "Biometric Fact and Fiction," *Economist*, Oct. 24, 2002.

44. Evan Blass, "Play-Doh Fingers Can Fool 90% of Scanners, Sez Clarkson U. Study," *Engadget*, Dec. 11, 2005.

45. Kim Zetter, "Hackers Publish German Minister' s Fingerprint," *Wired*, March 31, 2008; Cory Doctorow, "Hackers Publish Thousands of Copies of Fingerprint of German Minister Who Promotes Fingerprint Biometrics," *Boing Boing*, April 1, 2008.

46. Stuart Fox, "Chinese Woman Surgically Switches Fingerprints to Evade Japanese Immigration Officers," *Popular Science*, Dec. 8, 2009.

47. "Japan 'Fake Fingerprints' Arrest," BBC, Dec. 7, 2009.

48. Kelly Jackson Higgins, "Black Hat Researcher Hacks Biometric System," *Dark Reading*, March 31, 2008.

49. Mark Brown, "Japanese Billboard Recognises Age and Gender," *Wired UK*, Sept. 23, 2010.

50. Natasha Singer, "When No One Is Just a Face in the Crowd," *New York Times*, Feb. 1, 2014.

51. Barbara De Lollis, "Houston Hilton Installs Facial Recognition," *USA Today*, Oct. 1, 2010.

52. "Biometric Surveillance Means Someone Is Always Watching," *Newsweek*, April 17, 2014.

53. 同前.

54. Darren Murph, "Face.com Acquired by Facebook for an Estimated $80 Million+, Facial Tagging Clearly at the Forefront," *Engadget*, June 18, 2012.

55. Adam Clark Estes, "Facebook' s Doing Face Recognition Again and This Time

America Doesn't Seem to Mind," *Motherboard*, Feb. 5, 2013.
56. Adi Robertson, "Facebook Users Have Uploaded a Quarter-Trillion Photos Since the Site's Launch," *Verge*, Sept. 17, 2013; "Biometrics and the Future of Identification," *NOVA Next*, accessed Aug. 6, 2014.
57. "How Spy Scandal Unravelled," BBC News, Nov. 7, 2013.
58. James Risen and Laura Poitras, "N.S.A. Collecting Millions of Faces from Web Images," *New York Times*, May 31, 2014.
59. Sebastian Anthony, "UK, the World's Most Surveilled State, Begins Using Automated Face Recognition to Catch Criminals," *ExtremeTech*, July 17, 2014.
60. Steve Henn, "9/11's Effect on Tech," Marketplace.org, Sept. 8, 2011; Tim Greene, "Black Hat: System Links Your Face to Your Social Security Number and Other Private Things," *Network World*, Aug. 1, 2011.
61. Amir Efrati, "Google Acquires Facial Recognition Technology Company," *Digits* (blog), *Wall Street Journal*, July 22, 2011; Kit Eaton, "How Google's New Face Recognition Tech Could Change the Web's Future," *Fast Company*, July 25, 2011.
62. Simson Garfinkel, "Google Glass Will Be a Huge Success—Unless People Find It Creepy," *MIT Technology Review*, Feb. 17, 2014; Kashmir Hill, "Google Glass Facial Recognition App Draws Senator Franken's Ire," *Forbes*, Feb. 5, 2014.
63. Michelle Starr, "Facial Recognition App Matches Strangers to Online Profiles," CNET, Jan. 7, 2014.
64. Jeremy Hsu, "FBI's Facial Recognition Database Will Include Non-criminals," *IEEE Spectrum*, April 16, 2014; Mark Rockwell, "Details Emerge on Scope of FBI's Identification System," *FCW*, April 15, 2014.
65. Sara Reardon, "FBI Launches $1 Billion Face Recognition Project," *New Scientist*, Sept. 7, 2012.
66. Adam Goldman, "More Than 1 Million People Are Listed in U.S. Terrorism Database," *Washington Post*, Aug. 5, 2014; Editorial Board, "The Black Hole of Terrorism Watch Lists," *New York Times*, Dec. 15, 2013.
67. John Leyden, "Laptop Facial Recognition Defeated by Photoshop," *Register*, Feb. 19, 2009 ; Mark Saltzman, "FastAccess Anywhere: Face Recognition Replaces Password," *USA Today*, June 4, 2013.
68. Kim Zetter, "Reverse-Engineered Irises Look So Real, They Fool Eye-Scanners," *Wired*, July 25, 2012.
69. Noah Shachtman, "Army Tracking Plan: Drones That Never Forget a Face," *Wired*, Sept. 28, 2011.
70. Stilgherrian, "Has Facebook Killed the Undercover Cop?," *CSO*, Aug. 25, 2011.
71. Neal Ungerleider, "Banks Are Deploying Voice Biometrics So That You Don't Have to Tell Them Your Mother's Maiden Name Again," *Fast Company*, May 27, 2014.
72. Nick Anderson, "MOOCS—Here Come the Credentials," *College, Inc.* (blog), *Washington Post*, Jan. 9, 2013.
73. Clint Boulton, " 'Post-Password' Technology Verifies Users by Behavior," *Wall Street Journal*, July 11, 2014.
74. Rawlson King, "Biometric Research Note," Biometric Update, Jan. 21, 2013.
75. Somini Sengupta, "Machines Made to Know You, by Touch, Voice, Even by Heart," *Bits* (blog), *New York Times*, Sept. 10, 2013.
76. "NPL Takes Step Forward with Gait Recognition System," *Engineer*, Sept. 20, 2012.
77. Christopher Mims, "Smart Phones That Know Their Users by How They Walk," *MIT Technology Review*, Sept. 16, 2010.
78. Dieter Bohn, "Motorola Shows Off Insane Electronic Tattoo and Vitamin Authentication Prototype Wearables," *Verge*, May 29, 2013.
79. Anthony, "UK, the World's Most Surveilled State, Begins Using Automated Face Recognition to Catch Criminals."
80. コンタクトレンズでの拡張現実についてさらに詳しくいえば、Babak A. Parviz, "Augmented Reality in a Contact Lens," *IEEE Spectrum*, Sept. 1, 2009 を参照。
81. Juniper Research, "Press Release: Over 2.5 Billion Mobile Augmented Reality Apps to Be Installed Per Annum by 2017," Aug. 29, 2012.
82. Luisa Rollenhagen, "Augmented Reality Catalog Places IKEA Furniture in Your Home," *Mashable*, Aug. 6, 2013.
83. Franziska Roesner, Tadayoshi Kohno, and David Molnar, "Security and Privacy for Augmented Reality Systems," *Communications of the ACM* 57, no. 4 (2014): 88–96, doi:10.1145/2580723.2580730.
84. Jane McGonigal, TED Conversation, http://www.ted.com/conversations/44/we_spend_3_billion_hours_a_wee.html; Jane McGonigal, *Reality Is Broken: Why Games Make Us Better and How They Can Change the World* (New York: Penguin Books, 2011).〔マクゴニガル『幸せな未来は「ゲーム」が創る』藤本徹ほか訳、早川書房（二〇一一）〕
85. Sarah Frier, "Facebook Makes $2 Billion Virtual-Reality Bet with Oculus," *Bloomberg*, March 26, 2014.
86. "Worlds Without End," *Economist*, Dec. 14, 2005.
87. "A Korean Couple Let a Baby Die While They Played a Video Game," *Newsweek*, July 27, 2014; "Korean Couple Let Baby Starve to Death While Caring for Virtual Child," *Telegraph*, March 5, 2010.
88. "The Economy of Online Gaming Fraud Revealed: 3.4 Million Malware Attacks

Every Day," *Kaspersky Lab*, Sept. 28, 2010.
89. Carolyn Davis, "Virtual Justice: Online Game World Meets Real-World Cops and Courts," Philly.com, Dec. 8, 2010.
90. Benjamin Duranske, " 'Virtual Rape' Claim Brings Belgian Police to Second Life," *Virtually Blind*, April 24, 2007.
91. Anna Jane Grossman, "Single, White with Dildo," *Salon*, Aug. 30, 2005.
92. Sara Malm, "U.S. Intelligence Warned Terrorists Could Create Virtual Jihadist," *Mail Online*, Jan. 9, 2014.
93. Mark Mazzetti and Justin Elliott, "Spies Infiltrate a Fantasy Realm of Online Games," *New York Times*, Dec. 9, 2013.
94. James Ball, "Xbox Live Among Game Services Targeted by US and UK Spy Agencies," *Guardian*, Dec. 9, 2013; Ian Sherr, "Spy Game: NSA Said to Snoop on 'World of Warcraft,' " *Digits* (blog), *Wall Street Journal*, December 9, 2013.
95. 同前；Dan Costa, "This Is No Video Game," *PCMag*, Sept. 26, 2007.

第15章

1. Special Agent Gary S. Cacace, affidavit, Sept. 28, 2011, http://www.justice.gov/; "Muslim Pleads Guilty to Plotting to Blow Up the Pentagon and Capitol with Model Airplanes Packed with Explosives," *Mail Online*, July 20, 2012; "US Man Admits Model Plane Plot," BBC News; Brian Ballou, "Rezwan Ferdaus of Ashland Sentenced to 17 Years in Terror Plot; Plotted to Blow Up Pentagon, Capitol," Boston.com, Nov. 1, 2012; Jess Bidgood, "Rezwan Ferdaus of Massachusetts Gets 17 Years in Terrorist Plot," *New York Times*, Nov. 2, 2012.
2. "Global Industrial Robotics Market Revenues to Surpass $37 Billion by 2018," *Business Wire*, Feb. 24, 2014.
3. Marcus Wohlsen, "Forget Robots. We' ll Soon Be Fusing Technology with Living Matter," *Wired*, May 27, 2014.
4. Industrial Federation of Robotics, http://www.ifr.org/industrial-robots/statistics/.
5. "Car, Airbag, Money: Robots Make Cars," video, http://channel.nationalgeographic.com/; Tamara Walsh, "Rise of the Robots: 2 Industries Increasingly Turning to Robotics for Innovation," *Motley Fool*, Aug. 24, 2014.
6. Katie Lobosco, "Army of Robots to Invade Amazon Warehouses," *CNNMoney*, May 22, 2014.
7. Rodney Brooks, "Robots at Work," World Future Society, *Futurist*, May–June 2013.
8. The Invisible Unarmed," *Economist*, March 29, 2014.
9. Stewart Pinkerton, "The Pros and Cons of Robotic Surgery," *Wall Street Journal*, Nov. 17, 2013.
10. Jacques Marescaux et al., "Transcontinental Robot-Assisted Remote Telesurgery: Feasibility and Potential Applications," *Annals of Surgery* 235, no. 4 (2002): 300–301.
11. 軍用ロボット工学の世界について明瞭に見たものとして，影響の大きかった Peter W. Singer, *Wired for War: The Robotics Revolution and Conflict in the 21st Century* (New York: Penguin Books, 2009) を参照．〔シンガー『ロボット兵士の戦争』小林由香利訳，日本放送出版協会（二〇一〇）〕
12. Mitch Joel, "The Booming Business of Drones," *Harvard Business Review*, Jan. 4, 2013.
13. Michael C. Horowitz, "The Looming Robotics Gap," *Foreign Policy*, May 5, 2014.
14. Craig Whitlock, "Drone Strikes Killing More Civilians Than U.S. Admits," *Washington Post*, Oct. 22, 2013.
15. David Axe, "One in 50 Troops in Afghanistan Is a Robot," Wired, Feb. 7, 2011; Sharon Gaudin, "U.S. Military May Have 10 Robots per Soldier by 2023," *Computerworld*, Nov. 14, 2013.
16. Mark Prigg, "Google-Owned 'Big Dog' Robot in First Live Trial with Marines," *Mail Online*, July 14, 2014.
17. "Cheetah Robot 'Runs Faster Than Usain Bolt,' " BBC News, Sept. 6, 2012; "March of the Robots," *Economist*, June 2, 2012.
18. "Rise of the Drones," *NOVA*, PBS, Jan. 23, 2013.
19. Teal Group, "Teal Group Predicts Worldwide UAV Market Will Total $89 Billion," June 17, 2013; Michael C. Horowitz, "The Looming Robotics Gap," *Foreign Policy*, May 5, 2014.
20. Ratnesar Romesh, "Five Reasons Why Drones Are Here to Stay," *Bloomberg Businessweek*, May 23, 2013.
21. "Rise of the Drones."
22. John Markoff, "Google Puts Money on Robots, Using the Man Behind Android," *New York Times*, Dec. 4, 2013; Adam Clark Estes, "Meet Google' s Robot Army. It' s Growing," *Gizmodo*, Jan. 27, 2014.
23. Bill Gates, "A Robot in Every Home," *Scientific American*, Jan. 2007. 〔ゲイツ「ホームロボット時代の夜明け」『日経サイエンス』二〇〇七年四月号〕
24. iRobot 社のウェブサイト，http://www.irobot.com/; Droplet 社のウェブサイト，http://smartdroplet.com; Grillbot 社のウェブサイト，http://grillbots.com; Mark Prigg, "Forgotten to Feed the Dog? Don' t Panic, There' s an App for That (and It Will Even Tweet to Tell You How Much They' ve Eaten)," *Mail Online*, Jan. 4, 2013.
25. David McCormack, " 'I Love My Drone' : Martha Stewart Shares Incredible

Aerial Images of Her Estate as She Reveals Her Latest Must-Have Accessory for the Summer," *Mail Online*, July 30, 2014.

26. Marcelo Ballve, "The Market for Home Cleaning Robots Is Already Surprisingly Big, and There' s Plenty of Room for Growth," *Business Insider*, June 5, 2014.

27. Erico Guizzo, "So, Where Are My Robot Servants?," *IEEE Spec- trum*, May 29, 2014.

28. Brandon Keim, "I, Nanny," *Wired*, Dec. 18, 2008.

29. Mai Iida, "Robot Niche Expands in Senior Care," *Japan Times*, June 19, 2013.

30. Anne Tergesen and Miho Inada, "It' s Not a Stuffed Animal, It' s a $6,000 Medical Device," *Wall Street Journal*, June 21, 2010.

31. "Your Alter Ego on Wheels," *Economist*, March 9, 2013.

32. Serene Fang, "Robot Care for Aging Parents," *Al Jazeera America*, Feb. 27, 2014.

33. Ryan Jaslow, "RP-VITA Robot on Wheels Lets Docs Treat Patients Remotely," CBS News, Nov. 19, 2013.

34. "Robots Are the New Butlers at Starwood Hotels," CNBC, Aug. 12, 2014.

35. Carl Benedikt Frey and Michael A. Osborne, "The Future of Employment," Oxford Martin, Sept. 17, 2013, http://www.oxfordmartin.ox.ac.uk/.

36. ロボット、自動化、労働の未来に関する優れた解説として、Kevin Kelly, "Better Than Human: Why Robots Will—and Must—Take Our Jobs," Wired, Dec. 24, 2012; Erik Brynjolfsson and Andrew McAfee, *The Second Machine Age: Work, Progress, and Prosperity in a Time of Brilliant Technologies* (New York: W. W. Norton, 2014) を参照。〔ブリニョルフソン／マカフィー『ザ・セカンド・マシン・エイジ』村井章子訳、日経BP社（二〇一五）〕

37. Francie Diep, "Associated Press Will Use Robots to Write Articles," *Popular Science*, July 1, 2014.

38. Paul Krugman, "Robots and Robber Barons," *New York Times*, Dec. 9, 2012.

39. Lindsey Bever, "Seattle Woman Spots Drone Outside Her 26th-Floor Apartment Window, Feels 'Violated,' " *Washington Post*, June 25, 2014.

40. Rebecca J. Rosen, "So This Is How It Begins: Guy Refuses to Stop Drone-Spying on Seattle Woman," *Atlantic*, May 13, 2013. 無人機とプライバシーについての法的な詳細については、see John Villasenor, "Observations from Above: Unmanned Aircraft Systems and Privacy," *Harvard Journal of Law and Public Policy* 36, no. 2 (Spring 2013) を参照。

41. Government Accountability Office, *Unmanned Aircraft Systems*, Sept. 2012, http://www.gao.gov/.

42. Robert Langreth, "Unreported Robot Surgery Injuries Open Questions for FDA," *Bloomberg*, Dec. 29, 2013.

43. "Surgical Robot da Vinci Scrutinized by FDA After Deaths, Other Surgical Nightmares," New York *Daily News*, April 9, 2013.

44. "Robot Attacked Swedish Factory Worker," *Local*, April 28, 2009.

45. John Markoff and Claire Cain Miller, "As Robotics Advances, Worries of Killer Robots Rise," *New York Times*, June 16, 2014.

46. Gavin Knight, "March of the Terminators: But What Happens When Robot Warriors Turn Their Guns on Us?," *Mail Online*, March 15, 2009.

47. Craig Whitlock, "When Drones Fall from the Sky," *Washington Post*, June 20, 2014.

48. 同前。

49. "How Dangerous Could a Hacked Robot Possibly Be?," *Computerworld*, Oct. 8, 2009.

50. Siobhan Gorman, Yochi J. Dreazen, and August Cole, "Insurgents Hack U.S. Drones," *Wall Street Jour- nal*, Dec. 18, 2009.

51. Colin Lecher, "Texas Students Hijack a U.S. Government Drone in Midair," *Popular Science*, June 28, 2012.

52. John Roberts, "Drones Vulnerable to Terrorist Hijacking, Researchers Say," Fox News, June 25, 2012.

53. Scott Peterson and Payam Faramarzi, "Exclusive: Iran Hijacked US Drone, Says Iranian Engineer," *Christian Science Monitor*, Dec. 15, 2011.

54. Noah Shachtman, "Exclusive: Computer Virus Hits U.S. Drone Fleet," *Wired*, Oct. 7, 2011.

55. Dan Goodin, "Flying Hacker Contraption Hunts Other Drones, Turns Them into Zombies," *Ars Technica*, Dec. 3, 2013.

56. Andy Greenberg, "PIN-Punching Robot Can Crack Your Phone' s Security Code in Less Than 24 Hours," *Forbes*, July 22, 2013.

57. "Drug Dealer Arrested in Spite of Home Robotic Protection: Police," *China Post*, Aug. 10, 2014.

58. Charlemagne, "Afghanistan—the Biggest Bomb Yet," Intel MSL, March 15, 2013, http://intelmsl.com/.

59. Noah Shachtman, "Iraq Militants Brag: We' ve Got Robotic Weapons, Too," *Wired*, Oct. 4, 2011.

60. Harris, "FBI Warns Driverless Cars Could Be Used as 'Lethal Weapons,' " *Guardian*, July 16, 2014.

61. Jathan Sadowski, "Delivered by Drones: Are Tacocopters and Burrito Bombers the Next Pony Express?," *Slate*, Aug. 6, 2013; Laura Stampler, "This Club Is Offering Poolside Drone Bottle Service," *Time*, June 19, 2014.

62. "Google Is Testing Delivery Drone System," *Wall Street Journal*, Aug. 29, 2014.

63. Sarah Zhang, "Drones That Aren' t Out to Kill You," *Mother Jones*, Dec. 6, 2012.
64. "Canadian Mounties Claim First Person' s Life Saved by a Police Drone," *Verge*, May 10, 2013.
65. Andy Greenberg, "Flying Drone Can Crack Wi-Fi Networks, Snoop on Cell Phones," *Forbes*, July 28, 2011.
66. Spencer Ack- erman, "Occupy the Skies! Protesters Could Use Spy Drones," *Wired*, Nov. 17, 2011.
67. "Drone Is Caught Delivering Cocaine in Prison São Paulo Brazil," *Live Leak*, March 10, 2014; "Heroin by Helicopter," *Voice of Russia*, Feb. 1, 2011; Nick Evershed, "Drone Used in Attempt to Smuggle Drugs into Melbourne Prison, Say Police," *Guardian*, March 10, 2014; Mary-Ann Russon, "Drones Used to Deliver Drugs to Prisoners in Canada," *International Business Times*, Nov. 29, 2013; "Greece: Drone Drops Mobile Phones over Prison Walls," BBC News, Aug. 19, 2014; "Crooks Get Creative to Smuggle Contraband," WALB News, Nov. 22, 2013.
68. Meghan Neal, "Cartels Are Reportedly Building DIY Drones to Fly Drugs over the Border," *Motherboard*, June 2, 2014; Doris Gómora, "Fabrican narcos sus propios drones, alerta la DEA," *El Universal*, July 9, 2014.
69. Mark Frauenfelder, "Man Arms DIY Drone with Paintball Handgun and Shoots Human Cardboard Cutouts," *Boing Boing*, Dec. 12, 2012.
70. Colin Lecher, "Watch a Stun Gun Drone Tase an Intern," *Popular Science*, March 7, 2014.
71. "R/C Helicopter with .45 Caliber Handgun," *Live Leak*, Dec. 10, 2008.
72. Annalee Newitz, "This Video of a Drone with a Gun Will Freak You the Hell Out," *io9*, June 14, 2013; "Viral Video Straps Colt .45 Handgun to a Home-Use Drone," comments, *Live Leak*, June 18, 2013.
73. Jason Koebler, " 'Follow Me' Drones Will Hover by Your Side on a Digital 'Leash,' " *Motherboard*, June 16, 2014.
74. Radio-Controlled Crop Dusting in Fukuoka, Japan, 2011, http://www.youtube.com/watch?v=N28KKb6i9hs.
75. Sean Gallagher, "German Chancellor' s Drone 'Attack' Shows the Threat of Weaponized UAVs," *Ars Technica*, Sept. 18, 2013.
76. Jon Fingas, "Near Collision with Airliner Prompts US to Crack Down on Drone Use," *Engadget*, May 12, 2014; Alwyn Scott, "U.S. Passenger Jet Nearly Collided with Drone in March," Reuters, May 9, 2014.
77. John W. Whitehead, "Roaches, Mosquitoes, and Birds: The Coming Micro-Drone Revolution," *Huffington Post*, April 17, 2013.
78. Tom Leonard, "US Accused of Making Insect Spy Robots," *Telegraph*, Oct. 10, 2007.
79. Whitehead, "Roaches, Mosquitoes, and Birds"; Emily Singer, "TR10: Biological Machines," *MIT Technology Review*, March/April 2009; Erico Guizzo, "Moth Pupa + MEMS Chip = Remote Controlled Cyborg Insect," *IEEE Spectrum*, Feb. 17, 2009; Charles Q. Choi, "Military Developing Robot-Insect Cyborgs," NBC News, July 14, 2009.
80. Robert Lee Hotz, "Harvard Scientists Devise Robot Swarm That Can Work Together," *Wall Street Journal*, Aug. 15, 2014.
81. Jon Cartwright, "Rise of the Robots and the Future of War," *Guardian*, Nov. 20, 2010.
82. Tim Hornyak, "Korean Machine-Gun Robots Start DMZ Duty," *CNET*, July 14, 2010; Keith Wagstaff, "Future Tech? Autonomous Killer Robots Are Already Here," NBC News, May 14, 2014.
83. Goldman Sachs, *2013 Annual Report*, http://www.goldmansachs .com/; Matt Clinch, "3-D Printing Market to Grow 500% in 5 Years," CNBC, April 1, 2014.
84. Jessica Leber, "This Man Thinks He Can 3-D Print an Entire House," *Co.Exist*, Nov. 12, 2013.
85. Lyndsey Gilpin, "New 3D Bioprinter to Reproduce Human Organs, Change the Face of Healthcare," *TechRepublic*, Aug. 1, 2014; Melissa Davey, "3D Printed Organs Come a Step Closer," *Guardian*, July 4, 2014; Kate Lyons, "Humans Could Be Fitted with Kidneys Made on 3D Printers," *Mail Online*, May 23, 2014.
86. Ben Rooney, "The 3D Printer That Prints Itself," *Wall Street Journal*, June 10, 2011; Brad Hart, "Will 3D Printing Change the World?," *Forbes*, March 6, 2012.
87. Gartner, "Gartner Says Uses of 3D Printing Will Ignite Major Debate on Ethics and Regulation," Gartner.com, Jan. 29, 2014.
88. Drew Prindle, "KeyMe Joins Forces with Shapeways to Bring You Custom 3D-Printed Key Copies," *Digital Trends*, Dec. 17, 2013.
89. Ann Givens and Chris Glorioso, "New Technology Could Let Thieves Copy Keys," NBC New York, May 21, 2014.
90. Andy Greenberg, "Hacker Opens High Security Handcuffs with 3D-Printed and Laser-Cut Keys," *Forbes*, July 16, 2012.
91. Tim Adams, "The 'Chemputer' That Could Print Out Any Drug," *Guardian*, July 21, 2012.
92. Carole Cadwalladr, "Meet Cody Wilson, Creator of the 3D-Gun, Anarchist, Libertarian," *Guardian*, Feb. 8, 2014.
93. Andy Greenberg, "Here' s What It Looks Like to Fire a (Partly) 3D-Printed Gun," *Forbes*, Dec. 3, 2012.
94. Andy Greenberg, "Meet the 'Liberator' : Test-Firing the World' s First Fully 3D-Printed Gun," *Forbes*, May 5, 2013.

95. Andy Greenberg, "How 3-D Printed Guns Evolved into Serious Weapons in Just One Year," *Wired*, May 15, 2014.
96. Cheryl K. Chumley, "Israeli TV Crew Sneaks Printed 3-D Gun into Knesset—Twice," *Washington Times*, July 4, 2013.
97. Greenberg, "How 3-D Printed Guns Evolved into Serious Weapons in Just One Year."
98. Aliya Sternstein, "The FBI Is Getting Its Own, Personal 3D Printer for Studying Bombs," *Nextgov*, June 13, 2014.

第16章

1. Nina Golgowski, " 'Syrian Hackers' Tweet FALSE Report of Explosions at White House and Send Panicked DOW Jones Plunging 100 Points," *Mail Online*, April 23, 2013; Jim McTague, "Why High-Frequency Trading Doesn' t Compute," *Barron*' s, Aug. 11, 2012; Shan Carter and Amanda Cox, "One 9/11 Tally," *New York Times*, Sept. 8, 2011; Doug Stanglin and David Jackson, "Timeline of AP Hacking, Reaction," *USA Today*, April 23, 2013; Will Oremus, "Would You Click the Link in This Email That Apparently Tricked the AP," *Slate*, April 23, 2013; Tom Lauricella, Kara Scanell, and Jenny Strasburg, "How a Trading Algorithm Went Awry," *Wall Street Journal*, Oct. 2, 2010; Bernard Condon, "Stocks Stumble After a Fake Tweet Announced White House Attack," Associated Press, April 25, 2013; Nick Baumann, "Too Fast to Fail: Is High-Speed Trading the Next Wall Street Disaster?," *Mother Jones*, Jan/Feb. 2013.
2. Vinod Khosla, "Do We Need Doctors or Algorithms?," *TechCrunch*, Jan. 10, 2012.
3. Rachael King, "Artificial Intelligence May Reduce Soaring E-discovery Costs," *CIO Journal*, Oct. 29, 2013.
4. Amy Biegelsen, "Unregulated FICO Has Key Role in Each American' s Access to Credit," Center for Public Integrity, May 17, 2011.
5. Adam D. I. Kramer, Jamie E. Guillory, and Jeffrey T. Hancock, "Experimental Evidence of Massive-Scale Emotional Contagion Through Social Networks," *Proceedings of the National Academy of Sciences* 111, no. 24 (2014): 8788–90, doi:10.1073/pnas.1320040111.
6. Reed Albergotti and Elizabeth Dwoskin, "Facebook Study Sparks Soul-Searching and Ethical Questions," *Wall Street Journal*, June 30, 2014.
7. Kashmir Hill, "Facebook Added 'Research' to User Agreement 4 Months After Emotion Manipulation Study," *Forbes*, June 30, 2014; Michelle N. Meyer, "Everything You Need to Know About Facebook' s Controversial Emotion Experiment," *Wired*, June 30, 2014.
8. Gabriel Hallevy, "The Criminal Liability of Artificial Intelligence Entities," Social Science Research Network scholarly paper, Feb. 15, 2010, http://papers.ssrn.com/.
9. Chris Greenwood, "Will Russia Hand Over Man Behind the Gameover Zeus Ransom Virus? FBI Issues Warrant for $100M Cybercrime Mastermind," *Mail Online*, June 2, 2014.
10. McAfee, Center for Strategic and International Studies, *Net Losses: Estimating the Global Cost of Cybercrime*, June 2014.
11. Jenny Awford, "Student Accused of Murder 'Asked Siri Where to Hide Body,' Say Police," *Mail Online*, Aug. 13, 2014.
12. "IBM Watson," IBM Web site, http://www-03.ibm.com/press/us/en/presskit/27297.wss.
13. "IBM Watson Hard at Work," Memorial Sloan Kettering Cancer Center, Feb. 8, 2013; Larry Greenemeier, "Will IBM' s Watson Usher in a New Era of Cognitive Computing," *Scientific American*, Nov. 13, 2013.
14. Ray Kurzweil, *The Singularity Is Near: When Humans Transcend Biology* (New York: Penguin Books, 2006), 7.〔カーツワイル『ポスト・ヒューマン誕生』小野木明恵ほか訳、日本放送出版協会（二〇〇七）〕
15. Catherine Shu, "Google Acquires Artificial Intelligence Startup DeepMind," *TechCrunch*, Jan. 26, 2014.
16. Stephen Hawking et al., "Stephen Hawking: 'Transcendence Looks at the Implications of Artificial Intelligence—but Are We Taking AI Seriously Enough?,' " *Independent*, May 1, 2014.
17. Reed Albergotti, "Zuckerberg, Musk Invest in Artificial Intelligence Company," *Wall Street Journal*, March 21, 2014.
18. "Brain Research Through Advancing Innovative Neurotechnologies," Aug. 25, 2014, http://www.nih.gov/science/brain/; Susan Young Rojahn, "The BRAIN Project Will Develop New Technologies to Understand the Brain," *MIT Technology Review*, April 8, 2013.
19. Priya Ganapati, "Cognitive Computing Project Aims to Reverse-Engineer the Mind," *Wired*, Feb. 6, 2009; Vincent James, "Chinese Supercomputer Retains 'World' s Fastest' Title, Beating US and Japanese Competition," *Independent*, Nov. 19, 2013.
20. Ray Kurzweil, *How to Create a Mind: The Secret of Human Thought Revealed* (New York: Penguin Books, 2013); Michio Kaku, *The Future of the Mind: The Scientific Quest to Understand, Enhance, and Empower the Mind* (New York: Doubleday, 2014).〔カク『フューチャー・オブ・マインド』斉藤隆央訳、NHK出版（二〇一五）〕
21. Joseph Brean, "Build a Better Brain," *National Post*, March 31, 2012; Cade

Metz, "IBM Dreams Impossible Dream," Wired, Aug. 9, 2013.
22. Kaku, *Future of the Mind*, 80–103, 108–9, 175–77.
23. Peter Clarke, "IBM Seeks Customers for Neural Network Breakthrough," *Electronics360*, Aug. 7, 2014.
24. Paul A. Merolla et al., "A Million Spiking-Neuron Integrated Circuit with a Scalable Communication Network and Interface," Science, Aug. 8, 2014, 668–73, doi:10.1126 /science.1254642; Robert F. Service, "The Brain Chip," *Science*, Aug. 8, 2014, 614–16, doi:10.1126 /science.345.6197.614; John Markoff, "IBM Develops a New Chip That Functions Like a Brain," *New York Times*, Aug. 7, 2014.
25. Ray Kurzweil, "The Coming Merging of Mind and Machine," *Scientific American* 18 (2008): 20–25, doi:10.1038/scientificamerican0208-20sp.
26. Gary Marcus and Christof Koch, "The Future of Brain Implants," *Wall Street Journal*, March 14, 2014.
27. Leigh R. Hochberg et al., "Reach and Grasp by People with Tetraplegia Using a Neurally Controlled Robotic Arm," *Nature*, May 17, 2012, 372–75, doi:10.1038 / nature11076.
28. Robert McMillan, "This Guy Just Built a Mind-Controlled Robot," *Wired*, Aug. 22, 2014.
29. Dave Lee, "Google Glass Hack Allows Brainwave Control," BBC News, July 9, 2014; Ingrid Lunden, "Forget 'OK Glass,' MindRDR Is a Google Glass App You Control with Your Thoughts," *TechCrunch*, July 9, 2014.
30. Sebastian Anthony, "First Human Brain-to-Brain Interface Allows Remote Control over the Internet, Telepathy Coming Soon," *ExtremeTech*, Aug. 28, 2013.
31. Alan S. Cowen, Marvin M. Chun, and Brice A. Kuhl, "Neural Portraits of Perception: Reconstructing Face Images from Evoked Brain Activity," NeuroImage, forthcoming〔July 2014, 12-22〕, http://camplab.psych.yale.edu/; Mark Prigg, "Mind Reading Experiment Reconstructs Faces from Brain Scans," *Mail Online*, March 28, 2014.
32. "How Technology May Soon 'Read' Your Mind," CBS News, Jan. 4, 2009.
33. IBM Research, "Mind Reading Is No Longer Science Fiction," Dec. 19, 2011, http://ibmresearchnews.blogspot .com/.
34. Mark Harris, "MRI Lie Detectors," *IEEE Spectrum*, July 30, 2010.
35. Adi Narayan, "The fMRI Brain Scan: A Better Lie Detector?," *Time*, July 20, 2009.
36. Anand Giridharadas, "India' s Novel Use of Brain Scans in Courts Is Debated," *New York Times*, Sept. 15, 2008; Angela Saini, "The Brain Police: Judging Murder with an MRI," Wired UK, May 27, 2009.
37. Geeta Dayal, "Researchers Hack Brainwaves to Reveal PINs, Other Personal Data," *Wired*, Aug. 29, 2012.
38. Erika Check Hayden, "Company Claims to Have Sequenced Man' s Genome Cheaply," *Nature News*, Feb. 8, 2008, doi:10.1038/news.2008.563.
39. Mike Orcutt, "Bases to Bytes," *MIT Technology Review*, April 25, 2012; Matthew Herper, "DNA Sequencing: Beating Moore' s Law Since January 2008," *Forbes*, May 13, 2011.
40. Erika Check Hayden, "Technology: The $1,000 Genome," *Nature*, March 19, 2014, 294–95, doi:10.1038/507294a; Ashlee Vance, "Human Gene Mapping Price to Drop to $1,000, Illumina Says," *Bloomberg*, Jan. 15, 2014.
41. Jon Mooallem, "Do-It-Yourself Genetic Engineering," *New York Times Magazine*, Feb. 14, 2010; Jack Hitt, "Guess What' s Cooking in the Garage," *Popular Science*, May 31, 2012.
42. Zoë Corbyn, "Craig Venter: 'This Isn' t a Fantasy Look at the Future. We Are Doing the Future,' " *Guardian*, Oct. 12, 2013.
43. Lisa M. Krieger, "Biological Computer Created at Stanford," *San Jose Mercury News*, March 29, 2013; Tim Requarth and Greg Wayne, "Tiny Biocomputers Move Closer to Reality," *Scientific American*, Nov. 2, 2011; Adam Baer, "Why Living Cells Are the Future of Data Processing," *Popular Science*, Nov. 5, 2012.
44. Clay Dillow, "Biostorage Scheme Turns E. coli Bacteria into Hard Drives," *Popular Science*, Jan. 10, 2011.
45. Wyss Institute, "Writing the Book in DNA," Aug. 16, 2012, http://wyss.harvard.edu/viewpressrelease/93/.
46. 同前。
47. Chiropractic Resource Organization, "NIH Heads Foresee the Future," http://www.chiro.org/; Helen Thomson, "Deaf People Get Gene Tweak to Restore Natural Hearing," *New Scientist*, April 23, 2014.
48. George M. Church, *Regenesis: How Synthetic Biology Will Reinvent Nature and Ourselves* (New York: Basic Books, 2012); J. Craig Venter, *Life at the Speed of Light: From the Double Helix to the Dawn of Digital Life* (New York: Viking Adult, 2013).
49. Kim-Mai Cutler, "Glowing Plant Is One of Y Combinator' s Very First Biotech Startups," *TechCrunch*, Aug. 11, 2014.
50. Rebecca Skloot, *The Immortal Life of Henrietta Lacks* (New York: Broadway Books, 2011)〔スクルート『不死細胞ヒーラ』中里京子訳、講談社（二〇一一）〕; *Moore v. Regents of University of California* (1990) 51 Cal. 3d 120 (271 Cal. Rptr. 146, 793 P.2d 479), Justia Law, 二〇一四年九月二日閲覧, http://law.justia.com/.
51. 判例 *Moore v. Regents of the University of California*. On July 9, 1990, 裁判所は「人の捨てられた組織や細胞は本人の財産ではなく、商品化できる」と判断した。
52. James Randerson, "What DNA Can Tell Us," *Guardian*, April 26, 2008.

53. Ian Sample, "Male Sexual Orientation Influenced by Genes, Study Shows," *Guardian*, Feb. 13, 2014; Patricia Cohen, "Genetics and Crime at Institute of Justice Conference," *New York Times*, June 19, 2011.
54. National Human Genome Research Institute, Genetic Information Nondiscrimination Act of 2008, http:// www.genome.gov/; National Human Genome Research Institute, "Genetic Discrimination," http://www.genome.gov/.
55. Adam Cohen, "Can You Be Fired for Your Genes?" *Time*, Feb. 20, 2012.
56. Statens Serum Institut, "The Danish Neonatal Screening Biobank," http://www.ssi.dk.
57. Andrew Pollack, "DNA Evidence Can Be Fabricated, Scientists Show," *New York Times*, Aug. 18, 2009; Dan Frumkin et al., "Authentication of Forensic DNA Samples," *Forensic Science International: Genetics* 4, no. 2 (2010): 95–103, doi:10.1016/j.fsigen.2009.06.009.
58. Fiona Macrae, "DNA Evidence Can Be Fabricated and Planted at Crime Scenes, Scientists Warn," *Mail Online*, Aug. 19, 2009.
59. Sharon Begley, "Citing Privacy Concerns, U.S. Panel Urges End to Secret DNA Testing," Reuters, Oct. 11, 2012.
60. Bijan Stephen, "Pablo Escobar' s Hippos Are Running Wild in Colombia," *Time*, June 28, 2014.
61. Erin Carlyle, "Billionaire Druglords," *Forbes*, March 13, 2012.
62. Jeremy McDermott, "Drug Lords Develop High-Yield Coca Plant," *Telegraph*, Aug. 27, 2004; Goodman, "What Business Can Learn from Organized Crime."
63. Marc Goodman, "A Vision for Crimes in the Future," TED Talk, July 2012.
64. "Bakterien können ohne viel Aufwand Cannabis-Wirkstoff produzieren," derStandard.at, Aug. 17, 2010, http://derstandard .at/; Luc Henry, "Instead of Poppies, Engineering Microbes," *Discover*, Sept. 9, 2014; "A New Opium Pipe," *Economist*, Aug. 30, 2014.
65. Joel O. Wertheim, "The Re-emergence of H1N1 Influenza Virus in 1977: A Cautionary Tale for Estimating Divergence Times Using Biologically Unrealistic Sampling Dates," *PLoS ONE* 5, no. 6 (2010): e11184, doi:10.1371/journal.pone.0011184.
66. Alison Young, "Vial of Deadly Virus Missing at Texas Bioterror Laboratory," *USA Today*, March 25, 2013; "Paris Laboratory Loses Deadly SARS Virus Samples," France24, April 16, 2014.
67. Eric Schmitt and Thom Shanker, "Qaeda Trying to Harness Toxin, Ricin, for Bombs, U.S. Says," *New York Times*, Aug. 12, 2011.
68. Marc Goodman, "The Bio-crime Prophecy," *Wired*, May 28, 2013.
69. Erika Check, "Poliovirus Advance Sparks Fears of Data Curbs," *Nature*, July 18, 2002, 265–65, doi:10.1038/418265a.
70. Masaki Imai et al., "Experimental Adaptation of an Influenza H5 HA Confers Respiratory Droplet Transmission to a Reassortant H5 HA/H1N1 Virus in Ferrets," *Nature*, May 2, 2012, doi:10.1038/nature10831; Bryan Walsh, "Should Journals Describe How Scientists Made a Killer Flu?," *Time*, Dec. 21, 2011.
71. Denise Grady and William J. Broad, "U.S. Asks Journals to Censor Articles on Bird Flu Virus," *New York Times*, Dec. 20, 2011.
72. Andrew Hessel, Marc Goodman, and Steven Kotler, "Hacking the President' s DNA," *Atlantic*, Oct. 24, 2013.
73. Robert Booth and Julian Borger, "US Diplomats Spied on UN Leadership," *Guardian*, Nov. 28, 2010; Spencer Ackerman, "U.S. Chases Foreign Leaders' DNA, WikiLeaks Shows," *Wired*, Nov. 29, 2010.
74. Marcelo Soares, "The Great Brazilian Sat-Hack Crackdown," *Wired*, April 20, 2009.
75. Ellie Zolfagharifard, "Incredible Image Shows How Earth Is Entirely Surrounded by Junk," *Mail Online*, Dec. 13, 2013.
76. William J. Broad and David E. Sanger, "China Tests Anti-satellite Weapon, Unnerving U.S.," *New York Times*, Jan. 18, 2007.
77. Joey Cheng, "Critical Military Satellite Systems Are Vulnerable to Hacking," *Defense Systems*, April 23, 2014.
78. Tony Capaccio and Jeff Bliss, "Chinese Military Suspected in Hacker Attacks on U.S. Satellites," *Bloomberg*, Oct. 26, 2011.
79. Samuel Gibbs, "International Space Station Attacked by 'Virus Epidemics,' " *Guardian*, Nov. 12, 2013.
80. Ellie Zolfagharifard, "Cosmonaut Accidentally Infected the ISS with a Virus on a USB Stick," *Mail Online*, Nov. 12, 2013; "Cosmonaut Carries Computer Virus Aboard International Space Station," *PBS NewsHour*, Nov. 11, 2013.
81. Damien Francis, "Computer Virus Infects Orbiting Space Station," *Guardian*, Aug. 27, 2008.
82. David Meyer, "Hackers Plan Space Satellites to Combat Censorship," BBC News, Jan. 4, 2012.
83. "Graphene 'Made with Kitchen Blender,' " BBC News, April 22, 2014; David Larousserie, "Graphene—the New Wonder Material," *Guardian*, Nov. 22, 2013.
84. Nancy S. Giges, "Top 5 Trends in Nanotechnology," ASME, March 2013.
85. "HowStuffWorks 'Nanotechnology Cancer Treatments,' " *HowStuffWorks*, 二〇一四年九月一四日閲覧, http://health.howstuffworks.com; Dean Ho, "Fighting Cancer with Nanomedicine," *Scientist*, April 1, 2014.
86. John Gehl, "Nanotechnology: Designs for the Future," *Ubiquity*, July 2000,

http://ubiquity.acm.org/.
87. “Modern Marvels: Doomsday Tech DVD,” History Channel, Dec. 28, 2004.
88. Eric Drexler, *Engines of Creation: The Coming Era of Nanotechnology* (Garden City, N.Y.: Anchor, 1987), 第四章．〔ドレクスラー『創造する機械』相澤益男訳，パーソナルメディア（一九九二）〕
89. Robert A. Freitas Jr., “The Gray Goo Problem,” *Kurzweil Accelerating Intelligence*, March 20, 2001; “Address Nanotechnology Concerns, Experts Urge,” Reuters, Nov. 15, 2006.
90. Paul Rincon, “Nanotech Guru Turns Back on Goo,” BBC, June 9, 2004.
91. Jacob Aron, “Google’ s Quantum Computer Flunks Landmark Speed Test,” *New Scientist*, Jan. 15, 2014.
92. Nick Statt, “Confirmed, Finally, D-Wave Quantum Computer Is Sometimes Sluggish,” *CNET*, June 19, 2014.
93. Tom Simonite, “The CIA and Jeff Bezos Bet on Quantum Computing,” *MIT Technology Review*, Oct. 4, 2012.
94. 同前。
95. Mohit Arora, “How Secure Is AES Against Brute Force Attacks?” *EETimes*, May 7, 2012.
96. Steven Rich and Barton Gellman, “NSA Seeks to Build Quantum Computer That Could Crack Most Types of Encryption,” *Washington Post*, Jan. 2, 2014; “Quantum Computing, the NSA, and the Future of Cryptography,” *On Point with Tom Ashbrook*, WBUR.
97. Bill Joy, “Why the Future Doesn’ t Need Us,” *Wired*, April 2000.

第17章

1. Melanie Pinola, “F**k It, Ship It,” *Lifehacker*, Aug. 14, 2012.
2. セキュリティ不足のソフトウェアプログラムによるセキュリティの難題を分析して優れている Quinn Norton’ s “Everything Is Broken”, https://medium.com/ を参照。
3. “Be Still My Breaking Heart,” *Dan Kaminsky’ s Blog*.
4. Leah Hoffmann, “Risky Business,” *Communications of the ACM* 54, no. 11 (2011): 20, doi:10.1145 /2018396.2018404.
5. First Research, “Computer Software Industry Profile,” Aug. 25, 2014.
6. Jane Chong, “Bad Code: Should Software Makers Pay? (Part 1),” *New Republic*, Oct. 3, 2013.
7. “Achievements in Public Health, 1900–1999 Motor Vehicle Safety,” *Morbidity and Mortality Weekly Report*, May 14, 1999, http://www.cdc.gov/.
8. Alex Wilhelm, “Facebook Sets Revenue per User Records Around the World in Q2,” *TechCrunch*, July 23, 2014.
9. Ethan Zuckerman, “The Internet’ s Original Sin,” *Atlantic*, Aug. 14, 2014.
10. Graham Cluley, “55% of Net Users Use the Same Password for Most, If Not All, Websites,” *Naked Security*, April 23, 2013; “39 Percent of Smart Phone Users Don’ t Secure Their Phones,” *Consumer Reports News*, May 1, 2013.
11. Deloitte, “2013 Technology Predictions,” 2013, http://www.deloitte.com. 〔翻訳時点では，二〇一三年分はすでに掲載されていない〕
12. HP, “HP Study Reveals 70 Percent of Internet of Things Devices Vulnerable to Attack,” July 29, 2014.
13. Ben Elgin, Michael Riley, and Dune Lawrence, “Former Home Depot Managers Depict ‘C-Level’ Security Before the Hack,” *Bloomberg Businessweek*, Sept. 12, 2014.
14. IBM Managed Secu- rity Services, “2014 Cyber Security Intelligence Index,” July 22, 2014; Fran Howarth, “The Role of Human Error in Successful Security Attacks,” *Security Intelligence*, September 2, 2014.
15. “Computer Immune Systems,” Computer Science Department, University of New Mexico, http://www.cs.unm.edu.
16. Larry Greenemeier, “Software Mimics Ant Behavior by Swarming Against Cyber Threats,” Observations (blog), *Scientific American*, Sept. 28, 2009.
17. Mike Masnick, “DHS Boss, in Charge of Cybersecurity, Doesn’ t Use Email or Any Online Services,” *Techdirt*, Sept. 28, 2012.
18. Michelle R. Smith, “Kagan: Court Hasn’ t Really ‘Gotten to’ Email,” *Big Story*, Aug. 20, 2013.
19. Australian Government Department of Defence, “Top 4 Mitigation Strategies to Protect Your ICT System,” http://www.asd.gov.au/; Australian Government Department of Defence, “The Cyber Threat,” http://www.asd.gov.au/.
20. Verizon RISK Team, “2012 Data Breach Investigations Report,” 3, *Wired*. を通じて閲覧
21. Karl Frederick Rauscher, “The Internet Health Model for Cybersecurity,” EastWest Institute, June 2, 2012.

第18章

1. David Weinberg, “95 Percent of U.S. ATMs Run on Windows XP,” MarketPlace.org, March 19, 2014.
2. Jeffrey M. Jones, “Congress Job Approval Starts 2014 at 13%,” Gallup, Jan. 14, 2014.
3. White House Strategy for Homeland Security, Oct. 2007, 4, http://www.dhs.gov/xlibrary/assets/nat_strat_homelandsecurity_2007.pdf.

4. *Critical Infrastructure Protection: Key Private and Public Cyber Expectations Need to Be Consistently Addressed*, July 15, 2010, http://www.gao.gov/.
5. "Mexico' s Drug War: 50,000 Dead in Six Years," Atlantic, May 17, 2012; Sara Ines Calderon, "In Mexico, Tech Is Used to Help Combat Narco Violence, Insecurity," TechCrunch, Dec. 25, 2012; Michele Coscia, "How and Where Do Criminals Operate? Using Google to Track Mexican Drug Trafficking Organizations," Harvard Kennedy School, Oct. 23, 2012.
6. George Arnett and James Ball, "Are UK MPs Really Claiming More Expenses Now Than Before the Scandal?" *Guardian*, Sept. 12, 2014; Michael Anderson, "Four Crowdsourcing Lessons from the Guardian' s (Spectacular) Expenses-Scandal Experiment," Nieman Lab, June 23, 2009.
7. "Short- age of Cybersecurity Professionals Poses Risk to National Security," June 2014, http://www.rand.org/news/press/2014/06/18.html.
8. Cisco, *Cisco 2014 Annual Security Report*; Lewis Morgan, "Global Shortage of Two Million Cyber Security Professionals by 2017," IT Governance, October 30, 2014, http://www.itgovernance.co.uk/.
9. Ellen Nakashima, "Cybersecurity Should Be More Active, Officials Say," *Washington Post*, Sept. 16, 2012.
10. "University Professor Helps FBI Crack $70 Million Cybercrime Ring," *Rock Center with Brian Williams*, March 21, 2012.
11. Ben Rooney, "U.K. Government Says It Can' t Tackle Cybercrime on Its Own," *Wall Street Journal*, Nov. 25, 2011.
12. Jane McGonigal, "We Spend 3 Billion Hours a Week as a Planet Playing Videogames. Is It Worth It? How Could It Be MORE Worth It?" TED Conversations, http:// www.ted.com/.
13. Miguel Angel Luengo-Oroz, Asier Arran, and John Frean, "Crowdsourcing Malaria Parasite Quantification," *Journal of Medical Internet Research*, Nov. 29, 2012.
14. Katia Moskvitch, "Online Game Foldit Helps Anti-AIDS Drug Quest," BBC News, Sept. 20, 2011, http://www.bbc.com/news/technology-14986013; Matt Peckham, "Foldit Gamers Solve AIDS Puzzle That Baffled Scientists for a Decade," Time, Sept. 19, 2011.

付録

1. Australian Department of Defence〔オーストラリア国防省〕の研究による。http://www.asd.gov.au/publications/Catch_Patch_Match.pdf.

訳者あとがき

本書はMarc Goodman, *Future Crimes: Everyone is vulnerable and what we can do about it* (Doubleday, 2015)を邦訳したものです（文中、〔　〕でくくった部分は訳者による補足です。また原文には註番号はありませんでしたが、訳では番号を付しました。参照されている資料に邦訳がある場合は適宜その旨を補足しましたが、本書での訳文は、とくに断りのないかぎり、本書訳者による私訳です）。

著者のグッドマンは、アメリカの元警察官で、ふとしたことで（本書で語られています）サイバー犯罪担当になり、ICPOのような国際機関でも捜査や調査を行なった経験がありますが、その後、現代のネットテクノロジーの危険性を啓発し、対応策を研究・提言するコンサルタントとなった人物です。現時点では、この方面の問題に対する警察力による対応は重要ですが、それだけではとても追いつかないという経験から、問題が生じる環境の方を何とかしたいという意図による選択だったようです。本書はその経験から見えることをまとめた、著者の初めての著書です。

取り上げられる問題点や事件は、個々には報道等で取り上げられていたりすることが多いのですが、そうしたことが関連しあう大きな構図に整理し、その構図を浮かび上がらせているところが本書の意義の一つです。また、テクロノジーの恩恵と問題双方の受け手は、そういう事実があることはわかっていても、どこかで例外的なことだと過小評価したり、自分だけは大丈夫というよくある災難への姿勢をとったりして、相変わらずの使い方をしていたりするものです（訳者自身もそのきらいがあります）。しかしそうした姿勢の蔓延が、ある意味で個々の事件よりも危険で、現代社会が直面し、さらに勢いを増して押し寄せようとする問題点を生む土壌にさえなっている、というのが著者の危機意識で、これも本書の核となっています。個々の事例が本書が見せるような形でまさしくつながっているところが重大ですし、一人一人、一つ一つの小さな作用が、ネットワーク化されることで、とてつもない（プラス／マイナス両面での）効果を生むということでもあります。

ネットでつながるという、多大な恩恵をもたらしている今の状況は、それゆえに、使わないという選択肢がとれない（オプトアウトしにくい）という面ももたらしています。またネットは単にコンピュータや携帯端末のネットではなくなり、何が何とつながっているかさえ見えなくなるほどの（原理的に言えば地球上にある原子一つ一つにアドレスがつけられるほどの）規模や複雑さを抱えるようになってきつつあります。「物《モノ》のインターネット」（IoT）という、次世代インターネットがその通りに実現すれば、本書が縷々述べるように、端末や機械はおろか、ロボットやドローンはもちろん、人体や思考や遺伝子情報さえネットに乗せられ、ネットでつながるようになる……そういう事態は、いかにも未来的で、それに伴う恩恵も厖大になるでしょうが、やはり唖然としてしまうのも否めません。たとえば、生物学も情報テクノロジーになるというのは、なるほどと思いますが、その分、末恐ろしくもあります。著者は様々な事例を用いて、そんな迫り来る未来を見せてくれます。

まずは何がどういうことになりうるかを知ること。そしてそれは夢や希望や恩恵をもたらすのと同時に、それをもたらす当のものが、それゆえの危険を伴うことを知ること。そこが出発点でしょうし、本書の大部分はそのことに充てられています。しかしだからといって、恩恵を捨てて危険を排除しようというのでは、もったいないことでしょう。テクノロジーそのものに善悪があるわけではなく、テクノロジーが用いられる世界（私たち）がどこを向いているかにかかっています。これもまた著者が強く主張するところです。

著者は最後に、その名にふさわしい提言を示します。決してお人好しの、という意味ではありません。

ある意味で、社会を成り立たせる土台や、人間の本性がからんでいて、問題の根本は、テクノロジーの使い方が下手というより、人間性の使い方の問題だというところに行き着くように見えます。残念ながら、現時点ではその人間性の有利になれる部分が生かせていないというわけです。どうすればいいのか、根本的なところがすんなり把握できたり実行できたりするわけではないとしても、また著者の提言が即効性のある特効薬というわけではないにしても、目の向け先を変えることは大事だし、望ましい方向へ進むには、そこから始めるしかないということでもあると思います。本書が、自分があたりまえに接している世界の見え方を変えるものになることを、著者とともに願います。

本書の翻訳は、青土社の篠原一平氏のご尽力により始まり、大部な本を完成させるための最後の叱咤激励に至るまで、またその先の仕上げのための作業までお世話になりました。装幀は岡孝治氏に担当していただきました。記して感謝いたします。

二〇一六年一月

訳者識

フューチャー・クライム

サイバー犯罪からの完全防衛マニュアル

2016年1月25日　第一刷印刷
2016年2月10日　第一刷発行

著　者　マーク・グッドマン
訳　者　松浦俊輔

発行者　清水一人
発行所　青土社

〒101-0051　東京都千代田区神田神保町1-29　市瀬ビル
［電話］03-3291-9831（編集）　03-3294-7829（営業）
［振替］00190-7-192955

印刷・製本　シナノ

装　丁　岡孝治

ISBN978-4-7917-6909-4　　Printed in Japan

索　引

あ行

か行

さ行

た行

な行

は行

ま行

や行

ら行

わ行